KB129031

치매와 인지-의사소통

인간 중심 재활

Ellen M. Hickey · Michelle S. Bourgeois 공저 | 이미숙 · 김수진 공역

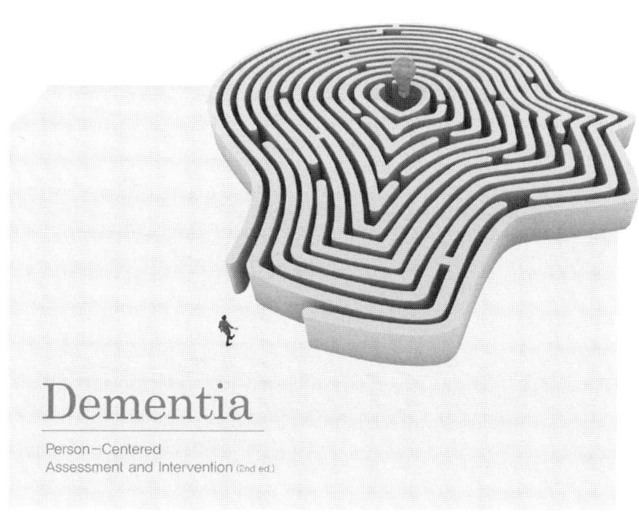

학지사

Dementia: Person-Centered Assessment and Intervention, 2nd Edition
by Ellen M. Hickey and Michelle S. Bourgeois

삶의 질을 유지하고자 노력하는 모든 치매 환자와 가족에게 이 책을 바칩니다.

당신들은 언제나 멋진 분들입니다.

역자 서문

고령화에 관한 시각은 임상 및 연구 분야마다 다양하다. 전문 영역이 아니더라도 노화를 적극적으로 대비하고 노년의 삶의 질에 주목하는 추세는 이제 더 이상 낯설지 않다. 의사소통의 어려움을 다루는 언어병리학, 특히 신경학적 질환에 기인한 신경의사소통장애(neurogenic communication disorders)를 진단하고 중재하는 분야는 이러한 시대적 흐름에 발맞추어 발전해 나가야 한다.

치매 증후군으로 인한 인지-의사소통장애(cognitive-communication disorders)는 인지 문제로 인한 의사소통의 결함을 포괄하기 때문에, 돌봄 체계 전반에 관여할 뿐 아니라 일상적 기능을 유지하는 데 핵심적이다. 따라서 인지-의사소통장애를 다루는 언어재활사는 치매에 대한 직접적인 진단 및 중재부터 의사소통을 요하는 모든 관계(환자와 간병인/가족, 전문가와 가족 등)에 관여한다. 다른 전문가와 돌봄 관련 인력을 교육하고 훈련하는 것도 언어재활사의 역할이다. 이 과정에서 전반적인 돌봄의 맥락을 이해하고 효과적인 의사소통을 위한 중재와 지원을 제공하는 것은 무엇보다 중요한 과업이다.

이 책은 인간 중심 돌봄의 절차 내에서 언어재활사의 역할을 포괄적으로 조망하면서도 다양한 중재 상황, 질환의 진행 단계, 각 참여 주체와 관계 등에 따른 전문적 및 지원적 요구를 면밀히 검토한다. 즉 삶의 질을 제고하는 인간 중심적 접근에 부합하는 언어재활사의 역할과 기능을 다각적으로 제시한다. 이를 국내에 소개하고 인지-의사소통 관련 임상과 연구의 저변을 확대하는 데 기여하고자 번역 작업에 착수하게 되었다.

치매 및 인지-의사소통에 대한 전반적인 개요는 1~3장에서 살펴본다. 치매의 인지-의사소통 및 삼킴, 행동, 참여 등을 위한 임상적 접근은 4~8장에 제시된다. 간병인 훈련 시 언어재활사의 역할은 9~10장, 삶의 질 및 생애 말기 쟁점은 11장에서 각각 논의된다.

이 책은 인지-의사소통장애를 직접적으로 다루는 임상 현장뿐 아니라 증거 기반적 지침이 필요하거나 중재 프로그램을 개발하는 분야에서도 유용하게 활용될 수 있다. 나아가, 치매 환자의 돌봄에 관여하는 다양한 전문가들에게도 매우 실용적인 지침서가 될 것이다.

역자로서의 부족함 때문에 원저가 전달하고자 했던 의미를 정확히 표현해 내지 못한 점에 대해 독자들께 미리 양해를 구한다. 이 책이 출간되기까지 수고를 아끼지 않으신 학지사 측과 관계자들께 깊이 감사드린다.

2022년 9월

대표 역자 이미숙

감사의 글

제1판과 마찬가지로, 이 책은 30년간 치매 환자 및 간병인으로부터 축적된 지식과 경험의 산물입니다. 이들의 열정과 용기가 큰 힘이 되었습니다. 의구심과 어려움을 항상 해결해 주지는 못했음에도 인내와 이해심을 발휘해 준 데에 다시 한 번 감사드립니다. 가르침을 주고 넓은 세상을 공유하도록 도와준 것에도 감사드립니다. 특히 책 표지를 멋지게 그려 준 John L.과 그의 가족에게 감사를 전합니다.

이 책이 출간되기까지 도움을 주신 모든 이들에게 감사를 전하기는 어려우나, Goldstein, Bourgeois, Hickey 가족들의 변함없는 사랑과 지원에 각별히 감사드립니다. 또 Stephen Sakalauskus, John Michael, Emma Jean Hadley, Evelin Viera의 우정과 친절, 유쾌함은 큰 위안이 되었습니다. 우리 가족과 친구, 동료, 학생, 특히 Rebecca Allen과 Pamela Coulter의 노고와 공헌에 진심으로 고마움을 전합니다.

동료인 Natalie Douglas와 Becky Khayum의 열정과 격려 덕분에 이 책이 완성될 수 있었습니다. 당신들은 기대 이상의 성과를 보였을 뿐 아니라 즐겁게 임하였습니다! 훌륭한 공저자인 Tammy Hopper, Nidhi Mahendra, Stuart Clearly,

Jennifer Brush, Renee Kinder에게도 감사드립니다. 당신들의 견해와 전문지식이 각 장을 빛내 주었으며, 치매 환자와 보호자의 삶을 향상시키는 데 크게 기여했습니다. 훌륭한 이들의 지원에 더없는 감사를 전합니다!

이 책은 수년간 연구와 임상 영역에서 노력해 온 많은 기관과 협력자들 덕분에 완성되었습니다. 책 전반에 걸친 논의를 발전시키고 탐구해 온 전 세계의 많은 연구자들, 그리고 치매 환자 및 가족의 삶의 질을 고양시키는 데 지속적으로 기여한 임상가들에게도 박수를 보냅니다.

마지막으로 작업을 이끌어 준 Georgette Enriquez와 Brian Eschrich의 인내와 배려, 격려에 감사의 인사를 전합니다. 감사합니다! 이 책은 삶의 질을 제고하려는 치매 환자와 가족에게 큰 도움이 될 것입니다. 당신들은 언제나 멋진 분들입니다.

차례

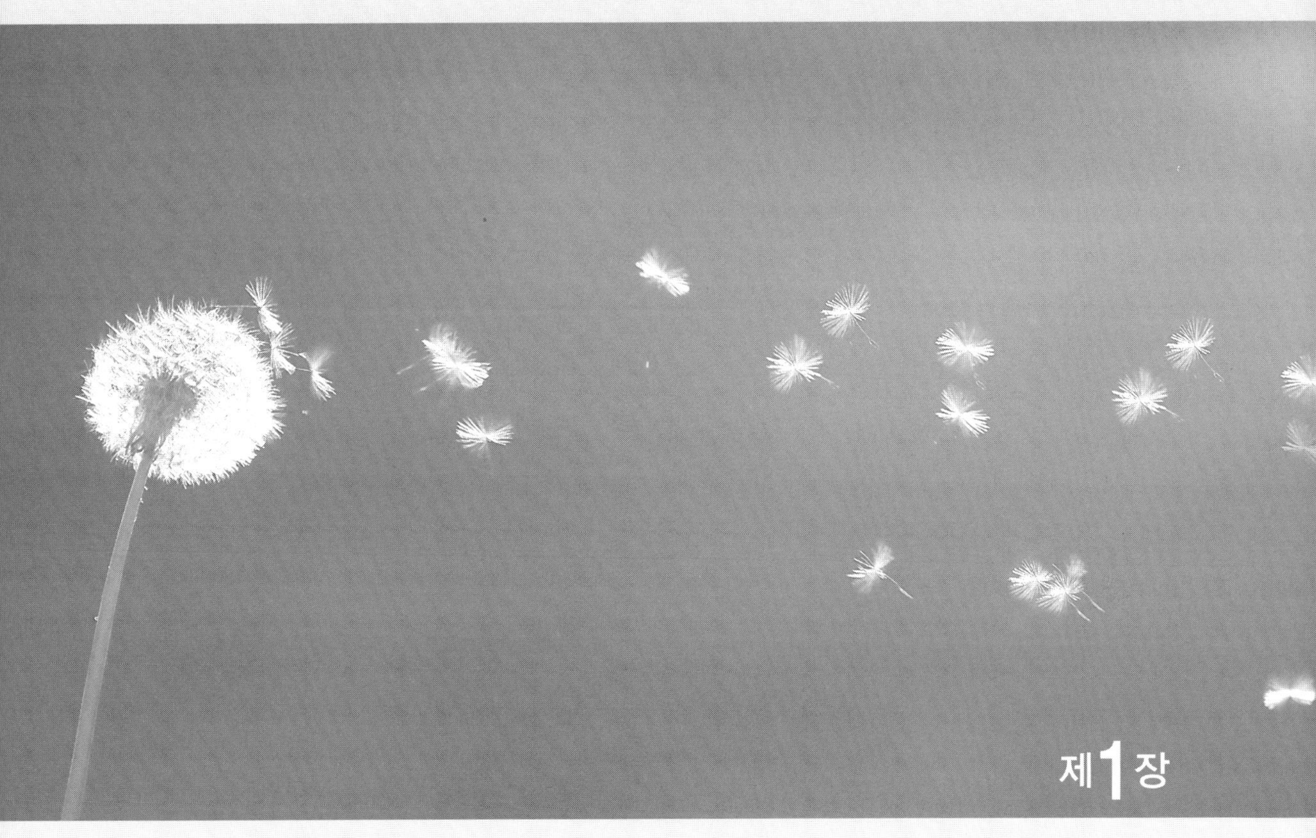

도입: 치매 치료의 역사와 철학

Michelle S. Bourgeois and Ellen M. Hickey

치매와 같은 신경퇴행성 질환의 행동 증후군을 중재하기 위해 다양한 임상 분야에서 적절하고 효과적인 중재가 시도되었다. 노인의 기억력 문제는 의학계에서 수년간 보고되어 왔는데, 정상 노화와 다른 인지적 · 정신적 · 지적 기능의 변화를 보인다. 치매와 유사한 행동 증후군은 정신박약(amentia), 망령(dotage), 중간백치증(imbecility), 정신이상(insanity), 백치증(idiocy), 기질뇌증후군(organic brain syndrome: OBS), 노쇠(senility) 등으로 지칭한다(Boller & Forbes, 1998; Torack, 1983). 『정신질환의 진단 및 통계 편람(Diagnostic and Statistical Manual of Mental Disorders: DSM)』(American Psychiatric Association[APA], 1952) 제1판에서는 만성 및 비가역성이고 급성 뇌증후군이 아닌 OBS를 치매라 정의했다(Boller & Forbes, 1998). 이후 '주요신경인지장애(major neurocognitive disorder: major NCD)'를 지칭하는 용어가 OBS에서 '노인성 및 초로성 치매(senile and presenile dementia)'로 변경되었다. 주요 NCD는 '하나 이상의 인지 영역(기억장애, 추상적 사고, 성격, 판단, 언어, 행동, 구성력, 시각적 재인)이 이전에 비해 저하된 상태'로, 직업 및 사회 활동, 대인관계를 독립적으로 수행하지 못한다(DSM-5; APA, 2013).

15~16세기경 '정신이상'은 매독으로 인해 발생하고 정신이상을 동반한 진행마비 혹은 신경매독이라 불렸다. 19세기 말~20세기 초에는 보다 정확하고 분석적인 접근을 통해 이러한 증상을 감별했다. 개별적인 임상 사례의 특성을 관찰하고 검증함으로써 진단적 분류가 새롭게 정립되었다. 1892년 Arnold Pick은 전두측두엽변성(frontotemporal lobar degeneration: FTLD)의 원인 질환 중 하나를 소개했고, 1906년 Alois Alzheimer는 알츠하이머병(Alzheimer's disease: AD)을 최초로 언급했다. 1910년 Kraepelin은 '노인성'과 '초로성' 치매를 구분했으며(Amaducci, Rocca, & Schoenberg, 1986), 1930년대 Von Stockert는 뇌간 및 심부 회백질의 병변에 기인한 '피질' 및 '피질하' 치매를 소개했다(Whitrow, 1990). 1980년 DSM 제3판(DSM-III; APA, 1980)은 원발퇴행치매(primary degenerative dementias)를 질병으로 분류했다. 신경심리학, 언어병리학뿐 아니라 뇌영상과 신경병리학이 발달하면서 치매 증후군의 원인 질환이 추가되었다. 치매 증후군을 유발하는 루이소체 치매(dementia with Lewy bodies), 피질기저핵변성(corticobasal degeneration), 피질하 신경아교증(subcortical gliosis), 전두측두 치매(frontotemporal dementia), 원발성 진행성 실어증(primary progressive aphasia: PPA), 인간면역결핍바이러스(human immunodeficiency virus: HIV) 연관 치매는 가장 최근에 확인되었다(DSM-5; APA, 2013).

질환이 확인되면서 증상에 대한 치료법도 대두되었다. 초창기에는 회전의자를 활용한 중재법이 제안되었는데, 이는 뇌울혈 관련 정신질환, 치매를 유발하는 뇌 조직에 산소를 재공급하는 고압산소실 등에 적용한다(Cohen, 1983). 노벨상을 수상한 최초의 정신과 전문의인 Julius Wagner-Jauregg는 1917년 신경매독 환자 9명 중 6명이 말라리아 접종 후 증세가 호전되었다고 보고했다(Whitrow, 1990). 최근의 약물 치료는 인지를 향상시키는 데 다소 효과적이었다. 예컨대, 콜린에스테라아제(cholinesterase) 억제제(예: 도네페질[donepezil])는 경도~중등도 알츠하이머형 치매, N-메틸-D-아스파르트산(N-methyl-D-aspartate) 수용체 길항제(메만틴[memantine])는 경도~심도 사례에 유용하다(Farrimond, Roberts, & McShane, 2012; Tan et al., 2014). 그러나 이들이 비전형적 치매 유형에 미치는 효과는 불분명하다(Li et al., 2015). 우울, 불안, 공격성, 환각 등 행동장애를 치료할 때 다양한 신경이완제, 항우울제, 불안완화제, 항경련제를 사용하기도 하나 부작용의 위험도 크다(Corbett, Burns, & Ballard, 2014; Reus et al., 2016).

연구와 정책이 개선되면서 인간 중심 돌봄(person-centered care)이 발전했다(Kitwood, 1997). 이 접근법은 보편적으로 선택되는 돌봄 유형 및 삶의 질(quality of life: QoL)과 유사하다. 인간 중심 돌봄의 가치와 신념은 노인 및 보호자의 QoL을 유지하도록 돕는 것이다. 특히 선택, 존엄, 존중, 자기결정권, 목적 있는 삶을 촉진하는 데 중점을 둔다. 인간 중심 돌봄이 강조되면서(Kitwood, 1997; Ryan et al., 2005) 장기요양(long-term care: LTC) 모델이 변화했고, 보다 전반적인 돌봄이 법제화되기 시작했다. 1987년 미국 의회는 신체·인지·의사소통 관련 실습평가, 요양원 입소 시 돌봄 계획, 정기 재평가를 규정하는 「일괄예산조정법(Omnibus Budget and Reconciliation Act: OBRA)」(American Health Care Association, 1990)을 통과시켰다. 이에 따라 인지-의사소통 결함이 확인되면 언어재활사(speech-language pathologist: SLP)에게 심화평가를 의뢰해 치료 계획을 수립해야 한다.

수십 년 전부터 전반적 및 비약물적 중재 접근이 부각되었는데, 이는 주로 보건의료전문가 팀, 치매 환자 및 가족이 제공한다. 지난 30년간 SLP는 치매로 인한 인지-의사소통 결함의 평가 및 치료 방법을 개발해 왔다(Bayles et al., 2005). Bayles 등(1987)은 뇌 퇴행으로 인한 인지-언어 결함과 수행을 검토하고 치매 증후군의 진단 방법을 최초로 제안했다. 당시의 SLP는 요양원 등 지역사회에 거주하는 신경퇴행성 질환 환자의 가족이 지원 서비스를 받도록 지도했다.

1980년대 중반 이후 치매의 언어 및 인지 결함에 대한 행동 치료법이 소개되면서 치료적 중재의 효과성이 대두되었다(Hopper, 2003). 이는 행동을 직접 지원하거나 수정하는 효과적인 인지-의사소통 중재를 계획하고(예: Camp et al., 1996; Hopper, Bayles, & Kim, 2001)

보호자의 대처 전략과 행동을 변화시키는 데 활용되었다(예: Bourgeois et al., 2002). 반응 행동을 줄이고 인지 결함을 보완하기 위한 비약물적 중재로는 직접 중재(인간 중심 돌봄, 의사소통 기술 훈련, 방향 수정 기술, 사회적 · 행동적 자극), 환경 수정, 보호자 교육(예: Cohen-Mansfield et al., 2012; Hopper et al., 2013; Livingston et al., 2014) 등이 있다. 심리 치료는 우울과 불안을 감소시키며(Orgeta et al., 2014), 운동은 일상생활활동(activities of daily living: ADLs)에 효과적이다(Forbes et al., 2015).

치매 돌봄은 건강 및 장애 관련 사회적 모델이 발달하면서 크게 변화했다. 세계보건기구(World Health Organization: WHO)의 『국제장애분류(International Classification of Impairment, Disability, and Handicap: ICIDH)』(WHO, 1980)는 『국제기능장애건강분류(International Classification of Functioning, Disability, and Health: ICF)』(WHO, 2001)로 발전했다. ICF는 개인적 상황이 장애 및 기능 수준에 미치는 영향을 토대로 질환을 이해하도록 돕는다. 또 만성기 환자에 대한 개별 및 집단 평가, 전체론적 중재 접근을 촉진한다. ICF의 영역을 나타내는 [그림 1-1]은 ① 신체 구조 및 기능의 손상, ② 과제나 행동 실행에 관한 활동의 제한, ③ 생활 참여의 제한으로 구분된다. 이들은 의미 있는 참여를 지원하거나 방해하는 여러 환경 및 개인 요인의 영향을 받는다.

ICF(WHO, 2001)는 의사소통의 장애 및 참여에 관한 언어병리학 체계를 발전시키는 데 기여했다(예: Baylor et al., 2011; Threats, 2006, 2007). '실어증 환자로 살기: 평가 체계(The

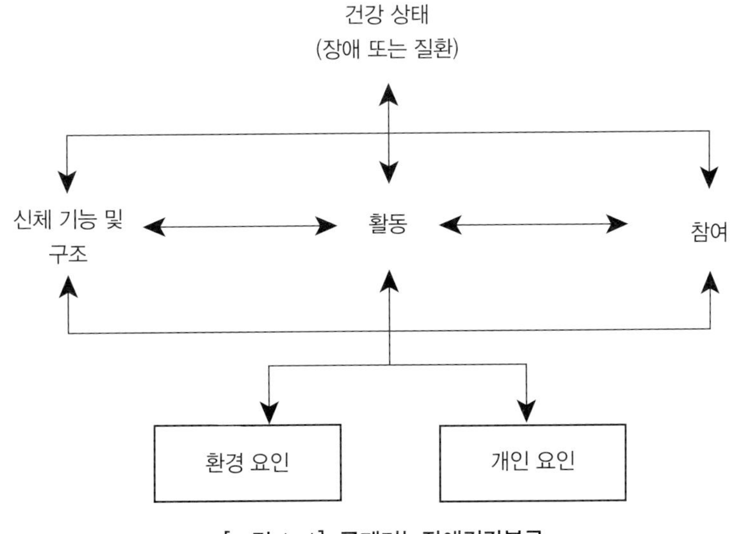

[그림 1-1] 국제기능장애건강분류

출처: ICF(WHO, 2001).

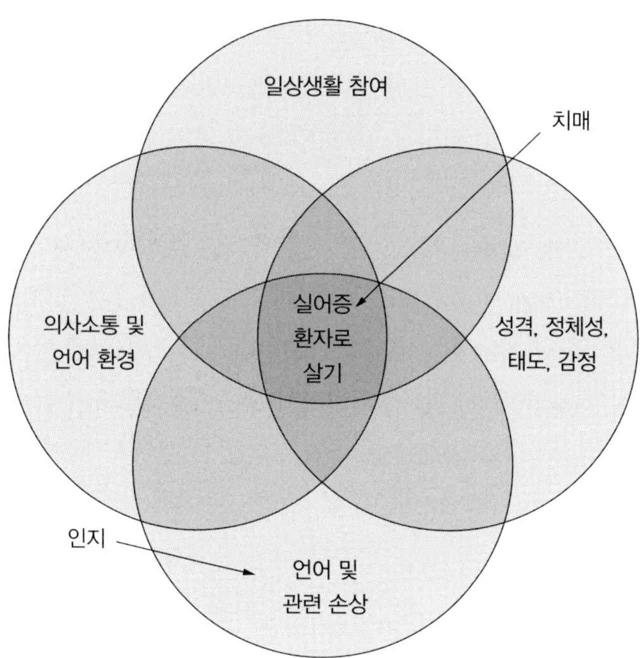

[그림 1-2] 치매 환자의 일상생활 참여 모델인 '실어증 환자로 살기: 평가 체계(A-FROM)'의 적용

출처: Aphasia Institute, Toronto, Canada 승인하 인용. Kagan, A. et al.(2007). Counting what counts: A framework for capturing real-life outcomes of aphasia intervention. *Aphasiology, 22*(3), 258-280.

Living with Aphasia: Framework for Outcome Measurement: A-FROM)'(Kagan et al., 2008)는 목표 집단의 실험에 기초한 사회적 통합 모델로, 손상, 참여, 개인 요인, 환경 간의 관계를 시각적으로 제시한다. 인간적 가치, 정체성, 감정이 손상 자체와 동일한 비중을 갖는다([그림 1-2] 참고). 이는 실어증뿐 아니라 치매 환자의 일상생활 참여에도 그대로 적용된다. [그림 1-2]의 중심부에 위치한 영역을 고려할 때, 치매 치료는 일상적 경험을 증진시키는 데 목표를 둔다. 이 모델은 대화를 ADLs의 일부로 간주하고 의사소통 맥락의 중요성을 인식하도록 촉진한다. 이러한 일상 참여 접근은 치매 환자에게 적용시킬 수 있다.

다른 사회적 모델들은 치매 환자의 반응 행동을 설명하고 기능 및 삶의 질을 극대화하는 인간 중심 돌봄을 촉진하는 데 목표를 둔다. '미충족 요구(unmet needs)' 이론에 근거해 반응 행동을 설명하는 모델도 있다(예: Algase et al., 1996; Kunik et al., 2003). 이는 치매 환자와 보호자의 삶의 질을 향상시키기 위해 환자, 보호자, 환경을 검토한 후 미충족된 요구를 중재에 반영한다(3장 참고). 평가 및 중재에 관한 논의(6~8장 참고)에도 이 모델이 적용된다. 돌봄과 정책에 관한 철학이 발전하면서 새로운 시각이 정립되었다. 즉 독립적인 기능과 참여를 극대화하고 환자 및 보호자의 삶의 질을 강화하는 데 중점을 둔다(Bourgeois et al., 2015). 이러한 모델들은 치매의 중재 원리를 제시한다(4장 및 중재 관련 논의 참고).

평가도구를 활용해 손상 정도, 활동 및 참여의 제약, 보존된 능력을 확인함으로써 인간 중심적이고 의미 있는 중재 목표를 적용한다(5장 참고). ICF의 영역은 모두 중재 목표로 삼을 수 있다. 손상 기반 중재에는 주로 약물이나 행동 중재가 포함되며, 의미 있는 활동의 참여를 증진시키는 중재도 있다. 전문가 협력 팀이 제공하는 두 가지 혁신적 접근법은 강점 기반 요구(예: Eisner, 2013)와 몬테소리 기반(예: Bourgeois et al., 2015; Camp & Skrajner, 2004; Elliot, 2011) 접근이다. 이들을 적용하면 삶의 만족도를 높이기 위한 능력이 치매 환자에게 보존되어 있음을 알 수 있다. 따라서 행동 중재의 주요 목표는, 손상을 보상하는 자극이나 전략을 탐색하고 환자, 가족, 사회 환경에 만족하면서 일상생활에 최대한 참여하도록 지원하는 것이다. 기억력, 의사소통, ADLs, 식사 및 삼킴 관련 기능적 행동을 촉진하는 중재는 6~8장, 보호자 중심 중재는 9~10장에 소개된다.

미국에서 SLP의 치매 평가 및 중재 비중이 늘어나면서 메디케어(Medicare)의 배상 거부가 문제시되었다. 인지 기능의 평가와 치료는 SLP가 아닌 심리학자 및 작업치료사의 역할로 오인되었다(Bayles et al., 2005). 미국언어청각협회(American Speech-Language-Hearing Association: ASHA) 전문위원회는 배상 담당자와 입법자에게 치매 환자의 인지-의사소통 요구 및 SLP의 역할을 교육하는 자료를 제공했다. 서두의 기술 보고서에는 인지-언어 간 상관성, 치매 평가 및 치료 시 SLP의 역할, 인지 중재를 위한 전문가 협력 팀 내 SLP의 책임 등이 명시되어 있다(ASHA, 1987). 특히 노인 관련 지침서에 따르면, 언어·청각 전문가는 요구 확인, 평가, 치료, 자원 의뢰, 상담, 퇴원 계획, 서비스 관련 서류, 연구, 질적 보장, 지지 등의 서비스를 제공해야 한다(ASHA, 1988). SLP용 자료에는 언어, 사회-의사소통, 인지-의사소통의 손상에 관한 지침서가 포함되는데(ASHA, 1991), SLP의 역할(확인, 평가, 중재, 협력, 사례 관리, 교육, 지지)뿐 아니라 수행에 필요한 특정 역량도 명시되어 있다.

SLP와 청능사에게 권고되는 임상 양식 자료(ASHA, 1993)는 언어 선별검사와 같은 치매 대상 서비스를 소개한다. 또 인지-의사소통 능력의 모니터, 중재 효과의 유지, 보존된 인지 능력 및 결함의 평가 등이 권고된다. 두 번째 자료에는 인지-의사소통장애의 평가 및 진단, 치료의 정의가 추가되는데(ASHA, 1997), 구어 및 문어, 인지-의사소통 행동을 향상시키는 치료 목표의 선택뿐 아니라 손상, 보존된 능력, 결함, 영향 요인, 기능적 의사소통의 평가 절차 등도 포함된다.

인지-의사소통장애(cognitive-communication disorders)의 확인, 진단, 치료 시 SLP의 역할이 강조되면서 관련 지식과 기술(ASHA, 2005a, 2005b), 환자의 요구를 다루는 능력

〈표 1-1〉 치매 기반 의사소통장애를 다루는 언어재활사(SLP)의 역할 관련 미국언어청각협회(ASHA) 지침서

확인	• 잠재적 치매 확인하기, 문화와 언어가 다른 집단 내 치매 발생률 및 유병률 고려하기 • 청각 선별검사 등 언어 및 의사소통의 어려움 선별하기 • 치매 위험군인 개인이나 집단, 임상가에게 예방 정보 제공하기
평가	• 질환 진행 시 인지-의사소통 및 삼킴의 진단과 중재를 위한 임상적 · 문화적 · 언어적 접근법을 적절히 선택하고 적용하기 • 심화평가 및 전문 서비스 의뢰(예: 청각 및 평형 문제를 청능사에게 의뢰)의 필요성 판단하기
중재	• 인지-의사소통 및 삼킴 장애 중재를 위해 치매 환자와 보호자를 대상으로 적절한 증거 기반의 임상적 · 문화적 · 언어적 임상 기술을 선택하고 적용하기 • 의사소통 지원 환경으로 수정하도록 권고하기
상담	• 치매 환자, 의미 있는 타인, 보호자에게 치매 및 진행 과정의 특성에 대해 문화적 · 언어적으로 적절한 상담 제공하기
협력	• 질환 진행 과정에서 인지-의사소통 및 기능적 수행을 극대화하는 중재를 계획하기 위해 치매 환자, 가족, 개인 및 전문 간병인과 논의하고 협력하기
사례 관리	• 적절한 통합 관리를 계획하기 위해 사례 관리자, 코디네이터, 팀 지도자 역할 수행하기
교육	• 교육 과정 개발 및 프로그램 훈련하기 • 예비 SLP에게 치매로 인한 인지-의사소통 문제의 연구, 평가 및 진단, 치료에 대해 교육 · 감독 · 지도하기 • 가족, 간병인, 기타 전문가, 제3 지급인, 입법자, 일반인에게 치매 환자의 의사소통 요구, 인지-의사소통 및 삼킴 장애 진단과 치료 관련 SLP의 역할 교육하기
지지	• 지방 · 주 · 국가 차원의 치매 서비스 지지하기 • 전문가로서 증언하기
연구	• 치매 관련 연구 검토하기 • 연구를 통해 치매로 인한 인지-의사소통 문제 및 치료 효과 관련 기초 지식 함양하기

출처: ASHA(2007).

(ASHA, 2007; 〈표 1-1〉 참고)이 추가되었다. 치료 관련 연구가 체계화됨으로써 치매 등 신경학적 질환으로 인한 인지-의사소통장애에 적용할 증거 기반적 임상 지침도 개발되었다(예: Golper et al., 2001; Hopper et al., 2013).

신경의사소통장애 · 과학협회(Academy of Neurological Communication Disorders and Sciences: ANCDS) 집행위원회는 신경 질환의 치료 시 임상적 판단을 돕는 증거 기반 지침을 개발하고 출판했다. ANCDS의 임상 지침 임시 조정위원회는 임상 표준 대신 1급 경험적 증거에 기초해 정확도를 높이도록 요청했다. 실제 임상 지침은 치료 절차에 대한 권고안이며, 2~3급 증거에 기반한 중도 수준의 정확도를 갖는다(Miller et al., 1999). 1급 증거는 잘

구상되고 무작위로 통제된 하나 이상의 임상적 시도인 반면, 2급은 단일 사례나 코호트 통제군으로 구성된 하나 이상의 관찰 연구이다(Golper et al., 2001). 3급은 전문가 견해, 일련의 사례, 사례 보고서, 병력 통제를 요한다. 1급 연구에 기초한 출판물이 부족해 임상 표준으로 발전하지 못했는데, 몇몇 대안적 임상 지침에서 치료 접근법이 소개된다. 치매의 다양한 특성을 보다 체계화할 필요가 있으며, 이는 궁극적으로 1급 연구로 발전할 것이다. 중재에 활용할 수 있는 증거의 수준과 질은 이 책에서 전반적으로 논의된다.

요컨대 치매 치료는 더 이상 초창기 단계가 아니다. 지난 30년간 중재 방안뿐 아니라 진단적 설명 및 분류에 대한 관심이 증대하면서 임상가와 연구자의 판단을 뒷받침하는 과학적 증거가 정립되었다. SLP는 의사소통 문제가 치매 환자 및 보호자에게 미치는 중대한 영향을 파악한다. 의사소통은 기본 인권이며(www.internationalcommunicationproject.com), 치매 환자의 의사소통 및 참여를 돕는 것이 SLP의 책임이다. 이 책은 치매 환자와 보호자가 최상의 삶의 질을 경험하도록 안내한다. 또 환자에게 삶의 질을 고양하는 인간 중심 서비스를 제공하고, 인지-의사소통 중재의 가치를 입증하는 질적 연구 시 지침 및 출발점으로서의 역할을 수행한다. 보건의료 전문가, 특히 SLP는 증거 기반 평가 및 중재 접근법을 적용함으로써 치매 환자가 의미 있는 삶에 참여하도록 촉진한다.

참고문헌

Algase, D. L., Beck, C., Kolanowski, A., Whall, A., Berent, S., Richards, K., & Beattie, E. (1996). Need-driven dementia-compromised behavior: An alternative view of disruptive behavior. *American Journal of Alzheimer's Disease, 11*(6), 10-19. doi:10.1177/153331759601100603.

Amaducci, L. A., Rocca, W. A., & Schoenberg, B. S. (1986). Origin of the distinction between Alzheimer's disease and senile dementia: How history can clarify nosology. *Neurology, 36*, 1497-1499. http://dx.doi.org/10.1212/WNL.36.11.1497.

American Health Care Association. (1990). *Long term care survey: Regulations, forms, procedures, guidelines.* Washington, DC: Author.

American Psychiatric Association (APA). (1952). *Diagnostic and statistical manual of mental disorders (DSM)*. Washington, DC: Author.

American Psychiatric Association (APA). (1980). *Diagnostic and statistical manual of mental disorders (DSM-III*; 3rd ed.). Washington, DC: Author.

American Psychiatric Association (APA). (2013). *Diagnostic and statistical manual of mental disorders (DSM-5*; 5th ed.). Washington, DC: Author.

American Speech-Language-Hearing Association (ASHA). (1987). Role of speech-language pathologists in the habilitation and rehabilitation of cognitively impaired individuals. *ASHA, 29*(6), 53-55.

American Speech-Language-Hearing Association (ASHA). (1988). The roles of speech-language pathologists and audiologists in working with older persons. *ASHA, 30*(3), 80-84.

American Speech-Language-Hearing Association (ASHA). (1991). Guidelines for speech-language pathologists serving persons with language, socio-communicative, and/or cognitive-communicative impairments. *ASHA, 33*(Suppl. 5), 21-28.

American Speech-Language-Hearing Association (ASHA). (1993). Preferred practice patterns for the professions of speech-language pathology and audiology. *ASHA, 35*(Suppl. 11), i-iii, 1-102.

American Speech-Language-Hearing Association (ASHA). (1997). *Preferred practice patterns for the professions of speech-language pathology and audiology*. Rockville, MD: Author.

American Speech-Language-Hearing Association (ASHA). (2005a). Knowledge and skills needed by speech-language pathologists providing services to individuals with cognitive-communication disorders. *ASHA* (Suppl. 25), 2-9.

American Speech-Language-Hearing Association (ASHA). (2005b). Roles of speech-language pathologists in the identification, diagnosis, and treatment of individuals with cognitive-communication disorders: Position statement. *ASHA*(Suppl. 25), 1-2.

American Speech-Language-Hearing Association (ASHA). (2007). *Scope of practice in speech-language pathology* [scope of practice]. doi:10.1044/policy.SP2007-00283.

Bayles, K. A., Kaszniak, A. W., & Tomoeda, C. K. (1987). *Communication and cognition in normal aging and dementia*. Austin, TX: Pro-Ed.

Bayles, K. A., Kim, E. S., Azuma, T., Chapman, S. B., Cleary, S., Hopper, T., … Zientz, J. (2005). Developing evidence-based practice guidelines for speech-language pathologists serving individuals with Alzheimer's dementia. *Journal of Medical Speech-Language Pathology, 13*(4), xiii-xxv.

Baylor, C., Burns, M., Eadie, T., Britton, D., & Yorkston, K. (2011). A qualitative study of interference with communicative participation across communication disorders in adults. *American Journal of Speech-Language Pathology, 20*, 269-287. doi: 10.1044/1058-0360(2011/10-0084).

Boller, F., & Forbes, M. M. (1998). History of dementia and dementia in history: An overview. *Journal of Neurological Sciences, 158*, 125-133. http://dx.doi.org/10.1016/S0022-

510X(98)00128-2.

Bourgeois, M. S., Brush, J., Elliot, G., & Kelly, A. (2015). Join the revolution: How Montessori for aging and dementia can change long-term care culture. *Seminars in Speech and Language, 36*, 209-214. http://dx.doi.org/10.1055/s-0035-1554802.

Bourgeois, M. S., Schulz, R., Burgio, L. D., & Beach, S. (2002). Skills training for spouses of patients with Alzheimer's disease: Outcomes of an intervention study. *Journal of Clinical Geropsychology, 8*, 53-73. doi:10.1023/A:1013098124765.

Camp, C. J., Foss, J. W., O'Hanlon, A. M., & Stevens, A. B. (1996). Memory interventions for persons with dementia. *Applied Cognitive Psychology, 10*, 193-210.

Camp, C. J., & Skrajner, M. J. (2004). Resident-assisted Montessori programming (RAMP): Training persons with dementia to serve as group activity leaders. *The Gerontologist, 44*, 426-431. doi:10.1093/geront/44.3.426.

Cohen, G. D. (1983). Historical views and evolution of concepts. In B. Reisberg (Ed.), *Alzheimer's disease: The standard reference* (pp. 29-33). New York: Free Press.

Cohen-Mansfield, J., Thein, K., Marx, M., Dakheel-Ali, M., & Freedman, L. (2012). Efficacy of nonpharmacologic interventions for agitation in advanced dementia: A randomized, placebo-controlled trial. *Journal of Clinical Psychiatry, 73*, 1255-1261.

Corbett, A., Burns, A., & Ballard, C. (2014). Don't use antipsychotics routinely to treat agitation and aggression in people with dementia. *BMJ, 349*: g6420. doi:10.1136/bmj.g6420.

Eisner, E. (2013). *Engaging and communicating with people who have dementia: Finding and using their strengths*. Baltimore: Health Professions Press.

Elliot, G. (2011). *Montessori Methods for Dementia™: Focusing on the person and the prepared environment*. Oakville, Canada: Dementiability Enterprises.

Farrimond, L. E., Roberts, E., & McShane, R. (2012). Memantine and cholinesterase inhibitor combination therapy for Alzheimer's disease: A systematic review. *BMJ Open, 2*(3).

Forbes, D., Forbes, S. C., Blake, C. M., Thiessen, E. J., & Forbes, S. (2015). Exercise programs for people with dementia. *Cochrane Database of Systematic Reviews, Issue 4*. Art. No.: CD006489. DOI: 10.1002/14651858.CD006489.pub4.

Golper, L. C., Wertz, R. T., Frattali, C. M., Yorkston, K. M., Myers, P., Katz, R., … Wambaugh, J. (2001). *Evidence-based practice guidelines for the management of communication disorders in neurologically impaired individuals: Project introduction*. Retrieved January 2, 2016 from www.ancds.org/assets/docs/EBP/practiceguidelines.pdf.

Hopper, T. L. (2003). "They're just going to get worse anyway": Perspectives on rehabilitation for nursing home residents with dementia. *Journal of Communication Disorders, 36*, 345-359.

http://dx.doi.org/10.1016/S0021-9924(03)00050-9.

Hopper, T., Bayles, K. A., & Kim, E. S. (2001). Retained neuropsychological abilities of individuals with Alzheimer's disease. *Seminars in Speech and Language, 22*, 261-273.

Hopper, T., Bourgeois, M., Pimental, J., Qualls, C., Hickey, E., Frymark, T., & Schooling, T. (2013). An evidence-based systematic review on cognitive training for individuals with dementia. *American Journal of Speech-Language Pathology, 22*, 126-145.

Kagan, A., Simmons-Mackie, N., Rowland, A., Huijbregts, M., Shumway, E., McEwen, S., … Sharp, S. (2008). Counting what counts: A framework for capturing real-life outcomes of aphasia intervention. *Aphasiology, 22*, 258-280. http://dx.doi.org/10.1080/02687030701282595.

Kitwood, T. (1997). *Dementia reconsidered: The person comes first*. Buckingham, UK: Open University Press.

Kunik, M., Martinez, M., Snow, A., Beck, C., Cody, M., Rapp, C. et al. (2003). Determinants of behavioral symptoms in dementia patients. *Clinical Gerontologist, 26*(3-4), 83-89.

Li, Y., Hai, S., Zhou, Y., & Dong, B. R. (2015). Cholinesterase inhibitors for rarer dementias associated with neurological conditions. *Cochrane Database of Systematic Reviews, Issue 3*. Art. No.: CD009444. doi: 10.1002/14651858.CD009444.pub3.

Livingston, G., Kelly, L., Lewis-Holmes, E., Baio, G., Morris, S., Patel, N., Omar, R., Katona, C., & Cooper, C. (2014). Non-pharmacological interventions for agitation in dementia: Systematic review of randomized controlled trials. *British Journal of Psychiatry, 205*, 436-442.

Miller, R. G., Rosenberg, J. A., Gelinas, D. F., Misumoto, H., Newman, D., Sufit, R., … Oppenheimer, E. A. (1999). Practice parameter: The care of the patient with amyotrophic lateral sclerosis (an evidence-based review). *Neurology, 52*, 1311-1325. doi: http://dx.doi.org/10.1212/WNL.52.7.1311.

Orgeta, V., Qazi, A., Spector, A. E., & Orrell, M. (2014). Psychological treatments for depression and anxiety in dementia and mild cognitive impairment. *Cochrane Database of Systematic Reviews, Issue 1*. Art. No.: CD009125. doi: 10.1002/14651858.CD009125.pub2.

Reus, V., Fochtmann, L. J., Eyler, A. E., Hilty, D. M., Horvitz-Lennon, M., Jibson, M. D., … & Yager, J. (2016). The American Psychiatric Association practice guideline on the use of antipsychotics to treat agitation or psychosis in patients with dementia. *Am J Psychiatry 173*(5), 543-546.

Ryan, E. B., Byrne, K., Spykerman, H., & Orange, J. B. (2005). Evidencing Kitwood's personhood strategies: Conversation as care in dementia. In: B. H. Davis (Ed.), *Alzheimer talk, text and context: Enhancing communication*. New York: Palgrave Macmillan.

Tan, C. C., Yu, J. T., Wang, H. F., Tan, M. S., Meng, X. F., Wang, C. et al. (2014). Efficacy and safety of donepezil, galantamine, rivastigmine, and memantine for the treatment of Alzheimer's disease: A systematic review and meta-analysis. *Journal of Alzheimer's Disease, 41*(2), 615-631.

Threats, T. (2006). Towards an international framework for communication disorders: Use of the ICF. *Journal of Communication Disorders, 39*(4), 251-265. doi.org/10.1016/j.jcomdis.2006.02.002.

Threats, T. (2007). Access for persons with neurogenic communication disorders: Influences of personal and environmental factors of the ICF. *Aphasiology, 21*(1), 67-80. doi.org/10.1080/02687030600798303.

Torack, R. M. (1983). The early history of senile dementia. In B. Reisberg (Ed.), *Alzheimer's disease: The standard reference* (pp. 23-28). New York: Free Press.

Whitrow, M. (1990). Wagner-Jauregg and fever therapy. *Medical History, 34*, 294-310. doi:10.1017/S0025727300052431. https://doi.org/10.1017/S0025727300052431.

World Health Organization. (1980). *International classification of impairments, disabilities, and handicaps: A manual of classification relating to the consequences of disease*. Geneva: World Health Organization. Retrieved February 21, 2006 from http://apps.who.int/iris/bitstream/10665/41003/1/9241541261_eng.pdf.

World Health Organization. (2001). *International classification of functioning, disability, and health*. Retrieved February 21, 2006 from www3.who.int/icf/icftemplate.cfm.

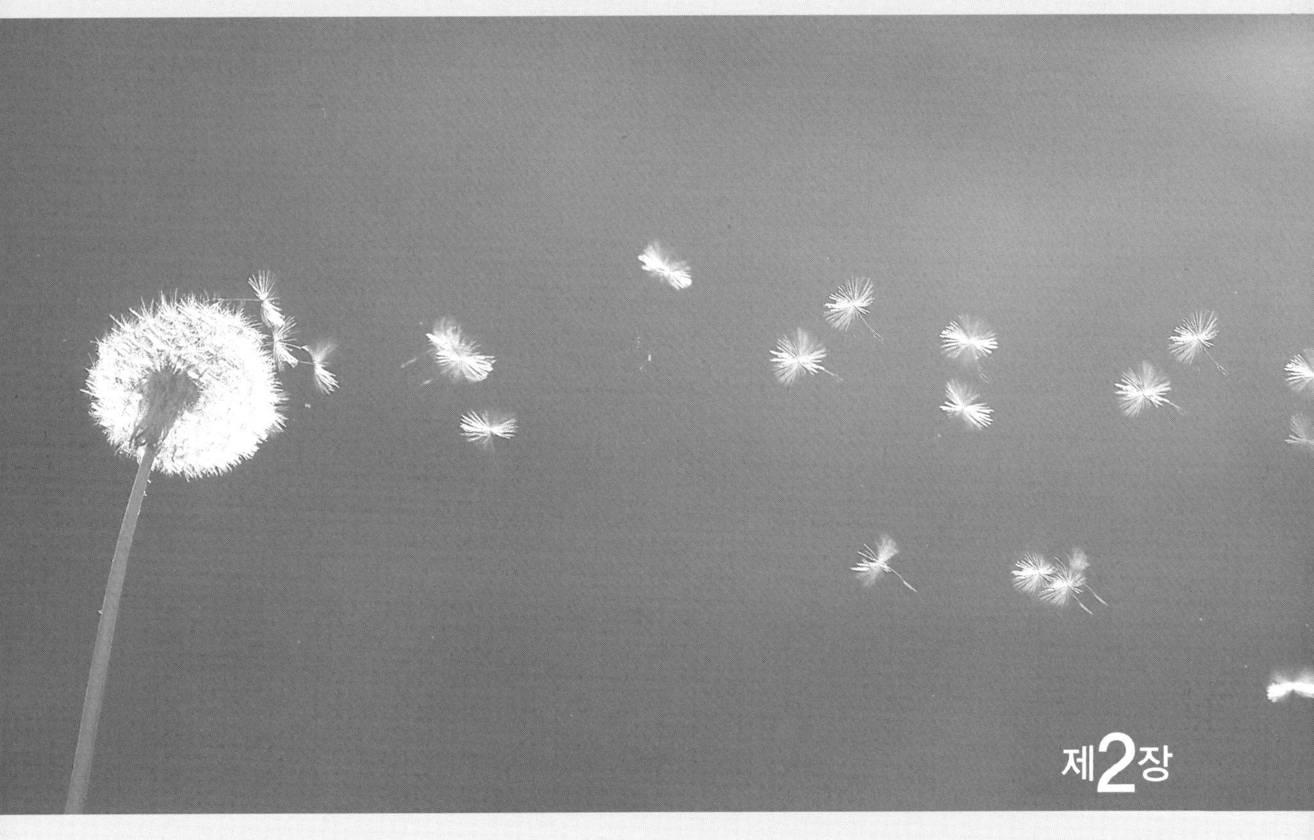

치매 원인별 임상적 및 병태생리학적 특성

Tammy Hopper, Ellen M. Hickey, and Michelle S. Bourgeois

치매는 원인 질환에 의해 발생하는 증후군 또는 인지-행동 증후군의 총칭이다. 치매 증후군은 일련의 핵심적인 진단 기준에 근거하나, 특정 질환 및 신경병리적 특성에 따라 용어가 다양하다. 치매를 유발하는 가장 보편적인 질환이 연령과 연관되는 점을 감안할 때 고령화는 치매의 발생률 및 유병률을 증가시키는 요인이다. 관련 정보는 주로 의료진이나 기타 출처로부터 획득한다. 검사 결과에 기초한 임상 사례를 데이터베이스로 구축하면서 보다 상세하고 신뢰할 만한 진단 및 치료 방법이 개발되었다. 치매 스펙트럼의 진단 근거가 되는 원인 질환이 규명되고 있으나, 정확하고 신뢰할 만한 감별 진단이 요구된다. 여기서는 치매의 다양한 원인 질환 및 장애의 범위, 병태생리학적 지표, 동반된 인지-행동 증상을 논의한다.

『정신질환 진단 및 통계 편람 제5판(DSM-5)』(APA, 2013)은 치매[1)]를 주요신경인지장애(주요 NCD)로 분류한다. 이의 진단 기준([글상자 2-1] 참고)은 다음과 같다. ① 개인 · 정보제공자 · 임상가의 보고, 표준 신경심리검사 결과에 근거하여 이전에 비해 하나 이상의 인지 영역(복합적 주의력, 집행기능, 학습 및 기억, 언어, 지각-운동, 사회적 인지)이 현저히 손상된다. ② 인지 결함이 일상 활동을 방해한다. ③ 인지 결함이 섬망(delirium; 급성혼동상태)과 전적으로 일치하지는 않는다. ④ 다른 정신장애(예: 주요우울증[major depression], 조현병)와 구분된다.

DSM-5의 진단 절차는 두 단계로 명시되어 있는데, 먼저 주요 NCD로 분류한 후 임상 증후군의 원인을 부호화한다(Petersen et al., 2014). 알츠하이머병(AD)으로 인한 치매는 가장 흔한 비가역성 및 진행성 신경장애로서 결국 사망에 이른다(Alzheimer's Association, 2016). 신경퇴행성 질환(예: 파킨슨병[Parkinson's disease: PD], 헌팅턴병[Huntington's disease: HD], 전두측두엽변성[frontotemporal lobar degeneration: FTLD], 루이소체병[Lewy body disease]), 혈관성 질환(예: 뇌졸중), 감염(예: 크로이츠펠트-야콥병[Creutzfeldt-Jacob disease]), 외상성 뇌손상(traumatic brain injury: TBI), 특정 물질(예: 알코올), 약물 등도 치매를 유발한다. 잠재적이고 치료 가능한 원인(Clarfield, 2003)을 고려해 인지 및 비인지 증후군을 포괄적으로 평가함으로써 진단 정확도를 높여야 한다.

하나의 신경병리가 다양한 치매 증후군을 유발할 수 있다(예: AD는 알츠하이머형 치매, 원발성 진행성 실어증[primary progressive aphasia: PPA], 후방피질위축[posterior cortical

1) '치매(dementia)'는 DSM-5(APA, 2013, p. 607)에 언급된 주요 NCD의 대용어로, 이 장에서 전반적으로 사용됨

글상자 2-1 주요신경인지장애(주요 NCD; 일명 '치매')의 진단 기준(APA, 2013)

A. 이전에 비해 하나 이상의 인지 영역이 현저히 저하됨

- 복합적 주의력
- 집행기능
- 학습 및 기억
- 언어
- 지각-운동
- 사회적 인지

근거

1. 현저한 인지 저하에 대한 개인, 정보제공자, 임상가의 보고
2. 표준 신경심리검사상 뚜렷한 인지 손상

B. 인지 결함이 일상 활동을 방해함(요금 지불 등 일상의 복잡한 도구 활동 시 도움 필요)

C. 인지 결함이 섬망(급성혼동상태)과 전적으로 일치하지는 않음

D. 인지 결함이 다른 정신장애(예: 주요우울증, 조현병)와 구분됨

atrophy: PCA]의 원인임; FTLD는 행동변이형-전두측두 치매[behavioral variant-frontal temporal dementia: bv-FTD], PPA의 원인임). 또 여러 신경병리가 몇몇 치매 증후군을 유발하기도 한다(예: AD나 FTLD가 PPA를 유발함). 임상적 진단이 부정확하거나, 인지 및 신체 검사에 근거한 진단이 오류일 수도 있다. 따라서 고비용의 신경영상검사는 확인 가능한 정보에 기반하여 선택적으로 시행한다(Thomas et al., 2017). 치매 환자와 가족이 진단 절차 및 결과에 대해 혼란스러울 수 있으므로, 언어재활사(SLP)와 보건의료 전문가는 신경병리와 치매 증후군 간의 차이를 이해한 후 교육 및 상담을 수행한다(Khayum, 2016). [그림 2-1]의 흐름도(Khayum, 개인적 대화)는 노스웨스턴 돌봄경로 모델(Northwestern Care Pathway Model; Morhardt et al., 2015)에서 발전했으며, 치매 환자 및 가족의 진단 과정을 제시한다.

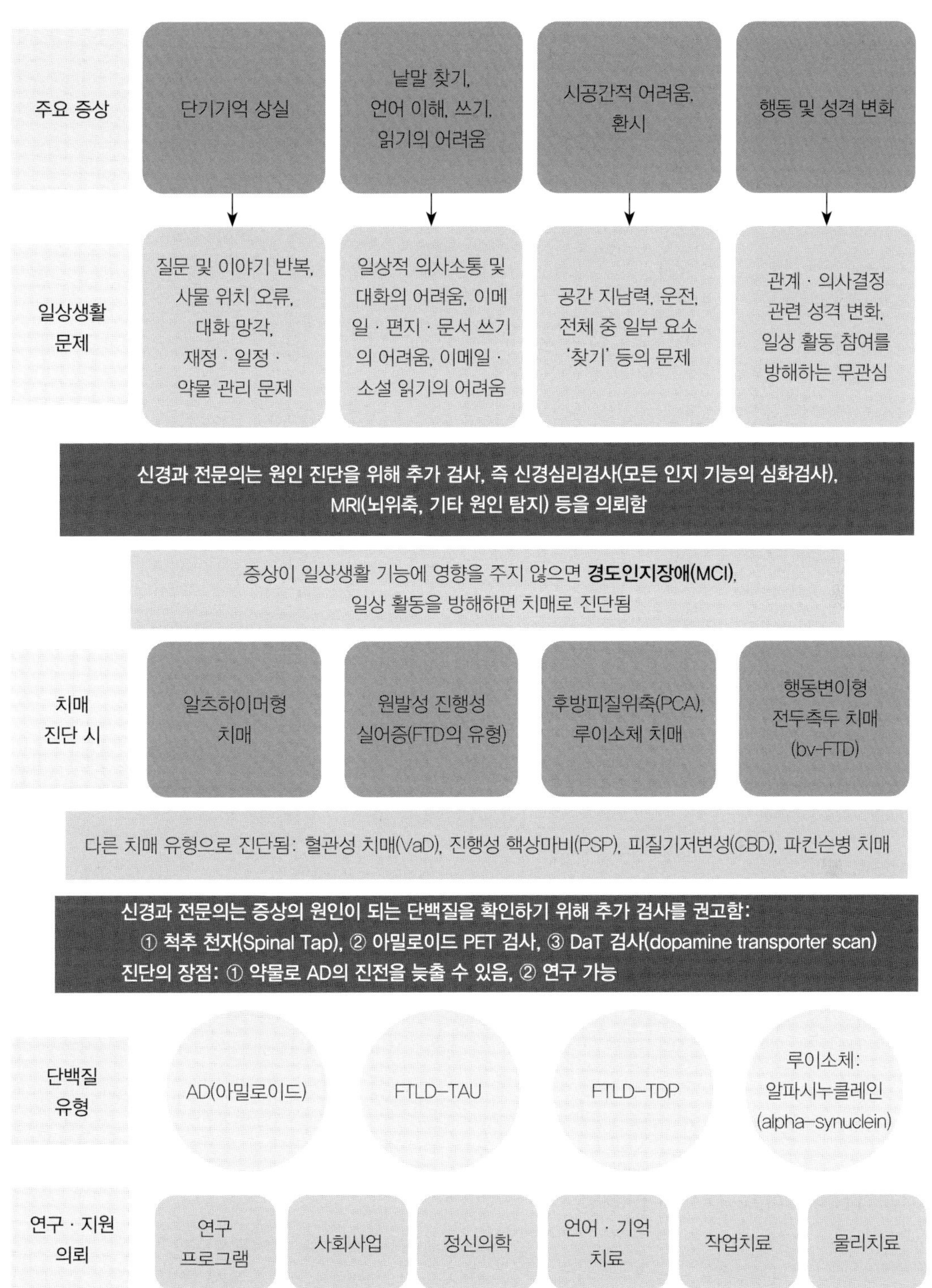

주요 증상
단기기억 상실
낱말 찾기, 언어 이해, 쓰기, 읽기의 어려움
시공간적 어려움, 환시
행동 및 성격 변화
일상생활 문제
질문 및 이야기 반복, 사물 위치 오류, 대화 망각, 재정 · 일정 · 약물 관리 문제
일상적 의사소통 및 대화의 어려움, 이메일 · 편지 · 문서 쓰기의 어려움, 이메일 · 소설 읽기의 어려움
공간 지남력, 운전, 전체 중 일부 요소 '찾기' 등의 문제
관계 · 의사결정 관련 성격 변화, 일상 활동 참여를 방해하는 무관심
신경과 전문의는 원인 진단을 위해 추가 검사, 즉 신경심리검사(모든 인지 기능의 심화검사), MRI(뇌위축, 기타 원인 탐지) 등을 의뢰함
증상이 일상생활 기능에 영향을 주지 않으면 경도인지장애(MCI), 일상 활동을 방해하면 치매로 진단됨
치매 진단 시
알츠하이머형 치매
원발성 진행성 실어증(FTD의 유형)
후방피질위축(PCA), 루이소체 치매
행동변이형 전두측두 치매 (bv-FTD)
다른 치매 유형으로 진단됨: 혈관성 치매(VaD), 진행성 핵상마비(PSP), 피질기저변성(CBD), 파킨슨병 치매
신경과 전문의는 증상의 원인이 되는 단백질을 확인하기 위해 추가 검사를 권고함:
① 척추 천자(Spinal Tap), ② 아밀로이드 PET 검사, ③ DaT 검사(dopamine transporter scan)
진단의 장점: ① 약물로 AD의 진전을 늦출 수 있음, ② 연구 가능
단백질 유형
AD(아밀로이드)
FTLD-TAU
FTLD-TDP
루이소체: 알파시누클레인 (alpha-synuclein)
연구 · 지원 의뢰
연구 프로그램
사회사업
정신의학
언어 · 기억 치료
작업치료
물리치료

[그림 2-1] 노스웨스턴 치매 돌봄경로 모델(Morhardt et al., 2015)

출처: Becky Khayum과 동료들의 승인하 인용.

글상자 2-2 치매 증후군의 보편적 원인 질환

- 알츠하이머병
- 파킨슨병
- 전두측두엽변성
- 루이소체병
- 혈관성 질환
- 헌팅턴병
- 감염
- 외상성 뇌손상
- 물질/약물

1. 치매 선별검사 및 진단

기억과 인지 기능의 변화를 자각하면 공포를 느끼는데, 이러한 상황에서 기억력을 주기적으로 모니터하는 경우가 많다. 병원 방문을 최대한 미루기도 하고, 초기 징후가 나타날 때 전문가에게 의뢰하기도 한다. 두려움 때문에 증상을 부인하거나 축소할 수도 있다. 가족과 친구는 인지 문제를 해결하는 데 있어 회피 또는 열의를 보인다. 예를 들어, 인지 변화를 겪는 가족이 운전하면 동승자가 있어야 안전하다고 믿는다. 인지 변화가 지속적임을 인식한 가족은 안전을 우려해 책임을 제한하고 운전을 금지한다. 진단받거나 제한이 필요하기 전까지는 일상생활에서 대안을 모색한다. 전반적인 검사를 통해 증상의 원인을 확인하거나 설명하기도 한다. 지역사회에서 실시하는 기억력 선별검사는 무상으로 신속하게 제공된다.

1) 지역사회 기억력 선별검사

무료로 시행되는 기억력 선별검사는 지역사회의 병원, 노인 검사센터, 대학 부설 기억장애 클리닉, 기타 의료기관, 사회서비스 지원센터(예: Alzheimer Resource Centers), 국영단체(예: Area Agency on Aging, Department of Elder Affairs), 국가기구(예: Alzheimer's

Association, Alzheimer's Foundation of America)에서 공공 서비스로 제공된다. 2015년 미국알츠하이머재단(Alzheimer's Foundation of America)은 기억력 선별검사 국영 프로그램(National Memory Screening Program)을 시행했는데, 이는 기억력 문제의 조기 감별을 촉진하고 적절한 중재를 권장하기 위해 지역사회 조직과 협력하는 지속적인 방안의 일환이다. 기억력 선별검사 행사는 광역 지역사회 건강 박람회 중 하나로, 건강 정보를 무료로 제공하거나 다양한 선별검사를 시행한다(예: 혈압, 콜레스테롤, 골밀도, 낙상 위험). 이는 주로 지역 신문, 라디오 및 TV의 공익 광고를 통해 홍보한다.

간이정신상태검사(Mini Mental State Exam: MMSE; Folstein, Folstein, & McHugh, 1975; MMSE-2; Folstein & Folstein, 2010), **몬트리올 인지평가**(Montreal Cognitive Assessment: MoCA; Nasreddine et al., 2005) 등의 기억력 선별검사를 통해 인지 능력을 신속히 평가한다. 약물의 잠재적 영향이나 기억력 손상 약물(수면제인 베나드릴[Benadryl])의 검토, 우울증 및 의학·정신건강 선별검사, 최근의 외상적 사건(예: 가족의 죽음이나 이혼)의 확인 등도 30분 내외의 기억력 선별검사 프로토콜에 포함된다. 검사 결과는 기억 관련 증상의 근거나 심화평가의 필요성을 판단하고 의료진과 상담하는 데 활용된다. 정상 노화와 기억, 기억 증진 전략, 기억 손실의 예방에 관한 안내 책자도 유용하다(2장 후반부 참고).

2) 의학적 평가

평가하기 전에 의학적 상태(예: 통증, 체중, 수면, 활동), 인지 기능(예: 언어, 지남력, 활동의 개시 및 실행, 시공간 문제), 비인지 기능(예: 성격 변화, 행동장애, 운동 기능, 정신의학적 증상)의 변화를 확인하기 위해 주호소와 증상에 대한 기록을 면밀히 검토한다. 환자와 동거 중인 가족 또는 의미 있는 타인으로부터 유용한 정보를 획득할 수 있다. 특히 주치의는 증상의 발병 시기, 진행 속도, 중증도에 관한 보고를 숙지한다. 갑작스러운 발병은 심혈관 질환(예: 뇌졸중)의 징후인 반면 점진적인 잠행성 발병은 AD로 진단될 확률이 높다. 치매 증상의 가역성 여부는 논쟁적이나(Jack et al., 2011), 의학적 치료를 위해 정확한 감별 진단이 필요하다는 데에는 이견이 없다. 주치의는 신체 검진이나 기타 문제를 검토할 때 일련의 증상을 참조한다. [글상자 2-3]에는 주치의와 전문가 팀이 환자 및 가족을 진단하는 절차가 요약되어 있다. 이는 치매 증후군의 유무 및 질환 유형을 판단하는 데 활용된다.

신체 검진 신체 검진 시 의학적 질환을 먼저 검토한다. 의학적 질환이 인지 손상의 근거가 되기도 한다. 예를 들어, 심혈관 질환, 당뇨병, 갑상샘저하증, 무산소증 또는 저산소증, 간 및 신장 질환, 기타 신진대사 질환이 주의력, 집중력, 기억력 손상에 영향을 미칠 수 있다. 따라서 질환을 적절히 치료하면 인지 능력이 향상된다. 맥박 및 혈압의 측정, 심장 · 폐 · 복부의 청진 등 신체 검진을 통해 심혈관-호흡의 손상 여부를 확인한다. 환자 및 가족의 보고와 대조해 약물 효과를 검토하면서 증상을 치료한다. 약물이 추가되거나 복용에 변화가 있으면 인지 증상이 악화될 수 있으므로 약물 조정 후 재평가를 시행한다.

혈액 화학: 신진대사 및 영양 요인 새로 나타난 증상의 원인 질환이 의학적으로 불분명하면 주로 혈액 선별검사를 의뢰한다. Knopman 등(2001)의 분석법이 많이 활용되는데, 전체혈구계산(complete blood count), 혈청전해질(serum electrolytes), 포도당, 혈액요소질소(blood urea nitrogen) 및 크레아티닌(creatinine), 엽산, 갑상샘 자극 호르몬, 비타민 B_{12}가 포함된다. 위험 요인이 있을 경우 라임병(Lyme disease), 매독, 에이즈 바이러스(HIV) 관련 검사도 권장된다. 혈액 화학에 반영되는 영양 결핍을 통해 만성 알코올 중독을 확인할 수 있다. 장기적 알코올 남용을 방치하면 베르니케-코르사코프 증후군(Wernicke-Korsakoff syndrome)에 동반되는 치매 증후군을 유발한다(Thompson, Guerrini, & Marshall, 2012; 2장 후반부 참고).

신경학적 검사 인지 문제를 유발하는 신경학적 질환은 신경학적 정밀검사를 통해 확인한다. 신경과 전문의는 뇌신경 및 척수신경 검사로 안면 약화의 징후를 파악하는데, 비정상적 안구운동, 시야결손, 자세, 걸음걸이, 운동장애, 움켜잡기 · 빨기 · 입내밀기 반사, 특정 신경학적 질환에 기인한 진동 및 고유 감각 결함 등이 해당된다. 추체외로 관련 징후는 AD에도 나타날 수 있으나, 주로 루이소체병, PD, HD에서 관찰된다(Karantzoulis & Galvin, 2014). 운동실조증(ataxia)과 고유감각의 변화는 비타민 B_{12} 결핍과 연관된다. 하지 긴장도 증가, 빠른 반사, 실행증적 걸음걸이는 정상압수두증(normal-pressure hydrocephalus)이나 전두엽 손상 시 나타난다(Patterson & Clarfield, 2003).

혈관 병변으로 인한 국소 장애, 정신질환 증상(예: 주요우울증), 치매로 인한 점진적 인지 악화 간을 감별하기 위해 정신상태, 언어, 기분을 확인하기도 한다. 신경과 전문의는 MoCA(Nasreddine et al., 2005), MMSE(Folstein et al., 1975) 등의 인지 선별검사를 통해 전반적인 정신상태를 파악한다. MMSE의 수행은 연령, 문화, 교육수준에 근거한 규준(Crum et al., 1993; Grigoletto et al., 1999)에 따라 해석한다. MMSE-2(Folstein & Folstein, 2010)는 피질하 영역의 인지 결함에 더 민감하며, 8개 언어 및 3개 스페인어 방언으로 번역되었다. 증상과 병력에 대한 질문을 통해 언어 및 기분을 비공식적으로 파악한다. 우울증이 있는 노인인 경우 MMSE의 점수가 낮은 편이다(Folstein, Folstein, & Folstein, 2011).

가족력 및 심리사회적 배경 환자의 심리사회적 배경은 의학적 및 신경학적 정보를 명확히 해석하는 데 필요하다. 치매나 고위험 질환의 병력이 있는 친척의 유무, 교육수준 및 직업, 사회적 지원과 자료, 취미/활동, 주거환경 등의 정보는 주로 사회복지사가 수집한다. 가까운 친척에게 치매나 인지장애의 병력이 있는 경우 치매 발병률이 더 높다(Alzheimer's Association, 2016). 가족, 친구, 간병인, 각종 지원 등 사회적 네트워크의 정도와 구성도 파악해야 한다. 사회적 관계와 친밀감을 유지하고 사회 활동(예: 교회, 카드 및 보드 게임, 독서 모임)에 많이 참여할수록 인지 저하를 늦출 수 있다(DiMarco et al., 2014). 뉴런의 새로운 통로를 촉진하고 인지보존 능력(cognitive reserve)을 향상시키기 위해 새 정보를 학습하는 활동(예: 제2외국어, 악기)이 권고된다(Antoniou, Gunasekera, & Wong, 2013).

최근 들어 교육수준과 치매 발병률 간의 상관성이 크게 주목받고 있다. Snowdon(2001)이 수녀 집단의 인지와 교육수준을 연구한 이래 교육의 잠재적 신경보호 효과가 논의되었다. Meng과 D'Arcy(2012)의 체계적 문헌 고찰을 통해 몇몇 치매 유형에서 이러한 효과가 입증되었다. 즉 인지보존 능력 가설에 근거할 때 교육수준이 높을수록 뉴런의 연결이 강화되어 완충기나 보존력이 향상되는데, 이는 신경퇴행성 질환으로 인한 초기의 뇌 변화를 보상한다.

교육수준이 낮으면 의학적 치료와 영양 공급이 덜 지원되는 사회경제적 특성이 있어 치매 발병률이 높을 수 있다(McDowell et al., 2007). 식단, 운동, 알코올 소비에 관한 정보는 심리사회적 기능을 평가하는 데 유용하며, 유산소 운동이 신경보호 기능에 기여하기도 한다. 중년기에 운동량이 많을수록 노년의 치매 위험률이 낮아진다(Defina et al., 2013). 노인의 우울도 발병률을 높이는데, 특히 혈관성 치매(vascular dementia: VaD) 및 AD와의 상관성이 크다(Diniz et al., 2013).

거주지 상태와 일상생활 습관을 점검할 방문자가 거의 없으면 독거인의 요구를 정확히 판단하기 어렵다. 배우자나 성인 자녀는 슬픔, 분노, 두려움 등의 심리 문제가 결부될 수 있으나 비교적 정확하고 상세한 정보를 제공한다. 보호자의 부담이 클수록 자신과 환자의 신체 및 감정에 부정적인 영향을 미친다. 면담은 의학적 진단 이후 환자와 보호자가 요구하는 자원을 전반적으로 판단하는 데 중요하다.

약학적 평가 일부 약물의 인지 손상 효과, 다중약물요법(복합적이거나 불필요한 약물 사용)의 보급을 고려해 전반적인 치매 평가 시 약물에 대한 검토가 필요하다(Maher, Hanlon, & Hajjar, 2014). 처방전 없이 구입 가능한 진정제(예: 베나드릴)는 혼돈과 무감각을 유발할 수 있다. 특정 질환에 복용하는 약물이 인지 기능에 영향을 주거나 약물 동력학(pharmacokinetics) 양상을 변화시키기도 한다. 예를 들어, 처방약인 쿠마딘(coumadin)과 처방전이 필요 없는 아스피린 및 징코빌로바(gingko biloba)는 항응고제로, 함께 복용하면 처방 의도와 달리 혈액을 희석시킨다. 진통제, 항정신병약, 항콜린성약물, 항불안제, 바르비투르(barbiturates), 진정제, 수면제, 항우울제, 항히스타민제, 몇몇 비뇨기 약물 등은 기억력을 손상시킨다(Massey & Ghazvini, 2005). 인지 손상 가능성을 고려해 처방전이 필요 없는 약물을 사용하더라도 임상가에게 보고해야 한다. 약물 복용법을 준수하지 않으면 질환을 악화시키고 처방 내용을 잊거나 거부하는 결과를 초래할 수 있다. 적절한 시기에 치료할 경우 노인에게 간과되기 쉬운 약물의 신경독(neurotoxic) 효과와 알코올 남용을 개선할 수 있다.

신경심리검사 신경심리검사는 치매 진단에 필요한 또 다른 요소이다. 신경심리학은 다양한 평가를 통해 뇌, 인지, 정서, 행동 기능을 다룬다. 신경심리검사는 연령, 성별, 교육 수준, 문화적 배경에 따라 수행의 병리성을 판단하는 데 활용된다(Taylor & Monsch, 2004). 또 인지(예: 주의력, 기억력), 언어, 실행, 시공간력, 집행기능 검사는 치매 유형의 진단에 유용하다. 주기적 평가를 통해 질환의 경과와 치료 효과를 파악한다(5장 참고).

검사 전에 시력 및 청력의 변화를 고려해야 한다. 노인의 보편적 시력 손상은 굴절이상(그리고 렌즈/안경으로 인한 교정)이나 황반변성(macular degeneration) · 당뇨망막병증(diabetic retinopathy) 관련 비굴절이상이 원인일 수 있다(Chou et al., 2013). 황반변성, 녹내장, 백내장 등의 안질환은 신경심리검사 전에 병력을 검토하거나 면담을 통해 확인해야 한다. 간단한 읽기 검사로 시력을 파악하기도 하나, 전문가(예: 검안사, 작업치료사)에게 의뢰해 심화평가를 시행할 필요가 있다.

노인성 난청도 흔하며, 인지 손상이 있을 경우 보다 빈번하다. 난청이 치매 발병률(Lin et al., 2011) 및 인지 손상(Kiely et al., 2012)과 연관된다는 보고도 있다. Nirmalasari 등(2017)은 기억력 클리닉을 방문한 50세 이상 성인 122명 중 약 2/3가 난청(WHO의 정의 기준; 청력이 높은 쪽 귀에서 0.5~4 kHz의 순음 평균[pure-tone average: PTA]이 25dB보다 큰 경우)임을 확인했다. 인지와 청력 손상 간의 상관성을 뒷받침할 기제가 규명되지 않았으나 신경병리학적 가설이 제안된 바 있다. 즉 난청과 인지 손상으로 인해 사회적 고립이 악화되며, 난청이 인지 부담을 가중시킨다(Albers et al., 2015; Lin & Albert, 2014). 인지 손상과 난청 간의 상관성을 파악하면 신경심리검사에 앞서 적절한 감별 진단이 가능하고, 필요시 청능사에게 의뢰할 수 있다. 보청기를 착용한 경우 검사 시 착용 여부, 배터리 작동을 미리 확인해야 한다.

신경영상검사 신경영상 기법이 치매를 진단하는 데 필수적이지는 않으나, 전문의의 진단에 확신을 더하고(McKhann et al., 2011) 다양한 원인을 파악하는 데 유용하다(APA, 2013). 따라서 전문의는 주로 초기 평가 시 컴퓨터단층촬영(computed tomography: CT), 자기공명영상(magnetic resonance imaging: MRI) 검사 등 구조적 신경영상을 활용한다. CT는 두개 내(inttacranial) 구조의 엑스레이 영상을 통해 뇌종양, 경막하 혈종, 뇌수종, 대뇌 병변, 피질위축, 뇌실 및 백질 변화를 보여 준다. 이는 신경학적인 징후가 미미할 때 국소 병변을 인식하는 데 유용하다. 구조적 MRI는 해부학적 변화와 신경변성을 파악하기 위해 가장 보편적으로 사용되는 기법이다(Risacher & Saykin, 2013). 뇌 조직을 공간적으로 잘 보여주고 전자기력에 기반해 우수한 해상도, 연조직 대조 영상을 제공하므로 CT보다 더 선호되기도 한다.

다른 기법들은 주로 치매 관련 연구에 활용되는데(Risacher & Saykin, 2013), 뇌혈류를 통한 구조 영상 기법, 방사성 약물 분포, 특정 뇌 효소의 생화학 반응을 보완하는 분자 영상(molecular-imaging) 접근 등이 있다. 예를 들어, 기능적 MRI(functional MRI: fMRI)는 과제 수행 시의 뇌혈류를 통해 헤모글로빈의 변화를 탐지한다. 자기공명분광술(magnetic resonance spectroscopy: MRS)은 무선 주파수를 측정해 생화학적 변화를 파악한다(Risacher & Saykin, 2013). 단일광자단층촬영(single photon emission computed tomography: SPECT)은 감마선(gamma ray) 발사 물질을 사용해 혈류, 시냅스(synapse) 밀도, 종양 물질 대사 등 세포의 생화학적 상태를 나타내는 영상을 제공한다(Bhogal et al., 2013).

양전자방출단층촬영술(positron emission tomography: PET)은 방사성 배위자(ligand)와 플루오로데옥시글루코스(fluorodeoxyglucose: FDG)를 주입해 포도당 대사를 확인하고, 추적자(tracer)가 베타 아밀로이드(beta-amyloid) 침전물과 신경전달물질 체계를 검사한다(Risacher & Saykin, 2013). 뇌 대사, 신경전달물질 및 기타 단백질의 기능적 변화를 파악함으로써 치매 유형에 따른 퇴행성 변화 정보를 제공한다(Risacher & Saykin, 2013). 구조적 MRI상 측두 및 두정 피질의 불균형 위축, 양성 PET 아밀로이드 영상, PET상 FDG의 흡수 저하는 AD의 생체표지(biomarker)로 작용한다(McKhann et al., 2011; 추후 논의 참고).

글상자 2-3 치매의 진단 과정

2단계 진단 절차

1. 주요 NCD로 분류함
2. 임상 증후군의 원인별로 코드를 부여함(Petersen et al., 2014)

의학적 평가에 근거함

- 신체 검진(예: 현 의학적 상태–심장 · 신장 · 간 기능)
- 혈액 화학: 신진대사 및 영양 요인(예: 비타민 결핍증, 전해질평형[electrolyte balance])
- 신경학적 검사(예: 시야 결손, 운동 및 보행 장애)
- 가족력 및 심리사회적 배경(예: AD의 가족력, 사회적 관계망)
- 약학적 평가(예: 과잉투약, 복용지시 불응)
- 신경심리검사(예: 기억력 · 언어 · 실행 검사)
- 신경영상검사(예: MRI, CT)
- 생체표지(예: 타우 단백질에 대한 대뇌척수액의 측정)

2. 신경병리학, 생체표지, 유전학

신경병리학적으로 확인된 치매는 생체표지 및 유전학 분야에서 활발히 연구되는데, 증상의 치료, 검사의 정확도 및 신뢰도를 향상시키는 데 목표를 둔다. 생체표지란 질환의 존재 여부를 확인하기 위해 측정할 수 있는 생리학적 지표나 요소를 의미한다(Alzheimer's Association, 2016). 치매를 유발하는 질환의 생체표지는 영상 기법과 대뇌척수액(cerebrospinal fluid: CSF) 검사를 통해 제시되며, 혈액이나 소변에 기반한 생체표지는 현재 잘 사용되지 않는다. 높은 CSF 타우(tau) 수치, 뇌의 아밀로이드 베타 단백질 침전물에 대한 CSF 검사는 병태생리학적 AD의 진단 기준에 포함되는 액체 생체표지이다(McKhann et al., 2011). DSM-5에 근거해 치매를 진단할 경우 AD, FTLD, 루이소체병, 혈관성 인지 손상 등의 원인을 판단하기 위한 연속 과제를 활용한다(Petersen et al., 2014). 향후 진단 과정에 생체표지가 포함될 수 있으나, 현재는 임상보다 연구 분야에서의 활용도가 높다(Jack et al., 2011; Petersen et al., 2014).

치매 유형에 관한 유전학적 연구도 진행 중이다. 예를 들어, 프레세닐린-1(presenilin-1; 14번 염색체) 및 프레세닐린-2(1번 염색체) 유전자는 상염색체 우성의 가족성 AD와 연계된다(Albert et al., 2011; Alzheimer's Association, 2016). 아포리포 단백질 E(apolipoprotein E: APOE) 유전자 내 1~2개의 대립 유전자와 같이 후발성/산발성 알츠하이머형 치매로 진전되는 위험 인자도 있다. 2개의 ε4 대립 유전자를 보유하면 위험률이 높고, APOE2 대립 유전자는 보호 기능을 갖는다(Bertram, Lill, & Tanzi, 2010). 증상적 또는 예방적 차원에서 유전자 검사를 시행하는데, 이는 중재 방식을 변화시키지 않으나 진단 정확도를 높이는 데 유용하다(Loy et al., 2014).

1) 정상 노화에서 치매로의 진행

가장 보편화된 치매 증후군은 연령과 관련되나 정상적인 노화 과정은 아니다. 건강한 노인은 인지 능력이 경미하게 저하될 뿐이다(Harada, Love, & Triebel, 2013). 치매는 서서히 진행되며, 진단받기 전 장기간에 걸쳐 신경병리 및 치매의 징후인 인지 저하를 경험한다. 주관적 인지 저하(subjective cognitive decline)는 스스로 인지 능력의 저하를 인식하나 객관적 평가를 통해 증상이 드러나지 않는 단계를 일컫는다(Jessen et al., 2014). 신경병리학적 차원에서 AD는 인지 저하가 두드러지기 수년 전부터 발생하므로, 발병을 늦추는 중재가 가능한 초기 단계에 주로 주목한다. 주관적 인지 저하는 향후에 인지 저하 및 경도인지장애(mild cognitive impairment: MCI)와 치매로 진행될 확률이 높다(Jessen et al., 2014).

MCI는 1980년대 이래 구체적으로 소개되었다(Petersen et al., 2014). 정상 노화 및 주관적 인지 저하로 인한 인지 변화는 치매로 진행되는 과도기일 수 있다. MCI의 주요 진단 기준은 다음과 같다. 인지 변화에 대한 인식, 1개 이상 인지 영역의 손상, 기능적 활동의 독립적 수행, 사회적 · 직업적 기능의 보존 등이다(Albert et al., 2011). DSM-5(APA, 2013)의 경도 NCD 및 Albert와 동료들(2011)의 MCI에 대한 기준은 본질적으로 일치한다. 또 DSM-5에 근거할 때 경도 NCD는 주요 NCD/치매로 진행된다(Petersen et al., 2014).

글상자 2-4 DSM-5의 경도 신경인지장애(일명 MCI) 진단 기준(APA, 2013)

A. 1개 이상 인지 영역의 수행이 이전에 비해 중도 수준으로 저하됨

- 복합적 주의력
- 집행기능
- 학습과 기억
- 언어
- 지각-운동
- 사회적 인지

근거

① 본인, 정보제공자, 임상가가 경미한 인지 저하를 인식함

② 표준 신경심리검사상 중도 수준의 인지 손상을 보임

B. 인지 결함이 일상생활 활동의 독립적 수행을 방해하지 않음

C. 인지 결함이 반드시 섬망을 동반하지는 않음

D. 다른 정신장애가 인지 결함의 주요 원인이 아님

치매와 마찬가지로 MCI의 원인도 다양하다. 최근에는 연관 장애에 따라 MCI의 여러 하위 유형을 변별하는 데 중점을 둔다. 임상 기준에 근거해 일화기억 손상이 뚜렷한 기억상실형 MCI(amnestic MCI: a-MCI), 기억력 외 인지 영역이 주로 손상되는 비기억상실형 MCI(non-amnestic: na-MCI)로 분류된다(Petersen et al., 2014). MCI가 모두 치매로 진행되는 것은 아니며, 진행률은 표집 대상에 따라 다르다. 예컨대, 전문 클리닉에서는 연간 10~15%, 일반인은 약 5~10%가 치매로 진전된다(Petersen et al., 2014). 따라서 전반적인 의학 및 추적 검사는 초기 변화, 질환으로의 진행 가능성 등의 정보를 제공한다. 해마 위축(hippocampal atrophy)은 MCI에서 AD로의 진행을 예측하는 명확한 표지 중 하나이다(Jack et al., 2008).

2) 임상적 치매 증후군 및 신경병리학적 요인

치매는 질환이 아니라 원인 질환에 의한 임상적 증후군이다. 치매 증후군은 추정되는

주요 원인에 따라 하위 유형으로 분류되며(APA, 2013), 전반적인 의학 및 신경심리 검사에 근거해 진단한다. 여러 원인이 결합될 수 있고(예: AD와 혈관성 질환), 하나의 질환으로 인해 특정 증상이 발생한다고 단언하기 어렵다. 증후군과 질환 간의 임상병리적 상관성이 지속적으로 추가되기 때문에 보다 세세하고 새로운 진단 범주가 출현한다. 따라서 임상적 치매 증후군과 원인에 관한 논의는 검증된 진단 분류 및 빈도를 반영하며, 향후 연구를 통해 변화될 수 있는 특정 분류 도식은 제외된다. 〈표 2-1〉에는 가장 보편적인 치매의 하위 유형 및 주요 특성이 제시되었다.

알츠하이머형 치매 알츠하이머형 치매와 '노인성 치매'라는 용어는 1907년 Alois Alzheimer 박사가 처음으로 사용했다. 보편적으로 AD는 증상이 발현되기 전 장기간에 걸쳐 진행된다. 증상으로 인해 사회적 및 직업적 기능이 현저히 떨어지면 알츠하이머형 치매로 진단된다. 알츠하이머형 치매는 가장 보편적인 유형(전체 치매의 60~80%)으로, 이 중 50%는 AD에 의해, 50%는 AD와 다른 장애가 결합되어 발생한다(Alzheimer's Association, 2016). 65세 이상의 미국인 중 약 11%, 85세 이상의 약 1/3이 알츠하이머형 치매를 겪는다(Hebert et al., 2013). 현재 500만 이상의 미국인(Hebert et al., 2013), 50만 이상의 캐나다인(Alzheimer Society of Canada, 2010), 그리고 전 세계 인구 중 3,500만 이상(World Health Organization, 2012)이 알츠하이머형 또는 연관 치매로 진단되었다.

유전적 돌연변이로 인해 알츠하이머형 치매가 65세 이전에 조기 발병하는 사례는 드문 편이며(Schreiber, Bird, & Tsuang, 2014), 주로(약 95%) 65세 이후에 발병한다. 연령과 성별(남:여=1.2:1.5)은 노인성 알츠하이머형 치매의 위험 요인으로, 여성 발병률이 유럽에서는 높지만 미국은 그렇지 않다(Prince et al., 2013). 가족력, 낮은 교육적 · 사회적 · 경제적 상태, MCI, 중등도~심도의 TBI 병력, 대뇌혈관성 위험요인(흡연, 고혈압, 당뇨, 고지혈증; Reitz & Mayeux, 2014), 우울, 신체 무기력(중년기), 비만, 흡연 등도 위험 요인이다(Deckers et al., 2015). 알루미늄, 납, 살충제 노출 등의 잠재적인 환경 및 신경독성 요인은 아직 규명되지 않았다. 유전적 위험요인으로는 19번 염색체의 APOE 유전자가 가장 잘 알려져 있다. 3개의 APOE 대립 유전자(ε2, ε3, ε4) 중 ε4/ε4 유전자형은 발병 위험이 8~12배 더 높다(Loy et al., 2014).

AD의 신경병리는 아밀로이드판(amyloid plaques)과 신경섬유매듭(neurofibrillary tangles)으로 구성된다(Jack et al., 2013). 아밀로이드판은 뇌 전체에 걸친 아밀로이드 베타 펩티드(peptide)의 세포외 집합체이고, 신경섬유매듭은 미세관(microtubule) 관련 타우 단백질의

〈표 2-1〉 치매 증후군의 보편적 특성

	알츠하이머형 치매	혈관성 치매	행동변이형-전두측두 치매	루이소체 치매	파킨슨병 치매
유병률	사례의 60~70%	사례의 20~30%	5~10%	사례의 15~20%	파킨슨병의 18~30%
발병	느리고 점진적임	급격하고 단계적임	느리고 점진적임	느리고 점진적임	느리고 점진적 · 변이적임
인지 능력	• 일화기억 결함, 낱말 찾기 결함(초기) • 작업기억 결함(경미) • 원격기억 결함(후기) • 집행기능장애(초기)	• 국소적 증상(초기 또는 후기) • 주의력 · 집행기능 손상(초기)	집행기능장애, 비교적 양호한 기억력(초기)	• 점차 변이적임 • 알츠하이머형 치매와 유사함 • 주의력 결함(초기) • 집행기능장애(초기)	• 루이소체 치매와 유사함 • 변이적 인지 능력 • 집행기능장애(초기)
운동 능력	변이적임	추체외로 증상, 보행 문제, 부전마비, 안면 약화를 동반함	변이적임, 추체외로 증상 동반 가능, 운동신경세포병(motor neuron disease)의 특성 발현 가능	추체외로 증상 동반 가능	추체외로 증상, 안정떨림(resting tremor), 운동완만증(bradykinesia), 톱니바퀴경축(cogwheel rigidity), 마비말장애
언어 능력	• 경미한 낱말 찾기 결함(초기) • 의미, 화용, 읽기 이해 손상(후기)	국소적 언어 결함, 변이적임	비교적 보존(초기), 무언증 발현 가능(후기)	• 단어유창성 결함(초기) • 기타 능력 보존(초기) • AD와 유사함	• 알츠하이머형 치매에 비해 언어 손상 적음 • 화용 능력 결함(초기)
시공간 능력	점진적 저하	시야 결함	보존(초기)	결함(초기)	보존(초기)
행동	• 망상, 환각, 초조, 반복행동(중기) • 보행, 식사, 삼킴 문제(후기)	우울, 초조, 불안, 무관심(초기)	기분, 성격, 사회적 행동의 심한 변화(초기), 무관심 또는 탈억제	환시, 망상, 우울(초기)	• 우울, 기분 변화 • 약물 관련 망상, 환각

과인산화(hyperphosphorylation)로 인해 뉴런 내에서 발생한다(Risacher & Saykin, 2013). 증상이 나타나기 전 매듭보다 먼저 아밀로이드 축적이 장기간에 걸쳐 발생한다(Jack et al., 2013). 이로 인해 세포사(cell death)가 광범위하게 일어난다. 대뇌의 부피 감소가 구조적 MRI상에 나타나는데, 내측 두정엽 및 측두엽, 해마를 포함한 내후각피질(entorhinal cortex)에서 시작된다(Bhogal et al., 2013). 후두엽 및 일차감각-운동 피질은 질환 후기까지 비교적 보존된다. AD는 단일 질환이 아니며, 후방피질위축에 의한 진행성 시공간력 손상뿐 아니라 PPA를 유발하는 유형도 있다(Mesulam et al., 2014). 알츠하이머의 신경병리학적 양식이나 분류에 근거해 하위 유형을 구분한다. 이러한 양식이 증후군의 임상적 증상과 연관된다. 신경병리학적 분류에 포함되는 알츠하이머형 치매의 기억 손상은 가장 초기에 나타나는 증상일 수 있다.

기억의 유형에 따라 손상 정도가 다르다. 주로 일화기억의 손상이 두드러지며, 낱말찾기 문제인 의미기억 결함도 보편적이다(Weintraub, Wickland, & Salmon, 2012). 원격(remote) 및 자서전적(autobiographical) 기억은 정상 노인에 비해 서서히 악화되나, 원격기억은 최근의 일화기억보다 더 잘 보존된다(Morris & Mograbi, 2013). 초기 알츠하이머형 치매의 기억 폭(span memory)은 비교적 유지되나, 작업기억의 중앙 집행기능은 손상된다(Stopford et al., 2012).

알츠하이머형 치매는 여러 인지 영역에 영향을 미친다. 초기에 주의력과 집중력이 저하될 수 있는데, 환자가 이를 자각하기도 한다. 복합 주의력 결함과 함께 행동이나 일의 계획 · 조직 · 시작에 관여하는 집행기능도 초기에 손상된다(Weintraub et al., 2012). 반면 시공간력은 서서히 저하된다(Johnson et al., 2009). 이러한 인지 변화는 일상적 기능의 결함 및 의사소통 행동에 복합적으로 영향을 준다.

기억력에 비해 언어에 미치는 영향은 적으나, 알츠하이머형 치매로 진단되기 전 장기간에 걸쳐 언어적 변화가 감지된다(Mesulam et al., 2008). 언어를 지원하는 의미기억과 다른 인지 처리가 저하되면서 손상이 심화되고, 사회적 상황에서 언어를 적절히 사용하지 못해 화용언어 능력이 떨어진다. 의미 및 화용에 비해 음운과 구문 능력은 비교적 보존되며(Croot et al., 2000), 읽기 및 구어 이해는 치매가 진행되어도 대체로 유지된다(Bourgeois, 2013). 후기에는 구어 표현과 이해가 심하게 손상되어 알아들을 수 없게 웅얼거리다 결국 무언증으로 발전할 수 있다. 친숙한 감각 자극, 단서, 음악에 대한 감정 반응(예: 웃음 및 유쾌한 발성)은 반사 행동과 구별하기 어렵다(Bayles, Kaszniak, & Tomoeda, 1987; Lubinski, 1995; 단계별 언어 증상은 3장 참고).

특수 클리닉의 치매 환자 중 약 80%가 행동적 및 신경정신과적 증상을 보인다(APA, 2013). Lyketsos 등(2011)은 알츠하이머형 치매와 관련된 주요 행동적 및 신경정신과적 증상으로 수면장애, 기분장애(무관심, 우울), 망상(예: 절도, 학대, 가정불화, 배우자 부정행위, 유기, 환영), 환각(시각, 청각, 미각, 후각, 촉각), 초조, 공격성을 꼽았다. 불안, 서성거림, 방황, 반복 행동도 흔히 관찰된다(van der Linde et al., 2016).

혈관성 치매 혈관성 질환은 인지 손상을 유발할 수 있는 대뇌혈관 병리의 총칭이다. 혈관성 치매(VaD)는 진단 기준에 부합할 만큼 인지 손상이 심한데, 치매 사례의 최소 20%를 차지해 노인성 치매의 원인 중 두 번째로 흔하다(Gorelick et al., 2011). 병소와 유형이 이질적이어서 VaD의 신경병리학적 변화를 규정하기가 어렵다(Khan et al., 2016). VaD의 원인 및 표현형(phenotype)은 혈관 폐색의 원인과 유형, 출혈 여부, 동맥 분포, 연관된 혈관의 크기에 따라 다르다(Khan et al., 2016). VaD는 대부분 광범위한 융합성 백질 병변(뇌백질변성[leukoaraiosis]), 다발성 열공(multiple lacunes), 양측성 시상 소경색(bilateral small thalamic infarcts)을 동반한다(Bhogal et al., 2013; Iadecola, 2013; Jellinger, 2013). 만성 고혈압으로 피질하 백질에 광범위한 허혈성 손상이 발생하면 빈스방거병(Binswanger disease)으로 진단되며, 심한 동맥 병변에 의한 다발성 경색은 다발경색 치매(multi-infarct dementia)를 유발한다(Khan et al., 2016). VaD는 AD 등 다른 신경변성과 동반되므로 순수한 VaD는 드문 편이다(Perneczky et al., 2016).

대뇌혈관 질환은 인지 손상(예: VaD)의 주요 원인이기도 하나, 다른 질환/장애로 인해 치매 증상이 악화될 수 있다(Gorelick et al., 2011; Toledo et al., 2013). VaD의 보편적 위험 요인은 고혈압, 당뇨병, 고지혈증, 흡연 등으로 심혈관 질환과 동일하다(Gorelick et al., 2011). 유전성 질환인 카다실(cerebral autosomal dominant arteriopathy with subcortical infarcts and leukoencephalopathy: CADASIL)도 주요 요인 중 하나이다(APA, 2013).

VaD는 단계적으로 악화되는 급성(변동기와 안정기)부터 알츠하이머형 치매와 같은 점진적 진행까지 다양하다(APA, 2013). 피질하 백질 경색이 동반되거나 주춤거리는 걸음, 보폭의 길이 및 높이 저하 등 보행 손상이 나타날 수 있다(Werring & Camicioli, 2016). 국소 병변은 추체로 증상(예: 반신부전마비, 과다근육긴장증, 비정상적 반사), 감정실금(pseudobulbar affect; 예: 과장된 감정 반응, 마비말장애, 삼킴장애, 구역반사), 시야 결손을 유발하기도 한다(Khan et al., 2016).

VaD의 인지 손상은 기저 질환의 특성과 분포에 따라 매우 변이적이다. VaD가 항상 심한 일화기억 결함을 보이는 것은 아니다. 이는 혈관성 인지장애 및 치매에 관한 최근의 진단 지침에 명시되어 있는데, 정보 처리 속도, 복합 주의력, 전두엽의 집행기능 결함도 동반된다(Sachdev et al., 2014). 언어의 특정 영역이 변할 수 있으며, 반신부전마비, 안면 약화, 시야 결손, 추체외로 증상이 동반되기도 한다(Erkinjuntti, 2000). 신경정신의학적 증상도 흔히 나타난다. 약 500명의 92%가 행동적 및 심리적 증상을 보이고, 무관심, 우울, 초조/공격성, 이상운동 행동, 환각이 빈번하나 유형별로 다양하다(Staekenborg et al., 2010).

전두측두엽변성 전두측두엽변성(FTLD)은 신경변성 질환의 총칭으로 분자 유형이 뚜렷하고 몇몇 임상적 표현형을 지닌다(Mesulam et al., 2014). bv-FTD, PPA, 운동신경세포 기능장애(motor neuron dysfunction) 등이 FTLD에 포함된다(Knopman & Roberts, 2011; McKhann et al., 2001). 비정형 파킨슨 증후군, 진행성 핵상마비(progressive supranuclear palsy: PSP), 피질기저핵변성(corticobasal degeneration: CBD)은 임상적 · 병리적 · 유전적으로 유사하다(Seltman & Matthews, 2012; 세부 내용은 2장 후반부 참고). 핵상마비와 CBD가 FTLD의 유형으로 분류되기도 한다(Alzheimer's Association, 2016). 전두엽과 전방 후두엽의 위축은 모든 FTLD 유형에 보편적이나, 노인성 반(senile plaque), 신경섬유매듭, 루이소체는 관찰되지 않는다(Josephs et al., 2012).

bv-FTD의 진단 기준이 명확해지고 있으나(Gorno-Tempini et al., 2011; Rascovsky et al., 2011), 여전히 정확도가 떨어져 FTLD의 진행과 발병을 판단하기 어렵다(Knopman & Roberts, 2011; Onyike & Diehl-Schmid, 2013). FTLD의 유병률은 진단된 치매 사례의 약 5~10%이다(Alzheimer's Association, 2016; Brunnström et al., 2009; Seltman & Matthews, 2012). 비교적 이른 연령인 45~64세(평균 53세)에 발병하며(Ratnavalli et al., 2002), 35세경 증상이 발현되기도 한다(Franczak, Kerwin, & Antuono, 2004). 따라서 FTD는 65세 이전에 발병하는 치매 중 가장 흔한 유형이다. FTLD의 생존 기간은 표현형에 따라 다른데, 운동신경세포 기능장애 환자의 수명이 가장 짧고 연구에 따라 3~14년으로 다양하다(Onyike & Diehl-Schmid, 2013). 354명의 FTLD를 대상으로 한 연구에서 생존 기간의 중앙값은 9.9년이었고, 짧은 생존 기간은 가족력과 상관성이 있었다(Chiu et al., 2010).

픽병(Pick's disease)과 마찬가지로 bv-FTD는 주로 병리적인 비알츠하이머성 타우의 축적과 연관되며, 또 다른 단백질인 TDP-43의 축적도 영향을 미친다(Whitwell et al., 2011). 진단의 정확도를 높이기 위해 뇌영상이 필요하다(Piguet et al., 2011). 뇌영상과 부검을 통해 전두엽, 전대상피질(anterior cingulate cortex), 앞뇌섬(anterior insula), 시상의 광범위한 위축을 확인할 수 있다(Risacher & Saykin, 2013). bv-FTD의 행동 및 인지 기능은 병력이나 직접 관찰을 통해 평가해야 한다(Rascovsky et al., 2011; Seltman & Matthews, 2012). 특히 가족력의 영향이 큰데, 전체 사례의 약 40%가 가족력이 있고 10~20%는 상염색체 우성의 유전 형질을 갖는다(APA, 2013).

다음의 행동/인지 증상 중 최소 세 가지가 재발 또는 지속될 때 bv-FTD로 진단한다. 초기의 행동 탈억제(예: 예의 상실), 초기의 무관심이나 무기력, 초기의 공감 상실, 초기의 반복적 · 전형적 · 강박적/의례적 행동(예: 복합적 · 강박적 · 의례적 행동이나 상동어), 과잉구강증(hyperorality) 및 식이 변화(예: 폭식, 흡연 증가, 구강 탐색, 비식용 사물 섭취), 기억력 및 시공간 기능의 보존과 집행기능 결함(Rascovsky et al., 2011). 가능형(possible) bv-FTD의 기준에 부합하고 매우 변이적인 초기 증상, 심한 기능 저하, bv-FTD와 일치하는 뇌영상 결과 등을 보이면 유력형(probable) bv-FTD로 진단된다(Karantzoulis & Galvin, 2011).

사회적 탈억제, 이상행복감(euphoria), 정형화된 이상운동 행동, 식사 기호 변화, 기억력에 비해 심한 집행기능 결함은 bv-FTD와 알츠하이머형 치매를 변별하는 데 유용하다(Piguet et al., 2011). 초기의 언어적 변화는 발화 감소, 정형화된 발화, 반복 및 반향어 등 표현 영역에서 두드러지며, 말기로 갈수록 무언증이 나타난다. 시지각, 공간 및 운동 영역과 함께 이해, 이름대기, 읽기, 쓰기 능력은 잘 보존되는 편인데(Franczak et al., 2004), 이로 인해 bv-FTD가 정신질환으로 진단되기도 한다.

원발성 진행성 실어증 원발성 진행성 실어증(PPA)의 주요 원인은 FTLD인데, AD, 피질기저변성, PSP, 기타 신경변성 질환으로 인해 발생하기도 한다. PPA를 유발하는 AD는 알츠하이머형 치매 증후군의 원인이 되는 전형적인 노인성 AD와 다르다(Mesulam et al., 2014). PPA는 다음의 두 단계에 따라 진단된다. 첫째, Mesulam(2001)의 기준에 포함된 주요 언어장애를 보인다. 둘째, PPA 변이형을 확인한다(Gorno-Tempini et al., 2011). Mesulam(2001)의 세 가지 진단 기준은 다음과 같다. ① 언어 수행의 현저한 어려움, ② 언어 사용 문제로 인한 일상생활 활동의 어려움(예: 전화기 사용), ③ 발병 후 최소 2년간의 매우 심한 실어증 등이다. PPA의 진단에서 배제되는 경우는 ① 다른 신경변성이나 정신과적 진단에 부합하는 결함, ② 언어 외 인지 영역의 뚜렷한 결함, ③ 초기의 심한 행동 문제 등이다. PPA로 진단되면 3개 변이형 중 하나로 세분화되는데, 임상적 진단, 영상, 명확한 병리적 진단에 근거한다(Gorno-Tempini et al., 2011).

PPA의 변이형에는 진행성 비유창성 실어증(progressive nonfluent aphasia: nv-PPA), 의

미 변이형 진행성 실어증(semantic variant progressive aphasia: sv-PPA), 발화부족 변이형 PPA(logopenic variant PPA: lv-PPA)가 있다(Gorno-Tempini et al., 2011). 그러나 모든 PPA가 단일 유형으로 분류되지는 않으며, 동시에 2개의 유형에 속하기도 한다(Mesulam et al., 2014). nv-PPA는 탈문법증, 노력을 요하는 발화(종종 말실행증) 중 최소 한 가지를 주요 특징으로 하며, 초기부터 언어 능력이 서서히 악화된다. 또 복잡한 구문 이해력 손상, 단어 이해력 유지, 사물 관련 지식의 보존 중 두 가지가 반드시 동반된다. 초기에 낱말 찾기 어려움, 음소착어, 탈문법증을 보이나, 시공간력과 기억력은 비교적 보존되고 성격 및 행동 문제는 드물다(Kertesz & Harciarek, 2014; Mesulam, 2001). 말기에는 관념운동실행증(ideomotor apraxia)과 행동 문제가 나타나며, 비유창성 실어증에서 무언증으로 진행하기도 한다. 다른 인지 결함도 관찰된다. nv-PPA 말기에 CBD나 PSP 등의 운동장애를 보이나, 신경병리적으로는 FTLD가 가장 보편적이다(Gorno-Tempini et al., 2011). 구조적 영상에는 브로카영역(Broca's area), 뇌섬피질, 전운동피질 등 전방 실비우스 주위부(anterior perisylvian regions)의 위축이 흔하며, 후기에는 꼬리핵(caudate nucleus)과 시상도 영향을 받는다(Risacher & Saykin, 2013).

반면 sv-PPA는 조음과 구문이 정확하고 노력 없는 발화를 산출하나, 이름대기장애(anomia) 및 허구어가 동반된 유창성 실어증이 점차 심화된다(Gorno-Tempini et al., 2011). 이를 의미치매(semantic dementia: SD) 또는 의미형 PPA라고도 하나, SD와 sv-PPA 간의 구분이 모호하다. sv-PPA는 대면이름대기와 단단어 이해력이 반드시 손상되며, 상대적으로 이름대기장애가 심하다. sv-PPA는 다음의 4개 특징 중 세 가지를 동반한다. 사물 지식이나 정체성의 손상, 표층실독증 또는 표층실서증(surface dyslexia or dysgraphia), 따라말하기 및 표현 능력(언어적 · 운동적)의 유지, 자서전적 및 일화 기억, 단단어 따라말하기, 소리 내어 읽기, 쓰기 능력은 잘 보존된다(Gorno-Tempini et al., 2011). sv-PPA는 해마 앞쪽 및 편도체(amygdala), 복측 및 외측 전측두엽에 비대칭적인 피질 위축(좌반구가 더 뚜렷함)이 발생한다(Risacher & Saykin, 2013). sv-PPA에는 FTLD의 신경병리적 특징이 가장 보편적으로 나타난다(Gorno-Tempini et al., 2011).

PPA의 제3 유형인 lv-PPA는 발화부족형 PPA로도 불리며 가장 최근에 분류되었다(Gorno-Tempini et al., 2011). lv-PPA의 핵심적인 두 진단 기준은 다음과 같다. ① 단단어 인출 및 문장 따라말하기 능력이 손상되고, ② 음운 오류, 단단어 이해 및 사물 지식의 보존, 운동 구어 능력의 유지, 뚜렷하지 않은 탈문법증 등 4개 특징 중 세 가지가 반드시 나타난다(Gorno-Tempini et al., 2011). sv-PPA에 비해 이름대기 손상이 심하지 않고 음소착어와 유사한 오류를 보이지만, 탈문법증이나 운동 구어보다는 단어 인출의 어려움 때문에 언어 산출 속도가 느리다. SPECT나 PET를 통해 좌반구의 후방 실비우스 주위부, 두정엽의 위축이나 관류저하(hypoperfusion) 등이 확인된다. lv-PPA의 원인이 AD일 수 있고 FTLD의 범주에만 해당되지는 않으나, FTD의 변이형으로 간주되기도 한다(Harris et al., 2013; Mesulam et al., 2014).

루이소체 치매 루이소체 치매(dementia with Lewy bodies: DLB)는 전두엽, 측두엽, 기저핵(basal ganglia) 내에 알파 시누클레인(α-synuclein)으로 구성된 신경세포 함유물인 루이소체가 비정상적으로 침착하여 발생한다(Mayo & Bordelon, 2014). 루이소체는 DLB뿐 아니라 PD의 뇌간핵에서 발견되며, DLB의 경우 피질 및 피질하 백질에도 존재한다(Mayo & Bordelon, 2014). 루이소체로 인해 치매가 발병하면 DLB라 칭한다(McKeith et al., 2016). DLB의 유병률은 다양하게 추정되나, 전체 치매의 15~20%를 차지해 원인 질환 중 2~3위에 해당한다(Vann Jones & O'Brien, 2014). 남성의 발병률이 더 높고(Boot et al., 2013), 고령, 고혈압, 고지혈증, 하나 이상의 APOE ε4 대립 유전자가 위험 요인이다(Mayo & Bordelon, 2014).

DLB의 주요 진단 기준으로는, 매우 변이적인 주의력 · 환기(alertness) · 인지 능력, 빈번하고 정교한 환시의 반복, 파킨슨증의 운동 특성 등이 있다(McKeith et al., 2005, 2016). 파킨슨증의 운동 특성에는 떨림, 경축(rigidity), 운동완만(bradykinesia), 보행이상, 자세 변화, 절차기억 결함이 포함된다(Kaur et al., 2013). 환각 외에 우울, 무관심, 불안, 초조, 망상, 편집증 등의 신경정신과적 증상도 DLB의 두드러진 특징이다(Ballard et al., 2013; Ballard et al., 1999, 2004). 급속안구운동(rapid eye movement: REM) 수면 행동장애는 DLB의 흔한 초기 증상으로, REM 수면 도중 꿈이 과도한 운동 행동으로 나타나는 사건수면(parasomnia)을 의미한다(Ma et al., 2016). DLB는 구어 일화기억이 잘 보존되나, 알츠하이머형 치매에 비해 시지각 과제에서 어려움을 보인다.

파킨슨병 치매 신경변성 추체외로 질환인 파킨슨병 치매(Parkinson's disease dementia: PDD)는 70세 이상 노인의 1.5~2.5%를 차지하며, 여성보다 남성에게 더 흔하다(Pringsheim et al., 2014). 억제성 신경전달물질인 도파민(dopamine)을 생산하는 흑질 내에 신경세포가 소실되면 PDD를 유발하고, 안정떨림(resting tremor), 운동완만, 경축, 자세 불안정 등이 주요 증상으로 나타난다(Weintraub & Stern, 2005). 이러한 증상은 약물(예: 레보

도파[levodopa], 카르비도파[carbidopa])에 잘 반응하는데, 특히 질환의 초기에 그러하다.

PD의 18~30%가 치매로 발전한다. 신경반(neuritic plaque), 신경섬유매듭, 흑질 내 색소신경세포 소실, 루이소체 함유 등 조직학적 측면에서 다양한 병리적 특징이 나타난다(Irwin et al., 2012; Kehagia, Barker, & Robbins, 2010). PDD 증상은 AD보다 DLB와 더 유사하다(Kehagia et al., 2010). DLB와 PDD는 치매와 파킨슨증이 결합되어 나타나며, 자율 기능장애와 과도한 주간졸림증, 환시, 인지 변화, REM 수면 행동장애 등이 동반될 수 있다(Aarsland et al., 2012). AD와 달리 PDD는 실어증, 실행증, 실인증과 같은 인지 문제를 보이지 않는다(Klingelhoefer & Reichmann, 2014). 말기 PDD는 병리적 및 임상적 측면에서 DLB와 변별하기 어려운데, 현재는 치매와 파킨슨증 운동 증상의 추이에 따라 임의로 진단한다(Klingelhoefer & Reichmann, 2014). PDD와 DLB의 유사성 때문에 변별 진단이 어려우나, 인지 결함이 첫해 또는 1년 내에 발생하면 DLB, 운동 결함이 나타난 지 1년 이상 경과한 후 발생하면 PDD로 진단한다(McKeith et al., 2005). PD에 수반되는 신경심리적 증상은 대개 DLB와 유사하다(기분 변화, 환각, 우울, 불안, 초조, 과민성; APA, 2013). 또 항파킨슨증 약물은 24시간 주기 리듬과 수면각성 조절 체계에 영향을 준다(French & Muthusamy, 2016).

진행성 핵상마비 및 피질기저변성에 의한 치매 진행성 핵상마비(PSP)는 드문 퇴행성 신경 질환으로, 강직, 마비말장애, 치매 증상이 나타나 PD와 혼동될 수 있다. 그러나 PSP는 수직 시선마비(vertical eye gaze paralysis)를 보인다(Litvan et al., 1996). 주로 60세 이후에 발병하며, 40세 이전에 발병한 사례는 보고된 바 없다(Donker Kaat et al., 2007). 197명의 PSP 환자를 조사한 결과 생존 기간의 중앙값은 8년이었다(Chiu et al., 2010). 타우 단백질이 기저핵과 뇌간에서 관찰되며, 시상밑핵, 흑질, 담창구(globus pallidus)의 기능에 가장 큰 영향을 미친다(Dickson et al., 2010; Donker Kaat et al., 2011). 전두엽에 위축과 신경섬유매듭이 형성된다(Donker Kaat et al., 2007). 가족력과의 상관성이 보고된 바 있다(Im, Kim, & Kim, 2015).

PD와 마찬가지로 PSP에 의한 치매도 집행기능 손상이 두드러지며, 새로운 학습 능력 및 단어유창성의 감소, 재인기억의 보존 등을 보인다(Gerstenecker et al., 2012). PSP의 신경정신과적 증상은 고도의 무관심, 탈억제 등 전두엽 기능장애의 주요 특성과 일치한다(Kobylecki et al., 2015; Madhusoodanan et al., 2014). 언어 기능에 미치는 영향은 연구마다 다양하다(Kim & McCann, 2015). 운동저하형, 경직형, 실조형 등의 마비말장애는 가장 보편적이고 뚜렷한 PSP의 특징이며, 실구어증(anarthria)으로 진행되기도 한다(Kim & McCann,

2015; PSP의 의사소통 참고).

피질기저변성(CBD)은 PD 및 PSP와 유사한 강직과 인지 손상을 보이는 증후군이다(Bruns & Josephs, 2013). 주요 특징은 비대칭적 강직, 근육긴장이상(dystonia), 국소 반사적 간대성근경련(myoclonus), 하나 이상의 피질 증상(사지 실행증, 피질감각 소실, 외계인 손 증후군[alien limb phenomenon]) 등이다(Bruns & Josephs, 2013). 말 · 언어장애는 CBD의 첫 번째 증상으로, 전체 사례의 30~40%가 마비말장애(경직형-운동저하형 혼합형이 가장 흔하나 실조형, 운동과잉형도 가능), 말실행증, 진행성 실어증(비유창성)을 겪는다(Blake et al., 2003; Boeve, 2000; Josephs & Duffy, 2008). 집행기능, 단어유창성, 시공간 결함이 뚜렷하고, 실어증과 치매 증상이 나타난다(Frattali et al., 2000). 신경정신과적 증상으로는 심한 우울과 무관심이 가장 흔하다(Armstrong, 2014). 원발성 진행성 말실행증은 PSP나 CBD의 초기 증상이다(Duffy et al., 2015; Josephs et al., 2012).

헌팅턴병에 의한 치매 유전성 및 진행성 질환인 헌팅턴병(HD)은 기저핵의 신경퇴행성 장애로, 운동, 인지, 신경정신과적 손상이 관찰된다(Ross & Tabrizi, 2011). 꼬리핵, 조가비핵(putamen), 담창구의 신경세포 소실, 신경전달물질 감소, 전두엽 위축이 발생한다(Ross & Tabrizi, 2011). HD의 증상은 주로 35~42세경 발생해 약 15~17년간 지속되나, 보다 빨리 또는 늦게 발병하기도 한다.

HD의 가장 초기에는 과민성, 충동성 등의 성격 변화, 무관심, 우울, 강박장애와 같은 신경정신과적 증상이 나타난다(APA, 2013; Thompson et al., 2012; van Duijn et al., 2014). 인지 측면에서는 의미기억과 지연 회상이 초기까지 유지되는 편이나, 주의력, 집행기능, 즉각기억은 선택적 결함을 보인다(Papoutsi et al., 2014). 발병 후 10년까지 신경정신과적 증상이 운동 결함보다 먼저 발생하고 인지 및 운동 증상과 무관해 보일 수 있다(Thompson et al., 2012).

비정상적 불수의 운동, 무도병(chorea), 운동불능증(akinesia), 운동이상증(dyskinesia), 보행 문제, 운동완만, 급속눈운동(saccadic eye movement) 등의 운동 증상은 말기에 나타난다(Thompson et al., 2012). 인지 처리 속도가 느려지기 때문에 대화 개시 및 주제 유지, 추상적 개념 이해가 떨어져 의사소통에 영향을 미친다. 또 문제해결력, 기억력, 집행기능이 저하되고 얼굴 표정을 통해 감정을 인식하거나 해석하지 못해 의사소통이 점차 어려워진다(Labuschagne et al., 2013). 운동 증상이 나타나면 과잉운동형 마비말장애, 억양장애(dysprosody), 거친 음질, 발성과 조음을 위한 적절한 호흡 지원의 어려움 등으로 말을 잘 산출하지 못한다. 심한 마비말장애로 말명료도가 매우 낮아져 보완적 의사소통이 요구된다(Klasner & Yorkston, 2000).

인간면역결핍바이러스에 의한 치매 인간면역결핍바이러스(human immunodeficiency virus: HIV) 환자의 40%는 HIV 관련 신경인지장애(HIV-associated neurocognitive disorder: HAND)로 알려진 MCI 증상을 보인다(Harding & Robertson, 2015). HAND로 인해 일상생활 활동이 매우 어려워지면 HIV 관련 치매(HIV-associated dementia: HAD) 또는 HIV 감염에 의한 주요 NCD로 진단된다(APA, 2013). 1996년 이후 복합 항레트로바이러스 치료법(combination antiretroviral therapy: cART)을 통해 HIV 바이러스혈증이 통제되고 면역 기능이 향상되었으며, 이환율, 기대수명, HIV 감염으로 인한 신경학적 영향에 큰 진전이 있었다(Heaton et al., 2011). cART를 적용하면 HAD의 유병률이 5% 이하까지 크게 감소한다(Brew & Chan, 2014; Chan & Brew, 2014; Clifford & Ances, 2013). 감염 병동 환자 대상의 후향 연구에서 고활성 항바이러스요법(highly active anti-retroviral therapy: HAART)이 HIV 관련 신경장애에 미치는 영향을 비교했다(Matinella et al., 2015). 그 결과 동반 질환, 특히 C형 간염과 약물남용 환자가 HAD를 보였다. 신경 합병증이 발병하면 바이러스의 영향이 더 커지며, 입원 전의 HIV 상태를 치료하거나 인식할 수 없다. 따라서 질환을 조기에 발견하고 치료해야 한다. 또 HAART로 인해 면역 상태가 향상되어 수명이 연장되므로 치매를 유발하는 다른 노인성 질환이 발병할 수 있다.

구조적 영상을 통해 HIV 감염으로 인한 경도 및 주요 NCD의 징후가 확인되는데, 피질하 영역 내 국소적 백질 병변, 전방 대상피질, 외측 측두피질, 일차운동/감각피질, 전두엽 및 두정엽의 대뇌 위축이 관찰된다(Risacher & Saykin, 2013). 다른 신경변성장애와 달리, HIV 관련 경도 NCD는 비진행성일 수 있고 회복 · 향상 · 악화가 가능해 변이적이다(APA, 2013). 신경학적 결함으로 인해 인지 손상이 발생하며, 전두엽 병변의 주 증상인 주의력, 집행기능, 일화기억의 결함이 초기부터 관찰된다(Woods et al., 2009). 초기의 말 산출은 피질하 결함에 의한 추체외로 증상을 띠며, 정신운동 완서증(psychomotor slowing)이 동반된 보행장애가 나타난다(Woods et al., 2009).

프라이온병에 의한 치매 전염성 해면뇌병증(transmissible spongiform encephalopathies: TSEs)이라 불리는 프라이온병(prion disease)은 전염성 및 진행성이며, 치사율이 높은 신경변성 질환의 총칭이다(Song & Zhang, 2015). 크로이츠펠트-야콥병(CJD)은 인간 TSEs의 일종으로 드물게 진행성 치매를 유발한다. CJD의 약 15%는 유전성(가족성 CJD; Song &

Zhang, 2015)으로 20번 염색체의 프라이온 단백질 유전자 내 변종이 원인이며, 인간 프라이온병의 약 85%는 전염성 또는 산발성 CJD이다(Puoti et al., 2012). 주로 중년층부터 노년층까지 발병하는데, 평균적으로 60대 후반에 사망한다. 실조증, 추체외로 및 추체로 증상, 간대성근경련 등 신경학적 특성과 함께 기억 손상과 인지 저하가 주로 동반된다(Puoti et al., 2012). 임상적으로 진행이 빠르며, 수 주일 또는 수개월 내에 거동이 어려워지고 무동증 및 무언증을 보인다(Holman et al., 2010).

CJD는 프라이온 단백질-양성 반(prion protein-positive plaque), 해면형 변성, 섬유성 성상교세포(fibrous astrocytes), 신피질의 미세공포 형성(microvacuolation) 등 신경병리학적 특성을 보이며(Prusiner, 2001), 구조적 영상을 통해 광범위한 피질 위축이 확인된다(Risacher & Saykin, 2013). 인지 및 신경정신과적 증상은 진행성 기억 소실, 실어증, 우울, 불안, 망상, 생소하거나 기괴한 행동 등이다(Cummings, 2003). 빠른 진행 및 조기 발병은 다른 치매 유형과 구별되는 특징이다.

외상성 뇌손상에 의한 치매 외상성 뇌손상(TBI)은 두부나 다른 기제에 충격이 가해져 두개골 내 뇌에 빠른 운동/이동이 발생한 상태로, 의식 소실, 외상후 기억상실, 지남력장애나 혼돈, 신경학적 증상(예: 발작, 시야단절; APA, 2013) 중 한 가지 이상이 나타난다. TBI의 원인은 낙상이나 자동차 사고가 가장 흔하며, 주로 유아, 청년, 노인에게 발생한다(APA, 2013). TBI는 확산성 축삭손상(diffuse axonal injury: DAI)뿐 아니라 타박상과 같은 국소적 병변도 포함한다. DAI는 빠른 속도의 두부 충격으로 뇌에 역학적 부담이 가해져 축삭돌기(axon)가 손상된 경우이다(Johnson, Stewart, & Smith, 2013). 특히 전두엽 및 측두엽, 연관 회로(예: 피질하 백질, 기저핵, 시상)가 DAI의 영향을 많이 받는다(Rabinowitz & Levin, 2014).

TBI로 인한 신경인지적 증상은 중증도와 유형에 따라 변이적이다. 중등도~심도 TBI의 급성기 신경행동은 의식 손상 및 외상후 기억상실(posttraumatic amnesia: PTA)이다(Rabinowitz & Levin, 2014). PTA는 TBI 이후 일시적으로 기억력을 변화시키는 혼동 및 기억상실 기간을 의미한다(Rabinowitz & Levin, 2014). DSM-5(APA, 2013)에 따르면 중등도~심도 TBI는 30분 이상 의식 소실이 있거나 최소 24시간 동안 PTA가 지속된다. 기억력, 주의력, 처리 속도, 집행기능은 TBI의 영향을 가장 많이 받는 영역이며, 중증도가 심할수록 의사소통, 시공간 처리, 지적 능력, 결함에 대한 인식도 저하된다(Rabinowitz & Levin, 2014). 행동 및 심리 증상이 보편적으로 나타나고, 감정적 기능 및 조절 장애(예: 과민성, 탈억제, 무관심)가 나타난다(Rao et al., 2015). 주요 NCD/TBI로 인한 치매는 갑작스럽게 발병하고

TBI의 직접적인 결과이다. AD 등의 퇴행성 질환처럼 반드시 진행성인 것은 아니며 변이적으로 회복된다.

단 한 번의 경미한 TBI로 인해 주요 NCD/치매가 발생하지는 않으나, 경미한 TBI가 반복되면 신경섬유매듭과 같은 과인산화 타우(hyperphosphorylated tau: p-tau)가 광범위하게 침착되어 진행성 신경변성인 만성 외상성 뇌병증(chronic traumatic encephalopathy: CTE)으로 진행할 확률이 높다(McKee et al., 2009). CTE는 기억장애, 행동 및 성격 변화, 파킨슨증, 비정상적 구어 및 보행을 유발하며, 주요 신경병리적 특성은 대뇌반구, 내측 측두엽, 시상, 유두체(mammillary body), 뇌간의 위축이다(McKee et al., 2013). 반복적 뇌손상은 인지 문제, 비유전적 요인과 상관성이 있다. 단 한 번의 TBI가 중등도~심도 수준인 경우 AD와 같은 신경퇴행성 치매 증후군으로 발전할 수 있다(Johnson et al., 2009).

물질 유도성 치매 물질 유도성 NCD는 물질의 사용으로 인한 중독 및 심한 금단 증상 이후 인지 손상이 지속되는 상태이다(APA, 2013). 물질 남용에 의한 치매는 잘 알려지지 않았고 드문 것으로 간주되나, 흔히 경미한 NCD가 지속될 수 있다(APA, 2013). 장기간의 과도한 알코올 사용을 뇌영상 연구로 살펴본 결과, 신경세포 밀도의 현저한 감소, 부피 축소, 포도당 대사 변동, 전두엽 관류 등 뇌의 영구적인 변화가 나타난다(Ridley, Draper, & Withall, 2013). 알코올에 의한 경미한 NCD는 집행기능, 시공간 기능, 기억력, 학습 능력 등의 인지 결함을 초래한다(APA, 2013; Ridley et al., 2013).

중독의 직접적 및 상대적 효과, 티아민(thiamine) 부족이 지속적인 신경학적 손상을 유발하는지는 아직 불확실하다(Ridley et al., 2013). 알코올 사용장애는 티아민 부족을 초래할 위험이 큰데, 이로 인해 급성 신경장애인 베르니케뇌병증(Wernicke's encephalopathy: WE)이 유발되어 안진증(nystagmus)과 실조증을 보일 수 있다(APA, 2013; Lough, 2012). WE가 장기간 지속되면 심한 기억상실과 작화증을 동반한 코르사코프 증후군으로 진행되기도 한다(APA, 2013; Ridley et al., 2013).

글상자 2-5 사례

뉴욕 북부의 부동산 전문가인 레베카는 주말 동안 플로리다에 사는 어머니를 방문했다. 딸이 도착하자 어머니는 기뻐했고, 이들은 가족과 이웃에게 일어난 최근 일들에 대해 잡담하며 몇 시간을 보냈다. 어머니는 창문 밖 행인이나 뛰노는 아이들에 대해 같은 이야기를 반복했고, 손자의 최근 연주회에 관해 여러 번 질문했다. 레베카는 이를 곧바로 알아차렸다. 조리대 위에 우편물과 잡지 들이 쌓여 있고 거실 구석에는 신문들이 수북했다. 야식을 먹으려고 냉장고를 열자 유통기한이 지난 상한 음식들이 있었다. 또 욕실 구석에 놓인 많은 약통들 안에는 여러 알약이 뒤섞이거나 비어 있었다. 레베카는 평소 전화 통화 때보다 어머니의 인지 능력이 더 많이 손상되었음을 깨달았다. 아침에 만난 이웃은 딸이 어머니의 상태를 알아차린 데 안도감을 표했다. 레베카는 황급히 어머니의 주치의를 방문했고, 예전에 처방받은 14종의 약물, 여러 비타민과 영양제를 간호사에게 확인했다. 어머니는 수면장애, 식욕 부진, 일상적 취미와 활동에 대한 무관심, 운전의 두려움 등을 간호사에게 털어놓고, 주치의와 상담하면서 은퇴 후 약속에 신경 쓰지 않게 되어 뇌가 흐릿해졌다고 말했다.

이는 흔하면서도 비교적 긍정적인 사례이다. 주치의는 다양한 진단검사, 혈액 및 CT 검사, 신경심리검사를 의뢰할 것이다. 레베카는 어머니에게 도움이 될 만한 주거 공간을 찾아보고, 식사와 대화 상대, 주간 가사 서비스를 제공할 기관에 연락할 것이다. 다음 달에는 이사를 돕기 위해 더 자주 방문할 예정이다. 치매로 진단되면 충분히 안전한 환경으로 옮길 것이다.

그러나 모든 사례가 이처럼 양호하지는 않다⋯⋯ 여전히 많은 교육이 필요하다.

3. 결론

치매 증후군의 임상적 진단은 여러 전문가의 전문지식, 유사 사례의 관찰을 요하는 복잡한 과정이다. 일상의 기억력 저하 관련 초기 상담, 대사 체계의 의학적 검사, 뇌 구조 및 기능의 방사선 검사, 인지 처리 관련 신경심리검사 등 모든 진단 과정에는 여러 임상가 집단의 협업과 의사소통이 필요하다. 환자와 보호자는 신속하고 명확한 진단을 원하기 때문에 이러한 과정을 길고 초조하게 느낀다. 퇴행성 치매는 증상과 진단이 지속적으로 변할 수 있고, '혼합성' 치매와 같이 여러 원인이 동시에 작용하기도 한다(예: VaD+AD, 물질 유도성 치매+TBI). 전문가 간 협업을 통해 수집된 다양한 정보를 활용하면 정확한 진단에 도움이 된다. 약리학적 질병 치료가 발전할수록 치매 증후군의 신경병리학적 양상을 확인하는 것이 중요해진다. 이는 보다 적절한 치료를 선택하고 환자 및 가족의 삶의 질을 향상시키는 데 기여한다. 치매의 인지 · 언어 · 행동 증후군에 대한 평가와 중재 범위는 3장에서 다룰 것이다. [글상자 2-6]에는 치매 관련 정보의 출처가 안내되어 있다.

글상자 2-6 치매 관련 정보의 출처 및 웹 사이트

- 알츠하이머협회(Alzheimer's Association): www.alz.org/
- 미국알츠하이머재단(Alzheimer's Foundation of America): www.alzfdn.org/
- 캐나다알츠하이머학회(Alzheimer Society of Canada): www.alzheimer.ca/en
- 미국치매학회(Dementia Society of America): www.dementiasociety.org/
- 「혈관성치매란 무엇인가?」, 알츠하이머학회(Alzheimer's Society): www.alzheimers.org.uk/site/scripts/documents_info.php?documentID=161
- 「인지 변화」, 국립다발성경화증학회(National Multiple Sclerosis Society): www.nationalmssociety.org/Symptoms-Diagnosis/MS-Symptoms/Cognitive-Changes
- 「인지 및 다발성경화증」, 캐나다다발성경화증학회(Multiple Sclerosis Society of Canada): https://mssociety.ca/library/document/LrvdiAzUK01SbsCcafFt938eQhNP2lJ7/original.pdf
- 「파킨슨병 인지 문제」, 미국파킨슨병협회(American Parkinson Disease Association): www.apdaparkinson.org/cognitive-issues-in-parkinsons-disease/
- 「확산성 루이소체병」, 파킨슨캐나다(Parkinson Canada): www.parkinson.ca/site/c.kgLNIWODKpF/b.8647145/k.6D4A/Diffuse_Lewy_Body_Disease.htm
- 「치매」, 미국언어청각협회(American Speech-Language-Hearing Association): www.asha.org/public/speech/disorders/dementia/
- 메이요 클리닉(Mayo Clinic): www.mayoclinic.org/diseases-conditions/dementia/basics/tests-diagnosis/con-20034399?_ga=1.225368858.1436415849.1423143192
- 메드라인 플러스(Medline Plus): https://medlineplus.gov/alzheimersdisease.html, https://medlineplus.gov/alzheimerscaregivers.html
- 국립기억선별검사(National Memory Screening): http://nationalmemoryscreening.org/screening-sites-info.php

참고문헌

Aarsland, D., Ballard, C., Rongve, A., Broadstock, M., & Svenningsson, P. (2012). Clinical trials of dementia with Lewy bodies and Parkinson's disease dementia. *Current Neurology and Neuroscience Reports, 12*, 492-501. doi: 10.1007/s11910-012-0290-7.

Ahmed, R. M., Paterson, R. W., Warren, J. D., Zetterberg, H., O'Brien, J. T., Fox, N. C., … Schott, J. M. (2014). Biomarkers in dementia: Clinical utility and new directions. *Journal of Neurology, Neurosurgery, & Psychiatry, 85*, 1426-1434. doi:10.1136/jnnp-2014-307662.

Albers, M. W., Gilmore, G. C., Kaye, J., Murphy, C., Wingfield, A., Bennett, D. A., … Zhang, L. I. (2015). At the interface of sensory and motor dysfunctions and Alzheimer's disease. *Alzheimer's & Dementia, 11*, 70-98. http://dx.doi.org/10.1016/j.jalz.2014.04.514.

Albert, M. S., DeKosky, S. T., Dickson, D., Dubois, B., Feldman, H. H., Fox, N. C., … Phelps, C. H. (2011). The diagnosis of mild cognitive impairment due to Alzheimer's disease: Recommendations from the National Institute on Aging-Alzheimer's Association workgroups on diagnostic guidelines for Alzheimer's disease. *Alzheimer's & Dementia, 7*, 270-279. http://dx.doi.org/10.1016/j.jalz.2011.03.008.

Alzheimer's Association. (2016). *2016 Alzheimer's disease facts and figures*. Alzheimer's Association: Author. Retrieved from www.alz.org/documents_custom/2016-facts-and-figures.pdf.

Alzheimer Society of Canada. (2010). *Rising tide: The impact of dementia on Canadian society*. Retrieved from www.alzheimer.ca/~/media/Files/national/Advocacy/ASC_Rising_Tide_Full_Report_e.pdf.

American Psychiatric Association. (2013). *Diagnostic and statistical manual of mental disorders* (5th ed.). Washington, DC: Author.

Antoniou, M., Gunasekera, G. M., & Wong, P. C. (2013). Foreign language training as cognitive therapy for age-related cognitive decline: A hypothesis for future research. *Neuroscience & Biobehavioral Reviews, 37*, 2689-2698. http://dx.doi.org/10.1016/j.neubiorev.2013.09.004.

Armstrong, M. J. (2014). Diagnosis and treatment of corticobasal degeneration. *Current Treatment Options in Neurology, 16*(3), 1-12. doi:10.1007/s11940-013-0282-1.

Ballard, C., Aarsland, D., Francis, P., & Corbett, A. (2013). Neuropsychiatric symptoms in patients with dementias associated with cortical Lewy bodies: Pathophysiology, clinical features, and pharmacological management. *Drugs & Aging, 30*, 603-611. doi:10.1007/s40266-013-0092-x.

Ballard, C., Holmes, C., McKeith, I., Neill, D., O'Brien, J., Cairns, N., … Perry, R. (1999).

Psychiatric morbidity in dementia with Lewy bodies: A prospective clinical and neuropathological comparative study with Alzheimer's disease. *American Journal of Psychiatry, 156*, 1039-1045. doi:10.1176/ajp.156.7.1039.

Ballard, C. G., Jacoby, R., Del Ser, T., Khan, M. N., Munoz, D. G., Holmes, C., … McKeith, I. G. (2004). Neuropathological substrates of psychiatric symptoms in prospectively studied patients with autopsy-confirmed dementia with Lewy bodies. *American Journal of Psychiatry, 161*, 843-849. http://dx.doi.org/10.1176/appi.ajp.161.5.843.

Bayles, K. A., Kaszniak, A. W., & Tomoeda, C. K. (1987). *Communication and cognition in normal aging and dementia*. Boston: Little, Brown & Company.

Bertram, L., Lill, C. M., & Tanzi, R. E. (2010). The genetics of Alzheimer disease: Back to the future. *Neuron, 68*, 270-281. http://dx.doi.org/10.1016/j.neuron.2010.10.013.

Bhogal, P., Mahoney, C., Graeme-Baker, S., Roy, A., Shah, S., Fraioli, F., … Jäger, H. R. (2013). The common dementias: A pictorial review. *European Radiology, 23*, 3405-3417. doi:10.1007/s00330-013-3005-9.

Blake, M. L., Duffy, J. R., Boeve, B. F., Ahlskog, E. J., & Maraganore, D. M. (2003). Speech and language disorders associated with corticobasal degeneration. *Journal of Medical Speech-Language Pathology, 11*(3), 131-146. Retrieved from www.pluralpublishing.com/journals_JMSLP.htm.

Boeve, B. F. (2000). Corticobasal degeneration. In C. H. Adler & J. E. Ahlskog (Eds.), *Parkinson's disease and movement disorders: Diagnosis and treatment guidelines for the practicing physician* (pp. 253-262). Totowa, NJ: Humana Press.

Boot, B. P., Orr, C. F., Ahlskog, J. E., Ferman, T. J., Roberts, R., Pankratz, V. S., … Boeve, B. F. (2013). Risk factors for dementia with Lewy bodies: A case-control study. *Neurology, 81*(9), 833-840. doi:10.1212/WNL.0b013e3182a2cbd1. Epub 2013 Jul 26.

Bourgeois, M. S. (2013). *Memory and communication aids for people with dementia*. Baltimore: Health Professions Press.

Brew, B. J., & Chan, P. (2014). Update on HIV dementia and HIV-associated neurocognitive disorders. *Curr Neurol Neurosci Rep, 14*(8), 468. doi:10.1007/s11910-014-0468-2.

Brunnström, H., Gustafson, L., Passant, U., & Englund, E. (2009). Prevalence of dementia subtypes: A 30-year retrospective survey of neuropathological reports. *Archives of Gerontology and Geriatrics, 49*, 146-149. http://dx.doi.org/10.1016/j.archger.2008.06.005.

Bruns, M. B., & Josephs, K. A. (2013). Neuropsychiatry of corticobasal degeneration and progressive supranuclear palsy. *International Review of Psychiatry, 25*, 197-209. http://dx.doi.org/10.3109/09540261.2013.766154.

Chan, P., & Brew, B. J. (2014). HIV associated neurocognitive disorders in the modern antiviral treatment era: Prevalence, characteristics, biomarkers, and effects of treatment. *Current HIV/AIDS Reports, 11*, 317. doi:10.1007/s11904-014-0221-0.

Chiu, W. Z., Donker Kaat, L., Seelaar, H., Rosso, S. M., Boon, A. J., Kamphorst, W., & Van Sweiten, J. C. (2010). Survival in progressive supranuclear palsy and frontotemporal dementia. *Journal of Neurology, Neurosurgery, & Psychiatry, 81*(4), 441-445.

Chou, C. F., Cotch, M. F., Vitale, S., Zhang, X., Klein, R., Friedman, D. S., Klein, B. E., & Saaddine, J. B. (2013). Age-related eye diseases and visual impairment among U.S. adults. *American Journal of Preventative Medicine, 45*(1), 29-35. doi:10.1016/j.amepre.2013.02.018.

Clarfield, A. M. (2003). The decreasing prevalence of reversible dementias: An updated meta-analysis. *Archives of Internal Medicine, 163*, 2219-2229. doi:10.1001/archinte. 163.18.2219.

Clifford, D. B., & Ances, B. M. (2013). HIV-associated neurocognitive disorder. *The Lancet Infectious Diseases, 13*, 976-986. http://dx.doi.org/10.1016/S1473-3099(13)70269-X.

Croot, K., Hodges, J. R., Xuereb, J., & Patterson, K. (2000). Phonological and articulatory impairment in Alzheimer's disease: A case series. *Brain & Language, 75*, 277-309. doi:10.1006/brln.2000.2357.

Crum, R. M., Anthony, J. C., Bassett, S. S., & Folstein, M. F. (1993). Population-based norms for the Mini-Mental State Examination by age and educational level. *Journal of the American Medical Association, 269*, 2420-2421. doi:10.1001/jama.1993. 03500180078038.

Cummings, J. L. (2003). *The neuropsychiatry of Alzheimer's disease and related dementias.* London, England: Martin Dunitz.

Deckers, K., van Boxtel, M. P. J., Schiepers, O. J. G., de Vugt, M., Sanchez, J. L. M., Anstey, K. J., ··· Köhler, S. (2015). Target risk factors for dementia prevention: A systematic review and Delphi consensus study on the evidence from observational studies. *International Journal of Geriatric Psychiatry, 30*, 234-246. doi:10.1002/gps.4245.

DeFina, L. F., Willis, B. L., Radford, N. B., Gao, A., Leonard, D., Haskell, W. L., ··· Berry, J. D. (2013). The association between midlife cardiorespiratory fitness levels and later-life dementia: A cohort study. *Annals of Internal Medicine, 158*, 162-168. doi:10.7326/0003-4819-158-3-201302050-00005.

Di Marco, L. Y., Marzo, A., Muñoz-Ruiz, M., Ikram, M. A., Kivipelto, M., Ruefenacht, D., ··· Frangi, A. F. (2014). Modifiable lifestyle factors in dementia: A systematic review of longitudinal observational cohort studies. *Journal of Alzheimer's Disease, 42*, 119-135. doi:10.3233/JAD-132225.

Dickson, D. W., Ahmed, Z., Algom, A. A., Tsuboi, Y., & Josephs, K. A. (2010). Neuropathology of variants of progressive supranuclear palsy. *Current Opinion in Neurology, 23*, 394-400.

Diniz, B. S., Butters, M. A., Albert, S. M., Dew, M. A., & Reynolds, C. F. (2013). Late-life depression and risk of vascular dementia and Alzheimer's disease: Systematic review and meta-analysis of community-based cohort studies. *The British Journal of Psychiatry, 202*(5), 329-335. doi:10.1192/bjp.bp. 112.118307.

Donker Kaat, L., Boon, A. J. W., Kamphorst, W., Duivenvoorden, H. J., & van Swieten, J. C. (2007). Frontal presentation in progressive supranuclear palsy. *Neurology, 69*(8), 723-729. doi:10.1212/01.wnl.0000267643.24870.26.

Donker Kaat, L., Chiu, W., Boon, A., & van Swieten, J. (2011). Recent advances in Progressive Supranuclear Palsy: A review. *Current Alzheimer Research, 8*(3), 295-302.

Duffy, J., Strand, E. A. Clark, H., Machulda, M., Whitwell, J. L., & Josephs, K. A. (2015). Primary progressive apraxia of speech: Clinical features and acoustic and neurologic correlates. *American Journal of Speech-Language Pathology, 24*, 88-100.

Erkinjuntti, T. (2000). Vascular dementia: An overview. In J. O'Brien, D. Ames, & A. Burns (Eds.), *Dementia* (2nd ed.) (pp. 623-634). London, England: Arnold.

Folstein, M. F., & Folstein, S. E. (2010). *Mini-Mental State Examination®* (2nd ed.). Lutz, FL: Psychological Assessment Resources.

Folstein, M., Folstein, S., & Folstein, J. (2011). The Mini-Mental State Examination®: A brief cognitive assessment. In M. T. Abou-Saleh, C. L. E. Katona, & A. Kumar (Eds.), *Principles and practice of geriatric psychiatry* (3rd ed.) (pp. 145-146). Chichester, UK: John Wiley & Sons.

Folstein, M. F., Folstein, S. E., & McHugh, P. R. (1975). "Mini-mental state": A practical method for grading the cognitive state of patients for the clinician. *Journal of Psychiatric Research, 12*(3), 189-198.

Franczak, M., Kerwin, D., & Antuono, P. (2004). Frontotemporal lobe dementia. In R. W. Richter, & B. Z. Richter (Eds.), *Alzheimer's disease: A physician's guide to practical management* (pp. 137-141). New York: Humana Press, Inc.

Frattali, C. M., Grafman, J., Patronas, N., Makhlouf, F., & Litvan, I. (2000). Language disturbances in corticobasal degeneration. *Neurology, 54*, 990-992. http://dx.doi.org/10.1212/WNL.54.4.990.

French, I. T., & Muthusamy, K. A. (2016). A review of sleep and its disorders in patients with Parkinson's disease in relation to various brain structures. *Frontiers in Aging Neuroscience, 8*, 1-17. doi:10.3389/fnagi.2016.00114.

Gerstenecker, A., Mast, B., Duff, K., Ferman, T. J., & Litvan, I. (2012). Executive dysfunction is the primary cognitive impairment in progressive supranuclear palsy. *Archives of Clinical Neuropsychology, 28*, 104-113. https://doi.org/10.1093/arclin/acs098.

Gorelick, P. B., Scuteri, A., Black, S. E., DeCarli, C., Greenberg, S. M., Iadecola, C., … Seshadri, S. (2011). Vascular contributions to cognitive impairment and dementia: A statement for healthcare professionals from the American Heart Association/American Stroke Association. Stroke, 42, 2672-2713. https://doi.org/10.1161/STR. 0b013e3182299496.

Gorno-Tempini, M. L., Hillis, A. E., Weintraub, S., Kertesz, A., Mendez, M., Cappa, S. F., … & Grossman, M. (2011). Classification of primary progressive aphasia and its variants. *Neurology, 76*, 1006-1014. http://dx.doi.org/10.1212/WNL.0b013e31821103e6.

Grigoletto, F., Zappala, G., Anderson, D. W., & Lebowitz, B. D. (1999). Norms for the Mini-Mental State Examination in a healthy population. *Neurology, 53*, 315-320. http://dx.doi.org/10.1212/WNL.53.2.315.

Harada, C. N., Love, M. C. N., & Triebel, K. L. (2013). Normal cognitive aging. *Clinics in Geriatric Medicine, 29*, 737-752. http://dx.doi.org/10.1016/j.cger.2013.07.002.

Harding, K. E., & Robertson, N. P. (2015). HIV-associated neurocognitive disorders. *Journal of Neurology, 262*, 1596-1598. Doi:10.1007/s00415-015-7783-7.

Harris, J. M., Gall, C., Thompson, J. C., Richardson, A. M., Neary, D., du Plessis, D., … Jones, M. (2013). Sensitivity and specificity of FTDC criteria for behavioral variant frontotemporal dementia. *Neurology, 80*, 1881-1887. http://dx.doi.org/10.1212/WNL.0b013e318292a342.

Heaton, R. K., Franklin, D. R., Ellis, R. J., McCutchan, A. M., Letendre, S. L., LeBlanc, S., … Taylor, M. J. (2011). HIV-associated neurocognitive disorders before and during the era of combination antiretroviral therapy: Differences in rates, nature, and predictors. *Journal of NeuroVirology, 17*, 3-16. doi:10.1007/s13365-010-0006-1.

Hebert, L. E., Weuve, J., Scherr, P. A., & Evans, D. A. (2013). Alzheimer disease in the United States (2010.2050) estimated using the 2010 census. *Neurology, 80*, 1778-1783. http://dx.doi.org/10.1212/WNL.0b013e31828726f5.

Holman, R. C., Belay, E. D., Christensen, K. Y., Maddox, R. A., Minino, A. M., Folkema, A., … Schonberger, L. B. (2010). Human prion diseases in the United States. *PLOS One, 5*(1), e8521. doi:10.1371/journal.pone.0008521.

Iadecola, C. (2013). The pathobiology of vascular dementia. Neuron, 80, 844-866. http://dx.doi.org/10.1016/j.neuron.2013.10.008.

Im, S. Y., Kim, Y. E., & Kim, Y. J. (2015). Genetics of progressive supranuclear palsy. *Journal of Movement Disorders, 8*(3), 122-129. doi:10.14802/jmd.15033.

Irwin, D. J., White, M. T., Toledo, J. B., Xie, S. X., Robinson, J. L., Van Deerlin, V., …

Trojanowski, J. Q. (2012). Neuropathologic substrates of Parkinson disease dementia. *Annals of Neurology, 72*, 587-598. doi:10.1002/ana.23659.

Jack, C. R., Jr., Weigand, S. D., Shiung, M. M., Przybelski, S. A., O'Brien, P. C., Gunter, J. L., … Petersen, R. C. (2008). Atrophy rates accelerate in amnestic mild cognitive impairment. *Neurology, 70*, 1740-1752. http://dx.doi.org/10.1212/01.wnl.0000281688.77598.35.

Jack, C. R., Albert, M. S., Knopman, D. S., McKhann, G. M., Sperling, R. A., Carrillo, M. C., … Phelps, C. H. (2011). Introduction to the recommendations from the National Institute on Aging.Alzheimer's Association workgroups on diagnostic guidelines for Alzheimer's disease. *Alzheimer's & Dementia, 7*, 257-262. http://dx.doi.org/10.1016/j.jalz.2011.03.004.

Jack, C. R., Jr., Knopman, D. S., Jagust, W. J., Petersen, R. C., Weiner, M. W., Aisen, P. S., … Trojanowski, J. Q. (2013). Update on hypothetical model of Alzheimer's disease biomarkers. *Lancet Neurology, 12*, 207-216. doi:10.1016/S1474-4422(12)70291-0.

Jellinger, K. A. (2013). Pathology and pathogenesis of vascular cognitive impairment: A critical update. *Frontiers in Aging Neuroscience*, 5, 1-19. https://doi.org/10.3389/fnagi.2013.00017.

Jessen, F., Amariglio, R. E., Van Boxtel, M., Breteler, M., Ceccaldi, M., Chetelat, G., … Wagner, M. (2014). A conceptual framework for research on subjective cognitive decline in preclinical Alzheimer's disease. *Alzheimer's & Dementia, 10*, 844-852. http://dx.doi.org/10.1016/j.jalz.2014.01.001.

Johnson, D. K., Storandt, M., Morris, J. C., & Galvin, J. E. (2009). Longitudinal study of the transition from healthy aging to Alzheimer disease. *Archives of Neurology, 66*(10), 1254-1259. doi:10.1001/archneurol.2009.158.

Johnson, V. E., Stewart, W., & Smith, D. H. (2013). Axonal pathology in traumatic brain injury. *Experimental Neurology, 246*, 35-43. http://dx.doi.org/10.1016/j.expneurol.2012.01.013.

Josephs, K. A., & Duffy, J. R. (2008). Apraxia of speech and nonfluent aphasia: A new clinical marker for corticobasal degeneration and progressive supranuclear palsy. *Current Opinion in Neurology, 21*, 688-692. doi:10.1097/WCO.0b013e3283168ddd.

Josephs, K. A., Duffy, J. R., Strand, E. A., Machulda, M. M., Senjem, M. L., Master, A. V., … Whitwell, J. L. (2012). Characterizing a degenerative syndrome: Primary progressive apraxia of speech. *Brain, 135*, 1522-1536. doi:10.1093/brain/aws032.

Karantzoulis, S., & Galvin, J. E. (2014). Distinguishing Alzheimer's disease from other major forms of dementia. *Expert Review of Neurotherapeutics, 11*, 1579-1591. http://dx.doi.org/10.1586/ern.11.155.

Kaur, B., Harvey, D. J., DeCarli, C. S., Zhang, L., Sabbagh, M. N., & Olichney, J. M. (2013). Extrapyramidal signs by dementia severity in Alzheimer's disease and dementia with

Lewy bodies. *Alzheimer Disease and Associated Disorders, 27*, 226. doi:10.1097/WAD.0b013e31826f040d.

Kehagia, A. A., Barker, R. A., & Robbins, T. W. (2010). Neuropsychological and clinical heterogeneity of cognitive impairment and dementia in patients with Parkinson's disease. *The Lancet Neurology, 9*(12), 1200-1213.

Kertesz, A., & Harciarek, M. (2014). Primary progressive aphasia. *Scandinavian Journal of Psychology, 55*(3), 191-201. doi:10.1111/sjop.12105.

Khan, A., Kalaria, R. N., Corbett, A., & Ballard, C. (2016). Update on vascular dementia. *Journal of Geriatric Psychiatry and Neurology, 29*, 281-301. doi:10.1177/0891988716654987.

Khayum, B. (2016, November). *Toss the workbooks: Person-centered, evidence-based interventions for people with dementia*. Paper presented at the Annual Convention of the American Speech-Language-Hearing Association, Philadelphia.

Kiely, K. M., Gopinath, B., Mitchell, P., Luszcz, M., & Anstey, K. J. (2012). Cognitive, health, and sociodemographic predictors of longitudinal decline in hearing acuity among older adults. *The Journals of Gerontology: Series A, Biological Sciences and Medical Sciences, 67*, 997-1003. doi:10.1093/gerona/gls066.

Kim, J.-H., & McCann, C. M. (2015). Communication impairments in people with progressive supranuclear palsy: A tutorial. *Journal of Communication Disorders, 56*, 76-87.

Klasner, E. R., & Yorkston, K. M. (2000). AAC for Huntington disease and Parkinson's disease: Planning for change. In D. R. Beukelman, K. M. Yorkston, & J. R. Reichle (Eds.), *Augmentative and alternative communication for adults with acquired neurologic disorders*. Baltimore: Paul H. Brookes.

Klingelhoefer, L., & Reichmann, H. (2014). Dementia: The real problem for patients with Parkinson's disease. *Basal Ganglia, 4*, 9-13. http://dx.doi.org/10.1016/j.baga.2014.03.003.

Knopman, D. S., DeKosky, S. T., Cummings, J. L., Chui, H., Corey-Bloom, J. … & Stevens, J. C. (2001). Practice parameter: Diagnosis of dementia (an evidence-based review). *Neurology, 56*, 1143-1153.

Knopman, D. S., & Roberts, R. O. (2011). Estimating the number of persons with frontotemporal lobar degeneration in the US population. *Journal of Molecular Neuroscience, 45*, 330-335. doi:10.1007/s12031-011-9538-y.

Kobylecki, C., Jones, M., Thompson, J. C., Richardson, A. M., Neary, D., Mann, D. M. A., … Gerhard, A. (2015). Cognitive-behavioural features of progressive supranuclear palsy syndrome overlap with frontotemporal dementia. *Journal of Neurology, 262*, 916-922. doi:10.1007/s00415-015-7657-z.

Labuschagne, I., Jones, R., Callaghan, J., Whitehead, D., Dumas, E. M., Say, M. J., … Stout, J. C. (2013). Emotional face recognition deficits and medication effects in pre-manifest through stage-II Huntington's disease. *Psychiatry Research, 207*, 118-126. http://dx.doi.org/10.1016/j.psychres.2012.09.022.

Lin, F. R., & Albert, M. (2014). Hearing loss and dementia: Who's listening? *Aging and Mental Health, 18*, 671-673. http://dx.doi.org/10.1080/13607863.2014.915924.

Lin, F. R., Metter, E. J., O'Brien, R. J., Resnick, S. M., Zonderman, A. B., & Ferrucci, L. (2011). Hearing loss and incident dementia. *Archives of Neurology, 68*, 214-220. doi:10.1001/archneurol.2010.362.

Litvan, I., Agid, Y., Calne, D., Campbell, G., Dubois, B., Duvoisin, R. C., … Zee, D. S. (1996). Clinical research criteria for the diagnosis of progressive supranuclear palsy (Steele-Richardson-Olszewski syndrome): Report of the NINDS-SPSP International Workshop. *Neurology, 47*, 1-9. doi:http://dx.doi.org/10.1212/WNL.47.1.1.

Lough, M. E. (2012). Wernicke's encephalopathy: Expanding the diagnostic toolbox. *Neuropsychology Review, 22*(2), 181-194. doi:10.1007/s11065-012-9200-7.

Loy, C. T., Schofield, P. R., Turner, A. M., & Kwok, J. B. J. (2014). Genetics of dementia. *The Lancet, 383*, 828-840. http://dx.doi.org/10.1016/S0140-6736(13)60630-3.

Lubinski, R. (1995). *Dementia and communication*. San Diego, CA: Singular Publishing Group.

Lyketsos, C. G., Carrillo, M. C., Ryan, J. M., Khachaturian, A. S., Trzepacz, P., Amatniek, J., … Miller, D. S. (2011). Neuropsychiatric symptoms in Alzheimer's disease. *Alzheimer's & Dementia, 7*, 532-539. http://dx.doi.org/10.1016/j.jalz.2011.05.2410.

Ma, J.-F., Hou, M.-M., Tang, H.-D., Gao, X., Liang, L., Zhu, L.-F., … Chen, S.-D. (2016). REM sleep behavior disorder was associated with Parkinson's disease: A community-based study. *BMC Neurology, 16*, 123. doi:10.1186/s12883-016-0640-1.

Madhusoodanan, S., Wilkes, V., Preston Campbell, R., Serper, M., Kojo Essuman, E., & Brenner, R. (2014). Psychiatric symptoms of progressive supranuclear palsy: A case report and brief review. *Neuropsychiatry, 4*, 27-32. Retrieved from www.openaccessjournals.com/journals/neuropsychiatry.html.

Maher, R. L., Hanlon, J., & Hajjar, E. R. (2014). Clinical consequences of polypharmacy in elderly. *Expert Opinion on Drug Safety, 13*, 57-65. http://dx.doi.org/10.1517/14740338.2013.827660.

Massey, A., & Ghazvini, P. (2005). Involvement of neuropsychiatric pharmacists in a memory disorder clinic. *The Consultant Pharmacist, 20*, 514-518. https://doi.org/10.4140/TCP.n.2005.514.

Matinella, A., Lanzafame, M., Bonometti, M. A., Gajofatto, A., Concia, E., Vento, S., Monaco, S.,

& Ferrari, S. (2015). Neurological complications of HIV infection in pre-HAART and HAART era: A retrospective study. *Journal of Neurology, 262*, 1317-1327. doi:10.1007/s00415-015-7713-8.

Mayo, M. C., & Bordelon, Y. (2014). Dementia with Lewy bodies. *Seminars in Neurology, 34*, 182-188. doi:10.1055/s-0034-1381741.

McDowell, I., Xi, G., Lindsay, J., & Tierney, M. (2007). Mapping the connections between education and dementia. *Journal of Clinical and Experimental Neuropsychology, 29*, 127-141. http://dx.doi.org/10.1080/13803390600582420.

McKee, A. C., Cantu, R. C., Nowinski, C. J., Hedley-Whyte, E. T., Gavett, B. E., Budson, A. E., … Stern, R. A. (2009). Chronic traumatic encephalopathy in athletes: Progressive tauopathy after repetitive head injury. *Journal of Neuropathology & Experimental Neurology, 68*, 709-735. http://dx.doi.org/10.1097/NEN.0b013e3181a9d503.

McKee, A. C., Stein, T. D., Nowinski, C. J., Stern, R. A., Daneshvar, D. H., Alvarez, V. E., … Cantu, R. C. (2013). The spectrum of disease in chronic traumatic encephalopathy. *Brain, 136*, 43-64. https://doi.org/10.1093/brain/aws307.

McKeith, I. G., Dickson, D. W., Lowe, J., Emre, M., O'Brien, J. T., Feldman, H, … Yamada, M. (2005). Diagnosis and management of dementia with Lewy bodies: Third report of the DLB consortium. *Neurology, 65*, 1863-1872. doi:10.1212/01.wnl.0000187889.17253.b1.

McKeith, I., Taylor, J. P., Thomas, A., Donaghy, P., & Kane, J. (2016). Revisiting DLB diagnosis: A consideration of Prodromal DLB and of the diagnostic overlap with Alzheimer disease. *Journal of Geriatric Psychiatry & Neurology, 29*(5), 249-253.

McKhann, G. M., Albert, M. S., Grossman, M., Miller, B., Dickson, D., & Trojanowski, J. Q. (2001). Clinical and pathological diagnosis of frontotemporal dementia. *Archives of Neurology, 58*, 1803-1809. doi:10.1001/archneur.58.11.1803.

McKhann, G. M., Knopman, D. S., Chertkow, H., Hyman, B. T., Jack, C. R. Jr., Kawas, C. H., … Phelps, C. H. (2011). The diagnosis of dementia due to Alzheimer's disease: Recommendations from the National Institute on Aging-Alzheimer's Association workgroups on diagnostic guidelines for Alzheimer's disease. *Alzheimer's & Dementia, 7*, 263-269. http://dx.doi.org/10.1016/j.jalz.2011.03.005.

Meng, X., & D'Arcy, C. (2012). Education and dementia in the context of the cognitive reserve hypothesis: A systematic review with meta-analyses and qualitative analyses. *PLoS One, 7*(6), e38268. http://dx.doi.org/10.1371/journal. pone.0038268.

Mesulam, M. (2001). Primary progressive aphasia: Differentiation from Alzheimer's disease. *Annals of Neurology, 49*, 425-432. doi:10.1002/ana.410220414.

Mesulam, M.-M., Weintraub, S., Rogalski, E. J., Wieneke, C., Geula, C., & Bigio, E. H. (2014). Asymmetry and heterogeneity of Alzheimer's and frontotemporal pathology in primary progressive aphasia. *Brain, 137*, 1176-1192. doi:10.1093/brain/awu024.

Mesulam, M., Wicklund, A., Johnson, N., Rogalski, E., Léger, G. C., Rademaker, A., et al. (2008). Alzheimer and frontotemporal pathology in subsets of primary progressive aphasia. *Ann. Neurol. 63*, 709-719. doi:10.1002/ana.21388.

Morhardt, D., Weintraub, S., Khayum, B., Robinson, J., Medina, J., … Rogalski, E. J. (2015). The CARE Pathway Model for dementia: Psychosocial and rehabilitative strategies for care in young-onset dementias. *Psychiatric Clinics of North America, 38*(2), 333-352.

Morris, R. G., & Mograbi, D. C. (2013). Anosognosia, autobiographical memory and self-knowledge in Alzheimer's disease. *Cortex, 49*, 1553-1565. http://dx.doi.org/10.1016/j.cortex.2012.09.006.

Nasreddine, Z. S., Phillips, N. A., Bédirian, V., Charbonneau, S., Whitehead, V., Collin, I., … Chertkow, H. (2005). The Montreal Cognitive Assessment, MoCA: A brief screening tool for mild cognitive impairment. *Journal of the American Geriatrics Society, 53*, 695-699. doi:10.1111/j.1532-5415.2005.53221.x.

Nirmalasari, O., Mamo, S. K., Nieman, C. L., & Simpson, A. (2017). Age-related hearing loss in older adults. *International Psychogeriatrics, 29*(1), 115-121. doi:https://doi.org/10.1017/S1041610216001459.

Onyike, C. U., & Diehl-Schmid, J. (2013). The epidemiology of frontotemporal dementia. *Int Rev Psychiatry, 25*(2), 130-137.

Papoutsi, M., Labuschagne, I., Tabrizi, S. J., & Stout, J. C. (2014). The cognitive burden in Huntington's disease: Pathology, phenotype, and mechanisms of compensation. *Movement Disorders, 29*, 673-683. doi:10.1002/mds.25864.

Patterson, C. J., & Clarfield, A. M. (2003). Diagnostic procedures for dementia. In V. O. Emery & T. Oxman (Eds.), *Dementia: Presentations, differential diagnosis, and nosology* (pp. 61-88). Baltimore: Johns Hopkins University Press.

Perneczky, R., Tene, O., Attems, J., Giannakopoulos, P., Ikram, M. A., Federico, A., Sarazin, M., & Middleton, L. T. (2016). Is the time ripe for new diagnostic criteria of cognitive impairment due to cerebrovascular disease? Consensus report of the International Congress on vascular dementia working group. *BMC Med., 14*(1), 162. doi:10.1186/s12916-016-0719-y.

Petersen, R. C., Caracciolo, B., Brayne, C., Gauthier, S., Jelic, V., & Fratiglioni, L. (2014). Mild cognitive impairment: A concept in evolution. *Journal of Internal Medicine, 275*, 214-228. doi:10.1111/joim.12190.

Piguet, O., Hornberger, M., Mioshi, E., & Hodges, J. R. (2011). Behavioral-variant frontotemporal dementia: Diagnosis, clinical staging, and management. *Lancet Neurology, 10*(2), 162-172. doi:10.1016/S1474-4422(10)70299-4.

Prince, M., Bryce, R., Albanese, E., Wimo, A., Ribeiro, W., & Ferri, C. P. (2013). The global prevalence of dementia: A systematic review and metaanalysis. *Alzheimer's & Dementia, 9*, 63-75. http://dx.doi.org/10.1016/j.jalz.2012.11.007.

Pringsheim, T., Jette, N., Frolkis, A., & Steeves, T. D. L. (2014). The prevalence of Parkinson's disease: A systematic review and meta-analysis. *Movement Disorders, 29*, 1583-1590. doi:10.1002/mds.25945.

Prusiner, S. (2001). Shattuck lecture: Neurodegenerative diseases and prions. *New England Journal of Medicine, 344*, 1516-1526. doi:10.1056/NEJM200105173442006.

Puoti, G., Bizzi, A., Forloni, G., Safar, J. G., Tagliavini, F., & Gambetti, P. (2012). Sporadic human prion diseases: Molecular insights and diagnosis. *The Lancet Neurology, 11*(7), 618-628.

Rabinowitz, A. R., & Levin, H. S. (2014). Cognitive sequelae of traumatic brain injury. *Psychiatric Clinics of North America, 37*, 1-11. http://dx.doi.org/10.1016/j.psc.2013.11.004.

Rao, V., Koliatsos, V., Ahmed, F., Lyketsos, C., & Kortte, K. (2015). Neuropsychiatric disturbances associated with traumatic brain injury: A practical approach to evaluation and management. *Seminars in Neurology, 35*, 64-82. doi:10.1055/s-0035-1544241.

Rascovsky, K., Hodges, J. R., Knopman, D., Mendez, M. F., Kramer, J. H., Neuhaus, J., … Miller, B. L. (2011). Sensitivity of revised diagnostic criteria for the behavioral variant of frontotemporal dementia. *Brain, 134*, 2456-2477. https://doi.org/10.1093/brain/awr179.

Ratnavalli, E., Brayne, C., Dawson, K., & Hodges, J. R. (2002). The prevalence of frontotemporal dementia. *Neurology, 58*, 1615-1621. http://dx.doi.org/10.1212/WNL.58.11.1615.

Reitz, C., & Mayeux, R. (2014). Alzheimer disease: Epidemiology, diagnostic criteria, risk factors and biomarkers. *Biochemical Pharmacology, 88*, 640-651. http://dx.doi.org/10.1016/j.bcp.2013.12.024.

Ridley, N. J., Draper, B., & Withall, A. (2013). Alcohol-related dementia: An update of the evidence. *Alzheimer's Research & Therapy*, 5(3). doi:10.1186/alzrt157.

Risacher, S. L., & Saykin, A. J. (2013). Neuroimaging biomarkers of neurodegenerative diseases and dementia. *Seminars in Neurology, 33*, 386-416. doi:10.1055/s-0033-1359312.

Ross, C. A., & Tabrizi, S. J. (2011). Huntington's disease: From molecular pathogenesis to clinical treatment. *The Lancet Neurology, 10*, 83-98. http://dx.doi.org/10.1016/S1474-4422(10)70245-3.

Sachdev, P., Kalaria, R., O'Brien, J., Skoog, I., Alladi, S., Black, S. E., … Scheltens, P. (2014).

Diagnostic criteria for vascular cognitive disorders: A VASCOG statement. *Alzheimer Disease and Associated Disorders, 28*, 206-218. doi:10.1097/WAD.0000000000000034.

Schreiber, M., Bird, T. D., & Tsuang, D. W. (2014). Alzheimer's disease genetics. *Current Behavioral Neuroscience Reports, 1*, 191-196. doi:10.1007/s40473-014-0026-x.

Seltman, R. E., & Matthews, B. R. (2012). Frontotemporal lobar degeneration. *CNS Drugs, 26*, 841-870. doi:10.2165/11640070-000000000-00000.

Snowdon, D. (2001). *Aging with grace*. New York: Bantam.

Song, W., & Zhang, R. (2015). Creutzfeldt-Jakob disease. In L. Hongjun (Ed.), *Radiology of infectious diseases: Volume 1* (pp. 53-63). The Netherlands: Springer.

Staekenborg, S. S., Su, T., van Straaten, E. C. W., Lane, R., Scheltens, P., Barkhof, F., & van der Flier, W. M. (2010). Behavioural and psychological symptoms in vascular dementia; differences between small-and large-vessel disease. *Journal of Neurology, Neurosurgery & Psychiatry, 81*, 547-551. doi:10.1136/jnnp. 2009.187500.

Stopford, C. L., Thompson, J. C., Neary, D., Richardson, A. M. T., & Snowden, J. S. (2012). Working memory, attention, and executive function in Alzheimer's disease and frontotemporal dementia. *Cortex, 48*, 429-446. http://dx.doi.org/10.1016/j.cortex. 2010.12.002.

Taylor, K., & Monsch, A. (2004). The neuropsychology of Alzheimer's disease. In R. Richter & B. Richter (Eds.), *Alzheimer's disease: A physician's guide to practical management* (pp. 109-120). Totowa, NJ: Humana Press.

Thomas, A., Attems, J., Colloby, S. J., O'Brien, J. T., McKeith, I., Walker, R., ··· Walker, Z. (2017). Autopsy validation of 123I-FP-CIT dopaminergic neuroimaging for the diagnosis of DLB. *Neurology, 88*(3), 276-283.

Thompson, J. C., Harris, J., Sollom, A. C., Stopford, C. L., Howard, E., Snowden, J. S., & Craufurd, D. (2012). Longitudinal evaluation of neuropsychiatric symptoms in Huntington's disease. *The Journal of Neuropsychiatry and Clinical Neurosciences, 24*(1), 53-60. http://dx.doi.org/10.1176/appi.neuropsych.11030057.

Thomson, A. D., Guerrini, I., & Marshall, E. J. (2012). The evolution and treatment of Korsakoff 's syndrome: Out of sight, out of mind? *Neuropsychology Review, 22*, 81-92. doi:10.1007/s11065-012-9196-z.

Toledo, J. B., Arnold, S. E., Raible, K., Brettschneider, J., Xie, S. X., Grossman, M., ··· & Trojanowski, J. Q. (2013). Contribution of cerebrovascular disease in autopsy confirmed neurodegenerative disease cases in the National Alzheimer's Coordinating Centre. *Brain, 136*, 2697-2706. https://doi.org/10.1093/brain/awt188.

van der Linde, R. M., Dening, T., Stephan, B. C., Prina, A. M., Evans, E., & Brayne, C. (2016). Longitudinal course of behavioral and psychological symptoms of dementia: A systematic review. *British Journal of Psychiatry, 209*(5), 366-377. doi:10.1192/bjp.bp. 114.148403.

van Duijn, E., Craufurd, D., Hubers, A. A. M., Giltay, E. J., Bonelli, R., Rickards, H., … Landwehrmeyer, G. B. (2014). Neuropsychiatric symptoms in a European Huntington's disease cohort (REGISTRY). *Journal of Neurology, Neurosurgery & Psychiatry, 85*, 1411-1418. doi:10.1136/jnnp-2013-307343.

Vann Jones, S. A., & O'Brien, J. T. (2014). The prevalence and incidence of dementia with Lewy bodies: A systematic review of population and clinical studies. *Psychological Medicine, 44*, 673-683. https://doi.org/10.1017/S0033291713000494.

Weintraub, D., & Stern, M. B. (2005). Psychiatric complications in Parkinson Disease. *American Journal of Geriatric Psychiatry, 13*, 844-851. http://dx.doi.org/10.1097/00019442-200510000-00003.

Weintraub, S., Wicklund, A. H., & Salmon, D. P. (2012). The neuropsychological profile of Alzheimer disease. *Cold Spring Harbor Perspectives in Medicine, 2*(4), a006171. doi:10.1101/cshperspect.a006171.

Werring, D. J., & Camicioli, R. M. (2016). Vascular gait disorders: What's the matter with the white and gray matter? *Neurology, 86*, 1177-1178. doi:10.1212/WNL.0000000000002529: 1526-632X.

Whitwell, J. L., Jack, C. R., Jr., Parisi, J. E., Knopman, D. S., Boeve, B. F., Petersen, R. C., … Josephs, K. A. (2011). Imaging signatures of molecular pathology in behavioral variant frontotemporal dementia. *Journal of Molecular Neuroscience, 45*(3), 372-378. doi:10.1007/s12031-011-9533-3.

Woods, S. P., Moore, D. J., Weber, E., & Grant, I. (2009). Cognitive neuropsychology of HIV-associated neurocognitive disorders. *Neuropsychology Review, 19*, 152-168. doi:10.1007/s11065-009-9102-5.

World Health Organization (2012). *Dementia: A public health priority*. Geneva: Author.

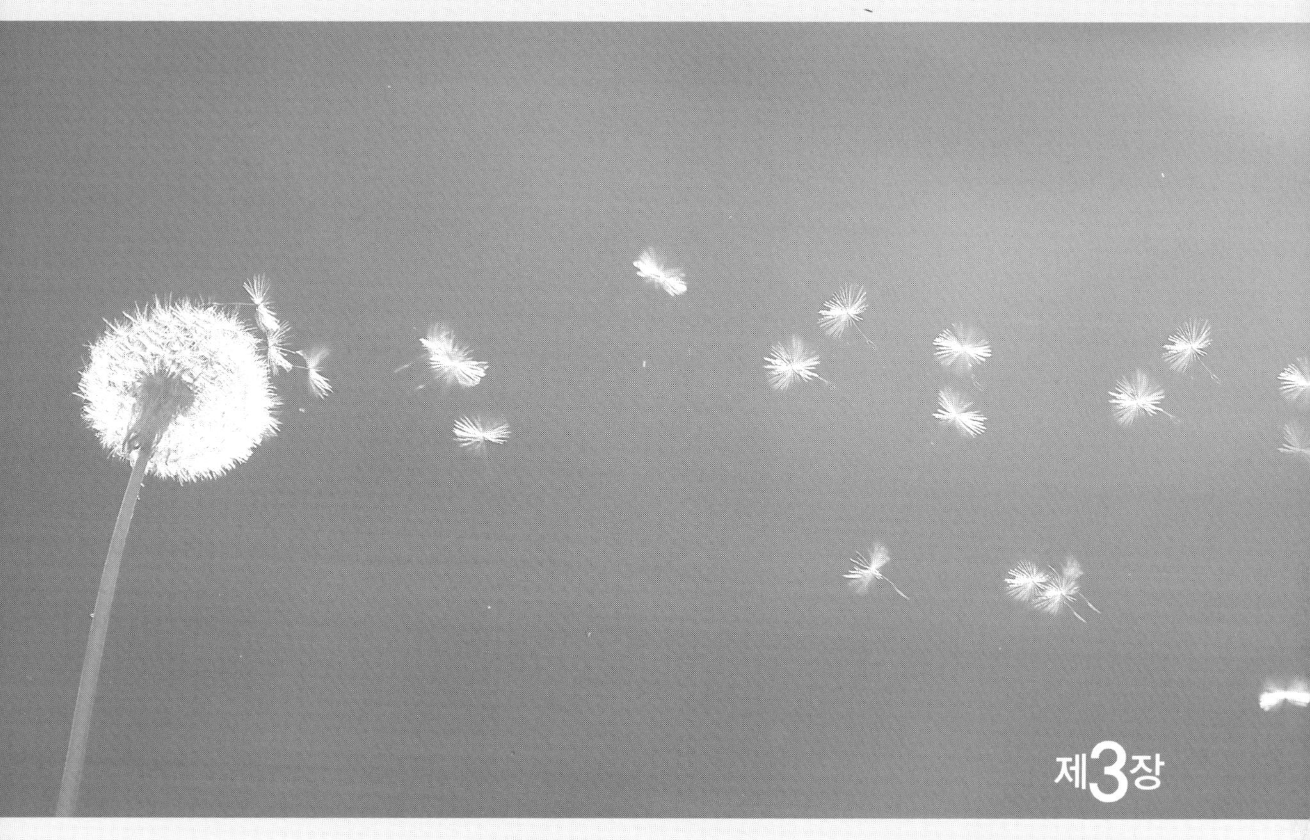

제3장

인지-의사소통 특성: 치매 유형별 프로파일

Nidhi Mahendra, Ellen M. Hickey, and Michelle S. Bourgeois

치매는 인지, 언어, 기능적 의사소통, 행동이 저하되는 진행성 및 신경퇴행성 증후군이다. 치매의 원인은 다양하며, 독특한 세포-분자병리, 연관 신경병리, 구조적 단백질 기형, 임상적 증상, 인지-의사소통 문제를 동반한다. 알츠하이머형 치매, 혈관성 치매(VaD), 루이소체 치매(DLB) 순으로 발병률이 높다(Alzheimer's Association, 2016; Plassman et al., 2007). 전두측두엽변성(FTLD)은 알츠하이머형 치매 및 VaD에 비해 드물고 비교적 새로운 진단 유형에 해당하는데, 최근 신경영상과 종단 연구가 발전하면서 변이형이 추가되었다. 이 장에서는 주로 알츠하이머형 치매의 임상 프로파일을 기술하고 다양한 치매 유형을 다룬다. 또 인지(기억력, 주의력, 지각, 집행기능, 시공간 · 구성 능력) 및 의사소통(청각적 이해, 구어 산출, 읽기, 쓰기, 화용 능력) 기능의 보존과 결함을 논의한다. 실제로는 혼합형 치매가 매우 흔한데, 전체 치매의 50%는 하나 이상의 병리적 원인을 갖는다(Schneider et al., 2007).

서두에서는 기억 체계 중심의 인지 처리를 다룬다. 특히 기억 손상은 알츠하이머형 치매, VaD, DLB 등 보편적 치매 유형의 주요 특징이다. 이 같은 유형에 동반되는 인지-의사소통 변화를 소개하며, 언어가 인지와 분리될 수 없고 인지의 통합적 양상임을 전반적으로 논의한다. 대부분의 인지 과제를 수행하기 위해 언어의 이해 및 표현 능력이 요구되므로 인지 결함은 언어 및 기능적 의사소통 장애로 발현된다. 의사소통이 저하되면 발성 붕괴, 반복 질문 등의 반응 행동을 보인다. 인지, 의사소통, 행동 간의 상관성은 후반부에서 다룬다.

1. 알츠하이머형 및 기타 치매의 인지 능력과 결함

1) 기억력

인간의 기억은 각 처리 영역들이 다차원적 구조를 이루면서 개념화된다. 영국 심리학자 Baddeley(1995)는 정보 처리의 3개 상호 의존적 요소로서 부호화, 통합, 인출을 강조했다. 정보는 5개 감각을 통해 체계화된 후 감각기억에 잠시 저장된 다음, 활발한 처리 과정을 거쳐 작업기억에 일시적으로 저장된다. Baddeley와 Hitch(1974)는 처음으로 작업기억(단기기억보다 정확한 개념)이 역동적 · 제한적 용량을 갖는 완충기라고 소개했다. 장기기억

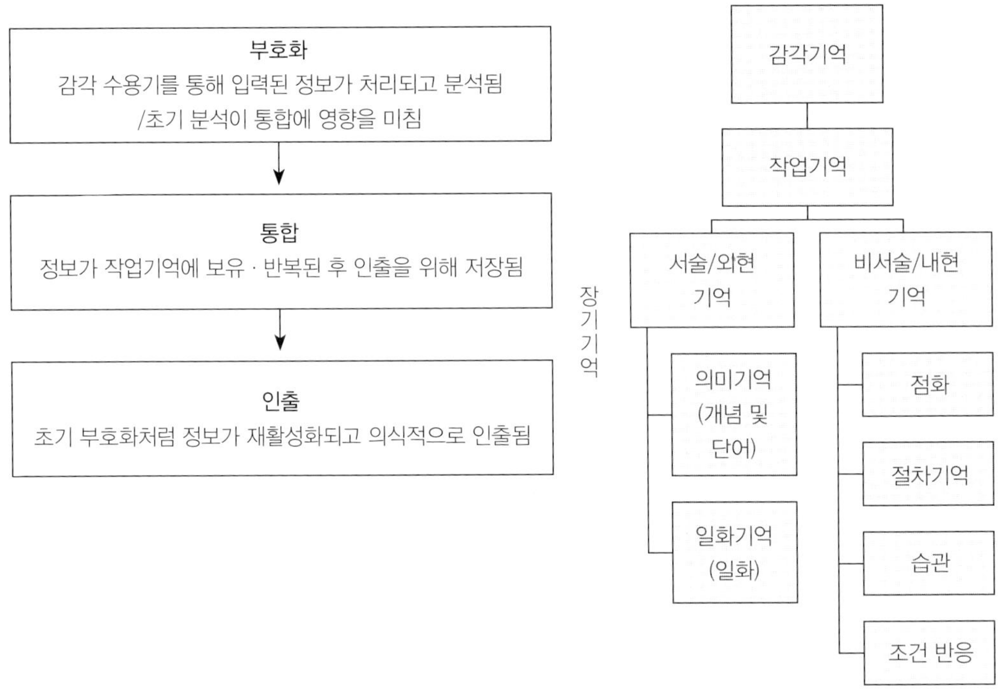

[그림 3-1] (좌) 정보 처리 구성요소, (우) 기억 모델

출처: Bayles & Tomoeda, 2013; Mahendra & Hopper, 2017; Squire & Schacter, 2002에서 인용.

(long-term memory: LTM)은 정보를 영구적으로 저장하는데, 이는 뇌의 지속적이고 신경화학적인 변화를 통해 이루어진다. LTM은 서술(declarative) 또는 외현(explicit; '실체를 아는') 체계, 비서술(nondeclarative) 또는 내현(implicit; '방법을 아는') 체계에 의해 지식을 저장한다. 서술기억은 의미 및 일화 기억으로 구성되는 반면, 비서술기억에는 점화(priming), 절차기억, 습관, 조건 반응이 포함된다. [그림 3-1]은 각 기억 유형이 정보 처리와 어떻게 연관되는지 보여 준다. 인간 기억 체계의 요소와 예시는 [글상자 3-1]에 제시되었다.

감각기억 감각기억(sensory memory)은 감각(청각 · 시각 · 촉각 · 미각 · 후각)을 통해 직접 유입된 정보를 영역별로 매우 빠르게 저장한다. 전정 및 체성감각 자극(통증, 온도, 고유수용감각)도 감각기억으로 들어온다(Gardner, Martin, & Jessell, 2000; Zu Eulenburg, Muller-Forell, & Dieterich, 2013). 감각기억의 정보는 다른 행동 및 자극과 연관되며, 나중에 인출되기 위해 작업기억을 거쳐 LTM으로 이동한다(Emery, 2000). 감각기억이 어떻게 발달하여 평생 유지되고 행동을 유발하는지 등이 연구되고 있다. 예를 들어, 청각 체계가 일찍부터 다양한 감각 자극에 노출(예: 아동기 음악 훈련)되면 효과가 축적되어 노년기까지 감각

글상자 3-1 기억의 유형 및 예시

감각기억: 시각, 청각, 촉각, 미각, 후각 정보가 1~2초간 저장된다.

작업기억: 전화를 걸기 전 반복적으로 번호를 중얼거린다.

장기기억

- 서술 또는 외현 기억
  - 의미기억: 에펠탑은 프랑스 파리에 있다. 레몬은 노란색이고 신맛이 난다.
  - 일화기억: 나는 2002년 파리 여행에서 에펠탑을 보았다. 나는 오늘 점심식사 후 신선한 레모네이드를 마셨다.
- 비서술 또는 내현 기억
  - 점화: '자다'와 연관된 10개 단어(예: 졸린, 피곤한, 침대)를 듣고 회상하도록 요구하면 목록에 없으나 연관 단어인 '자다'를 말한다.
  - 절차기억: 운동이나 악기 연주법의 학습, 스도쿠 등 퍼즐 풀기 전략의 학습
  - 습관: 매일 아침 기상 직후 무의식적으로 커피 타러 가기, 무언가에 매우 집중하면서 펜 물어뜯기
  - 조건 반응: 특정 노래를 들으면 기분이 좋아지는 경우, 아플 때 평소 좋아하던 특정 음식을 먹고 회복되는 경우

처리가 유지되고 기능 저하를 더 잘 극복한다(Skoe & Kraus, 2014). 이는 인지보존 능력과 마찬가지로 감각 보존의 개념에 해당하는데, LTM과 결합하여 여러 자동적 행동 반응을 일으킨다.

특정 감각 자극이 예상 행동을 유발하지 않으면 감각 수용기가 손상(예: 연령으로 인한 시각 및 청각 변화)되어 자극을 지각하지 못한다. 감각을 보완(예: 안경, 보청기)하여 지각과 인식을 강화하지 않을 경우 실인증(예: 청각 및 시각 실인증, 얼굴인식불능증[prosopagnosia]), 부호화 손상, LTM 정보와 자극 간 결합의 손상 등을 초래한다. 자극을 부호화하거나 적절한 반응과 결합하지 못하면 보속 행동을 보일 수 있다. 즉 반복적으로 물건을 만지거나 특정인을 지나치게 오래 주시하고, 환경의 일상적 자극을 인식하지 못한다.

알츠하이머병(AD)의 초 · 중기에는 감각 처리 능력이 비교적 보존되는데, 일차 운동 · 감각 · 시각 등피층(isocortical) 영역은 말기로 갈수록 영향력이 커지기 때문이다(Serrano-Ponzo et al., 2011). AD는 역행 차폐(backward masking; Miller, 1996), 얼굴에 대한 시각기억(Damasio, 1999; Seelye et al., 2009), 시각 연합(Lindeboom et al., 2002), 보유(Massman, Butters, & Delis, 1994) 등 복잡한 시각 과제를 잘 수행하지 못한다. 또 저하된 시각기억(벤

톤 시각기억검사[Benton's Visual Retention Test]의 오반응 수 기준; Benton, 1974)은 AD의 발병률과 연관되고(Kawas et al., 2003), 시각 연합 능력이 떨어지면 일화기억 손상(Meyer et al., 2016) 및 치매의 전조 증상으로 간주된다(Lindeboom et al., 2002).

무후각증(anosmia)이 나타나고 초기에 후각기억, 냄새 인식 및 분별 능력이 손상된다(Kovacs, 2004; Peters et al., 2003; Schofield et al., 2012). 이는 AD가 진행될수록 악화되며(Devanand, 2016; Devanand et al., 2000; Nordin & Murphy, 1998; Schofield et al., 2012), 파킨슨병(PD)에서도 나타난다(Pearce, Hawkes, & Daniel, 1995). 냄새 분별의 결함을 통해 경도인지장애(MCI)에서 AD로의 진행을 예측하기도 한다(Tkalĉić et al., 2011). 동일한 연령과 성별의 정상군에 비해 AD는 전정기능장애(vestibular dysfunction; Chong et al., 1999; Previck, 2012), 운동 손상, 기립 균형 변화 등을 보인다(Suttanon et al., 2012). 또 정상군 및 PD와 비교할 때 평형 과제에서 제시되는 불일치 자극을 시각적으로 억제하지 못한다(Chong et al., 1999). AD로 인해 억제 처리가 어려워져 방해 요인을 잘 통제하지 못하기 때문이다(Amieva et al., 2004). 대근육 운동 기술이 크게 떨어지지 않아도 전정 기능, 운동, 평형, 방해물 억제 등이 손상되어 낙상 위험률이 높아진다.

작업기억 감각기억에 입력된 정보는 작업기억으로 이동한다. 이는 역동적, 단기적, 제한적 용량의 완충기 단계로서 정보를 처리하고 활발히 조작한다. 감각기억을 거쳐 정보가 입력되면서 곧바로 저장되나, 작업기억의 특수성으로 인해 필요시 정보를 조작하고 LTM 관련 정보가 활성화된다. Baddeley(1986)는 처음으로 작업기억의 구조를 언급했는데, 중앙 집행, 청각적 정보를 조작하는 음운 고리(phonological loop), 시각 및 공간 정보를 다루는 시공간 잡기장(visuospatial sketchpad)으로 구성된다. 중앙 집행은 작업기억의 다른 요소를 통제하고 특정 과제로의 자원 할당을 판단하며, 정보를 LTM과 직접 연결시킨다. Baddeley(2000)는 작업기억의 추가 요소로서 LTM과 직결되는 임시 완충기(episodic buffer)를 제안했다. 이는 영역들(예: 구어와 시각) 간의 정보를 통합하고 순서화한다(Baddeley, 1992, 2000).

AD 초기부터 작업기억이 저하되어(Baddeley et al., 2001; Stopford et al., 2012), 단어 따라말하기의 손상(Stopford et al., 2012), 기억 폭 용량의 감소(Gagnon & Belleville, 2011), 빠른 망각(Au, Chan, & Chiu, 2003; Gagnon & Belleville, 2011)을 보인다. 중앙 집행도 초기부터 영향을 받기 때문에(Baddeley, 1992; Lafleche & Albert, 1995; Stopford et al., 2012), 분리주의력이 저하되어 두 과제를 동시에 수행하기 어렵다(Belleville, Chertkow, & Gauthier, 2007).

작업기억 손상은 처리 속도(van Deursen et al., 2009), 분리주의력(Morris, 1996), 집행기능(Baudic et al., 2006; Collette et al., 2001)을 악화시킨다. 또 표준화 검사의 작업기억 과제(예: 숫자 폭, 짝 연상 학습)를 잘 수행하지 못하며, 최근 정보의 빠른 망각(예: 질문에 대답하기), 정보 저장의 어려움(예: 대화 주제), LTM의 신구 정보 간 통합 능력의 손상 등이 나타난다.

서술 또는 외현 기억: 의미 및 일화 기억 서술 및 비서술 기억은 LTM을 구성하는 두 체계이다. 의식적으로 인출·표현되는 지식인 서술기억에는 의미기억, 일화기억이 포함된다. 의미기억은 세상 지식을 형성하는 개념과 통합의 풍부한 연결망으로, 특정 기억에 국한되지 않는다. 의미기억에 접근하지 못하면 이름대기장애가 발생하는데, 이는 치매 초기부터 두드러지는 언어 증상 중 하나이다. 의미기억 손상으로 인한 이름대기장애는 정상 노인에게도 나타나며(Barresi et al., 2000; Connor et al., 2004), 단어 인출의 어려움, 에두르기, 대용어가 관찰된다.

의미기억의 개념과 사실을 반복적으로 학습·저장한 후 장기간 지속적으로 접근하면 AD 초기에도 유지할 수 있다(Bayles & Kim, 2003). 그러나 AD가 진행되면서 의미기억에 접근하기가 점차 어려워진다(Bayles et al., 1991). 이름대기장애는 AD(March, Wales, & Pattison, 2003; Perry & Hodges, 2000; Van der Hurk & Hodges, 1995), FTLD의 특정 유형(Khan et al., 2013), DLB(Lambon Ralph et al., 2001; Schneider et al., 2012), 헌팅턴병(HD; Salmon & Filoteo, 2007)에서도 흔히 나타난다. PPA의 의미 변이형(sv-PPA)은 유창한 언어 특성을 보이는 FTLD의 변이형이다. AD와 달리 sv-PPA는 의미 지식의 손상이 훨씬 더 심하고 진행적·다양식적 특성을 보인다(Landin-Romero et al., 2016). 이는 단어 인출에도 큰 영향을 미친다(Adlam et al., 2006; 3장 후반부 참고).

또 다른 서술기억인 일화기억은 일화, 특정 사건, 일상사에 관한 지식을 시공간적 맥락에서 의식적으로 회상하는 데 필요한 용량이다. 즉 짧은 이야기를 기억하고 사건과 자전적 정보를 회상한다. 일화기억은 가장 늦게 발달하고(Tulving, 1983), 새로운 정보를 빠르게 학습하는 데 유용하다(Squire & Dede, 2015). 또 AD 초기에 변화하는 내측 측두엽의 내후각피질(entorhinal cortex) 및 해마와 관련된다.

일화기억은 노화와 AD에 매우 민감하고 AD 초기부터 손상이 심하다(Baddeley et al., 2001; Bayles & Tomoeda, 2013; Budson, 2009; Craik, 2000; Salmon & Bondi, 2009). 흔히 AD 초기부터 일화기억 결함이 보고되며(Bayles, 1991), 이로 인해 일상생활에 큰 어려움을 겪는다. 예를 들어, 치매 환자는 약 복용 시간이나 식사 여부를 잊기도 한다. 일화기억 손상으로 난로 끄기, 문 잠그기 등을 잊거나 외출 시 지갑을 잃어버리면 안전에 위협이 될 수 있다. 자서전적 기억 등 최근 사건을 회상하는 데에도 어려움이 크다. 임상 전 및 AD 초기에는 자서전적 기억을 회상하지 못하는 반면, 연관된 의미 지식은 중등도 단계까지 보존된다(Seidl et al., 2011). AD가 진행될수록 **자서전적 기억검사**(Autobiographical Memory Enquiry: AME; Borrini et al., 1989), 이름에 대한 자서전적 유창성, 최근의 공적 사건, 유명인 얼굴 등에서 심한 기억 손상을 보이나, 공적 사건에 대한 원격기억은 비교적 유지된다(Sartori et al., 2004). AD와 VaD는 미래계획기억(prospective memory), 즉 계획 과제와 미래 사건 관련 기억이 크게 손상된다(Livner et al., 2009).

즉각 및 지연 구어 회상 검사에서 VaD의 일화기억 손상은 AD보다 심하지 않다(Golden et al., 2005; Levinoff, 2007). DLB 초기에는 기억 손상이 미미하며(McKeith et al., 2016), 행동 변이형 전두측두 치매(bv-FTD), 언어 변이형 질환, PPA의 일화기억은 비교적 보존된다(Gorno-Tempini et al., 2011). sv-PPA는 단어 이해 및 인출 결함에 비해 일상 사건(예: 약속 지키기, 혼자 여행하기, 쇼핑하기)의 기억이 유지되고(Moss et al., 2003), 자서전적 원격기억에 비해 최근 기억은 비교적 잘 회상한다(Graham & Hodges, 1997; Landin-Romero et al., 2016).

서술기억은 자유 회상과 단서 제공 회상, 회상과 재인, 즉각 인출과 지연 인출 간에 각각 임상적 양상이 다르다. AD는 자유 회상의 결함이 크고(Hopper, 2003; Salmon, 2000; Van Liew et al., 2016), VaD(Cerciello et al., 2016; Mahendra & Engineer, 2009), PD 및 HD(Paulsen, 2011; Van Liew et al., 2016), 다발성 경화증(multiple sclerosis: MS), 진행성 핵상마비(PSP: Caine et al., 1986; Knoke, Taylor, & Saint-Cyr, 1998; Pillon et al., 1994) 등은 주로 일화기억이 손상된다. 모든 치매 유형의 자유 회상(단서 미제공)은 단서가 제공되는 회상(예: 그림 관련 의미 단서, 가족사진 관련 글자 단서)이나 재인기억보다 손상이 훨씬 더 심하다.

Bayles와 Tomoeda(1993)에 따르면, AD는 학습한 단어의 자유 회상 능력이 매우 낮으나 단서가 제공되는 회상 및 재인기억은 양호하다. Mahendra(2001)는 짧은 이야기의 지연 자유 회상은 매우 저조한 반면 선다형 재인 과제는 잘 수행한다고 보고했다. VaD와 FTLD는 학습한 24개 단어의 자유 회상을 AD보다 잘 수행하고 의미 단서에 더 민감하다(Cerciello et al., 2016). 또 VaD는 모든 과제의 수행력이 낮고, FTLD의 자유 및 단서 회상, 재인 능력은 상대적으로 양호하다. FTLD 초기에는 내측 측두엽이 영향을 받지 않아 일화기억의 회상 능력이 보존된다(Glosser et al., 2002). 요컨대, 치매 환자는 자극(예: 단어 목록, 이야기), 회상 지표(자유 회상, 단서 회상, 재인), 치매 유형 및 중증도에 따라 수행력이 다르다. [글상자 3-2]에는 자유 회상, 단서 제공 회상, 재인의 예시가 소개되어 있다.

글상자 3-2 자유 회상, 단서 제공 회상, 재인의 예

1. 자유 회상

① 검사자(짧은 이야기를 들려준 후): "자, 이 이야기를 다시 말씀해 주세요."

환자: "그러니까…… 한 젊은이에 대한 이야기였던 것 같아요. 이게 다예요."

② 검사자: "장소 이름이 뭔가요?"

환자: "Mountain View에 있는 집이에요."

2. 단서 제공 회상

① 검사자(위 초기 반응 후): "이 이야기에서 잃어버린 게 뭐지요?"

환자: "지갑인 것 같아요."

② 검사자(첫 질문에 무반응인 경우): "그건 'Mou–'로 시작하는 단어예요."

환자: "Mountain View에 있는 집이에요."

3. 재인

① 검사자(위 반응 후): "이야기에 나온 사람이 남자인가요, 여자인가요?"

환자: "여자예요."

② 검사자(무반응 시 위 단서와 동일한 순서로 제시): "집이 Southwood에 있나요, Mountain View에 있나요?"

환자: "Mountain View에 있어요."

비서술 또는 내현 기억: 점화, 절차기억, 습관, 조건화 비서술기억은 반복 연습을 통해 기술과 행동 양식이 학습되는 행동학습 체계로, 정보를 학습하기 위한 여러 무의식적 내현 기제가 회상이 아닌 수행을 통해 드러난다(Budson, 2009; Schacter, 1987; Squire & Dede, 2015). 점화, 운동 절차 및 기술, 습관, 조건 반응이 비서술기억에 해당한다(Bayles & Tomoeda, 2013; Seger & Spiering, 2011). 점화는 자극에 노출된 직후 자극 또는 관련 자극의 탐지 · 확인 · 반응 능력이 강화되는 것으로, 내현적 및 무의식적 기억의 일종이다. 따라서 이전의 노출에 의해 자극이나 요구 반응이 점화되면 의식적 처리 없이 빠르게 접근할 수 있다. AD는 그림 점화(Ballasteros, Reales, & Mayas, 2007), 시지각 점화(Salmon & Fennema-Notestine, 1996), 반복 점화(Fleischman et al., 1995; Ober & Shenaut, 2014)의 수행력이 정상군과 유사하다. 이는 AD의 내현기억이 비교적 유지되기 때문이다.

절차기억은 반복 수행을 통해 운동 과제와 절차(예: 운동, 도구 사용)를 학습하고 인지 기술(예: 단어 및 수 게임)을 발달시킨다. Schacter와 Tulving(1994)에 따르면, 사실에 기반한 서술기억과 달리 절차기억은 과제 수행을 위한 '방법을 아는' 것이다. HD로 인한 치매는 절차기억이 손상되는 반면(Heindel, Butters, & Salmon, 1988), AD는 비교적 보존된다. 운동 절차가 주로 장기간의 반복 연습을 통해 학습되어 의식적 회상이 자동화되고 개별화되기 때문이다. 도구를 활용하는 기본적 일상생활활동(ADLs)도 절차기억에 포함된다.

잘 준비된 일상 행동인 습관도 내현기억의 양상 중 하나로, 일상생활에서 의식적인 사고 없이 수행한다. 기저핵은 습관을 형성하는 데 중요하며, 무의식적 · 자동적 · 불변적이고 점진적으로 천천히 학습된다(Seger & Spiering, 2011). 예를 들어, 우리는 이른 아침의 일상을 이미 알고 있으며, 기상 직후 무의식적으로 특정 과제를 수행한다. 습관에는 해야 할 일뿐 아니라 사고와 신념도 포함된다. 또 다른 내현기억인 조건 반응은 특정 자극에 반응해 자동으로 산출되는 학습적 또는 반사적 반응이다. 인사처럼 특정 자극과 직접 연관지어 학습된다. 긍정적 및 부정적 결과에 근거해 특정 반응을 점진적으로 유발하도록 자극이 조건화된다. 예컨대, 꽃다발을 받으면 기쁘거나 알레르기가 걱정된다. 음악과 음식은 연상되는 것에 따라 긍정적이거나 부정적인 감정을 일으킨다. 대부분의 치매는 이러한 내현기억이 보존되므로, 조건 반응을 이해하면 긍정적인 의사소통 반응을 유발하는 자극을 파악할 수 있다. 예를 들어, 중등도~심도 AD 환자가 선물을 받으면 구어로 감사를 표현한다(Bayles et al., 2000).

AD의 점화 연구를 통해 초 · 중기에 내현기억이 비교적 보존됨을 입증할 수 있다(Fleischman & Gabrieli, 1998). 최초로 AD의 점화 효과를 분석한 Morris와 Kopelman(1986)은 그림의 이름을 물은 후 동일 그림을 반복 제시할 때 이름대기 속도가 빨라지는지 알아보았다. 연습을 통해 속도와 정확도를 높이면 비구어 과제 시 내현기억이 유지된다(Heindel et al., 1989). sv-PPA의 절차기억은 비교적 유지되나(Bier et al., 2015), VaD(Libon et al., 1998), PD(Koenig, Thomas-Antérion, & Laurent, 1999; Roy et al., 2015; Zgaljardic et al., 2003), HD(Heindel et al., 1989)는 손상을 보인다. 특히 HD의 내현기억은 일화기억보다 결함이 더 크다(Paulsen, 2011). 주요 치매 유형의 인지 프로파일은 〈표 3-1〉에 제시했다.

〈표 3-1〉 주요 치매 유형의 인지 프로파일

	알츠하이머병(AD)	혈관성 치매(VaD)	루이소체 치매(DLB)	파킨슨병(PD)	헌팅턴병(HD)	진행성 핵상마비(PSP)	다발성 경화증(MS)
주의력							
지속	비교적 경미한 손상	비교적 경미한 손상	변이적임	양호함	손상	비교적 심한 손상	손상
분리	비교적 심한 손상	비교적 심한 손상	비교적 심한 손상	손상	비교적 심한 손상	비교적 심한 손상	손상
기억력							
작업	손상	비교적 심한 손상	비교적 심한 손상	비교적 심한 손상	비교적 심한 손상	비교적 심한 손상	손상
일화	비교적 심한 손상	손상	손상	비교적 경미한 손상	비교적 심한 손상	손상	손상
의미	비교적 경미한 손상	손상	연구 적음	비교적 경미한 손상	비교적 경미한 손상	손상	손상
절차	비교적 경미한 손상	손상	비교적 경미한 손상	비교적 심한 손상	비교적 심한 손상	비교적 심한 손상	유지됨
집행기능	손상	손상	손상	손상	손상	손상	손상
시공간 기능	손상	비교적 심한 손상	심한 손상 및 환각 동반	손상	손상	심한 손상	손상

치매는 인출될 정보의 부호화, 통합, 저장 과정이 손상되어 새로운 정보를 보유하고 학습하기가 어렵다. 그러나 AD의 부호화, 통합, 인출 처리가 지원되고 강화되면 새로운 정보를 학습할 수 있다(예: Camp, 2001; Rusted & Sheppard, 2002; van Halteren-van Tilborg, Scherder, & Hulstijn, 2007). AD의 비서술기억이 비교적 유지되므로, 간격 회상(spaced retrieval) 훈련(Camp & McKitrick, 1992; Hopper et al., 2013; Mahendra, 2011; Materne, Luszcz, & Bond, 2014), 시각단서(Bourgeois, 2014), 보완대체의사소통(augmentative and alternative communication: AAC) 체계(Fried-Oken, Beukelman, & Hux, 2011; Fried-Oken et al., 2012)를 활용해 기능적 중재를 시행하면 일상 활동에서 외현기억의 결함을 보완할 수 있다(인지-의사소통 중재는 6장 참고).

2) 주의력

주의력에는 일정 시간 특정 자극에 집중하기(지속주의력), 다른 자극을 억제 또는 무시하면서 특정 자극에 집중하기(선택주의력), 여러 자극이나 과제에 동시 참여하기(분리주의력), 한 과제나 자극에서 다른 것으로 전환하기(주의력 전환) 등이 포함된다(Biel & Hula, 2016; Norman & Shallice, 1986). 시청각적으로 제시되는 여러 글자들 중 하나를 주시하거나 경청하는 과제는 간단한 주의력 검사에 해당한다. 예를 들어, 분리주의력 과제는 동시에 2개의 다른 글자나 상징에 주의를 기울이도록 한다. 주의력 전환 과제에는 두 항목 간 전환하기, 신호 제공 시 2개 글자 주시하기, 과일-채소 이름대기, 글자-숫자를 번갈아 가며 선으로 잇기, 색깔 및 모양별로 카드 분류하기 등이 있다. 치매의 중증도, 연관된 주의력의 처리 유형에 따라 주의력 손상이 일상 활동에 미치는 영향이 다르다. 경미한 손상이나 복합 주의력 문제가 있으면 대개 운전, 재정 관리 등에 어려움이 있다. 손상이 심해 기초적인 지속 및 선택 주의력이 저하된 경우 머리 빗기 등의 기본 ADLs 과제를 수행하지 못할 수 있다.

의사결정, 억제 등의 복합 주의력은 감각 기능, 처리 속도, 집행 통제 처리를 요한다(Baddeley et al., 2001; Foldi, Lobosco, & Schaefer, 2002). 분리주의력과 주의력 전환이 필요한 과제는 집행기능 결함과 변별하기 어려울 수 있다. 과제에 대한 높은 친숙도, 연습 경험, 기능적 및 개인적 연관성이 있으면 정상 성인과 치매 환자는 인지적 노력을 적게 들여 잘 수행하는 편이다. 즉 정보의 제시 방법에 따라 수행력을 향상시킬 수 있어 임상적 함의가 크다(예: 선택 개수 감소, 자극의 순차적 제시; Foldi et al., 2002).

지속주의력을 요하는 단순한 과제는 치매 초기에도 잘 수행한다(Assal & Cummings, 2003). 경도 치매는 순음(pure tone) 유무, 연속음 양식 변화를 청취하는 과제 등에서 지속주의력을 잘 발휘하기도 한다(Lines et al., 1991; Perry, Watson, & Hodges, 2000). 선택주의력 중 일부(예: 목표 자극만 선택하기)는 초기에도 비교적 보존되나, 목표와 방해 요소가 유사해 복잡성이 커지면 혼동, 오류, 반응시간이 지속적으로 증가한다(Baddeley et al., 2001; Foldi et al., 1992; Foldi et al., 2005; McGuiness, et al., 2010). 보편적으로 AD에 비해 VaD의 주의력 결함이 더 두드러진다(Levy & Chelune, 2007; McGuiness et al., 2010). DLB는 환기와 집중력이 손상되고(Ballard et al., 2013; McKeith et al., 2016; Walker et al., 2000), 주의력과 경계(vigilance)가 매우 변이적이다(Ballard et al., 2001; McKeith et al., 2016).

모든 치매 유형은 분리주의력이 손상되며(〈표 3-1〉), AD는 비교적 초기부터 나타난다

(Collette et al., 2001; McGuiness et al., 2010). 예를 들어, AD 환자는 자판으로 숫자를 입력하면서 목표어에 주의를 기울이기 어렵고(Perry & Hodges, 1999), PD 환자는 단추를 잠그면서 동시에 여자의 이름을 잘 산출하지 못한다(Teixeira & Alouche, 2007). 운전과 같은 복잡한 분리주의력 과제(Fitten et al., 1995), 컴퓨터 기반 시각주의력 검사(Whelihan, DiCarlo, & Paul, 2005)를 활용해 치매 초기의 결함을 확인하기도 한다.

집행기능 집행기능은 개시, 부적절하거나 무관한 반응 억제, 과제 지속, 조직화 및 순서화, 문제해결을 위한 생성적 사고, 수행 관련 자기 모니터링 등 다양한 처리에 관여한다(Assal & Cummings, 2003; Lezak et al., 2012; Sohlberg & Mateer, 2001). 이는 사회적 및 직업적 기능 수행, 독립성, 유연성과 연관된다. 또 쇼핑, 식사 준비, 재정 관리, 약 복용, 일상 활동 수행, 전화기 · 컴퓨터 · 대중교통 이용 등 여러 기초 활동과 도구적 일상생활활동(instrumental activities of daily living: IADLs)의 핵심 영역이다. 모든 치매 유형은 집행기능과 IADLs에 부정적으로 작용한다.

집행기능의 주요 요소인 마음이론(theory of mind: TOM)은 타인의 마음 상태, 사고(인지 영역), 감정(정서 영역)을 이해하는 능력이다(Cuerva et al., 2001; Heitz et al., 2016). 예컨대, 대화 시 성인은 설명이 필요한 사안 및 공유된 지식을 파악한 후 청자의 반응을 유추해 정보를 전달할지 여부를 결정한다(예: 파티에 초대받지 못한 경우 상처 입지 않기 위해 이를 타인에게 말하지 않음). 또 특정 상황에서 타인의 마음 상태를 고려하여 나쁜 소식을 어떻게, 언제 전할지 판단한다. TOM은 인지나 의사소통 장애 및 정상 아동을 대상으로 연구된 이래 치매 분야에서도 주목받고 있다(Youmans & Bourgeois, 2010).

모든 치매 유형의 초기부터 집행기능이 떨어지며, 중증도가 심화되면서 점차 악화된다. 전통적 또는 기능적 평가를 통해 집행기능 손상을 파악하는데, 초기 AD(Perry & Hodges, 1999)와 FTLD(Johnson et al., 1999)는 기호 잇기 검사 B 파트(Trail Making Part B; Reitan & Wolfson, 1985) 등의 전통적 검사로 평가한다. 초기 AD는 계획화(예: 런던 탑[Tower of London]; Shallice, 1982), 세트 전환 및 반응 억제(예: 위스콘신 카드분류검사[Wisconsin Card Sorting Test]; Heaton et al., 1993)의 수행력이 PSP(Grafman et al., 1990), FTLD(Rosen et al., 2002), DLB(Downes et al., 1999), MS(Rao et al., 1991)에 비해 양호하다.

AD 중기에는 과제의 규칙을 기억하지 못해 부적절한 전략을 사용하므로 런던 탑 과제의 계획화 수행이 매우 저조하다(Rainville et al., 2002). 이는 일화기억 결함, 부적절한 반응의 억제 불능에 기인한다. PD 초기에는 집행기능장애로 인해 과제를 개시하고 계획하기 어려우며(Zgaljardic et al., 2003), DLB는 의사결정 시 보속과 인지적 경직성을 보인다(slachevsky et al., 2004). bv-FTD는 집행기능, 성격, 행동의 변화가 심하다(Gorno-Tempini et al., 2011). 집행기능 과제의 복잡성 때문에 정상 노인도 **인지저하노인용 일상문제검사**(Everyday Problems Test for Cognitively Challenged Elderly: EPCCE; Willis, 1993)와 **간이정신상태검사**(MMSE; Willis et al., 1998)의 수행 간에 상관성이 높다.

초기 TOM은 자폐와 조현병에 집중되었으나, 신경변성 질환으로 관심이 확대되고 있다. TOM 결함은 FTD(Gregory et al., 2002), DLB(Heitz et al., 2016), sv-PPA(Duval et al., 2012), HD(Allain et al., 2011), 근위축측삭경화증(amyotrophic lateral sclerosis: ALS; Meier, Charleston, & Tippett, 2010), PSP(Ghosh et al., 2012), 피질기저핵변성(CBD; Kluger & Heilman, 2007), PD(Roca et al., 2010)에서 관찰된다. AD의 TOM 지식은 비교적 보존되는데(Heitz et al., 2016), 이는 **Faux Pas 재인검사**(Faux Pas Recognition Test), **얼굴표정 재인검사**(Facial Emotion Recognition Test; Ekman & Friesen, 1975) 등의 수행이 정상적인 데 근거한다. 민족지학적 접근에 따른 비구어 의사소통 연구에서 AD가 비구어 행동을 통해 효과적으로 의사소통하고 타인의 행동을 해석하며 이에 맞게 반응한다(Hubbard et al., 2002). 그러나 경도 AD가 인지 손상 정도에 비례해 TOM의 결함을 보인다는 주장도 있다(Cuerva et al., 2001). 이러한 상반된 결과는 연구마다 과제의 요구와 방법이 다양하고 집행기능, 일화기억, 작업기억의 결함에 따른 영향이 다르기 때문이다. Youmans와 Bourgeois(2010)는 여러 기억력 결함의 영향을 통제하기 위해 시각적 지원을 제공함으로써 AD의 TOM 손상을 확인했다.

지각 및 시공간 기능 치매의 시지각 및 시공간 기능은 변별적인 특성을 보인다. 시지각은 시각 정보를 해석하는 능력으로 시력, 시각 지남력, 시각적 탐색 기능을 요한다. 치매 환자는 주로 시각 정보의 처리에 영향을 주는 시력 저하와 노인성 안질환(예: 백내장, 녹내장, 당뇨망막병증, 황반변성)을 겪는다. 또 임상 전~초기 단계의 시공간 및 구성 능력 결함으로 인해 시각 자극을 해석하는 데 어려움이 있다(Weintraub, Wickland, & Salmon, 2012). 시지각 기술은 사물 변별, 물리적 속성(예: 크기, 색깔, 윤곽), 부분-전체 처리, 색 대비 인식, 전경-배경 변별에 관여한다. 단순한 사물 식별(예: 면도칼 vs. 칫솔), 친숙한 얼굴 인식, 그림 그리기나 모방하기 등의 구성 과제, 취미 활동(예: 공예), 작업 과제(예: 금전 등록기나 컴퓨터 사용), 운전 등은 일상생활에서 시지각 기술이 작용하는 주요 예시이다.

치매는 시지각 및 시공간 기능을 변화시킨다. 치매의 보편적인 지각 문제는 청각실인증

(Hodges, 2001), 시지각 결함(Caselli, 2000), 색맹(색 지각), 얼굴인식불능증(prosopagnosia; Seelye et al., 2009)이며, 자기인식불능은 말기에 나타난다(Simard, van Reekum, & Myran, 2003). 시지각 손상은 읽기 이해에 영향을 줄 수 있다. 예를 들어, Silveri와 Leggio(1996)는 어휘-의미, 음운, 시지각 특성에 따른 단어-그림 짝짓기 과제에서 AD의 시지각 결함과 읽기 이해 간의 상관성을 규명했다. Glosser와 동료들(2002)도 AD의 시각 처리 결함과 연관된 읽기 손상을 보고했다. 시력과 시공간 인지를 변별하는 것은 임상적으로 중요하다. Rizzo 등(2000)에 따르면, 시력 및 입체시력 검사, 운동 방향 변별에서 정상군과 AD 간의 차이가 없으나 AD는 시각주의력, 시공간 구성, 시각기억 능력이 매우 낮다.

따라서 시지각 결함은 기능적 행동, 사회적으로 용인된 반응, 안전 등을 위협하기가 쉽다. 예를 들어, 카펫의 검정색 점을 구멍으로 인식해 걷기를 두려워하거나 배우자를 낯선 사람으로 여길 수 있다. 조리기 위가 뜨겁다고 오인하기도 한다(지각 평가는 5장 참고). 임상가는 중재를 구상할 때 운전 등의 기능에 미치는 지각 문제를 파악해야 한다. 경도 치매는 주요 지형지물을 탐지하고 교통표지판을 식별하는 운전 실험 과제를 잘 수행하지 못하는데, 이는 시지각, 주의력, 기억력, 집행기능 검사를 통해 예측된다(Uc et al., 2005). 인지적 부담과 과제의 복잡성이 높을수록 운전의 안전도가 떨어진다.

치매 증후군별로 지각 결함이 다르게 나타난다. AD와 파킨슨병 치매(PDD: Assal & Cummings, 2003; Stern et al., 1993)는 주로 시공간 손상을 보이는데, **블록 디자인**(block design)과 **레이븐 매트릭스검사**(Ravens Progressive Matrices; Huber, Shuttleworth, & Freidenberg, 1989)에서 PDD의 수행력이 더 낮다. 시공간 손상은 VaD에 비해 AD가 더 심하나(Fitten et al., 1995), **레이-오스테리스 복합도형**(complex Rey-Osterrieth figure) 기억 과제에서 AD, VaD, PDD는 모두 시각기억 결함을 보인다(Freeman et al., 2000). 복합 환시 등의 시공간 기능장애는 DLB의 가장 초기 증상 중 하나이다(Ferman & Boeve, 2007; McKeith et al., 2016). DLB의 시공간 결함은 사물의 크기 및 형태 변별, 중복 그림 식별, 시각 계산 과제로 평가한다(Mori et al., 2000; Shimamura et al., 1998). 특히 DLB보다 AD가 그림 배열, 블록 디자인, 사물 조립 과제를 더 잘 수행한다. Noe와 동료들(2004)은 DLB의 시각기억이 AD보다 저조하나 PD와 유사하다고 주장했다. MS도 시공간 손상을 보이며(Rao et al., 1991), 환시는 주로 DLB에서 나타난다(Ballard et al., 2013).

과제의 지시 사항을 이해하거나 저장하지 못해 시각 및 시공간 기능이 떨어질 수 있다. 복잡한 시공간 과제는 다양한 인지 영역(예: 주의력과 기억력)이 결합된다. 예를 들어, 널리 활용되는 **시계 그리기**는 주의력, 기억력, 집행기능, 시공간 기술을 요한다. 또 복잡한 시공간 과제를 수행하지 못하면 읽기 능력을 정확히 예측할 수 없다. 치매 말기에는 추상적 과제의 수행이 매우 저조하나, 간단한 단어와 문장 읽기, 인사와 칭찬에 반응하기, 정보 오류 수정하기(Bayles et al., 2000), 기억책(memory book)의 친숙한 사진과 글에 반응하기 등이 가능하다(Bourgeois & Mason, 1996; Hoerster, Hickey, & Bourgeois, 2001).

2. 알츠하이머병 및 기타 치매의 언어 기능과 결함

치매와 언어적 의사소통 간의 상관성은 기억력과 언어 간의 불가분한 관계를 통해 설명된다. AD의 기억력 손상으로 언어 이해 및 산출이 저하되고 의사소통이 손상된다(Bayles, 2001; Ferris & Farlow, 2013). 구어는 단어 내 음소의 정확한 배열, 적절한 단어 선택, 구문에 기반한 문장 구성, 의미 전달에 적합한 문장의 순서화 및 조직화 등 매우 복잡한 과정을 거친다. 이러한 음소, 단어, 문법 형태는 학습 후 기억 속에 저장되고, 청자에게 메시지를 전달할 때 동시 인출된다. 따라서 내현기억 체계의 지원하에 음운, 형태소, 구문 규칙 관련 지식이 의미 및 일화 기억과 통합되어 의사소통이 이루어진다(Ullman, 2013). 또 자소를 결합해 단어를 쓰고 이를 문장으로 결합함으로써 문어를 이해하고 산출한다.

주의력, 작업기억, 일화기억, 집행기능, 시공간력의 손상은 언어 이해와 산출을 방해한다. 이는 치매의 유형 및 중증도에 따라 상이하다. AD의 작업기억 및 일화기억 결함은 언어 이해와 산출을 방해한다. Bayles(2003)는 작업기억 폭, 집중주의력, LTM 정보가 활성화되지 못해도 언어 지식이 소실된 것은 아니라고 강조했다. 이는 짧은 지시 사항이 편안한 말속도로 제시되고 맥락에 맞는 글자 자극이 제공된 경우에 해당한다. 〈표 3-2〉는 AD의 초기~말기 단계에 나타나는 인지-의사소통의 변화를 요약한 것이다.

〈표 3-2〉 알츠하이머병(AD)의 단계별 인지-의사소통 프로파일

AD의 단계	인지-의사소통 손상 영역	인지-의사소통 보존 영역
초기		
표현 언어	단어 인출 어려움	음운, 구문, 화용 능력 보존 소리 내어 읽기, 간단한 쓰기 매우 양호
수용 언어	추상적 언어 및 복잡한 대화 이해 가능	구체어, 짧은 예-아니요 질문, 읽기 이해 보존
주의력	선택 및 분리 주의력의 심한 결함	환기 및 지속주의력 보존
기억력	일화기억 및 작업기억 결함	감각 및 비서술 기억(예: 절차, 기술, 점화, 조건 반응) 보존
집행기능	도구적 일상생활활동(IADLs) 수행의 전반적 어려움(예: 쇼핑, 비용 지불)	기억력 결함이나 이름대기장애에 대한 인식인 상위인지(metacognition) 능력이 비교적 양호
시공간 기능	복잡한 과제 시 경미한 결함	
중기		
표현 언어	허구어 및 이름대기장애 심화, 담화 저하	• 구어 유창성, 음운, 구문 보존 • 친숙한 단어 및 짧은 글의 소리 내어 읽기 보존 • 화용 능력 비교적 양호
수용 언어	다단계 요구 이해의 어려움; 읽기 이해 손상	• 친숙하고 유의미한 단어의 읽기 이해 • 개인적으로 연관된 주제(예: 취미, 의견)의 짧은 대화 가능
주의력	전반적 손상	
기억력	일화기억 및 작업기억의 심한 결함	
집행기능	계획화, 반응 세트 전환, 부적절한 반응 억제의 어려움	
시공간 기능	시공간 결함의 심화	
말기		
표현 언어	요구 및 희망 표현 저하, 발성 반복 및 붕괴, 심한 무언증	문화적으로 친숙하고 유의미한 감각 및 촉각 자극(예: 미소, 음악)에 대한 간헐적 반응
수용 언어	구어 및 문어 이해의 심한 제약	친숙한 촉각 · 시각 · 감정 단서 인식 및 반응 가능(예: 손잡기)
주의력	심한 주의력 저하, 변이적 환기	개인적 관심, 상대방의 존재에 대한 반응 가능
기억력	친숙한 사람에 대한 인지 등 심한 저하	
집행기능	심한 저하	
시공간 기능	심한 저하	

1) 구어 산출

음운 및 운동 구어의 산출 AD가 진행되어도 구어 산출에 필요한 음소를 선택하고 순서화하는 능력은 보존된다. 특히 음운 오류나 운동구어장애는 거의 관찰되지 않는다(Appell, Kertesz, & Fisman, 1982). Meilan과 동료들(2014)은 정상 및 AD 노인의 발화를 스펙트럼으로 분석해 시간적 및 음향학적 특성을 연구했다. 그 결과 음성일탈, 진폭변동률(shimmer; 들숨 기류의 변동 정도), 소음 대 배음 비율(noise-to-harmonics-ratio; 구음 성분 대비 소음의 진폭) 등에서 집단 간의 차이가 뚜렷이 나타났다.

초기부터 조음 양식이나 운동 구어에 변화가 있으면 AD 이외의 유형이거나 AD와 기타 유형이 결합된 혼합 치매일 수 있다. 예를 들어, 피질 병변으로 인한 운동 계획 및 프로그래밍 장애인 말실행증은 CBD(Blake et al., 2003; Josephs & Duffy, 2008)나 원발성 진행성 말실행증(primary progressive apraxia of speech: PPAOS; Duffy et al., 2015; Josephs et al., 2012)에서 발생한다.

7개 마비말장애 유형 중 하나의 특성을 보이는 치매도 있는데, 이때 강도, 속도, 협응, 음조, 말 산출 근육의 운동 범위가 손상되어 구어 산출을 방해하는 신경근육 집행장애가 나타날 수 있다(Duffy, 2012). 마비발장애는 주로 PD, HD, PSP, CBD, ALS에서 관찰되는데, 신경병리학적 특성에 따라 유형이 다르다(Assal & Cummings, 2003; Campbell-Taylor, 1995; Duffy, 2012). 운동구어장애는 신경변성 질환의 초기 징후이다(Duffy, 2012). 예를 들어, 음도 및 강도 조절 손상, 비정상적 발성 및 호흡 등 운동구어적 변화는 PD 초기에 나타난다(Campbell-Taylor, 1995). PD의 89%가 운동저하형 마비말장애(hypokinetic dysarthria)를 보이며(Liotti et al., 2003), 주로 음성 강도 저하, 말 뭉침, 조음 및 말명료도 손상이 나타난다(Duffy, 2012; Pinto et al., 2004). 운동구어장애를 유발하는 질환은 대개 치매를 동반한다(퇴행성 질환으로 인한 운동구어장애는 Duffy[2012] 연구 참고).

구문 특정 언어의 구문 규칙은 비서술기억에 의존하므로 AD의 문법 지식은 대체로 보존된다. 초기 연구에 따르면, 경도~중도 AD는 탈문법성이 경미하고(Kempler, 1995) 구문적으로 복잡한 언어를 정상적으로 산출한다(Hier, Hagenlocker, & Shindler, 1985; Kempler, Curtiss, & Jackson, 1987). 자발화 산출(Kempler et al., 1987), 문장 이해(Schwartz, Marin, & Saffran, 1979), 받아쓰기(Kempler et al., 1987) 등 다양한 과제에서 구문 능력이 보존된다. AD의 전반적 인지 저하로 구문 복잡성(de Lira et al., 2011) 및 문장 길이가 감소하고, 정형화되거나 고착화된 표현이 늘어난다(Bridges & Van Lancker Sidtis, 2013). 경도 치매 시 자발화의 명제 내용이 감소한다(Lyons et al., 1994).

의미 AD 초기에는 일화 및 의미 기억 결함이 언어 수행에 영향을 준다. 이에 따라 단어 인출 저하나 이름대기장애(Bayles & Tomoeda, 2013; Obler et al., 1986)가 나타나고, 사물 및 개념 설명(Mardh, Nägga, & Samuelsson, 2013; Reilly et al., 2011), 담화의 통일성(coherence) 및 응집성(cohesion) 유지(Bayles & Tomoeda, 2013; Dijkstra et al., 2004)가 어렵다. AD는 대면 및 생성 이름대기 능력이 매우 낮으며(Arkin & Mahendra, 2001; Bayles & Tomoeda, 1983, 2013; Clark et al., 2009; Sailor et al., 2004), 기억 탐색이 느리고 비전형적인 이름을 적게 산출한다(Sailor et al., 2004). 초기 치매 시 목표어를 인출하기 어렵고 보상 전략을 자발적으로 사용할 수 없다.

치매 원인에 따라 이름대기와 단어유창성의 수행이 미미하게 다르다. Bayles와 Tomoeda(1983)는 HD 말기까지 보스턴이름대기검사(Boston Naming Test)의 수행이 양호하다고 보고했다. PD는 중증도에 상관없이 이름대기 결함이 경미하며 착어를 보이지 않는다(Huber, Shuttleworth, & Freidenberg, 1989). 단어유창성은 AD에 비해 PSP, PD, HD, VaD의 손상이 더 심하다(Huber et al., 1989; Lafosse et al., 1997; Mahendra & Engineer, 2009; Pillon et al., 1991). 범주유창성은 AD가 더 저하되는 반면, 글자유창성은 PSP와 HD가 더 양호하고(Rosser & Hodges, 1994) VaD보다 AD가 더 잘 수행한다(Duff Canning et al., 2004; Mahendra & Engineer, 2009).

AD가 진행되면서 이름대기 결함의 양상이 달라진다(Silagi, Bertolucci, & Ortiz, 2015). 초기에는 의미기억에 빨리 접근하기 어려워 의미착어와 무반응이 나타난다(Chenery, Murdoch, & Ingram, 1996; Silagi et al., 2015). 중기에는 의미 저장소가 퇴화되기 시작하고 의미착어, 무반응(순수 이름대기장애의 지표), 시지각 결함으로 인한 오류가 증가해 이름대기 문제가 심화된다(Huber et al., 1989; Shuttleworth & Huber, 1988; Silagi et al., 2015). 즉 AD가 진행됨에 따라 이름대기의 수행에 양적(더 많은 오류) 및 질적(변별적 오류 유형) 변화가 나타난다. 그러나 개인적으로 연관된 정보는 비교적 유지된다. 예를 들어, 개인적으로 상관있는 사람, 장소, 사물의 이름은 일관적으로 더 잘 산출한다(Snowden, Griffiths, & Neary, 1994).

Kempler(1995)에 따르면, 의미 인출의 어려움은 어휘 표상보다 어휘적 접근의 손상과 상관성이 더 크다. 이의 근거는 다음과 같다. 첫째, AD는 대면이름대기 시 에두르기나 유사한 단어를 말하고, 사물을 설명한 후 목표어를 산출한다(Bayles & Tomoeda, 1983). 둘째, 단어 산출보다 이해 능력이 더 양호하며, 이름대기가 불가능한 사물의 기능을 자발적인 제스처로 표현한다(Kempler, 1988). 셋째, 음소 단서가 제공되면 근원적인 의미 표상에 접근할 수 있어 인출에 효과적이다(Neils et al., 1988). 이름대기 결함이 주의력 및 집중력 문제와 관련될 수도 있다(Cannatà et al., 2002; Selnes et al., 1988). 또 AD, HD, PD의 대면이름대기가 의미자질 결함에 기인하기도 한다(Frank, McDade, & Scott, 1996). 즉 사물의 주요 의미자질을 활성화하지 못해 이름대기 능력이 떨어진다.

담화 및 화용 화용은 언어의 사회적 사용을 의미하는데, 주로 하나 이상의 담화 유형을 통해 연결 발화를 유도하고 분석함으로써 평가한다. 일련의 연결된 발화인 담화는 하나의 주제하에 조직되며, 그림 설명하기, 개방형 질문에 대답하기, 독백하기, 특정 주제나 자연스러운 대화에 참여하기 등을 통해 산출된다. 담화는 통일성과 응집성을 평가한다. 통일성은 생각 및 개념의 요지와 타당성에 근거하여 논리적으로 적절한 대화를 유지하는 정도를 반영한다(Ulatowska & Chapman, 1995). 응집성은 문장 내 단어들, 구 내 문장들 간의 문법적 및 어휘적 상관성이다. AD의 담화는 통일성이 손상되어 주제와 무관하거나 부정확한 정보를 산출하고 정보를 누락시킨다(Ripich & Terrell, 1988; Ulatowska et al., 1988). 담화의 응집성은 지시어, 연결어, 동사 시제의 사용을 통해 분석한다(Ulatowska & Chapman, 1995). 예컨대, 응집성이 손상되면 지시 오류, 대명사 남용, 모호한 용어(예: ~것[thing, stuff])를 사용한다(Dijkstra et al., 2002; Hier et al., 1985; Ripich & Terrell, 1988).

AD 초기의 담화 결함은 부호화 결함(Kempler, 1995) 및 낱말 찾기 어려움(Nicholas et al., 1985)에 기인한다. 관련성이 적은 내용, 주제를 벗어난 반응, 분절된 짧은 문장이 담화에 자주 포함된다(Bucks et al., 2000; Ehrlich, Obler, & Clark, 1997; Nicholas et al., 1985; Ripich & Terrell, 1988; Tomoeda & Bayles, 1993). 유력형 AD와 MCI는 그림 설명 시 요지와 세부 사항을 잘 산출하지 못하고(Chapman et al., 2002), 이름대기장애, 의미착어, 오류 수정 및 주제 식별 저하 등 어휘-의미 처리 능력이 낮은 편이다(Forbes, Venneri, & Shanks, 2002). 경도 AD의 발화는 의미 있고 주제에 부합하며 설명적 및 비유적 특성을 보이기도 한다(Hopper, Bayles, & Kim, 2001). 궁극적으로 중증도 및 동반된 감각 결함, 담화를 유도하기 위한 지시와 자극의 복잡성이 수행에 영향을 미친다. 예컨대, AD는 복잡한 그림에 비해 정보가 적은 그림을 더 잘 설명한다(Ehrlich et al., 1997).

치매 환자의 대화에는 무관하거나 모호한 표현, 반복적인 내용이 포함된다. 그러나 적절한 지원과 단서를 제공하면 일상적인 대화에 참여하고(Bourgeois, 1993; Egan et al., 2010; Hopper et al., 2001) 질문에 맞게 대답할 수 있다(Arkin & Mahendra, 2001; Mahendra & Arkin, 2003). AD 중기에 이르면 담화 붕괴 및 화용 손상이 더 두드러진다. 대화 주제를 유지하고 의사소통 파트너의 관점을 수용하기 어렵다(Kempler, 1995; Nicholas et al., 1985; Ripich & Terrell, 1988). 부정확하거나 반복적인 발화가 증가하고 정보가 부족해진다. 그러나 주고받기, 눈 맞춤 등의 사회적 관습은 대체로 유지된다. AD 후기에도 자신의 이름이나 사회적 인사에 반응하려고 시도하며, 기쁨을 제한적으로 표현할 수 있다(Bayles et al., 2000).

소리 내어 읽기 음독 능력은 AD 후기까지 비교적 보존된다. 예를 들어, 후기 AD의 단단어 읽기는 기능적 언어-의사소통 목록(Functional Linguistic Communication Inventory; Bayles & Tomoeda, 1994)을 통해 검증되었다. 의미 지식이 심하게 손상된 sv-PPA는 읽기 능력이 가장 낮은데, 이는 표층실독증이 두드러지기 때문이다(Gorno-Tempini et al., 2011). 읽기는 글자, 음운, 의미 체계의 상호작용이 필요한데, sv-PPA의 경우 고빈도어, 규칙적 음소-자소 일치 단어는 소리 내어 읽기가 가능하나 불규칙한 글자 단어와 유사 비단어(pseudoword)에는 어려움을 보인다(Patterson et al., 1994). 그러나 Noble 등(2000)에 따르면 AD, FTD, PPA의 음독 능력은 이와 다르다.

2) 문어 표현

치매 환자의 문어 능력은 널리 연구되지 않았다. AD는 쓰기 및 구문 능력이 보존되나, 언어적 복잡성 감소, 단어 및 정보 단위 수가 적은 짧은 문장, 맞춤법 오류, 허구어 및 불분명한 구의 증가를 보인다(Aarsland, Høien, & Larsen, 1995; Forbes-McKay, Shanks, & Venneri, 2014; Groves-Wright et al., 2004; Horner et al., 1988; Kemper et al., 1993; Rapcsak et al., 1989). 불규칙 단어의 맞춤법, 규칙적 단단어 및 비단어 쓰기는 양호하며, 저빈도어에 비해 고빈도어를 더 잘 쓴다(Hughes et al., 1997).

치매가 진행되면서 문장 쓰기 시 정보 내용, 문장 길이, 절의 수, 동사 형태 및 접속사가 줄어든다(Kemper et al., 1993). 치매 중기에도 구문은 정확하나 보다 단순화된다. 내러티브 쓰기는 더 복잡하므로 LTM에서 정보를 인출하기가 어렵다(Henderson et al., 1992; LaBarge et al., 1992). AD 중기에는 쓰기 능력이 매우 낮고, 단어 및 글자의 보속 현상이 빈번하다. 말기에 이르면 대개 쓰기가 불가능하다.

Snowdon과 동료들은 20대 초반부터 수녀로 재직한 93명의 쓰기(자서전)를 평가한 후 노년기(75~95세) 인지 기능과의 상관성을 알아보았다. 그 결과, 청년기의 언어 능력 중 관념 밀도(idea density)와 문법적 복잡성이 노년기의 낮은 인지 능력과 연관되었다. 특히 관념 밀도는 낮은 인지 기능과 더 강하고 일관적인 상관성이 있었다. 청년기에 관념 밀도가 낮았고, 연구 기간에 사망한 14명을 부검한 결과 모두 AD로 확인되었다. 즉 청년기의 낮은 언어 능력은 노년기의 인지 기능 및 AD를 민감하게 예측한다(Snowdon et al., 1996).

3) 청각적 이해

치매 환자의 청각적 이해는 전반적으로 주의력 및 작업기억의 영향을 받으며(Kempler et al., 1998), 사회적 위축과 고립이 연관될 수 있다. 단순하고 구체적인 언어는 잘 이해하나, 추상적인 언어는 초기부터 손상된다(Kempler, Van Lancker, & Read, 1988). 단순 능동태부터 목적격 관계사까지 구문적 복잡성이 다른 그림-문장 짝짓기에서 MCI의 구문 처리는 경미하게 떨어진다(Bickel et al., 2000). Waters와 Caplan(2002)은 작업기억 결함이 있는 초기 AD의 구문 이해가 양호함을 입증했다. AD 중기에도 2~3단계의 명령을 이해하고 구체적인 질문에 정확히 반응할 수 있다(Bayles & Tomoeda, 1994; Hopper et al., 2001).

담화 측면에서 초기 및 중기 AD는 내러티브를 잘 이해하지 못하며, 세부 사항보다 핵심 내용, 비유적 정보보다 문자 그대로의 정보를 더 잘 이해한다(Welland, Lubinski, & Higginbotham, 2002). AD가 심화될수록 짧은 지시 사항, 단순한 구문, 개인적 내용에 대한 이해가 더 양호하다. 심도 AD는 1단계 명령, 다항식 선택 및 예-아니요 질문(Bayles & Tomoeda, 1993), 문장-그림 짝짓기(Bickel et al., 2000)에서 이해 능력이 낮다. AD가 진행되어도 어조, 얼굴표정 등 비구어 언어는 비교적 잘 이해하는데, 이는 간병인과 환자 간의 상호작용 시 유용하게 활용될 수 있다.

4) 읽기 이해

AD의 문어 이해가 청각적 이해력을 반영하기도 한다. AD는 발병 전에 비해 글을 이해하는 능력이 점차 떨어진다. 읽기 이해의 결함은 시지각 및 안구운동 기능, 지속주의력, 일화 및 작업 기억(Fernández et al., 2016; Kempler, 1988), 집행 통제 기제의 손상과 관련된다. 따라서 읽는 데 노력이 필요하거나 반복적이며, 요지와 세부 내용을 이해하기 어렵다. 이로 인해 읽기에 대한 흥미를 잃고 독서가 점차 어려워진다.

치매 환자는 담화 수준의 글을 읽고 유추하거나 내용 관련 질문에 잘 대답하지 못한다(Creamer & Schmitter-Edgecombe, 2010; Small, Kemper, & Lyons, 1997). 중도 및 심도 AD는 단단어를 이해하지 못해도 소리 내어 읽기가 가능하다(Bayles & Tomoeda, 1994; Raymer & Berndt, 1996). AD 중기에는 단단어 읽기(Strain et al., 1998), 특히 개인적으로 연관된 단단어를 이해할 수 있다(Bourgeois, 1992). Grober와 Bang(1995)은 AD의 문장 읽기 이해를 알아보았는데, 글자 자극과 그림을 동시에 제시하거나 자극에 이어 그림만 제시하는 방식을 사용했다. 의미 및 구문 단서가 문장 이해에 미치는 영향을 살펴본 결과, 의미 단서를 활용하면 이해력이 향상되고 작업기억을 덜 요구했다. 이처럼 반응 행동 재조직(예: Bourgeois et al., 1997; Bourgeois et al., 2003), 개인적 연관 주제를 통한 대화 촉진(예: Benigas & Bourgeois, 2012; Bourgeois, 1992, 1993; Bourgeois & Mason, 1996; Hoerster et al., 2001)을 위해 글자 단서가 사용된다. 개인적으로 친숙한 글자 단서의 활용 사례는 6장에서 논의된다.

3. 혈관성 치매

VaD 초기부터 집행기능, 주의력, 시공간력이 손상되며(Levy & Chelune, 2007; Randolph, 1997), AD보다 중증도가 더 심한 경우가 많다. 그러나 즉각 및 지연 구어기억(Golden et al., 2005), 범주유창성, 의미기억 과제는 AD보다 더 잘 수행한다. 또 범주유창성보다 글자유창성의 수행력이 더 낮다(Mahendra & Engineer, 2009; Poore et al., 2006). Mahendra와 Engineer(2009)는 VaD를 대상으로 애리조나 치매의사소통장애검사(Arizona Battery for Communication Disorders of Dementia: ABCD; Bayles & Tomoeda, 1993)를 시행한 결과, 범주 이름대기, 사물 설명, 개념 정의 능력이 손상되었다. 허구어, 반복 발화, 주제 이탈, 문장 분절 등 담화 손상도 관찰되었다(Mahendra & Engineer, 2009; Vuorinen, Laine, & Rinne, 2000). [그림 3-2]는 VaD와 AD의 그림 베껴 그리기, 시계 그리기, 문장 쓰기 수행을 비교한 결과이다.

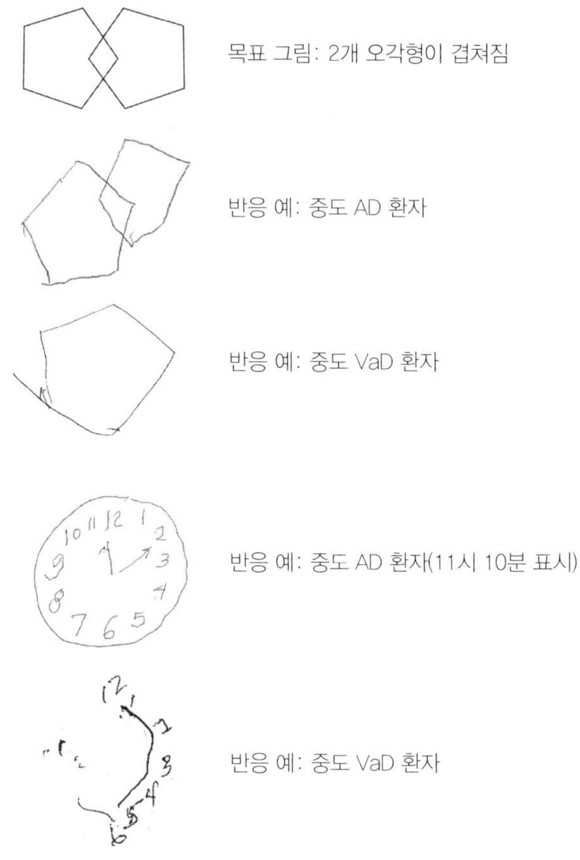

[그림 3-2] 알츠하이머형 및 혈관성 치매의 그림 베껴 그리기, 시계 그리기, 문장 쓰기 수행 비교

4. 원발성 진행성 실어증

FTLD 관련 증후군은 독특한 언어 양상을 보인다. FTLD의 세 유형으로는 bv-FTD, 3개 언어 변이형(원발성 진행성 실어증[PPA]), 운동 변이형이 있다. bv-FTD 초기에는 언어나 기억 결함이 없으나 집행기능 손상과 뚜렷한 행동 변화가 나타난다. 특히 탈억제, 전형적 · 반복적 행동, 무관심, 사회적 상호작용에 대한 관심 저하 등으로 화용 문제가 발생한다. FTD는 동일 주제에 대한 보속증이 심하고 주고받기에 어려움이 있다. 또 갑작스럽게 대화 주제를 바꾸거나 미완성 발화를 산출한다. PPA의 하위 유형에는 유창하거나 의미적인 변이형(sv-PPA), 비유창하고 실문법적인 변이형(nfv-PPA), 최근 분류된 발화부족형(lv-PPA)이 있다. PPA는 언어의 산출 및 이해 능력이 점차 떨어지며, 언어 손상이 반드시 동반되어야 3개 유형 중 하나로 진단된다(Gorno-Tempini et al., 2011).

비유창하고 실문법적인 구어, 이름대기장애, 착어가 관찰되면 nfv-PPA로 진단된다. 이 유형은 의미기억이 보존되나 표현 능력이 크게 떨어지고 따라말하기 및 구문 처리(예: 동사 활용)가 손상되는 브로카실어증과 유사하다. nfv-PPA의 비유창한 구어는 무언증으로 악화된다(Nestor & Hodges, 2000).

구문 오류가 없고 청각적 이해력이 낮은 유창한 구어, 심한 이름대기장애, 표층실독증, 의미나 개념 지식의 소실이 동반되면 sv-PPA로 진단된다. sv-PPA 초기에는 에두르기, 의미착어를 보이고 대면이름대기와 범주유창성이 심하게 저하된다(Sapolsky et al., 2011). 의미 지식이 점차 손상되면서 이름대기장애, 대화 및 언어 이해의 결함이 심화된다. 4개 FTD 유형의 인지-의사소통 특성은 〈표 3-3〉에 제시되어 있다.

lv-PPA는 가장 최근에 분류되었는데(Gorno-Tempini et al., 2011; Mahendra, 2012), sv-PPA, nfv-PPA, 뇌졸중에 기인한 실어증과 구별되는 구어 및 언어 특성을 보인다. 구어 산출의 전반적 감소(Kertesz et al., 2003), 말속도 저하, 문법적으로 단순하나 적절한 문장 구조의

〈표 3-3〉 전두측두엽변성(FTLD) 하위 유형의 인지-의사소통 특성

	행동 변이형 (bv-FTD)	의미치매 (sv-PPA)	비유창형 PPA (nfv-PPA)	발화부족형 PPA (lv-PPA)
주의력				
지속	양호	양호	유지	양호
분리	초기 손상	손상	손상	손상
기억력				
감각	양호	경미한 손상	양호	양호
작업	경미한 손상	경미한 손상	손상	손상
일화	경미한 손상	손상	손상	손상
의미	경미한 손상	심한 손상	경미한 손상	경미한 손상
절차	경미한 손상	경미한 손상	경미한 손상	양호
집행기능	손상	손상	경미한 손상	손상
시공간 기능	손상	경미한 손상	경미한 손상	비교적 유지
구어	유창함	유창하고 구문 오류 없음	비유창하고 실문법적임	말속도 저하, 구어 산출 적음
언어	착어나 이름대기장애 없음	뚜렷한 이름대기장애, 표층실독증, 개념 지식 소실	착어, 개념 지식이 보존된 이름대기장애	착어가 거의 없음, 이름대기장애, 단단어 이해 손상

사용, 낱말 찾기 어려움(Gorno-Tempini et al., 2004, 2011) 등이 lv-PPA의 주요 양상이다. 청각적 이해력(Henry & Gorno-Tempini, 2010), 따라말하기(Gorno-Tempini et al., 2004, 2008), 읽기(Brambati et al., 2009), 맞춤법(Sepelyak et al., 2011)도 손상된다.

5. 행동 특성

1) 치매 환자의 반응 행동

치매로 인해 주의력, 기억력, 집행기능, 시공간 기능, 언어적 의사소통이 저하되면 행동 변화를 일으켜 지남력 상실, 망각, 지연 반응, 정신적 유연성의 감소, 자기 모니터링의 어려움 등을 보인다. 치매 환자의 반응 행동에는 주로 망각과 혼동, 반복적 발성, 의사소통 결함(예: 소리치기)이 포함되고, 흥분, 공격성, 무관심도 나타난다. 이러한 반응 행동의 빈도, 강도, 선행 조건은 개인, 치매 유형 및 중증도, 환경 요인에 따라 다르다. 치매 초기에는 일상적 기능 및 활동에서 어려움을 겪고, 운전 도중 길을 잃거나 방향감각을 상실한다. 약속 시간이나 중요한 물건의 위치를 기억하지 못하며, 질문 및 전체 대화의 반복, 성격 변화, 민감한 감정이 두드러진다. 주로 가족이 이러한 행동을 인식하면서 갈등이 유발되고, 주치의에게 상담을 요청하기도 한다.

치매가 진행됨에 따라 반응 행동이 보다 다양화되고 빈번해지며 통제하기 어려워진다. Cohen-Mansfield(2000)는 반응 행동을 두 가지 측면(신체 vs. 구어, 공격성 vs. 비공격성)으로 분류했다. [그림 3-3]은 이러한 4개 요소에 따른 행동 예시를 도식화한 표이다. 치매 중기에는 발화가 손상되고 동일한 내용을 곧바로 반복하기 때문에 가족들이 좌절할 수 있다. 이는 AD로 인한 기억력의 손상 정도와 비가역성을 반영한다. 간병인이 증상을 빨리 알아차리지 못하면 기능 저하가 심해진다. 또 낯선 타인과의 부적절한 상호작용, 무분별한 행동(예: 재정 관련), 저장 강박증(hoarding), 환각, 망상, 격분 등의 행동은 간병인에게 피로감을 준다. 이 단계에서는 반응 행동의 계기, 행동을 막는 긍정적 전략(예: 글자 단서, 예측 가능한 일상, 지원 환경)을 고려해야 한다.

후기에는 흥분 행동이 진정되면서 무관심과 무기력이 시작되는데, 이로 인해 반응 행동이 느려지고 반복이 매우 많아진다. 더 이상 환경과 교류할 수 없고 모든 ADLs에 대해 도움이 필요하다. 이 시기에는 간병인의 스트레스가 적은 편인데, 신체 돌봄은 더 많이 필요하나 행동이 완화되고 예측 가능하기 때문이다.

치매 증후군별로 유사하거나 독특한 행동을 보인다. 초기 AD의 뚜렷한 기억력 손상은 기분, 불안, 흥분, 공격성을 점차 변화시킨다(Han et al., 2014). 후기에는 환각, 망상, 무관심이 주로 나타나며, 성적 행동, 저장 강박증, 야간 활동 변화 등을 보인다. DLB는 복합적이고 완전한 환시, 망상, 기분 및 보행 변화, 수면장애가 나타난다(Cummings, 2003). PDD의 주증상은 기분 변화, 환각, 불안, 무관심, 우울, 과민성이다(Aarsland, Litvan, & Larsen, 2001; Cummings, 1995). VaD는 우울, 흥분, 불안이 AD보다 더 빈번하고 심하며(Aharon-Peretz, Kliot, & Tomer, 2000), 망상, 성격 변화, 탈억제, 갑작스러운 실금, 국소적 손상 관련 증상(예: 우반구 두정엽 병변으로 인한 질병인식불능증, 좌반구 병변에 기인한 실어증)도 관찰된다(Cummings, 2003). bv-FTD는 초기부터 행동 증상이 뚜렷해 개별 행동장애가 가장 심하며, 급격한 성격 변화 및 탈억제를 보인다(Cummings, 2003). FTLD는 강박적 성향, 정형화된 행동, 주의산만, 냉담, 무관심을 동반하는데, 우울 증상이 없고 기억력 손상이 후기에 나타나 AD와 변별된다(Levy et al., 1998). 연령과 MMSE 점수를 일치시킨 치매 집단의 임상

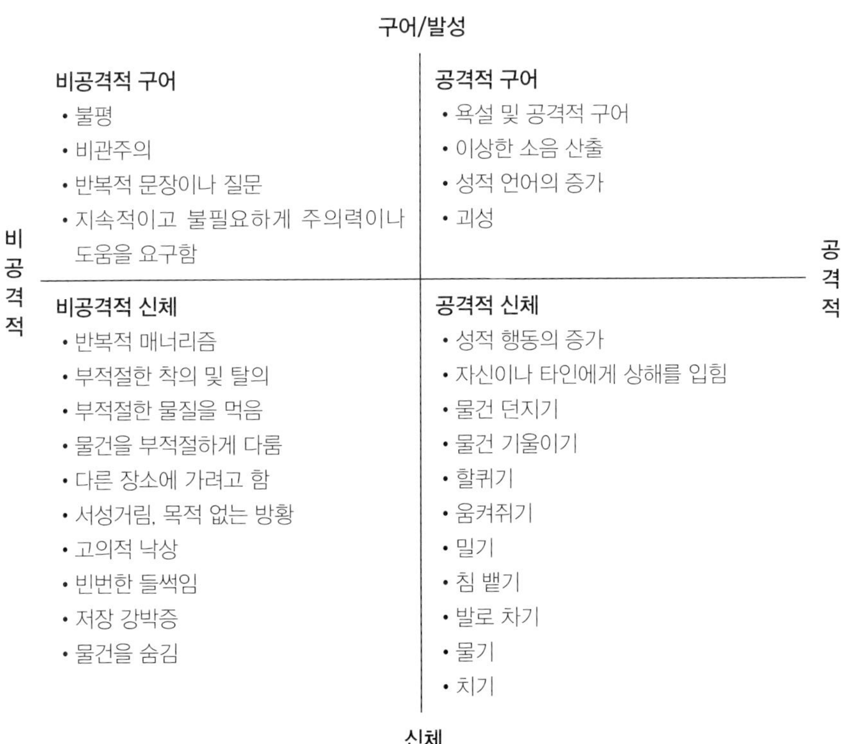

[그림 3-3] Cohen-Mansfield 초조척도(Cohen-Mansfield Agitation Inventory: CMAI)의 행동 분류

출처: J. Cohen-Mansfield의 승인하 재인용.

치매척도(Clinical Dementia Rating Scale; Morris, 1993)를 비교하면, bv-FTD는 AD나 sv-PPA에 비해 판단, 문제해결, 공공업무, 가정 및 취미, 개인생활의 손상이 더 심하다(Rosen et al., 2004). 치매 후기에는 어휘에 접근하기가 매우 어렵고 기능적 의사소통이 제한적이다.

[그림 3-4]와 같이, 반응 행동은 생물심리사회적 모델, 미충족 요구 이론인 **요구 기반 손상행동 모델**(Need-Driven Compromised Behavior Model; Algase et al., 1996; Beck et al., 1998)에 기반한다. 치매 환자는 인지-의사소통 결함으로 인해 생물학적, 신체적, 인지사회적, 감정적, 정신적 요구를 잘 전달하지 못한다. 이는 억제를 위한 중재(신체적 또는 화학적 억

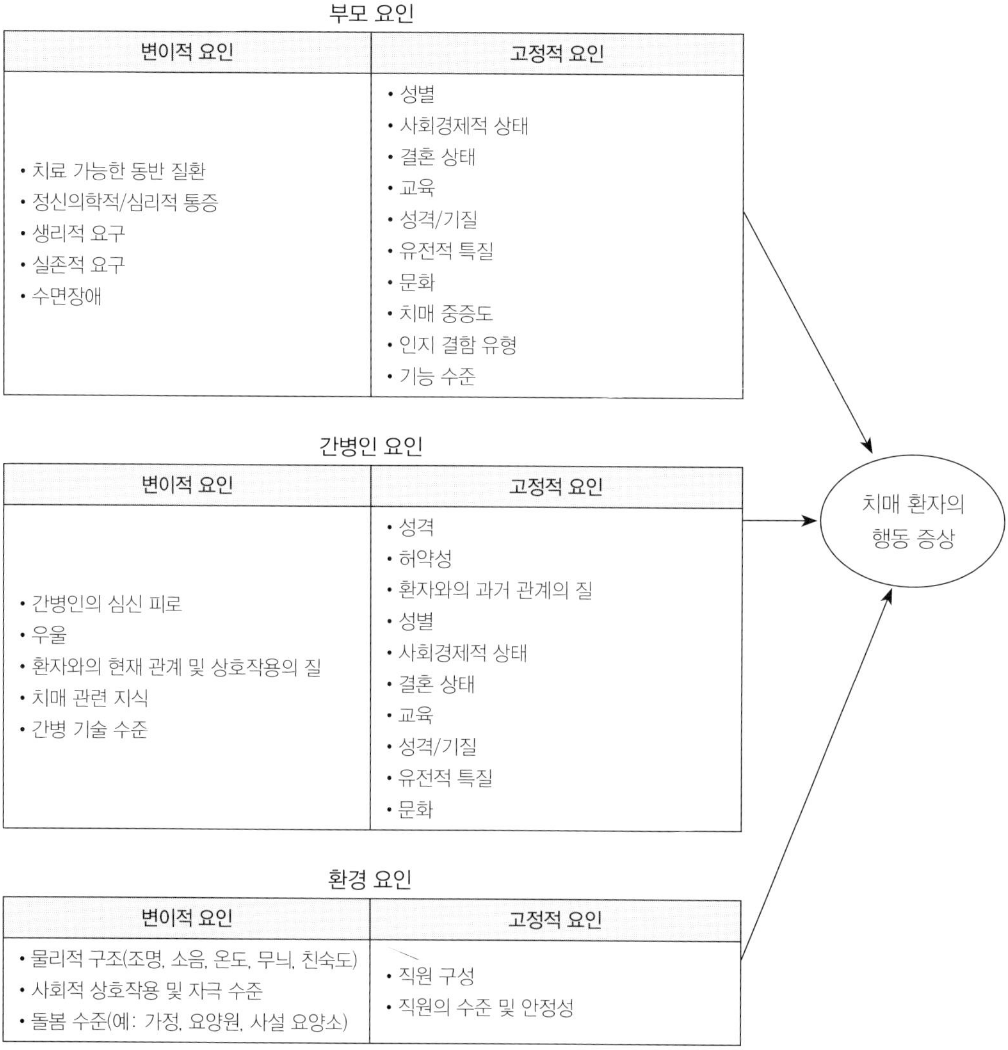

부모 요인

변이적 요인	고정적 요인
• 치료 가능한 동반 질환 • 정신의학적/심리적 통증 • 생리적 요구 • 실존적 요구 • 수면장애	• 성별 • 사회경제적 상태 • 결혼 상태 • 교육 • 성격/기질 • 유전적 특질 • 문화 • 치매 중증도 • 인지 결함 유형 • 기능 수준

간병인 요인

변이적 요인	고정적 요인
• 간병인의 심신 피로 • 우울 • 환자와의 현재 관계 및 상호작용의 질 • 치매 관련 지식 • 간병 기술 수준	• 성격 • 허약성 • 환자와의 과거 관계의 질 • 성별 • 사회경제적 상태 • 결혼 상태 • 교육 • 성격/기질 • 유전적 특질 • 문화

환경 요인

변이적 요인	고정적 요인
• 물리적 구조(조명, 소음, 온도, 무늬, 친숙도) • 사회적 상호작용 및 자극 수준 • 돌봄 수준(예: 가정, 요양원, 사설 요양소)	• 직원 구성 • 직원의 수준 및 안정성

→ 치매 환자의 행동 증상

[그림 3-4] 치매의 행동 증상 관련 요인들

출처: Kunik et al.(2003)의 승인하 재인용.

제)가 필요한 부적응 행동으로 오인될 수 있다. 신체적 및 화학적 억제는 환자의 존엄을 해치고, 보다 악화된 반응 행동을 유발하기도 한다. 따라서 반응 행동을 촉발하지 않도록 하는 것이 바람직하다.

2) 치매의 인지-의사소통과 행동 간 상관성

기억력 및 의사소통의 결함으로 요구를 전달하기 어려우면 반응 행동이 나타난다. 행동에는 하나 이상의 근거가 존재하므로 이를 유발하는 결함이 무엇인지 분석하기 어렵다. 감각기억이 저하되면 보편적인 사물, 사람, 장소를 인식하지 못해 혼동이나 동요를 일으킬 수 있다. 작업기억 결함으로 인해 정보를 잘 보유하지 못하며, 구어 지시 따르기, 대화 지속하기, 질문에 대답하기 등에 어려움을 겪는다. LTM의 정보에 접근하지 못해 상황에 맞는 의사소통 반응을 선택하고 취미나 ADLs의 절차를 단계적으로 순서화하는 데 오류를 보인다. 오래된 취미에 대한 흥미를 잃고 의사소통 상황을 회피하기도 한다. 예를 들어, "이제 준비할 시간입니다"라며 기상, 코트 및 신발 착용을 재촉해도 잘 반응하지 않는다. 이전에 친숙했던 감각 자극에 반응하지 못하면 비협조, 무반응, 망설임, 혼동으로 간주하는데, 이는 간병인에게 좌절감을 준다. 간병인이나 임상가는 이러한 반응의 원인을 파악해야 한다. 발화가 청각적으로 부호화되지 않기 때문에 반응 지연이나 무반응을 보인다. 또 작업기억이나 의미 저장소의 결함으로 문장을 이해하지 못한다. 방황, 서성거림, 황혼 증후군(sundowning), 반복 질문 등의 반응 행동은 부호화, 통합, 인출의 문제에 기인한다([글상자 3-3]).

글상자 3-3 사례 연구

Araujo 씨는 현관 앞 낙엽을 청소하기 위해 아내에게 부엌 벽장 속 빗자루를 갖다 달라고 부탁한다. 하지만 아내는 오지 않는다. 들어가 보니 아내는 냉장고 문을 열고 안을 들여다보고 있다. 그는 아내가 일부러 자신의 요구를 무시했다고 여긴다. 사실 아내는 빗자루를 꺼내 현관으로 가려 했으나, 주의가 산만해져 냉장고를 연 채로 할 일을 잊고 말았다. 그녀는 남편의 부탁을 전혀 기억하지 못할 수 있다. 또 냉장고에서 찾던 것, 무언가를 먹거나 마시려던 계획에 반응하지 못할 수도 있다. 남편의 요청을 이해했으나 작업기억 내에 충분히 오래 보유하지 못해 과제를 수행할 수 없게 된 것이다. 즉 목표 과제를 수행할 때 방해 요인이 있으면 새로운 행동이 촉발됨으로써 원래의 수행을 방해한다.

〈표 3-4〉 기억력 유형별 언어 결함 및 반응 행동의 분류

감각기억	작업기억	장기기억
등록 · 재인 · 확인의 문제	부호화 및 해독의 문제	인출의 문제
시각실인증: 보편적 사물을 인식하지 못함, 사물을 제 위치에 두지 못함	반복 질문, 대답을 부호화하지 못함	낱말 찾기의 문제: 특정 단어, 사실, 친숙한 사람의 이름 · 장소 · 사건, 잘못된 이름을 사용함
황혼 증후군: 자신의 집을 알아보지 못함	간병인을 따라감, 간병인이 잠시 다른 방에 있음을 잊음	잘못된 정보를 말함: 거짓말 및 비난
촉각의 반복적 조작, 사물을 인식하지 못함	비협조적이고 지시를 따르지 못함: 시각 자극에 대한 부호화나 해독의 어려움	발성 결함: 요구 표현을 위한 단어에 접근하지 못함
망상, 사람 · 사물 · 장소의 오인		옷 입기, 목욕, 식사, 화장 방법을 잊음
• 환각: 보이지 않는 사람과 사물을 봄 • 다른 감각 자극으로 인한 주의 산만, 감각의 과부하	동요 및 서성거림: 불안을 유발하는 행동에 대한 반응을 부호화하지 못함	• 전화기 및 친숙한 도구의 사용법을 잊음 • 과제를 완수하지 못함 • 무관심: 할 일을 잊음 • 방황: 행선지를 잊음

행동은 인간과 환경 간의 상호작용을 반영한다(기억력 결함 및 어려움, 반응 행동의 유형은 〈표 3-4〉 참고). 간병인은 부적절한 의사소통 시도인 반응 행동(예: 발성 결함, 주먹 휘두르기)을 재구성하고 요구에 대한 반응 전략을 마련해야 한다. 이를 토대로 언어재활사(SLP)는 환자와 간병인에게 일상 참여 접근에 따른 지원책을 제공함으로써 의사소통이 원활하도록 돕는다(이에 관한 사회적 모델은 1장 및 4장 참고). SLP(다른 보건의료 전문가와 협력 가능)는 환자의 행동 및 미충족 요구를 평가하고 중재 계획을 구상하며, 간호 인력과 상담하여 기능의 유지 방안을 계획한다. 중재 시 간병인과 환자를 격려하고 존엄 및 자율성을 보장한다. 즉 요구와 돌봄에 대한 의사소통을 위해 구어 및 비구어 표현을 번갈아 사용하고, 의미 있는 상호작용과 활동에 참여하도록 환자를 독려한다.

임상가는 시각 및 청각 단서, 낮은 수준의 AAC 보드 등을 활용함으로써 구어 반응 행동(예: 반복 요구나 질문)을 수정하도록 중재한다. 방황, 초조 등의 비공격적 신체 행동이 기억 손상(목적지나 할 일의 망각)에 기인한 경우 인식이나 지남력을 증진시키고 의미 있는 활동에 참여시킨다. 구어적 및 신체적 공격 행동도 인지-의사소통 중재 시 실행 가능한 목표로 설정된다. 이러한 행동은 무시 또는 오인된 미충족 요구를 전달하려는 시도로서 좌절

감과 불확실한 행동을 증폭시킨다. 타인의 신체에 대한 공격적 행동(예: 때리기, 발로 차기)은 극도의 불쾌감, 불안, 분노의 표현이거나 주의 끌기, 상호작용을 위한 부적절한 시도일 수 있다. 이 경우 사회적 대화 및 교류에 대한 요구에 우선적으로 반응해 주어야 한다.

환자 및 주변 사람들로부터 정보를 구하고 환자와 상황을 관찰함으로써 반응 행동의 원인을 확인한다. 예컨대, 불편감을 주는 스피커, 추운 실내, 통증 등의 외부 자극, 방에 홀로 앉아 느끼는 외로움, 지루함, 불안감 등이 원인일 수 있다. 간병인은 이러한 반응 행동을 파악해야 한다. SLP는 병력 기록지를 읽거나 간호사 및 영양사와 논의하고 환경 개선안을 고안함으로써 간병인이 인식하지 못한 잠재적 원인을 규명한다.

마지막으로, 임상가는 환자의 신체적 · 인지적 · 사회적 환경과 태도를 면밀히 파악하여 인간 중심 돌봄에서 역할을 다해야 한다. 이를 통해 반응 행동의 유발 및 강화 요인, 의미 있는 참여를 위한 지원 등을 판단한다. 또 긍정적이고 즐거우며 의미 있는 의사소통과 활동에 참여하도록 방안을 모색해야 한다. 인지-의사소통 능력 및 결함, 반응 행동, 참여에 미치는 영향, 삶의 질을 평가하는 SLP의 역할은 5장에 소개된다. 의미 있는 활동에의 참여 및 삶의 질을 증진하기 위한 중재 방안은 6~8장에서 논의한다. 가족 및 간병인의 중재를 다룬 9장과 10장에서는 인지-의사소통 능력과 결함이 적응 행동 및 간병인과의 상호작용에 미치는 주요 영향을 살펴본다.

6. 결론

지금까지 AD의 영향과 치매 유형별 인지-의사소통 특성을 살펴보았다. 치매 증후군에 따른 인지-의사소통 프로파일을 통해 유형 간의 공통점 및 차이점을 파악할 수 있다. 손상 영역별로 프로파일에 차이가 있듯 치매 증후군에 따라 보존된 능력이 다르다. 치매의 인지-의사소통 변화가 반응 행동에 미치는 영향도 다루었는데, 이를 통해 전반적인 평가 접근을 이해할 수 있다. 임상가는 증거 기반적 치료를 계획할 때 강점과 한계를 고려한 인간 중심 평가를 고안한다. 이를 토대로 치매 증후군의 임상적 중재를 위한 인지-의사소통 프로파일이 보다 심도 깊게 연구되어야 한다.

감사의 말

이 장은 제1저자에게 부여된 California Wellness Foundation(Grant # 2012-048: 2012-2017)의 지원금 중 일부로 진행되었다.

참고문헌

Aarsland, D., Høien, T., & Larsen, J. (1995). Alexia and agraphia in dementia of the Alzheimer type. In M. Bergener & S. Finkel (Eds.), *Treating Alzheimer's and other dementias* (pp. 298-308). New York: Springer.

Aarsland, D., Litvan, I., & Larsen, J. P. (2001). Neuropsychiatric symptoms of patients with progressive supranuclear palsy and Parkinson's disease. *Journal of Neuropsychiatry and Clinical Neurosciences, 13*(1), 43-49.

Adlam, A-L., Patterson, K., Rogers, T., Nestor, P., Salmond, C., Acosta-Cabronero, J., & Hodges, J. (2006). Semantic dementia and fluent primary progressive aphasia: Two sides of the same coin? *Brain, 129*(11): 3066-80. doi:10.1093/brain/awl285.

Aharon-Peretz, J., Kliot, D., & Tomer, R. (2000). Behavioral differences between white matter lacunar dementia and Alzheimer's disease: A comparison on the neuropsychiatric inventory. *Dementia and Geriatric Cognitive Disorders, 11*(5), 294-298.

Algase, D. L., Beck, C., Kolanowski, A., Whall, A., Berent, S., Richards, K., & Beattie, E. (1996). Need-driven dementia-compromised behavior: An alternative view of disruptive behavior. *American Journal of Alzheimer's Disease and Other Dementias, 11*(6), 10-19.

Allain, P., Havet-Thomassin, V., Verny, C., Gohier, B., Lancelot, C., Besnard, J., Fasotti, L., & Le Gall, D. (2011). Evidence for deficits on different components of theory of mind in Huntington's disease. *Neuropsychology, 25*, 741-751.

Alzheimer's Association (2016). 2016 Alzheimer's disease facts and figures. *Alzheimer's and Dementia, 12*(4), 1-80.

Amieva, H., Phillips, L. H., Della Sala, S., & Henry, J. D. (2004). Inhibitory functioning in Alzheimer's disease. *Brain, 127*, 949-964.

Appell, I., Kertesz, A., & Fisman, M. (1982). A study of language functioning in Alzheimer patients. *Brain and Language, 17*(1), 73-91.

Arkin, S., & Mahendra, N. (2001). Discourse analysis of Alzheimer's patients before and after intervention: Methodology and outcomes. *Aphasiology, 15*(6), 533-569.

Assal, F., & Cummings, J. L. (2003). Cortical and frontosubcortical dementias: Differential diagnosis. In V. O. Emery & T. E. Oxman (Eds.), *Dementia: Presentations, differential diagnosis, and nosology* (pp. 239-262). Baltimore: Johns Hopkins University Press.

Au, A., Chan, A. S., & Chiu, H. (2003). Verbal learning in Alzheimer's dementia. *Journal of the International Neuropsychological Society, 9*(3), 363-375.

Baddeley, A. D. (1986). *Working memory*. Oxford, UK: Oxford University Press.

Baddeley, A. (1992). Working memory. *Science, 255*(5044), 556-569.

Baddeley, A. (1995). The psychology of memory. In A. D. Baddeley, B. A. Wilson, & F. N. Watts (Eds.), *Handbook of memory disorders* (pp. 3-26). New York: John Wiley.

Baddeley, A. D. (2000). The episodic buffer: A new component of working memory? *Trends in Cognitive Science, 4*, 417-423.

Baddeley, A. D., Baddeley, H. A., Bucks, R. S., & Wilcock, G. K. (2001). Attentional control in Alzheimer's disease. *Brain, 124*(8), 1492-1508.

Baddeley, A. D., & Hitch, G. (1974). Working Memory. In G. H. Bower (Ed.), *The psychology of learning and motivation: Advances in research and theory* (Vol. 8, pp. 47-89). New York: Academic Press.

Ballard, C., Aarsland, D., Francis, P., & Corbett, A. (2013). Neuropsychiatric symptoms in patients with dementias associated with cortical Lewy bodies: Pathophysiology, clinical features, and pharmacological management. *Drugs & Aging, 30*, 603-611. doi:10.1007/s40266-013-0092-x.

Ballard, C., O'Brien, J., Gray, A., Cormack, F., Ayre, G., Rowan, E., … Tovee, M. (2001). Attention and fluctuating attention in patients with dementia with Lewy bodies and Alzheimer disease. *Archives of Neurology, 58*(6), 977-982.

Ballasteros, S., Reales, J. M., & Mayas, J. (2007). Picture priming in normal aging and Alzheimer's disease. *Psicothema, 19*(2), 239-244.

Barresi, B. A., Nicholas, M., Connor, L. T., Obler, L. K., & Albert, M. L. (2000). Semantic degradation and lexical access in age-related naming failures. *Aging, Neuropsychology, and Cognition, 7*(3), 1-10.

Baudic, S., Dalla Barba, G., Thibaudet, M. C., Smagghe, A., Remy, P., & Trakov, L. (2006). Executive function deficits in early Alzheimer's disease and their relations with episodic memory. *Archives of Clinical Neuropsychology, 21*(1), 15-21.

Bayles, K. A. (1991). Age at onset of Alzheimer's disease: Relation to language dysfunction.

Archives of Neurology, 48(2), 155-159.

Bayles, K. A. (2001). Understanding the neuropsychological syndrome of dementia. *Seminars in Speech and Language, 22*(4), 251-260.

Bayles, K. A. (2003). Effects of working memory deficits on the communicative functioning of Alzheimer's dementia patients. *Journal of Communication Disorders, 36*(3), 209-219.

Bayles, K. A., & Kim, E. S. (2003). Improving the functioning of individuals with Alzheimer's disease: Emergence of behavioral interventions. *Journal of Communication Disorders, 36*(5), 327-343.

Bayles, K. A., & Tomoeda, C. K. (1983). Confrontation naming impairment in dementia. *Brain and Language, 19*(1), 98-114.

Bayles, K. A., & Tomoeda, C. K. (1993). *The Arizona battery of communication disorders of dementia*. Austin, TX: Pro-Ed.

Bayles, K. A., & Tomoeda, C. K. (1994). *Functional linguistic communication inventory*. Austin, TX: Pro-Ed.

Bayles, K. A., & Tomoeda, C. K. (2013). *Cognitive-communication disorders of dementia: Definition, diagnosis and treatment* (2nd ed.). San Diego, CA: Plural Publishing, Inc.

Bayles, K. A., Tomoeda, C. K., Cruz, R. F., & Mahendra, M. (2000). Communication abilities of individuals with late-state Alzheimer disease. *Alzheimer Disease and Associated Disorders, 14*(3), 176-181.

Bayles, K. A., Tomoeda, C. K., Kaszniak, A. W., & Trosset, M. W. (1991). Alzheimer's disease effects on semantic memory: Loss of structure or impaired processing? *Journal of Cognitive Neuroscience, 3*(2), 166-182.

Beck, C., Frank, L., Chumbler, N. R., O'Sullivan, P, Vogelpohl, T. S., Rasin, J., … Baldwin, B. (1998). Correlates of disruptive behavior in severely cognitively impaired nursing home residents. *The Gerontologist, 38*(2), 189-198.

Belleville, S., Chertkow, H., & Gauthier, S. (2007). Working memory and control of attention in persons with Alzheimer's disease and mild cognitive impairment. *Neuropsychology, 21*(4), 458-469.

Benigas, J. E., & Bourgeois, M. S. (2012). Evaluating oral reading and reading comprehension in patients with dementia: A comparison of generic and personally relevant stimuli. *Non-Pharmacological Therapies in Dementia, 2*(1), 41-54.

Benton, A. L. (1974). *Revised visual retention test: Clinical and experimental application* (4th ed.). New York: Psychological Corporation.

Bickel, C., Pantel, J., Eysenbach, K., & Schröder, J. (2000). Syntactic comprehension deficits in

Alzheimer's disease. *Brain and Language, 71*(3), 432-448.

Biel, M., & Hula, W. (2016). Attention. In M. Kimbaro (Ed.), *Cognitive-communication disorders* (2nd ed.). San Diego, CA: Plural Publishing.

Bier, N., Brambati, S., Macoir, J., Paquette, G., Schmitz, X., Belleville, S., Faucher, C., & Joubert, S. (2015). Relying on procedural memory to enhance independence in daily living activities: Smartphone use in a case of semantic dementia. *Neuropsychological Rehabilitation, 25*(6), 913-935. doi:10.1080/09602011.2014.997745.

Blake, M. L., Duffy, J. R., Boeve, B. F., Ahlskog, J. E., & Maraganore, D. M. (2003). Speech and language disorders associated with corticobasal degeneration. *Journal of Medical Speech-Language Pathology, 11*(3), 131-146.

Borrini, G., Dall'Ora, P., Della Sala, S., Marinelli, L., & Spinnler, H. (1989). Autobiographical memory: Sensitivity to age and education of a standardized enquiry. *Psychological Medicine, 19*(1), 215-224.

Bourgeois, M. S. (1992). Evaluating memory wallets in conversations with patients with dementia. *Journal of Speech and Hearing Research, 35*(6), 1344-1357.

Bourgeois, M. S. (1993). Effects of memory aids on the dyadic conversations of individuals with dementia. *Journal of Applied Behavior Analysis, 26*(1), 77-87.

Bourgeois, M. (2014). *Memory & communication aids for people with dementia*. Baltimore: Health Professions Press.

Bourgeois, M. S., Burgio, L. D., Schulz, R., Beach, S., & Palmer, B. (1997). Modifying repetitive verbalization of community dwelling patients with AD. *The Gerontologist, 37*(1), 30-39.

Bourgeois, M. S., Camp, C., Rose, M., White, B., Malone, M., Carr, J., & Rovine, M. (2003). A comparison of training strategies to enhance use of external aids by persons with dementia. *Journal of Communication Disorders, 36*(5), 361-378.

Bourgeois, M. S., & Mason, L. A. (1996). Memory wallet intervention in an adult day care setting. *Behavioral Interventions, 11*(1), 3-18.

Brambati, S. M., Ogar, J., Neuhaus, J., Miller, B. L., & Gorno-Tempini, M. L. (2009). Reading disorders in primary progressive aphasia: A behavioral and neuroimaging study. *Neuropsychologia, 47*(8-9), 1893-1900.

Bridges, K. A., & Van Lancker Sidtis, D. (2013). Formulaic language in Alzheimer's disease. *Aphasiology, 27*(7), 799-810. doi:10.1080/02687038.2012.757760.

Bucks, R. S., Singh, S., Cuerden, J. M., & Wilcock, G. K. (2000). Analysis of spontaneous, conversational speech in dementia of Alzheimer type: Evaluation of an objective technique for analysing lexical performance. *Aphasiology, 4*(1), 71-91.

Budson, A. E. (2009). Understanding memory dysfunction. *The Neurologist, 15*, 71-79.

Caine, E. D., Bamford, K. A., Schiffer, R. B., Shoulson, I., & Levy, S. (1986). A controlled neuropsychological comparison of Huntington's disease and multiple sclerosis. *Archives of Neurology, 43*(3), 249-254.

Camp, C. J. (2001). From efficacy to effectiveness to diffusion: Making the transitions in dementia intervention research. *Neuropsychological Rehabilitation, 11*(3-4), 495-517.

Camp, C. J., & McKitrick, L. A. (1992). Memory interventions in Alzheimer's-type dementia populations: Methodological and theoretical issues. In R. L. West & J. D. Sinnott (Eds.), *Everyday memory and aging: Current research and methodology* (pp. 155-172). New York: Springer-Verlag.

Campbell-Taylor, I. (1995). Motor speech changes. In R. Lubinski (Ed.), *Dementia and communication* (pp. 70-82). San Diego, CA: Singular Publishing.

Cannatà, A., Alberoni, M., Franceschi, M., & Mariani, C. (2002). Frontal impairment in subcortical ischemic vascular dementia in comparison to Alzheimer's disease. *Dementia and Geriatric Cognitive Disorders, 13*(2), 101-111.

Caselli, R. (2000). Visual syndromes as the presenting feature of degenerative brain disease. *Seminars in Neurology, 20*(1), 139-144.

Cerciello, M., Isella, V., Proserpi, A., & Papagno, C. (2016). Assessment of free and cued recall in Alzheimer's disease and vascular and frontotemporal dementia with the 24-item Grober and Buschke test. *Neurological Sciences*, doi:10.1007/s10072-016-2722-7.

Chapman, S. B., Zientz, J., Weiner, M., Rosenberg, R., Frawley, W., & Burns, M. H. (2002). Discourse changes in early Alzheimer's disease, mild cognitive impairment, and normal aging. *Alzheimer Disease and Associated Disorders, 16*(3), 177-186.

Chenery, H. J., Murdoch, B. E., & Ingram, J. C. L. (1996). An investigation of confrontation naming performance in Alzheimer's dementia as a function of disease severity. *Aphasiology, 10*(5), 423-441.

Chong, R. K. Y., Horak, F. B., Frank, J., & Kaye, J. (1999). Sensory organization for balance: Specific deficits in Alzheimer's but not in Parkinson's disease. *Journal of Gerontology, 54*(3), M122-M128.

Clark, L. J., Gatz, M., Zheng, L., Chen, Y. L., McCleary, C., & Mack W. J. (2009). Longitudinal verbal fluency in normal aging, preclinical, and prevalent Alzheimer's disease. *American Journal of Alzheimer's Disease and Other Dementias, 24*, 461-468.

Cohen-Mansfield, J. (2000). Approaches to the management of disruptive behavior. In M. P. Lawton & R. Rubenstein (Eds.), *Interventions in dementia care: Toward improving quality of life* (pp. 39-65). New York: Springer.

Collette, F., Delrue, G., Van Der Linden, M., & Salmon, E. (2001). The relationships between executive dysfunction and frontal hypometabolism in Alzheimer's disease. *Brain and Cognition, 47*, 272-275.

Connor, L. T., Spiro, A., III, Obler, L. K., & Albert, M. L. (2004). Change in object naming ability during adulthood. *Journal of Gerontology Series B: Psychological Sciences and Social Sciences, 59*(5), 203-209.

Craik, F. I. M. (2000). Age-related changes in human memory. In D. C. Park & N. Schwarz (Eds.), *Cognitive aging: A primer* (pp. 75-92). Philadelphia: Taylor and Francis.

Creamer, S., & Schmitter-Edgecombe, M. (2010). Narrative comprehension in Alzheimer's disease: Assessing inferences and memory operations with a think-aloud procedure. *Neuropsychology, 24*(3), 279-290.

Cuerva, A. G., Sabe, L., Kuzis, G., Tiberti, C., Dorrego, F., & Starkstein, S. (2001). Theory of mind and pragmatic abilities in dementia. *Neuropsychiatry, Neuropsychology and Behavioral Neurology, 14*(3), 153-158.

Cummings, J. L. (1995). Behavioral and psychiatric symptoms associated with Huntington's disease. *Advances in Neurology, 65*, 179-186.

Cummings, J. L. (2003). *The neuropsychiatry of Alzheimer's disease and related dementias*. London, UK: Martin Dunitz.

Damasio, A. R. (1999). *The feeling of what happens: Body and emotion in the making of consciousness*. New York: Harcourt, Brace.

de Lira, J. O., Ortiz, K. Z., Campanha, A. C., Bertolucci, P. H. F., & Minett, T. S. C. (2011). Microlinguistic aspects of the oral narrative in patients with Alzheimer's disease. *International Psychogeriatrics, 23*(3), 404-412.

Devanand, D. P. (2016). Olfactory identification deficits, cognitive decline, and dementia in older adults. *American Journal of Geriatric Psychiatry, 24*(12), 1151-1157. doi:10.1016/j.jagp.2016.08.010.

Devanand, D. P., Michaels-Marston, K. S., Liu, X., Pelton, G. H., Padilla, M., Marder, K., … Mayeux, R. (2000). Olfactory deficits in patients with mild cognitive impairment predict Alzheimer's disease at follow-up. *American Journal of Psychiatry, 157*(9), 1399-1405.

Dijkstra, K., Bourgeois, M. S., Allen, R. S., & Burgio, L. D. (2004). Conversational coherence: Discourse analysis of older adults with and without dementia. *Journal of Neurolinguistics, 17*, 263-283.

Dijkstra, K., Bourgeois, M., Petrie, G., Burgio, L., & Allen-Burge, R. (2002). My recaller is on vacation: Discourse analysis of nursing home residents with dementia. *Discourse Processes, 33*(1), 53-76.

Downes, J. J., Priestly, N. M., Doran, M., Ferran, J., Ghadiiali, E., & Cooper, P. (1999). Intellectual, mnemonic, and frontal functions in dementia with Lewy bodies: A comparison with early and advanced Parkinson's disease. *Behavioral Neurology, 11*(3), 173-183.

Duff Canning, S. J., Leach, L., Stuss, D., Ngo, L., & Black, S. E. (2004). Diagnostic utility of abbreviated fluency measures in Alzheimer disease and vascular dementia. *Neurology, 62*(4), 556-562.

Duffy, J. (2012). *Motor speech disorders: Substrates, differential diagnosis, and management* (3rd ed.). St. Louis, MO: Elsevier Mosby.

Duffy, J., Strand, E. A. Clark, H., Machulda, M., Whitwell, J. L., & Josephs, K. A. (2015). Primary progressive apraxia of speech: Clinical features and acoustic and neurologic correlates. *American Journal of Speech-Language Pathology, 24*, 88-100.

Duval, C., Bejanin, A., Piolino, P., Laisney, M., de La Sayette, V., Belliard, S., Eustache, F., & Desgranges, B. (2012). Theory of mind impairments in patients with semantic dementia. *Brain, 135*, 228-241.

Egan, M., Berube, D., Racine, G., Leonard, C., & Rochon, E. (2010). Methods to enhance verbal communication between individuals with Alzheimer's disease and their formal and informal caregivers: A systematic review. *International Journal of Alzheimer's Disease*, *2010*, 1-12. doi:10.4061/2010/906818.

Ehrlich, J. S., Obler, L. K., & Clark, L. (1997). Ideational and semantic contributions to narrative production in adults with dementia of the Alzheimer type. *Journal of Communication Disorders, 30*(2), 79-99.

Ekman, P., & Friesen, W. (1975). *Pictures of facial affect*. Palo Alto, CA: Consulting Psychologists Press.

Emery, V. O. B. (2000). Language impairment in dementia of the Alzheimer type: A hierarchical decline? *International Journal of Psychiatry in Medicine, 30*(2), 145-164.

Ferman, T. J., & Boeve, B. F. (2007). Dementia with Lewy Bodies. *Neurology Clinics, 25*(3), 741-761.

Fernández, G., Manes, F., Politi, L. E., Orozco, D., Schumacher, M., Castro, L., Agamennoni, O., & Rotstein, N. P. (2016). Patients with mild Alzheimer's Disease fail when using their working memory: Evidence from the eye tracking technique. *Journal of Alzheimers Disease, 50*(3), 827-838. doi:10.3233/JAD-150265.

Ferris, S. H., & Farlow, M. (2013). Language impairment in Alzheimer's disease and benefits of acetylcholinesterase inhibitors. *Clinical Interventions in Aging, 8*, 1007-1014.

Fitten, L. J., Perryman, K. M., Wilkinson, C. J., Little, R. J., Burns, M. M., Pachana, N., … Ganzell, S. (1995). Alzheimer and vascular dementias and driving. *Journal of the American Medical Association, 273*(17), 1360-1365.

Fleischman, D. A., & Gabrieli, J. D. E. (1998). Repetition priming in normal aging and Alzheimer's disease: A review of findings and new theories. *Psychology and Aging, 13*, 88-119.

Fleischman, D. A., Gabrieli, J. D. E., Reminger, S., Rinaldi, J., Morrell, F., & Wilson, R. (1995). Conceptual priming in perceptual identification for patients with Alzheimer's disease and a patient with right occipital lobectomy. *Neuropsychology, 9*(2), 187-197.

Foldi, N. S., Jutagir, R., Davidoff, D., & Gould, T. (1992). Selective attention skills in Alzheimer's disease: Performance on graded cancellation tests varying in density and complexity. *Journal of Gerontology, 47*(3), 146-153.

Foldi, N. S., Lobosco, J. J., & Schaefer, L. A. (2002). The effect of attentional dysfunction in Alzheimer's disease: Theoretical and practical implications. *Seminars in Speech and Language, 23*(2), 139-150.

Foldi, N. S., Schaefer, L. A., White, R., Johnson, R. E. C., Berger, J. T., Carney, M. T., & Macina, L. O. (2005). Effects of graded levels of physical similarity and density on visual selective attention in patients with Alzheimer's disease. *Neuropsychology, 19*(1), 5-17.

Forbes, K. E., Venneri, A., & Shanks, M. F. (2002). Distinct patterns of spontaneous speech deterioration: An early predictor of Alzheimer's disease. *Brain & Cognition, 48*(2-3), 356-361.

Forbes-McKay, K. E., Shanks, M. F., & Venneri, A. (2014). Charting the decline in spontaneous writing in Alzheimer's disease: A longitudinal study. *Acta Neuropsychiatrica, 26*(4), 246-252.

Frank, E. M., McDade, H. L., & Scott, W. K. (1996). Naming in dementia secondary to Parkinson's, Huntington's, and Alzheimer's diseases. *Journal of Communication Disorders, 29*(3), 183-197.

Freeman, R. Q., Giovannetti, T., Lamar, M., Cloud, B. S., Stern, R. A., Kaplan, E., & Libon, D. J. (2000). Visuocontructional problems in dementia: Contributions of executive systems functions. *Neuropsychology, 14*(3), 415-426.

Fried-Oken, M., Beukelman, D. R., & Hux, K. (2011). Current and future AAC research considerations for adults with acquired cognitive and communicative impairments. *Assistive Technology, 24*(1), 56-66.

Fried-Oken, M., Rowland, C., Daniels, D., Dixon, M., Fuller, B., … Oken, B. (2012). AAC to support conversation in persons with moderate Alzheimer's disease. *Augmentative and Alternative Communication, 28*(4), 219-231.

Gagnon, L. G., & Belleville, S. (2011). Working memory in mild cognitive impairment and Alzheimer's disease: Contribution of forgetting and predictive value of complex span tasks. *Neuropsychology, 25*(2), 226-236. doi:10.1037/a0020919.

Gardner, E. P., Martin, J. H., & Jessell, T. M. (2000). The bodily senses. In E. Kandel, J. Schwartz, & T. Jessell (Eds.), *Principles of neural science* (pp. 430-450). New York: McGraw-Hill.

Ghosh, B. C., Calder, A. J., Peers, P. V., Lawrence, A. D., Acosta-Cabronero, J., Pereira, J. M., Hodges, J. R., & Rowe, J. B. (2012). Social cognitive deficits and their neural correlates in progressive supranuclear palsy. *Brain, 135*, 2089-2102.

Glosser, G., Baker, K. M., de Vries, J. J., Alavi, A., Grossman, M., & Clark, C. M. (2002). Disturbed visual processing contributes to impaired reading in Alzheimer's disease. *Neuropsychologia, 40*(7), 902-909.

Glosser, G., Gallo, J. L., Clark, C. M., & Grossman, M. (2002). Memory encoding and retrieval in frontotemporal dementia and Alzheimer's disease. *Neuropsychology, 16*(2), 190-196.

Golden, Z., Bouvier, M., Selden, J., Mattis, K., Todd, M., & Golden, C. (2005). Differential performance of Alzheimer's and vascular dementia patients on a brief battery of neuropsychological tests. *International Journal of Neuroscience, 115*, 1569-1577.

Gorno-Tempini, M. L., Brambati, S. M., Ginex, V. et al. (2008). The logopenic or phonological variant of primary progressive aphasia. *Neurology, 71*(16), 1227-1234.

Gorno-Tempini, M. L., Dronker, N. F., Rankin, K. P. et al. (2004). Cognition and anatomy in three variants of primary progressive aphasia. *Annals of Neurology, 55*(3), 335-346.

Gorno-Tempini, M. L., Hillis, A. E., Weintraub, S., Kertesz, A., Mendez, M., … Grossman, M. (2011). Classification of primary progressive aphasia and its variants. *Neurology, 76*(11), 1006-1014.

Grafman, J., Litvan, I., Gomez, C., & Chase, T. N. (1990). Frontal lobe function in progressive supranuclear palsy. *Archives of Neurology, 47*(5), 553-558.

Graham, K. S., & Hodges, J. R. (1997). Differentiating the roles of the hippocampal complex and the neocortex in long-term memory storage: Evidence from the study of semantic dementia and Alzheimer's disease. *Neuropsychology, 11*(1), 77-89.

Gregory, C., Lough, S., Stone, V., Erzinclioglu, S., Martin, L., Baron-Cohen, S., & Hodges, J. R. (2002). Theory of mind in patients with frontal variant frontotemporal dementia and Alzheimer's disease: Theoretical and practical implications. *Brain, 125*(4), 752-764.

Grober, E., & Bang, S. (1995). Sentence comprehension in Alzheimer's disease. *Developmental Neuropsychology, 11*(1), 95-107.

Groves-Wright, K., Neils-Strunjas, J., Burnett, R., & O'Neill, M. J. (2004). A comparison of verbal and written language in Alzheimer's disease. *Journal of Communication Disorders, 37*(2), 109-130.

Han, K. H., Zaytseva, Y., Bao, Y., Pöppel, E., Chung, S. Y., Kim, J. W., & Kim, H. T. (2014). Impairment of vocal expression of negative emotions in patients with Alzheimer's disease. *Frontiers in Aging Neuroscience, 26*(6), 101. doi:10.3389/fnagi.2014.00101.

Heaton, R. K., Chelune, G. J., Talley, J. L., Kay, G. G., & Curtiss, G. (1993). *Wisconsin Card Sorting Test (WCST), Revised and expanded.* Lutz, FL: Psychological Assessment Resources.

Heindel, W. C., Butters, N., & Salmon, D. P. (1988). Impaired learning of a motor skill in patients with Huntington's disease. *Behavioral Neuroscience, 102*(1), 141-147.

Heindel, W. C., Salmon, D. P., Shults, C. W., Walicke, P. A., & Butters, N. (1989). Neuropsychological evidence for multiple implicit memory systems: A comparison of Alzheimer's, Huntington's, and Parkinson's-disease patients. *Journal of Neuroscience, 9*(2), 582-587.

Heitz, C., Noblet, V., Phillipps, C., Cretin, B., Vogt, Phillippi, N., … Blanc, F. (2016). Cognitive and affective theory of mind in dementia with Lewy bodies and Alzheimer's disease. *Alzheimer's Research and Therapy, 8*(10). doi:10.1186/s13195-016-0179-9.

Henderson, V. W., Buckwalter, J. G., Sobel, E., Freed, D. M., & Diz, M. M. (1992). The agraphia of Alzheimer's disease. *Neurology, 42*(4), 777-784.

Henry, M. L., & Gorno-Tempini, M. L. (2010). The logopenic variant of primary progressive aphasia. *Current Opinion in Neurology, 23*(6), 633-637.

Hier, D., Hagenlocker, K., & Shindler, A. (1985). Language disintegration in dementia on a picture description task. *Brain and Language, 25*, 117-133.

Hodges, J. R. (2001). Frontotemporal dementia (Pick's disease): Clinical features and assessment. *Neurology, 56* (Suppl. 4), S6-S10.

Hoerster, L., Hickey, E. M., & Bourgeois, M. S. (2001). Effects of memory aids on conversations between nursing home residents with dementia and nursing assistants. *Neuropsychological Rehabilitation, 11*(3-4), 399-427.

Hopper, T. L. (2003). "They're just going to get worse anyway": Perspectives on rehabilitation for nursing home residents with dementia. *Journal of Communication Disorders, 36*(5), 345-359.

Hopper, T., Bayles, K. A., & Kim, E. S. (2001). Retained neuropsychological abilities of individuals with Alzheimer's disease. *Seminars in Speech and Language, 22*(4), 261-273.

Hopper, T., Bourgeois, M., Pimentel, J., Qualls, C. D., Hickey, E., Frymark, T., & Schooling, T. (2013). An evidence-based systematic review on cognitive interventions for individuals with dementia. *American Journal of Speech-Language Pathology, 22*(1), 126-145.

Horner, J., Heyman, A., Dawson, D., & Rogers, H. (1988). The relationship of agraphia to the severity of dementia in Alzheimer's disease. *Archives of Neurology, 45*(7), 760-763.

Hubbard, G., Cook, A., Tester, S., & Downs, M. (2002). Beyond words: Older people with dementia using and interpreting nonverbal behavior. *Journal of Aging Studies, 16*(2), 155-167.

Huber, S. J., Shuttleworth, E. C., & Freidenberg, D. L. (1989). Neuropsychological differences between the dementias of Alzheimer's and Parkinson's disease. *Archives of Neurology, 46*(12), 1287-1291.

Hughes, J. C., Graham, N., Patterson, K., & Hodges, J. R. (1997). Dysgraphia in mild dementia of Alzheimer's type. *Neuropsychologia, 35*(4), 533-545.

Johnson, J. K., Head, E., Kim, R., Starr, A., & Cotman, C. W. (1999). Clinical and pathological evidence for a frontal variant of Alzheimer's disease. *Archives of Neurology, 56*(10), 1233-1239.

Josephs, K. A., & Duffy, J. R. (2008). Apraxia of speech and nonfluent aphasia: A new clinical marker for corticobasal degeneration and progressive supranuclear palsy. *Current Opinion in Neurology, 21*, 688-692. doi:10.1097/WCO.0b013e3283168ddd.

Josephs, K. A., Duffy, J. R., Strand, E. A., Machulda, M. M., Senjem, M. L., Master, A. V., … Whitwell, J. L. (2012). Characterizing a degenerative syndrome: Primary progressive apraxia of speech. *Brain, 135*, 1522-1536. doi:10.1093/brain/aws032.

Kawas, C. H., Corrada, M. M., Brookmeyer, R., Morrison, A., Resnick, S. M., Zonderman, A. B., & Arenberg, D. (2003). Visual memory predicts Alzheimer's disease more than a decade before diagnosis. *Neurology, 60*(7), 1089-1093.

Kemper, S., LaBarge, E., Farraro, F. R., Cheung, H., Cheung, H., & Storandt, M. (1993). On the preservation of syntax in Alzheimer's disease: Evidence from written sentences. *Archives of Neurology, 50*(1), 81-86.

Kempler, D. (1988). Lexical and pantomime abilities in Alzheimer's disease. *Aphasiology, 2*(2), 147-159.

Kempler, D. (1995). Language changes in dementia of the Alzheimer type. In R. Lubinski (Ed.), *Dementia and communication* (pp. 98-114). Philadelphia: Decker.

Kempler, D., Almor, A., Tyler, L. K., Andersen, E. S., & MacDonald, M. E. (1998). Sentence comprehension deficits in Alzheimer's disease: A comparison of off-line vs. on-line sentence processing. *Brain and Language, 64*, 297-316.

Kempler, D., Curtiss, S., & Jackson, C. (1987). Syntactic preservation in Alzheimer's disease. *Journal of Speech, Language, and Hearing Research, 30*(3), 343-350.

Kempler, D., Van Lancker, D., & Read, S. (1988). Proverb and idiom interpretation in Alzheimer disease. *Alzheimer Disease and Associated Disorders, 2*(1), 38-49.

Kertesz, A., Davidson, W., McCabe, P. et al. (2003). Primary progressive aphasia: Diagnosis, varieties, evolution. *Journal of the International Neuropsychological Society, 9*(5), 710-719.

Khan, K., Wakefield, S., Blackburn, D., & Venneri, A. (2013). Faster forgetting: Distinguishing Alzheimer's disease and frontotemporal dementia with delayed recall measures. *Alzheimer's and Dementia, 9*(4), Suppl. P 526. doi:http://dx.doi.org/10.1016/j.jalz.2013.04.259.

Kluger, B. M., & Heilman, K. M. (2007). Dysfunctional facial emotional expression and comprehension in a patient with corticobasal degeneration. *Neurocase, 13*, 165-168.

Knoke, D., Taylor, A. E., & Saint-Cyr, J. A. (1998). The differential effects of cueing on recall in Parkinson's disease and normal subjects. *Brain and Cognition, 38*(2), 261-274.

Koenig, O., Thomas-Antérion, C., & Laurent, B. (1999). Procedural learning in Parkinson's disease: Intact and impaired components. *Neuropsychologia, 37*(10), 1103-1109.

Kovacs, T. (2004). Mechanisms of olfactory dysfunction in aging and neurodegenerative disorders. *Ageing Research Review, 3*, 215-232.

Kunik, M. E., Martinez, M., Snow, A. L., Beck, C. K., Cody, M., Rapp, C. G., … Hamilton, J. D. (2003). Determinants of behavioral symptoms in dementia patients. *Clinical Gerontologist, 26*(3-4), 83-89.

LaBarge, E., Smith, D. S., Dick, L., & Storandt, M. (1992). Agraphia in dementia of the Alzheimer type. *Archives of Neurology, 49*(11), 1151-1156.

Lafleche, G., & Albert, M. S. (1995). Executive function deficits in mild Alzheimer's disease. *Neuropsychology, 9*, 313-320.

Lafosse, J. M., Reed, B. R., Mungas, D., Sterling, S. B., Wahbeh, H., & Jagust, W. J. (1997). Fluency and memory differences between ischemic vascular dementia and Alzheimer's disease. *Neuropsychology, 11*(4), 514-522.

Lambon Ralph, M. A., Powell, J., Howard, D., Whitworth, A. B., Garrard, P., & Hodges, J. R. (2001). Semantic memory is impaired in both dementia with Lewy bodies and dementia of Alzheimer's type: A comparative neuropsychological study and literature review. *Journal of Neurology, Neurosurgery, and Psychiatry, 70*(2), 149-156.

Landin-Romero, R., Tan, R., Hodges, J. R., & Kumfor, F. (2016). An update on semantic dementia: Genetics, imaging and pathology. *Alzheimer's Research and Therapy, 8*(1), 52. doi:http://doi.org/10.1186/s13195-016-0219-5.

Levinoff, E. J. (2007). Vascular dementia and Alzheimer's disease: Diagnosis and risk factors. *Geriatrics and Aging, 10*(1), 36-41.

Levy, J. A., & Chelune, G. J. (2007). Cognitive behavioral profiles of neurodegenerative dementias: Beyond Alzheimer's disease. *Journal of Geriatric Psychiatry and Neurology, 20*, 227-238.

Levy, M. L., Cummings, J. L., Fairbanks, L. A., Masterman, D., Miller, B. L., Craig, A. H., … Litvan, I. (1998). Apathy is not depression. *Journal of Neuropsychiatry and Clinical Neurosciences, 10*(3), 314-319.

Lezak, M. D., Howieson, D. B., Bigler, E. D., & Tranel, D. (2012). *Neuropsychological assessment* (5th ed.). New York: Oxford University Press.

Libon, D. J., Bogdanoff, B., Cloud, B. S., Skalina, S., Giovannetti, T., Gitlin, H. L., & Bonavita, J. (1998). Declarative and procedural learning, quantitative measures of the hippocampus, and subcortical white alterations in Alzheimer's disease and ischemia vascular dementia. *Journal of Clinical and Experimental Neuropsychology, 20*(1), 30-41.

Lindeboom, J., Schmand, B., Tulner, L., Walstra, G., & Jonker, C. (2002). Visual association test to detect early dementia of the Alzheimer type. *Journal of Neurology, Neurosurgery and Psychiatry, 73*, 126-133.

Lines, C. R., Dawson, C., Preston, G. C., Reich, S., Foster, C., & Traub, M. (1991). Memory and attention in patients with senile dementia of the Alzheimer type and in normal elderly subjects. *Journal of Clinical and Experimental Neuropsychology, 13*(5), 691-702.

Liotti, M., Ramig, L. O., Vogel, D., Cook, C. I., Ingham, R. J., Ingham, J. C., … Fox, P. T. (2003). Hypophonia in Parkinson disease: Neural correlates of voice treatment revealed by PET. *Neurology, 60*(3), 432-440.

Livner, A., Laukka, E. J., Karlsson, S., & Bäckman, L. (2009). Prospective and retrospective memory in Alzheimer's disease and vascular dementia: Similar patterns of impairment. *Journal of Neurological Sciences, 283*(1-2), 235-259. doi:10.1016/j.jns.2009.02.377.

Lyons, K., Kemper, S., LaBarge, E., Ferraro, F. R., Balota, D., & Storandt, M. (1994). Oral language and Alzheimer's disease: A reduction in syntactic complexity. *Aging, Neuropsychology, and Cognition, 1*(4), 271-281.

Mahendra, N. (2001). Interventions for improving the performance of individuals with Alzheimer's disease. *Seminars in Speech & Language, 22*(4), 289-302.

Mahendra, N. (2011). Computer-assisted spaced retrieval training of faces and names for persons with dementia. *Non-Pharmacological Therapies in Dementia, 1*(3), 217-237.

Mahendra, N. (2012). The logopenic variant of primary progressive aphasia: Effects on linguistic communication. *SIG 15 Perspectives on Gerontology, 17*, 50-59. doi:10.1044/gero17.2.50.

Mahendra, N., & Arkin, S. M. (2003). Effect of four years of exercise, language, and social interventions on Alzheimer discourse. *Journal of Communication Disorders, 36*(5), 395-422.

Mahendra, N., & Engineer, N. (2009). Effects of vascular dementia on cognition and linguistic communication: A case study. *Perspectives on Neurophysiology and Neurogenic Speech and Language Disorders, 19*(4), 106-115.

Mahendra, N., & Hopper, T. (2017). Dementia and related neurocognitive disorders. In I. Papathanasiou, P. Coppens, & C. Potagas (Eds.). *Aphasia and related neurogenic communication disorders* (2nd ed., pp. 455-494). Boston: Jones and Bartlett Publishers.

March, E., Wales, R., & Pattison, P. (2003). Language use in normal ageing and dementia of the Alzheimer type. *Clinical Psychologist,* 7(1), 44-49.

Mardh, S., Nägga, K., & Samuelsson, S. (2013). A longitudinal study of semantic memory impairment in patients with Alzheimer's disease. *Cortex, 49*(2), 528-533.

Massman, P. J., Butters, N. M., & Delis, D. C. (1994). Some comparisons of verbal deficits in Alzheimer dementia, Huntington disease, and depression. In V. O. B. Emery & T. E. Oxman (Eds.), *Dementia: Presentations, differential diagnosis, and nosology* (pp. 232-248). Baltimore: Johns Hopkins University Press.

Materne, C. J., Luszcz, M. A., & Bond, M. J. (2014). Once-weekly spaced retrieval training is effective in supporting everyday memory activities in community dwelling older people with dementia. *Clinical Gerontologist, 37*(5), 475-492.

McGuiness, B., Barrett, S. L., Craig, D., Lawson, J., & Passmore, A. P. (2010). Attention deficits in Alzheimer's disease and vascular dementia. *Journal of Neurology, Neurosurgery, and Psychiatry, 81*(2), 157-159.

McKeith, I., Taylor, J. P., Thomas, A., Donaghy, P., & Kane, J. (2016). Revisiting DLB diagnosis: A consideration of Prodromal DLB and of the diagnostic overlap with Alzheimer disease. *Journal of Geriatric Psychiatry & Neurology, 29*(5), 249-253.

Meier, S. L., Charleston, A. J., & Tippett, L. J. (2010). Cognitive and behavioral deficits associated with the orbitomedial prefrontal cortex in amyotrophic lateral sclerosis. *Brain, 133*, 3444-3457.

Meilan, J. J. G., Martinez-Sanchez, F., Carro, J., Lopez, D. E., Millian-Morell, L., & Arana, J. M. (2014). Speech in Alzheimer's disease: Can temporal and acoustic parameters discriminate dementia? *Dementia and Geriatric Cognitive Disorders, 37*, 327-334.

Meyer, S. R., Spaan, P. E., Boelaarts, L., Ponds, R. W., Schmand, B., & de Jonghe, J. F. (2016). Visual associations cued recall: A paradigm for measuring episodic memory decline in Alzheimer's disease. *Neuropsychology, Development and Cognition. Section B. Aging, neuropsychology and cognition, 23*(5), 566-577.

Miller, E. (1996). The assessment of dementia. In R. Morris (Ed.), *The cognitive neuropsychology of Alzheimer-type dementia* (pp. 291-309). New York: Oxford University Press.

Mori, E., Shimomura, T., Fujimori, M., Hirono, N., Imamura, T., Hashimoto, M., … Hanihara, T. (2000). Visuoperceptual impairment in dementia with Lewy bodies. *Archives of Neurology, 57*(4), 489-493.

Morris, J. C. (1993). The Clinical Dementia Rating (CDR) Scale: Current version and scoring rules. *Neurology, 43*(11), 2412-2414.

Morris, R. G. (1996). Attentional and executive dysfunction. In R. Morris (Ed.), *The cognitive neuropsychology of Alzheimer-type dementia* (pp. 49-70). New York: Oxford University Press.

Morris, R. G., & Kopelman, M. D. (1986). The memory deficits in Alzheimer-type dementia: A review. *Quarterly Journal of Experimental Psychology, 38*(4), 575-602.

Moss, H. E., Kopelman, M. D., Cappelletti, M., de Mornay Davies, P., & Jaldow, E. (2003). Lost for words or loss of memories? Autobiographical memory in semantic dementia. *Cognitive Neuropsychology, 20*(8), 703-732.

Neils, J., Brennan, M. M., Cole, M., Boller, F., & Gerdeman, B. (1988). The use of phonemic cueing with Alzheimer's disease patients. *Neuropsychologia, 26*(2), 351-354.

Nestor, P., & Hodges, J. (2000). Non-Alzheimer dementias. *Seminars in Neurology, 20*(4), 439-446.

Nicholas, M., Obler, L. K., Albert, M. L., & Helms-Estabrooks, N. (1985). Empty speech in Alzheimer's disease and fluent aphasia. *Journal of Speech and Hearing Research, 28*(3), 405-410.

Noble, K., Glosser, G., & Grossman, M. (2000). Oral reading in dementia. *Brain and Language, 74*(1), 48-69.

Noe, E., Marder, K., Bell, K. L., Jacobs, D. M., Manly, J. J., & Stern, Y. (2004). Comparison of dementia with Lewy bodies to Alzheimer's disease and Parkinson's disease with dementia. *Movement Disorders, 19*(1), 60-67.

Nordin, S., & Murphy, C. (1998). Odor memory in normal aging and Alzheimer's disease. *Annals of the New York Academy of Sciences, 855*(1), 686-693.

Norman, D. A., & Shallice, T. (1986). Attention to action: Willed and automatic control of behavior. In R. J. Davidson, G. E. Schwartz, & D. Shapiro (Eds.), *Consciousness and self-regulation* (Vol. 4, pp. 1-18). New York: Plenum.

Ober, B. A., & Shenaut, G. K. (2014). Repetition priming of words and nonwords in Alzheimer's disease and normal aging. *Neuropsychology, 28*(6), 973-983.

Obler, B. A., Dronkers, N. F., Koss, E., Delis, D. C., & Friedland, R. P. (1986). Retrieval from semantic memory in Alzheimer-type dementia. *Journal of Clinical and Experimental Neuropsychology, 8*(1), 75-92.

Patterson, K. E., Graham, N., & Hodges, J. R. (1994). Reading in dementia of the Alzheimer type: A preserved ability? *Neuropsychology, 8*(3), 395-407.

Paulsen, J. S. (2011). Cognitive impairment in Huntington disease: Diagnosis and treatment. *Current Neurology and Neuroscience Reports, 11*(5), 474-483. doi:10.1007/s11910-011-0215-x.

Pearce, R. K. B., Hawkes, C. H., & Daniel, S. E. (1995). The anterior olfactory nucleus in Parkinson's disease. *Movement Disorders, 10*, 283-287.

Perry, R. J., & Hodges, J. R. (1999). Attention and executive deficits in Alzheimer's disease: A critical review. *Brain, 122*(3), 383-404.

Perry, R. J., & Hodges, J. R. (2000). Differentiating frontal and temporal variant frontotemporal dementia from Alzheimer's disease. *Neurology, 54*(12), 2277-2284.

Perry, R. J., Watson, P., & Hodges, J. R. (2000). The nature and staging of attention dysfunction in early (minimal and mild) Alzheimer's disease: Relationship to episodic and semantic memory impairment. *Neuropsychologia, 38*(3), 252-271.

Peters, J. M., Hummel, T., Kratzsch, T., Lotsch, J., Skarke, C., & Frolich, L. (2003). Olfactory function in mild cognitive impairment and Alzheimer's disease: An investigation using psychophysical and electrophysiological techniques. *American Journal of Psychiatry, 160*(11), 1995-2002.

Pillon, B., Deweer, B., Michon, A., Malapani, C., Agid, Y., & DuBois, B. (1994). Are explicit memory disorders of progressive supranuclear palsy related to damage to striatofrontal circuits? Comparison with Alzheimer's, Parkinson's, and Huntington's diseases. *Neurology, 44*(7), 1264-1270.

Pillon, B., Dubois, B., Ploska, A., & Agid, Y. (1991). Severity and specificity of cognitive impairment in Alzheimer's, Huntington's, and Parkinson's, and progressive supranuclear palsy. *Neurology, 41*(5), 634-643.

Pinto, S., Thobois, S., Costes, N., Le Bars, D., Benabid, A.-L., Broussolle, E., … Gentil, M. (2004). Subthalamic nucleus stimulation and dysarthria in Parkinson disease: A PET study. *Brain, 127*(3), 602-625.

Plassman, B. L., Langa, K. M., Fisher, G. G., Heeringa, S. G., Weir, D. R., Ofstedal, M. B. et al. (2007). Prevalence of dementia in the United States: The Aging, Demographics, and Memory Study (ADAMS). *Neuroepidemiology, 29*, 125-132.

Poore, Q. E., Rapport, L. J., Fuerst, D. R., & Keenan, P. (2006). Word list generation performance in Alzheimer's disease and vascular dementia. *Aging Neuropsychology & Cognition, 13*, 86-94.

Previc, F. H. (2013). Vestibular loss as a contributor to Alzheimer's disease. *Medical Hypotheses, 80*(4). doi:10.1016/j.mehy.2012.12.023.

Rainville, C., Amieva, H., Lafont, S., Dartigues, J.-F., Orgogozo, J.-M., & Fabrigoule, C. (2002). Executive function deficits in patients with dementia of the Alzheimer type: A study with a Tower of London task. *Archives of Clinical Neuropsychology, 17*(6), 513-530.

Randolph, C. (1997). Differentiating vascular dementia from Alzheimer's disease: The role of neuropsychological testing. *Clinical Geriatrics, 5*(8), 77-84.

Rao, S. M., Leo, G. J., Bernardin, L., & Unverzagt, F. (1991). Cognitive dysfunction in multiple sclerosis. I. Frequency, patterns, and prediction. *Neurology, 41*(5), 685-691.

Rapcsak, S. Z., Arthur, S. A., Bliklen, D. A., & Rubens, A. B. (1989). Lexical agraphia in Alzheimer's disease. *Archives of Neurology, 46*(1), 65-68.

Raymer, A. M., & Berndt, R. S. (1996). Reading lexically without semantics: Evidence from patients with probable Alzheimer's disease. *Journal of the International Neuropsychological Society, 2*(4), 340-349.

Reilly, J., Peelle, J. E., Antonucci, S. M., & Grossman, M. (2011). Anomia as a marker of distinct semantic memory impairments in Alzheimer's disease and semantic dementia. *Neuropsychology, 25*(4), 413-426.

Reitan, R. M., & Wolfson, D. (1985). *The Halstead-Reitan Neuropsychological Test Battery: Theory and clinical interpretation*. Phoenix, AZ: Neuropsychology Press.

Ripich, D. N., & Terrell, B. Y. (1988). Patterns of discourse cohesion and coherence in Alzheimer's disease. *Journal of Speech and Hearing Disorders, 53*(1), 8-14.

Rizzo, M., Anderson, S. W., Dawson, J., & Nawrot, M. (2000). Vision and cognition in Alzheimer's disease. *Neuropsychologia, 38*(8), 1157-1169.

Roca, M., Torralva, T., Gleichgerrcht, E., Chade, A., Arevalo, G. G., Gershanik, O., & Manes, F. (2010). Impairments in social cognition in early medicated and unmedicated Parkinson disease. *Cognitive and Behavioral Neurology, 23*, 152-158.

Rosen, H. J., Hartikainen, K. M., Jagust, W., Kramer, J. H., Reed, B. R., Cummings, J. L., … Miller, B. L. (2002). Utility of clinical criteria in differentiating frontotemporal lobar degeneration (FTLD) from AD. *Neurology, 58*(11), 1608-1615.

Rosen, H. J., Pace-Savitsky, K., Perry, R. J., Kramer, J. H., Miller, B. L., & Levenson, R. W. (2004). Recognition of emotion in the frontal and temporal variants of frontotemporal dementia.

Dementia and Geriatric Cognitive Disorders, 17(4), 277-281.

Rosser, A., & Hodges, J. R. (1994). Initial letter and semantic category fluency in Alzheimer's disease, Huntington's disease, and progressive supranuclear palsy. *Journal of Neurology, Neurosurgery, and Psychiatry, 57*(11), 1389-1394.

Roy, S., Park, N. W., Roy, E. A., & Almeida, Q. J. (2015). Interaction of memory systems during acquisition of tool knowledge and skills in Parkinson's disease. *Neuropsychologia, 66*, 55-66. doi:10.1016/j.neuropsychologia.2014.11.005.

Rusted, J., & Sheppard, L. (2002). Action-based memory in Alzheimer's disease: A longitudinal look at tea making. *Neurocase, 8*(1-2), 111-126.

Sailor, K., Antoine, M., Diaz, M., Kuslansky, G., & Kluger, A. (2004). The effects of Alzheimer's disease on item output in verbal fluency tasks. *Neuropsychology, 18*(2), 306-314.

Salmon, D. P. (2000). Disorders of memory in Alzheimer's disease. In L. S. Cermak (Ed.), *Handbook of neuropsychology (Vol. 2): Memory and its disorders* (2nd ed., pp. 155-195). Amsterdam: Elsevier.

Salmon, D. P., & Bondi, M. W. (2009). Neuropsychological assessment of dementia. *Annual Review of Psychology, 60*, 257-282.

Salmon, D. P., & Fennema-Notestine, C. (1996). Implicit memory. In R. G. Morris (Ed.), *The cognitive neuropsychology of Alzheimer-type dementia* (pp. 105-127). New York: Oxford University Press.

Salmon, D. P., & Filoteo, J. V. (2007). Neuropsychology of cortical versus subcortical dementia syndromes. *Seminars in Neurology, 27*(1), 7-21.

Sapolsky, D., Domoto-Reilly, K., Negreira, A., Brickhouse, M., McGinnis, S., & Dickerson, B. C. (2011). Monitoring progression of primary progressive aphasia: Current approaches and future directions. *Neurodegenerative Disease Management, 1*, 43-55.

Sartori, G., Snitz, B. E., Sorcinelli, L., & Daum, I. (2004). Remote memory in advanced Alzheimer's disease. *Archives of Clinical Neuropsychology, 19*(6), 779-789.

Schacter, D. L. (1987). Implicit memory: History and current status. *Journal of Experimental Psychology: Learning, Memory, and Cognition, 13*(3), 501-518.

Schacter, D. L., & Tulving, E. (1994). *Memory systems 1994*. Cambridge, MA: MIT Press.

Schneider, J. A., Arvanitakis, Z., Bang, W., & Bennett, D. A. (2007). Mixed brain pathologies account for most dementia cases in community-dwelling older persons. *Neurology, 69*, 2197-2204.

Schneider, J. A., Arvanitakis, Z., Yu, L., Boyle, P. A., Leurgans, S. E., & Bennett, D. A. (2012). Cognitive impairment, decline and fluctuations in older community-dwelling subjects with

Lewy bodies. *Brain, 135*(10), 3005-3014. doi:10.1093/brain/aws234.

Schofield, P. W., Ebrahimi, H., Jones, A. L., Bateman, G. A., & Murray, S. R. (2012). An olfactory stress test may predict preclinical Alzheimer's disease. *BMC Neurology, 2*, 12-24. doi:10.1186/1471-2377-12-24.

Schwartz, M. F., Marin, O. S. M., & Saffran, E. M. (1979). Dissociations of language function in dementia: A case study. *Brain and Language, 7*(3), 277-306.

Seelye, A. M., Howieson, D. B., Wild, K. V., Moore, M. M., & Kaye, J. A. (2009). Wechsler Memory Scale-III Faces test performance in patients with mild cognitive impairment and mild Alzheimer's disease. *Journal of Clinical and Experimental Neuropsychology, 31*(6), 682-688.

Seger, C. A., & Spiering, B. J. (2011). A critical review of habit learning and the basal ganglia. *Frontiers in Systems Neuroscience, 5*, 1-9.

Seidl, U., Lueken, U., Thomann, P. A., Geider, J., & Schröder, J. (2011). Autobiographical memory deficits in Alzheimer's disease. *Journal of Alzheimer's Disease, 27*(3), 567-574.

Selnes, O. A., Carson, K., Rovner, B., & Gordon, B. (1988). Language dysfunction in early- and late-onset possible Alzheimer's disease. *Neurology, 38*(7), 1053-1056.

Sepelyak, K., Crinion, J., Molitoris, J., Epstein-Peterson, Z., Bann, M., Davis, C., Newhart, M., Heidler-Gary, J., Tsapkini, K., & Hillis, A. E. (2011). Patterns of breakdown in spelling in primary progressive aphasia. *Cortex, 47*(3), 342-352.

Serrano-Ponzo, A., Frosch, M. P., Masliah, E., & Hyman, B. T. (2011). Neuropathological alterations in Alzheimer disease. *Cold Spring Harbor Perspectives in Medicine, 1*(1)a006189. doi:10.1101/cshperspect.a006189.

Shallice, T. (1982). Specific impairments of planning. *Philosophical Transactions of the Royal Society B: Biological Sciences, 298*(1089), 199-209.

Shimamura, T., Mori, E., Yamashita, H., Imamura, T., Hirono, N., Hashimoto, M., … Hanihara, T. (1998). Cognitive loss in dementia with Lewy bodies and Alzheimer disease. *Archives of Neurology, 55*(12), 1547-1552.

Shuttleworth, E. C., & Huber, S. J. (1988). The naming disorder of dementia of Alzheimer type. *Brain and Language, 34*(2), 222-234.

Silagi, M. L., Bertolucci, P. H. F., & Ortiz, K. Z. (2015). Naming ability in patients with mild to moderate Alzheimer's disease: What changes occur with the evolution of the disease. *Clinics, 70*(6), 423-428. doi:10.6061/clinics/2015(06)07.

Silveri, M. C., & Leggio, M. G. (1996). Influence of disorders of visual perception in word-to-picture matching tasks in patients with Alzheimer's disease. *Brain and Language, 54*(2), 326-334.

Simard, M., van Reekum, R., & Myran, D. (2003). Visuospatial impairment in dementia with Lewy bodies and Alzheimer's disease: A process analysis. *International Journal of Geriatric Psychiatry, 18*(5), 387-391.

Skoe, E., & Kraus, N. (2014). Auditory reserve and the legacy of auditory experience. *Brain Sciences, 4*(4), 575-593. doi:10.3390/brainsci4040575.

Slachevsky, A., Villalpando, J. M., Sarazin, M., Hahn-Barma, V., Pillon, B., & Dubois, B. (2004). Frontal assessment battery and differential diagnosis of frontotemporal dementia and Alzheimer disease. *Archives of Neurology, 61*(7), 1104-1107.

Small, J. A., Kemper, S., & Lyons, K. (1997). Sentence comprehension in Alzheimer's disease: Effects of grammatical complexity, speech rate, and repetition. *Psychology and Aging, 12*(1), 3-11.

Snowden, J., Griffiths, H., & Neary, D. (1994). Semantic dementia: Autobiographical contribution to preservation of meaning. *Cognitive Neuropsychology, 11*(3), 265-288.

Snowdon, D., Kemper, S., Mortimer, J., et al. (1996). Linguistic ability in early life and cognitive function and Alzheimer's Disease in late life. *JAMA, 275*(7), 528-532.

Sohlberg, M. M., & Mateer, C. A. (2001). *Introduction to cognitive rehabilitation: Theory and practice*. New York: Guilford Press.

Squire, L. R., & Dede, A. J. O. (2015). Conscious and unconscious memory systems. *Cold Spring Harbor Perspectives in Biology, 7*, a021667. doi:10.1101/cshperspect.a021667.

Squire, L. R., & Schacter, D. L. (2002). *Neuropsychology of memory* (3rd ed.). New York: Guilford Press.

Stern, Y., Richards, M., Sano, M., & Mayeux, R. (1993). Comparison of cognitive changes in patients with Alzheimer's and Parkinson's disease. *Archives of Neurology, 50*(10), 1040-1045.

Stopford, C. L., Thompson, J. C., Neary, D., Richardson, A. M., & Snowden, J. S. (2012). Working memory, attention and executive function in Alzheimer's disease and frontotemporal dementia. *Cortex, 48*(4), 429-446.

Strain, E., Patterson, K., Graham, N., & Hodges, J. R. (1998). Word reading in Alzheimer's disease: Cross-sectional and longitudinal analyses of response time and accuracy data. *Neuropsychologia, 36*(2), 155-171.

Suttanon, P., Hill, K. D., Said, C. M., Logiudice, D., Lautenschlager, N. T., & Dodd, K. J. (2012). Balance and mobility dysfunction and falls risk in older people with mild to moderate Alzheimer disease. *American Journal of Physical Medicine and Rehabilitation, 91*(1), 12-23. doi:10.1097/PHM.0b013e31823caeea.

Teixeira, N. B., & Alouche, S. R. (2007). Dual task performance in Parkinson's disease. *Brazilian*

Journal of Physical Therapy, 11(2), 113-117.

Tkalčić, M., Spasić, N., Ivanković, M., Pokrajac-Bulian, A., & Bosanac, D. (2011). Odor identification deficit predicts clinical conversion from mild cognitive impairment to dementia due to Alzheimer's disease. *Translational Neuroscience, 2*(3), 233-240. doi:10.2478/s13380-011-0026-1.

Tomoeda, C. K., & Bayles, K. A. (1993). Longitudinal effects of AD on discourse production. *Alzheimer Disease and Associated Disorders, 7*(4), 223-236.

Tulving, E. M. (1983). *Elements of episodic memory*. New York: Oxford University Press.

Uc, E. Y., Rizzo, M., Anderson, S. W., Shi, Q., & Dawson, J. D. (2005). Driver landmark and traffic sign identification in early Alzheimer's disease. *Journal of Neurology, Neurosurgery, and Psychiatry, 76*(6), 764-768.

Ulatowska, H. K., Allard, L., Donnell, A., Bristow, J., Haynes, S. M., Flower, A., & North, A. J. (1988). Discourse performance in subjects with dementia of the Alzheimer type. In H. Whitaker (Ed.), *Neuropsychological studies in nonfocal brain damage* (pp. 108-131). New York: Springer-Verlag.

Ulatowska, H. K., & Chapman, S. B. (1995). Discourse studies. In R. Lubinski (Ed.), *Dementia and communication* (pp. 115-132). Philadelphia: Decker.

Ullman, M. T. (2013). The role of declarative and procedural memory in disorders of language. *Linguistic Variation, 13*(2), 133-154. doi:10.1075/lv.13.2.01ull.

Van Deursen, J. A., Vuurman, E. F., Smits, L. L., Verhey, F. R., & Riedel, W. J. (2009). Response speed, contingent negative variation and P300 in Alzheimer's disease and MCI. *Brain and Cognition, 69*(3), 592-599. doi:10.1016/j.bandc.2008.12.007.

Van Halteren-Van Tilborg, I. A., Scherder, E. J., & Hulstijn, W. (2007). Motor-skill learning in Alzheimer's disease: A review with an eye to the clinical practice. *Neuropsychology Review, 17*(3), 203-212.

Van der Hurk, P. R., & Hodges, J. R. (1995). Episodic and semantic memory in Alzheimer's disease and progressive supranuclear palsy: A comparative study. *Journal of Clinical and Experimental Neuropsychology, 17*(3), 459-471.

Van Liew, C., Santoro, M. S., Goldstein, J., Gluhm, S., Gilbert, P. E., & Corey-Bloom, J. (2016). Evaluating recall and recognition memory using the Montreal Cognitive Assessment: Applicability for Alzheimer's and Huntington's diseases. *American Journal of Alzheimer's Disease and Other Dementias, 31*(8), 658-663.

Vuorinen, E., Laine, M., & Rinne, J. (2000). Common patterns of language impairment in vascular dementia and in Alzheimer's disease. *Alzheimer Disease and Associated Disorders, 14*(2), 81-86.

Walker, M. P., Ayre, G. A., Cummings, J. L., Wesnes, K., McKeith, I. G., O'Brien, J. T., & Ballard, C. G. (2000). Quantifying fluctuation in dementia with Lewy bodies, Alzheimer's disease, and vascular dementia. *Neurology, 54*(8), 1616-1624.

Waters, G. S., & Caplan, D. (2002). Working memory and on-line syntactic processing in Alzheimer's disease: Studies with auditory moving windows presentation. *Journal of Gerontology: Psychological Sciences, 57B*, 298-311.

Weintraub, S., Wickland, A. H., & Salmon, D. P. (2012). The neuropsychological profile of Alzheimer disease. *Cold Spring Harbor Perspectives in Medicine, 2*(4), a006171. doi:10.1101/cshperspect.a006171.

Welland, R. J., Lubinski, R., & Higginbotham, D. J. (2002). Discourse Comprehension Test: Performance of elders with dementia of the Alzheimer type. *Journal of Speech, Language, and Hearing Research, 45*(6), 1175-1187.

Whelihan, W. M., DiCarlo, M. A., & Paul, R. H. (2005). The relationship of neuropsychological functioning to driving competence in older persons with early cognitive decline. *Archives of Clinical Neuropsychology, 20*(2), 217-228.

Willis, S. L. (1993). *Test manual for the Everyday Problems Test for Cognitively Challenged Elderly*. University Park, PA: Pennsylvania State University.

Willis, S. L., Allen-Burge, R., Dolan, M. M., Bertrand, R. M., Yesavage, J., & Taylor, J. L. (1998). Everyday problem solving among individuals with Alzheimer's disease. *The Gerontologist, 38*(5), 569-577.

Youmans, G., & Bourgeois, M. (2010). Theory of mind in individuals with Alzheimer-type dementia. *Aphasiology, 24*, 515-534.

Zgaljardic, D. J., Borod, J. C., Foldi, N. S., & Mattis, P. (2003). A review of the cognitive and behavioral sequelae of Parkinson's disease: Relationship to frontostriatal circuitry. *Cognitive and Behavioral Neurology, 16*(4), 193-210.

Zu Eulunburg, P., Muller-Forell, W., & Dieterich, M. (2013). On the recall of vestibular sensations. *Brain Structure and Function, 218*(1), 255-267.

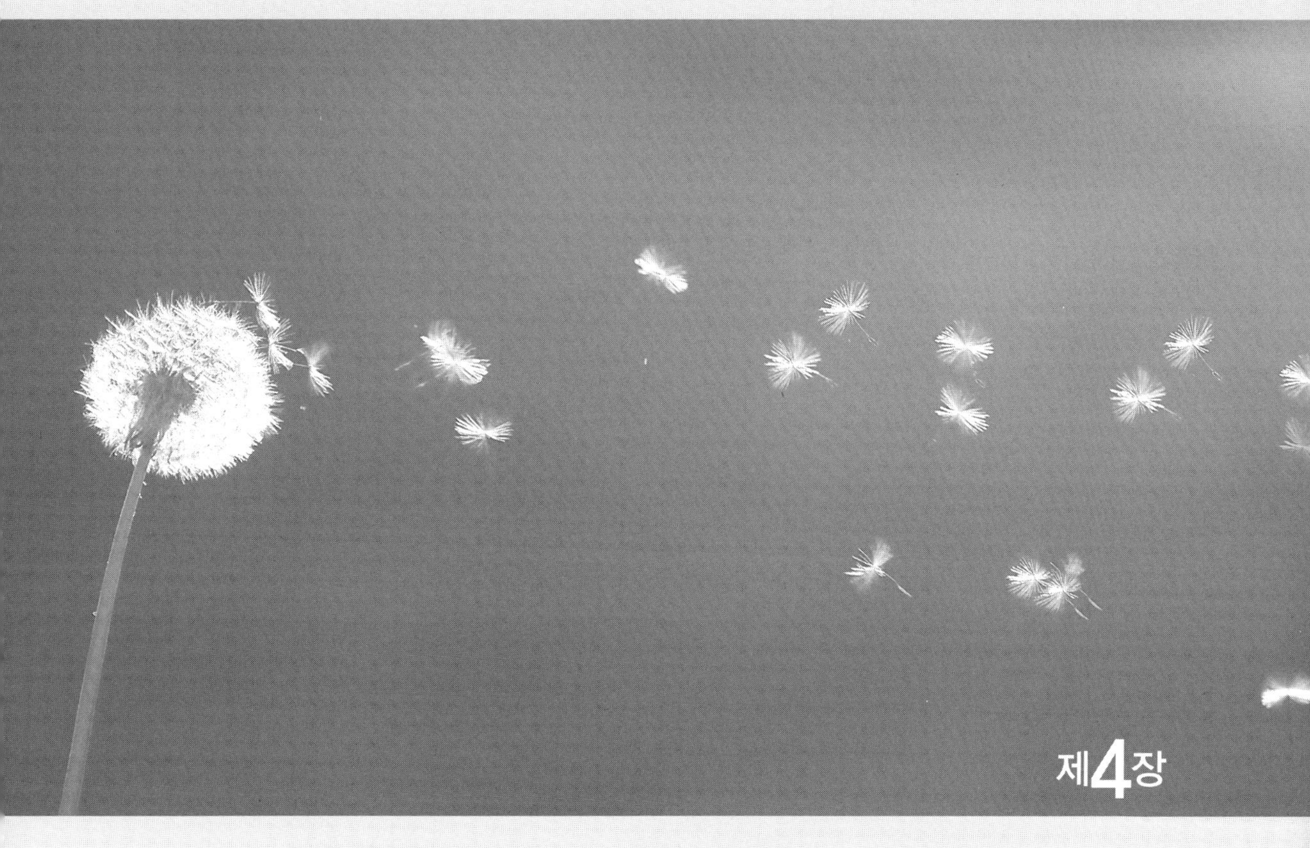

제4장

인간 중심 돌봄의 기초: 중재 원리 및 임상적 고찰

Ellen M. Hickey, Renee Kinder, Becky Khayum, Natalie F. Douglas, and Michelle S. Bourgeois

이 장은 중재 원리, 치매를 다루는 의료 전문가의 환경, 회복을 위한 고려 사항을 논의함으로써 치매 중재의 기초를 다진다. 언어재활사(SLP)는 치료 환경과 상관없이 경도~심도의 다양한 신경퇴행성 환자에게 인간 중심 서비스를 능숙하게 제공해야 한다. 여기서는 독립적인 기능을 극대화하고 참여와 삶의 질을 향상시키는 것을 주요 중재 목표로 삼는다. 중재는 가족과 간병인의 삶의 질을 증진시키고 부담을 줄인다. 먼저 치매 중재의 일반적인 원리를 살펴본 후 서비스 기관(예: 요양원 등)에 적용하는 방법을 제시할 것이다. 또 논리적이고 인간 중심적인 치료 목표를 고안하기 위해 각 환경에 맞는 기능 행동의 차이, 환경, 의사소통 파트너를 제안한다. 기능적이고 회복적인 목표의 예시도 제공된다. 회복을 위한 고려 사항은 미국 임상가에 해당되나, 서비스의 보편적인 내용은 어디에나 적용될 수 있다.

1장에서 언급한 바대로, 건강 및 장애 관련 사회적 모델은 치매의 치료를 발전시키는 데 영향을 주었다. 의사소통이 기본 인권임을 전제할 때(www.internationalcommunicationproject.com), 사회적 모델은 임상가가 기능적 능력, 참여, 삶의 질을 극대화하는 다양한 치료 목표를 세우는 데 유용하다. 치료에 유용한 사회적 모델에는 **국제기능장애건강분류**(ICF; WHO, 2001), 실어증 환자로 살기: 평가 체계(A-FROM; Kagan et al., 2008), 미충족 요구 모델(예: Algase et al., 1996; Kunik et al., 2003), 강점 기반 모델(예: Eisner, 2013) 등이 있다. 퇴행성 질환의 속성을 고려하여 대부분 일상 활동에 대한 참여가 강조된다.

Power 등(2011)은 헌팅턴병(HD)을 다루는 SLP가 ICF(WHO, 2001)에 근거해 문제를 해결하도록 예시를 제공했다. 미래를 계획하면서 현재의 요구를 다루는 인간 중심 돌봄을 발전시키기 위해 질적 및 양적 자료도 활용했다. 평가 당시 환자와 어머니는 대화를 지속하기 어렵고 친목 활동 시 타인에 대한 의존도가 높다고 보고했다. 치료는 환자의 자녀가 최대한 참여하고 실생활로 연계될 기회를 제공하도록 계획되었다. 또 질환의 진행에 따라 평생에 걸쳐 긍정적인 의사소통을 극대화하도록 촉진했다. 환자의 가치, 특정 활동, 제한적 참여, 인식된 장애 요소를 고려해 치료를 결정했는데, 이는 인간 중심 돌봄과 ICF 간의 상관성을 반영한다.

장애 관련 사회적 모델은 만성 환자를 사회적 맥락에서 바라보고, 삶의 질, 독립, 참여를 극대화하는 총체적인 치료가 필요하다고 간주한다. 또 기능에 영향을 주는 환경 요인을 전반적으로 평가하도록 요구한다. 즉 물리적(예: 건물 설계, 개인 공간) 및 사회적(예: 간병인, 자원봉사자, 기타 거주자) 환경이 모두 포함되어야 한다(7장 참고). 효과적인 중재 프로그램은 다양한 영향 요인을 다루기 위해 다차원적 성격을 띠기도 한다. 예를 들어, 장기요양(LTC) 중인 환자는 감각 자극, 사회적 상호작용, 의미 있는 활동 등이 필요하다(Cohen-Mansfield et al., 2015). 따라서 '미충족 요구' 모델(예: Algase et al., 1996; Kunik et al., 2003)은 환자의 반응 행동을 평가하고 인간 중심 돌봄을 계획할 때 유용하다.

이 장에서는 보상 관련 서비스의 고려 사항, 즉 치료 전문가를 당황시킬 만한 문제들도 다룬다. 인지-의사소통 결함에 대한 SLP의 서비스는 미국 노인의료보장제도인 메디케어(Medicare)와 민간보험으로 배상되어야 한다(Kander, 2013; Satterfield & Sampson, 2015). 메디케어는 기능의 유지까지 포함하므로 질환이 진행되지 않더라도 서비스를 제공해야 한다. 행정 서류 및 제3 지급인은 변경될 수 있기 때문에 지침서를 포괄적으로 적용한다. 임상가가 참고할 만한 웹 사이트도 소개된다. 또 제3 지급인으로부터 거절당하는 사례가 많으므로 배상을 청구하는 전략이 제시된다.

1. 기능적 중재를 위한 지침

치매로 인한 손상이나 뇌 기능을 변화시키는 중재 및 구상 방안은 주요 논의 사항이 아니며, 일상생활의 독립성을 극대화하고 참여를 지원하는 행동을 촉진하는 데 중점을 둔다. 기능적 치료의 목표 및 효과를 판단하기 위해 임상가에게 권고되는 세 가지 중재 지침은 다음과 같다. ① 독립적인 기능을 극대화한다. ② 필수 활동에 참여하도록 지원함으로써 삶의 질을 유지시킨다. ③ 개인과 연관된 기능적 맥락에서 훈련된 절차를 거쳐 목표를 성취한다.

1) 독립적 기능의 극대화

퇴행성 질환의 초기에 중재를 시작하면 환자가 결함 및 보존된 기술을 자각하고 원하는 목표와 선호도를 전달할 수 있다. 또 현재의 기억 전략을 확인할 수 있으며, 현재와 미래의 결함을 보완하는 최적의 전략을 계획하고 활용하는 데 참여하도록 돕는다. 이때 강점을 강화하고 손상된 체계는 덜 요구되도록 하는 것이 바람직하다. 치매 증상이 심화될수록 환경 변화, 외적 의사소통, 기억 보조기를 구상하고 활용하여 기능을 최대한 촉진해야 한다. 이 과정에서 질환의 단계별로 독립성을 극대화한다. 예를 들어, Bourgeois(2014)는 대화를 통한 의사소통, 일상생활활동(ADLs)의 순서, 기타 기능에 필요한 능력을 극대화하는 외부 그림 단서 체계를 구상했다(세부 내용은 5장 참고).

2) 참여 및 관계 지원을 통한 삶의 질 유지

환자의 생활양식, 성격, 정체성을 반영한 활동은 간병인이나 훈련 파트너의 잠재적 요구 및 보완 전략에 부합해야 한다. 환자, 전문 간병인, 동료가 활용할 수 있는 잠재적 보완책을 지원하기 위해 업무, 자원봉사, 여가 활동 등 다양한 일상 활동을 분석한다. 실어증(예: 생애 관심 · 가치카드[Life Interests and Values Cards: LIV]; Haley et al., 2013)이나 치매(예: VoiceMyChoice™; Bourgeois et al., 2016) 환자와의 대화를 지원하는 혁신적 도구를 활용해 의미 있는 개별 일상 활동을 확인한다(11장 참고).

의미 있는 참여를 위한 목표가 확인되면 인지-의사소통이나 다영역적 치료를 적용한다. 예컨대, Arkin(1996, 2001)의 자원봉사 지원 프로그램은 대학생이 치매 환자의 자원봉사 활동(예: 동물 보호소나 병원)에 동행하여 친목과 인지를 강화한다. 세대 간 프로그램의 효과를 소개한 문헌도 있다(Weeks et al., 2016; Low et al., 2015). 삶의 질, 참여 및 관계 지원을 위한 중재는 6~10장의 인지-의사소통 및 삼킴 치료, 다학문적 프로그램, 환경 조정, 간병인 접근 등에서 논의된다.

3) 개인적 연관성 및 맥락적 훈련의 강조

동기의식 및 치료의 지속성을 위해서는 일생에 걸친 개인의 관심과 취미를 반영한 목표와 활동을 선택해야 한다. 환자가 이 같은 선택에 참여하고 동기의식이 있으면 치료 계획을 수행할 가능성이 높다. 반면 회유나 설득을 통해 특정 프로토콜이나 전략을 시도하면 대부분 수행률이 낮다. 따라서 동기의식이 있는 환자의 치료 및 보완 전략을 조기에 계획하는 것이 바람직하다. 그렇지 못할 경우 선호하는 흥미와 활동을 파악한 후 이를 촉진시키는 변화 및 지원 계획을 차선책으로 수립한다. 예를 들어, Camp(1999) 등은 개인의 강점과 흥미에 맞는 자료 및 활동을 선택하는 방법을 개발했다(7장 참고).

글상자 4-1 치매의 기능적 중재를 위한 핵심 원리

1. 독립적 기능을 최대한 유지하고 극대화한다.
2. 참여 및 관계의 지원을 통해 삶의 질을 유지한다.
3. 개인적 연관성 및 맥락적 훈련을 강조한다.

적절한 행동을 취하는 맥락적 치료는 인지장애의 핵심 원리이다. 다른 상황과 맥락으로의 일반화는 제한적일 수 있다. 따라서 훈련 맥락에서 일반화를 별도로 계획하거나 요구하지 말고 행동이 유발되는 환경 내에서 훈련과 연습을 최대한 제공해야 한다. 시각적 지원이나 상황을 변경함으로써 불완전하거나 잘못된 목표 행동 요소를 줄인다. 전통적 장소(예: 치료실)는 훈련 효과를 유지하기 어렵고 보완 전략의 효용을 감소시킨다. 예컨대, SLP의 치료실에서 달력을 활용해 훈련하면 실질적인 효과가 없다.

2. 환경별 치료 고려 사항 및 의사소통 지원

1) 가정 및 지역사회

대부분의 치매 환자(75%)는 가정과 지역사회에서 생활하면서 질환이 진행된다(Jones et al., 2009). 초기에는 메디케어 B 파트에 근거해 외래 전문병원에서 언어치료를 제공한다. 말기이거나 다른 합병증이 있으면 가정 건강 서비스를 통해 언어치료를 받는다. 치료 전략을 일반화하고 가정환경에서 목표 행동을 촉진하기 위해 가족이 함께 참여하는 것이 중요하다.

진단 전에 노화로 인한 변화가 발생하면 기억력 및 의사소통 지원이 제공된다(예: 플래너, 달력, 노트, 쇼핑 목록, 지도). 추가된 증상을 세분화해 경도신경인지장애(mild neurocognitive disorder: NCD, 이전 명칭은 '경도인지장애')로 진단되기도 하며, 인지나 언어 변화가 일상생활 기능에 영향을 주기 시작할 경우 초기 치매로 진단된다. 환자가 손상을 잘 인식하지 못하면 가족이 공식 평가를 요청하기도 한다. 환자와 가족은 초기에 불안감을 느끼고 신경퇴행성 질환의 영향을 크게 받기 때문에 전략, 추가 교육, 지원, 상담, 자원을 모색한다. SLP는 질환에 관한 추가 교육과 상담, 인지-의사소통 전략(예: Bourgeois, 2013)에 기반한 훈련 서비스를 제공하고, 환자와 가족을 사회복지사나 노인법 전문 변호사 등의 전문가에게 의뢰한다.

가정과 지역사회에서 일상 활동을 유지하도록 초기에 기억력과 언어를 지원해야 하는데, 보완대체의사소통(AAC) 도구가 대표적인 예이다(Bourgeois, Fried-Oken, & Rowland, 2010). 직업 생활을 최대한 오래 유지하는 전략이 초기 목표일 수 있으며, 여기에는 고용주 및 동료, 가족에 대한 교육과 훈련이 포함된다. 은퇴한 경우에는 희망하는 자원봉사나 지역사회 활동에 참여하는 전략이 유용하다.

치매가 진행되면서 간병인이 일상 활동을 책임지는데, 기억력과 의사소통 지원은 참여, 관계, 삶의 질을 유지하는 데 중점을 둔다. 가정 내 기능을 유지하기 위한 기억력 지원의 효과는 간병인의 태도, 기술, 건강에 크게 의존한다. 권고 방안을 모색하고 어려운 행동을 다룰 의지와 능력을 갖춘 간병인은 환자가 가정 생활을 잘 유지하도록 돕는다. 또 기능적 행동의 유지 전략을 학습하고 환자의 능력에 맞게 기술을 변경해야 한다.

경제적 여유가 있는 가족은 사설 전문 간병인을 고용하기도 한다. 일주일에 며칠만 근무하기도 하고 치매 말기까지의 가정 돌봄을 위해 상근직이나 입주 간병인을 고용한다. 가족과 간병인에게 일상 활동의 기능적 회상 및 의사소통 촉진 전략을 교육하고 훈련해야 한다. 기억력/의사소통 책과 관심사 앨범을 활용해 친숙한 사람 및 활동에 관한 대화를 시도한다. 메모판과 기억카드는 중요한 사실을 기억하고 반복 질문을 줄이는 데 유용하다.

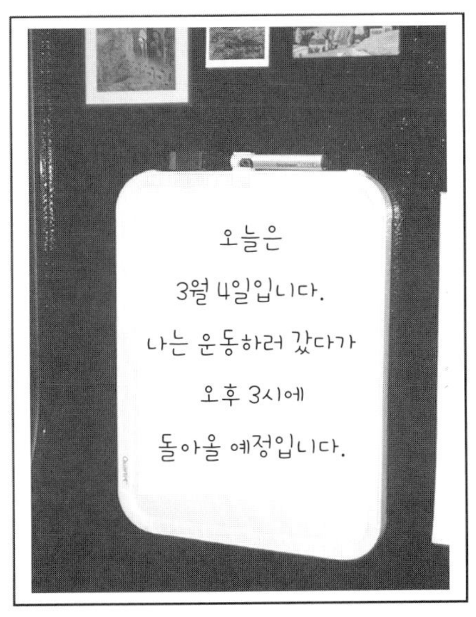

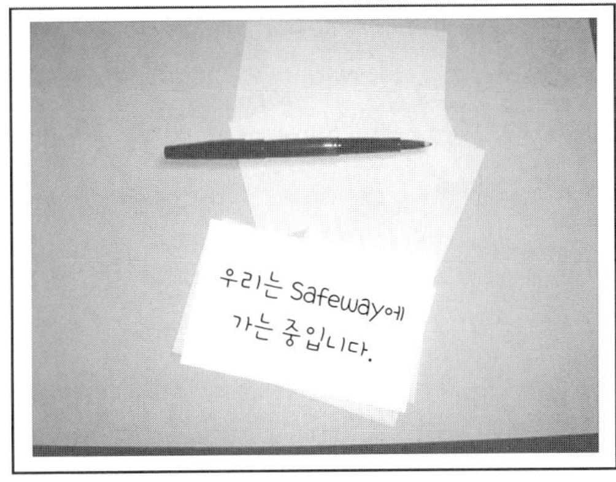

[그림 4-1] 가정 및 지역사회 환경의 기억 보조기기

친숙한 취미 활동에 지속적으로 참여하도록 활동을 조정한다. 기억 및 의사소통 보조기기의 예는 [그림 4-1]에 제시되어 있다.

2) 성인 일일 프로그램

지속적인 돌봄으로 간병인이 스트레스를 받으면 성인 일일 프로그램을 활용해 가정 활동을 보충하는 사회적 상호작용 및 참여의 기회를 제공한다. 관련 전문가는 기억 손상의 징후를 인식하고 적절히 대응하도록 훈련받으며, 인지 능력에 따라 참여 기회가 제공되도록 활동을 구상한다.

환자의 참여 거부, 방치에 대한 두려움을 고려해 성인 일일 프로그램이나 휴식의 기회를 활용하지 않는 간병인도 있다. 부족한 재정 자원이나 비용 부담 때문에 프로그램을 이용하지 못할 수도 있다(Alzheimer's Association, 2016). 알츠하이머협회(Alzheimer's Association's, 2016)가 3,524명의 간병인을 대상으로 알츠하이머병(AD)이 가족에게 미치는 경제적 영향을 분석한 결과, 돌봄 비용은 모든 가족에게 불안전한 식이, 영양 및 건강 저하 등을 초래했다. 대부분의 가족은 정부의 노인 지원 프로그램을 잘 알지 못한다. 소수자 집단은 지식, 사회, 의료 등의 지원책에 접근하기가 더 어렵다(Mukadam, Cooper, & Livingston, 2013). 성인 주간돌봄센터(adult day center) 등의 프로그램이 환자의 요구에 잘 부합하면 효과적으로 활용할 수 있다(Seabrooke & Milne, 2009).

SLP는 특정 프로그램에 참여하거나 이를 고려 중인 환자와 간병인이 새로운 환경에 적응하도록 글자로 된 기억 보조기기를 활용하기도 한다. "저는 친구와 낮 시간을 보내고 있어요. 아내가 4시 30분에 데리러 올 겁니다."라고 쓰인 기억카드, 장소와 활동이 기술된 기억지갑(예: "저는 Joe의 집에서 시간을 보내요." "저는 Fred, Sam과 당구를 쳐요." "식사가 맛있네요.")은 주간돌봄센터의 활동을 수행하는 데 유용하다. 잊어버린 것에 대해 환자가 질문하면 카드나 기억지갑을 읽도록 독려하고, 기억책을 가져와 다른 환자와 공유하도록 한다. 활동 보조 직원은 기억책의 공통 주제를 함께 토의하도록 구상하는데, "부모님에 대해 이야기해 봅시다." "학창시절을 어디서 보냈나요?" 등이 그 예이다. 성인 주간돌봄센터의 자원봉사자가 기억책을 만들어 집단 활동에 활용하기도 한다(Bourgeois & Mason, 1996).

주간돌봄센터 직원이 단순하고 큰 글자로 된 활동 목록을 준비해 가정에서 활용하도록 하면 유용하다. 예를 들어, 간병인이 활동에 대해 질문하면 '아무것도 안 했다'는 보편적 반응 대신 활동 목록을 읽고 대답할 수 있다. 이러한 기억 지원 도구는 돌봄에 대한 간병인

오늘의 일정
2007년 1월 16일 화요일

8:00 도착 및 휴식
8:30 달력 확인
9:00 오늘의 프로그램: 치료용 인형
10:00 간식: 사과, 카라멜 소스
10:30 물리치료 실습생과 앉기 운동 시행하기
11:30 화장실 가기
12:00 점심: 미트 로프, 으깬 감자, 껍질 콩, 옥수수빵, 브라우니
1:00 정숙: 음대생들의 하프 연주
2:00 집단 대화: '시민권 시대' 기억하기
3:00 간식: 차, 크럼핏
3:30 화장실 가기
4:00 영화 관람: '졸업'
5:00 귀가

[그림 4-2] 성인 주간돌봄 시 활용되는 기억력 지원 도구

의 죄책감을 완화시킨다. [그림 4-2]는 성인 주간돌봄 시 활용되는 기억력 및 의사소통 지원 도구의 예로, 사건 관련 대화를 촉진하는 일정표 등이 포함된다. SLP는 프로그램 관리자에게 특정 전략을 교육함으로써 주간돌봄 참여자가 활동(예: 기억력 및 의사소통 보조기기)에 더 열심히 참여하도록 돕는다.

3) 독립형 및 지원형 거주시설

독립형 및 지원형 거주시설의 거주자는 완전히 독립적인 환경에서 시작해 지역사회의 준독립적·준감독적 방이나 아파트로 대부분 옮겨 간다. 메디케어 B 파트에 근거해 시설 내 치료기관이 언어치료를 제공하며, 가정 건강 서비스의 수혜자는 메디케어 A 파트에 근거한 치료를 받는다. 임상가가 독립형 및 지원형 거주시설을 방문해 치료를 제공하기도 한다. 환경 내 중재는 긍정적 및 지원적 의사소통 환경을 만들기 위한 관리에 중점을 두며, 활동과 참여를 유지하거나 증진하고 안전을 보장한다. 중재는 기능적이고 맥락적이어야 한다. SLP는 치매의 임상 프로파일(기억력 상실, 언어 및 시공간 결함, 행동 변화 또는 이들의 결합)에 근거해 보존된 능력을 활용하고 독립성, 안전성, 관계를 증진하도록 중재한다. 간병인은 인지-의사소통 보조기기의 사용을 촉진하는 훈련을 받아야 한다. 환경 수정을 통해 공격적 및 충동적 행동을 조정하는 시공간 기능이나 행동 전략을 강화하기도 한다.

독립형 및 지원형 거주시설은 거주자에게 다양한 수준의 지원과 서비스를 제공한다. SLP는 가족 및 시설 직원에게 적절한 돌봄을 위한 지침을 제시한다. 예를 들어, 독립형 거주지의 경우에도 의학적 상담, 식사, 활동에 대한 안내가 필요하다. 보다 지속적인 감독과 지원이 제공되는 지원형 거주지로 변경해야 하는 상황도 발생한다.

타인과 살면서 위안, 안전, 사회적 이점을 얻기 위해 거주시설을 쉽게 바꾸기도 한다. 그러나 거주 공간의 축소, 정기적인 활동 모니터링, 사생활 문제 등의 제한점에 대해 부정적일 수도 있다. 또 손상으로 인해 새로운 거주 형태에 적응하기 어렵거나 분실물, 사망한 배우자, 이전 거주지와 이웃, 독립성을 떠올리며 슬퍼하기도 한다. 사회화와 동떨어지거나 지역사회의 식사 모임을 피하고 활동에 대한 참여를 거절하는 환자도 있다. 기억력 손상 및 인지 저하는 새로운 환경에서 지남력 상실과 혼동을 초래한다. 기억 보조기기는 변화로 인한 어려움을 완화시킨다. 예컨대, 소지품, 가구, 사건 관련 사진 등 이전 거주지를 떠올리는 기억 앨범이 위안을 줄 수 있다([그림 4-3]). 변화된 환경을 설명하는 글이 제공되면 도움이 된다(예: "내 마음 상태 때문에 가족들이 걱정해요. 다른 사람들과 가까이 살면 더 안전할 겁니다.", "집에 혼자 있으면 외로울 때가 있어요. 여기서 새 친구를 많이 사귈 거예요."). 환자가 혼란을 겪거나 집에 가려고 하면 자신의 기억책을 읽도록 한다. 반복적으로 운전을 희망하면 "동네에서 운전하는 걸 좋아했는데 이제는 연료와 보험 문제를 걱정할 필요가 없게 됐네요. 외출할 때마다 아들이 차로 데려다 주거든요."라고 쓰인 기억책의 구절을 활용해 요구를 수정하도록 한다.

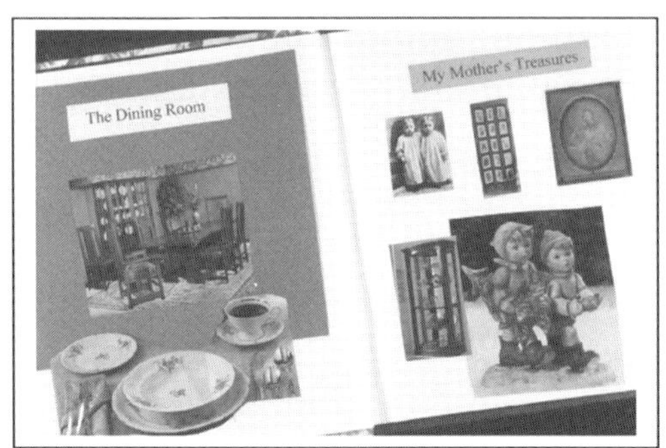

[그림 4-3] 지원형 거주시설의 기억력 지원 도구

독립형 및 지원형 거주시설은 다양한 형태의 글을 활용해 거주자의 일상 기능을 돕는다. 지원형 거주시설에는 거주자의 방, 직원 사무실, 신문 및 잡지, 주방 메뉴판, 활동 일정표, 직원 이름표 등의 글자 표지판이 있다. 표지판은 긍정적인 행동과 활동을 촉진하는 데 유용하다. 호주의 한 혁신적 요양원은 ABLE 모델에 근거해 음료수 마시기 표지판을 부착하여 탈수증을 크게 감소시켰다(Roberts et al., 2015; [그림 4-4] 참고, ABLE 모델 등은 7장 참고). 표지판의 색깔 및 글자 배치에 대한 거주자의 선호도를 조사한 결과, 검은색 대신 흰색 배경과 밝은 초록색, 자홍색, 밝은 감청색 글자가 선택되었다(Brush et al., 2015). 선호되는 표지판일수록 활용도가 더 높았다. 이러한 환경의 임상가는 표지판이나 글자 단서를 읽고 적절히 반응하도록 환자를 독려한다.

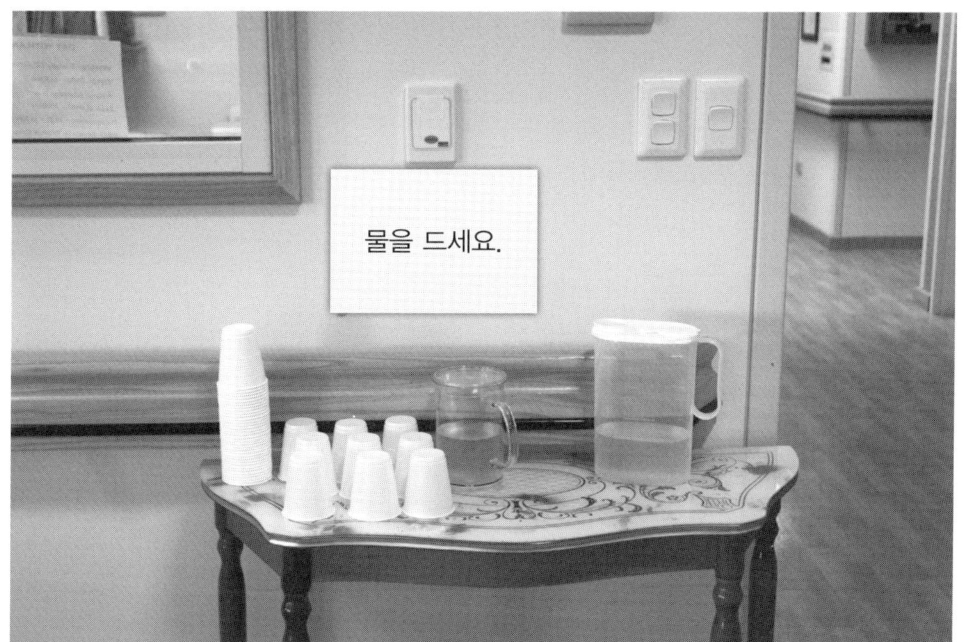

[그림 4-4] 수분 섭취를 독려하는 표지판의 예

출처: Anne Kelly의 승인하 사용.

글자가 너무 작거나 복잡하면 직원에게 수정을 요청한다. 예를 들어, 활동 달력의 날짜를 특정 색깔로 표시하면 해당일의 활동을 알아차릴 가능성이 높다. 일일 활동을 칠판에 기재하는 것도 매우 유용하다. 어느 지역신문사는 임상가들의 권고에 따라 시각 및 인지 결함으로 읽기가 제한된 구독자를 위해 주 1회의 뉴스와 공고를 큰 글자로 인쇄했다(Lou Eaves, October, 2000; 개인적 대화). 성인용 문해 자원도 활용된다(예: News for You, www.newreaderspress.com/news-for-you-online). 특정 시설에 대한 초대장은 참석을 꺼리는 거주자에게 환영받는 느낌을 주며, 문 앞의 메뉴판은 주방에서 식사하도록 유도한다. 직장이나 집에 있는 가족 관련 메모, 중요한 전화번호가 크게 인쇄된 안내판 등은 필요시 연락할 수 있다는 느낌을 준다.

4) 장기요양

환자의 의학적 요구나 행동 문제를 가정이나 지원형 거주시설에서 다룰 수 없는 경우 장기 돌봄시설로 옮긴다. 연속돌봄은퇴공동체(Continuing Care Retirement Community: CCRC)나 전문요양시설(skilled nursing facility: SNF)의 기억력 병동, 독립형 기억돌봄 공동체 등에서 LTC를 제공한다. 언어치료는 메디케어 B 파트의 외래환자 서비스, A 파트의 가정 건강 서비스, A 파트(4장 '재활 및 전문 간호' 참고)나 65세 이하용 사보험의 전문 재활 등 다양한 지원 프로그램에 근거한다.

LTC 환경의 문제점은 거주자를 위한 의미 있는 활동이 적고 높은 이직률로 인해 인력이 부족하다는 점이다. 거주자의 일상적 인지-의사소통 요구를 다루기 위해 직원 훈련을 강화해야 한다. 미국에서 치매 훈련을 요청하는 주들이 증가하고 있다(예: 플로리다주 AD 계획안; http://elderaffairs.state.fl.us/doea/alz.php). 알츠하이머협회는 CARES 온라인 훈련 및 인증 프로그램(www.alz.org/care/alzheimers-dementia-online-tools.asp)을 개발해 치매와 중재 전략에 관한 지식에 접근하도록 돕는다. 이러한 환경의 SLP에게 삼킴 평가를 의뢰하기도 하는데, 의사소통, 기억력, 시공간 결함으로 환자가 불안하거나 흥분한 상태인 경우 적절히 연계되지 못할 수 있다. 알츠하이머협회가 발행하는 소책자는 돌봄 직원이 SLP 등의 전문가에게 의뢰할 반응 행동을 파악하는 데 유용하다(www.alz.org/national/documents/brochure_DCPRphases1n2.pdf/). 서비스 제공자 및 진행 중인 훈련에 기반해 인지-언어 서비스를 적절히 의뢰해야 한다(10장 참고).

지원형 거주시설에서 글자나 그림 등을 사용하면 LTC로의 전환을 촉진할 수 있다. 중재는 환경 내에서 기억력 지원을 계획하고 제공하는 데 중점을 두며, 기억책, 기억지갑, 기억카드, 메모판의 글자를 통해 새로운 시설로의 이동을 설명한다(예: "저의 새 집은 Magnolia Manor에 있습니다. 여기서는 안전하다고 느낍니다."). 개인의 자서전적 정보와 그림이 포함된 기억책이나 선호하는 취미에 관한 관심사 앨범은 직원이 바쁘거나 환자가 혼자 책을 검토할 수 있는 조용한 시간에 사용한다. 가족의 기록에 근거한 방문자 책을 활용하면 가족에 관한 반복 질문에 적절히 대답할 수 있다(예: "아들이 화요일에 다시 오겠다고 써 두었네요. 내일이면 올 거예요."). 가족사진과 개인사는 크게 인쇄하여 분류한다. 사진 속 인물에 대해 질문하면 환자는 대개 이름을 정확히 기억하지 못하거나 오류를 보인다. 가족 비디오를 활용해 혼란스럽고 흥분된 행동을 완화하거나 수정한다(7장 참고). 임상가는 친척과 대화하는 가족의 모습을 녹화하도록 제안하고, 원하지 않을 경우 Video Respite 테이프를 활

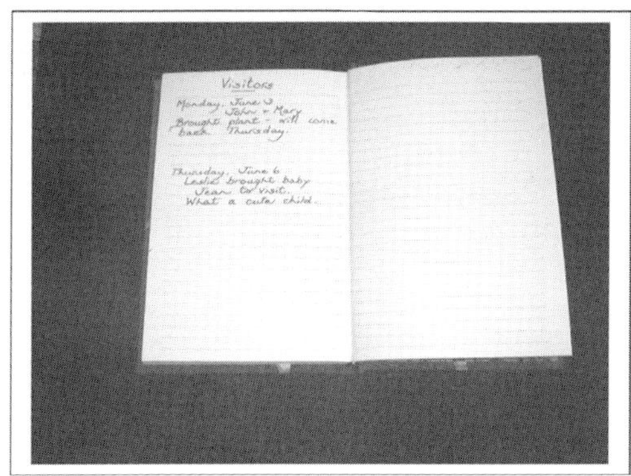

[그림 4-5] 장기요양시설의 기억력 지원 도구

용한다(Caserta & Lund, 2002; Lund et al., 1995; https://videorespite.com/). 다양한 그림과 비디오를 디지털 방식으로 저장하는 태블릿 컴퓨터나 iPad 등의 기기를 선택하기도 한다. SLP는 지원형 거주와 LTC를 통해 다른 거주자와의 사회화를 촉진한다. 이는 요양원의 인지 및 의사소통 장애 환자에게 흔히 발생하는 사회적 고립을 완화시킨다(6장 참고). [그림 4-5]는 LTC 환경에서 활용 가능한 기억력 지원 도구의 예이다.

5) 재활 및 전문 간호

중도~심도의 언어 및 인지 증후군은 아급성기 재활이 필요하다. 이러한 환경과 단계에 놓인 환자는 일시적으로 혼란스럽고 불쾌한 상황에 처한다. 급성기 돌봄 시 진통제 및 마취의 잔류 효과는 인지 기능을 저하시킨다. 의학적 질환(예: 엉덩이 골절)과 재활에 어려움이 있으면 환자는 치료에 잘 협조하지 않는다. 이러한 상황에서 전문의, 사회복지사, SLP, 작업치료사, 물리치료사, 간호사 등으로 구성된 전문가 팀이 치료 계획을 수립한다. 특히 환자가 여러 치료사와 간호사의 요구를 이해하고 협조하도록 치료적 중재를 계획해야 한다. 치료는 메디케어 A 파트의 예측지불체계(Prospective Payment System: PPS)에 근거해 제공되며, 각 환자에게 필요한 요양 및 전문 치료의 강도는 자원활용협회(Resource Utilization Groups: RUG)의 수준에 따르다(4장 후반부 참고).

급성기 치료 시와 마찬가지로 SLP는 다른 전문가에게 인지-의사소통 및 단서에 대한 상담 서비스를 제공한다. 그러나 재활 치료는 모든 치료사가 활발히 참여하도록 집중적으로 계획한다. SLP는 의학적, 사회적, 감정적 요구에 기반한 인지-의사소통 목표를 시행하

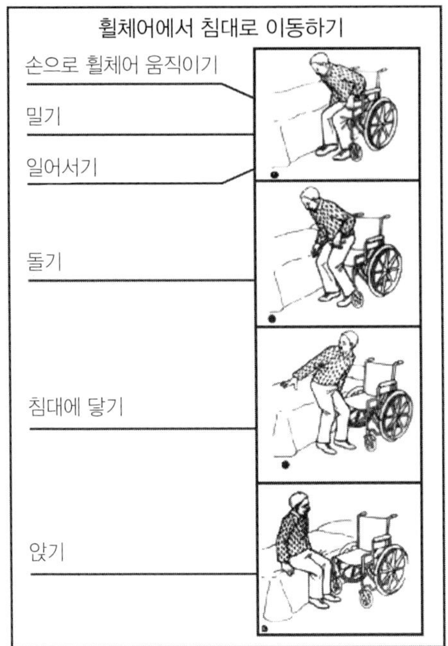

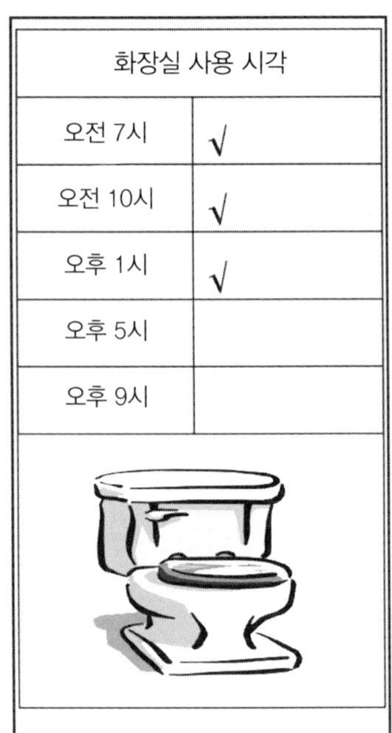

[그림 4-6] 재활 환경의 기억력 지원 도구

고, 다른 분야의 목표를 성취하도록 강화시킨다. 지원금의 분할 문제로 물리/작업치료사와의 협력적 치료 회기를 구상하기가 어려우나, SLP는 영역 간 접근을 통해 가장 효과적인 치료를 제공한다. 예컨대, 신체적 회복이 재활의 초점인 경우 환자가 이해하고 기억할 수 있는 물리치료를 제공하도록 촉진함으로써 요구에 가장 잘 부합할 수 있다. 또 구어 지시의 길이, 동일한 구어 지시의 반복, 그림이 추가된 글 지시문을 사용하도록 권고한다. [그림 4-6]은 물리치료에 사용되는 기억력 도구의 예시이다. 이 같은 조언은 치료 성과를 강화하고 독립성을 극대화하는 데 중점을 두어야 한다.

SLP는 재활 기간에 인지-언어 기능을 증가시키고 환자의 가족 및 환경 관련 전략을 논의하는 집중적 치료를 제공한다. 환자가 가정으로 돌아갈 경우 독립성과 안전을 증가시키는 데 목표를 둔다. 예를 들어, 가정 치료 시 SLP는 가족과 함께 기억 및 의사소통 지갑을 구성한다. 회기에 사용할 자료를 인쇄하거나 조합한 후, 반복 질문의 대답, 인출하기 어려운 개인 관련 단어 등을 화이트보드용 마커로 쓰도록 가족을 훈련한다. 기억력 및 의사소통 지원 도구는 재활 환경에서 활용되나(예: 가족이 방문 및 재방문 시기를 직접 기재함), 가정에서도 중요한 보상적 도구가 된다.

6) 급성기 치료

급성기 치료 환경의 치매 환자는 마취가 필요한 의학적 상태이거나 약효가 강한 약물이 적용된다. 이 경우 인지 손상 및 의학적 치료로 인해 질병 이전의 적절한 수준으로 기능을 회복할 수 없다. 환경 변화 자체가 혼동을 초래하면 이러한 문제가 더 심화되기도 한다. 급성기 치료 환경에서는 지남력 저하, 기본 요구 전달의 어려움, 사회적 친밀감의 필요성 등이 나타난다. 간호사는 의학적 지시를 구어로 제공하는데(예: "호출 버튼이 바로 여기 있습니다. 일어나시려면 이것을 사용하세요."), 환자가 지시를 이해하고 나중에도 기억할 것으로 기대한다. 그러나 의학적 치료 전 인지나 언어가 손상된 환자는 대개 치료 직후 훨씬 더 악화되기 때문에 지시에 적절히 반응할 수 없다. 이로 인해 24시간 내내 환자를 모니터하고 간병인/도우미를 고용하도록 가족에게 요청하기도 한다.

급성기 치료 중 삼킴은 SLP의 역할이 필요한 영역으로, 환자가 안전한 삼킴과 영양 등에 관한 요구를 효과적으로 표현하도록 돕는다. 즉 침상 환자의 청각 및 시각 기능을 평가함으로써 간호 인력이 적절한 단서와 전략을 제공하도록 권고한다. 간호사들이 SLP와 협력하여 급성기 치료용 AAC 도구를 개발했는데, 이는 구어로 표현하지 못하는 환자와의 의사소통에 활용된다(예: Garrett et al., 2007). [그림 4-7]은 급성기 치료 환경에서 활용하는 기억력 지원 도구의 예시이다.

SLP는 치료 및 삶의 질을 강화하는 인지-의사소통 전략에 관해 직원 교육과 훈련을 담당한다. 특히 급성기 치료 환경의 환자가 더 빨리 지치고 불안 수준이 높음을 고려해야 한다. 따라서 여러 직원과 가족이 시행하기 쉽고 효율적인 전략을 적용한다. 간단한 글자 도

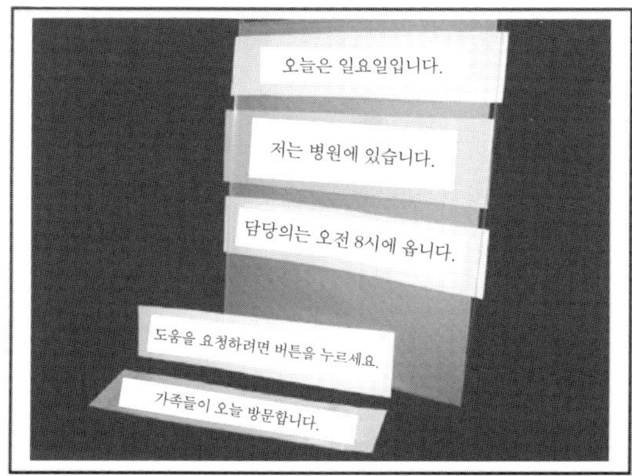

[그림 4-7] 급성기 치료용 기억력 지원 도구

구를 활용해 간호 교육과 지도를 촉진시킬 수 있다. 그러나 글이 너무 길거나 휴대용 단서가 아닌 경우 비효과적일 수 있다. 이를 고려해 침대 머리맡의 잘 보이는 곳에 큰 인쇄물을 부착하고, 환자 위치, 도움 요청 방법, 의학적 상태 관련 주요 메시지 등을 기억하도록 돕는다([그림 4-7] 참고). 서비스 제공자는 치료 요구에 맞는 글자 단서 체계를 만들고 이를 가장 효과적으로 시행하는 방법을 간호사에게 알려 준다. 가족 간병인은 사회적, 감정적, 의학적 요구에 적절한 의사소통을 강화하는 훈련을 받는다(가족 간병인 관련 내용은 9장 참고).

7) 호스피스 돌봄

질환이 심하나 의학적 중재가 유용하지 않다고 판단되면 호스피스 돌봄을 권고한다. 이를 통해 다영역적 접근에 근거한 완화치료의 원리를 통합하고 존엄사, 고통 경감, 증후군 통제로 삶의 질을 극대화한다(Last Acts Palliative Care Task Force, 1998). 완화치료 대책위원회(Last Acts Palliative Care Task Force)가 제시한 완화치료의 원리는 다음과 같다. ① 환자의 목표를 존중한다. ② 전반적인 돌봄(신체적, 심리적, 사회적, 영적 지원)을 시행한다. ③ 다영역적 자원의 강점을 활용한다. ④ 관심사를 인정하고 간병인과 논의한다. ⑤ 지원의 체계 및 기제를 정립한다(www.lastacts.org/). SLP는 급성기 치료 시 의사소통의 강점 및 요구에 맞는 기억력 지원 도구([그림 4-7])를 평가하고 의사소통 전략을 개발한다. 또 임종을 앞둔 환자와 효과적으로 의사소통하도록 간병인과 가족을 훈련한다(Pollens, 2004). 임종을 앞둔 환자의 의사소통 요구(예: 마지막 요구, 타인에 대한 감사 표현)는 11장에 소개된다.

남은 수명이 6개월 이내인 경우 메디케어 A 파트에 근거해 호스피스 돌봄을 지원한다. 6개월 중 어느 시점에서 지원할지를 판단하기는 쉽지 않다. 이는 메디케어 지침서에 언급되어 있으나 명확하지 않다(Covinsky et al., 2003; Hurley & Volicer, 2002; Schonwetter et al., 2003). 기능(삼킴, 운동, 의사소통, 배뇨 자제)의 심한 저하는 말기 단계의 징후이다. Allen 등(2003)의 문헌 연구에서는 치매로 인한 사망 가능성을 언급했다. 가족은 필요한 교육을 받고, 간병인은 중재 시기를 파악하기 위해 치매 말기의 전형적 및 비전형적 행동 특성을 이해해야 한다. 비전형적 행동의 원인을 판단하고 요구 및 강점에 기반한 중재를 적절히 제공하려면 전반적인 평가가 필요하다. 비전형적 행동은 치료를 요하는 통증의 지표일 수 있다. 치매 말기에는 보다 빈번하고 빠르게 호스피스 돌봄을 시행해야 한다(Allen et al., 2003).

8) 의뢰의 수용

의학적 환경에서 삼킴장애는 SLP에게 필수적으로 의뢰되는 반면, 인지-의사소통장애는 그렇지 않을 수 있다. 특히 장기요양시설은 생산성에 대한 기대가 높기 때문에, 아급성기 재활, 독립형 및 지원형 거주, LTC 환경에서 인지나 의사소통 저하에 대한 선별검사를 시행해 사례 건수를 늘리도록 요구받기도 한다. SLP는 퇴행성 질환에 기인한 인지-의사소통장애도 다루어야 한다. 의사소통장애 관련 중재가 시행되지 않으면 활동, 참여, 삶의 질이 낮아질 수 있다. 다른 전문가는 SLP의 치료 범위를 잘 모를 수 있으므로, 주치의, 신경과 전문의, 신경심리학자, 지역사회 사회복지사, 시설 직원 등에게 교육 및 훈련을 시행하여 적절한 의뢰와 사례 건수를 늘린다(구체적 예시는 [글상자 4-2] 참고).

글상자 4-2 적절한 의뢰를 촉진하는 교육 및 훈련 기회의 예

- 정기적 '오찬 학습'을 통해 다른 전문가들에게 인쇄물을 제공한다.
- 의뢰에 참조할 만한 1페이지 분량의 인쇄물을 고안하여 인지-의사소통 증후군에 대한 '자극 목록'을 제시한다. 이를 의료시설의 간호사실, 사회복지실, 의뢰 코디네이터 중앙사무국, 전문의 및 기억력 치료실에 부착한다.
- 새롭거나 어려운 사례를 논의하기 위해 전문가 모임의 주간 '회의'를 개최한다. 이를 통해 지속적인 협력을 촉진하고, 다양한 전문가들이 사례 연구에 근거해 SLP의 중재를 이해할 기회를 제공한다.

3. 배상 및 구비 서류

1) 배상 지침의 파악

전문 SLP에게 치매 관련 서비스를 제공받기 위한 배상 규정과 구비 서류는 파악하기가 매우 어려울 수 있다. 따라서 서비스 제공처에 관한 규정, 청구 및 코딩을 위한 훈련 등을 잘 이해해야 한다. 정부 웹 사이트 및 미국언어청각협회(ASHA)를 활용해 정보를 얻을 수 있다([글상자 4-13] 참고). ASHA는 SLP 서비스의 보장을 촉구하고 지원 방법과 유용한 정보를 제공한다. 월간지인 『ASHA Leader』도 메디케어의 구비 서류를 준비하는 데 도움이 된다. 병원과 재활시설에는 임상가의 지원에 관한 제3 지불자 규정을 전담하는 직원이 있으나, SLP도 서류 및 배상 관련 지침을 숙지해야 한다. 외래 노인 치료(예: 전문 요양시설)의 전문 SLP 서비스는 주요 지불 주체인 메디케어 A에 중점을 둔다. 이후에 소개되는 정보는 미국의 SLP에 적용되나, 다른 국가들에도 유용할 수 있다(예: 명시된 전문 서비스, 치료 계획 구상, 진전에 기반한 예후 기록).

2) 규정 지침

전문 요양시설 거주자의 돌봄 시 메디케어를 안내하는 법규는 1987년 제정된 「옴니버스 예산조정법(Omnibus Budget Reconciliation Act of 1987: OBRA '87)」에 근거한다. 이는 요양원의 규정과 조사 절차를 크게 변경시켜 돌봄에 접근하는 방식을 획기적으로 바꾸었다. OBRA는 요양원 거주자의 돌봄을 계획하고 시행하기 위한 전반적 평가를 연방 정부에게 요구한다. 시설은 '거주자가 신체적, 정신적, 심리사회적 안녕을 획득하거나 유지하도록 최상의 치료 및 서비스를 제공하고, 치료 거부자의 권리, 병리적 상태, 정상 노화 과정의 범위 내에서 악화되지 않고 최적의 향상을 보장하기 위해 지원'해야 한다(Code of Federal Regulations[CFR] Title 42, Part 483.25).

메디케어는 메디케어보상정책 지침서(Medicare Benefit Policy Manual: MBPM; CMS, 2016), 지역보험법(Local Coverage Determinations: LCDs), 공공보험법(National Coverage Determinations: NCDs) 등의 법규 지침을 제공한다. 이 논의는 MBPM 15장 220편(Chapter 15 Section 220; CMS, 2016; www.cms.gov/Regulations-and-Guidance/Guidance/Manuals/downloads/bp102c15.pdf)에 명시된 최소 구비 서류 지침에 근거하며, 의료진 및 비의료진, 경과 보고, 치료 대면 기록을 토대로 한 적극적 평가와 전문 서비스 계획이 포함된다.

전문 요양시설의 메디케어 수령자에게 제공되는 서비스는 전문적이어야 하며, 요양이나 재활 서비스 또는 두 서비스의 결합이 포함된다. 전문 요양시설에 적용되는 메디케어 A 파트는 최대 100일로 제한되는데, 입원일로부터 60일간 연속으로 외래 병원이나 전문 요양시설의 전문 치료를 중단하면 지원이 종료된다. 특정 적용 기간이 만료된 후 병원이나 전문 요양시설에 입원하면 기간이 재개된다. 메디케어 A 파트에 따라 전문 요양시설 서비스를 적용받는 환자는 기간 내에 활용하고, 급성 병원에 3일간 입원하거나 퇴원 후 30일 내에 전문 요양시설로 전원해야 한다. 메디케어 A 파트에 근거해 전문 요양시설에 입원하려면 4개 기준을 충족시켜야 한다([글상자 4-3] 참고).

글상자 4-3 메디케어 A 파트의 4개 적용 기준

1. 전문 요양이나 재활 서비스는 전문적 · 기술적 인력의 감독에 따라 수행되어야 한다(§30.2~30.4 참고). 전문의가 의뢰하며, 외래 병원 서비스나 전문 요양시설의 돌봄을 받을 때 제공된다.
2. 환자는 이러한 전문 서비스를 매일 요한다(§30.6 참고).
3. 임상적 경제성 및 효율성을 고려하여 일일 전문 서비스는 전문 요양시설의 외래 환자에게만 제공된다(§30.7 참고).
4. 환자의 질환이나 상해를 치료하는 데 적합하고 필요한 서비스를 제공한다. 즉 질환이나 상해의 특성 및 중증도, 의학적 요구, 허용된 의료 행위의 표준에 준한다. 서비스의 양과 기간도 적합해야 한다.

전문 메디케어 A 파트의 기준에 근거하여 물리/작업치료사, SLP 등 전 영역에 걸친 치료 서비스의 양과 빈도를 조정한다. 전문 요양시설의 PPS하에 보험금이 지급되는데, 실질적으로 제공되고 환자에게 필요한 전문 치료의 양과 RUG의 범주에 근거한다. 재활 서비스는 Rehab Ultra High(RU), Rehab Very High(RV), Rehab High(RH), Rehab Medium(RM), Rehab Low(RL)로 분류된다([글상자 4-4] 참고).

글상자 4-4 재활 자원활용협회(RUG)의 범주 및 기준

Rehab Ultra High(RU)

- 재활 처방 최소 주당 720분
- 그리고 최소 1개 재활 영역, 주당 5일
- 그리고 두 번째 재활 영역, 주당 3일

Rehab Very High(RV)

- 재활 처방 최소 주당 500분
- 그리고 최소 1개 재활 영역, 주당 5일

Rehab High(RH)

- 재활 처방 최소 주당 325분
- 그리고 최소 1개 재활 영역, 주당 5일

Rehab Medium(RM)

- 재활 처방 최소 주당 150분
- 그리고 3개 재활 영역 통합, 5일

Rehab Low(RL)

- 재활 처방 최소 주당 45분
- 그리고 3개 재활 영역 통합, 3일
- 그리고 2+ 요양 재활 서비스, 6일

3) 말-언어병리 서비스 관련 메디케어 보험

SLP 서비스는 MBPM의 치료 범위 내에서 제공되며, 의사소통장애를 유발하는 말·언어·삼킴 장애의 진단 및 치료에 필요하다. SLP는 다음의 자격 요건을 갖추어야 한다. ① ASHA가 수여하는 SLP 임상능력 수료증(Certificate of Clinical Competence)을 취득하기 위한 교육 및 경험의 이수 또는 ② 교육 수료 후 임상 감독하 수련 과정에 있되, ③ SLP 보조원의 서비스는 메디케어에 포함되지 않는다.

4) 전문 치료 요건

MBPM에 따른 전문 재활 서비스는 다음의 요건을 충족해야 한다. ① 전문 치료사와 상담하고 전문의가 승인한 전문 요양시설에 입원한 후 제공되는 서비스는 초기 평가에 기반한 적극적 치료 계획에 직접 상술되어야 한다. ② 서비스의 수준은 복잡성과 정교함에 기반하고, 환자가 전문 치료사의 판단, 지식, 기술을 요하는 상태여야 한다. ③ 전문의의 평가에 따른 예후, 즉 보편적으로 예측 가능한 적정 기간 내에 상태가 실제로 호전된다는 데 기반해야 한다. 또는 안정적이고 효과적인 유지 프로그램을 시행하기 위해 전문 치료사의 기술이 필요한 서비스여야 한다. ④ 환자의 상태에 따른 효과적인 치료를 제공하기 위해 표준적 의료 행위에 근거해야 한다. ⑤ 질환을 치료하는 데 적절하고 필요하며, 제공량, 빈도, 기간이 합리적이어야 한다.

5) 치료 계획의 수립

치료 계획(plan of care: POC)을 개발하고 인증하기 위해서는 SLP가 '직접' 평가를 수행한다. MBPM(CMS, 2016)의 15장 220편에는 SLP가 POC를 제공하도록 명시되어 있다. 선별검사, 평가, 재평가를 명확히 구분하고, 현 증상 관련 병력, 발병일, 악화 시기를 파악해야 한다. 기능의 이전 수준 및 기초선을 제공하며, 환자의 상태에 부합하는 표준에 근거해 치료 빈도와 기간을 권고한다. [글상자 4-5]는 POC를 수립하기 위한 표준 단계 및 각 단계별 기술을 소개한다. 전반적 POC를 세운 후 전문적인 수준으로 지원하려면 주간 진행 보고서, 일지, 퇴원 개요서 등이 필요하다.

글상자 4-5 치료 계획(POC) 수립의 표준 단계

- 1단계: 선별 검사하기
- 2단계: 전문의 처방받기
- 3단계: 전문 치료 필요시 평가 및 판단하기
- 4단계: POC 수립하기
- 5단계: 상세 처방 작성하기
- 6단계: POC 인증받기
- 7단계: 적시에 재평가하기
- 8단계: 필요시 재인증하기

1단계: 선별 검사하기 환자의 요구를 SLP에게 의뢰하는 방법은 다음과 같다. 전문의가 직접 의뢰하거나 선별검사를 통해 평가의 필요성을 파악한다. 초기 선별검사나 정기적 재평가는 보험이 적용되지 않는다. 선별검사는 임상가가 심화평가의 필요성을 판단하도록 도울 뿐이다. 전문의의 견해와 POC에 기초해 전문적으로 권고되어야 하므로 선별검사만으로는 판단할 수 없다. 전문 요양시설의 재활 임상가는 입원 여부에 대한 선별검사를 시행하는데, 연 4회나 1회 기반, 전문 치료 필요시, 기능 저하를 예방하고 변화를 확인해야 할 경우 등이 해당된다. 또 거주자, 가족, 시설의 팀 구성원이 SLP 서비스를 통한 기능적 변화를 촉진하기 위해 의뢰하기도 한다. 선별검사는 '직접' 평가를 요하지 않아 다른 양식과 구별된다. 즉 관찰, 면담뿐 아니라 전문의 경과 보고서, 일일 및 주간 요양 기록, 식사 기록, 물리 및 작업 치료 보고서 등 의학적 기록을 통해 정보를 획득한다.

2단계: 전문의 처방받기(평가/상세화/추가/퇴원 처방) 선별검사 후 SLP가 심화평가의 필요성을 파악하면 전문의는 이를 처방한다. 처방에 근거해 SLP가 평가를 시행하고 관련 문서에 전문의의 서명을 요청한다. 전문의가 서명한 POC는 평가에 기초하여 인증된 서비스를 의미한다. 전문 요양시설의 SLP는 목표 영역, 치료의 예상 빈도 및 기간, 전문 중재 계획을 위한 **상세 처방서**를 작성하기도 한다. 이는 개별적이고 변경된 POC를 안내하는 데 활용된다. 장기 목표나 초기 계획에 미포함된 새로운 중재(예: 초기 처방 시 삼킴장애만 포함된 경우 SLP가 의사소통 치료의 필요성을 판단함) 사안이 있으면 SLP의 **추가 처방**이 필요하다. 상세 처방을 통해 POC를 재인증하기도 한다.

SLP는 지원되지 않는 서비스에 대해 처방받기도 한다. 또 특정 기능을 다루어야 할 때 다른 영역을 처방받을 수 있다. 이러한 경우 **퇴원 처방**이 필요하며, 적절한 임상 영역에 대해 처방하도록 요청해야 한다. 예를 들어, 메디케어 A 파트의 PPS에 근거해 전문 요양시설에 입원한 모든 환자는 '물리치료, 작업치료, 언어치료(speech therapy: ST) 시 처방받은 평가/치료'를 제공받는다. 이러한 처방은 시설의 정책 및 절차 또는 전자의무기록(electronic medical record: EMR)의 일부로써 생성된다. 그러나 불필요한 평가는 포함되지 않는다. SLP는 선별검사를 먼저 시행한 후 '평가/치료를 위한 ST 처방'을 요청한다.

SLP가 추가적이거나 변경된 영역에 대한 처방을 요청하면 이를 고려해야 한다. 예를 들어, SLP가 '삼킴장애의 평가 및 치료'를 처방받았으나 언어 관련 조치가 필요하다고 판단되면 '언어 평가 및 치료에 관한 ST 처방'을 요청한다. 또 단일 영역을 처방받은 후 여러 영역을 다루려면 '삼킴장애 관련 처방과 함께 언어 평가 및 치료의 추가'를 의뢰한다.

3단계: 전문 치료 필요시 평가 및 판단하기 MBPM 220편에 따르면, 평가는 임상가가 전문 서비스의 필요성을 판단하도록 돕는 '직접적' 서비스이다. 평가는 ① 새로운 진단이 필요한 경우, ② 기능의 변화가 뚜렷해 추적 선별검사가 필요한 경우, ③ 전문적 중재에 참여할 필요성이나 능력이 충분한 경우 시행한다. 평가에 대한 판단은 목표 및 중재의 선택 등 POC를 세우는 데 필수적이다. 전문 치료의 필요성은 [글상자 4-6]의 핵심 요소에 근거해 판단한다.

글상자 4-6 평가 기록의 핵심 요소

- 현 증상의 발병일에 대한 명확한 기술
- 객관적 및 주관적 평가
- 이전 기능 수준과 비교한 기초선 평가
- 실제적, 기능적, 측정 가능한 단기 및 장기 목표

평가 시에는 현 증상, 질환의 발병이나 악화 시기 등의 병력을 고려해야 한다. 발병/악화 시기는 기능적 변화로 인해 전문적 치료가 필요한 시점이다. 만성 질환의 발병 시기는 진단이 아닌 질환의 악화 시점과 연관될 수 있다. 뇌혈관사고(cerebrovascular accident: CVA) 및 외상성 뇌손상(TBI)이 새로 발병한 경우 손상 시점이 곧 발병일이다. 전문 서비스의 필요성을 정당화하려면 현 증상의 발병에 관해 기록해야 한다([글상자 4-7] 참고).

글상자 4-7 질환 발병의 예

- Adams 씨는 일상 활동의 지시 따르기 능력이 변화해 급성기 치료가 필요한 상태이다. 이에 근거해 AD가 악화되었다는 의학적 진단을 받았다.
- 최근 정기 건강검진에서 Lee 씨는 주치의의 인지검사를 통해 기능 저하 및 AD로 진단받았다.

치료사는 평가에 기초해 POC를 세우고 **전문 서비스의 필요성**을 판단한다. MBPM 15장 220.2편에 명시된 전문 서비스의 3개 핵심 기준은 다음과 같다. ① 서비스는 증거 기반적 임상에 기초하고, ② 치료의 복잡성과 숙련도를 고려해 전문 임상가만 치료를 제공하며, ③ 진단에 근거해 판단하고 치료 빈도 및 기간은 개별화되어야 한다. 메디케어에 포함된 **증거 기반적 임상**은 메디케어 지침서, 지역보험법, 공공보험법, SLP의 전문 안내서 및 문헌 등을 참고해 적용한다.

복잡성과 숙련도의 측면에서 자격을 갖춘 치료사가 전문 서비스를 제공해야 한다. 치료사의 수행이나 감독이 없으면 비전문적이고 부적절한 서비스로 간주된다. 메디케어 공급자는 전문가의 감독하에 안전하고 효과적인 치료가 제공된 경우 서비스가 적절히 관리되었다고 판단한다. 전문적 중재의 지원 여부를 결정할 때 **의학적 진단**이나 예후에만 의존하지 않는다. 즉 치매의 진단 자체가 전문 치료의 필요성을 판단하는 주요 근거는 아니다.

특정 임상적 요구에 따라 **치료의 빈도 및 기간**이 개별적으로 적용되어야 한다. 메디케어의 전제는 다음과 같다. 적절한(보편적으로 예측 가능한) 기간 내에 상태가 크게 향상될 것으로 예측되어야 한다. 또는 안전하고 효과적인 유지 프로그램을 수립하는 데 필요한 서비스를 제공해야 한다. 서비스의 양, 빈도, 기간은 명시된 임상 기준에 부합해야 한다.

4단계: 치료 계획 수립하기 임상가는 평가 결과에 근거해 공식적인 POC를 세운다([글상자 4-9] 참고). 먼저 **이전의 기능 수준**(prior level of function: PLOF)을 명확히 파악해야 한다. PLOF는 발병 전 기능 상태의 수준을 의미하는데, 기능 저하로 인해 전문 치료가 요구되기 이전의 상태이다. 초기 평가는 재활 가능성 예측, 실질적 목표 설정, 의사소통 상태의 주기적 평가를 위한 **기초선 자료**를 제공한다. 기능의 기초선을 파악하려면 객관적 또는 주관적 기초선 진단검사(표준화 또는 비표준화)의 결과를 해석해야 한다. 이에 근거하여 목표를 설정한다. 임상가는 기초선과 PLOF를 비교함으로써 중재의 기초를 마련하고 적절한 빈도와 기간을 판단한다. 기능의 변화가 클수록 보다 집중적인 중재가 필요하다. 기초선

글상자 4-8 전문 언어재활사(SLP)의 치매 관련 서비스

전문 서비스에 포함되는 항목은 다음과 같다.

1. 의사소통 및 인지 기능의 진단 및 평가
2. 치료 프로그램의 구상
3. 보상 기술의 수립
4. 기능적 능력을 향상시키는 행동의 분석 및 수정
5. 과제 구상을 위한 분석, 목표 지시에 필요한 단서의 시행
6. *회복/재활 기반* 치료 프로그램(기술 향상)이나 *유지 기반 계획*을 시행하기 위한 환자, 직원, 가족 간병인의 훈련
7. 상태 변화(호전 및 악화)에 근거한 재평가

글상자 4-9 치료 계획(POC)의 핵심 요소

- 명확히 규정된 이전의 기능 수준(PLOF)
- 유형과 원인을 확인하는 진단 및 평가 서비스
- 모든 목표 영역에 대한 기초선 능력
- 목표(실제적, 장기적, 기능적 목표)
- 치료의 기간 및 빈도, 서비스 유형의 정의
- 재활/회복이나 유지에 기반한 계획의 명시

과 PLOF 간의 차이가 감소하면 퇴원 계획을 준비하고 치료 빈도를 줄여 새로 학습한 기능 및 독립성을 극대화한다.

예측 가능한 기간 내에 기능적 향상을 측정하고 적절한 실제적, 장기적, 기능적 치료 목표를 세워야 한다. 각 단계를 명시한 단기 목표를 통해 계획을 강화한다. 백분위수(50%), 임상 회기 수(5/10회기), 행동 기간 등을 활용해 모든 단기 및 장기 목표를 측정할 수 있어야 한다. 각 목표에 해당하는 기능을 명시하려면 모든 단기 및 장기 목표에 '~하기 위해'라는 진술이 포함되어야 한다([글상자 4-10] 및 [글상자 4-11] 예시 참고).

글상자 4-10 청각적 이해를 위한 장단기 목표의 예

장기 목표

- 이해력에 대한 촉진 단서 없이 간단한 대화를 100%의 정확도로 이해한다(4주간 목표).

단기 목표

- 2주 내에 1단계 명령을 100%의 정확도로 수행함으로써 일상 활동의 지시 따르기 능력을 강화한다.
- 2주 내에 기본적 욕구/요구를 나타내는 예/아니요 질문을 100%의 정확도로 이해한다.

글상자 4-11 기능적 행동의 진전에 따른 단기 목표 수정

진전에 따른 수정

1. 행동 복잡성의 수준
- 단어, 구, 문장, 대화
- 단어 베껴 쓰기, 받아쓰기, 스스로 쓰기
- 기억책에서 세부 영역 및 특정 정보 찾기, 기입하기, 책을 독립적으로 활용하기

2. 단서, 도움, 촉진의 수준 및 유형
- 최소, 중도, 최대
- 촉각, 구어, 시각

3. 맥락
- 치료 회기 내
- 다른 환자나 직원과의 일대일 대화 상황
- 가족 간병인과의 대화 상황
- 집단 대화나 활동 상황

4. 반응의 시간 간격 및 즉각성
- 5분, 1시간, 24시간 지연 후 회상
- 30초, 15초, 5초 내 반응

5. 정확도의 백분율/발생 빈도(반복/시도 수)

빈도와 기간, 즉 전문 치료의 주당 시간 및 시행된 주는 POC에 따라 개별화되어야 한다. 치료가 90일 이상 연장되면 임상가가 전체 치료 기간을 예측해야 한다. 빈도와 기간은 환자의 기능 저하 수준에 따라 다르며, 증거 기반적 임상 양식에 부합해야 한다. 의학적 필요성을 판단할 때 빈도와 기간에만 근거하는 것은 아니다. 질환 상태, 진전, 치료 유형 등도 목표를 성취하는 데 필요한 가장 효과적이고 효율적인 수단을 제공한다. 예를 들어, 단기적·집중적 치료 또는 장기적·간헐적 치료를 개별 요구에 따라 제공하면 임상적 및 의학적 필요성에 부합하고 효율성과 효과성을 극대화할 수 있다. 치료를 종결한 후 수행력이 양호한 경우, 그리고 간병인이 돕는 자기 관리 프로그램을 통해 독립적인 수준으로 진전된 경우에는 메디케어의 권고에 따라 치료사의 개입 빈도를 줄인다.

Jimmo와 Sibelius는 메디케어의 '향상 표준'을 상회하는 기준을 제안했는데, 이는 MBPM 15장에 반영되었다. 즉 치료사는 치료의 시작부터 **회복/재활** 또는 **유지**에 기반해 서비스를 제공해야 함을 명시한다. 따라서 평가 및 재평가, 진전 보고용 평가를 비교할 때 기능 향상, 중증도 감소, 지속적 치료를 정당화할 최적의 예측을 이론적으로 뒷받침하는 객관적 평가 결과를 기술한다. **재활/회복** 치료는 기능의 회복이나 향상에 중점을 둔 중재로, 가능하면 이전 수준의 건강과 안녕(PLOF)을 회복하도록 촉진한다. 치료사는 **유지 기반 계획**을 수립하여 치료를 통한 진전을 극대화하거나 유지하는 활동 및 기제를 구상한다.

만성 질환인 경우 치료의 특정 수준에서 진전되기도 한다. MBPM(CMS, 2016)에 따른 재활 치료로 상태가 호전될 수 있는데, 이는 만성기, 말기, 진행성, 퇴행성에도 적용된다. 예컨대, 말기 환자는 자기 관리, 이동, 안전의 측면에서 전문 치료 서비스가 요구된다. 전체적 또는 부분적 회복이 불가능하더라도 전문 치료는 상태를 향상시키거나 기능을 극대화하는 데 필요하다. 또 서비스가 환자 상태에 적절하고 효과적인지, 치료사의 기술이 필요한지, 비전문가가 안전하고 효과적으로 서비스를 시행할 수 있는지 등을 항상 고려해야 한다.

5단계: 상세 처방 작성하기

6단계: 치료 계획 인증받기 전문의/비전문의가 30일 내에 치료 계획을 승인하고 서명함으로써 인증이 완료된다. 승인 문서나 관련 서류에 날짜와 서명이 기재되어야 한다. 최초의 인증이 만료되면 30일 이내에 재인증이 필요하다.

7단계: 적시에 재평가하기 재평가는 일상적·반복적 서비스가 아닌 현재 목표의 진행을 평가하는 데 초점을 둔다. 치료의 지속에 대해 전문적으로 판단하고 목표 및 치료를 수정하거나 서비스를 종결한다. 재평가는 주로 진행 중인 치료에 중점을 두므로 초기 평가만큼 광범위하지 않을 수 있다. 지속적인 진전 평가는 진행 중인 치료 서비스의 일환으로, 재평가만큼 비용이 들지 않는다. 서류 심사 시 필요성이 인정되면 보험이 적용된다. 상태 변화, 중재에 대한 오반응 등 새로운 임상 결과에 근거해 재평가를 시행한다. 이는 종결 시까지 목표의 적절성을 판단하거나 전문의 및 치료 환경을 활용하기 위한 근거가 된다.

글상자 4-12 진전 예측을 위한 설명의 예

- 단순한 어휘로 구성된 짧은 문장을 산출하며, 배경소음이 적다(예: 라디오나 TV가 꺼진 상태). 대화 개시 전 주의가 환기된 상태에서 내용을 잘 이해할 수 있다. 환자와 간병인에 대한 훈련 및 교육을 통해 의학적 치료, 사회적 · 감정적 요구 관련 대화를 이해하도록 돕는다.
- 읽기 능력이 보존된 환자에게 글자 및 사진 단서 체계 등의 외부 기기를 활용한다. 이는 지시 따르기 능력을 향상시키고 과제 수행에 필요한 주의력을 유지하는 데 효과적이다.
- 그림 단서 체계(문장 및 사진)가 제공되면 구/문장 수준의 적절한 구어를 산출할 수 있다. 이러한 보상 전략을 활용한 훈련은 기초적, 사회적, 감정적 요구를 기능적으로 전달하도록 돕는다.

8단계: 필요시 재인증하기 초기 인증이 만료되면 30일 이내에 재인증해야 한다.

6) 기록 및 청구를 위한 코딩

임상가는 의료에 관한 2개 주요 코딩 체계를 파악해야 한다. 먼저 메디케어 및 대부분의 보험에 대해 국제질병분류 개정판 10(International Classification of Diseases, 10th Revision: ICD-10; American Medical Association[AMA], 2017)의 임상 변경안(Clinical Modification; 2015년 10월 1일 ICD-9-CM이 ICD-10-CM으로 변경됨)을 토대로 진단용 코딩을 시행해야 한다. ICD-10의 코드는 평가 또는 치료 상태를 나타낸다. SLP는 의학적 및 의사소통 · 삼킴 진단을 위해 ICD-10 코드를 확인해야 한다. ICD-10 코드는 초기 평가, 치료 계획, 종결 보고, 월별 개요, 지속적 치료 계획에 반드시 기재된다.

수준 I의 현행절차 용어(Current Procedural Terminology: CPT)가 포함된 의료보편절차 코딩체계(Health Care Common Procedures Coding System: HCPCS)도 있다. CPT 코드는 제공

되는 절차와 서비스를 나타내며, HCPCS 수준 II의 코드는 보급품, 장비, 기기를 보고하는 데 사용된다. 모든 보건의료 제공자가 CPT 코드를 사용하나, SLP에만 해당하는 특정 범주도 있다. 시간이나 절차에 기반해 코드를 청구하는데, 이는 메디케어·메디케이드 서비스센터(Centers for Medicare and Medicaid Services: CMS)가 개발한 상대값 단위(relative value units: RVUs)에 근거한다. 시간 코드는 15분 단위, 절차 코드는 절차에 따라 청구된

〈표 4-1〉 언어재활사(SLP) 평가용 현행절차 용어(CPT) 코드(AMA, 2017) 및 메디케어 배상 정보(CMS, 2016)

코드	의미	해석 시기	최소 소요 시간(분)
92626	청각재활 상태 평가—첫 번째 시간	없음	• 31~60분 • 60분 초과 시 추가되는 30분마다 92627을 기재함
96125	• 전문 의료 전문가의 표준화 인지수행검사(예: Ross Information Processing Assessment)는 직접 평가, 결과 해석, 진단 보고서 준비 시간을 포함함 • 규준 참조/표준화 도구 및 준거 참조 도구의 사용을 포함함	• Med B*: Yes • Med A**: 초기 평가—No**, 재평가—Yes (치료의 일부로 시행될 때: 거주자 평가도구[Resident Assessment Instrument: RAI] 지침서 3장 O절, p. 17 참고)	• 0 units = 0~30분 • 1 unit = 31~90분 • 2 units = 91~150분 등 (31분 이내는 청구 불가능)
96105	• 실어증 평가(표현 및 수용 말·언어 기능, 언어 이해, 말 산출, 읽기, 글자 쓰기 및 쓰기[예: Boston Diagnostic Aphasia Examination: BDAE]) 관련 해석 및 보고서를 포함함)—시간당 • 규준 참조/표준화 검사를 요함	• Med B*: Yes • Med A**: 초기 평가—No, 재평가—Yes (치료의 일부로 시행될 때: RAI 지침서 3장 O절, p. 17 참고)	• 0 units = 0~30분 • 1 unit = 31~90분 • 2 units = 91~150분 등 (31분 이내는 청구 불가능) • 0 units = 0~30분 • 1 unit = 31~90분 • 2 units = 91~150분 등 (31분 이내는 청구 불가능)
92607	말 산출용 AAC 기기의 처방을 위한 직접 평가—첫 번째 시간		• 31~60분 • 60분 초과 시 추가되는 30분마다 92608을 기재함

* 메디케어 B 파트의 청구와 관련된 96105 및 96125는 지역 보험판정 규정이 제시하는 코드에 준하며, 평가 시 SLP의 해석 시간을 포함함

** Med A—초기 평가 시간은 최소자료세트 외(Non-Minimum Data Set: Non-MDS), 재평가 시간은 MDS에 근거해 시행함. 기록 시간은 Non-MDS에 근거해 기록 및 해석에 관한 1시간 코드를 사용함(주의: 메디케어 보험 정보 정책 모델 관련 모든 정보; CMS, 2016, www.cms.gov/Regulations-and-Guidance/Guidance/Manuals/downloads/bp102c15.pdf)

다. 15분 단위의 시간 코드가 포함된 추가 지침은 2017 SLP용 메디케어 보험료 스케줄(2017 Medicare Fee Schedule for Speech-Language Pathologists)의 ASHA 보고서(ASHA, 2017; www.asha.org/members/issues/reimbursement/medicare 참고)에 소개되어 있다. SLP 서비스 및 CMS 웹 사이트(www.cms.gov/Regulations-and-Guidance/Guidance/Manuals/downloads/bp102c15.pdf)의 특정 코드는 〈표 4-1〉에 제시되었다.

4. 결론

이 장은 치매 환자 및 가족, 치료 환경의 다양성, SLP의 임상 영역을 다루는 원리를 소개하는 데 중점을 두었다. 또 메디케어 A 서비스(예: 전문 간호/아급성기 재활)에 근거한 돌봄 계획의 배상 문제를 논의했다. 치매 환자 및 간병인의 환경, 임상 절차, SLP 관련 임상 배상은 〈표 4-2〉에 제시되었다. 이 장의 논의는 궁극적으로 SLP의 임상 영역이 치매 환자 및 가족에게 적용되도록 촉진하는 데 목표를 둔다. 평가 절차 및 중재 접근은 이후에 논의된다.

글상자 4-13 임상가용 참고 자료

메디케어 규정 및 계획 관련 일반 정보

- 메디케어 보상정책 지침서(MBPM)—메디케어 · 의료서비스센터(CMS, 2016) (www.cms.gov/Regulations-and-Guidance/Guidance/Manuals/downloads/bp102c15.pdf)
- 메디케어 변호센터: www.medicareadvocacy.org, 전화번호: 1-860-456-7790 or 1-800-262-4414
- 메디케어: www.medicare.gov, 전화번호: 1-800-MEDICARE (1-800-633-4227)
- 메디케어 권리센터: www.medicarerights.org, 전화번호: 1-888-466-9050 (HMO 직통전화)

배상 관련 정보

- 미국언어청각협회(ASHA): www.asha.org
- 청구 및 배상, ASHA: www.asha.org/practice/reimbursement/
- 2017 SLP용 메디케어 보험료 스케줄, ASHA: www.asha.org/uploadedFiles/2017-Medicare-Physician-Fee-Schedule-SLP.pdf
- 인지 서비스 보상 관련 문제 시 의료경제 · 변호팀(reimbursement@asha.org)으로 문의
- 인지 평가 관련 사항은 SLP 의료서비스 팀(healthservices@asha.org)으로 문의
- 보완대체의사소통(AAC) 기술 관련 메디케어 펀딩-평가/적용 프로토콜, 의사소통 강화 관련 재활공학 연구센터(Rehabilitation Engineering Research Center on Communication Enhancement: AAC-RERC): 평가 및 보고 프로토콜; http://aac-rerc.psu.edu/index.php/pages/show/id/27

코딩 체계 관련 정보

- 현행절차 기술 코드, 미국의학협회: www.ama-assn.org/practice-management/cpt
- HCPCS 코드: www.cms.hhs.gov/MedHCPCSGenInfo/
- ICD-10 코드: www.cdc.gov/nchs/icd/icd10cm.htm

〈표 4-2〉 언어재활사(SLP) 서비스용 환경, 의뢰처, 절차

환경	의뢰처	평가 기록	치료 계획(POC): 주요 빈도/기간	세부 환경	배상	교육/훈련
가정 보건 의료 서비스	지역 병원, 전문 요양 시설, 지역 기억력 클리닉 및 병원	인지 · 의사소통 · 삼킴 결함이 초기 의학적 필요성 및 가정 안전에 미치는 영향을 파악하는 30~45분의 간편검사	30~45분 치료를 주 1~3회기 제공하며, 가정 치료의 인증 기간은 90일이나 영역에 따라 SLP 치료가 제한될 수 있음	영구 거주, 간병인의 전폭적 지원하 경도~심도 증상을 다룸	메디케어 A 파트, 사보험(예: Blue Cross Blue Shield, United Health Care, Cigna)	가족, 개인 간병인(준전문가나 전문가 보조원, 비공식 간병인/친구, 기타 재활 전문가)
외래 환자 클리닉	지역 기억력 클리닉; 1차 진료의; 신경과 전문의	모든 인지 · 언어에 관한 45~120분의 전반적 평가 및 고찰	치료는 30~60씩 주 1~2회기, 평균 4~12주간 제공됨	사무실 환경, 간병인의 전폭적 지원하 경도~중도 증상을 다룸	메디케어 B 파트, 사보험(Blue Cross Blue Shield, United Health Care, Cigna)	가족, 환자 및 가족이 확인한 기타 의사소통 파트너, 기타 재활 전문가
성인 일일 프로그램	지역 기억력 클리닉, 지역 병원, 재활 프로그램, 가족 자원 의뢰	모든 인지 · 언어에 관한 45~120분의 전반적 평가 및 고찰	프로그램 참여를 최대한 촉진하기 위해 주로 단기 치료를 제공하고 펀딩 지원에 의존함	일일 휴식 환경, 주로 경도~중등도 환자용 프로그램	개인 지불 프로그램(메디케어 보상에 해당되지 않음)	프로그램 관계자, 가족
독립형/지원형 거주시설	시설 직원(거주자 서비스 관리자, 요양 · 레크리에이션 · 저녁식사 · 가사 담당자, 기타 재활 직원), 지역 병원	재정 지원 시설별(외래 치료 vs. 가정 의료)로 앞 설명 참고. 평가 시 시설 안정성, 필요한 지원 수준, 생활 참여에 중점을 둠	재정 지원 기관별(외래 치료 vs. 가정 의료)로 앞 설명 참고	다양한 수준의 치료와 서비스를 받으며 영구 거주, 전일제 개인 간병인이 없을 시 주로 경도~중등도 환자를 대상으로 구성됨	외래 서비스, 메디케어 B 파트, 사보험(Blue Cross Blue Shield, United Health Care, Cigna), 호스피스 서비스	간호사, 레크리에이션 담당자, 저녁식사 담당자, 가사 담당자, 기타 재활 전문가

장기요양 (LTC)	시설 전문의, 시설 직원(거주자 서비스 관리자, 요양·레크리에이션·저녁식사·가사 담당자, 기타 재활 직원, 사회복지사)	재정 지원 시설별(외래 치료 vs. 가정 의료)로 앞 설명 참고	재정 지원 시설별(외래 치료 vs. 전문요양시설[SNF])로 주 5회기까지 시행. 앞 설명 참고	장기간: 심도 및 복합 질환 환자의 영구 거주 SNF : 전문 요양 및 재활을 위해 100일까지 체류 가능	외래 서비스: 메디케어 B 파트, 전문 요양/재활 기관(SNF): 메디케어 A 파트, 호스피스 치료	간호사, 간호조무사, 레크리에이션 담당자, 저녁식사 담당자, 가사 담당자, 기타 재활 전문가
아급성기 재활	지역 병원, 시설 전문의, 시설 간호사, 기타 재활 직원	자원활용협회(RUG)의 수준에 부합되지 않아 평가가 15~30분으로 제한될 수 있음. 인지·의사소통·삼킴 관련 간편검사. 치료 회기에 30~45분 이상을 추가해 청구하고 역동적 평가를 수행	아급성기 재활 치료는 100일까지 가능하며, 퇴원 후 환경을 준비하도록 주당 30~60분씩 3~5일의 집중 치료를 시행	단기 체류(0~90일) 시 치매의 중증도와 상관없이 집중 요양 치료를 시행	메디케어 A 파트: 예측 지불체계(PPS)/RUG 수준	간호사, 간호조무사, 레크리에이션 담당자, 저녁식사 담당자, 가사 담당자, 기타 재활 전문가
급성기 치료	병원 전문의 및 직원	요구 및 통증 표현 관련 간편검사, 감별 진단 요구 시 평가 시간 연장 가능, 의학적 상태 및 수용 정도에 근거한 평가 시간	입원 기간 동안 일일 치료를 제공	중증도와 상관없이 급성기의 의학적 필요성에 따른 단기 체류(1주일 미만)	메디케어 A 파트	요양 직원, 가족, 기타 재활 전문가
호스피스	지역 병원, 가정 의료 시설, 전문의 치료실	생애 말기 기초 돌봄의 필요성을 평가하는 간편검사 및 생애 요구 관련 의사소통	몇 회기의 제한적 방문 치료를 통해 즐거운 식사를 위한 삼킴, 기본 욕구의 전달을 권고	생애 말기에 제공되는 서비스	메디케어 A 파트	호스피스 직원(간호사), 가족, 개인 간병인(준전문가나 전문가 보조원)

[부록 4-1] 치료 계획: 의사소통 전략

문제 No.	날짜	문제 및 강점	목표	접근법	영역	목표 분석
1	2022년 1월 13일	LeBlanc 씨의 인지-의사소통 결함은 다음과 같은 능력에 영향을 미침	1. LeBlanc 씨는 눈금자를 가리키거나 구어와 시각 메시지를 통해 '예-아니요'로 대답함으로써 통증을 표현할 것이다.	1. 기억력 및 의사소통 카드, 눈금자, 회상카드, 달력, 이름표, 표지판 등의 시각 보조기기를 사용한다.	전 영역	
		1. 의학적 · 기초적 · 사회적 · 감정적 요구의 전달 능력	2. LeBlanc 씨는 일상 치료에서 글자 및 그림 선택지를 가리켜 기본 요구를 표현할 것이다.	2. 일상 치료 및 의학적 요구 관련 질문에 반응하도록 격려하며, 필요 시 글자 단서를 활용한다.	전 영역	
		2. 장소 지남력	3. LeBlanc 씨는 대화 시 사회적 및 감정적 요구에 관한 개인적 주제를 표현할 것이다.	3. 대화/기억력 책을 사용해 개인적으로 연관된 사회적 및 감정적 요구를 표현하도록 격려한다.	전 영역	
		3. 일상 활동에 대한 회상	4. LeBlanc 씨는 시각 보조기기와 구어 단서를 활용해 장소를 인식할 것이다.	4. 식사 및 기본 요구 관련 질문에 더 많이 반응하도록 다항식 질문을 사용한다(예: "주스나 물을 드시겠습니까?").	전 영역	
			5. LeBlanc 씨는 회상카드와 일정표를 사용해 반복 질문을 줄일 것이다.	5. 대화 시 정답이 없는 개방형 질문을 사용하고 관심사에 기반한 긍정적 견해를 제시한다.	전 영역	
			6. LeBlanc 씨는 활동 일정표와 회상카드를 사용하기 위한 단서를 통해 활동에 더 많이 참여할 것이다.	6. 적절한 행동에 대해 칭찬 및 유의미한 의사소통을 제공한다.	전 영역	
				7. 인지-의사소통 결함에 대한 언어치료	SLP	

[부록 4-2] 치료 계획: 삼킴장애 전략

문제 No.	날짜	문제 및 강점	목표	접근법	영역	목표 분석
2	2022년 1월 13일	LeBlanc 씨는 삼킴장애로 인해 조정된 식단을 섭취한다.	1. LeBlanc 씨에게 최소한으로 제한된 식단과 유동식을 적용해 흡인의 징후와 증상을 소거한다.	1. 식단 처방	식사	
			2. LeBlanc 씨는 기억력 보조기기를 통해 안전한 삼킴 기술을 사용할 것이다.	2. SLP의 삼킴장애 평가 및 치료	SLP	
			3. LeBlanc 씨는 영양과 수분 공급을 위해 적절한 구강 섭취를 유지할 것이다.	3. 완전한 구강 섭취를 위해 바른 자세로 앉도록 단서를 제공한다.	SLP, 요양	
				4. 유동식과 고형식을 교대로 섭취하도록 시각 및 글자 단서카드를 제공한다.	SLP, 요양	
				5. 필요시 구강 잔여물을 없애도록 모델링과 시각 단서를 제공한다.	SLP, 요양	
				6. 젖은 음성(wet voice)을 산출할 경우 목을 가다듬고 기침하도록 모델링과 시각 단서를 제공한다.		

참고문헌

Algase, D. L., Beck, C., Kolanowski, A., Whall, A., Berent, S., Richards, K., & Beattie, E. (1996). Need-driven dementia-compromised behavior: An alternative view of disruptive behavior. *American Journal of Alzheimer's Disease, 11*(6), 10-19. doi:10.1177/153331759601100603.

Allen, R., Kwak, J., Lokken, K., & Haley, W. (2003). End-of-life issues in the context of Alzheimer's disease. *Alzheimer's Care Quarterly, 4*(4), 312-330.

Alzheimer's Association. (2016). *2016 Alzheimer's disease facts and figures*. Retrieved from www.alz.org/documents_custom/2016-facts-and-figures.pdf.

American Medical Association. (2017). *CPT 2017 professional edition: E-book*. Retrieved from https://commerce.ama-assn.org/store/catalog/productDetail.jsp?product_id=prod2730005&sku_id=sku2750005&navAction=push#usage-tab.

American Speech-Language-Hearing Association. (2017). 2017 coding and billing for audiology and speech-language pathology. Rockville, MD: ASHA Press. Retrieved from www.asha.org/eWeb/OLSDynamicPage.aspx?webcode=olsdetails&title=2017+Coding+and+Billing+for+Audiology+and+Speech-Language+Pathology.

Arkin, S. M. (1996). Volunteers in partnership: An Alzheimer's rehabilitation program delivered by students. *The American Journal of Alzheimer's Disease & Other Dementias, 11*(6), 12-22. doi:10.1177/153331759601100103.

Arkin, S. M. (2001). Alzheimer rehabilitation by students: Interventions and outcomes. *Neuropsychological Rehabilitation, 11*, 273-317. doi:10.1080/09602010143000059.

Bourgeois, M. (2013). Therapy techniques for Mild Cognitive Impairment. *Perspectives on Neurophysiology and Neurogenic Speech and Language Disorders, 23*(1), 23-34.

Bourgeois, M. S. (2014). *Memory & communication aids for people with dementia*. Baltimore: Health Professions Press.

Bourgeois, M. S., Camp, C. J., Antenucci, V., & Fox, K. (2016). VoiceMyChoice™: Facilitating understanding of preferences of residents with dementia. *Advances in Aging Research, 5*, 131-141. http://dx.doi.org/10.4236/aar.2016.56013.

Bourgeois, M., Fried-Oken, M., & Rowland, C. (2010). AAC strategies and tools for persons with dementia. *The ASHA Leader, 15*(3), 8-11. https://doi.org/10.1044/leader.FTR1.15032010.8.

Bourgeois, M., & Mason, L. A. (1996). Memory wallet intervention in an adult day care setting. *Behavioral Interventions: Theory and Practice in Residential and Community-Based Clinical Programs, 11*, 3-18.

Brush, J., Camp, C., Bohach, S. & Gertsberg, N. (2015). Developing a signage system that supports wayfinding and independence for persons with dementia. *Canadian Nursing Home, 26*(1), 4-11.

Camp, C. J. (1999). *Montessori-based activities for persons with dementia: Volume 1.* Beachwood, OH: Menorah Park Center for Senior Living.

Caserta, M., & Lund, D. (2002). Video respite in an Alzheimer's care center: Group versus solitary viewing. *Activities, Adaptation, & Aging, 27*(1), 13-26. doi:http://dx.doi.org/10.1300/J016v27n01_02.

Centers for Medicare & Medicaid Services (CMS) (2016). *Medicare benefit policy manual.* Baltimore: Author.

Cohen-Mansfield, J., Dakheel-Ali, M., Marx, M. S., Thein, K., & Regier, N. G. (2015). Which unmet needs contribute to behavior problems in persons with advanced dementia? *Psychiatry Research, 228*(1), 59-64.

Covinsky, K. E., Eng, C., Lui, L. Y., Sands, L. P., & Yaffe, K. (2003). The last 2 years of life: Functional trajectories of frail older people. *Journal of the American Geriatrics Society, 51*, 492-498. doi:10.1046/j.1532-5415.2003.51157.x.

Eisner, E. (2001). *Can do activities for adults with Alzheimer's disease: Strength-based communication and programming.* Austin, TX: Pro-Ed Inc.

Eisner, E. (2013). *Engaging and communicating with people who have dementia: Finding and using their strengths.* Baltimore: Health Professions Press.

Elliot, G. (2011). *Montessori Methods for Dementia™: Focusing on the person and the prepared environment.* Oakville, Canada: Dementiability Enterprises.

Garrett, K. L., Happ, M. B., Costello, J. M., & Fried-Oken, M. B. (2007). AAC in the intensive care unit. In D. R. Beukelman, K. L. Garrett, & K. M. Yorkston (Eds.), *Augmentative communication strategies for adults with acute or chronic medical conditions* (pp. 17-57). Baltimore: Paul H. Brookes Publishing Co.

Haley, K. L., Womack, J., Helm-Estabrooks, N., Lovette, B., & Goff, R. (2013). Supporting autonomy for people with aphasia: Use of the life interests and value cards (LIV). *Topics in Stroke Rehabilitation, 20*, 1, 22-35. http://dx.doi.org/10.1310/tsr2001-22.

Hurley, A. C., & Volicer, L. (2002). "It's okay, mama, if you want to go, it's okay." *Journal of the American Medical Association, 288*, 2324-2331. doi:10.1001/jama.288.18.2324.

Jones, A. L., Dwyer, L. L., Bercovitz, A. R., & Strahan, G. W. (2009). The national nursing home survey: 2004 overview. *Vital Health Statistics, 13*(167), 1-155.

Kagan, A., Simmons-Mackie, N., Rowland, A., Huijbregts, M., Shumway, E., McEwen, S., … Sharp, S. (2008). Counting what counts: A framework for capturing real-life outcomes of aphasia intervention. *Aphasiology, 22*, 258-280. http://dx.doi.org/10.1080/02687030701282595.

Kander, M. (2013, April). Policy analysis: Medicare must cover services that maintain function: A recent settlement eliminates the need for "functional progress" and allows patients with progressive conditions to receive maintenance services. *The ASHA Leader, 18*, 18-19. https://doi.org/10.1044/leader.PA2.18042013.18.

Kunik, M. E., Martinez, M., Snow, L. A., Beck, C. K., Cody, M., Rapp, C. G., … DeVance Hamilton, J. (2003). Determinants of behavioral symptoms in dementia patients. *Clinical Gerontologist, 26*, 83-89. doi:10.1300/J018v26n03_07.

Last Acts Palliative Care Task Force. (1998). Precepts of palliative care. *Journal of Palliative Medicine, 1*, 109-112.

Low, L. F., Russell, F., McDonald, T., & Kauffman, A. (2015). Grandfriends, an intergenerational program for nursing-home residents and preschoolers: A randomized trial. *Journal of Intergenerational Relationships, 13*, 227-240.

Lund, D. A., Hill, R. D., Caserta, M. S., & Wright, S. D. (1995). Video Respite™: An innovative resource for family, professional caregivers, and persons with dementia. *The Gerontologist, 35*, 683-687. doi:10.1093/geront/35.5.683.

Mukadam, N., Cooper, C., & Livingston, G. (2013). Improving access to dementia services for people from minority ethnic groups. *Current Opinion in Psychiatry, 26*(4), 409-414.

Pollens, R. (2004). Role of the speech-language pathologist in palliative hospice care. *J Palliat Med., 7*, 694-702.

Power, E., Anderson, A., & Togher, L. (2011). Applying the WHO ICF framework to communication assessment and goal setting in Huntington's disease: A case discussion. *Journal of Communication Disorders, 44*, 261-275. http://dx.doi.org/10.1016/j.jcomdis.2010.12.004.

Roberts, G., Morley, C., Walters, W., Malta, S., & Doyle, C. (2015). Caring for people with dementia in residential aged care: Successes with a composite person-centered care model featuring Montessori-based activities. *Geriatric Nursing, 36*(2), 106-110.

Satterfield, L., & Sampson, M. (2015). Capturing cognition in skilled nursing facilities: What SLPs need to know to correctly perform - and document - cognitive evaluations for Medicare beneficiaries. *The ASHA Leader, 20*, 32-33. doi:10.1044/leader.BML.20122015.32.

Schonwetter, R. S., Han, B., Small, B. J., Martin, B., Tope, K., & Haley, W. E. (2003). Predictors of six-month survival among patients with dementia: An evaluation of hospice Medicare guidelines. *American Journal of Hospice Palliative Care, 2*, 105-113.

Seabrook, V., & Milne, A. (2009). Early intervention in dementia care in an Asian community: Lessons from a dementia collaborative project. *Quality in Ageing and Older Adults, 10*(4), 29-36. doi:10.1108/14717794200900029.

Weeks, L. E., MacQuarrie, C., Begley, L., Nilsson, T., & MacDougall, A. (2016). Planning an intergenerational shared site: Nursing-home staff perspectives. *Journal of Intergenerational Relationships, 14*, 288-300. http://dx.doi.org/10.1080/15350770.2016.1229550.

World Health Organization. (2001). *International classification of functioning, disability, and health*. Geneva: Author.

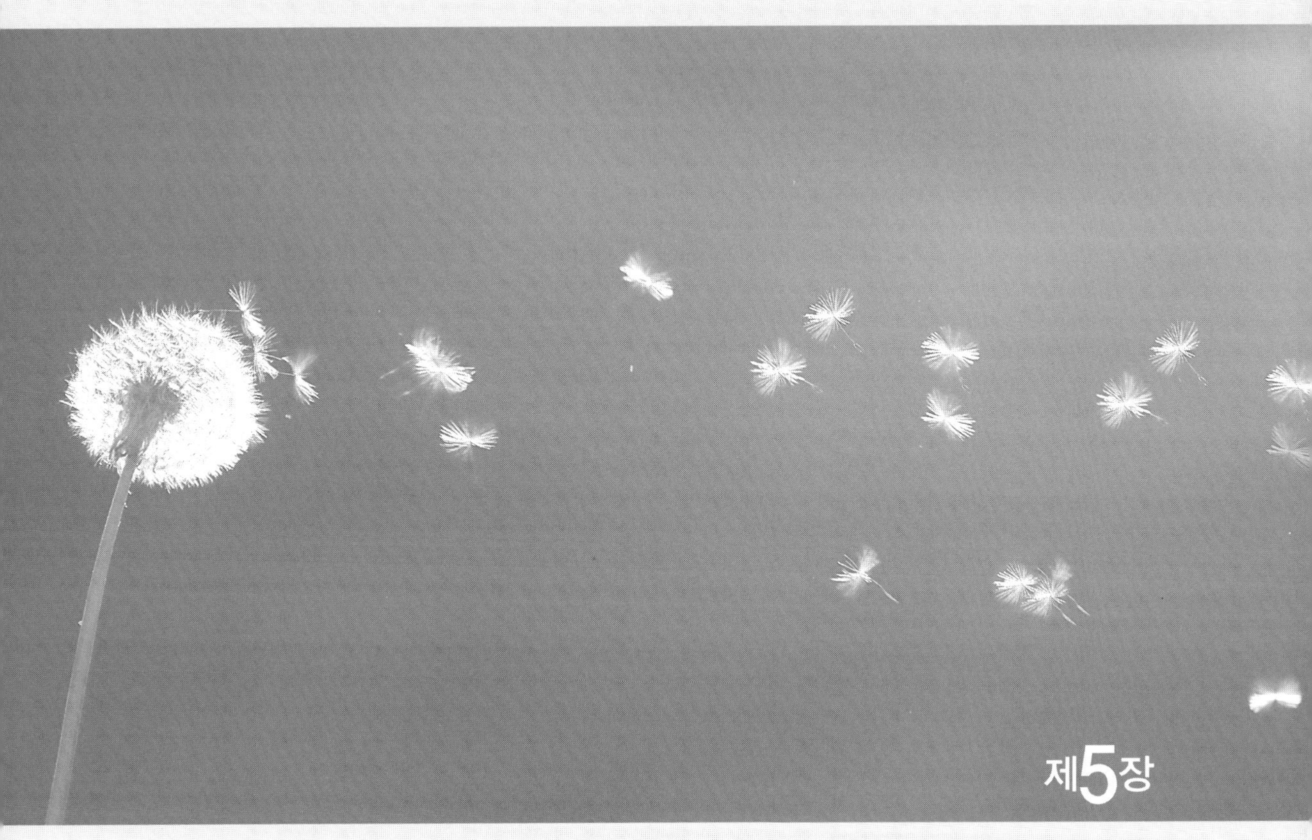

제5장

인지-의사소통 및 행동 평가

Ellen M. Hickey, Becky Khayum, and Michelle S. Bourgeois

적절한 인간 중심 및 기능적 중재는 인지-의사소통 결함을 확인하고 기능적 강점을 명확히 판별하는 평가에 좌우된다. 미국언어청각협회(ASHA)의 지침서에는 언어재활사(SLP)가 인지-의사소통장애 초기에 진단 및 평가, 치료를 담당해야 한다고 강조한다(ASHA, 2005, 2007). 1장 및 4장에서 언급한 바대로, 건강과 장애에 관한 사회적 모델의 개발과 적용은 치료를 발전시키는 데 영향을 미친다. 국제기능장애건강분류(ICF; WHO, 2001)는 임상 연구를 통해 전반적인 평가와 중재 절차를 포괄하는 의사소통장애 및 참여 지침안을 개발하도록 권장했다(예: Baylor et al., 2011; Threats, 2006, 2007).

특히 '실어증을 위한 일상 참여 접근법(Life Participation Approach for Aphasia: LPAA)' (Chapey et al., 2001)과 '실어증 환자로 살기: 평가 체계(A-FROM)'(Kagan et al., 2008)는 요구 수준에서 의미 있는 일상 활동이 가능하도록 개인의 능력에 맞는 인간 중심 철학을 평가와 치료에 반영한다. LPAA와 A-FROM의 원리는 실어증뿐 아니라 신경퇴행성 질환을 포함한 모든 의사소통장애에 적용된다(사회적 모델의 세부 사항은 4장 참고). 이러한 사회적 모델에서는 임상가가 치매 환자, 가족, 간병인의 주요 사항을 고려해 평가 및 판단하며, 일상생활에 활발히 참여하도록 촉진하는 목표를 중시한다. 따라서 치료를 계획하고 결과를 측정하기 위한 평가에는 환자가 요구하는 일상 활동의 참여와 삶의 질에 대한 인식이 포함되어야 한다.

Bourgeois(2013, 2015)는 사회적 치료 모델에 기초해 '재활 모델 뒤집기(Flip the Rehab Model)'라는 새로운 접근법을 개발했다. 이에는 임상가 주도의 전통적 모델뿐 아니라 평가 및 중재 과정에 환자와 간병인의 요구를 반영하여 기능적이고 의미 있는 일상생활에 참여하도록 촉진하는 인간 중심적 모델이 포함된다. 전통적 평가 모델에서는 임상가가 손상된 능력을 표준화 검사로 평가한 후 인간 중심적이거나 기능적이지 않은 중재를 구상하기도 한다. 반면 '재활 모델 뒤집기'는 평가 과정에서 개인과 가족의 관심사에 중점을 두고 인간 중심 돌봄을 계획한다. 이는 환자/가족의 만족도 및 환자의 자기 보고에 대한 결과를 기록하는 것과 유사하다(Black et al., 2016). 여기서는 일상생활 참여 원칙에 기반한 인간 중심의 '재활 모델 뒤집기' 접근법을 어떻게 구현할 것인지에 중점을 두고 평가 과정과 절차를 논의한다(삶의 질 평가는 11장 참고).

1. 평가 계획 시 고려 사항

1) 평가 목적

SLP는 평가의 목적을 신중히 고려해야 한다. 임상가가 잠재적인 인지 문제를 선별하거나 진행성 인지-언어 손상을 의학적으로 진단하는 평가 팀의 일원인가? 혹은 임상가가 안전성과 독립성, 일상적 참여를 증진하는 치료를 제공할 수 있는 평가 환경에 있는가? 치료 시에는 진전에 대한 평가가 계획되거나 선행되어야 한다. 평가의 유형과 목적에 상관없이 가설을 세운 후 공식 및 비공식 평가를 통해 검증하고 수정한다. 평가의 목적과 본질은 의뢰자가 확인하려는 정보의 유형에 따라 다르다. 예컨대, 주치의, 재활 전문가, 보호자, 환자 등이 평가를 의뢰할 수 있다. 의뢰자는 질환이나 손상의 징후, 퇴원 계획을 위한 치료의 요구 수준, 환자 상태의 변화(기능의 증진이나 저하), 치료 효과나 가능성 등을 알고자 한다. 의뢰자의 정보 유형은 급성기 치료, 아급성기 재활치료, 장기요양(LTC), 가정간호, 성인 주간돌봄센터, 호스피스 등 제공되는 치료 수준에 따라 상이하다(환경 관련 정보는 4장 참고).

파악하고자 하는 정보의 목적과 유형에 따라 구체적인 평가 절차를 선택한다. 진단 팀에 정보를 제공하기 위해 전반적 평가도구를 사용한다. 그러나 인간 중심 중재를 계획할 경우 기능적 평가를 실시한다. 중재 목표에 도달하지 못하면 중재 과정을 지속적으로 평가함으로써 계획을 수정한다. 의뢰자나 목적과는 별개로 환자와 가족을 우선적으로 고려해 진단 및 치료 계획을 수립하고, 진단에 대한 우려와 일상 참여에 미치는 영향을 중시한다.

2) 평가도구의 선택과 해석

평가도구(관찰, 사례면담 프로토콜, 공식 및 비공식 검사)의 선택과 결과 해석은 임상가의 판단에 좌우되며, 정상 노화와 치매 증후군의 인지-의사소통 능력이 어떻게 다른지 이해하는 정도에 따라 다르다. 치매는 정상적인 노화의 결과가 아니다(2장 참고). 그러나 노화가 진행됨에 따라 인지 처리가 느려지고, 여러 의사소통 과정(예: 단어 인출)이 영향을 받을 수 있다. 평가도구를 선택하고 해석할 때 연령, 교육연수, 언어적 및 문화적 배경 등 인구통계학적 요소를 고려해야 한다. 이전에는 80~90대 노인이 규준 점수에 포함된 도구가 거의 없었고, 영어를 사용하는 백인 중산층 미국인이 주요 대상군이었다. 이후 규준의 연령대가 확장되고 다양한 언어를 활용한 평가도구가 개발되었다. 간이정신상태검사-2(MMSE-2)는 100세까지 포함되며, 8개 언어 및 3개 스페인 방언(Folstein & Folstein, 2010)이 활용되었다. 자기 관리형 게로인지검사(Self-Administered Gerocognitive Examination: SAGE; Scharre et al., 2010)는 90세까지의 규준과 5개 언어로 된 버전이 있다. 상위 연령대의 자료가 제한적이거나 전무하고 인구통계학적 정보(예: 문화적, 언어적, 교육적 배경)가 정상 규준과 일치하지 않으면 규준을 신중히 사용해야 한다(Sloan & Wang, 2005).

평가도구를 선택할 때 임상가는 환자의 감각 및 신체 능력과 한계를 고려해야 한다. 환자의 요구(예: 시각 · 청각 · 신체 · 말운동 장애)에 맞는 적절한 감각 자극이나 과제가 없는 경우 임상가가 평가 과제를 변경하기도 한다. 예를 들어, 큰 인쇄물, 활자나 그림 자극을 잘 처리하기 위해 조정된 배경(예: 검은색 큰 인쇄물의 노란색 바탕), 지시 사항이 잘 들리도록 하는 증폭 등이 노인에게 필요할 수 있다. 과제가 수정되면 규준을 활용할 수 없으나, 결과를 신중히 해석하여 유용한 정보를 얻는다.

평가를 통해 재활 서비스의 필요성을 판단하려면, 노인 치료의 효과에 대한 임상가의 편견과 인식이 평가 과정 및 재활 권고에 영향을 미침을 고려해야 한다. 표준화 검사만으로 인간 중심 중재와 구성을 판단해서는 안 된다. 일상 활동 및 참여에 관한 개인의 인지-의사소통 요구와 강점을 파악하기 위해서는 다양한 기능적 평가를 실시해야 한다. ASHA(2004)에서는 환경 수정, 적응형 장비, 의사소통에 필요한 시간, 환자와 청자 간 친숙도 등을 고려해 일상 환경에서의 의사소통을 파악하도록 기능적 평가를 권고한다.

전문가 팀의 특정 구성원(예: 내과나 신경과 전문의, 신경심리학자, 간호사, SLP)은 다양한 평가도구를 활용한다. 세계보건기구(WHO, 2001), ICF, 일상 참여 접근법에 근거해 평가 목적과 환자의 기능에 따라 특정 도구를 선택한다. SLP는 구조 및 기능, 일상 활동과 참여, 삶의 질, 상황 요인 등 ICF의 모든 영역을 평가한다. 결과를 해석하고 임상적으로 판단할 때에는 평가도구와 상관없이 환자의 특성과 요구가 반영되어야 한다.

3) 비용 청구 및 의료 환경

의료 자원은 평가의 유형과 소요 시간에 영향을 미친다. 이는 평가가 수행되는 지역과 의료 환경에 따라 다르다. 특히 미국의 평가 및 후속 치료 비용은 평가 시간과 특성에 영향을 준다. 예를 들어, 미국은 외래 전문병원의 종합적 심화평가에 60~75분을 허용한다. 반면 아급성 환자의 평가는 15~30분으로 제한되는데, 메디케어 A 파트에 따라 공제율을 규정하는 자원활용협회(RUG)의 수준에 부합되지 않기 때문이다(RUG의 수준 및 정책 관련 세부 사항은 4장 참고). 전체 평가가 15분 내에 수행되기 어려울 수 있으나, 임상가는 치료 계획을 수립하기 위한 평가의 일환으로 진단적 치료를 수행한 후 RUG의 수준으로 비용을 산정한다. 이는 표준화 검사에 비해 치료 가능성을 더 높인다. 권고되는 회기와 치료 기간이 포함된 치료 계획도 의료 환경, 비용 청구, 자원의 영향을 받는다. 배상 관련 서류는 비용 지불처에 따라 다르다. SLP가 치매 환자 및 가족을 다루는 환경의 유형, 각 환경별 고려사항은 4장에 명시되어 있다.

4) 평가 유형

선별검사는 심화평가의 필요성을 판단하는 데 활용되며, 진단 및 치료 계획을 위한 평가로 연계된다. 진단적 평가는 구조와 기능의 손상을 구체적으로 확인하고 전문가 팀이 감별 진단을 하도록 돕는다. 치료 계획을 위한 평가 시에는 환자가 원하는 목표를 파악하고, 이를 촉진하거나 방해하는 개인적 및 환경적 요소를 판단한다. 치료를 계획할 때 치료 가능성에 대한 평가도 중요하다. 임상가는 중재 도중 평가 계획을 수립해 환자의 반응을 알아보고 기능적 결과를 측정해야 한다. 여기서는 평가 유형 및 관련 절차를 상세히 논의한다. 치료 계획을 위한 여러 평가 절차의 장단점, 활용도가 높은 척도는 〈표 5-1〉에 제시되었다.

선별검사 선별검사는 심화평가의 필요성을 판단하기 위해 시행한다. 이를 통해 SLP가 파악해야 할 사항은 다음과 같다. ① 진단적 평가가 필요한가(예: 새로운 문제의 징후), ② 간호사, 전문의, 기타 치료사가 기록한 ICF 영역들 중 상태 변화로 인해 추가적 평가 및 중재가 필요한 영역이 있는가(손상, 활동, 참여의 증가나 감소) 등이다. 선별검사의 절차는 기관 및 정책에 따라 다르다. LTC 중인 환자의 능력이 최대로 발휘되는지 확인하기 위해 정기적인 재평가가 필요하다(예: American Health Care Association, 1990). 요양원의 선별검사 절차는 주로 차트 검토와 보호자 면담만으로 구성된다. 평가가 의뢰되지 않는 한 직접 평가는 허용되지 않는다. 새로운 문제나 상태 변화는 전문가 평가, 진전 기록뿐 아니라 거주자 평가도구 3.0(Resident Assessment Instrument 3.0: RAI 3.0; CMS, 2016) 등의 표준화 도구로 평가한다. RAI에는 최소자료세트 3.0(Minimum Data Set 3.0: MDS 3.0)이 포함되며, 모든 기능적 체계와 다양한 행동을 시각, 청각(이해), 말 · 언어(B절), 인지(C절), 기분, 행동, 일상 활동 선호도, 기능적 상태, 삼킴, 기타 신체 체계 등에 관한 19개 코드로 기재한다. 미국 외 국가에서 사용하는 국제 RAI 버전도 있다. 상태 변화의 예는 [글상자 5-1]에 제시되었다.

〈표 5-1〉 치료 계획을 위한 평가도구의 예와 장단점

전반적 인지 관련 표준화 척도의 예

- 간이정신상태검사 2(Mini-Mental State Examination-2: MMSE-2; Folstein & Folstein, 2010)
- 몬트리올 인지평가(Montreal Cognitive Assessment: MoCA; Nasreddine et al., 2005)
- 전반적 퇴화척도(Global Deterioration Scale: GDS: Reisberg et al., 1982)
- Burns 의사소통 · 인지 간편목록(Burns Brief Inventory of Communication and Cognition: Burns, 1997)
- 세인트루이스 대학교 정신상태검사(Saint Louis University Mental Status Examination: SLUMS; Tariq et al., 2006)
- 자기보고형 게로인지검사(Self-Administered Gerocognitive Examination: SAGE; Scharre et al., 2010)

▶장점: 기능 및 중증도를 개괄적으로 파악할 수 있고, 보편화된 검사(MMSE, MoCA)는 전문가 간 의사소통에 유용함

▶단점: 환자의 강점과 약점을 판단할 만큼 구체적이지 않고, 치매를 진단하기 어려움

손상 관련 종합적 표준화 평가도구의 예

- 애리조나 치매의사소통장애검사(Arizona Battery for Communication Disorders in Dementia: ABCD; Bayles & Tomoeda, 1993)
- 터치스크린형 표준화 인지평가(Standardized Touchscreen Assessment of Cognition: STAC; Coles & Carson, 2013)
- 신경심리상태 반복검사(Repeatable Battery for the Assessment of Neuropsychological Status: RBANS; Garcia et al., 2008; Randolph, 1998)

▶장점: 손상 관련 종합 검사로 상대적 강점을 확인하고, 배상 절차 시 하위 검사를 활용할 수 있음

▶단점: 평가 시간이 길고, 기능적 치료 영역이나 진전을 확인하기 어려움

활동 관련 표준화 평가도구의 예

- 기능적 · 언어적 의사소통목록(Functional Linguistic Communication Inventory: FLCI; Bayles & Tomoeda, 1994)
- 언어 관련 기능적 활동평가(Assessment of Language-Related Functional Activities: ALFA; Baines et al., 1999)
- 리버미드 행동기억력검사 3판(Rivermead Behavioural Memory Test-3rd ed.: RBMT-3; Wilson et al., 2008)
- 터치스크린형 표준화 기능적 인지평가(Functional Standardized Touchscreen Assessment of

Cognition: FSTAC; Coles & Carson, 2013)

- 구어추론 · 집행전략 기능평가(Functional Assessment of Verbal Reasoning and Executive Strategies; MacDonald & Johnson, 2005)

▶장점: 과제가 기능적이며, 치료 시 단서 및 자극 유형의 지표로 활용됨

▶단점: 일상적 의사소통 맥락에서 벗어나고, 치료에 따른 진전을 민감하게 반영하지 못함

치료 가능성 관련 기능적 평가

- Bourgeois 음독선별검사(Bourgeois Oral Reading Screen; Bourgeois, 2013; [부록 5-5] 참고)
- 간격회상 선별검사(Spaced Retrieval Screen; Brush & Camp, 1998; [부록 5-6] 참고)

▶장점: 이해, 단서 효과 예측, 학습 가능성 등을 파악하고, 개별 자극을 간략히 제시함

▶단점: 개인적 연관성이 없는 자극일 수 있고, 문항 수가 적음

반응 행동 평가의 예

- 알츠하이머병 행동병리등급척도(Behavioral Pathology in Alzheimer's Disease Rating Scale: BEHAVE-AD; Reisberg et al., 1987)
- Cohen-Mansfield 초조척도(Cohen-Mansfield Agitation Inventory: CMAI; Cohen-Mansfield, 1986)
- 요양원 문제행동척도(The Nursing Home Behavior Problem Scale; Ray et al., 1992)
- 간병인 면담 · 양식(Caregiver interview & forms, 행동 일기 및 일지; Bourgeois & Hopper, 2005)

▶장점: 중재의 목표 행동을 구체화하는 데 필수적이고, 직원이 쉽게 적용할 수 있음

▶단점: 타인(가족, 전문가)의 견해가 필요하고, 특정 행동은 직원에게 문의하는 것이 더 효율적임

관찰 프로토콜의 예

- 기능적 목표선별프로토콜: 지역사회 치매 환자(Functional Goals Screening Protocol: Community Clients With Dementia; Bourgeois & Rozsa, 2006; [부록 5-8] 참고)
- 치매거주자모니터 선별프로토콜(Screening Protocol to Monitor Residents With Dementia; Rozsa & Bourgeois, 2006; [부록 5-7] 참고)

▶장점: 치료 목표 및 세부 사항(파트너, 활동, 장소)을 확인하는 데 필수적임

▶단점: 평가 시간이 길고, 다양한 장소 및 정보제공자에 대한 관찰이 요구됨

면담 프로토콜의 예

- 개인 욕구 · 요구 · 안전성 평가 양식(Personal Wants, Needs, and Safety Assessment Form; Bourgeois, 2013; [부록 5-2] 참고)
- 기억력 지원 정보 양식(지역사회용) (Memory Aid Information Form; Bourgeois, 2013; [부록 5-3] 참고)
- 기억력 지원 정보 양식(요양원용) (Bourgeois, 2013; [부록 5-4] 참고)

▶장점: 치료 자료를 개별화하고 적절한 목표를 계획하는 데 유용함

▶단점: 타인(가족, 전문가)의 견해가 요구됨

글상자 5-1 상태 변화의 예

1. 신체 기능, 활동, 참여의 증가
- 간호사의 기록(장기요양): "입소 후 훨씬 더 기민해지고 불안 행동이 관찰됨."
  환기 수준은 재활에 참여하기에 충분하나, 의사소통 기술 측면에서 새로운 기능과 심화평가가 필요함

2. 신체 기능, 활동, 참여의 감소
- 간호사의 기록(장기요양): "고형식의 섭취를 거부하고 체중이 감소함."
  삼킴 능력의 저하가 의심되므로 심화평가가 필요함
- 간호사의 기록(가정 요양): "약물 관리 및 약속 장소를 기억하기 어렵고, 가족과의 상호작용이 감소함."
  환자의 건강과 일상 참여에 영향을 주는 기억력 저하가 의심되므로 심화평가가 필요함
- 전문의의 기록(외래 환자): "딸의 보고에 따르면 일상 활동의 참여에 영향을 주는 재정 관리 및 휴대 전화의 사용이 어려움."
  활동의 참여에 영향을 주는 기억력 및 집행기능 결함이 의심되므로 심화평가가 필요함

지역사회 기반 선별검사(예: 노인센터의 기억력 선별검사)의 절차에는 환자 및 보호자 면담, 전반적 인지검사(예: MMSE-Folstein, Folstein, & McHugh, 1975; SAGE-Scharre et al., 2010), 우울증, 담화, 지남력, 기억력 등의 간편검사가 포함된다. 주치의의 의뢰를 통한 전통적 방법에 비해 지역사회 기반 선별검사는 치매의 조기 발견 및 의뢰가 가능하다는 장점이 있다(Barker et al., 2005). 검사 장소나 형식에 상관없이 환자 상태, 질환의 진행, 일상 활동의 기능적 변화가 의심되거나 확인되면 전문의의 의뢰를 통해 종합적 검사를 시행해야 한다.

진단적 평가 선별검사 이후의 평가 유형은 의학적 진단을 위한 평가의 시행 여부에 따라 다르다. 예를 들어, 지역사회의 기억력 선별검사에서 손상이 의심되면 신경학, 신경심리학, 노인병리학, 간호학, 약학, 사회사업학 등의 전문가 팀에게 진단을 위한 의학적 검사를 의뢰해야 한다(의학적 진단 절차는 2장 참고). 언어 및 인지 평가를 보완하는 방법은 다음과 같다. 특정 질환의 진행 과정에서 나타나는 인지적 및 언어적 징후와 증상, 병변의 위치(예: 피질 vs. 피질하 징후)를 확인하고, 예후를 판단하기 위한 정보를 제공한다. 신경심리학자가 인지검사를 시행한 경우 SLP는 평가 결과를 숙지함으로써 환자의 인지-언어적 강약점을 파악해야 한다. 인지-의사소통의 손상 및 강점을 판단하기 위해 SLP와 신경심리학

자가 협력하기도 한다.

진단 시 표준화 검사의 프로토콜에 따라 정적(또는 공식) 평가를 시행한다. 표준화 검사가 친숙할 경우 다른 전문가와의 의사소통 과정을 단순화할 수 있다는 장점이 있다(예: SLP의 검사에 비해 MMSE 점수는 팀 구성원과의 의사소통을 더 원활하게 함). 숙련된 임상가는 친숙한 평가도구를 통해 환자의 수행을 해석하기 위한 정보를 많이 수집한다. 그러나 연령, 교육연수, 문화적 배경 등이 규준과 부합하지 않을 경우 표준화 척도의 편향성을 고려해야 한다(APA, 2014; Sloan & Wang, 2005). 과소 또는 과잉 검사, 민감도 및 특이도, 생태학적 타당도의 부족도 표준화 검사의 한계점이다. 또 수행력 저하의 원인, 향상 전략, 변경 사항을 제시하지 못할 수 있다(Turkstra et al., 2005; Ylvisaker & Feeney, 1998; Ylvisaker, Szekeres, & Feeney, 2001).

치료 계획 및 결과 측정용 평가 SLP는 주로 치매 증후군의 인지-의사소통 문제를 다루는 환경에서 근무한다. 따라서 치료를 계획하고 기능의 진전을 평가해야 한다. 치매 환자, 가족, 간병인은 대부분 환자의 독립성, 안정성, 일상 참여를 증진할 중재 방안을 모색한다. SLP는 치료 계획 및 기능적 진전을 평가할 때 인간 중심 과정에 근거한 '재활 모델 뒤집기' 접근법(Bourgeois, 2014, 2015)을 적용해야 한다. 치료 계획을 위한 평가는 환자, 가족, 간병인의 우려와 목표를 확인하고, 중재 과정 및 전략에 유용한 개별적 강약점과 치료 가능성을 판단하기 위해 고안된다. 기능적 진전을 위한 평가를 통해 인지 · 언어 · 의사소통의 결함을 치료하거나 환경을 변경함으로써 기능적 행동을 개선하기 위한 방법을 모색한다.

역동적(또는 비공식) 평가는 개인의 요구에 맞게 시행한다. 표준화 도구에 의한 가설을 검증하기 위해서는 생태학적으로 유효한 맥락 내에서 평가 절차를 조작한다. 자극의 길이 및 복잡성, 자극의 물리적 특성, 다양한 단서 제공 등의 조작을 통해 수행력의 증감을 파악한다(Turkstra et al., 2005; Ylvisaker & Feeney, 1998; Ylvisaker et al., 2001). 임상가는 인지 및 의사소통 요구를 보완하기 위해 환자의 강점을 어떻게 활용할지 판단한다(Ylvisaker & Feeney, 1998).

자연스러운 환경에서 정교하게 구상된 면담, 관찰, 실험 등도 공식 검사의 한계를 보완할 수 있다. 그러나 비공식 검사는 규준의 부족으로 인해 결과를 편향적으로 해석할 가능성이 있다. 비숙련 임상가는 관찰된 행동이 경미하거나 특정 양식에 부합되지 않으면 해석하는 데 큰 어려움을 겪는다. 또 비공식 절차를 반복하여 변화를 파악하거나 환자 간의 수행을 비교하기가 어려울 수 있다. 그럼에도 불구하고 역동적 평가는 치료 계획의 시작점을 확인하고 개별적인 난이도를 체계화하는 데 매우 중요하다.

2. '재활 모델 뒤집기' 접근의 평가 절차

'재활 모델 뒤집기' 접근은 객관적 자료에 근거해 체계적으로 평가하고 환자와 가족에게 중점을 둠으로써 인간 중심의 기능적 치료 계획을 수립하도록 돕는다.

첫째, 차트 검토, 역동적 및 정적 평가의 반응 행동, 환자 및 보호자와의 면담과 관찰 등을 통해 병력을 파악한다. 둘째, 세부적인 치료 계획을 구체화하기 위해 활동, 참여, 구조, 기능에 대한 표준화 검사의 시행 여부를 결정한다. 광범위한 표준화 검사는 치료 계획이나 진전 평가에 비효과적이고 타당성이 떨어진다. 따라서 특정 질문에 대한 반응을 알아보거나 하위 검사를 시행한다. 이를 통해 인간 중심 중재의 목표를 설정하고, 일상 참여에 중점을 둔 기능적 진전을 촉진한다. 평가와 치료 과정 전반에 걸쳐 환자 및 가족에 대한 질병 교육, 지원, 상담 등이 필요할 수 있다. 이러한 서비스는 팀원, 특히 사회복지사와 공유한다. '재활 모델 뒤집기' 접근의 고려 사항은 [부록 5-1]의 체크리스트에 제시되어 있다.

1) 병력 및 관찰

차트 검토 및 면담 평가의 부분적 방향을 제시하는 종합적 정보를 얻기 위해 인간 중심 평가의 초기에 병력을 수집한다. 이는 의료 기록 관련 차트, 환자, 보호자로부터 획득하며, 특정 관심사, 개인 이력 및 병력, 감각 능력 및 결함(예: 청력 및 시력 손상의 징후) 등을 포함한다. 환자 및 보호자의 평가 목적, 치료 목표와 결과도 확인해야 한다. 가능한 한 다수의 정보제공자를 면담한다(예: 환자, 가족, 간병인). 치료 환경은 병력의 정보량, 지원 가능한 보호자의 수와 유형, 평가 및 치료 목표에 영향을 미친다.

이전 및 현재의 활동과 관심사, 일상 참여의 현행 수준, 향후 활동 및 참여의 기대치, 참여를 위한 지원(예: 기억 전략) 및 방해물(예: 반응 행동)에 대해 환자(가능 시)와 보호자가 설명해야 한다. 환자의 욕구 및 요구, 관심사, 취미, 안전성, 기억력 보조기기 관련 정보를 수집할 수 있는 프로토콜도 있다(Bourgeois, 2013; [부록 5-1]~[부록 5-3] 참고). 개인, 가족, 간병인에게 정보를 확인하려면 면담 전에 차트를 검토하는 것이 바람직하다. 필수 정보는 치료 목표를 선정하고 기대되는 결과의 기준을 수립하는 데 유용하다. 〈표 5-2〉와 〈표

5-3〉은 환자의 일일 일정, 일상생활, 희망하는 활동 참여에 관한 간병인 양식의 예이다. 현재 및 향후 참여에 대해 환자 면담이 어려운 경우 VoiceMyChoice, Talking Mats 등을 활용해 시각적으로 지원받을 수 있다.

〈표 5-2〉 일일 일정 및 일상생활 관련 양식

	월	화	수	목	금	토	일
오전 8시	아침식사	아침식사	아침식사	아침식사	아침식사	아침식사	아침식사
오전 9시	옷 입기	옷 입기	옷 입기	옷 입기	옷 입기	옷 입기	옷 입기
오전 10시	노인센터		노인센터		장보기		교회
오전 11시							
정오	점심식사	점심식사	점심식사	점심식사	점심식사	점심식사	점심식사
오후 1시							
오후 2시							
오후 3시							
오후 4시							
오후 5시	저녁식사	저녁식사	저녁식사	저녁식사		저녁식사	저녁식사
오후 6시	TV 뉴스 시청	TV 뉴스 시청	TV 뉴스 시청	TV 뉴스 시청	저녁식사 (아들 집)	TV 뉴스 시청	TV 뉴스 시청
오후 7시		성가대 연습					
오후 8시							
오후 9시	취침	취침	취침	취침	취침	취침	취침

〈표 5-3〉 희망하는 참여 관련 양식

환경/활동 (과거에 참여했으나 현재 중단한 활동 포함)	참여자	접촉 빈도	문제점	참여 목표(SLP와 함께 작성)
가정	나, 아내 Mary	하루 종일	많은 언쟁, 친밀감 상실, 권태 및 초조	지원적 또는 독립적으로 참여할 의미 있는 활동을 증가시킴, 유의미한 일상 대화를 촉진하기 위한 긍정적 의사소통 전략을 많이 사용함
교회	목사, 친구(Bob, Jane Smith, Marie Gauthier) 외 다수	일요 예배, 화요일 성가대 연습	이름 망각, 종종 주의 산만, 기도나 노래 도중 망각	배우자/성가대원의 시각적 기억 보조기기 및 단서를 활용해 교회 예배와 성가대 연습 시 주의력을 향상시킴
노인센터	남자 집단	수요일	이름 망각, 대화 유지의 어려움	이름표를 통해 이름 회상 능력을 증진시킴, 직원의 시각적 지원 등으로 대화의 이해력을 증진시킴
장보기	점원	금요일	부정확한 돈 계산	현금 대신 직불카드로 결제함
아들 집	아들, 며느리, T.(6세), M.(2세)	주 1회	자녀에게 소리침	손주와 함께 참여하는 의미 있는 활동을 늘려 불안 및 감정 폭발을 감소시킴
집에서 클래식 음악 듣기	혼자	없음(과거에는 매일)	라디오 켜는 법 망각, 기억하더라도 버튼 조작 어려움	일정표 및 라디오 버튼의 시각적 단서를 활용해 매일 들음

선호도 평가 라벨이 붙은 그림카드의 범주 분류하기는 현재 및 향후에 환자가 희망하고 신뢰할 만한 참여를 촉진하는 데 효과적이다. 이는 몬테소리(Montessori) 방법에 근거한다(Camp, 2006; Camp & Skrajner, 2004; van der Ploegg et al. 2013). 몬테소리 범주-분류 과제의 구조화된 형식은 치매, 심지어 말기 환자의 기억력과 의사소통을 돕는다(Orsulic-Jeras et al., 2001). 개인적으로 연관된 기능적 자료의 읽기는 치매(심지어 말기) 환자에게 비교적 유지되는 능력으로 장기기억의 인출을 돕는다(Bourgeois, 1990, 1992, 2013). 시각적으로 형상화된 의사결정 도구 중 하나는 Talking Mats®(www.talkingmats.com/)이다. 이는 치매용으로 고안된 것은 아니나 의사결정 상황에서 유용하게 활용된다(Murphy et al., 2010).

VoiceMyChoice™(VMC; Bourgeois et al., 2016)는 카드 분류 과제와 글자 단서가 결합된 새로운 절차(즉 강화된 시각/분류 절차)이다. 선호하는 활동 및 삶의 질 지표에 관한 환자의 견해를 이끌어 내는 데 사용된다. 간호사나 다른 임상가가 실시하며, 환자로부터 도출된 정보의 질을 개선할 수 있다(더 많이 말하고 덜 혼란스러움). Bourgeois 등(2016)은 27명의 중등도 치매 환자를 2개 조건에 무작위 배정한 후 수행을 비교했다. 실험 조건은 10분간의

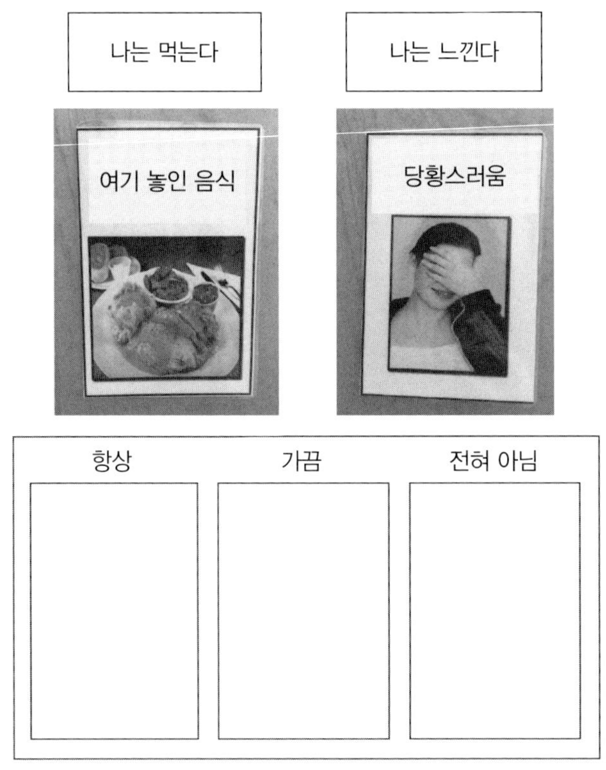

[그림 5-1] VoiceMyChoice™의 시각 자극 및 분류 템플릿 예

출처: VMC; Bourgeois et al.(2016).

선호카드 분류 과제(VMC) 조건([그림 5-1] 참고)이고, 통제 조건은 VMC 자료를 사용한 10분간의 카드 매칭 활동이다. 환자와 간호조무사에게 적용한 결과, 영어 및 비영어 쌍에서 모두 VMC를 사용한 후 수행력이 유의하게 높아졌으나 통제 조건에서는 그렇지 않았다.

관찰 및 행동 일지 자연스러운 환경 내에서 의사소통을 구조적으로 관찰함으로써 활동 및 참여에 관한 자료 수집, 참여의 지원 및 방해물, 결함에 대한 환자나 보호자의 반응, 개인적으로 연관된 기능적 목표를 개발하는 데 필수적인 환경 자료 등을 수집한다. 관찰 프로토콜은 직원, 가족, 방문자, 자원봉사자, 다른 환자가 자연스러운 환경에서 행동에 영향을 미치는 요인과 행동 범위를 판단하는 데 사용된다. 예를 들어, 환경 · 의사소통 평가도구(Environment & Communication Assessment Toolkit: ECAT; Brush et al., 2011)는 개인의 사적 및 공적 공간 내 시각 단서, 표지판, 조명 변화, 환경소음 감소 등 저비용의 인간 중심적 환경 수정안을 파악하고, 일상 및 여가 활동, 사회적 의사소통에 대한 참여를 개선한다(Bruce et al., 2013).

예후뿐 아니라 결함이 현재의 사회적 관계와 역할에 미치는 영향(예: 생활 조정 및 건강 상태)도 수집해야 한다. 예컨대, 주의력 및 작업기억 결함은 대화 내 언어와 복잡한 내용의 이해를 방해함으로써 사회적 좌절을 초래한다. 의사소통 파트너의 지원이나 방해는 이러한 좌절에 영향을 미친다(예: 의사소통 파트너의 유효성, 의지 및 지원, 의사소통 요구와 기대). 가급적 다양하고 자연스러운 맥락 내에서 환자의 참여, 의사소통, 행동 등을 관찰해야 한다(예: 가정, 개인 주방이나 욕실, 보조 생활시설이나 장기요양시설의 식당, 휴게실, 활동실). 외래 환자의 직접 관찰이 불가능할 경우 보호자에게 가정 환경의 녹화 영상을 가져오도록 한다. 환자의 가정 및 지역사회 참여, LTC에 영향을 주는 배경정보(예: 보호자의 지원 수준)도 반드시 고려해야 한다.

2) 반응 행동 평가

인지-의사소통 결함은 일상의 기능적 상태에 영향을 미치는 반응 행동(예: 반복 질문, 발성 붕괴, 방황, 수동성)을 초래한다. 따라서 반응 행동의 측정은 치료 계획 및 결과를 파악하는 평가의 중요한 일부이다. Kennedy(2002)는 행동의 빈도, 비율, 크기, 지속 기간, 발생 상황 등 요구되는 행동의 출현을 정량적으로 평가함으로써 행동을 체계화하도록 권고했다. 즉 임상가는 간병인과 환자의 불편 정도를 파악한 후 기술하고 수치화해야 한다. 이를 위한 질문은 다음과 같다. 구체적 관심사나 문제는 무엇인가? 이들은 어디에서 언제(하루 중 몇 시) 발생하는가? 얼마나 자주 발생하는가? 결과적으로 누가 무엇을 말하며, 이는 효과적인가? 활동이나 참여를 제한하는 원인은 무엇인가? 궁극적으로 삶의 질에 미치는 영향은 무엇인가?

자연스러운 상황에서 입원 환자나 장기요양시설 거주자의 행동을 관찰하고 기록하기 위해 SLP뿐 아니라 보호자를 추가로 등록할 수 있다. 〈표 5-4〉는 비공식적 행동 일기 및 일지의 예이다. 이는 환자와 보호자에게 모두 효과적이다. 자료를 기록하는 단순한 행위는 다른 결과를 제공함으로써 '선행사건-행동-결과'의 주기를 방해할 수 있다. 이에 대한 예시는 [글상자 5-2]에 기술되었다. 일부 보호자는 이러한 자료를 보관하여 행동의 빈도나 강도에 관한 인식이 변화했다고 보고한다. 예컨대, 하루 10회 발생하는 듯한 문제가 실제로는 한 번 일어나기도 하고, 위험한 행동이 아니면 객관적 자료상으로 큰 문제가 아닐 수 있다.

〈표 5-4〉 행동 일기 및 일지

날짜	시간	행동 양상	빈도

요일	문제 횟수: 방을 찾지 못함	문제 횟수: 몇 시인지 질문함
월		
화		
수		
목		
금		
토		
일		

글상자 5-2 자료 수집을 통한 '선행사건-행동-결과' 주기의 단절

간호사는 주로 "언제 머리를 손질하나요?" 등의 반복 질문에 대답한다. 매번 대답하며, 환자를 다독이거나 구체적으로 설명하기도 한다. 방해가 되면 짜증을 내는데, 이러한 어투는 환자를 더 불안하게 한다. 간호사는 '선행사건-행동-결과' 주기를 기록하고 행동 맥락에 대한 자료를 수집하도록 의뢰받는다. 사안이 반복적으로 발생할 때마다 행동과 선행사건을 일기에 기록하기 위해 그 상황을 벗어난다. 이로 인해 반응 행동에 강화나 주의를 할당할 수 없어 행동 자체가 소거된다.

자료의 단순한 기록 외에 반응 행동과 치료 요구를 보호자의 관점에서 확인하는 공식 프로토콜이 사용된다. 보편적인 평가척도는 다음과 같다. 알츠하이머병 행동병리 평가척도(Behavioral Pathology in Alzheimer's Disease Rating Scale: BEHAVE-AD; Reisberg et al., 1987)는 편집증 및 망상적 사고, 불안 및 공포증, 활동장애, 환각, 공격성, 일일주기 리듬장애, 정서장애 등 일곱 가지 행동 영역을 평가한다. Cohen-Mansfield 초조척도(Cohen-Mansfield Agitation Inventory: CMAI; Cohen-Mansfield, 1986)는 공격적 행동, 신체적으로 비공격인 행동, 언어적 동요, 은폐 및 저장 강박 등 4개 요인의 29개 행동을 평가한다. LTC 환경의 간호조무사는 간호사가 이를 시행하도록 정보를 제공한다. 요양원 문제행동척도(Nursing Home Behavior Problem Scale: NHBPS; Ray et al., 1992)는 평가 전 3일간 발생한 심한 문제 행동에 대해 29개 항목을 평가한다.

노인용 다차원관찰척도(Multidimensional Observation Scale for Elderly Subjects: MOSES; Helmes, Csapo, & Short, 1987)는 40개의 양자택일 항목으로 인지적 및 심리사회적 기능의 5개 영역(자기 관리, 지남력 상실 행동, 우울 및 불안 증상, 짜증 행동, 위축 행동)을 평가한다. 알츠하이머병 비인지기능평가척도(Alzheimer's Disease Assessment Scale Non-Cognitive Functions Test: ADAS-noncog; Rosen, Mohs, & Davis, 1984)는 눈물, 우울, 집중, 비협조성, 망상, 환각, 걸음걸이, 운동 활동, 떨림, 식욕 등 10개 항목으로 구성된다. ADAS의 프랑스어, 독일어, 스페인어, 이탈리아어, 한국어, 핀란드어, 덴마크어, 그리스어, 히브리어, 일본어 버전도 있다. 반응 행동을 기록하는 도구와 상관없이 임상가는 이러한 주관적 척도가 평가자의 편견을 배제할 수 없음에 유의하고, 직접 관찰(Vance et al., 2003) 및 다양한 출처를 통해 정보를 수집한다.

치료 계획을 위한 평가는 반응 행동을 확인하고 기술할 뿐 아니라 원인을 파악하고 강점을 활용함으로써 반응 행동의 감소 전략을 세우는 데 활용한다. 1장 및 3장에서 논의한 바와 같이, 임상가는 반응 행동이 환경 내 상호작용이나 미충족 요구를 위한 의사소통 시도를 반영함을 명심해야 한다(예: Algase et al., 1996; Kunik et al., 2003; [글상자 5-3] 참고). 또 환자의 행동 및 기능에 영향을 미치는 상황 변수를 고정(변경 불가) 및 가변(변경 가능) 변수로 구분한 후 환자, 보호자, 환경 변수를 범주화해 기술한다(Kunik et al., 2003). 이는 반응 행동을 해결하고 참여를 증진시키기 위한 치료 팀의 환경 변화 및 개별 전략을 계획하는 데 유용하다.

글상자 5-3 반응 행동: 평가 절차 및 예시

1. 반응 행동의 유형 및 빈도 확인하기
- 매우 빈번함: 반복 질문
- 매우 심각한 문제: 방황, 밤에 집을 나감

2. 중재 전략 확인하기
- 밤에 집을 나가는 것은 환자에게 위험을 초래하므로 이에 관한 전략을 우선적으로 수립해야 함(예: 문 잠금 유형 바꾸기, 문에 알람 부착하기)
- 이후 반복 질문 관련 전략을 검토하고 개별화함

3. 특정 반응 행동의 영향에 대한 평가 방법 고안하기
- 특정 행동의 빈도 및 크기(예: 밤에 집을 나가는 시도 및 성공한 시도의 수)
- 반응 행동을 기록하기 위한 행동 일기 및 일지의 예시는 〈표 5-4〉 참고. 이를 활용해 사전-사후 자료를 수집함
- 주의: 표준화 검사는 특정 기능적 행동을 반영하지 않으므로 타당한 결과 측정법이 아닐 수 있음

3) 감각 선별검사

평가 목적과 별개로 감각 기능(청력 및 시력)에 대한 선별검사를 시행하는데, 이를 통해 환자가 검사 자극, 기능적 및 보상적 치료 전략 등에서 단서를 인식하는지 확인한다. MDS 3.0(CMS, 2016)은 청력과 시력에 관한 보편적 및 기능적 평가 항목으로 구성된다([글상자 5-4] 참고). 청력 선별검사에는 순음청력 및 단어 인지 검사, 보청기 점검 등이 포함된다. 시력 선별검사는 안경 상태, 기능적 시각 인지를 점검한다. 환자의 안경을 닦고 착용

의 적절성을 확인하는 것만으로도 수행에 영향을 미친다. 시각 인지는 글자 크기, 전경-배경 대비의 영향을 받는다. 이는 간판 인지, 다양한 크기와 대비로 쓰인 이름이나 간단한 문장 읽기 등의 과제를 통해 검사한다. 글자 크기가 다른(큰 글자부터 작은 글자까지) 5~8개 문장을 큰 소리로 읽도록 하는 도구도 있다(Brush et al., 2011; Elliott, 2011; [그림 5-2] 참고). ECAT에는 다른 크기로 쓰인 5개 문장을 음독하는 글자 크기 검사가 포함되며, 명암 대비 하위 검사를 통해 환자가 읽을 수 있는 대비 환경을 판단한다. 임상가가 글자 크기나 배경 대비 과제(예: 노란색 바탕의 검은색 글씨)를 직접 제작해 수행을 극대화하는 최적의 시각적 도구를 제시하기도 한다. 또 스캐닝 및 좌우 시야에 대한 주시 능력을 관찰한다.

글상자 5-4 최소자료세트(MDS)의 청각 · 시각 · 말 · 언어 · 정신상태 선별검사 문항

청력(기기 사용 시 착용): 0점(정상)~3점(매우 손상): 보청기 착용 여부 확인

시력(기기 사용 시 착용): 적절한 조명하 시각적 능력 - 0점(적절, 세부 사항 볼 수 있음)~4점(심한 손상, 시력 없음 또는 빛만 볼 수 있음, 물체를 쫓을 수 없음), 안경, 렌즈, 돋보기 착용 여부 확인

말명료도: 0점(정상, 정확함)~2점(무발화)

자기이해 능력(구어 및 비구어 표현): 0점(이해 가능)~3점(거의/전혀 이해 못함)

타인이해 능력(보청기 사용 시 착용) : 0점(이해 가능)~3점(거의/전혀 이해 못함)

정신상태 간편면담(Brief Interview for Mental Status: BIMS): 3개 단어의 즉각 및 지연 회상, 시간 지남력 등, 총점 0~15점

직원 정신상태평가(Staff Assessment for Mental Status; 불가능 시 BIMS 시행)
- 단기 및 장기 기억: 1개 항목당 0점(정상)~1점(문제 있음)
- 기억/회상 능력: 시간 및 장소 지남력, 직원 이름 및 얼굴
- 일상 의사결정에 필요한 인지 능력: 0점(독립적, 일관적/합리적)~3점(심한 손상, 전혀/거의 결정하지 못함)

I am fine.

How are you?

What a nice day.

Tried and true.

Live, laugh and learn.

Smile and the world smiles with you.

[그림 5-2] 읽기 선별검사 예시

출처: Elliott(2011); www.dementiability.com.

3. 활동 및 참여 평가

인간 중심 면담과 관찰이 완료되면 환자의 일상 활동 및 참여에 대해 구조적으로 평가해야 한다. 이에는 의사소통, 일상생활활동(ADLs), 도구적 일상생활활동(IADLs), 반응 행동에 관한 여러 기능적 행동이 포함된다(의사소통 관련 일상 활동의 예는 [글상자 5-5] 참고). 임상가는 환자나 보호자의 일상 참여를 크게 방해하는 ADLs나 반응 행동에 중점을 둔다. 활동 능력과 제한점을 모두 고려하고, ICF(WHO, 2001)에 근거해 제한점, 지속 시간, 질적 측면을 명기한다. 예를 들어, 요구하기가 가능해도 화용 능력이 낮거나 부적절할 수 있다. 간단한 식사 준비를 위한 지시문은 읽을 수 있으나 시간이 지나치게 오래 걸릴 수 있다.

결함으로 인해 하나 이상의 ADLs나 IADLs가 제한될 경우 강점을 확인해 보상 전략을 고안하고 관련 활동을 지속하도록 유도한다. 의사소통(예: 전화 사용), 높은 수준의 인지(예: 돈

글상자 5-5 의사소통 관련 일상생활활동(ADLs) 및 도구적 일상생활활동(IADLs)의 예

- 중요한 타인과의 대화는 ADL로 간주됨
- 기본적 요구 사항 표현하기
- 처방전 읽기
- 수표 작성하기, 돈 관리하기
- 장보기 목록 작성하기, 식사 준비용 요리법 따르기
- 할 일 목록 따르기, 가사 관련 지시 사항 읽기
- 전화 사용하기
- 약속 이행을 위해 달력 사용하기
- 이메일이나 편지 읽거나 쓰기
- 개인적 요구 및 관심사에 대해 인터넷 사용하기

관리) 등 ADLs 및 IADLs를 평가해 치료를 계획하고 진전을 파악한다. ADLs 및 IADLs의 평가는 일상적 요구를 다루므로 손상 중심적 도구보다 생태학적 타당도가 더 높다.

1) 일상생활활동(ADLs) 및 도구적 일상생활활동(IADLs) 평가

치매 대상 ADLs/IADLs 평가 치매 환자를 대상으로 한 ADLs 및 IADLs 평가도구가 많은데, 이는 주로 전문가 팀 구성원과 작업치료사가 시행한다. 그러나 SLP는 의무기록과 팀 평가 결과로부터 종합적인 정보를 수집해야 한다. 질환의 '단계'를 판단하는 도구도 있으나, 치료 계획을 위한 평가 시 처방에만 지나치게 의존해 '분류'에 목적을 둔 단계를 결정하거나 단계별로 일반화된 중재법을 사용하는 경향이 있다. 강점과 치료 가능성에 대한 평가 없이 단계만 강조하면 활용 가능한 선택 사항이 제한되고 인간 중심 접근과 대립된다(Bourgeois et al., 2016).

단계화에 사용되는 ADLs/IADLs 평가도구로는 기능적 평가단계화(Functional Assessment Staging: FAST; Reisberg, 1987), Allen 인지수준선별검사 5(Allen Cognitive Level Screen-5: ACLS-5; Allen et al., 2007)가 포함된 Allen 진단모듈 2판(Allen Diagnostic Module-2nd edition: ADM-2; Earhart, 2006) 등이 있다. 16개 항목으로 구성된 FAST는 신체적 및 도구적 ADLs를 평가하고, 보호자와의 면담에 기초한다. 퇴행성 질환의 전 과정(단계)에 걸

친 기능 상실을 높은 타당도와 신뢰도로 평가하나, 치매 말기의 의사소통 능력을 과소평가할 수 있다(Bayles et al., 2000). ADM-2와 ACLS-5는 Allen 인지척도(Allen Cognitive Scales; Allen, Earhart, & Blue, 1992)에 기반해 인지장애 모델을 적용한 도구로, 기술 중심적인 수행을 평가한다. ADM-2를 통해 전반적 인지, 학습 잠재력, 수행력 등을 파악한다.

치매장애평가척도(Disability Assessment in Dementia Scale: DADS; Gélinas et al., 1999)는 설문이나 보호자 면담으로 시행된다. 보호자는 개시, 계획 및 조직화, 수행 등 3개 영역으로 분류된 46개 항목에 대해 기본적인 ADLs 및 IADLs의 개시와 수행 능력을 평정한다. DADS는 임상 시험용으로 개발되었는데, 신뢰도와 타당도가 높아 시간에 따른 수행의 변화를 잘 반영한다(Feldman et al., 2001; Gélinas et al., 1999). 그러나 임상에서 보편적으로 적용하기에는 효용성이 모호하다. 일상생활활동 설문척도(Activities of Daily Living Questionnaire Scale: ADLQ; Johnson et al., 2004; Oakley, Lai, & Sunderland, 1999)는 보다 전형적인 외부 환경에서 시행한다. ADLQ는 보호자 면담을 통해 ADL의 6개 영역(자조 능력, 가사 관리, 고용 및 취미 생활, 쇼핑 및 돈 관리, 여행, 의사소통 기능)을 평가한다. ADLQ는 신뢰도와 타당도가 높고 시간에 따른 변화에 민감하다.

전반적 ADLs/IADLs 평가 치매에 특화되지 않은 도구는 일반 집단에도 적용된다. 모의 일상 활동에서 수행을 평가하는 도구도 있다. 예를 들어, 리버미드 행동기억검사 3판(Rivermead Behavioral Memory Test, 3rd edition: RBMT-3; Wilson et al., 2008)은 일상의 기억력을 평가하는 척도로, 다양한 가상의 일상 과제(예: 얼굴, 도로, 이야기 회상하기)가 포함된다. 손상 중심의 기억력 검사에 비해 생태학적으로 더 유효하나, 일부 과제는 매우 복잡하다(예: 길 찾기). 구어, 시각, 절차, 예측 관련 즉각 및 지연 회상, 새로운 과제 학습 등으로 구성된 수행 기반적 지남력 평가도구이다. 새로운 과제는 학습 3회 및 지연 1회로 구성되며, 정해진 순서와 위치에 따라 6개의 퍼즐을 맞춘다. 96세까지의 폭넓은 규준이 있고, 뇌손상 환자도 포함되어 있다. 연습 효과를 방지하기 위해 두 유형을 함께 사용할 수 있다(이전 버전은 4개 유형으로 구성됨).

모의 상황에 기반한 주의력 및 집행기능 평가도구도 있다. 일상생활 주의력검사(Test of Everyday Attention: TEA; Robertson et al., 1994)는 엘리베이터나 전화기 사용, 복권 추첨 방송 청취, 지도 탐색 등의 기능적 활동을 모의로 실험하는 수행 기반적 주의력 검사이다. 이를 통해 지속 · 선택 · 분리 · 교대 주의력을 다양하게 평가한다. TEA는 반복 측정으로 인한 학습 효과를 방지하기 위해 2개 유형으로 구성되며, 난청 성인(Robertson et al., 1994) 및 치매(Robertson et al., 1996) 집단을 대상으로 표준화되었다.

집행기능장애 행동평가(Behavioral Assessment of the Dysexecutive Syndrome: BADS; Wilson et al., 1996)는 인지적 유연성, 문제해결력, 계획화, 자기 모니터링을 평가하는 모의 일상 과제가 7개 영역으로 분류되어 있다. BADS의 규준에는 87세까지의 정상 성인 및 76세까지의 뇌손상 환자가 포함된다. BADS의 검사-재검사 신뢰도는 검증되지 않았으나, 정신 작용의 양상을 적절히 평가한다. AD에 적용하는 행동통제장애척도(Behavioral Dyscontrol Scale: BDS; Belanger et al., 2005)는 교대 연속 손동작, 억제, 복잡한 운동 순서 학습, 문자/숫자 연속, 결함의 인식이나 통찰 등 운동 반응을 요하는 9개 항목으로 구성된다. 3점 척도로 평정하며, 노인을 대상으로 신뢰도와 타당도가 검증되었다. BDS는 AD와 경도인지장애(MCI)를 변별하나, MCI와 정상 노인 간의 변별은 불가능하다(Belanger et al., 2005). 기억력 결함의 중증도를 통제한 후 ADLs의 수행력도 예측한다.

ADLs 및 IADLs 평가척도 다른 ADLs 및 IADLs 평가척도는 주로 재활 환자에게 적용된다. 예컨대, 의료재활용 균일자료체계(Uniform Data System for Medical Rehabilitation: UDSMR; State University of New York at Buffalo, 1993)인 기능독립성평가(Functional Independence Measure: FIM), 기능평가척도(Functional Assessment Measure: FAM; Hall, 1997; Hall et al., 1993), 시카고재활병원 기능평가척도 II(Rehabilitation Institute of Chicago Functional Assessment Scale-Version II: RIC-FAS II; Heinemann, 1989) 등이 있다. 기능활동설문지(Functional Activities Questionnaire: FAQ; Pfeffer et al., 1982)는 MCI와 치매를 대상으로 표준화되었다. FAQ는 미국 내 4개 인종 간의 차이는 없으나 연령, 교육연수, 우울증이 영향 요인으로 보고된다(Tappen, Roselli, & Engstrom, 2010). 이러한 척도들은 옷 입기, 목욕, 몸단장, 돈 관리, 식사 준비, 의사소통 등 기능적 활동에 대한 보조 수준을 파악하는 데 유용하다. 각 척도의 점수는 행동별로 7(독립적)~1(의존적)까지 산정된다.

2) 의사소통 활동 평가

치매용 의사소통척도 SLP는 주로 의사소통 활동을 평가하는 도구를 사용한다. 치매 대상의 신속하고 유용한 검사로 기능적 · 언어적 의사소통목록(Functional Linguistic Communication Inventory: FLCI; Bayles & Tomoeda, 1994)이 있다. 하위 검사에는 인사하기, 이름대기, 표지판 이해, 사물-그림 짝짓기, 단어 읽기 및 이해, 지시 따르기, 팬터마임이 포함된다. 이는 비맥락적인 경우가 많으나, 기능적 자극과 대화 맥락이 고려된 문항도 있다. LTC 환경의 치매 환자에게는 기능독립성 의사소통평가(Communication Outcome Measure of Functional Independence: COMFI; Santo Pietro & Boczko, 1997)를 적용한다.

COMFI는 식사 시 관찰을 통해 심리사회적 상호작용, 의사소통 및 대화, 식사 시간의 독립성, 인지 등을 평가하므로 기능적이고 활용도가 높다. 그러나 심리측정적 속성이 폭넓게 검증되지 않았다. 비구어 표현만 가능한 심도의 의사소통장애는 관찰형 감정등급척도(Observed Emotion Rating Scale; Lawton, Van Haitsma, & Klapper, 1999; Lawton et al., 1999)로 평가한다. 10분간의 관찰을 통해 감정 상태(기쁨, 분노, 불안, 공포, 슬픔, 흥미, 만족)의 지속 시간을 '전혀 없음'부터 '5분 이상'까지 5점 척도로 평정한다.

전반적 의사소통 평가 터치스크린형 표준화 기능적 인지평가(Functional Standardized Touchscreen Assessment of Cognition: FSTAC; Coles & Carson, 2013; www.cognitive-innovations.com/fstac.html)는 iPad의 애플리케이션으로 제공되는 혁신적 도구로, 상위 수준의 환자, 특히 재활 또는 가정 치료를 받는 환자에게 유용하다. FSTAC는 단순하거나 복잡한 14개의 기능적 과제를 일상의 주의산만 요소(문자 및 전화 메시지, 소음)와 결합해 인지 능력 및 결함을 평가한다. 이를 토대로 인지 능력(예: 일반 상식, 청각 및 시각 주의력, 단기기억, 언어 이해, 집행기능)과 기능적 수행(예: 돈 및 약물 관리, 식료품 구입, 전화 사용 기술, 회상 과제)에 대한 보고서가 제공된다.

일상생활 의사소통활동 3판(Communicative Activities of Daily Living, 3rd edition: CADL-3; Holland, Fromm, & Wozniak, 2017)은 후천성 신경학적 장애가 있는 성인을 대상으로 다양한 모의 의사소통 활동(예: 병원 방문, 전화 사용, 수표 발행, 약병 이해)의 수행을 평가한다. 주로 우반구 및 좌반구 뇌졸중 환자를 대상으로 표준화되었고, 소수의 외상성 뇌손상(TBI) 및 기타 신경학적 질환이 포함되었다. 히스패닉계가 아닌 백인이 대다수이며 소수 인종 및 민족도 참여했다. CADL-3은 심리측정적 요소가 우수하나, 치매군을 대상으로 한 추가 검증이 필요하다.

언어 관련 기능활동평가(Assessment of Language-Related Functional Activities: ALFA; Baines et al., 1999)는 시간 말하기, 돈 세기, 봉투에 주소 쓰기, 일일 수학 문제 풀기, 수표 작성하기, 수표 잔고 확인하기, 의약품 라벨 이해하기, 달력 사용하기, 지시 사항 읽기, 전화 사용하기, 문자메시지 작성하기 등을 통해 기능적 활동 수행을 직접 평가한다. 임상가는 시간의 경과에 따라 각 기능적 활동의 변화를 객관적이고 정량적으로 기록한다.

ASHA의 성인의사소통기술 기능평가(Functional Assessment of Communication Skills for Adults: ASHA-FACS; Frattali et al., 1995)는 전화 사용, TV 편성표 및 신문 읽기, 4개 영역(사회적 의사소통, 기본 요구 관련 의사소통, 읽기와 쓰기, 수 개념, 일일 계획하기) 관련 대화 등 일상적 의사소통 활동의 수행을 관찰하며, 각 항목별로 점수를 부여한다. 지침서에는 심리측정적 속성에 관한 타당도가 제시되어 있다.

실어증 환자로 살기 평가 2판(Assessment for Living with Aphasia, 2nd edition: ALA-2; Kagan et al., 2013)은 실어증이 삶의 전 영역에 미치는 영향을 파악하는 자기보고형 척도이다. 실어증 환자로 살기: 평가 체계(A-FROM; Kagan et al., 2008)는 의사소통 및 언어 환경, 개인 정보, 태도 및 감정, 일상 참여, 손상 정도를 파악한다. 이는 ICF(WHO, 2001)를 토대로 고안되었다(4장 참고). 실어증에 대한 환자의 인식을 파악하고, 이것이 일상적 상황 및 활동(예: 직업 및 여가 활동, 가족 및 친구 관계, 일상 대화 및 활동)에 대한 참여에 미치는 영향을 평가한다. 실어증에 특화된 도구이나, 치매 또는 원발성 진행성 실어증(PPA)에도 적용할 수 있다.

기능적 치료 목표를 설정하기 위해 읽기 영역도 고려한다. 읽기 이해는 공식적 및 비공식적 읽기 이해 평가를 활용한다. 신경심리학자는 성인용 웩슬러읽기검사(Wechsler Test of Adult Reading: WTAR; Holdnack, 2001)로 발병 전 읽기 기능과 지능지수(intelligence quotient: IQ)를 파악하기도 한다. WTAR은 불규칙적으로 쓰인 50개 단어(50점 만점)로 구성되며, 연령 및 인구통계학적 범주에 따라 원점수가 표준화되어 있다. WTAR는 시간의 경과에 따른 안정성 및 예측 타당도가 높은 반면, 중증도가 심하거나 AD 환자인 경우 발병 전의 IQ가 과소평가되어 치료 계획이 어려울 수 있다(McFarlane, Welch, & Rodgers, 2006).

치매에 특화된 표준화 읽기 검사가 없어 실어증용 도구로 대체되어 왔다. 탈맥락적 단단어나 문장에 비해 일반 교통표지판, 의약품 라벨, 전화번호부, 메뉴 등 기능적 항목은 보존된 읽기 능력을 파악하는 데 유용하다. 예를 들어, 실어증 읽기이해검사 2판(Reading Comprehension Battery for Aphasia, 2nd edition: RCBA-2; LaPointe & Horner, 1998)의 기능적 읽기 검사와 CADL-3의 하위 검사(Holland et al., 2017)는 표준화된 종합적 실어증 평가의 읽기 검사보다 효과적이다. 환자가 표준화 검사의 과제를 수행하지 못하면 이름, 주소, 기능적 단어와 구문 등이 포함된 비공식적 및 개별적 읽기 평가를 적용한다. 이는 기능적 행동 전략을 수립하는 데 유용하다.

의사소통 평가척도 대부분의 ADLs 관련 평가척도는 의사소통 영역을 상세히 다루지 않으므로 ASHA 치료 · 비용효과 특별위원회(ASHA Task Force on Treatment Outcome and Cost Effectiveness)가 기능적 의사소통평가(Functional Communication Measures: FCM; Frattali et al., 1995)를 개발했다. FCM의 등급에 근거해 중재의 기능적 효과를 검증한다. 치료 전후의 13개 의사소통 변수를 7점 척도로 평가하며, 모든 대상군에 적용할 수 있다. 실어증이나 기타 인지-의사소통장애에 적용되는 의사소통 효율성지수(Communication Effectiveness Index: CETI; Lomas et al., 1989) 등의 선별검사도 활용된다. CETI는 의사소통 파트너가 일상의 다양한 의사소통 상황(예: 신문 읽기, 집단 대화)에서 환자의 수행력을 평가한다.

담화 평가 PPA의 초기부터 담화의 산출 및 이해 능력이 저하된다. 이는 AD 및 다른 유형의 치매가 진행되면서 나타나기도 한다. 담화의 산출과 이해는 독백 및 대화 과제를 통해 수집하여 분석한다(Togher, 2001). 독백은 임상 환경에서 가장 많이 활용되며, 내러티브(그림 설명)나 절차적 과제(활동 설명)로 구성된다. 대화 샘플은 면담, 대화, 토론 과제를 통해 수집된다. 담화 샘플은 양적 및 질적으로 상세히 분석되나, 분주한 임상 환경에서 시간적 소모가 클 수 있다.

양적인 미시언어적 측정치(즉 음운론, 의미론, 구문론, 형태론)에는 낱말 찾기 오류 수, 내러티브 내 서로 다른 낱말 수(예: Chapman et al., 2002; Ehrlich, Obler, & Clark, 1997; Tompkins, 1995)가 포함된다. 거시언어적 측정치로는 응집성, 통일성, 주요 개념의 정확성 및 완전성 등이 있다(Nicholas & Brookshire, 1993, 1995). 인지 결함이 있으면 이러한 구조화된 측정치가 불명확하거나 비전형적일 수 있다. 배경이 다양한 환자를 다룰 경우 의사소통의 문화적 규범을 고려해야 한다. 특정 유형의 과제나 분석은 부적절할 수도 있다. 담화를 분석하는 데 많은 시간이 소요되므로 다양한 환경에서 시행하기가 어렵다. 그러나 시간의 경과에 따라 변화하는 수행력을 검토함으로써 절차를 쉽게 적용할 수 있다.

담화능력 프로파일(Discourse Abilities Profile; Terrell & Ripich, 1989)은 치매에 특화된 도구로, 내러티브 담화, 절차적 담화, 자발적 대화 등의 다양한 과제에서 담화 양상을 평가한다. 이에는 내러티브 및 절차적 특성, 차례 지키기, 화행부터 보편적 담화 행동까지 포함된다. 화용의사소통손상 프로파일(Pragmatic Impairment in Communication: PPIC; Hays et al., 2004)은 그라이스 원리(Gricean principle)에 기반해 개발되었고, 산출, 의도적 및 문자적 의미 이해, 사회 양식, 주제, 미학 등의 대화 규칙을 평가한다. PPIC는 신뢰도 및 타당도, 인지 능력과의 상관성이 검증된 도구이다.

의사소통 프로파일체계(Communicative Profiling System; Simmons-Mackie & Damico, 1996)와 같은 역동적이고 인증된 평가 절차는 완전하고 유용한 의사소통 정보를 제공한다. 담화 샘플의 질적 분석은 가장 풍부한 설명, 특히 대화분석(Conversation Analysis: CA, 예: Damico, Oelschlaeger, & Simmons-Mackie, 1999; Damico & Simmons-Mackie, 2003; Perkins, Whitworth, & Lesser, 1998; Tetnowski & Franklin, 2003)을 제공한다. 전반적인 치료를 계획하기 위해 CA의 결과와 인지-신경심리학적 소견을 통합하기도 한다(Damico & Simmons-Mackie, 2003; Tetnowski & Franklin, 2003). 이러한 질적 분석은 생태학적 타당도가 높으나 시간이 많이 소요된다. 따라서 숙련된 임상가는 환자와 주요 대화 파트너(예: 가족, 간병인) 간의 대화를 관찰하기 위해 질적 분석의 원리를 학습하는 것이 바람직하다. 쓰기 내러티브에도 유사한 미시언어적 및 거시언어적 결함이 나타난다는 전제하에 이러한 평가를 적용한다.

공식 및 비공식 평가를 통해 장황하고 복잡하며 추상적인 담화의 이해 능력을 파악한다. 치매로 인한 담화 이해의 결함은 주의력, 기억력, 추론력, 언어 문제에 기인한다. 이러한 평가(예: 담화이해검사 2판[Discourse Comprehension Test, 2nd edition], Brookshire & Nicholas, 1997)를 적용하면, 주제에 비해 추상적 언어 및 세부 사항을 이해하기가 더 어려움을 알 수 있다(Welland, Lubinski, & Higginbotham, 2002). 또 처리의 부담으로 인해 길이나 복잡성이 증가할수록 어려움이 가중된다. 치매 특화적이지 않더라도 담화 이해를 평가하는 도구들이 있다(예: Lezak et al., 2012; Meyers, 1998; Tompkins, 1995).

참여 평가 SLP는 긍정적 및 부정적 영향, 수동적 및 능동적 참여 등으로 구성된 덜 전통적인 참여 평가를 시행한다. 참여에 관한 행동은 거의 다루지 않으나, 의사소통 기능과 연관된 행동일 수 있다. 보호자는 이러한 행동을 통해 환자 요구의 충족 여부를 판단한다. 예를 들어, 환자는 미충족 요구에 대한 반응 행동(예: 불평, 고함, 흥분 등)을 보인다. 이때 SLP(그리고 작업치료사, 치료 레크리에이션 등의 전문가 팀 구성원)는 의미 있고 참여적인 활동을 확인해 활동 프로그램을 시행하고, 참여 중재의 효과를 측정함으로써 효과적인 프로그램을 보호자와 공유한다.

몬테소리 기반 치매프로그램(Montessori-based Dementia Programming®; Camp, 2006) 등의 참여 평가는 비약물적 행동 중재가 적용되는 여러 기능적 행동을 파악하는 데 유용하다. Menorah Park 참여척도(Menorah Park Engagement Scale: MPES; Camp, 2010)는 4개 유형의 참여(적극적, 수동적, 비참여적, 기타 참여)를 평가한다. 참여평가 관찰척도(Observational

Measurement of Engagement Assessment: OME; Cohen-Mansfield et al., 2012)는 참여자가 자극에 관여하는 지속 시간(초), 자극에 대한 주의력 및 태도(긍정적 및 부정적 표정, 구어 내용, 신체 움직임)를 평가하는 검증된 도구이다.

4. 신체 구조 및 기능 평가

신체 구조 및 기능의 전반적 평가는 감별 진단 시 필수적이다(WHO, 2001). 전문가 팀은 치매 진단 과정의 일부로서 정적이고 손상 기반의 표준화 검사를 시행한다. 이에는 주의력, 지각력, 기억력, 집행기능(예: 통찰, 억제, 개시, 계획) 등의 인지, 구어 및 쓰기 산출, 청각적 및 읽기 이해 등의 언어 영역이 포함된다. 신경심리검사만으로 충분히 진단되기도 하나, SLP의 인지-언어 평가가 보다 정적이고 손상 중심적일 수 있다. 반면 치료 계획이나 결과 측정을 위해서는 이러한 유형의 평가가 필요하지 않다. 임상가는 손상 기반 평가가 손상 중심적 중재로 연계되는 경향이 있음을 알아야 한다. 정적 및 손상 기반적 평가가 치매에 대한 기능적 치료 계획을 구상하거나 기능적 결과를 측정하는 데 최적의 접근이 '아닐' 수 있다. 그러나 미국 보험 정책에는 SLP의 진단검사가 포함되는데, 이에 해당할 경우 간략한 평가 후 공식적 및 기능적 절차를 진행해야 한다.

치료 계획을 위한 평가에서 임상가는 강점을 활용한 손상 보상 전략을 개발하는 데 유용한 정보를 파악한다. '재활 모델 뒤집기' 접근에 따르면, 표준화 검사는 전통적 재활 모델에서처럼 평가 초기에 시행하는 것이 아니라 인간 중심적 면담, 관찰, 활동 및 일상 참여를 평가한 후 진행한다. 제한적 활동과 참여에 대한 환자의 경험과 필요한 활동을 확인한 다음, 표준화 검사를 통해 인지-언어 처리가 특정 활동의 참여에 미치는 영향을 추가적으로 평가한다. 동적 평가는 표준화 접근에 비해 다양한 과제([글상자 5-6])의 수행을 파악하는 데 유용하다.

글상자 5-6 동적 평가 시 조작 가능한 변수의 예

자극 양식

- 시각 단서: 구어 지시를 동반한 문자 및 그림
- 청각 단서: 과제에 대한 지시 사항 읽어 주기

반응 양식

- 구어 반응 대신 보기의 글자나 그림 가리키기
- 구어 반응에 동반된 제스처 반응
- 문어 대신 구어 반응

자극 복잡성

- 보기 수 줄이기
- 보기 배열을 수평에서 수직으로 변경하기
- 언어적 복잡성, 지시 사항의 길이, 기타 자료 줄이기
- 개별화된 자극

진단이 동일해도 개인차가 있으므로 치매 증후군의 다양한 강점과 손상 유형을 잘 파악해야 한다(2장 및 3장 참고). 예컨대, 신체 구조 및 기능에 관한 동적 평가를 통해 AD의 읽기 이해 및 음독 능력의 강점을 확인한다. 이는 대화 및 기억을 위한 글자 단서를 개발하는 데 활용된다(Bourgeois, 1992). PPA에 대한 손상 기반 평가는 언어 능력의 강약점(예: 낱말 찾기, 유창성, 구어 표현을 위한 문법적 구성, 단단어 vs. 구문적으로 복잡한 문장 이해, 실독증 및 실서증 유무)을 포괄적인 임상 프로파일로 제공한다. 이는 글자 및 그림 기반 의사소통 지원 등 기능적 의사소통 전략을 위한 훈련을 계획하는 데 유용하다(Croot et al., 2009; Mesulam et al., 2012).

손상 기반 평가는 '재활 모델 뒤집기' 접근의 인간 중심적 평가를 보완한다. 종합적 또는 특정 인지 처리에 대한 다양한 평가에 비해 전반적 인지 평가는 간략하고 주의력을 덜 요구해 심도 환자에게 많이 적용한다. 특정 인지 영역의 평가 과제는 탈맥락적이어서 심도 환자가 이해하기 매우 어렵기 때문이다(Mungas, Reed, & Kramer, 2003). 『신경심리평가(5판)』 (Neuropsychological Assessment, 5th edition; Lezak et al., 2012) 등 손상 기반의 전반적 평가도구는 신경심리학자 및 기타 의료 전문가가 폭넓게 사용하며, 관련된 참고 자료도 많다.

1) 전반적 치매척도

정신상태 평가척도는 인지 손상의 전반적 단계나 중증도를 판단하는 데 사용된다. 유형으로는 면담과 직접 평가가 있다. 단계화는 환자를 분류하고 치료 결과를 상대적으로 예측하는 데 사용되었으나(Albert, 1994), 오늘날에는 미국의 전문요양시설(SNF)과 재활시설에서 표준화된 중재를 시행하기 위해 널리 활용되고 있다. 전반적 치매척도에 포함된 여러 기술과 행동은 치료 계획을 위한 평가에 유용하나, 인간 중심 치료와 대별되는 단계적 처방 치료는 신중히 사용해야 한다. 치매에 적용되는 증거 기반 치료 접근은 특정 단계가 아닌 인지 손상의 범위에 중점을 둔다(Bourgeois, 2015). 임상가는 단계와 별개로 특정 인지 영역의 강약점을 확인하고 이에 맞는 중재 및 전략을 계획해야 한다. Lezak 등(2012)의 평가도구와 같은 보편화된 전반적 인지척도는 다음과 같다.

면담 기반 평가척도 연령 관련 인지 저하 및 AD 대상의 전반적 치매척도(Global Deterioration Scale: GDS; Reisberg et al., 1982), 임상치매척도(Clinical Dementia Rating Scale: CDR; Morris, 1993), 임상가-보호자 면담 기반 추적진단(Clinician Interview-Based Impression of Change Plus Caregiver Information: CIBIC-Plus; Schneider et al., 1997)은 전문 임상가가 보호자와 면담하여 환자의 인지 능력(예: 기억력, 지남력, 판단력, 문제해결력, 지역사회 문제, 가정생활 및 취미, 개별 치료, 정신적 증상, 심리측정검사 수행)을 주관적으로 평가한다. 보호자가 행동 기능 관련 정보를 제공함으로써 환자의 인지 능력을 평가하도록 돕는다. Isella와 동료들(2006)은 치매로 인한 인지 손상 및 저하를 평가하는 정보제공자 기반 척도의 신뢰도와 타당도를 검증했다.

CDR은 환자 및 보호자와의 면담이 포함되며, 기억력, 지남력, 판단력, 문제해결력, 지역사회 활동, 가정생활 및 취미, 개별 치료 등 7개 영역으로 구성된다. CDR은 AD, 전두측두치매(FTD), 의미치매(SD)의 손상 프로파일을 감별한다(Rosen et al., 2004). GDS는 치매의 중증도나 단계를 7개로 구분해 평가한다(예: 1-정상, 3-초기 혼란, 5-중기 치매, 7-후기 치매). 임상가는 인지적, 행동적, 기능적 능력에 관한 구조화된 면담을 통해 기억력, 지남력, 판단력, 문제해결력, 지역사회 문제, 가정생활 및 취미, 개별 치료, 정신과적 증상, 심리측정검사 수행 등을 파악해 GDS 점수를 산정한다. GDS 점수가 높은 심도 치매의 의사소통 능력이 과소평가될 수 있음에 주의해야 한다(Bayles et al., 2000). CIBIC-Plus(Schneider et al., 1997)는 환자 및 보호자와의 면담에 기반해 점수를 산정하는 정교한 척도로, 전반적,

인지적, 행동적 및 ADLs 영역을 평가한다. 임상 시험에 많이 사용되며, 치료 효과를 검증하거나 예방적 치료를 계획하는 데 유용하다(Reisberg, 2007).

직접 평가척도 가장 보편화된 직접 평가척도는 MMSE(Folstein et al., 1975)로, 개정판인 MMSE-2(Folstein & Folstein, 2010)는 다양한 언어로 표준화되었다. 신속하게 실시할 수 있고 인지 기능에 대한 광범위한 정보를 제공하므로 의료 환경에서 폭넓게 사용된다. MMSE는 시간 및 장소 지남력, 언어(2개 사물 이름대기, 문장 따라말하기, 명령 시행하기, 읽기 및 쓰기), 시공간구성(모양 따라 그리기), 즉각 및 지연 구어기억(3개 단어 회상), 인지 통제(100에서 7씩 빼기)를 평가한다. 중증도는 규준에 근거해 판단한다. 활용도가 매우 높아 점수와 중증도의 해석이 친숙하므로 서비스 제공자 간의 의사소통이 단순화된다.

연령, 문화, 교육수준별 규준에 근거해 MMSE의 결과를 보다 정확히 해석할 수 있다(Crum et al., 1993; Dufouil et al., 2000; Grigoletto et al., 1999; Jones & Gallo, 2002; Mungas et al., 1996). Crum과 동료들(1993)이 제시한 규준에 따르면, 교육연수 9~12년은 29/30점, 4~8년은 26/30점, 4년 이하는 22/30점이다. 특히 MMSE의 과제는 언어 능력에 크게 좌우되므로 언어장애 환자의 인지 손상이 과대평가될 우려가 있다. MMSE에 비해 MMSE-2(Folstein & Folstein, 2010)는 피질하 인지 결함에 더 민감하고, 8개 언어 및 3개 스페인 방언으로 번안되었다. 우울증을 동반한 노인은 MMSE 점수가 더 낮은 경향이 있다(Folstein, Folstein, & Folstein, 2011).

몬트리올 인지평가(MoCA; Nasreddine et al., 2005)는 MMSE에 비해 초기 AD 및 MCI를 감별하는 데 더 민감하다. MoCA는 주의력(선 잇기, 숫자 외우기, 연속적으로 7씩 빼기), 지남력, 시각구성(정육면체 및 시계 그리기), 지연 단어회상, 언어(대면이름대기, 따라말하기, 단어유창성, 추론) 등 다양한 인지 및 언어 처리를 평가한다. 총점은 30점이며, 규준 점수에 근거한 '정상' 범주의 절단점은 26점이다.

SAGE(Scharre et al., 2010; https://wexnermedical.osu.edu/brain-spine-neuro/memory-disorders/sage에서 사용 가능함)는 MCI를 변별하기 위한 자기보고형 인지 선별검사이다. 인지 손상에 대한 민감도는 79%, 위양성률은 5%이다. 비문해이거나 시각 손상이 있으면 적절하지 않다.

세인트루이스 대학교 정신상태검사(Saint Louis University Mental Status Examination: SLUMS; Tariq et al., 2006)는 지남력, 기억력, 집행기능, 주의력을 평가하는 인지 선별검사이다. 언어뿐 아니라 경도 수준의 손상에 민감하도록 점수 범위가 광범위하다(Buckingham et al., 2013).

알츠하이머 간편검사(Alzheimer's Quick Test: AQT; Wiig, 2002)는 MCI나 치매 초기의 인지 저하를 변별하며, 5~10분의 시간이 소요된다. AQT의 5개 이름대기 과제는 정확도와 반응시간을 기준으로 하며, '정상적, 정확도가 낮거나 느린, 비정상적, 병리학적' 범주로 결과를 분류한다. 반복 시행해도 신뢰도가 높고, 초기 두정엽 기능장애에 매우 민감하다. 광범위한 연령과 문화적 배경의 대상군에 적용한다. 15~72세까지의 규준 점수가 제공되며, 다양한 치매 프로파일에 따라 결과가 판정된다.

2) 종합적 인지 평가도구

치매용 인지검사 신체 구조 및 기능 측면에서 인지와 행동 기능을 평가하는 다양한 도구들이 있다. 치매를 진단하는 데 주로 사용되는 전반적 평가도구는 다음과 같다. 치매평가척도 2(Dementia Rating Scale-2: DRS-2; Jurica, Leitten, & Mattis, 2001)는 주의력, 개시, 구성력, 개념화, 보속증, 실행증, 행동, 추론, 구어 및 비구어 최근기억 등을 파악하며, 0~144점까지 산정된다(경미한 손상의 절단점은 123점임). DRS-2는 파킨슨병(PD)과 헌팅턴병(HD)을 변별하는 프로파일에 근거해 56~105세까지의 치매 정도를 민감하게 반영한다(Johnson-Greene, 2004; Mungas et al., 2003). 연령 및 교육수준에 따른 규준 점수가 제공된다(Johnson-Greene, 2004). 인지 기능이 낮은 환자나 종단적 평가에 유용한 반면, 8년 이하의 교육수준 또는 소수 민족에 대한 규준은 제공되지 않는다.

알츠하이머병 신경심리평가용 컨소시엄(Consortium to Establish a Registry for Alzheimer's Disease Neuropsychological Assessment: CERAD; Welsh et al., 1994)은 언어(예: 단어유창성 및 대면이름대기), 구성 실행, 기억력(자유 및 지연 회상, 재인), MMSE를 포함한다. AD, 다른 장애를 동반한 AD, non-AD 치매를 진단하기 위해 CDR, DRS, CERAD를 함께 활용한다.

신경심리상태 반복평가(Repeatable Battery for the Assessment of Neuropsychological Status: RBANS; Randolph et al., 1998)는 시공간력, 기억력, 주의력, 언어 능력 등 6개 지수를 산출하는 12개 하위 검사로 구성되며, 20~89세의 규준 점수가 제공된다. 반복적 시행으로 인한 학습 효과를 방지하기 위해 동형검사가 고안되었고, 검사 소요 시간은 최대 30분 정도이다. RBANS를 통해 노인의 비정상적 인지 저하를 확인하며, AD 및 HD(Randolph et al., 1998), PD(Beatty et al., 2003) 등의 치매 유형을 감별한다. MMSE 및 DSR에 비해 민감도가 높아 노년층(Duff et al., 2005)뿐 아니라 중증도가 심한 청년층(Randolph et al., 1998)을 선별하는 데에도 유용하다. 그러나 Beatty와 동료들(2003)은 RBANS만으로 치매를 진단하는 것은 바람직하지 않다고 권고했다. 특히 교육수준이 낮은 환자의 수행을 해석하는 데에는 주의를 요한다(Gontkovsky, Mold, & Beatty, 2002). 성분 분석 결과, 유력형 AD와 비알츠하이머형 치매 간의 기억력 점수에 유의한 차이가 있는 반면, 다른 영역 및 RBANS 지수는 유사했다(Garcia et al., 2008).

ADAS-cog(Rosen et al., 1984)는 임상 약물 실험에서 널리 사용된다. ADAS-cog는 기억력(재인 및 회상), 언어(이해 및 산출), 실행증(구성 및 관념), 지남력을 평가하는 11개 항목으로 구성되며, 약 30분이 소요된다. 총점은 70점으로, 치료받지 않은 AD는 매년 9점씩 감소하고 3~4점 증가 시 임상적 진전을 반영하는 것으로 예측된다(Mohs, 2006). ADAS는 프랑스어, 독일어, 스페인어, 이탈리아어, 핀란드어, 한국어, 덴마크어, 그리스어, 히브리어, 일본어로 번안되었다.

심도손상검사(Severe Impairment Battery: SIB; Saxton et al., 1990; Saxton et al., 1993)는 다른 신경심리평가에서 파악되지 않거나 '바닥' 효과를 보이는 심도의 인지 결함을 대상으로 한다. SIB는 제스처 단서를 사용하고, 보존된 능력을 최대한 발휘하도록 유도한다. 51~91세의 규준 점수가 제시되며, 심리측정적 특성 및 반복 시행에 대한 신뢰도가 높다(Saxton et al., 1990; Schmitt et al., 1997). 이로 인해 SIB는 심도 치매의 약물 실험에 활용된다. SIB는 SLP, 작업치료사, 신경심리학자가 약 30분 내에 시행한다. 중증도가 매우 심할 경우 검사가 불가능할 수 있어 10~15분 정도 소요되는 축약형(SIB-S)도 개발되었다(Saxton et al., 2005). SIB-S는 SIB와 동일하게 9개 인지 영역(표현 언어, 구어 및 비구어 기억, 사회적 상호작용, 색깔 이름대기, 실행증, 읽기, 쓰기, 유창성, 주의력)을 평가하며, 수행력의 변화에 민감하다. SIB는 독일어, 프랑스어, 이탈리아어, 그리고 SIB-S는 영어 및 프랑스어 버전이 있다.

SLP용 인지-언어 평가 ABCD(Bayles & Tomoeda, 1993)는 4개 선별 과제(말소리 변별, 시지각력, 시야, 시각실인증)와 14개 하위 검사(정신 상태, 개념 정의, 구어 학습 및 기억력, 언어 이해 및 표현, 시공간구성 등)로 구성되어 진단 시 널리 활용된다. ABCD는 많은 환자의 인지적 양상에 대해 표준화되었고, 인지 영역을 전반적으로 평가하는 데 유용하다. 알츠하이머형 치매를 정상 수준 및 실어증과 변별하며, 인지 결함의 중증도를 판단한다. 검사 시간이 길어 전 영역을 시행하는 경우는 드물고, 효과적인 치료 계획에 필요한 영역을 파악하기 위해 특정 하위 검사를 선택한다.

임상가는 자원의 제약을 고려해 치료 계획 시 보다 간편한 척도를 사용해야 한다. 인지-언어 간편검사(Cognitive-Linguistic Quick Test: CLQT; Helm-Estabrooks, 2001)는 SLP가 활용하도록 개발되었으나 치매에만 국한되지 않는다. 30분 내에 시행할 수 있고, 지남력, 주의력, 구어 및 시각 기억, 대면이름대기, 청각적 이해, 집행기능을 평가한다. 주의력, 기억력, 집행기능, 시공간구성의 결함에 민감하며(Barrie, 2002; Royall, Cordes, & Polk, 1998), 특히 교육수준이 낮은 대상군에 적용하는 시계 그리기 과제(Freedman et al., 1994)가 포함된다. CLQT는 총점과 중증도의 수준뿐 아니라 주의력, 기억력, 언어, 집행기능의 하위 점수 및 중증도를 제공한다. 또 뇌손상에 민감한 지표인 보속증 점수를 별도로 제공한다(Helm-Estabrooks, 2001). 18~90세까지의 규준 점수가 제시되고, 아프리카계 미국인, 라틴계, 백인이 비임상적 표준화 대상에 포함되었다. 임상적 표준화에 참여한 소수 민족의 규모는 작으며, 우반구 · 좌반구 · 양반구 뇌졸중, 폐쇄성 두부손상, AD를 대상으로 삼았다. CLQT의 스페인어 버전도 있다. 검사-재검사 및 검사자간 신뢰도와 타당도는 적절한 것으로 검증되었다.

ROSS 정보처리평가-노인용(Ross Information Processing Assessment-Geriatric: RIPA-G; Ross-Swain & Fogle, 1996)은 치매 특화적 도구는 아니나 SLP가 자주 사용한다. 주의력, 지남력, 작업기억, 최근 및 원격 기억, 구어 조직화 및 추론력, 청각적 및 읽기 이해를 평가한다. 65~98세의 SNF 거주자, 65~94세의 정상 통제군 및 다양한 환자군(예: 만성폐쇄성 폐질환, 알츠하이머형 치매, 뇌졸중 등)이 대상군에 포함되었다. RIPA-G에 기초한 RIPA-2(Ross-Swain, 1996)는 보다 낮은 연령(72세 이하)에 적용하고, 15~77세의 TBI도 포함되었다. RIPA-G는 심리측정적 한계가 있으나, RIPA-2의 신뢰도와 타당도는 높다. 특히 내적 일관성 및 검사자간 신뢰도가 적절하다.

SLP와 작업치료사가 개발한 혁신적 척도인 터치스크린형 표준화 인지평가(Standardized Touchscreen Assessment of Cognition: STAC; Coles & Carson, 2013; www.cognitive-innovations.com/stac.html)는 iPad의 애플리케이션으로 제공된다. 전반적이고 효율적인 도구로 초기 치매에 유용하며, 주의력, 기억력, 순서 배열, 시각적 주사 및 주의력, 집행기능, 처리 속도, 언어 영역을 평가한다. 환자 스스로 평가하거나 필요시 재활시설 도우미가 보조한다. 애플리케이션을 통해 자동으로 점수표가 산출된다. 단기간 내 2회 이상의 검사를 시행할 경우 연습 효과가 나타날 수 있어 두 유형의 동형 검사가 제공된다. 85세까지의 규준 점수가 제시되는데, 최신 정보를 반영해 규준이 지속적으로 업데이트된다. Wallace와 동료들(2016)이 정상 성인에 대한 타당도를 검증했으나, 인지장애 대상의 추가 검증이 필요하다.

3) 영역별 평가도구

영역별 평가는 특정 결함이나 시간 경과에 따른 저하를 파악한다. 또 기능적 치료를 계획하기 위해 수행의 강약점을 심층적으로 평가한다. SLP는 다양한 치매 증후군의 양상을 고려해야 한다. 치매 치료에 대한 노스웨스턴 치료경로모델(Northwestern Care Pathway Model)에 따르면, 치매 증후군의 초기 단계에 하나의 인지나 언어 영역이 신경퇴행성 질환의 영향을 받을 수 있다(Morhardt et al., 2015). 가장 보편적인 알츠하이머형 치매는 단기 일화기억의 손상이 심하다. 기억력과 집행기능을 평가해 MCI와 초기 치매의 결함을 파악하고 기능 저하의 양상을 기록한다(Mungas et al., 2003).

비전형적 치매는 신경퇴행성 질환이 시작된 뇌 영역에 따라 임상적 특징이 다른데, 이는 SLP가 평가 및 중재 계획을 수립하는 데 유용하다(다양한 유형의 치매 증후군은 2장 및 3장 참고). 예를 들어, 알츠하이머형 치매에 비해 후두피질위축증(Posterior Cortical Atrophy)이나 원발성 진행성 실어증(PPA)은 글자로 쓰인 시각 및 문자 단서 체계를 보상적으로 사용할 수 없다. 비전형적 치매가 진행됨에 따라 다영역적 손상이 나타나며, 초기에 손상되는 영역(예: 기억력, 언어, 시공간력, 행동 변화)이 이후의 모든 단계에서도 가장 손상이 심하다.

영역별 도구는 주로 신경심리학자가 사용하도록 고안되었다. SLP는 치료를 계획하기 위해 평가 결과를 활용한다. 언어는 신겸심리학자보다 SLP가 더 구체적으로 평가할 수 있는 영역이다. 언어 처리 양식에 관한 세부 정보가 필요한 경우 손상 중심의 실어증 평가(예: 보스턴 실어증진단검사[Boston Diagnostic Aphasia Examination-3: BDAE-3]; Goodglass, Kaplan, & Barresi, 2000; 웨스턴 실어증검사-수정판[Western Aphasia Battery-Revised: WAB-R]; Kertesz, 2006)를 실시하거나 관련된 하위 검사를 선택적으로 사용한다. 노스웨스턴 철자바꾸기검사(Northwestern Anagram Test: NAT; Weintraub et al., 2009)는 발화 산출이 부족한 경우 또는 PPA의 구문 능력을 평가한다. 노스웨스턴 동사·문장평가(Northwestern Assessment of Verbs and Sentences: NAVS; Cho-Reyes & Thompson, 2012; Thompson, 2012)는 단일 동작 및 문장 내 동사의 이해와 산출, 구문에 맞는 문장이나 비문을 평가한다.

기타 심리언어적 평가(예: 실어증 언어처리 심리언어평가[Psycholinguistic Assessments of Language Processing in Aphasia: PALPA]; Kay, Lesser, & Coltheart, 1992)는 필요시 특정 언어 영역(예: 의미, 구문, 음운, 화용 및 담화)을 검사하는 데 활용된다. 전반적 실어증 검사는 다양한 범위의 행동을 효과적으로 파악하나, 치매 환자에게 전체를 시행하기 어려울 뿐 아니라 필요성도 적은 편이다. 대신에 일상 의사소통의 성패 및 참여를 고려한 언어 특성을 상세히 파악하기 위해 특정 과제가 포함된 역동적 평가를 시행한다. 여기서는 치매 환자의 의사소통 및 행동의 기능적 중재에 초점을 두므로 손상 중심의 언어 평가는 상세히 다루지 않는다. 이에 대해서는 다른 자료를 참고할 것을 권고한다(예: Bayles & Tomoeda, 2013; Lezak et al., 2012).

5. 치료 가능성 및 기능적 향상의 평가

1) 치료 가능성

치료 가능성의 평가는 치료를 계획하는 데 가장 필수적인 요소로, 임상가가 치료 기법이나 보상 전략에 대한 반응을 판단하도록 돕는다. 배상 문제를 고려할 때 치료 가능성은 평가의 주요 영역에 해당한다. 제3 지급인은 진전 사항을 보고하고 결과에 대한 합리적 기대치를 문서화하도록 요구한다. 예를 들어, 알츠하이머형 치매 환자는 보상 전략을 고안할 때 활용되는 음독 및 읽기 이해 능력이 보존되어 있다(Bourgeois, 1992; Bourgeois et al., 2002). 글자 단서에 대한 반응은 치료의 합리적 기대치를 예측하는 데 유용하나, 손상 중심의 읽기 검사는 대개 이러한 목적에 부합하지 않는다.

Bourgeois 음독선별검사(Bourgeois Oral Reading Screen: BORS; Bourgeois, 2013)는 글자 단서에 대한 반응을 파악하기 위한 비공식 도구이다([부록 5-5] 참고). 2개의 글자 크기로 구성된 5개 항목을 통해 음독을 평가하고, 읽기 자료에 적합한 글자 크기를 결정하는 데 활용된다. 각 페이지를 큰 소리로 읽고 말하도록 하면 문장을 쉽게 읽고 이해할 수 있는 글자 크기가 파악된다. 몇몇 항목은 1인칭(예: 나의 누님은 75세입니다. 나는 Swissvale에 삽니다.)으로 구성되어 문장에 대한 이해(예: "나의 누님은 절대 나이를 말하지 않을 거예요.", "나는 Swissvale에 살지 않아요.")를 반영한다(Bourgeoiset al., 2002).

음독 과제에서 항상 글자 단서를 활용할 수 있는 것은 아니다. 확대되거나 강조된 단서에 대한 정반응 여부를 판단하기 위해 역동적 평가를 시행한다. 지시대로 문장을 읽지 않으면 자극의 물리적 특성(예: 글자 크기 늘이기, 노란색 종이에 복사하기, 한 번에 1개의 문장과 그림 표시하기)을 조정한다. 자극에 집중하나 혼란스러워할 경우 개인 정보에 관한 대화를 통해 글자 단서의 활용 가능성을 파악한다(예: "내 이름은 Francine이다.", "나는 Halifax에 산다."). 글자의 외형(크기, 배경)이 수행과 치료 가능성에 큰 영향을 미치므로 글자 크기 평가도구는 이 장의 '감각 선별검사' 부분에 제시되어 있다(Brush et al., 2011; Elliot, 2011). 역동적 평가를 통해 최적의 그림 유형(예: 흑백 선화 vs. 친숙한 사진)도 결정한다.

간격회상 선별검사(Spaced Retrieval Screen; Brush & Camp, 1998; [부록 5-6] 참고)는 학습 가능성을 판단하고 목표 행동을 개선하기 위한 구조화된 훈련의 기대치를 평가한다. 이 과제에서 환자는 임상가의 이름을 학습하는데, 3회의 시도에서 1분 지연 후 이름을 말하면 간격회상 훈련이 효과적인 중재임을 예측할 수 있다. 과제에 대한 동기의식이 없을 경우 대상을 바꾸고, 임상가가 파악하고 있는 문제로 구성하기도 한다(예: 병실 번호).

치료에 대한 자극반응도(stimulability)는 일상생활에서 환자를 관찰하여 평가한다. 자연스러운 환경에서 관찰하고, 반응을 유발하는 단서 및 자극 유형을 설정한 후 환자의 행동 유형을 기술한다. 이는 자연스러운 환경에서 목표 행동을 수행할 자극과 과제를 고안하는 데 활용된다. Bourgeois는 기능적 목표를 개발하기 위해 행동 유형을 문서화하는 몇 가지 양식을 개발했다. 치매거주자모니터 선별프로토콜(Screening Protocol to Monitor Residents with Dementia; Rozsa & Bourgeois, 2006) 및 기능적 목표 선별프로토콜-지역사회 치매 환자용(Functional Goals Screening Protocol: Community Clients with Dementia; Bourgeois & Rozsa, 2006)은 [부록 5-7]과 [부록 5-8]에 각각 제시되어 있다. 이러한 양식은 인지 및 의사소통 행동, 다양한 감각 자극 및 환경 변수에 대한 주의력과 수용력을 문서화하는 데 유용하다. 임상가는 시각 자극(예: 그림, 색깔, 기호), 청각 단서(예: 말하기, 음악), 촉각 자극(예: 다양한 감촉의 물질)에 대한 반응을 관찰한다. 또 타인과의 상호작용이나 환경에 참여하려는 시도 및 욕구(예: 개시 빈도, 능동적 vs. 수동적 참여)를 표현하는지 확인하기 위해 전술한 절차를 적용해야 한다. 이를 통해 타인과의 상호작용, 활동 참여, 환경에 대한 능동적 및 수동적 참여 등을 관찰한다.

2) 기능적 향상

기능적 향상을 측정할 때 손상 기반 평가를 권고하지 않는 이유는 다음과 같다. ① 치매 중재는 주로 손상이 아닌 기능적 행동에 중점을 둔다. ② 손상 기반 평가는 치료를 통한 변화에 민감하지 않은 편이다. 활동 및 참여 평가는 기능적 향상을 파악하는 데 활용되기도 하나, 치료된 행동과 무관할 수 있어 제한적이다. 환자 및 임상가의 보고 결과와 환자 · 임상가 · 가족의 만족도는 주로 정부와 기관의 정책 개발 및 보상에 좌우된다. 이는 일련의 요소를 측정하는 질 지표를 개발하는 계기가 되었다. 2004년 이후 간결하고 유용한 척도들이 다양한 형식(종이, iPad, 컴퓨터)으로 개발 및 표준화되었고, 무료 버전이 제공된다 (http://commonfund.nih.gov/, 2017). 환자보고형 결과평가체계(patient-reported outcomes measurement system: PROMIS)는 신경장애 삶의 질(Quality of Life in Neurological Disorders: Neuro-QoL; Cella et al., 2011; Gershon et al., 2012), 미국국립보건원 평가도구(National Institutes of Health[NIH] Toolbox™; 인지 · 감정 · 감각 · 운동 기능의 신경행동 평가) 등으로 구성되며, 웹 사이트(http://HealthMeasures.net/)에서 이용할 수 있다. PROMIS와 Neuro-QoL은 11장에서 상세히 논의된다.

표준화 검사는 치료 결과를 평가하도록 고안되지 않아 변화를 잘 반영하지 못하므로, 치료 중인 특정 행동과 이의 영향을 받는 기능적 활동의 변화를 추가로 평가해야 한다 (Bourgeois,1998). 예를 들어, SLP는 대화 시 사실(새로운 진술 포함) 및 모호한 진술의 양을 파악함으로써 기억 보조기기(책이나 지갑 형식의 그림 및 문장 자극 세트)를 활용한 결과를 평가한다. 글자 알림카드 치료(색인카드, 메모 게시판, 기억책 페이지)를 통해 단절된 발화(반복 질문 및 요구)를 중재한 결과는 보호자를 통해 평가하는데, 중재 전후의 단절된 발화 수를 측정한다(Bourgeois et al., 1997). 행동 중재에서 평가된 대화 행동인 '조식 모임(Breakfast Club)'은 질문, 타인 이름 사용, 눈 맞춤, 주제 유지 등을 포함한다(6장 참고, Santo Pietro & Boczko, 1998). 치료 효과를 평가하기 위해 임상가가 자료 수집 도구를 구성하기도 하는데, 중재 효과나 치료 계획의 변경 여부를 결정하는 지속적 평가에 근거해야 한다. 임상가는 목표의 달성 시기를 확인함으로써 해당 목표의 종결 여부를 결정한다.

3) 가족 간병인에게 결과 보고하기

SLP는 평가 및 중재 결과에 대해 가족 간병인과 논의해야 한다. 이때 고려할 사항은 다음과 같다. 환자 및 가족의 문화적 배경과 교육수준을 파악하고, 이들의 지식과 관점을 고려해 신중하게 정보를 제공한다. 예를 들어, 불확실한 사항은 명확히 표현하고, 환자 및 중재에 대한 판단이 미치는 영향에 민감해야 한다. 현재 확인한 것을 설명한 후 중요한 정보를 놓치지 않도록 유의한다. 긍정적인 결과에서 시작해 약점을 보고하며, 항상 강점을 강조한다. 가족의 미래 계획을 도울 뿐 아니라 즉각적인 치료를 위해 필요한 정보에 집중한다. 치료를 계획하고 실행하는 데 책임감을 갖고 협조하며, 치료 전략을 따르도록 가족을 독려한다. 가족이 과중한 책임을 느낄 수 있음에 유념해야 한다. 권고된 전략은 의사소통을 촉진하거나 돌봄에 대한 스트레스를 덜고 삶의 질을 향상시키는 데 활용되어야 한다.

6. '재활 모델 뒤집기' 접근에 따른 기능적 목표의 작성

적절한 목표로 구성된 치료를 계획하는 것은 평가 과정의 필수 요소이다. 보험과 관련된 작성 방법(4장 참고)이 이 과정에도 적용된다. 임상가가 아닌 환자 중심 치료를 계획하려면 환자 및 가족의 주요 관심사와 치료 목표가 일치해야 한다(예: 〈표 5-5〉 참고).

〈표 5-5〉 환자 중심 목표의 설정

주요 관심사	연관된 기능적 목표
1. "나는 다른 사람의 이름을 잘 기억하지 못해요." – Smith 씨	개인 사진 및 글자 단서가 포함된 의사소통 게시판을 활용해 최소한의 구어 단서가 주어지는 개방형 질문에 대답한다. 친구와 가족 이름 중 9/10를 인출하고, 배우자 및 친구와의 일상 대화 시 참여 능력을 향상시킨다.
2. "TV 리모컨이 항상 고장나는 것 같아요. 내가 좋아하는 채널을 찾을 수 없어요." – Smith 씨	TV 리모컨 및 복잡한 가전 기기의 조작, 여가생활 참여의 증가를 위해 시각적 순서, 글자 단서를 활용하고, 3/3 단계를 순차적으로 수행한다.
3. "무슨 요일인지, 어디로 가고 있는지 하루에 적어도 20번 이상 물어봐요." – Smith 씨 배우자	일정에 대한 기능적 회상을 증진시키기 위해 최소한의 제스처와 구어 단서, 기억지갑의 글자 단서를 활용한다. 일정에 관한 반복 질문의 빈도를 '일주일간 배우자 행동 일지상 1일 3회'로 줄인다.
4. "그는 계속 지갑과 휴대전화를 잃어버려요…… 뭔가를 잃어버릴까 봐 우리는 밖에 나갈 수 없어요." – Smith 씨 배우자	IADLs/ADLs의 참여를 증가시키기 위해 최소한의 구어 단서, 조직화된 전략+글자 기억 보조기기 등을 활용한다. 가정의 기능적 사물에서 3/3을 찾는다.

인간 중심적 생활 참여 모델에 근거한 각 목표는 다음의 요소를 반영해야 한다. ① 환자, 가족, 보호자/간병인의 관심 영역을 고려한다. ② 의미 있고 기능적인 활동에 초점을 맞춘다. ③ 권고되는 시각 · 청각 · 촉각 단서에 기초하여 실질적으로 적용한다. 이에 따라 목표를 설정하면 의미 있는 생활 참여에 기반한 환자 및 인간 중심적 치료인 '재활 모델 뒤집기' 접근과 일치한다.

사례 5-1 가정 치료 계획을 위한 기능적 평가의 예

82세 은퇴 교사인 Fitzpatrick은 심장 재활병원에서 퇴원한 후 가정 치료기관을 통해 언어치료를 의뢰했다. 혈관성 치매로 진단받았고, 혼란과 동요가 심한 것으로 보고되었다. 의료진과 달리 그의 아내는 가정 돌봄을 강력히 주장했다. SLP는 '재활 모델 뒤집기' 접근에 따라 첫 번째 면담을 진행하고 부부의 관심 목록을 작성했다. Fitzpatrick은 식물 기르기, 간단한 식사 준비, 독서 등 이전의 취미 생활을 회복하고자 했으나, 아내는 그의 안전을 염려했다. 그는 "내가 무엇을 시도할 때마다 아내는 모든 걸 뒤죽박죽으로 만들어요. 신문에는 더 이상 흥미로운 뉴스가 없어요."라고 하소연했다. 면담과 관찰 후 인지 기능(몬트리올 인지평가[MoCA]), 청각 및 시각 기능, 기능적 읽기 능력(Bourgeois 음독선별검사[BORS]), 이름 학습 능력(간격회상 선별검사)을 평가했다. 그 결과, 중도 수준의 인지-언어 결함, 일대일 의사소통 상호작용에 적절한 청력, 글자 크기 14인 인쇄물을 읽을 수 있는 시력, 새로운 정보를 1분 후 지연 회상할 수 있는 능력 등이 있었다. SLP는 시각적 리마인더카드로 환자의 취미 생활 관련 과정을 치료하고, 신문 대신 관심사가 반영된 기억책 및 기억상자를 고안해 아내와 함께 시행하도록 계획했다.

사례 5-2 장기요양(LTC) 계획을 위한 평가 예

Seinfeld는 주 보호자인 남편이 사망한 후 LTC 대상자로 인정되었다. SLP는 모든 신규 거주자를 정기적으로 심사했고, 간호사와의 간략한 면담 및 의료 기록에 기반해 인지-언어 평가 및 치료를 의뢰했다. 간호사는 환자가 불안한 상태이면 요구 사항을 잘 이해하지 못한다고 보고했다. 환자의 반응 행동으로는 목욕이나 옷 갈아입기 거부, 남편의 행방에 관한 반복 질문, 다른 거주자 방에서 헤매기 등이 있다. SLP는 MoCA를 통해 손상 정도를 판단했다. 또 글자 단서를 활용해 치료 가능성을 판단하고 새로운 기술 및 전략 습득 능력을 확인하기 위해 BORS와 간격회상 선별검사를 시행했다. 평가 결과, 음독 및 간격회상 능력이 양호하며 중도의 인지 결함으로 나타났다. SLP는 의료 기록의 병력 및 관심 활동 목록을 검토했고, 근처에 사는 손녀로부터 사진과 추가 정보를 얻었다. 목욕 및 옷 입기를 위한 글자 단서카드, 상호작용의 질과 만족도를 위한 기억지갑, 참여를 늘리기 위한 관심 도서 등이 기능적 목표에 활용되었다. 치료 계획에는 간호사와 활동 담당 직원에 대한 교육도 포함되었다. 즉 간호사는 일상의 효과적인 의사소통 기술 및 단서 체계를 활용하고, 활동 직원은 단서 체계를 통해 사회적 상호작용과 프로그램의 참여를 높이도록 계획되었다.

7. 결론

치매 환자 및 가족에 대한 인간 중심 돌봄은 사회적 모델의 맥락에서 발전해 왔다. 인간 중심 돌봄의 평가 시에는 목적(예: 진단 vs. 치료 계획 또는 기능적 결과 평가)을 먼저 확인해야 한다. 대부분의 환자는 의료진의 진단서를 SLP에게 제시하는데, SLP가 의료진의 일원인 경우도 있다. 인간 중심 치료를 계획하기 위한 평가에서는 중재 서비스를 위한 기능적 목표를 고려한다. '재활 모델 뒤집기' 접근을 활용해 환자 및 보호자에게 의미 있는 목표를 세우는 것이 바람직하다. 이를 통해 객관적인 자료를 수집할 수 있으므로, 인간 중심 치료 계획에 유용하지 않은 검사는 시행할 필요가 없다. '재활모델 뒤집기' 접근의 평가에는 감각 선별검사, 면담, 관찰, 선호도 및 반응 행동 평가 등이 포함된다. 이러한 정보가 수집되면 공식 또는 비공식 평가를 통해 활동과 참여를 검토한다. 필요시 신체 구조 및 기능 평가에 적합한 도구를 선택하기도 한다. 치료 가능성을 평가함으로써 치료 과정을 선택하는데, 이에는 환자가 잘 반응하는 단서의 유형 및 전략이 포함된다. 치료 계획을 위한 평가는 목표와 계획을 수립함으로써 완료된다. 치료 목표는 환자 및 가족의 주요 관심사와 일치시키며, 기능적 향상에 대한 평가도 계획되어야 한다.

[부록 5-1] '재활 모델 뒤집기' 체크리스트

완료 시 ✓:

	요청 시 평가의 필요성을 판단하기 위해 선별검사를 시행함(의뢰 시 전문의나 가족이 기능적 상태 변화를 보고하면 대부분 선별검사가 불필요함)	
	의학적 및 심리사회적 병력 검토	
		특정 치매의 진단(예: 알츠하이머형 치매 vs. 원발성 진행성 실어증[PDA] vs. 루이소체 치매[DLB])?
		인지 및 언어 변화의 시작 시기(초기에 특정 영역의 뚜렷한 증상, 예: 단기기억 vs. 언어, 이후의 다영역적 손상)?
		심리사회적 고려 사항(예: 가족력, 현 지원 수준, 진단에 대한 이해)?
	환자, 가족, 간병인과의 인간 중심적 면담	
	일상 환경에서 환자 관찰	
	감각 선별검사	
	공식적 및 비공식적 일상 참여 관련 역동적 평가(IADLs 및 ADLs 포함)	
	정적 평가: 선정된 표준화 검사를 통해 일상에 직접적 영향을 미치는 손상 영역의 심화 조사	
	상담, 지원, 교육, 평가 및 훈련	
	목표 형성: 인간 중심, 손상 기반적 vs. 보상적, 활동/참여 기반적 목표	

[부록 5-2] 개인 욕구 · 요구 · 안전성 평가 양식

<table>
<tr><td colspan="2">욕구, 요구, 안전성 평가: (이름)</td></tr>
<tr><td colspan="2">환경: 가정, 병원, 거주형 시설, 요양원 (하나를 선택해 ○ 표시)</td></tr>
<tr><td colspan="2">욕구: 개인 선호도, 호/불호 표현</td></tr>
<tr><td>좋아하는 것:</td><td>싫어하는 것:</td></tr>
<tr><td colspan="2">요구: 신체적 안락 및 감정적 요구 충족</td></tr>
<tr><td>신체:

통증:</td><td>감정:</td></tr>
<tr><td colspan="2">안전성: 자해 또는 가해 예방</td></tr>
<tr><td colspan="2">약물 처방:

낙상 예방:

식사:

개인 위생:</td></tr>
<tr><td>환경 제약:</td><td></td></tr>
<tr><td>비상 연락망:</td><td></td></tr>
</table>

출처: © Michelle S. Bourgeois.

[부록 5-3] 기억력 지원 정보 양식: 지역사회용

신상정보를 작성하시오.

(이름): ______________________________

(별명): ______________________________

가족 사항

모:
성명: ______________
생년월일: ______________
출생지: ______________
사망일: ______________

부:
성명: ______________
생년월일: ______________
출생지: ______________
사망일: ______________

형제:
성명: ______________
____

자매:
성명: ______________
____

배우자:
성명: ______________ 생년월일: ______________
출생지: ______________ 결혼일: ______________
결혼 장소(시, 도): ______________________________
사망일(해당 시): ______________________________

자녀:
성명:
1. __________ 2. __________ 3. __________ 4. __________

배우자: (여성인 경우 결혼 후 성까지 포함)
1. __________ 2. __________ 3. __________ 4. __________

손주:
1. __________ 2. __________ 3. __________ 4. __________
1. __________ 2. __________ 3. __________ 4. __________
1. __________ 2. __________ 3. __________ 4. __________

손주들의 현재 직업은 무엇입니까?
1. __________ 2. __________ 3. __________ 4. __________

현재 자녀와 손주들은 어디에 거주하고 있습니까(시, 도)?
1. __________ 2. __________ 3. __________ 4. __________

가족 구성원 정보

생년월일: ______________________ 출생지: ______________________

유년기 거주지(시, 도): ______________________

고등학교: ______________________ 대학교: ______________________

군 복무: ______________________

기관: ______________________ 기간: ______________________

직위: ______________________ 기간: ______________________

수상 이력:

취미, 선호하는 여가 생활(과거 및 현재):

동호회, 사회 조직: ______________________

재직 여부: ______________________

종교: ______________________

종교 관련 활동 또는 참여(예: 집사, 성가대 등)

성인기 거주지: 기간:

반려동물(과거 및 현재):

인상적 휴가:

장소: ______________________

기간: ______________________

동행자: ______________________

가장 친한 친구: ______________________

인상적 사건, 세부 사항: ______________________

반응 행동: 현재 겪고 있는 특정 문제나 기타 사안의 발생 빈도를 기재하시오(예: 어머니는 10분마다 교회에 가라고 하신다).

____

____

____

____

일과표: 모든 일상 활동을 포함해 가족의 일과표를 작성하시오.

	일상적 일과	특별 활동
오전 7:00		
7:30		
8:00		
8:30		
9:00		
9:30		
10:00		
10:30		
11:00		
11:30		
오후 12:00		
12:30		
1:00		
1:30		
2:00		
2:30		
3:00		
3:30		
4:00		
4:30		
5:00		
5:30		

6:00 ______________________ ______________________

6:30 ______________________ ______________________

7:00 ______________________ ______________________

7:30 ______________________ ______________________

8:00 ______________________ ______________________

8:30 ______________________ ______________________

9:00 ______________________ ______________________

9:30 ______________________ ______________________

10:00 ______________________ ______________________

10:30 ______________________ ______________________

11:00 ______________________ ______________________

12:00 ______________________ ______________________

가족이 여가 시간에 참여하나 일과표에 포함되지 않은 활동이 있습니까?

____

____

출처: © Michelle S. Bourgeois.

[부록 5-4] 기억력 지원 정보 양식: 요양원용

성명: ______________________________

방번호: ______________________________

동실자: ______________________________

친구: ______________________________

아침-시간: ______________ 선호 음식: ______________

점심-시간: ______________ 선호 음식: ______________

저녁-시간: ______________ 선호 음식: ______________

식사 장소: ______________________________

일상 활동(활동명, 동행자, 장소, 인솔자, 일과표 관련 기타 정보): ______________

대략적인 기상 시간: ______________________________

대략적인 취침 시간: ______________________________

평상시: ______________________________

____

____

월요일: ______________________________

화요일: ______________________________

수요일: ______________________________

목요일: ______________________________

금요일: ______________________________

토요일: ______________________________

일요일: ______________________________

방문 가족: ______________________________

____

____

기타 가족: ______________________________

____

____

직원(성명 및 활동): ______________________________

____

____

____

기타 정보: ______________________________

____

____

좋아하는 것:

____

____

____

싫어하는 것:

____

____

____

관심사 및 취미:

____

____

____

출처: © Michelle S. Bourgeois.

[부록 5-5] Bourgeois 음독검사(Bourgeois Oral Reading Measure)

나는 야구를
즐깁니다.

개 이름은
Rover입니다.

나는 Swissvale에
삽니다.

나의 누님은
75세입니다.

내 아내의 이름은
Mary입니다.

출처: Bourgeois(2013).

[부록 5-6] 간격회상 선별검사(Spaced Retrieval Screen)

1. (지연 없이) "오늘은 제 이름을 기억하는 연습을 하겠습니다. 제 이름은 ____________ 입니다. 제 이름이 뭐죠?"
   정답: "맞습니다. 기억해 주셔서 기쁩니다."
2. (잠시 후) "잘하셨습니다. 이 시간 동안 연습할 기회를 더 많이 드리겠습니다. 다시 한 번 해 봅시다. 제 이름이 뭐죠?"
   정답: "맞습니다. 기억해 주셔서 기쁩니다."
3. (한참 후) "제 이름을 오랫동안 기억하고 있다니 정말 잘하셨습니다. 이게 중요합니다. 항상 제 이름을 기억해 주시기 바랍니다. 치료 기간에 자주 질문하면서 이렇게 연습할 예정입니다. 제 이름이 뭐죠?"
   정답: "맞습니다. 오랫동안 제 이름을 기억하고 계시네요. 잘하셨습니다."

환자 수준에 상관없이 3회 연속으로 오반응을 보이면 훈련에 부적합하다. 이 경우 "노력해 주셔서 감사합니다. 이제 다른 것을 해 봅시다."라고 말한다.

출처: Brush & Camp(1998).

[부록 5-7] 치매거주자모니터 선별프로토콜

거주자 성명: ____________________

선별검사 일자: ____________________

의학 진단: ____________________

생년월일: 연령: 성별:

1부. 거주자 면담

A. 개인 정보

가족		직장	
취미		싫어하는 것	

발병 전 독해 능력 예 아니요 반응 불가능

발병 전 작문 능력 예 아니요 반응 불가능

보청기 착용 예 아니요

안경 착용 예 아니요 특정 활동 시

기타 사용 언어 예 아니요 기타: ____________________

B. 간이정신상태검사(MMSE) 점수: ____________ 경증=20~23, 중간=12~19, 중증=<12

강점: ____________ 약점: ____________

C. 대화 샘플

____________ (시설명)에서의 생활에 대해 이야기해 주세요.

담화 특성	가능	불가능	기회 없음
차례 지키기	____	____	____
본인 차례 내주기	____	____	____
화두 유지	____	____	____
새로운 주제 제시	____	____	____
주제 전환	____	____	____
설명 요구	____	____	____
명확성	____	____	____

D. 환경에 대한 지남력

방을 보여 주세요	가능	도움 필요 (약간 중간 많음)	불가능
식사 공간을 보여 주세요	가능	도움 필요 (약간 중간 많음)	불가능

활동 공간을 보여 주세요	가능	도움 필요 (약간 중간 많음)	불가능
활동판을 보여 주세요	가능	도움 필요 (약간 중간 많음)	불가능

E. 기억책 사용: (미소지 시 임상가의 책 사용)

책이 있는 경우:

책을 갖고 있습니까?	예	아니요
책을 쉽게 사용할 수 있습니까?	예	아니요
책 관련 대화에 참여합니까?	예	아니요
주제를 유지하며 대화합니까?	예	아니요
새로운 의견을 제시합니까?	예	아니요
잘못된 진술(의견)을 합니까?	예	아니요
한 페이지에서 다른 페이지로 전환할 수 있습니까?	예	아니요

소견:

F. 읽기 선별검사(기억책 기반): 통과 실패 수준: 완전한 문장 짧은 구 한 단어

G. 간격회상 검사: 통과 실패

소견:

2부. 거주자 관찰

A. 사회적 의사소통 관찰(직접/직원)

다양한 환경에서 요구 및 욕구를 전달함	가능	도움 필요	불가능
선호도를 명확히 표현함	가능	도움 필요	불가능
직원과 대화함	가능	도움 필요	불가능
타인과 대화를 시작함	가능	도움 필요	불가능

B. 반응 행동 여부

행동	원인	세부 사항(시간 포함)

C. 삼킴

삼킴장애 여부: 예 아니요　　해당 영역: 구강 인두 식도

최근 평가일: ______

영양/수분 공급의 대체 수단: 예 아니요　　'예'인 경우: ______

현재 식단(체크 표시)

일반 식단	묽은 유동식	컵으로 마심
부드럽게 분쇄	진한 과일즙	빨대 없음
퓌레	진한 꿀	단서 필요
투명한 유동식	유동식 불가	기타:
전반적 유동식	구강 식사 불가	

D. 일상생활활동(ADLs): 보조장치 필요 여부(O 표시)

이동 시:	독립적	지팡이	보행 보조기	휠체어
식사:	독립적	도움 필요(약간)	도움 필요(중간)	의존적
단장:	독립적	도움 필요(약간)	도움 필요(중간)	의존적
옷 입기:	독립적	도움 필요(약간)	도움 필요(중간)	의존적
화장실 가기:	독립적	도움 필요(약간)	도움 필요(중간)	의존적

출처: © Angela Halter Rozsa, M.S. CCC-SLP & Michelle Bourgeois, Ph.D. CCC-SLP.

[부록 5-8] 기능적 목표 선별프로토콜: 지역사회 치매 환자용

성명: ______________________ 검사일: ______________________

진단: ____

생년월일: ____________ 연령: ______________ 성별: ______________

1부. 환자 면담

A. 개인 정보

가족		직업	
동거인		취미	
친구 관계		활동	
좋아하는 것		싫어하는 것	

발병 전 독해 능력	예	아니요	반응 불가능
발병 전 작문 능력	예	아니요	반응 불가능
보청기 착용	예	아니요	
안경 착용	예	아니요	특정 활동 시
기타 사용 언어	예	아니요	기타: ______________

B. 간이정신상태검사(MMSE) 점수: ______________ 경증=20~23, 중간=12~19, 중증=<12

강점: ______________________ 약점: ______________________

C. 대화 샘플

가족(또는 직업)에 대해 이야기해 주세요:

담화 특성	가능	불가능	기회 없음
차례 지키기	________	________	________
본인 차례 내주기	________	________	________
화두 유지	________	________	________
새로운 주제 제시	________	________	________
주제 전환	________	________	________

설명 요구	______	______	______
명확성	______	______	______

D. 환경에 대한 지남력:

화장실이 어디 있는지 알려 줄 수 있나요?	가능	도움 필요 (약간 중간 많음)	불가능
당신의 전화기가 어디 있는지 알려 줄 수 있나요?	가능	도움 필요 (약간 중간 많음)	불가능
물 한 잔을 어디서 마실 수 있는지 알려 줄 수 있나요?	가능	도움 필요 (약간 중간 많음)	불가능

E. 청각적 및 촉각적 행동

다른 사람이 이야기할 때 주의 깊게 듣나요?	예	아니요
물건을 잡고, 쥐고, 다룰 수 있나요?	예	아니요
소음(라디오, TV)에 신경이 쓰입니까?	예	아니요
손으로 표면을 문지르고, 매끄럽게 하고, 만져 봅니까?	예	아니요
음악을 듣거나 노래를 부릅니까?	예	아니요
물건이나 표면을 치거나 때립니까?	예	아니요

F. 시각적 및 기능적 읽기 행동: (가정 내 신문, 잡지, 기타 자료 활용)

환자에게 "여기(잡지, 편지 등)에서 흥미로운 점을 이야기해 주세요."라고 요구한다.

자료를 소리 내어 읽습니까?	예	아니요
주제에 대한 의견을 이야기합니까?	예	아니요
자료에 대해 다른 사람을 관여시킵니까? (질문 등)	예	아니요
다른 주제를 찾기 위해 페이지를 넘겨 봅니까?	예	아니요
가까이/멀리 있는 사물을 알아봅니까?	예	아니요

소견:

G. 읽기 선별검사(Bourgeols, 1992)

활자: 작게/24 맞음 크게/24 맞음

소견:

H. 간격회상 훈련(Brush & Camp, 1998):

즉시 30초 60초 통과 실패

들려주는 문장을 따라 말해 주세요(짧은 문장):

소견:

2부. 환자 진단

A. 사회적 의사소통 관찰(직접/직원)

다양한 환경에서 요구 및 욕구를 전달함	가능	도움 필요	불가능
선호도를 명확히 표현함	가능	도움 필요	불가능
직원과 대화함	가능	도움 필요	불가능
타인과 대화를 시작함	가능	도움 필요	불가능

B. 반응 행동 여부

행동	원인	세부 사항(시간 포함)

C. 삼킴

삼킴장애 여부: 예 아니요 해당 영역: 구강 인두 식도

최근 평가일:

영양/수분 공급의 대체 수단: 예 아니요 '예'인 경우: ____________________

현재 식단(체크 표시)

일반 식단	묽은 유동식	컵으로 마심
부드럽게 분쇄	진한 과일즙	빨대 없음
퓌레	진한 꿀	단서 필요
투명한 유동식	유동식 불가	기타:
전반적 유동식	구강 식사 불가	

D. 일상생활활동(ADLs): 보조장치 필요 여부(O 표시)

이동 시:	독립적	지팡이	보행 보조기	휠체어
식사:	독립적	도움 필요(약간)	도움 필요(중간)	의존적
단장:	독립적	도움 필요(약간)	도움 필요(중간)	의존적
옷 입기:	독립적	도움 필요(약간)	도움 필요(중간)	의존적
화장실 가기:	독립적	도움 필요(약간)	도움 필요(중간)	의존적

출처: © Michelle Bourgeois & Angela Halter Rozsa.

참고문헌

Albert, M. S. (1994). Brief assessments of cognitive function in the elderly. In M. P. Lawton & J. A. Teresi (Eds.), *Annual review of gerontology and geriatrics focus on assessment techniques* (Vol. 4, pp. 93-106). New York: Springer.

Algase, D. L., Beck, C., Kolanowski, A., Whall, A., Berent, S., Richards, K., & Beattie, E. (1996). Need-driven dementia-compromised behavior: An alternative view of disruptive behavior. *American Journal of Alzheimer's Disease and Other Dementias, 11*(6), 10, 12-19.

Allen, C., Austin, S. L., David, S. K., Earhart, C. A., McCraith, D. B., & Riska-Williams, L. (2007). *Manual for the Allen Cognitive Level Screen-5 (ACLS-5) and Large Allen Cognitive Level Screen-5 (LACLS-5).* Camarillo, CA: ACLS and LACLS Committee.

Allen, C., Earhart, C., & Blue, T. (1992). *Occupational therapy treatment goals for the physically and cognitively disabled.* Bethesda, MD: AOTA.

American Health Care Association. (1990). *The long term care survey: Regulations, forms, procedures, guidelines.* Washington, DC: Author.

American Psychological Association (2014). Guidelines for psychological practice with older adults. *American Psychologist, 69*(1), 34-65. doi:10.1037/a0035063.

American Speech-Language-Hearing Association (ASHA). (2004). Evaluating and treating communication and cognitive disorders: Approaches to referral and collaboration for speech-language pathology and clinical neuropsychology [Technical report]. *ASHA Supplement, 23*, 47-58.

American Speech-Language-Hearing Association (ASHA). (2005). Roles of speech-language pathologists in the identification, diagnosis, and treatment of individuals with cognitive-communication disorders: Position statement. *ASHA Supplement, 25*, 1-2.

American Speech-Language-Hearing Association (ASHA). (2007). *Scope of practice in speech-language pathology [Scope of practice].* doi:10.1044/policy.SP2007-00283.

Baines, K. A., Martin, A. W., & McMartin Heeringa, H. (1999). *Assessment of Language-Related Functional Activities* (ALFA). Austin, TX: Pro-Ed.

Barker, W., Luis, C., Harwood, D., Loewenstein, D., Bravo, M., Ownby, R., & Duara, R. (2005). The effects of a memory screening program on the early diagnosis of Alzheimer disease. *Alzheimer Disease & Associated Disorders, 19*(1), 1-7.

Barrie, M. A. (2002). Objective screening tools to assess cognitive impairment and depression. *Topics in Geriatric Rehabilitation, 18*(2), 28-46.

Bayles, K. A., & Tomoeda, C. K. (1993). *Arizona battery for communication disorders in dementia.* Tuscon, AZ: Canyonlands Publishing.

Bayles, K. A., & Tomoeda, C. K. (1994). *Functional linguistic communication inventory test manual.* Tucson, AZ: Canyonlands.

Bayles, K. A., & Tomoeda, C. K. (2013). *Cognitive-communication disorders of dementia: Definition, diagnosis, and treatment* (2nd ed.). San Diego, CA: Plural Publishing.

Bayles, K. A., Tomoeda, C. K., Cruz, R. F., & Mahendra, N. (2000). Communication abilities of individuals with late-stage Alzheimer disease. *Alzheimer Disease & Associated Disorders, 14*(3), 176-181.

Baylor, C., Burns, M., Eadie, T., Britton, D., & Yorkston, K. (2011). A qualitative study of interference with communicative participation across communication disorders in adults. *American Journal of Speech-Language Pathology, 20*, 269-287. doi:10.1044/1058-0360(2011/10-0084).

Beatty, W., Ryder, K., Gontkovsky, S., Scott, J. G., McSwan, K., & Bharucha, K. (2003). Analyzing the subcortical dementia syndrome of Parkinson's disease using the RBANS. *Archives of Clinical Neuropsychology, 18*(5), 509-520.

Belanger, H. G., Wilder-Willis, K., Malloy, P., Salloway, S., Hamman, R. F., & Grigsby, J. (2005). Assessing motor and cognitive regulation in AD, MCI, and controls using the Behavioral Dyscontrol Scale. *Archives of Clinical Neuropsychology, 20*(2), 183-189.

Black, N., Burke, L., Forrest, C. B., Ravens Sieberer, U. H., Ahmed, S., Valderas, J. M., … Alonso, J. (2016). Patient-reported outcomes: pathways to better health, better services, and better societies. *Qual Life Res, 25*, 1103-1112. doi:10.1007/s11136-015-1168-3.

Bourgeois, M. S. (1990). Enhancing conversation skills in Alzheimer's Disease using a prosthetic memory aid. *Journal of Applied Behavior Analysis, 23*(1), 29-42.

Bourgeois, M. S. (1992). Evaluating memory wallets in conversations with patients with dementia.

Journal of Speech, Language, and Hearing Research, 35(6), 1344-1357.

Bourgeois, M. S. (1993). Effects of memory aids on the dyadic conversations of individuals with dementia. *Journal of Applied Behavior Analysis, 26*(1), 77-87.

Bourgeois, M. S. (1998). Functional outcomes assessment of adults with dementia. *Seminars in Speech and Language, 19*(3), 261-279.

Bourgeois, M. (2013). *Memory & communication aids for people with dementia*. Baltimore: Health Professions Press.

Bourgeois, M. (2014, March). *A functional approach to assessment in dementia: Some new ideas*. Paper presented at ASHA Healthcare Conference, Las Vegas, NV.

Bourgeois, M. (2015, November). *Innovative treatments for persons with dementia*. Paper presented at ASHA Research Symposium, Denver, CO.

Bourgeois, M., Brush, J., Douglas, N., Khayum, R., & Rogalski, E. (2016). Will you still need me when I'm 64, or 84, or 104? The importance of Speech-Language Pathologists in promoting the quality of life of aging adults in the United States into the future. *Seminars in Speech and Language, 37*, 185-200.

Bourgeois, M. S., Burgio, L. D., Schulz, R., Beach, S., & Palmer, B. (1997). Modifying repetitive verbalization of community dwelling patients with AD. *The Gerontologist, 37*(1), 30-39.

Bourgeois, M., Camp, C., Antenucci, V., & Fox, K. (2016). VoiceMyChoice™: Facilitating understanding of preferences of residents with dementia. *Advances in Aging Research, 5*, 131-141.

Bourgeois, M., & Hopper, T. (2005, February). *Evaluation and treatment planning for individuals with dementia*. Proceedings of the American Speech-Language-Hearing Association Health Care Conference, Palm Springs, CA.

Bourgeois, M., LaPointe, L., Dijkstra, K., Bays, G., Lasker, J., & Johnson, K. (2002, May). *Unexpected evidence of reading comprehension during oral reading in dementia*. Presented at the International Clinical Phonetics and Linguistics Association Conference, Hong Kong.

Bourgeois, M. S., & Mason, L. A. (1996). Memory wallet intervention in an adult day care setting. *Behavioral Interventions, 11*(1), 3-18.

Bourgeois, M., & Rozsa, A. (2006). Functional goals screening protocol: Community clients with dementia. In D. Beukelman, K. Garrett, & K. Yorkston (Eds.), *AAC interventions for adults in medical settings: Integrated assessment and treatment protocols*. Baltimore: Brookes.

Brookshire, R., & Nicholas, L. (1997). *Discourse comprehension test* (2nd ed.). Minneapolis, MN: BRK.

Bruce, C., Brush, J. A., Sanford, J. A., & Calkins, M. P. (2013). Development and evaluation of the environment and communication assessment toolkit with speech-language pathologists. *Seminars in Speech and Language, 34*(1), 42-51. doi:10.1055/s-0033-1337394.

Brush, J., Calkins, M., Bruce, C., & Sanford, J. (2011). *Environment and Communication Assessment Toolkit for Dementia Care (ECAT)*. Baltimore: Health Professions Press.

Brush, J. A., & Camp, C. J. (1998). Using spaced-retrieval as an intervention during speech-language therapy. *Clinical Gerontologist, 19*(1), 51-64.

Buckingham, D., Mackor, K., Miller, R., Pullam, N., & Molloy, K. (2013). Comparing the cognitive screening tolls: MMSE and SLUMS. *Pure Insights, 2*(3). Available at http://digitalcommonswou.edu/pure/volz/1ssl/3.

Burns, M. (1997). *Burns brief inventory of communication and cognition*. San Antonio, TX: Pearson.

Camp, C. (2006). Montessori-based Dementia Programming™ in long-term care: A case study of disseminating an intervention for persons with dementia. In R. C. Intrieri & L. Hyer (Eds.), *Clinical applied gerontological interventions in long-term care* (pp. 295-314). New York: Springer.

Camp, C. (2010). Origins of Montessori programming for dementia. *Non-Pharmacologic Therapies in Dementia, 1*(2), 163-174.

Camp, C., & Skrajner, M. (2004). Resident-assisted Montessori programming (RAMPTM): Training persons with dementia to serve as group activity leaders. *The Gerontologist, 44*, 426-431.

Cella, D., Nowinski, C., Peterman, A., Victorson, D., Miller, D., Lai, J.-S., & Moy, C. (2011). The Neurology Quality of Life measurement initiative. *Arch Phys Med Rehabil, 92*(10 Suppl), S28-S36. doi:10.1016/j.apmr.2011.01.025.

Centers for Medicare & Medicaid Services (CMS) (2016). *Long-term care facility Resident Assessment Instrument 3.0 User's Manual, Version 1.14*. Washington, DC: Department of Health & Human Services. Retrieved on February 20, 2017 from www.cms.gov/Medicare/Quality-Initiatives-Patient-Assessment-Instruments/NursinghomeQualityInits/MDS30RAIManual.html.

Chapey, R., Duchan, J. F., Elman, R. J., Garcia, L. J., Kagan, A., Lyon, J., & Simmons-Mackie, N. (2000, February). Life participation approach to aphasia: A statement of values for the future. *The ASHA Leader, 5*, 4-6.

Chapman, S. B., Zientz, J., Weiner, M., Rosenberg, R., Frawley, W., & Burns, M. H. (2002). Discourse changes in early Alzheimer disease, mild cognitive impairment, and normal aging. *Alzheimer Disease & Associate Disorders, 16*(3), 177-186.

Cho-Reyes, S., & Thompson, C. K. (2012; online). Verb and sentence production and comprehension. Northwesters Assessment of Verbs and Sentences (NAVS). *Aphasiology*. doi

:10.1080/02687038.2012.693584.

Cohen-Mansfield, J. (1986). Agitated behaviors in the elderly. II. Preliminary results in the cognitively deteriorated. *Journal of the American Geriatrics Society, 34*(10), 722-727.

Cohen-Mansfield, J., Dakheel-Ali, M., Jensen, B., Marx, M., & Thein, K. (2012). An analysis of the relationships among engagement, agitated behavior, and affect in nursing home residents with dementia. *International Psychogeriatrics, 2*(5), 742-752.

Coles, H., & Carson, S. (2013). *Standardized Touchscreen Assessment of Cognition* (STAC) and *Functional Standardized Touchscreen Assessment of Cognition* (FSTAC). Fairport, NY: Cognitive Innovations LLC. Retrieved from www.cognitive-innovations.com.

Croot, K., Nickels, L., Laurence, F., & Manning, M. (2009). Impairment- and activity/participation-directed interventions in progressive language impairment: Clinical and theoretical issues. *Aphasiology, 23*(2), 125-160.

Crum, R. M., Anthony, J. C., Bassett, S. B., & Folstein, M. F. (1993). Population-based norms for the Mini-Mental State Examination by age and educational level. *Journal of the American Medical Association, 269*(18), 2386-2391.

Damico, J. S., Oelschlaeger, M., & Simmons-Mackie, N. (1999). Qualitative methods in aphasia research: Conversation analysis. *Aphasiology, 13*(9-11), 667-680.

Damico, J. S., & Simmons-Mackie, N. N. (2003). Qualitative research and speech-language pathology: A tutorial for the clinical realm. *American Journal of Speech-Language Pathology, 12*(2), 131-143.

Duff, K., Schoenberg, M. R., Patton, D., Paulsen, J. S., Bayless, J. D., Mold, J., & Adams, R. L. (2005). Regression-based formulas for predicting change in RBANS subtests with older adults. *Archives of Clinical Neuropsychology, 20*(3), 281-290.

Dufouil, C., Clayton, D., Brayne, C., Chi, L. Y., Dening, T. R., Paykel, E. S., & Huppert, F. A. (2000). Population norms for the MMSE in the very old: Estimates based on longitudinal data. *Neurology, 55*(11), 1609-1613.

Earhart, C. A. (2006). *Allen Diagnostic Module—2nd edition: Manual and assessments* (ADM-2). Colchester, CT: S&S Worldwide.

Ehrlich, J. S., Obler, L. K., & Clark, L. (1997). Ideational and semantic contributions to narrative production in adults with dementia of the Alzheimer's type. *Journal of Communication Disorders, 30*(2), 79-99.

Elliot, G. (2011). *Montessori Methods for Dementia™: Focusing on the person and the prepared environment*. Oakville, Ontario, Canada: Dementiability Enterprises.

Feldman, H., Sauter, A., Donald, A., Gélinas, I., Gautier, S., Torfs, K., & Mehnert, A. (2001). The

Disability Assessment for Dementia Scale: A 12-month study of functional ability in mild to moderate severity Alzheimer's disease. *Alzheimer Disease & Associated Disorders, 15*(2), 89-95.

Folstein, M. F., & Folstein, S. E. (2010). *Mini-Mental State Examination®* (2nd ed.). Lutz, FL: Psychological Assessment Resources.

Folstein, M., Folstein, S., & Folstein, J. (2011). The Mini-Mental State Examination®: A brief cognitive assessment. In M. T. Abou-Saleh, C. L. E. Katona, & A. Kumar (Eds.), *Principles and practice of geriatric psychiatry* (3rd ed., pp. 145-146). Chichester, UK: John Wiley & Sons.

Folstein, M. F., Folstein, S. E., & McHugh, P. R. (1975). "Mini-mental state": A practical method for grading the cognitive state of clients for the clinician. *Journal of Psychiatric Research, 12*(3), 189-198.

Frattali, C. M., Thompson, C. M., Holland, A. L., Wohl, C. B., & Ferketic, M. M. (1995). The FACS of life: ASHA FACS - a functional outcome measure for adults. *ASHA, 37*(4), 40-46.

Freedman, M., Leach, L., Kaplan, E., Winocur, G., Shulman, K. I., & Delis, D. C. (1994). *Clock drawing: A neuropsychological analysis*. New York: Oxford University Press.

Garcia, C., Leahy, B., Corradi, K., & Forhetti, C. (2008). Component structure of the Repeatable Battery for the Assessment of Neuropsychological Status in dementia. *Archives of Clinical Neuropsychiatry, 23*, 63-72.

Gélinas, I., Gauthier, L., McIntyre, M., & Gautier, S. (1999). Development of a functional measure for persons with Alzheimer's disease: The disability assessment for dementia. *American Journal of Occupational Therapy, 53*(5), 471-481.

Gershon, R. C., Lai, J. S., Bode, R., Choi, S., Moy, C., Bleck, T., Miller, D., Peterman, A., & Cella, D. (2012). Neuro-QOL: Quality of life item banks for adults with neurological disorders: Item development and calibrations based upon clinical and general population testing. *Qual Life Res, 21*(3), 475-486.

Gontkovsky, S. T., Mold, J. W., & Beatty, W. W. (2002). Age and educational influences on RBANS index scores in a nondemented geriatric sample. *The Clinical Neuropsychologist, 16*(3), 258-263.

Goodglass, H., Kaplan, E., & Barresi, B. (2000). *The Boston diagnostic aphasia examination*, 3rd ed. (BDAE-3). San Antonio, TX: Psychological Corporation.

Grigoletto, F., Zappala, G., Anderson, D. W., & Lebowitz, B. D. (1999). Norms for the Mini-Mental State Examination in a healthy population. *Neurology, 53*(2), 315-320.

Hall, K. M. (1997). The Functional Assessment Measure (FAM). *Journal of Rehabilitation Outcomes, 1*(3), 63-65.

Hall, K. M., Hamilton, B. B., Gordon, W. A., & Zasler, N. D. (1993). Characteristics and comparisons of functional assessment indices: Disability rating scale, functional independence measure and functional assessment measure. *The Journal of Head Trauma Rehabilitation, 8*(2), 60-74.

Hays, S-J., Niven, B., Godfrey, H., & Linscott, R. (2004). Clinical assessment of pragmatic language impairment: A generalizability study of older people with Alzheimer's disease. *Aphasiology, 18*(8), 693-714.

Heinemann, A. W. (1989). *Rehabilitation Institute of Chicago: Functional assessment scale - revised.* Chicago: Rehabilitation Institute of Chicago.

Helm-Estabrooks, N. (2001). *Cognitive linguistic quick test: Examiner's manual.* San Antonio, TX: Psychological Corporation.

Helmes, E., Csapo, K. G., & Short, J.-A. (1987). Standardization and validation of the Multidimensional Observation Scale for Elderly Subjects (MOSES). *The Journals of Gerontology, 42*(4), 395-405.

Holdnack, H. A. (2001). *Wechsler Test of Adult Reading: WTAR.* San Antonio, TX: The Psychological Corporation.

Holland, A. L., Fromm, D., & Wozniak, L. (2017). *Communicative activities of daily living: CADL-3* (3rd ed.). Austin, TX: Pro-Ed.

Isella, V., Villa, L., Russo, A., Regazzoni, R., Ferrarese, C., & Appollonio, I. (2006). Discriminative and predictive power of an informant report in mild cognitive impairment. *J Neurol Neurosurg Psych, 77*(2), 166-171.

Johnson, N., Barion, A., Rademaker, A., Rehkemper, G., & Weintraub, S. (2004). The Activities of Daily Living Questionnaire: A validation study in patients with dementia. *Alzheimer Disease & Associated Disorders, 18*(4), 223-230.

Johnson-Greene, D. (2004). Test review: Dementia Rating Scale-2 (DRS-2): By P. J. Jurica, C. L. Leitten, and S. Mattis: Psychological Assessment Resources, 2001. *Archives of Clinical Neuropsychology, 19*(1), 145-147.

Jones, R. N., & Gallo, J. J. (2002). Education and sex differences in the Mini-Mental State Examination: Effects of differential item functioning. *The Journals of Gerontology Series B: Psychological Sciences and Social Sciences, 57*(6), P548-P558.

Jurica, P. J., Leitten, C. L., & Mattis, S. (2001). *Dementia rating scale* (DRS-2; 2nd ed.). Lutz, FL: Psychological Assessment Resources.

Kagan, A., Simmons-Mackie, N., Rowland, A., Huijbregts, M., Shumway, E., McEwen, S., … Sharp, S. (2008). Counting what counts: A framework for capturing real-life outcomes of aphasia intervention. *Aphasiology, 22*(3), 258-280. http://dx.doi.org/10.1080/02687030701282595.

Kagan, A., Simmons-Mackie, N., Victor, J. C., Carling-Rowland, A., Hoch, J., Huijbregts, M., et al. (2013). *Assessment for living with aphasia* (*ALA*). (2nd ed.). Toronto, ON: Aphasia Institute.

Kay, J., Lesser, R., & Coltheart, M. (1992). *PALPA: Psycholinguistic assessments of language processing in aphasia*. Hove, England: Lawrence Erlbaum Associates.

Kennedy, M. (2002). Principles of assessment. In R. Paul (Ed.), *Introduction to clinical methods in communication disorders* (1st ed.). Baltimore: Brookes.

Kertesz, A. (2006). *Western aphasia battery-revised* (WAB-R). New York: Harcourt Brace Jovanovich.

Kunik, M. E., Martinez, M., Snow, A. L., Beck, C. K., Cody, M., Rapp, C. G., & Hamilton, D. J. (2003). Determinants of behavioral symptoms in dementia patients. *Clinical Gerontologist, 26*(3-4), 83-89.

LaPointe, L. L., & Horner, J. (1998). *Reading comprehension battery for aphasia (RCBA-2)*. Austin, TX: Pro-Ed.

Lawton, M. P., Van Haitsma, K., & Klapper, J. (1999). Observed Emotion Rating Scale. Retrieved February 14, 2017 from www.abramsoncenter.org/PRI (scales page).

Lawton, M. P., Van Haitsma, K., Perkinson, M., & Ruckdeschel, K. (1999). Observed affect and quality of life in dementia: Further affirmations and problems. *Journal of Mental Health and Aging, 5*(1), 69-81.

Lezak, M. D., Howleson, D. B., Bigler, E. D., & Tranel, D. (2012). *Neuropsychological assessment* (5th ed.). New York: Oxford University Press.

Lomas, J., Pickard, L., Bester, S., Elbard, H., Finlayson, A., & Zoghaib, C. (1989). The Communicative Effectiveness Index: Development and psychometric evaluation of a functional communication measure for adult aphasia. *Journal of Speech and Hearing Disorders, 54*(1), 113-124.

MacDonald, S., & Johnson, C. J. (2005). Assessment of subtle cognitive-communication deficits following acquired brain injury: A normative study of the Functional Assessment of Verbal Reasoning and Executive Strategies (FAVRES). *Brain Injury, 19(11)*, 895-902.

McFarlane, J., Welch, J., & Rodgers, J. (2006). Severity of Alzheimer's disease and effect on premorbid measures of intelligence. *British Journal of Clinical Psychology, 45*(4), 453-463.

Mesulam, M. M., Weineke, C., Thompson, C., Rogalski, E., & Weintraub, S. (2012). Quantitative classification of Primary Progressive Aphasia at early and mild impairment stages. *Brain, 135*, 1537-1553.

Meyers, P. S. (1998). *Right hemisphere damage: Disorders of communication and cognition*. San Diego, CA: Singular.

Mohs, R. (2006). *ADAS-Cog: What, why and how?* Retrieved on May 13, 2006, from www.alzheimer-insights.com/insights/vol.3no1/vol.3no1.htm.

Morhardt, D., Weintraub, S., Khayum, B., Robinson, J., Medina, J., O'Hara, M., … Rogalski, E. (2015). The CARE Pathway Model for Dementia: Psychosocial and rehabilitative strategies for care in young onset dementias. *Psychiatric Clinics of North America, 38*(2), 333-352.

Morris, J. C. (1993). The Clinical Dementia Rating (CDR): Current version and scoring rules. *Neurology, 43*(11), 2412-2414.

Mungas, D., Marshall, S. C., Weldon, M., Haan, M., & Reed, B. R. (1996). Age and education correction of Mini-Mental State Examination for English- and Spanish-speaking elderly. *Neurology, 46*(3), 700-706.

Mungas, D., Reed, B. R., & Kramer, J. H. (2003). Psychometrically matched measures of global cognition, memory, and executive function for assessment of cognitive decline in older persons. *Neuropsychology, 17*(3), 380-392.

Murphy, J., Gray, C., van Achterberg, T., Wyke, S., & Cox, S. (2010). The effectiveness of the Talking Mats framework in helping people with dementia to express their views on wellbeing. *Dementia, 9*(4), 454-472. doi:10.1177/1471301210381776.

Nasreddine, Z. S., Phillips, N. A., Bédirian, V., Charbonneau, S., Whitehead, V., Collin, I., & Chertkow, H. (2005). The Montreal Cognitive Assessment (MOCA): A brief screening tool for mild cognitive impairment. *Journal of the American Geriatrics Society, 53*(4), 695-699.

Nicholas, L. E., & Brookshire, R. H. (1993). A system for quantifying the informativeness and efficiency of the connected speech of adults with aphasia. *Journal of Speech, Language, and Hearing Research, 36*(2), 338-350.

Nicholas, L. E., & Brookshire, R. H. (1995). Presence, completeness, and accuracy of main concepts in connected speech of non-brain-damaged adults and adults with aphasia. *Journal of Speech, Language, and Hearing Research, 38*(1), 145-156.

Oakley, F., Lai, J. S., & Sunderland, T. (1999). A validation study of the Daily Activities Questionnaire: An activities of daily living assessment for people with Alzheimer's disease. *Journal of Outcome Measurement, 3*(4), 297-307.

Orsulic-Jeras, S., Schneider, N., Camp, C., Nicholson, P., & Helbig, M. (2001). Montessori-based dementia activities in long-term care: Training and implementation. *Activities, Adaptation & Aging, 25*(3-4), 107-120.

Perkins, L., Whitworth, A., & Lesser, R. (1998). Conversing in dementia: A conversation analytic approach. *Journal of Neurolinguistics, 11*(1-2), 33-53.

Pfeffer, R. I., Kurosaki, T. T., Harrah, C. H., Jr., Chance, J. M., & Filos, S. (1982). Measurement of functional activities in older adults in the community. *The Journal of Gerontology, 37*(3), 323-329.

Randolph, C. (1998). *Repeatable Battery for the Assessment of Neuropsychological Status (RBANS)*. San Antonio, TX: Psychological Corporation.

Randolph, C., Tierney, M. C., Mohr, E., & Chase, T. N. (1998). The Repeatable Battery for the Assessment of Neuropsychological Status (RBANS): Preliminary clinical validity. *Journal of Clinical Experimental Neuropsychology, 20*(3), 310-319.

Ray, W. A., Taylor, J. A., Lichtenstein, M. J., & Meador, K. G. (1992). The Nursing Home Behavior Problem Scale. *The Journal of Gerontology, 47*(1), M9-M16.

Reisberg, B. (1987). Functional assessment staging (FAST). *Psychopharmacology Bulletin, 24*(4), 653-659.

Reisberg, B. (2007). Global measures: Utility in defining and measuring treatment response in dementia. *International Psychogeriatrics, 19*(3), 421-456.

Reisberg, B., Borenstein, J., Franssen, E., Salob, S., Steinberg, G. … Georgotas, A. (1987). BEHAVE-AD: A clinical rating scale for the assessment of pharmacologically remediable behavioral symptomatology in Alzheimer's disease. In A. Fisher, I. Hanin, & C. Lachman (Eds.), *Alzheimer's disease: Problems, prospects, and perspectives*. New York: Springer.

Reisberg, B., Ferris, S. H., de Leon, M. J., & Crook, T. (1982). The global deterioration scale for assessment of primary degenerative dementia. *The American Journal of Psychiatry, 139*(9), 1136-1139.

Robertson, I. H., Ward, T., Ridgeway, V., & Nimmo-Smith, I. (1994). *The Test of Everyday Attention*. Gaylord, MI: Northern Speech Services.

Robertson, I. H., Ward, T., Ridgeway, V., & Nimmo-Smith, I. (1996). The structure of normal human attention: The Test of Everyday Attention. *Journal of the International Neuropsychological Society, 2*(6), 525-534.

Rosen, H. J., Narvaez, J. M., Hallam, B., Kramer, J. H., Wyss-Coray, C., Gearhart, R., & Miller, B. L. (2004). Neuropsychological and functional measures of severity in Alzheimer disease, frontotemporal dementia, and semantic dementia. *Alzheimer Disease & Associated Disorders, 18*(4), 202-207.

Rosen, W. G., Mohs, R. C., & Davis, K. L. (1984). A new rating scale for Alzheimer's disease. *The American Journal of Psychiatry, 141*(11), 1356-1364.

Ross-Swain, D. (1996). *Ross Information Processing Assessment-2* (RIPA-2). Austin, TX: Pro-Ed.

Ross-Swain, D., & Fogle, P. (1996). *Ross Information Processing Assessment-Geriatric* (RIPA-G). Austin, TX: Pro-Ed.

Royall, D. R., Cordes, J. A., & Polk, M. (1998). CLOX: An executive clock drawing task. *Journal of Neurology, Neurosurgery, and Psychiatry, 64*(5), 588-594.

Rozsa, A., & Bourgeois, M. (2006). Screening protocol to monitor residents with dementia. In D. Beukelman, K. Garrett, & K. Yorkston (Eds.), *AAC interventions for adults in medical settings: Integrated assessment and treatment protocols*. Baltimore: Brookes.

Santo Pietro, M. J., & Boczko, R. (1997). *Communication outcome measure of functional independence (COMFI Scale)*. Vero Beach, FL: The Speech Bin.

Santo Pietro, M. J., & Boczko, F. (1998). The Breakfast Club: Results of a study examining the effectiveness of a multi-modality group communication treatment. *American Journal of Alzheimer's Disease and Other Dementias, 13*(3), 146-158.

Saxton, J., Kastango, K. B., Hugonot-Diener, L., Boller, F., Verny, M., Sarles, C. E., & DeKosky, S. T. (2005). Development of a short form of the Severe Impairment Battery. *The American Journal of Geriatric Psychiatry, 13*(11), 999-1005.

Saxton, J., McGonigle, K. L., Swihart, A. A., & Boller, F. (1993). *Severe impairment battery*. Bury St. Edmunds, UK: Thames Valley.

Saxton, J., McGonigle-Gibson, K. L., Swihart, A. A., Miller, V. J., & Boller, F. (1990). Assessment of the severely demented patient: Description and validation of a new neuropsychological test battery. *Psychological Assessment: A Journal of Consulting and Clinical Psychology, 2*(3), 298-303.

Scharre, D., Chang, S., Murden, R., Lamb, J., Beversdorf, D., Kataki, M., Nagaraja, H., & Borenstein, R. (2010). Self-administered Gerocognitive Examination (SAGE): A brief cognitive assessment instrument for mild cognitive impairment (MCI) and early dementia. *Alzheimer Dis Assoc Disord, 24*(1), 64-71.

Schmitt, F. A., Ashford, W., Ernesto, C., Saxton, J., Schneider, L. S., Clark, C. M., & Thal, L. J. (1997). The severe impairment battery: Concurrent validity and the assessment of longitudinal change in Alzheimer's disease. *Alzheimer Disease & Associated Disorders, 11*, 51-56.

Schneider, L. S., Colin, J. T., Lyness, S. A., & Chui, H. C. (1997). Eligibility of Alzheimer's disease clinic patients for clinical trials. *Journal of the American Geriatrics Society, 45*(8), 923-928.

Simmons-Mackie, N., & Damico, J. (1996). Accounting for handicaps in aphasia: Communicative assessment from an authentic social perspective. *Disability & Rehabilitation, 18*(11), 540-549.

Simmons-Mackie, N., Kagan, A., Victor, J. C., Carling-Rowland, A., Mok, A., Hoch, J. S., … Streiner, D. L. (2014). The assessment for living with aphasia: Reliability and construct validity. *International Journal of Speech-Language Pathology, 16*(1), 82-94. doi:10.3109/17549507.2013.831484.

Sloan, F. A., & Wang, J. (2005). Disparities among older adults in measures of cognitive function by race or ethnicity. *The Journals of Gerontology Series B: Psychological Sciences and Social Sciences, 60*(5), P242-P250.

State University of New York at Buffalo, Research Foundation. (1993). *Guide for use of the Uniform Data Set for Medical Rehabilitation: Functional independence measure*. Buffalo, NY: Author.

Tappen, R. M., Roselli, M., & Engstrom, G. (2010). Evaluation of the Functional Activities Questionnaire (FAQ) in cognitive screening across four American ethnic groups. *Clin Neuropsychol, 24*(4), 646-661.

Tariq, S. H., Tumosa, N., Chibodl, J. T., Perry, H. M., & Morley, J. E. (2006). The Saint Louis University Mental Status (SLUMS) Examination for detecting mild cognitive impairment and dementia is more sensitive than the Mini-Mental Status examination (MMSE): A pilot study. *AM J Geriatr Psychiatry, 14*, 900-910.

Terrell, B. Y., & Ripich, D. N. (1989). Discourse competence as a variable in intervention. *Seminars in Speech Language Disorders, 10*(4), 282-297.

Tetnowski, J. A., & Franklin, T. C. (2003). Qualitative research: Implications for description and assessment. *American Journal of Speech-Language Pathology, 12*(2), 155-164.

Thompson, C. K. (2012). *Northwestern Assessment of Verbs and Sentences*. Evanston, IL: Northwestern University.

Threats, T. (2006). Towards an international framework for communication disorders: Use of the ICF. *Journal of Communication Disorders, 39*(4), 251-265. doi.org/10.1016/j.jcomdis.2006.02.002.

Threats, T. (2007). Access for persons with neurogenic communication disorders: Influences of personal and environmental factors of the ICF. *Aphasiology, 21*(1), 67-80. doi.org/10.1080/02687030600798303.

Togher, L. (2001). Discourse sampling in the 21st century. *Journal of Communication Disorders, 34*(1-2), 131-150.

Tompkins, C. A. (1995). *Right hemisphere communication disorders: Theory and management*. San Diego, CA: Singular.

Turkstra, L., Ylvisaker, M., Coelho, C., Kennedy, M., Sohlberg, M. M., Avery, J., & Yorkston, K. (2005). Practice guidelines for standardized assessment of persons with traumatic brain injury. *Journal of Medical Speech-Language Pathology, 13*(2), ix-xxviii.

van der Ploegg, E., Eppinstall, B., Camp, C. J., & Runci, S. (2013). A randomized crossover trial to study the effect of personalized, one-to-one interaction using Montessori-based activities on agitation, affect, and engagement in nursing home residents with dementia. *International Psychogeriatrics, 25*(4), 565-575.

Vance, D. E., Burgio, L. D., Roth, D. L., Stevens, A. B., Fairchild, J. K., & Yurick, A. (2003). Predictors of agitation in nursing home residents. *The Journals of Gerontology Series B: Psychological Sciences and Social Sciences, 58*(2), P129-P137.

Wallace, S., Donoso Brown, E., Fairman, A., Beardshall, L., Olexsovich, A., Taylor, A., & Schreiber, J. (2016). Validation of the standardized touchscreen assessment of cognition with neurotypical adults. *NeuroRehabilitation,* 1-10. doi:10.3233/NRE-161428.

Weintraub, S., Mesulam, M.-M., Wieneke, C., Rademaker, A., Rogalski, E., & Thompson, C. (2009). The Northwestern Anagram Test: Measuring sentence production in Primary Progressive Aphasia. *AM J Alzheimers Dis Other Demen., 24*(5), 408-416. doi:1177/1533317509343104.

Welland, R. J., Lubinski, R., & Higginbotham, D. J. (2002). Discourse comprehension test performance of elders with dementia of the Alzheimer type. *Journal of Speech, Language, and Hearing Research, 45*(6), 1175-1187.

Welsh, K. A., Butters, N., Mohs, R. C., Beekly, D., Edland, S., Fillenbaum, & Heyman, A. (1994). The Consortium to Establish a Registry for Alzheimer's Disease (CERAD): Part V. A normative study of the neuropsychological battery. *Neurology, 44*(4), 609-614.

Wiig, E. H. (2002). *Alzheimer's quick test: Assessment of parietal function*. San Antonio, TX: Psychological Corporation.

Wilson, B. A., Alderman, N., Burgess, P., Emslei, H., & Evans, J. J. (1996). *Behavioral assessment of the dysexecutive syndrome (BADS).* Bury St. Edmunds, UK: Thames Valley.

Wilson, B. A., Greenfield, E., Clare, L., Baddeley, A., Cockburn, J., Watson, P., … Crawford, J. (2008). *The Rivermead Behavioural Memory Test-3rd Ed. (RBMT-3).* London, UK: Pearson Assessment.

World Health Organization. (2001). *International classification of functioning, disability, and health*. Retrieved February 21, 2006, from www3.who.int/icf/icftemplate.cfm.

Ylvisaker, M., & Feeney, T. (1998). *Collaborative brain injury intervention: Positive everyday routines*. San Diego, CA: Singular.

Ylvisaker, M., Szekeres, S., & Feeney, T. (2001). Communication disorders associated with traumatic brain injury. In R. Chapey (Ed.), *Language intervention strategies in aphasia and related neurogenic communication disorders* (4th ed., pp. 745-808).

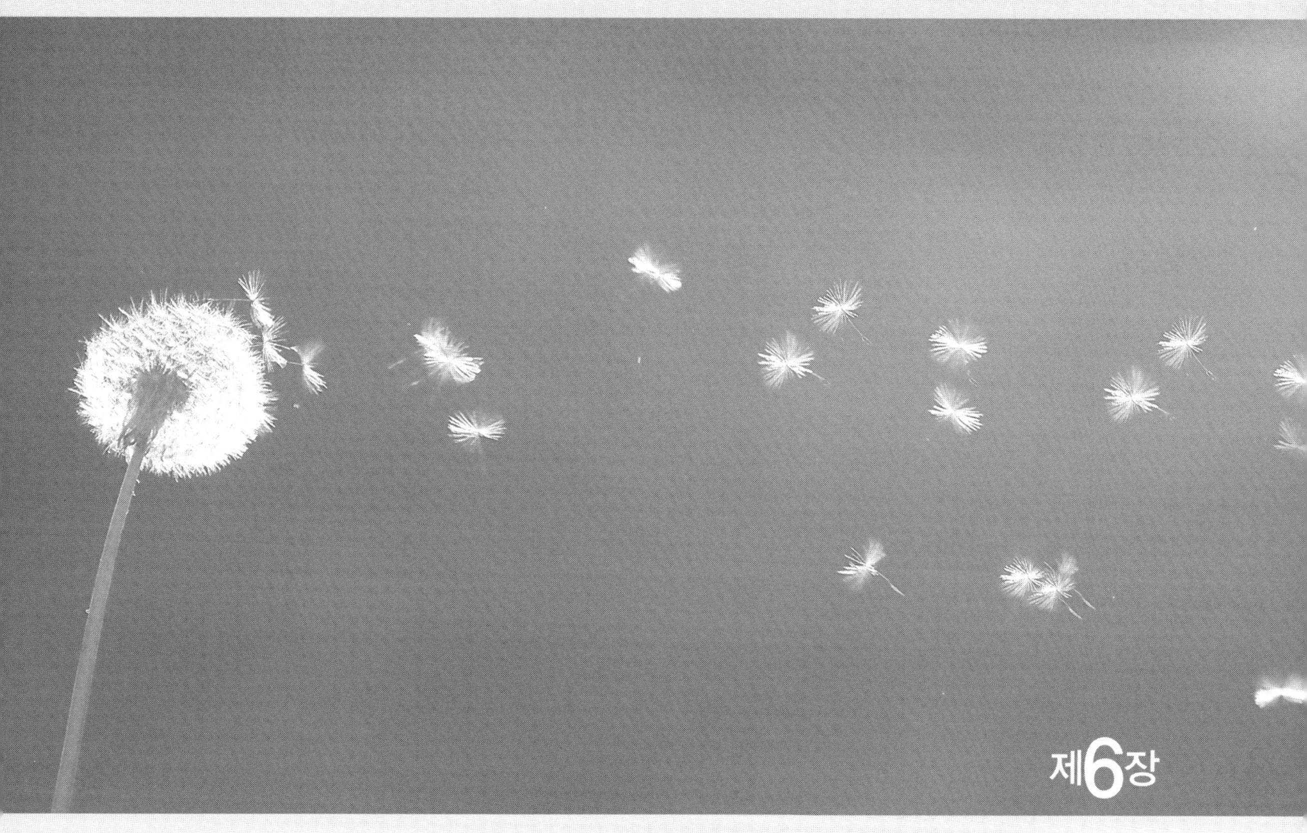

제6장

인지-의사소통 중재

Ellen M. Hickey and Michelle S. Bourgeois

치매 치료에 관한 철학은 수년간 크게 발전해 왔다. 이전에는 치매의 퇴행성으로 인해 치료 가능성에 대한 회의적인 견해가 많았고, 인지 및 행동의 저하를 회복하거나 지연시킬 효과적 중재법이 제시되지 않았다(Hopper, 2003, 2016). 지난 20년간 기능 유지, 과잉장애 예방, 삶의 질 향상을 강조하는 총체적 및 인간적 접근법이 발전했으며, 중재 관련 연구도 급증했다. 치료 접근법은 건강 관리의 사회적 모델에 근거해 인간 중심 돌봄으로 변화했고(Kitwood, 1997; Mitchell & Agnelli, 2015), '미충족 요구' 이론(예: Algase et al., 1996; Kunik et al., 2003) 등의 자극을 받았다. 언어병리학에서는 '실어증 환자로 살기'와 함께 총체적 치료가 발달했다. '실어증 환자로 살기: 평가 체계(A-FROM: Kagan et al., 2008)'를 일부 수정해 '치매 환자로 살기' 체계를 적용한다. 중재 연구는 기능과 삶의 질을 극대화하는 데 중점을 두고 지속적으로 발전하고 있다(Bourgeois et al., 2015; 치매 치료 및 사회적 모델은 1장 및 4장, 미충족 요구 이론은 3장 참고).

지난 수십 년간 비약물적(환경적 및 행동적) 중재가 많이 연구되었는데, 참여와 삶의 질뿐 아니라 인지-의사소통 손상에 대한 효과가 입증되었다(예: Egan et al., 2010; Olazarán et al., 2010; Orrell et al., 2014). 현재 미국 언어재활사(SLP)는 치매 환자 및 가족에게 비약물적 중재를 제공하는 치료 팀의 필수 구성원이다. 미국언어청각협회(ASHA, 2005)는 SLP가 인지-의사소통장애를 다룰 때 기능적 능력을 교육하고 보상 전략을 개발하며 지원 체계와 협력하도록 권고한다. SLP는 이를 실현하는 데 어려움이 있다고 보고하나, 캐나다, 아일랜드 등에서 점차 개선되는 추세이다. 예를 들어, 캐나다의 SLP는 인지-의사소통장애를 충분히 인식하나 장기요양(LTC) 기금이 부족하다고 보고한다. 병원 측은 보다 급성기인 환자, 특히 삼킴장애를 우선적으로 고려한다(Hopper et al., 2007). 아일랜드의 경우 증거 기반 중재에 대해 SLP의 지식이나 자신감이 부족하고, 치매 관리를 위한 최적의 팀 접근법이 없는 실정이다(Gill & McCabe, 2016).

신경의사소통장애 · 과학협회(ANCDS)는 2001년 초 ASHA와 보훈처의 지원하에 SLP의 치매 중재 관련 체계적 문헌 연구를 시행했다(Bayles et al., 2005, 2006; Boyle et al., 2006; Hopper et al., 2005; Mahendra, Hopper et al., 2006; Mahendra, Kim et al., 2006; Zientz et al., 2007a, 2007b). 또 ANCDS 및 ASHA의 국립증거기반임상센터(National Center for Evidence-Based Practice: NCEP)의 연구 팀이 협력해 치매의 인지 중재에 관한 체계적 문헌 연구를 시행했다(Hopper et al., 2013). 전반적 인지 재활뿐 아니라 치매의 인지 중재에 대한 다른 분야의 문헌 연구도 SLP에게 유용할 수 있다.

5장에서 논의된 바대로, 임상가는 '재활 모델 뒤집기'(Bourgeois, 2014, 2015)를 활용해 환자 및 보호자 중심의 치료를 촉진할 수 있다. 기능적 접근법은 중재에 대한 다음의 3개 일반 원리를 반영한 인간 중심 돌봄을 계획하는 데 유용하다. ① 독립적인 기능을 극대화한다. ② 참여 및 관계를 지원함으로써 삶의 질을 유지한다. ③ 개인적 연관성 및 맥락적 훈련을 강조한다(원리는 4장 참고). 이 장에서는 3개 원리 및 국제기능장애건강분류(ICF; WHO, 2001)에 근거해 치매 환자의 인지-의사소통 능력에 대한 증거 기반 중재를 논의한다.

ICF는 신체 구조/기능이나 활동, 참여에 목표를 둔 중재 접근법을 분류하거나, 삶의 질에 영향을 주는 환경을 변화시키는 데 활용된다. 이에 기초해 새롭게 고안되거나 기존의 신경 연결 경로를 지원하는 약물적 또는 행동적 접근법으로 신체 구조와 기능을 치료한다. 약물적 중재에 관해서는 간략히 논의한다. 인지 손상에 대한 인지 자극/훈련 접근법도 소개되는데, 인지 재활은 활동 및 참여에 중점을 둔다. SLP는 기능적 활동의 보상 전략을 개발하기 위해 보존된 능력을 활용한다(Bourgeois, 1992b; Bourgeois et al., 2015; Camp et al., 1997; Camp & Skrajner, 2004). 이를 위한 특정 인지 재활 절차 및 사례를 제시할 것이다(비약물적/환경적/행동적 중재 접근은 7장 참고).

1. 약물적 중재 접근법

치매에 대한 약물 치료의 시장성을 기반으로 알츠하이머병(AD)의 치료제를 개발하는 데 상당한 연구 자원이 투입되었다. AD 및 기타 치매 관련 질환을 예방하거나 중단하기 위해 질환 수정 중심 의료 및 약물 치료법이 개발되고 있다(Sun, Nelson, & Alkon, 2015). 뇌의 아밀로이드-베타(amyloid-β: Aβ) 또는 타우 단백질을 줄이거나 조절하고 인슐린 저항성을 해소하기 위해 항산화제, 호르몬 대체제, 항염증치료제 등의 다양한 약물 치료가 연구되고 있으나, 현재 임상적으로 승인된 약물은 없다(Ehret & Chamberlin, 2015). 줄기세포, 뇌심부 자극, 경두개 자기자극(transcranial magnetic stimulation) 등 다른 유형의 의료적 및 수술적 질환 수정 치료법이 개발 중인데, 실험 단계에서 어느 정도 성공했으나 연구 이외의 다른 영역에는 활용되기 어렵다(Sun et al., 2015). 현재는 증상을 변화시키는 약물 치료법만 허용된다.

1) 인지 증상 관련 약물적 중재

현재 AD에 적용할 수 있는 약물 치료법은 아세틸콜린(acetylcholine)이나 글루타민산염(glutamate)에 대한 콜린에스테라아제 억제제(cholinesterase inhibitors: ChEIs)와 N-메틸-D-아스파르트산염(N-methyl-D-aspartate: NMDA) 길항제이다(Alzheimer's Disease Education and Referral Center: ADEAR, 2016; Buckley & Salpeter, 2015; Sun et al., 2015; Tan et al., 2014; Wong, 2016). 갈란타민(galantamine), 리바스티그민(rivastigmine), 도네페질(donepezil) 등 4개 ChEIs를 사용하는데, 신경전달물질을 분해하는 효소 양을 줄임으로써 뇌에 대한 아세틸콜린의 적용 가능성을 높이는 데 목표를 둔다. ChEIs는 경도~중도 AD를 대상으로 인지 증상의 악화를 지연시키거나 예방하고 일상생활활동(ADLs) 기능을 향상시키며, 약 1년간 AD의 행동 증상을 어느 정도 조절하는 데 유용하다(ADEAR, 2016). 도네페질은 심도 AD 단계에 적용하며, 상대적으로 높은 용량을 투여한다(Cummings et al., 2013). 이는 심도손상검사(SIB; Saxton et al., 1993)의 언어 수행력을 향상시킨다(Ferris et al., 2011). 리바스티그민 패치(rivastigmine patch)도 심도 AD에 적용한다(Jeffrey, 2013). Tsoi와 동료들(2016)에 따르면, 약물 치료를 6개월 일찍 시작해도 인지, 행동, 신체 기능, 임상적 상태 등에서 더 효과적인 것은 아니다.

NMDA 길항제인 메만틴(memantine)은 글루타민산염 수용체가 과하게 활성화될 경우(그러나 정상적 시냅스 활동 시에는 그렇지 않음) NMDA 유형의 수용체를 차단하는 데 중점을 둔다(Esposito et al., 2013). 이는 중도~심도 AD에 적용한다(Reisberget al., 2003; Wong, 2016). 메만틴은 인지적 악화를 다소 지연시키고 ADLs 기능을 적절히 개선시키나, 행동 측면에는 영향을 주지 않는다(Esposito et al., 2013; Kavanagh et al., 2011).

이러한 두 약물은 서로 다르게 작용하므로 병행해 사용한다. 예를 들어, 중도~심도 AD에 도네페질과 메만틴을 결합해 사용하면 상대적으로 더 효과적이나 경도~중도 AD에 대해서는 그렇지 않다(Farrimond, Roberts, & McShane, 2012; Schneider et al., 2011; Tan et al., 2014). 도네페질과 병행할 경우 삶의 질이 다소 높아지고 요양기관에 입원하는 시기가 지연되기도 한다(Lachaine et al., 2011).

약물적 중재는 대부분 AD를 대상으로 연구되었다. 혈관성 치매(VaD)와 파킨슨병(PD)에 대해 도네페질 및 갈란타민의 효과성이 입증되었다(Aarsland et al., 2002; Black et al., 2003). 8개의 무작위 통제실험에 관한 체계적 문헌 연구에서 헌팅턴병(HD), 카다실, 다발성 경화증(MS), 진행성 핵상마비(PSP), 전두측두 치매(FTD)에 대한 ChELs의 효과는 입증되지 않았다(Li et al., 2015). VaD를 대상으로 리바스티그민의 효과성을 검토한 3개 연구에서 두드러진 약물 효과는 입증되지 않았으며 빈번한 위장장애 등의 부작용이 나타났다(Birks, McGuinness, & Craig, 2013). 또 도네페질, 리바스티그민 등은 파킨슨병 치매(PDD)나 루이소체 치매(DLB)의 인지적 및 정신과적 증상에 유용한 반면, 메만틴의 효과는 보다 변이적이다(Ikeda, 2017).

약물 연구와 임상적 적용에 많은 자원이 투입되고 있으나, 임상적으로 유의미한 결과는 없는 실정이다(Buckley & Salpeter, 2015; Schneider et al., 2011; Tsoi et al., 2016). 예컨대, 알츠하이머병 평가척도-인지(ADAS-Cog), 간이정신상태검사(MMSE), SIB 점수상 1~2점 수준의 미미한 변화만 있었다. 1년 미만의 추적 관찰을 통해 인지 및 전반적 수행력을 평가하는 경우가 많으나, 일상생활의 수행, 치료의 장기 효과, 시작 시기, 사용 기간, 약물 사용법에 관한 연구가 필요하다(Parsons, 2016; Tija et al., 2014; Wong,2016). 진행성 치매 환자가 검증되지 않은 약물을 복용하고 있으며, 이로 인해 보건 체계의 지출 비용이 증가했다(Tija et al., 2014). 따라서 치료에 반응하는 사례를 추가적으로 연구해야 한다. 약물 효과가 적은 이유는 한 번에 하나의 신경전달물질이나 문제 양상에만 작용하기 때문이라는 주장도 있다(Esposito et al., 2013; Lam, Hackett, & Takechi, 2016). 의료계는 검증된 효과에 근거하여 AD에게 ChEls나 메만틴을 사용하도록 권고한다(ADEAR, 2016; Laver et al., 2016).

2) 인지 저하의 예방 및 지연을 위한 항산화제의 사용

인지 증상의 진행을 예방하거나 지연시키기 위한 전략을 모색한 결과, 스트레스, 식이요법, 염증, 호르몬과 치매 간의 상관성이 제기되었고 이는 치료적 권고로 연계되었다. 비타민 보충제, 특정 식품 등 항산화 화합물로 인한 산화 스트레스의 부작용에 반대하는 시도가 있었다. Lam과 동료들(2016)은 뇌의 다양한 항산화제(예: 비타민, 멜라토닌[melatonin], 알파-리포산[alpha-Lipoic acid], 마늘, 스타틴[statin], 항염증제)가 인지 저하를 막을 수 있다는 증거를 제시했으나, 인간 대상 연구가 추가적으로 필요하다.

비타민 E는 경도인지장애(MCI)에서 AD로의 진행, AD의 치매 행동 및 심리 증상(behavioral and psychological symptoms of dementia: BPSD)을 감소시키는 데 효과가 없다. 그러나 기능 저하를 늦추는 데 중간 정도의 효과가 있다는 보고도 있다(Farina et al., 2017). 과일과 야채 섭취에 대한 2개 연구에서 상반된 결과가 나타나기도 했다(Cao et al., 2016; Jiang et al., 2017). 즉 불포화 지방산, 항산화제, 비타민 B, 지중해식 식단 등은 치매 위험률을 감소시키는 반면, 알루미늄 섭취, 비타민 D의 낮은 수치, 흡연은 위험률을 높이나 생선과 알코올은 추가 연구가 필요하다(Cao et al., 2016). 은행(ginkgo biloba)은 인지 저하 속도를 늦추고 기능적 능력과 행동을 개선하는데, VaD(Zeng et al., 2015)나 알츠하이머형 치매(Tan et al., 2015; Yang et al., 2014)에는 부작용 없이 도네페질만큼의 효과가 있으나 충분히 검증되지 않았다(Laver et al., 2016). 스타틴에 대해서는 긍정적인 연구 결과도 있지만, 콜레스테롤을 낮추는 효과 외에는 치료제로 권고될 만한 증거가 없다(McGuinness et al., 2014).

3) 행동 및 심리 증상 관련 약물적 중재

인지 기능에 대한 약물 치료는 기분장애, 인식 변화, 흥분, 공격성, 불안, 수면 및 식욕장애 등의 BPSD를 개선하는 데 거의 효과가 없다. BPSD에는 항정신병약, 항불안제, 진정제, 항우울제 등이 사용되기도 하나 효과가 미미하다(Reus et al., 2016). 이들 중 대부분은 하나의 증상에만 효과적이며, 또 다른 문제를 야기할 수 있다. 안전성을 고려해 약물적 중재의 다른 가능성으로 관점을 전환한 연구도 있다. 예를 들어, 테트라히드로칸나비놀(tetrahydrocannabinol: THC)을 함유한 의료용 대마 기름(cannabis oil)의 효과 및 안전성 연구가 보다 광범위하고 질적으로 수행될 경우 효과적인 치료로 활용될 수 있다(Assaf et al., 2016).

치매 환자의 BPSD에 대한 항정신병약의 효과는 검증되지 않았으며, 12주 이상 복용할 경우 사망 및 인지 저하의 위험성이 보고되었다(Ballard et al., 2011; Corbett, Burns, & Ballard, 2014; Reus et al., 2016; Tampi & Tampi, 2014). 따라서 임상가는 약물적 중재를 최후의 수단으로 사용하는 것이 바람직하다(Reus et al., 2016). 그럼에도 불구하고 치매에 대해 지속적으로 약물이 처방되고 있다(Ballard et al., 2011; Corbett et al., 2014). 복용해 오던 항정신병약을 중단할 경우 재발을 고려해 신중히 판단해야 한다. 대부분 중단할 수 있으나, 치료 전 BPSD가 심했다면 이를 견디지 못할 수 있다(Declercq et al., 2013).

다중약물요법은 장기요양시설의 노년층에게 보편적으로 사용되는데, 인지장애를 제외하고는(Jokanovic et al., 2015; Moyle et al., 2017) 대부분 약물중단 프로그램이 필요하다(예: Reeve, Bell, & Hilmer, 2015). 의료진은 치매의 기능적 행동을 극대화하기 위해 환경 수정 및 행동 중재보다 인간 중심 접근을 적용하도록 권고된다(Brodaty & Arasaratnam, 2012; Livingston et al., 2014; Reus et al., 2016). 환경 및 행동 중재의 효과가 없거나 환자가 위해를 가할 가능성이 있고 30일 내에 호전되지 않으면, 임상 지침에 따라 약물적 접근법을 시도

한다(Reus et al., 2016). 질환의 근본적 원인과 효과적 치료법이 제시될 때까지 임상가와 가족은 행동적 및 비약물적 중재를 통해 일상적 증상을 완화시켜야 한다. 치매 관련 약물적 중재는 [글상자 6-7]을 참고하면 된다.

2. 비약물적 중재 접근법

1980년대 중반 이전에는 행동 치료에 관한 단일 연구를 통해 치매를 효과적으로 치료하는 다양한 접근법을 모색했다. Bourgeois(1991)는 환경, 자극 통제, 강화, 그룹 치료 등 4개 범주의 접근법을 제시했다. 이들은 특정 의사소통 행동에 일시적으로 영향을 미쳤고, 주로 참여 및 사회적 상호작용, 협력 측면에서 중재 효과를 보였다. 그러나 이전 행동 양식으로 회복되기를 기대하는 가족이나 전문가에게는 미미한 수준이었다. 직접 치료가 반응 행동을 변화시키는 데 효과적이라는 사실은 규명되지 않았으며, 전문가는 주로 지원 및 대응 기제를 보호자에게 제공하는 간접 접근법을 선호했다(예: Clark, 1995).

Bourgeois(1991)는 치매에 특화된 중재법을 개발하도록 촉구했다. 즉 임상가는 일상에 필요한 기능적 기술을 다루고 자연스러운 강화를 제공해야 한다. 또 보존된 기술과 능력을 고려한 중재 절차를 선택하며, 환경적 제약 및 기회에 부합하는 목표를 선택한다. 이후 다양한 분야의 경험적 지원을 토대로 치료 전략 및 접근법이 지속적으로 개발되었다. 비약물적 중재는 주로 의사소통 능력 및 일상 활동의 수행을 강화하고 기능적 행동을 유지하도록 고안되었다(Cohen-Mansfield, 2005). 이는 반응 행동 및 정신질환 증상을 감소시킴으로써 환자 및 가족의 삶의 질을 개선하는 데 중점을 둔다. 비약물적(환경 및 행동) 중재가 특정 과제에 대한 인지 능력, 삶의 질, 기분을 향상시키고 행동 및 의사소통을 수정하는 데 있어 약물적 접근만큼 효과적이라는 사실이 입증되었다(예: Egan et al., 2010; Olazarán et al., 2010; Orrell et al., 2014). 반면, 비약물적 접근에 비해 약물 중재가 효과적이지 않다는 보고도 있다(Yesavage et al., 2008). 다영역적 중재를 적용하면 보호시설에 수용되는 시기를 늦출 수 있다(Olazarán et al., 2010).

1) 인지 중재의 유형 및 검증

인지 중재는 인지 자극, 인지 훈련, 인지 재활로 분류된다(예: Bahar-Fuchs, Clare, &

Woods, 2013; Hopper et al., 2013; Huntley et al., 2015). **인지 자극**은 특화 정도가 가장 낮은 중재 접근으로, 집단을 이루어 시행하기도 하며 여러 인지 영역(예: 회상 치료[reminiscence therapy], 현실감각, 사회 활동, 감각운동 활동)으로 구성된 자극 활동에 참여하도록 한다. **인지 훈련**은 과제의 난이도를 점진적으로 증가시켜 하나의 인지 능력(예: 주의력, 집행기능, 일화 기억)을 회복하는 데 중점을 두며, 특정 연습이나 과제를 활용한 구조화된 중재이다. 이는 대개 개별적으로 제공되고 전산화 또는 비전산화된다. **인지 재활**은 세 유형의 중재 중 가장 인간 중심적이며 생태학적인 타당도가 높다. 손상을 '치료'하는 것이 아니라 보존된 강점에 기초해 개별화된 전략을 사용함으로써 환자가 요구하는 기능적 행동을 성취하도록 지원한다(Hopper et al., 2013). 그러나 일관적으로 활용되지 않아 전반적 효과를 검증하기 어려우므로 해석 시 신중해야 한다. 특정 인지 중재를 논의하기에 앞서 각 유형의 검증 결과가 간략히 제시된다.

인지 자극 인지 자극 및 훈련에 관한 개별적 · 체계적 연구가 진행 중인데, 주로 경도~중등도 치매를 대상으로 한다. 15개 연구를 검토한 『코크런 리뷰(Cochrane Review)』에 따르면, 인지 자극은 인지 기능뿐 아니라 삶의 질과 복지를 향상시킨다(Woods et al., 2012). 이에는 의사소통과 사회적 상호작용이 포함되나, 기분, ADLs, 반응 행동은 제외되었다. 두 체계적 문헌 연구의 무작위 통제실험(randomized controlled trials: RCTs)을 분석하여 인지 자극의 효과를 입증하기도 했다(Aguirre et al., 2013; Alves et al., 2013). Aguirre 등(2013)은 의사소통, 사회적 상호작용, 복지에 근거하여 인지 기능의 전반적 향상을 보고했는데, 이는 비용 효과적인 방식으로 이루어졌다. 대상자가 ChEIs(도네페질 등)를 복용 중이면 약물 외에 인지 자극으로 인한 효과도 나타난다(Aguirre et al., 2013; Woods et al., 2012). 인지 자극의 질적 연구에서도 일상생활 변화, 치료 만족도 등 인지적 향상이 보고되었다(Spector, Gardner, & Orrell, 2011).

인지 훈련 치매에 대한 인지 훈련은 연구된 바가 적다(예: Bahar-Fuchs et al., 2013; Hopper et al., 2013; Huntley et al., 2015; Kallio et al., 2017). 인지 훈련이나 재활에 관한 연구는 결과 해석이 복잡한 현실감각 또는 인지 자극 중재가 대부분이다(Bahar-Fuchs et al., 2013). 따라서 이를 활용하려면 인지 중재의 유형을 상세히 파악해야 한다. 인지 훈련에 관한 메타 분석에서 중재 및 통제 집단 간에 유의한 차이가 없었고, 훈련되거나 유사한 과제에서만 중재 효과를 보였다(Bahar-Fuchs et al., 2013). 특정 과제나 정보에 초점을 둔 인지 훈련은 다른 환경이나 과제로 일반화되기 어렵고, 전반적 인지 기능이 거의 향상되지 않는다(Hopper et al., 2013). Kallio 등(2017)은 연구들의 공통적 한계(예: 인지 훈련의 부정확한 정의, 부적절한 표본 크기, 무작위화 절차)로 인해 결과가 과장될 수 있음을 지적했다. 요컨대, 인지 자극 및 훈련의 효과를 검증하기 위해 일상적 활동과 복지 영역으로의 일반화를 평가하는 등 추가적인 연구가 필요하다.

인지 재활 인지 재활의 목적은 환자 및 가족, 사회적 환경 내 타인이 만족할 만한 수준에서 일상생활의 독립성과 의미 있는 참여를 극대화하는 데 있다. 인지 재활 절차에 의한 인간 중심 접근인 '재활 모델 뒤집기'는 5장에서 논의되었다. 치매의 기억력 결함에 대한 인지 재활 전략은 내적(개인) 또는 외적 측면에서 설명된다(Bourgeois, 1991, 2014; 〈표 6-1〉 참고). 내적 전략에는 기억할 정보의 정신적 조작, 장소법(method of loci), 범주화, 시각적 심상, 연상, 얼굴-이름/이름-학습, 시연(rehearsal), 주의력, 숫자나 이야기 암기법 등이 포함된다(Sohlberg & Turkstra, 2011). 이는 목적에 대한 인식, 의식적 시연, 적시에 적용하는 능력을 요한다. 외적 전략 또는 외적 단서 체계 및 보조기기는 보존된 강점, 특히 음독 및 읽기 이해에 중점을 두고 기억력과 의사소통의 결함을 보완한다(Bourgeois, 2014; Hopper et al., 2013). 외부 보조기기의 형태는 매우 다양하며, 환자의 목표/요구, 결함 및 강점 프로파일에 따라 다르다.

〈표 6-1〉 내적 및 외적 기억 전략과 요구의 예

내적 전략 요건	외적 전략 요건
• 노력을 요하는 의식적 처리	• 자동적 처리
• 정보 회상을 위한 적극적 기억 탐색	• 경험 및 연습에 기반한 정보 인식
• 정보의 내적 모니터링	• 정보의 외적 모니터링
• 뇌의 심적 표상	• 환경 내 물리적 및 영구적 결과물

외적 전략에 근거한 인지 재활 절차는 성공적인 시행에 영향을 미치며, 경도~중등도 치매를 위한 간격회상 훈련(spaced retrieval training: SRT)에 효과적이다(Hopper et al., 2013). 인지 재활은 주로 경도~중등도 치매를 대상으로 한 단일 사례 기반의 실험 설계로써 입증되었다. 즉 경도~중등도 치매 환자는 일상적 맥락에서 정보 및 기술을 학습하거나 재학습하고, 외부 기억 보조기기를 통해 결함을 보완할 수 있다(Anderson et al., 2001; Camp, Bird, & Cherry, 2000; Clare et al., 2000, 2001, 2002). 내적 및 외적 기억 전략, 외적 의사소통 전략,

훈련 절차는 후반부에 상세히 논의된다.

높은 질적 수준의 폭넓은 연구를 위해 프랑스 40개 지역에서 다중심 무작위 실험인 ETNA3 연구가 시행되었다(Amieva et al., 2016). 이는 655명의 경도~중등도 치매 환자와 보호자를 대상으로 인지 자극, 인지 훈련 및 재활을 살펴보기 위해 다양한 접근법이 활용된 독특한 시도였다. 치료는 매주 1.5시간씩 6주간 진행되었고, 21개월간 6주에 한 번씩 유지 회기로 구성되었다. 회상 치료(자극)는 가정 내 개인적 자극물을 활용한 주제에 중점을 두었고, 참여자는 무작위로 배정되었다. 인지 훈련 집단은 ADLs(예: 돈 관리를 위한 계산)와 관련된 2개 수준의 구조화된 인지 과제를 수행하거나, 참여자 및 보호자가 확인한 목표를 오류 없이 학습하는 개별화된 인지 재활이 적용되었다. 인지 자극 및 훈련의 보호자는 교육 및 지원 집단에 참석했다. 인지 재활의 보호자는 매주 전화를 통해 회기에 참여했다. 통제 집단은 기억력 클리닉과 일일 프로그램에서 제공되는 치료를 받았다. 24개월의 연구 기간 동안 치매의 진행이 늦춰지지 않았고, 인지, 기능, 행동, 우울, 삶의 질, 보호자 부담 등에서 회상 치료나 인지 훈련의 효과가 규명되지 않았다. 반면 인지 재활은 경도~중등도 치매 환자를 보호시설로 보내는 시점을 늦춤으로써 자원의 사용을 감소시켰다.

2) 인지 중재의 예

현실감각 훈련 현실감각 훈련(reality orientation: RO)은 치매에 기인한 혼란 및 방향감각 상실을 중재하도록 고안된 최초의 인지 자극 중재로, '희망적이고 치료적인 과정'을 의미하나 시간이 경과하면서 보다 엄격해졌다. RO는 새로운 기술을 가르치기보다 촉진과 단서를 통해 이전에 습득한 기술을 유지하는 데 목적을 둔다(Folsom, 1968; Woodset al., 2012). 촉진과 단서는 주로 날짜, 위치, 휴가 일정, 외부 날씨, 일일 활동 및 메뉴 등을 표준적 세트로 제공하며, 화이트보드나 포스터에 게시되기도 한다. RO에는 일일 집단 프로그램, 직원과의 일대일 현실 기반 대화, 집단 치료와 일대일 프로그램의 혼합 등이 있다.

무작위 통제실험과 체계적 문헌 연구 등에서 RO의 효과가 검증되었다(예: Spector et al., 2000; Woods et al., 2012). 미치료 영역이나 대안적 치료에 비해 인지 및 행동 측면에서 효과가 입증되었으나, 유지 효과는 미미하거나 일부 연구에서만 확인되었다. 치료실 기반 중재보다는 기능적 지남력 정보에 대한 시각 단서를 활용한 24시간 RO가 권고된다. 도네페질 치료를 받는 14명의 경도~중등도 치매를 대상으로 한 연구에서 6개월간 매주 RO가 시행되었다(Camargo, Justus, & Retzlaff, 2015). 치료 집단의 여러 신경심리검사 점수는 유의하게 향상되었으나, 기능적 사용은 일반화되지 않았다. 장기간의 RO는 치매 환자에게 유용하며, 실제로 대부분의 요양원에서 공식적으로 시행한다. 장기요양시설이나 가정 거주 여부와 상관없이 게시된 정보를 활용하고 이해하기 위해서는 보호자의 도움이 필요하다(RO 효과의 극대화 방안은 [글상자 6-1] 참고).

글상자 6-1 현실감각 훈련(RO) 단서의 극대화 방법

- RO 게시판의 정보가 거주자에게 의미 있고 유용함을 확인한다.
- 일상 활동의 일정표 및 시설명을 확인한다.
- 정보를 의미 있게 활용할 기회를 제공한다.
- "오늘은 화요일이에요. 빙고 게임하는 날!"
- "오늘은 토요일이에요. 제 딸이 토요일마다 온답니다."
- 필요시 복도 게시판 대신 환자가 개인 정보를 휴대하도록 구성한다.
- 필요시 중요한 정보를 활용하도록 단서카드를 휴대한다(예: "제 방은 421호입니다.", "저는 Isleview Manor에 머무르고 있어요.")
- 일상적 및 반복적 노출이나 훈련을 통해 RO 자극을 촉진한다.

출처: Bourgeois(2013) 참고.

정당화 치료 Feil이 개발한 정당화 치료(validation therapy)는 지나치게 대립적인 RO에 대응하는 방법으로, 치매에 대한 사회적 위축 및 반감을 줄이는 데 기여한다(Feil, 1992; Feil & de Klerk-Rubin, 1992). 정당화 치료는 환자의 감정 표현, 현실, 비언어적 방식을 인식하고 인정하며 공감하는 데 중점을 둔다. Feil은 비언어적 의사소통(예: 신체 접촉, 눈 맞춤, 음조)을 강조하며 특정 상황에 대해 구체적 기법을 사용하도록 제안했다. 그러나 4단계 해결 방안의 치료 효과는 충분히 검증되지 않았고, 증거도 대부분 일화적이고 미미한 수준이었다. 규준에 부합한 체계적 문헌 연구는 3건에 불과하며, 모두 통계적으로 유의하지 않았다(Neal & Barton Wright, 2003). 이 기법의 효과를 규명하기 위해 보다 정교화된 연구가 필요하다.

회상 치료 회상 치료는 1960년대부터 활용된 구어 치료 접근법으로 치매 환자의 토론 집단에서 실시된다(Dempsey et al., 2014). 각 토론 주제는 긍정적인 경험과 사건(예: 결혼, 첫 직장, 휴일, 여행 등 일상적 사건)에 대한 보존된 원격기억에 근거하며, 주제를 반영한 사진, 사물, 음악, 영상 등이 활용된다. 사물이나 보조기기는 환자가 추억하는 기억과 의사소통을 지원하는 데 매우 유용하다(Pimentel, 2009; 사례 예시는 [글상자 6-2] 참고).

글상자 6-2 **사례 예시: 보조기기를 활용한 회상**

Baldwin과 Tremblay는 담당 직원과의 의사소통 개선, 반응 행동 감소, 참여 증진을 위해 언어재활사(SLP) 서비스를 추천받았다. SLP는 인간 중심 평가를 시행했다(5장 참고). 두 환자 모두 대화에 참여했으나 Baldwin은 반복적인 발화와 질문이 많았다("나는 포드 자동차를 몰았어요. 우리는 뉴욕에 자주 갔지요. 제 딸은 언제 오나요?"). 반면 Tremblay는 이해할 수 없는 내용과 새로운 표현이 빈번했다. 두 환자에게는 눈 맞춤, 어조, 대화 주고받기 등의 사회적 기술이 적절했다.

SLP는 가족사진(이름 표기 없음)을 활용해 회상 치료를 시행했다. 두 환자는 동일한 언어적 결함이 있었다. SLP는 회상하면서 실 한 가닥을 공 모양으로 굴리도록 Baldwin에게 요구했다. 그녀는 실을 굴리면서 자신이 운영했던 숙소와 요리, 경험, 가족과 투숙객을 위한 뜨개질과 바느질 등에 대해 이야기했다. 반복 발화가 없고 새로운 정보가 많아 의료진에게 매우 유용했다.

SLP는 Tremblay에게 고양이(고양이처럼 소리 내고 움직이는 장난감)를 안고 싶은지 물어보았다. 그녀가 동물애호가이고 집에 고양이가 많다는 정보를 아들로부터 수집했기 때문이다. 그녀는 고양이를 쓰다듬으면서 알아들을 수 있도록 다정하게 말했다. SLP에게 고양이에 대한 애정을 표현하고 어린 시절 토끼를 키운 경험을 이야기했다. SLP는 약혼반지를 보여 주면서 결혼에 대한 조언이 있는지 물었다. 그녀는 결혼 적령기, 남편을 너무 오래 기다리지 말 것, 적절한 자녀 수 등에 대해 장황하게 설명했다. 의료진은 환자의 과거 경험을 대화에 통합적으로 활용하고, 특정 대상과 행동에 참여하도록 촉진했다.

오늘날 회상 치료에는 멀티미디어 자극을 제공하는 정보통신 기술이 활용된다(Astell et al., 2010; Lazar, Thompson, & Demiris, 2014). 예를 들어, 스코틀랜드의 회상 기술인 대화형 컴퓨터보조기(computer interactive reminiscence conversation aid: CIRCA)는 멀티미디어 정보와 상호작용하는 터치스크린형 소프트웨어로 구성된다(Astell et al., 2010). 사용자가 7개 주제 중 하나를 선택한 후 사진(자막 포함), 음악, 영상을 고를 수 있다. CIRCA 소프트웨어는 개발 지역에 한해 적용할 수 있는데, CIRCA-BC는 브리티시컬럼비아 이외의 다른 지역까지 확대될 필요가 있다(Purves et al., 2014). Purves와 동료들(2014)은 회상 자료를 토론할 때 공통 관심사에 집중하기 위해 CIRCA-BC를 활용하도록 권고했다. 또 여러 공동체의 다양성을 높이고 구성원의 사회적 이력(예: 토착민, 이민자)을 고려해야 한다고 강조했다. 상호작용 기술이 치매 노인의 회상을 지원한다는 보고도 있다(Lazar et al., 2014). Lazar

등(2014)은 멀티미디어 태블릿 기술이 너무 복잡해 가족이 독립적으로 사용하기 어렵다고 지적했다. 그러나 사진, 문서, 음악, 사물에 비해 상호작용을 강화하기 위한 시간이 짧으므로 가족과 간병인에게 더 유용하다는 보고도 많다. 그동안 지속적으로 발전했기 때문에 자원봉사자와의 상호작용에도 적용할 수 있다.

체계적 문헌 연구는 편향적이거나 방법이 제한적이고, 치료 효과도 다양할 수 있다(예: Cotelli, Manenti, & Zanetti, 2012; Elias, Neville, & Scott, 2015; Kim et al., 2006; Lazar et al., 2014). 집단 회상 치료를 통해 인지 및 의사소통, 행복, 자존감이 증진되고, 우울감, 외로움, 사회적 고립감이 감소된다. 그러나 일반화 및 유지 효과는 규명되지 않아 새로운 연구를 통해 검증이 시도되고 있다. 예컨대, Chiang과 동료들(2010)은 3단계 중재가 치매 환자의 우울과 외로움을 줄이고 심리적 만족을 향상시킨다고 밝혔다. 반면 Amievad 등(2016)과 Woods 등(2016)은 대규모의 다원적 무작위 통제실험에서 회상 치료 효과가 없었다고 주장했다. REMCARE 실험(Woods et al., 2016)에서 보호자와 함께한 회상 치료의 효과를 살펴본 결과, 집단 간의 차이는 없으나 치료 회기에 많이 참여할수록 자서전적 기억, 삶의 질, 관계의 질 등이 향상되었다. 그러나 보호자에게는 부정적인 결과가 나타났는데, 치료에 많이 참여할수록 불안감과 간병 스트레스가 증가했다. 결론적으로 임상 및 비용 측면에서 비효과적이므로 보호자와의 집단 회상 치료는 권고되지 않는다.

조식 모임 조식 모임(Boczko, 1994; Santo Pietro & Boczko, 1997, 1998)은 집단 치료 프로토콜로 구성된 의사소통 자극 접근법으로 SLP가 소수 집단에게 제공한다. 아침식사 준비, 접대, 식사 도중 의사소통을 촉진하도록 다감각적 단서가 제공된다. 이는 모든 감각(청각, 시각, 후각, 미각, 촉각) 자극과 절차기억(언어, 운동, 독서 등)을 통해 대화, 화용, 조직화, 의사결정 능력을 유지하고, 고립감 및 학습된 무력감, 의사소통 기술을 악화시키지 않는 데 목표를 둔다. 구조화된 일상생활이나 회기의 사용, 이전에 학습된 구어, 사회 및 운동 행동, 각 구성원의 참여를 최적화하기 위해 개별화된 구어 단서 전략 등 의사소통 상호작용을 촉진하는 치료 원칙이 포함된다. 개방형 질문이나 예-아니요의 양자택일 질문, 단서 체계(시각적 및 의미적), 운반구(carrier phrases) 사용, 반응에 대한 직접적 모델링 등 다양한 언어 촉진 절차도 사용된다. 〈표 6-2〉는 10단계 프로토콜로 구성된 1시간의 회기를 보여 준다.

〈표 6-2〉 조식 모임(Breakfast Club) 절차

1. 집단 모임, 인사, 이름표 배부
2. 주스 관련 토론 촉진
"이 주스의 이름을 읽을 수 있나요?" (시각적 단서)
"이 주스는 비타민 C가 많네요." (의미적 단서)
"당신은 차가운 ______ 한 잔을 원합니다." (운반구)
3. 커피 관련 토론 촉진
진행자가 커피포트와 원두커피를 보여 준다. (시각적 단서)
진행자가 참석자에게 커피를 주고 냄새를 맡도록 한다. (후각적 단서)
"아침에 마시는 뜨거운 음료가 무엇인가요?" (의미적 단서)
"블랙커피로 드릴까요, 우유를 넣어서 드릴까요?" (양자택일)
4. 아침식사 관련 토론 및 선택 촉진
5. 음식 준비 관련 토론 촉진
6. 음식 조리 및 순서화 실행 촉진
7. 준비된 음식 분배 촉진
8. 다른 음료 선택 관련 토론 촉진
9. 식사 중 다양한 일상사 관련 대화 촉진
10. 정리, 이름표 반환, 인사 등 모임 종료 프로토콜을 진행한다.

출처: Santo Pietro & Boczko(1997)에서 인용.

20명의 중기 치매 환자를 대상으로 12주간의 조식 모임 프로토콜을 적용한 결과, 심리사회적 상호작용, 의사소통, 대화, 독립적 식사, 인지 기능이 향상되었다. 특히 소규모 대화 집단에 참여한 통제군과 비교할 때 심리사회적 상호작용과 의사소통이 유의하게 높았다(Santo Pietro & Boczko, 1998). 또 주의력, 다른 참가자 이름 사용, 유머 표현, 다른 영역 내 사회적 상호작용이 증가하고, 주의산만, 주제를 벗어난 발화 및 방해, 동요와 불안이 감소했다. 즉 조식 모임 프로토콜은 삶의 질에 필요한 기술을 유지하는 데 효과적이다. 본래 SLP가 시행하도록 설계되었는데, 실용적 차원에서 SLP(또는 작업치료사)가 거주자를 평가한 후 간호조무사가 운영하는 프로그램에 참여하도록 권고한다.

노인 재활 Arkin(2001, 2007, 2011)은 지역사회 내 AD 환자 및 대학생 자원봉사자가 참여하는 인지 중재 프로그램의 유지 효과를 알아보았다. 사실 회상에 대한 2개 학습 전략(퀴즈 형식 vs. 반복)을 분석한 결과, 2회 반복 시보다 퀴즈 형식의 내러티브를 들은 참가자가 더 많은 정보를 학습하고 장기간 유지했다. 그러나 주제의 수가 적어 일반화하기에 한계가 있다. 중재는 협력자원봉사자(Volunteers in Partnership: VIP) 및 노인 재활(Elder

Rehab) 프로그램으로 확대되었다(Arkin, 1996, 1999, 2001). 자원봉사자와 AD 환자가 지역사회 활동(예: 박물관 방문, 자전거 타기, 쇼핑, 봉사활동 등) 및 구조화된 언어 자극(예: 구어 유창성, 대화)에 참여하고(Arkin, 1996), 노인 재활을 통해 다양한 기억과 언어 자극 활동(Arkin, 2005), 신체 운동 및 매주 1시간의 자원봉사 활동(예: 동물 보호소, 요양원, 어린이집)을 시행한다.

Arkin(1997, 1999, 2001, 2007)은 12명 중 7명의 참가자가 담화, 그림 설명, 속담 해석 과제에서 효과를 보여 노인 재활이 담화 및 기억력에 유용함을 입증했다. 주의력과 신체 활동을 비교한 후속 연구(Mahendra & Arkin, 2003)는 신체 운동, 기억력 훈련, 자원봉사 활동으로 구성되었고, 실험군에게 구조화된 언어 자극을 제공했다. 그 결과 두 집단 모두 언어 수행력이 유사했으며, 4년 후 4명의 참가자가 모든 담화 척도에서 수행력이 유지되거나 향상되었다. 그러나 다른 중재 요소의 상대적 기여도를 확인하려면 보다 대규모의 추가 연구가 필요하다. Arkin의 프로그램은 대학생 자원봉사자를 활용했으나, Mahendra와 Arkin은 간병인, 가족 보호자, 기타 자원봉사자도 시행할 수 있다고 제안했다.

글상자 6-3 자원봉사자를 활용한 Arkin의 노인 재활(Elder Rehab) 프로그램 관련 유튜브 영상

- 학생 자원봉사자 기억력 퀴즈: www.youtube.com/watch?v=Bf2xMe5BC_U
- 자전적 퀴즈 풀이 관련 피드백 동영상 활용: www.youtube.com/watch?v=GeoOt_LE4RM
- 노인과 학생이 함께 참여하는 봉사활동: www.youtube.com/watch?v=F3CvRU8kwqU-
- 운동+언어 자극: www.youtube.com/watch?v=XnlPmLHMfMY

전산화 인지 훈련 최근 활용도가 급증하고 있는 인지 훈련 접근법은 컴퓨터 프로그램 및 두뇌 게임으로, 인지적 노화의 영향을 줄이고 치매를 예방하기 위해 기억력, 주의력, 처리 속도 등 특정 인지 능력에 중점을 둔다(Rogalski & Quintana, 2013). 체계적 문헌 연구에서 전산화 인지 훈련의 치료 효과는 비교적 높으나 효과 정도는 미미한 편이었다(Kueider et al., 2012; Lampit, Hallock, & Valenzuela, 2014). 단일 영역에 대한 훈련이 더 효과적이고, 작업기억 및 처리 속도와 달리 집행기능이나 구어기억에는 영향을 주지 않았다(Kueider et al., 2012; Lampit et al., 2014; Owen et al., 2010). 이러한 영역은 새로운 기술이나 복합적 중재가 필요함을 반영한다. 전산화 인지 훈련은 집단별로 수행되며 주 3회 이상 30~60분의 회기로 구성된다. 가정 기반 훈련은 비효과적이고, 연령, 인지 수준, 비인지적 요인 등이 영향을 미친다(Lampit et al., 2014).

무작위 통제실험 연구에서 교육용 비디오로 구성된 통제 조건과 두뇌 건강 프로그램(Brain Fitness Program; Posit Science, 2013)을 8주간 주 5시간씩 동일하게 적용한 결과, 훈련되지 않은 기억력과 주의력이 일반화되고 처리 속도가 유의하게 향상되었다(Smith et al., 2009). 〈Big Brain Academy: Wii Degree〉(Nintendo, 2007), 〈Rise of Nations〉(Microsoft Game Studios, 2003) 등의 비디오 게임을 비교한 8개 연구에서 처리 속도, 반응 시간이 향상된 반면, 다른 인지 능력으로의 전이 효과는 입증되지 않았다. 연령층이 다양한 11,430명을 대상으로 6주간 주당 몇 시간씩 전산화 두뇌 게임을 훈련했는데, 훈련된 과제의 연습 효과가 나타났으나 연관성이 큰 비훈련 과제로는 전이되지 않았다(Owen et al., 2010).

컴퓨터 기반 인지 훈련 프로그램이 정상 노인에게 미치는 영향은 미미하나, MCI 및 초기 AD에 대한 적용에는 관심이 증폭되고 있다. 10개 연구를 검토한 결과, MCI 및 초기 AD에 시행할 수 있으나 인지 기능의 향상이나 유지, 일상생활로의 전이는 입증되지 않았다(Mueller, 2016). 단일 영역에 대한 훈련이 일상적인 과제로 전이되지 않으므로 '치매 예방 차원에서 인지 훈련과 두뇌 게임은 희망사항이자 과대광고에 불과'하며, 전산화 인지 훈련을 통해 질환의 진행을 변화시키는 기제가 없다는 지적도 있다(Ratner & Atkinson, 2015, p. 2613). 요리, 운전, 이메일 사용 등 다중인지 영역이 요구되는 일상 과제를 지속적으로 수행하려면 두뇌 연습 게임보다 지속적 참여가 중요하다.

ACTIVE 연구는 2,802명의 정상 성인에게 5년간 3개 영역별 인지 훈련 프로그램(기억력, 추론력, 처리 속도) 중 하나 또는 무작위 통제 조건을 적용했는데, 두 집단의 치매 발병률에 유의한 차이가 없었다(Ball et al., 2002; Unverzagt et al., 2012). 수억만 달러 규모의 산업에 기반한 프로그램들이 지속적으로 판매되고 있다(Owen et al., 2010). 스탠퍼드 장수센터(Stanford Center on Longevity)와 베를린 막스 플랑크 인간개발연구소(Berlin Max Planck Institute for Human Development)는 전 세계 76명의 주요 신경과학자가 승인한 문서를 발표했다.

> 과학 문헌은 소프트웨어 기반의 '두뇌 게임(예: Luminosity, Cogmed, BrainHQ)'이 신경 기능을 변화시켜 일상생활의 보편적인 인지 능력을 개선하거나 인지적 둔화 및 뇌 질환을 예방한다는 주장을 지지하지 않는다.
>
> (Hambrick, 2014)

Ratner와 Atkinson(2015)은 두뇌 게임의 효과를 믿는 것이 위험하다고 경고했다. 효과적인 활동 대신 게임으로 시간을 낭비할 뿐 아니라 게임을 하지 않는 데 대해 환자 스스로 자책하기 때문이다.

3) 내적 기억 전략

인지 손상이 없는 노인은 내적 전략을 학습하고 일반화할 수 있으나 일상적 활동으로의 일반화 효과는 없다(Gross et al., 2012). 가장 일반적인 전략에는 시각적 심상, 얼굴-이름, 이름-학습 전략이 있으며, 집단 환경 내에서 하나 이상을 적용해 훈련한다. Gross와 동료들(2012)은 기억 손상 환자가 사용하는 자발적이고 특수한 전략, 고유한 강약점을 고려해야 한다고 강조했다. 주의력, 구어 및 일화 기억이 우수한 정상 노인은 목표 기억 전략을 더 많이 학습하며 1년 이상 이를 유지한다(Fairchild et al., 2013). Fairchild와 동료들(2013)은 초기 치료 효과를 유지하기 위해 사후 회기를 시행하도록 권고했다. 치매 환자는 내적 전략을 거의 사용하지 않는다. 따라서 역동적 평가 시 내적 전략을 사용할 수 있는 환자에게만 적용해야 한다. 초기 치매도 내적 기억 기술의 사용에 대한 인식, 학습 능력, 동기의식이 없을 수 있다.

4) 외적 기억 및 의사소통 전략

외부 단서와 보조기기는 기능적 행동을 변화시키거나 사실에 대한 기억을 지원하기 위해 사용된다. 외적 전략은 기억 처리의 부담을 줄이면서 손상을 보상하는 데 목표를 두므로 내적 전략에 비해 효과적이다(Camp et al., 2000). 외부 보조기기는 기본 욕구와 요구, 안전, 지남력, 사회적 요구, 기능적 행동, 의미 있는 활동에의 참여 등에 활용된다. 일상 참여(Kagan et al., 2008) 및 미충족 요구(Kunik et al., 2003) 모델에서는 인간 중심 돌봄을 위해 외부 보조기기를 고안하고 활용한다.

외부 보조기기는 모든 양상의 기억력(AD 및 기타 치매의 기억력과 언어 결함은 3장 참고)과 정보(부호화, 통합, 인출)를 처리하는 데 활용된다. 시각, 청각, 후각, 촉각은 정보의 인식과 회상에 필수적이다. 질환이나 노화로 인해 감각이 떨어지면 일상적 기능을 잘 수행하지 못하므로 제한된 정보에 대한 지원이나 보완이 필요하다. 외부 보조기기는 자극의 감각적 특성을 강화해 보다 두드러지게 하고 보완적 환경을 조성한다. 감각 단서가 강화되면 기억력 손상 환자의 청각적 · 시각적 · 촉각적 특성과 과거 경험 간에 상관성이 커진다 (Garrett & Yorkston, 1997). 다양한 감각적 특성을 결합한 감각 보조기기가 더 효과적일 수 있다. 〈표 6-3〉은 효과적인 중재를 계획할 때 고려할 감각 단서 체계를 보여 준다.

〈표 6-3〉 감각 단서 체계

		청각
담화	문장:	개방형 질문, 일반 지침, 진술 양자택일형 질문, 명령, 특정 지침 종결 기술, 1단계 지시 (테이프에 녹음된 책; 라디오 토크쇼, 대화)
	구:	다단어 구(명령, 진술)
	단어:	단단어(명령, 진술)
환경		친숙하지 않은 소리와 소음 친숙한 소리: 초인종, 전화, 사이렌, 동물 소리 친숙하지 않은 목소리: 낯선 사람 친숙한 목소리: 가족 및 친구
		시각
제스처		공식 수화 체계 팬터마임 1개 제스처
그래픽		글: 책과 신문(다중 단락, 줄거리) 글: 다중 문장(단일 단락) 글: 단일 문장 글: 구문 글: 단단어 복잡한 그림(사진, 여러 사물과 인물) 단순한 그림(사진, 1개 사물, 환경 표지판 및 기호)
그림		사진 색채 그림: 사실주의 또는 추상주의 흑백, 선화
색상		색상 부호화: 환경(벽지, 카펫 등) 색상 아이콘: 빨간색=멈춤, 초록색=출발

물질 및 촉각	
물질	섀도잉(shadowing) 물리적 지표 및 유도(최소) 물리적 지표 및 유도(최대) 전반적 지원
질감	질감 부호화: 환경(벽지, 카펫 등) 질감 아이콘: 사포=거칠다, 실크=부드럽다
사물	3차원 실물 및 2차원 추상적 사물
후각	
친숙한 냄새	위안이 되는 음식(빵, 쿠키, 베이비 파우더) 친숙한 냄새(물에 젖은 동물, 꽃, 새 차, 방금 깎은 잔디 등)
환경	친숙한 장소(빵집, 주유소 등) 위험한 냄새(불, 연기, 가스 등)

치매로 인해 작업기억이나 부호화의 결함이 빈번해지고, 반복 질문이나 요구, 할 일이나 장소, 말할 내용을 자주 상기시키는 행동 등을 보인다. 복잡한 청각 정보를 처리하고 이해할 시간이 충분하지 않을 경우 부정적으로 반응할 수 있다. 보호자가 반복 질문에 구두로 대답하면 환자가 인식하고 수긍하기도 하는데, 이를 인출하기 위해 처리하거나 저장하지는 않는다. 따라서 환자는 다시 반복적으로 질문한다. 처리되거나 부호화된 정보량이 처리 용량을 초과하기도 한다. 보호자가 한 번에 제시하는 구어 정보의 양을 줄이고 글자 및 그림 단서로 이해를 도우면 필요 정보를 더 잘 부호화하므로 이를 촉진해야 한다(예: Bourgeois et al., 2001).

외적 기억 전략은 새로운 정보의 부호화 및 통합을 촉진하며, 인출하기 위한 저장 과정 없이 필요 정보에 접근하거나 처리를 보류한다(Bourgeois, 2014; Parenté & Hermann, 2010; Sohlberg & Turkstra, 2011). 재활치료사는 뇌손상으로 인한 기억력 손상에 대해 기억책, 일기, 메모, 일정달력, 계획표 등 글자 전략을 사용해 왔다. 구두로 제시되는 주요 정보를 즉각적으로 받아 적으면 읽기를 활용해 기억하는 데 유용하다.

AD가 진행될수록 낱말 찾기 및 인출 능력이 악화되므로 정보에 대한 보완적 경로를 제공하는 전략이 필요하다(March, Wales, & Pattison, 2003). 이는 원발성 진행성 실어증(PPA)에도 해당한다(Reilly, 2016). 장기기억 저장소로부터의 인출 결함은 정보의 상호작용이 일어나는 보편적 대화에서 두드러지며, 정보의 내용을 충분히 주고받지 못하면 상호작용이 저하된다. 인쇄물 및 전자 형식의 외부 기억 보조기기는 보완적 경로를 통해 의미 저장소에 접근함으로써 대화에 지속적으로 참여하도록 돕는다. 또 환경 내 단서를 활용해 장기기억 저장소로부터의 인출을 촉진함으로써 기능적 행동과 문제를 다루는 여러 외부 기억 전략을 고안할 수 있다. 주요 정보의 인식과 회상을 강화하기 위해 청각, 시각 등의 특정 감각 또는 기타 단서를 제공하여 다중 기억 체계를 자극한다(Bourgeois, 2014; Parenté & Hermann, 2010; Sohlberg & Turkstra, 2011). 다양한 목표에 활용되는 외부 기억 보조기기는 이후에 상세히 논의된다.

감각을 보조하는 글자 단서카드(시각 자극), 장기기억 및 부호화 전략 촉진 과제(카드 다시 읽기) 등의 외부 보조기기는 다양한 문제를 보상하는 전략으로 기능한다(Bourgeois, 2014; Sohlberg & Turkstra, 2011). 정보를 메모하면 처리에 유용하므로 접착식 메모지를 사용하는데, 활용도는 개인마다 다르다. 필요 정보를 부호화하거나 인출하기 위해 음성 메시지를 활용하기도 한다. 특히 초기 치매 환자가 사용하는 외부 기억 보조기기는 스마트폰, 달력, 투약 알림기 등 바쁜 일반인과 매우 유사하다. 치매가 진행되면서 변화하는 결함 및 강점 프로파일에 따라 지속적으로 전략을 수정한다.

자신의 요구에 맞는 체계를 직관적으로 고안하기도 하나, 효율적이고 효과적인 기억 전략 체계를 구상하고 시행하기 위해서는 대개 훈련이 필요하다. 예를 들어, 기억이 손상된

〈표 6-4〉 다양한 기억 유형 관련 외적 기억 전략의 예

감각기억 향상 전략
- 확대 인쇄, 밝은 색상, 강한 대조, 강조 표시, 색상 코딩
- 개인 물품
- 이름표, 약통, 접착식 메모지, 카드
- 보청기, 청각 보장구

기억 부호화 및 인출 향상 전략
- 타이머, 알람
- 표지판, 라벨, 단서카드, 달력
- 쇼핑 목록, 손가락 끈
- 기억책 페이지, 단서카드, 메모판
- 일정표, 전자 일정표
- 전자 음성 녹음기, 음성 메시지 기기
- 훈련: 반복, 연습, 일상적 사용
- 컴퓨터, 휴대전화, 다기능 시계
- 특정 장소에 사물 두기(예: 문 옆에 열쇠 걸어 두기, 침실 탁자 위에 안경 두기)

경우 간단한 달력을 명확히 사용하도록 구조화된 훈련을 시행한다. 기억 손상을 보상하는 기술이 유용한데, 퇴행성 질환에 특화된 연구가 더 추가되어야 한다(Jamieson et al., 2014). 다른 활동을 방해하고 지나치게 복잡하거나 어려운 일상(예: 과제 단계를 기억하기 위한 여러 타이머, 정교화된 컴퓨터 달력)을 고려할 때, 기억 손상 환자뿐 아니라 일반인을 위한 기억 전략 학습이나 상담이 필요하다. 〈표 6-4〉는 외적 기억 전략의 예시 목록이다.

기본 욕구 및 요구 관련 대화와 의사소통을 위한 외부 기억 보조기기 대화에 활용되는 기억 보조기기(예: 기억책, 기억지갑, 의사소통카드)는 AD의 구어 의사소통을 강화한다(Egan et al., 2010; Hopper et al.,2013). 의사소통 보조기기는 Bourgeois(1990, 1992a, 1992b)가 글자 및 그림 단서를 고안하는 과정에서 개발되었는데, AD 환자와 보호자 간의 대화를 유지하기 위해 개인 정보를 인출하도록 돕는다. 기억지갑과 기억책은 중도 치매 환자와 보호자의 대화적 상호작용을 개선하는 데 활용한다(Bourgeois, 1990). [그림 6-1]은 대화와 기억력을 자극하는 기억지갑 및 기억책의 예시이다.

[그림 6-1] 기억지갑 및 기억책

보편적으로 기억책은 8×11, 기억지갑은 3×5 인치의 크기로 제작한다. 페이지 수는 개인의 인지 능력과 기능적 목표에 따라 조정한다. 손상이 심한 경우 페이지 수가 더 적다(20~30보다 5~10페이지). 기억책/지갑에는 단순한 평서문, 관련 사진이나 삽화(페이지당)가 포함된다. 환자, 가족, 보호자가 기억 보조기기의 정보를 제공하며, 주요 신상(예: 생년월일 및 출생지, 부모, 형제자매, 배우자, 교육수준), 일상 활동(예: 식사 시간 및 세부 정보, 목욕 및 몸단장, 여가 활동), 기타(예: 반복 질문에 대한 대답) 정보가 포함된다(기억 및 의사소통 보조기기 평가는 5장 참고). 개인 사진을 확보하기 어려우면 다양한 클립아트, 잡지 사진, 선화 등을 삽화로 활용한다. 착용하거나 휴대할 수 있는 기억 보조기기의 제작 지침도 있다(Bourgeois, 2013).

Bourgeois(1990, 1992b)는 단일 대상 실험설계 연구에서 기억지갑이 대화에 미치는 영향을 살펴보았다. 중등도 치매 환자는 기억지갑을 활용하지 않은 기초 대화에서 가족, 생활, 일상에 대해 제한적이거나 반복적이고 이해할 수 없는 정보를 제공했다. 반면 기억지갑을 활용한 치료 환경에서는 문장을 소리 내어 읽은 후 주제에 대해 상술함으로써 사실적 발화 수가 유의하게 증가했고 반복성과 모호성은 감소했다. 또 시각 자극이 환자의 결함 및 강점과 일치하면 인지와 감각 결함이 심한 경우에도 기억지갑이 효과적이었다(Bourgeois, 1992b).

요양원의 다른 환자들(Bourgeois, 1993)이나 간호조무사(Bourgeois et al.,2001; Burgio et al., 2001; Dijkstra et al., 2002), 성인 주간보호소의 자원봉사자(Bourgeois & Mason, 1992) 등 다른 파트너와 환경에서도 기억지갑/책이 유용하다. 대화 차례 지키기와 주제 유지에도 효과적이다(Bourgeois, 1993; Bourgeois & Mason, 1996; Hoerster, Hickey, & Bourgeois, 2001; Spilkin & Bethlehem, 2003). 또 치매 중기나 말기까지 비교적 읽기 능력이 유지된다. 글자 양식은 비교적 오래 보존되는데, 철자 정보는 청각적 또는 구어적 양식과 달리 의미 정보에 접근할 수 있기 때문이다(Bourgeois, 2001). 기억지갑을 사용하면 파트너가 지원하거나 주도하는 대화가 줄어든다(Hoerster et al., 2001). 사회적 측면에서도 의사소통에 긍정적인 영향을 미치는데(Bourgeois, 1992b; Bourgeois & Mason, 1996; Hoerster et al., 2001), 이는 심도 치매에서도 지속적으로 검증되었다(Andrews-Salvia, Roy, & Cameron, 2003; McPherson et al., 2001).

치매의 의사소통 능력을 향상하기 위한 다른 외적 단서도 있다. 대화를 위한 외부 보조기기는 스마트폰(Maier et al., 2015), 태블릿 PC, 컴퓨터, 디지털 액자(음성 메시지 포함 또는 미포함) 등을 활용해 고안한다. 중등도 AD에게 의사소통 보드를 적용할 수 있다. 그러나 사용법을 학습해야 하고, 음성 출력 체계가 주의를 산만하게 하거나 대화를 방해한다(Fried-Oken et al., 2012). 지난 20년간 인형과 봉제완구도 널리 활용되었다. 이러한 중재의 윤리성 문제가 제기된 바 있으나, 노인에 대한 효과성이 입증되었고(Alander, Prescott, & James, 2015) 참여와 의사소통이 향상되었다(Mitchell, McCormack, & McCance, 2016). '투명' 지갑, 다감각 상자 등 다른 촉각 자극도 대화에 대한 참여도를 증진시킨다(Griffiths et al., 2016). 소나무, 생강 쿠키, 바닐라 향초 등의 냄새는 크리스마스 트리나 쿠키를 만들던 엄마와의 추억을 떠올리며, 대화를 촉진해 상호작용의 만족도를 높인다. 치매 환자와 함께 개발한 자전적 연대기 형태의 기억 보조기기는 가족으로부터 얻은 정보를 활용해 상호작용 시 의미 및 자서전적 기억을 인출하는 데 유용하다(Lalanne, Gallarda, & Piolino, 2015). 외부 보조기기와 단서가 의사소통을 개선시키나, 질환이 진행되면서 의사소통 파트너의 역할이 더 확대된다는 단점이 있다(보호자 훈련 절차는 9장 및 10장 참고).

지남력 및 안전 관련 외부 보조기기 시각 단서는 오랜 기간의 경험이 축적된 장기기억을 유발한다. 환경, 사진, 교통 표지판은 거의 자발적으로 인식되는 상징 기호에 대한 장기기억의 단서가 된다. 물리적 설계, 감각적 특징, 사회적 환경 등 치매 특화적인 환경 자극을 고려해 적응 행동과 안전을 강화하는 지원적 생활환경으로 요양원을 조성한다(Mazzei, Gillan, & Cloutier, 2014). 지남력을 높이고 반응 행동을 줄이는 중재에는 단순한 시각 단서가 활용된다. 요양원의 명칭, 요일, 날짜 등이 기재된 표지판은 현실감각을 촉진하는 데 유용하다.

정지 표지판, 바닥 격자선, 문 및 엘리베이터 벽화, 현관 경보장치 등 다양한 청각 및 시각 단서는 출구를 찾느라 헤매지 않고 안전하게 산책하도록 촉진한다(예: Kincaid & Peacock, 2003; Mazzei et al., 2014). 또 개인의 동선에 따라 특정 사물이나 재료를 배치하면 연계 활동(즉 접힌 수건이 든 빨래 바구니)에 참여하도록 유도할 수 있다. 특히 시각 단서는 길 찾기를 돕는다. 선홍색 꽃이 든 꽃병은 식당의 배정된 자리에 앉도록 단서를 제공한다(Leseth & Meader, 1995). 개인 사진과 대형 표찰은 방을 찾느라 헤매지 않도록 하는 데 사용된다(Nolan, Mathews, & Harrison, 2001). 시각 단서의 단순성과 효과를 고려한 대중적 마케팅 전략으로 색채 구성, 거리 표지판, 개별화된 현관문 및 우편함 등이 있는데(Zeisel, Hyde, & Shi, 1999), 식사 환경의 시각 및 기타 감각 단서는 식사 시의 행동과 시간을 개선하는 데 효과적이다(Chaudhury, Hung, & Badger, 2013; 환경 수정은 7장 참고).

반응 행동을 위한 외부 보조기기 긍정적인 자동 행동이나 기억을 촉발하는 감각 단서는 불안과 파괴적 행동을 감소시킨다. 예를 들어, 헤드폰을 통한 '백색 소음(폭포 및 자연 소리)'은 산책의 경험을 떠올리는 진정 효과가 있다(Burgio et al., 1996). 촉각, 후각, 미각 등 다른 감각 단서는 기억을 촉발하고 기능적 행동을 유지하는 데 효과적이다(Griffiths et al., 2016). 소리 나는 주전자는 차를 만들던 옛 기억을 불러일으키며, 인형 치료는 어려움을 줄이고 의미 있는 참여를 촉진한다(Mitchell et al., 2016). 중증 치매 요양원에서 다양한 수작업 치료를 위한 감각운동 재료(예: 과제용 앞치마, 전자 활동상자, 지갑)를 활용하면 흥분이 감소하고 가족 방문을 촉진한다(Buettner, 1999).

복잡한 일상 행동에 글자 단서를 활용하면 반복 질문과 같은 반응 행동을 줄이고 치료에 대한 협조와 독립성을 극대화할 수 있다. 환자가 자발적으로 신뢰할 만한 정보를 기록하지 못할 경우 보호자는 기억지갑/책, 단서카드, 메모판, 표지판 등의 외부 보조기기를 활용해 정보의 부호화 및 검색을 돕는다(Bourgeois, 2014). Bourgeois(1994)는 "내 아내 Lillian이 1967년 심장병으로 죽었다."라고 적힌 기억책을 통해 아내의 행방을 묻는 반복 질문을 줄였다고 보고했다. 기억지갑/책을 통해 대화 시 기능적 행동을 개선하고 반응 행동을 줄인다(Bourgeois et al., 1997). 질문의 대답이 적힌 페이지를 기억지갑에 넣은 후 보호자가 "정답은 당신의 기억책에 적혀 있습니다." 또는 "이것을 읽으세요 ____________."라고 지시한다(대체 활동을 서면으로 지시함). 이는 반복적인 요청과 질문을 크게 감소시킨다.

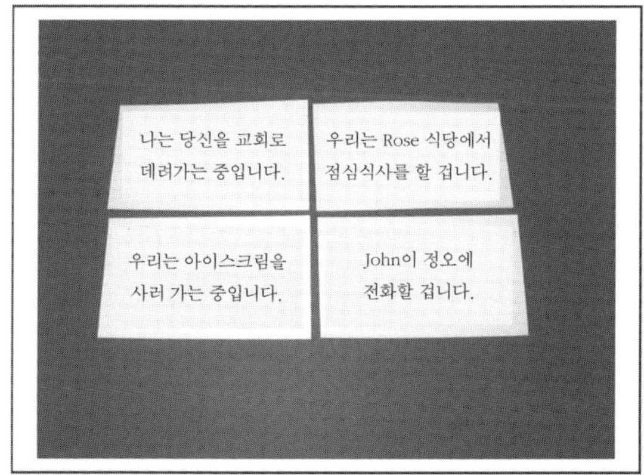

[그림 6-2] 시각 단서 체계: 기억카드 및 메모판

주방에 자주 들어갈 경우 냉장고에 부착된 메모판에 메시지와 활동 목록을 적어 둠으로써 불안감을 줄이고(예: "집에서 저녁 식사 할게."), 요구 행동을 촉진하도록 배우자를 교육한다(예: "화초에 물을 주세요."). 주로 기억카드를 활용하는 보호자도 있다. 예를 들어, "우리 어디 가요?"라는 아내의 반복 질문에 대한 대답을 색인카드에 적어 차에 보관한다. 교회나 버스에서 카드를 사용하기도 한다. 제출한 세금 신고서에 대해 환불 수표가 입금되었음을 상기시키는 '가짜' 국세청 통지서도 활용된다(Bourgeois et al.,1997). [그림 6-2]는 정보의 부호화 및 인출을 위한 다양한 시각 단서 체계를 보여 준다(예: 단서카드, 메모판).

지역사회에 거주하는 치매 환자에게 다양한 외부 보조기기를 제공하면 안전성을 높일 수 있다. 개인 정보(이름, 주소), 의학 정보(진단명, 알레르기) 등이 포함된 장신구, 의료용 알람장치, 안전 팔찌(Alzheimer's Association, 2016)는 환자가 중요한 개인 및 안전 정보에 쉽게 접근하도록 한다. 알람장치, 특수 잠금장치 등은 지역사회 내 가정환경의 안전성을 높이는 데 유용하다(환경 수정은 7장 참고).

일상생활활동 및 의미 있는 활동을 위한 외부 보조기기 기억력 및 의사소통의 어려움이 치료에 대한 반응 행동과 의미 있는 활동의 참여에 영향을 미칠 때 가족이나 간병인은 외적 전략을 활용한다. 간호조무사는 중등도~심도 환자가 기억력 및 의사소통을 위한 휴대용 카드를 사용하도록 훈련받는데, 이를 통해 샤워, 식사, 몸단장 등의 돌봄 활동 시 이해와 협조를 강화할 수 있다(Bourgeois et al., 2001). 간호조무사가 확인한 ADLs를 수행하면서 반응 행동 관련 개별 카드를 사용한다. 각 카드에는 '샤워하면 따뜻하고 깨끗해진다', '식사하면 건강에 도움이 된다' 등 ADLs에 참여하도록 촉진하는 긍정적 문구와 사진이 포함된다. ADLs를 시작하기 전 간호조무사가 제시한 카드를 읽은 후 다음 활동을 수행하도록 요구한다.

카드를 활용하면 치료 활동에 대한 참여와 협조가 증가하고 부정적 반응이 감소한다. 기억카드를 활용한 중재(기억책+중재)는 간병인 및 동료와 보다 긍정적인 언어로 소통하도록 돕는다(Bourgeois et al., 2001). 환자 상황을 파악하고 기억력 및 의사소통 전략과 보호자 훈련을 적용하면 ADLs의 독립성을 높일 수 있다. 간단한 구어로 예정된 시간을 알려 줄 경우 요양원 거주자의 요실금을 감소시키는 효과도 있다(배뇨 촉진 기술; Schnelle, 1990). 화장실을 보다 독립적으로 사용하기 위해 배뇨 일정표가 활용되기도 한다. 이러한 글자 단서를 사용하도록 보호자를 훈련하는 것이 중요하다. 기억카드에 기반한 CD-ROM 상호훈련 프로그램은 반응 행동 중재 시 요양원 간호조무사의 지식, 전략, 자기효능감을 향상시

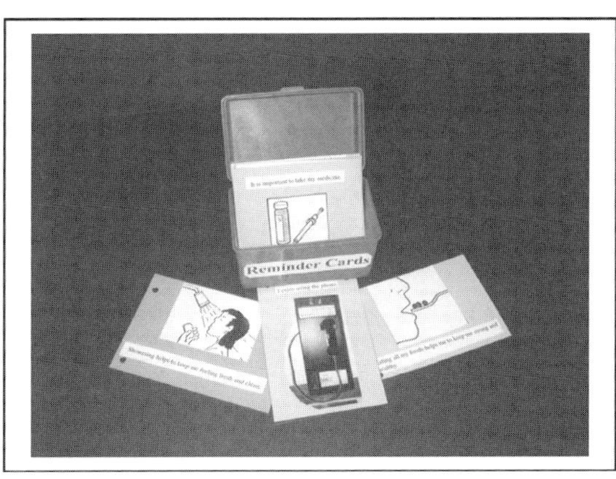

[그림 6-3] 장기요양시설의 기억력 및 의사소통 카드

킨다(Irvine, Ary, & Bourgeois, 2003; 간병인 훈련은 9~10장 참고). [그림 6-3]은 장기요양시설에서 활용되는 기억력 및 의사소통 카드의 예이다.

환경 내 다른 외부 보조기기도 ADLs를 수행하고 가정이나 요양원의 활동에 참여하도록 촉진한다. 서랍이나 찬장에 라벨을 부착하면 ADLs에 필요한 사물을 쉽게 찾을 수 있다. 조직화 전략은 은쟁반, 문구 분류함, 옷 정리함 등을 통해 시각적 특징을 강화함으로써 원하는 물품을 잘 인식하도록 한다. ADLs의 수행을 분석한 표지판은 활동의 독립성을 극대화한다(예: "1단계: 치약과 칫솔을 꺼내세요. 2단계: 칫솔 위에 치약을 짜세요."). 활동이 포함된 표지판(말린 꽃과 꽃병 옆에서 "꽃꽂이를 해 주세요.")이나 일정이 적힌 화이트보드는 여가 활동에 더 많이 참여하도록 한다. 간단한 카드나 보드게임 등의 글자 및 그림 단서를 제공하면 관련 활동에 더 많이 참여하게 된다. 따라서 흥미를 잃었다기보다 기억 인출에 어려움이 있음을 알아야 한다(Eisner, 2013). 시각적 강화는 시각 단서의 중요성을 인식시킨다. 예를 들어, 간판이나 카드의 인쇄물 확대하기, 어두운 글자의 배경을 밝은 카드나 종이로 조정하기(예: 어두운 글자에 연노란색 배경은 노인에게 더 잘 보임), 선명하게 구분하기, 개인 물품 사용하기 등으로 시각 단서의 도움을 받는다. 요양원 거주자는 밝은 초록색, 파란색, 자홍색 바탕에 흰색 글자로 쓰인 표지판을 선호한다고 알려져 있다(Brush et al., 2015).

미래계획기억 미래계획기억, 즉 미래 행동의 개시를 기억하기 위해 외부 기억 보조기기를 보편적으로 활용한다. 외부 기억 보조기기는 기억해야 할 사실, 가사, 일상적 약속과 활동에 대해 정보의 부호화 및 저장 과정을 대체한다. 미래계획기억을 위한 외부 보조기기는 접착식 메모지, 장보기 목록, 활동 일정표, 달력 등의 단순한 기술, 다양한 알람 및 메시지 기능을 통해 정보의 저장과 인출을 촉진하는 스마트폰 및 태블릿 애플리케이션, 컴퓨터 등과 같은 첨단 기술이 있다. 오디오 녹음기와 음성 메일은 향후 활동을 상기시키는 녹음에 활용된다. 문 옆에 자동차 열쇠를 걸어 두는 등 특정 물건의 위치를 지정하거나 물건의 빈 용기를 차 안에 넣어 두어 쇼핑을 기억하는 등의 방법이 시각 단서 전략에 해당한다. 외부 기억 보조기기로 사용되는 노트에 구체적으로 기재되어 있으면 부호화하거나 저장할 필요가 없다.

외적 전략은 MCI나 치매 초기에 결함을 인지하고 증상을 감추는 데 사용되기도 한다(예: 플래너를 재사용하는 은퇴한 사업가, 최근 잊어버린 이름과 단어가 기록된 작은 노트를 지닌 은퇴한 대학교수). 이러한 체계가 더 이상 유용하지 않고 수정되어야 할 경우 기억력 재활이 필요하다. 효율성을 향상시키기 위해 체계를 수정하거나, 필요시 임상가와 함께 새로운 체계를 개발하고 평가하는 데 참여한다. 스마트폰 기능을 개인의 요구에 맞게 조정하는 애플리케이션이 활용되기도 한다(Maier et al., 2015). MCI 및 치매 초기에 기억 전략 수업과 같은 인지 자극 및 재활 프로그램에 집단적으로 참여하면 효과적이다(Fritsch et al., 2014).

환자나 보호자는 치매의 진행에 따라 전략을 수정하거나 인지 능력 및 결함에 효과적인 새로운 전략을 고안하도록 지원받는다. Camp 등(1996)은 간격회상 프로토콜의 일정표가 효과적이라고 강조했다. 치매의 약물 중독에 유의해야 하는데, 투약관리 체계에 대한 개입이 약간의 효과가 있다(Elliott et al., 2015). 7일 복용 정리함(Park & Kidder, 1996), 시각 분류 차트가 포함된 알약 용기(Park et al., 1992), 알람(Leirer et al., 1991) 등 다양한 시각 및 글자 단서 체계는 노인에게 유용하다. 기술이 빠르게 발전하면서 기억장애 환자와 보호자에게 필요한 애플리케이션(예: Talk Me Home), 간략형 스마트폰, 스마트 달력, 맞춤 설계된 착용 기술이 개발되고 있다(Maier et al., 2015).

기억 및 의사소통 보조기기 설계의 고려 사항 외적 지원을 선택하고 고안하기 전에 개인의 문해 수준, 인지 손상 정도 및 중증도, 기억력 문제에 대한 자기인식 수준, 보존된 인지 능력, 결함을 보상하려는 동기 등을 고려한다. 개인의 민족적, 문화적, 언어적, 교육적 배경도 감안한다(Hopper et al., 2013). 또 개인의 발병 전 친숙도, 보조기기 사용, 기기 사용을 위한 훈련량, 비용 등을 검토한다. 사용자에게 보다 친숙하고 간단한 보조기기, 기존 전략에 부합하고 사용자 친화적인 보조기술 등을 선택한다(Arntzen, Holthe, & Jentoft, 2016). 환자에게 중요한 요구를 해결하고, 보조기술의 사용 여부 및 방법에 필수적인 역할을 하는 가족 보호자를 참여시킨다(Arntzen et al., 2016). 보조기기가 부적절하면 환자의 혼란이 가중되고 자기효능감이 떨어지며 간병인에게 짜증내거나 성가시게 군다. 그러나 보조기술을 잘 활용하면 통제감, 안정감 등 긍정적 감정을 유발할 수 있다.

개인의 인지적 및 감각적 결함과 강점도 고려한다. 즉 기억책/지갑, 휴대 장치 등의 휴대용 보조기기를 고안할 때 운동 능력과 손재주를 감안한다(Bourgeois, 2013). 운동 및 감각 능력이 있으면 지갑과 같이 작고 휴대할 수 있는 기억 보조기기, 고리로 묶은 카드가 유용하다. 가능한 한 보조기기를 목줄, 목걸이, 손목밴드, 벨트에 착용한다. 휠체어나 보행보조기를 사용할 경우 기억책을 보관할 가방을 준비한다. 가방에 비닐 주머니를 부착해 기억 보조기기가 잘 보이면서 쉽게 접근하도록 한다.

시각 보조기기는 글자체 및 그림의 크기와 대비가 시력에 맞게 조절되어야 하고(Bourgeois, 2013), 청각 단서는 청력을 고려해야 한다. 예를 들어, 침대나 의자를 혼자 이탈하지 말아야 하는 환자에게 알람을 사용하려면 청력이 전제되어야 하는데, 노인은 대개 고주파 음도를 잘 듣지 못한다. 감각장애 환자가 외부 보조기기를 사용하기 위해서는 추가적이거나 발전된 형태의 단서가 필요하다. 다른 감각 양식을 추가해 적절한 정보를 제공하기도 한다(예: 시력이 낮은 환자에게 청각이나 촉각 단서를 사용함).

그러나 일상적이고 반복적인 노출이나 훈련 없이 기억 보조기기나 강력한 자극만으로는 요구되는 부호화와 인출 기능을 제대로 제공하지 못할 수 있다(Hopper et al., 2013; Zeisel et al., 1999). 연관된 시각 단서라 해도 의도한 바대로 제시되거나 인식되지 않을 수 있고, 유도한 반응도 보장되지 않는다. 표지판, 이름표와 같은 간단한 환경 보조기기는 특성 및 기능에 대해 주기적인 식별, 읽기, 논의 등의 연습이 필요하다. 시각 또는 청각 단서가 모호하면 무언가를 기억해야 한다는 사실은 상기시키나 그 내용이 무엇인지는 유도하지 못한다(Woods, 1996). 예를 들어, 환자는 '손가락 끈' 등의 시각적 신호나 알람과 같은 리마인더의 의미를 기억해야 한다. 따라서 시각이나 청각 자극에 주의를 기울여 반응하도록 환자를 훈련한다. 이를 통해 알람이 들리면 앉거나 뒤로 눕도록 학습하고, 모호한 '손가락 끈'보다 더 명확한 글자 기억법을 연습한다. 보호자는 일상 기능에 잘 부합하도록 단서를 강조하고 확인하는데, 이를 위해서는 연습이 필요하다. 보조기기의 사용을 촉진하고 적절한 시기에 활용하도록 가족 및 간호조무사를 참여시킨다(Bourgeois et al., 1997, 2001).

많은 훈련 없이도 보조기술을 효과적으로 사용할 수 있다(Arntzen et al., 2016). 기억 향상체계는 발병 전 친숙도 및 다감각적 특성을 고려해 구성하며, 새로운 체계에는 훈련이 필요할 수 있다(예: 간격회상 훈련[SRT]). 예컨대, 호출 버튼에 간호사 사진이 부착된 대형 스위치를 새로운 단서 체계로 도입할 때, "간호사가 필요하면 사진을 만지세요."라고 훈련한다(Garrett & Yorkston, 1997). 즉 외부 보조기기를 활용하려면 기기의 유형 및 설계, 훈련이 요구된다.

사례 6-1 질환 진행에 따른 기억책의 활용

시나리오

치매 초기인 Jones 씨는 주간보호소에서 30페이지 분량의 개인 정보가 담긴 기억지갑을 받았다. 이는 친절한 봉사자와 Jones 씨의 딸이 협조하여 제작되었다. 두 번째 방문에서 그는 "은퇴 전 30년간 저는 고등학교 교사였습니다."라 쓰인 페이지에서 잠시 멈춘 다음, "제가 거의 모든 학년과 과목을 가르쳤다는 걸 아세요? 첫 수업은 5학년 사회 수업이었죠."라고 말했다. 그리고 종이 뒷면에 학교, 학년, 과목의 목록을 작성했다.

9개월 후 기억지갑을 사용해 자신의 인생에 대해 말하도록 요청받자, 봉사자가 간식을 권유할 때까지 계속 페이지를 읽었다. 1년 후에는 동일한 요청에 대해 기억지갑을 읽지 않았고, 첫 번째 페이지를 읽도록 요구하자 미소 지으며 사진을 가볍게 두드렸다. 봉사자가 한 페이지씩 읽고 사진에 대해 이야기해도 계속해서 미소 지으며 사진을 두드렸고, 봉사자가 표현한 단어를 반복하기도 했다.

설명

질환이 진행되면서 의사소통 및 상호작용의 속성이 변화한다. 초기에 Jones 씨는 자신이 은퇴한 교사라는 것을 봉사자가 알고 있음을 인지했고, 다양한 일들을 기록하며 교사 경력을 상세히 설명하고자 했다. 즉 이성적으로 대화할 수 있었다. 온전한 의사소통이 가능했고, 언어와 기억력에 기초해 보다 만족스러운 두 번째 대화를 계획할 수 있었다. 이후 의사소통 능력이 저하되고 상호작용은 일방적인 형태로 변화했다. 그러나 기억지갑을 반복적으로 읽음으로써 봉사자와 사회적 친밀감을 유지하고자 애썼다. 구어 능력은 잃었지만 의사소통 의지는 보존되어, 미소를 짓거나 지갑을 두드리고 단어를 따라 말하기도 했다. 이러한 상황에서 봉사자는 지갑의 내용을 읽어 주고 설명함으로써 대화를 이끌어야 한다.

3. 훈련 절차

치매로 인한 부호화 및 인출 결함 때문에 새로운 정보나 기술을 습득하고 인출할 수 없다는 견해는 지난 20년간 지속적으로 도전받았다. 경도~중등도 치매도 간격회상 등의 기억 훈련 전략을 활용해 새로운 정보를 습득하거나 '잊은' 정보를 재학습할 수 있다고 밝혀졌다(Hopper et al., 2013). 훈련을 통해 외부 기억 보조기기를 일상적으로 사용하고 경도~중등도 환자의 재인, 지남력, 기억력, 의사소통을 지원할 수 있다. 특히 SRT와 외부 기억 보조기기가 효과적이다. 최적의 훈련 절차를 모색하고 기억력 중재가 효과적인 대상을 결정한다. Sohlberg와 Turkstra(2011)는 다양하고 효과적인 지시 기술(예: 오류 제어 기술), 집중 대 분산 연습, 연습 강도 등의 변수를 통합한 훈련 프로토콜을 제안했다. 효과적인 지시 기술에는 SRT, 오류 없는 학습(errorless learning), 단서 소거, 구체적 지시 등이 있다(Hopper et al., 2013). 치매를 위한 특정 훈련 절차를 검토할 때 몇몇 문제점을 고려해야 한다. 즉 여러 절차들이 중복될 수 있고, 훈련 방법과 절차를 적절히 설명하지 않으면 활용 방법을 파악하기 어렵다(Hopper et al., 2013).

1) 오류 없는 학습

오류 없는 학습은 오류의 발생 가능성을 최소화하는 단서 및 지시 전략을 사용한다(Clare & Jones, 2008). 이의 신경심리적 재활 원리는 서술(외현) 및 비서술(내현 또는 절차) 기억의 두 상호작용 유형에 기반한다(Squire, 1994; 치매의 서술 및 비서술 기억은 3장 참고). 기억력 결함 환자가 새로운 정보를 학습하고 유지하기 위해서는 '오류 없는' 훈련에 참여해야 한다. 서술기억이 떨어지면 반응에 대한 자기 모니터링 및 자가수정을 방해해 학습이 부정확할 수 있다(Fish et al., 2015). 오류를 억제하기 위해 훈련 도중 반응시간이 지연되거나 단서 체계의 영향을 받지 않도록 해야 한다. 예컨대, Angela라는 이름을 학습할 때 "잘 모르겠어요. A로 시작하는 것 같아요. Andrew인가요?"라고 반응하자 임상가는 환자의 말을 가로막고 정확한 이름을 알려 준 후 즉시 수정하도록 했다. 환자는 결국 정확한 이름을 학습했으나, 4개월 후 추적 검사에서 임상가를 'Andrew'라 불렀다(Bourgeois et al., 2003).

경도~심도 치매의 오류 없는 학습은 새로운 정보를 학습하는 데 유용하다(Hopper et al., 2013). 반면 오류 없는 학습의 생태학적 타당도가 낮은 편이고 일상의 기능적 과제만을 대상으로 연구되었다는 이견도 있다(de Werd et al., 2013). 오류 없는 학습과 오류 학습(시행착오)의 효과를 비교한 연구도 많다. 오류 없는 학습이 더 효율적이고 정확한 효과를 보이나(예: Baddeley & Wilson, 1994; Clare et al., 2000, 2001; Fish et al., 2015), 이와 상반되는 보고도 있다(Clare & Jones, 2008; Hopper et al., 2013). Li와 Liu(2012)는 오류 없는 학습이 정보 유형의 영향을 받을 수 있고 구체적인 정보일수록 효과적이라고 강조했다. de Werd 등(2013)에 따르면, 오류 없는 학습은 의미 있는 과제에서 더 유용하며 유지 효과도 입증되었다. Fish 등(2015)은 연구 방법이 상이해 결과가 다양하고 해석에 영향을 미칠 수 있으나 다른 요건이 동일하면 기억장애에 유용하다고 밝혔다. 오류 없는 학습은 주로 단서 소거,

SRT(Hopper et al., 2013), 다영역 인지 재활(예: Amieva et al., 2016) 등과 병행한다. Clare와 Jones(2008)는 오류 없는 학습을 시행하는 방법이 다양하기 때문에 상호 비교가 어렵다고 지적했다.

2) 단서 소거

오류 없는 학습을 시행하는 방법으로 단서 소거법이 있다(Glisky, Schacter, & Tulving, 1986). 보다 복잡한 정보나 행동을 위해 고안된 이 기술은 초기 시도에서 정확히 반응하도록 충분한 정보를 제공한다. 정반응 시 정보를 점진적으로 소거하고 보다 적은 단서가 사용되도록 한다(de Werd et al., 2013), 수행에 실패하면 단서를 추가했다가 소거한다(Sohlberg, Ehlhardt, & Kennedy, 2005). 오류 없는 학습을 다룬 연구가 다양해 각 훈련에서 얻은 효과를 구분하기가 어렵다. 경도~중등도 치매 대상의 오류 없는 학습에서 단서 소거법으로 회상의 정확도가 향상되기도 하나, 제한적인 연구와 학습 개념의 중복으로 인해 효과성을 검증하기 어렵다(Hopper et al., 2013). 일상의 절차적 또는 비절차적 과제를 훈련할 때 단서 소거는 오류 없는 학습을 촉진하는 데 효과적이다(de Werd et al., 2013). 그러나 보다 많은 연구를 통해 기억력 손상 환자의 개별 학습 유형이 고안된 기술을 적용하고 이에 따른 결과를 잘 이해해야 한다.

3) 단서 체계

SLP가 가장 보편적으로 선택하는 교수 전략은 요구 행동을 유도하기 위한 단서 체계(cueing hierarchies: CH)이다(Patterson, 2001 참고). CH는 주로 후천적 신경의사소통 손상 시 낱말 찾기 등의 의사소통 행동을 훈련하는 데 활용된다. CH는 체계적이고 등급화된 일련의 단서들로 점차 강화되는 형태를 이룬다. CH를 활용해 단서를 선택하고 순서화하는 치료 프로토콜도 있다. 임상가는 각 단서 유형에 대한 개별 반응을 평가하며, 각 단서의 상대적 강도나 힘에 기초해 반응을 유도하는 훈련 체계를 설계한다. Bollinger와 Stout(1976)는 이러한 절차를 반응 조건의 단계적 치료로 설명했는데, 가장 약화된 단서를 통해 반응을 유도하고 상향식 또는 하향식 순서로 진행하는 방식이다. Patterson(2001)은 단어 인출 시 상향식 및 하향식으로 이동하는 전통적 CH, 그리고 하향식 단서만 사용하는 수정된 CH를 제안했다.

Bourgeois와 동료들(2003)은 SRT와 CH를 활용해 사실 및 전략을 훈련했다. CH에는 의미 단서('보기 위한 것'), 음소 단서(목표 목록의 첫 음절 'ac'), 시각 단서(목록 가리키기), 촉각 단서(목록 만지기 및 잡기), 모방('나는 내 활동 목록을 본다') 등이 포함된다. 유사한 기간 내에 두 전략을 모두 학습했으나, 4개월 후 추적 검사에서는 SRT의 효과가 더 크게 나타났다.

4) 간격회상

훈련 절차 기억력 훈련 절차인 SRT는 연속적으로 지연된 간격에서 사실 및 절차의 체계적 회상, 정보의 장기 보존을 성취한다(Brush & Camp, 1998; Camp, 2006). Camp(2006)는 SRT의 4개 학습 유형을 제시했다. 이는 반복 점화 및 전통적 조건화를 통해 기억에 적용할 패러다임을 형성하는 데 기초한다. 반복 점화는 비서술기억의 구성 요소로, 노력이나 의식적 처리 없이 반복 연습에 의해 수행력을 개선한다. '간격 효과' 현상은 연습량보다 시간에 좌우된다. 치매 말기까지 무의식적 자동 학습이 비교적 보존되는데, SRT는 이러한 강점을 활용한 훈련이다.

SRT는 목표 정보나 행동을 학습하기 위해 단서 소거, 오류 없는 학습 등과 통합하여 적용한다(Hopper et al., 2013). 이는 점차 소거되는 단서카드로 오류 없는 학습을 촉진하기 위해 비교적 보존된 읽기 능력(Bourgeois, 2001, 2013)을 활용함으로써(단서카드가 목표 행동이 아닌 경우) 다양한 목표를 성취하도록 돕는다. 오류 없는 학습은 자극-반응 과정에서 이루어지는데, 오반응이 없도록 철저히 모니터된다(Wilson et al., 1994). 오류가 있을 경우 피드백을 통해 정반응을 유도한다. Balota 등(2006)은 이러한 피드백의 효과를 강조했다.

SRT 시에는 회기 목적을 명시하고 즉각적인 반응 쌍을 제공한다. 균일한 간격으로 구성되기도 하나 대부분 간격이 연장된다. 시간 간격을 연장하는 방법은 다양하다([글상자 6-4] 참고). 정반응을 보이면 다음 자극이 제시되기 전에 시간 간격을 두 배로 늘린다. 오반응 시에는 정반응을 모델링한 후 모방하도록 유도하고, 이전에 성공한 간격을 적용한다. 30분의 훈련 회기를 수행한 다음 2/10/20/40/60초, 30초~3분, 1~6분, 2분간 연속으로 시간을 추가한다(Cherry & Simmons-D'Gerolamo, 2004; Hawley & Cherry, 2008).

글상자 6-4 간격회상 훈련(SRT)의 회기 구성

- 목적을 명시하고 즉각적인 반응을 제안하면서 회기를 시작한다.
  - "오늘은 당신의 방이 어디에 있는지 기억하도록 도울 거예요. 방 번호는 이 카드의 뒷면에 적혀 있어요(카드를 보여 줌). 방의 위치를 기억하고 싶다면 이 카드를 보세요."
- 환자의 목표 반응을 유도한다.
  - "방의 위치를 어떻게 기억하지요?"
  - 즉각적으로 정반응할 경우("저는 제 카드를 봅니다.") 다음과 같이 대답한다.
  - "맞습니다. 몇 분 뒤 다시 질문할 테니 기억해 주세요."
- 시간 간격을 두 배로 늘린 후 다음 메시지를 반복적으로 제시한다.
  - "방의 위치를 어떻게 기억하지요?"
- 즉각적으로 반응하지 못할 경우 카드를 보고 정반응을 따라 말하도록 유도한 후 다시 반복한다.
- 마지막으로 성공한 시간 간격으로 되돌아간다.
- 다음 회기 전 정반응할 때까지 훈련을 계속한다.

출처: Brush & Camp(1998).

즉각적인 정반응을 예측하는 것은 오반응을 예방하는 데 중요하다. 예를 들어, 주저하는 반응은 임상가의 모델링과 환자의 즉각적인 모방으로 연계된다. 임상가는 단서 프로토콜을 훈련받는데, 이는 정반응을 유도하기 위한 단서를 단계적으로 늘리기 전 몇 초 내에 반응하도록 고안된다. 초기에는 이를 부자연스럽게 느낄 수 있으나, 직관에 반하는 오류 없는 학습은 목표 반응을 빠르고 지속적으로 습득하도록 촉진한다(Bourgeois et al., 2003; Camp et al., 1996; SRT 회기 절차는 [글상자 6-4] 참고).

특정 사실(예: 가족 이름 및 방 번호)의 기억부터 기능적 전략(예: 게시판 사용, 예정된 활동 카드, 안전한 삼킴 전략)까지 다양한 목표를 달성한다(목표 예는 [글상자 6-5] 참고). 운동 행동을 위한 훈련 절차는 각 동작을 유도하기도 하고 그렇지 않을 수도 있다. 많은 시간이 소요될 경우 훈련 도중 구어 반응을 유도하고, 이후의 각 회기에는 훈련된 전략을 실행한다. 예컨대, 카드를 보고 방 번호를 기억하도록 훈련할 때 "좋아요. 이제 당신의 방을 찾으러 갑시다."라며 절차를 종결하고 환자와 함께 방으로 걸어간다. 또는 환자가 활동을 확인하기 위해 활동 게시판의 사용법을 학습하고 있다면, 게시판 쪽으로 걸어가며 "좋아요. 이제 오늘 무슨 일이 있는지 보러 갑시다."라고 말한다. 즉 구어 반응 훈련은 정확한 방 찾기, 활동 게시판 보기 등 실제 요구되는 과제와 연계된다. Camp(1999)에 따르면, 구어와 운동 행동

글상자 6-5 치매 대상 간격회상 훈련(SRT)의 목표 예

사물 또는 사람 이름

- 일상 사물 명칭(예: Abrahams & Camp, 1993)
- 얼굴-이름, 사물-위치 간 연관성(예: Clare et al., 2000, 2001, 2002; Hawley & Cherry, 2008)
- 가족 이름(Joltin, Camp, & McMahon, 2003)
- 약 이름 회상(Hochhalter et al., 2004)

미래계획기억 및 최근 일화기억

- 미래 행동 관련 기억(Camp et al., 1996)
- 최근 일화 관련 정보 기억(Small, 2012)

외부 보조기기/전략의 사용 또는 기능적 행동

- 전략 사용(예: "달력을 보세요"; Camp et al., 1996)
- 외부 기억 보조기기 사용(Bourgeois et al., 2003)
- 안전한 삼킴 전략을 위한 단서 사용(Benigas & Bourgeois, 2013)
- 식사시간 및 섭식 행동(Lin et al., 2010)
- 보행 보조기 사용(Creighton et al., 2015)
- 무선 호출기로 화장실 사용 알리기(Bird, Alexopoulos, & Adamowicz, 1995)
- 음성 메시지 사용(Thivierge et al., 2008)

의 조합 효과는 구어-운동의 조건화된 연상이 비서술적 속성을 지니기 때문에 발생한다.

특정 운동 행동을 훈련함으로써 구어 반응 이외의 행동을 유발한다. 예를 들어, 일어서기 전 휠체어 브레이크를 잠그는 법을 학습할 때 "일어나기 전에 어떻게 해야 하나요?"라는 구어 자극을 제공한다. 이에 대해 환자는 브레이크를 잠그기 위해 손을 뻗으면서 "휠체어 브레이크를 잠가요."라고 대답한다. 즉각적이고 정확하게 반응하지 않으면 행동별로 번갈아 모델링을 제공한다. 이 경우 구어 반응은 덜 중요한데, 행동의 기능적 사용 시 구어가 불필요하고 훈련 도중 행동을 수행하기 때문이다. 보행 보조기의 사용법을 훈련할 때 환자가 구두로만 반응하면 "보여 주세요."라는 단서를 제공한다(Creighton et al., 2015). 〈표 6-5〉는 자극과 반응의 예이다. 임상가는 학습한 전략, 보조기기의 목적 및 중요성을 이해하고 활용하도록 동기를 부여한다(Creighton et al., 2015).

〈표 6-5〉 전형적인 간격회상 훈련(SRT)의 자극 및 반응 예

이름 및 사실 기억하기
T: 이름이 떠오르지 않으면 자세히 설명하거나 사용법을 말해 주세요. 이름이 기억나지 않으면 어떻게 해야 하나요?
C: 그것에 대해 설명합니다. / 그것을 어떻게 사용하는지 설명합니다.
보상적 삼킴 기술
T: 음식을 삼킨 후 음료수를 한 모금 드세요. 음식을 삼킨 후 어떻게 해야 하나요?
C: 음료수를 한 모금 마십니다.
안전
T: 의자 뒷부분이 다리에 느껴지는지 앉기 전에 확인하세요. 의자에 앉기 전 무엇을 해야 하나요?
C: 의자 뒷부분이 다리에 느껴져야 합니다.
T: 보행 보조기를 갖고 걸을 때 이렇게 안으로 들어가세요. 보조기를 갖고 걸을 때 어떻게 해야 하나요?
C: 안으로 들어갑니다.
반복 질문
T: Menorah Park에 살고 계시죠. 어디에 사시나요?
C: Menorah Park에 삽니다.
외적 단서 사용
T: 오늘의 활동을 알고 싶으면 여기로 와서 일정표를 보세요. 계획된 활동을 보려면 어디를 보아야 하나요?
C: 여기로 와서 일정표를 봅니다.

* T: 치료사, C: 환자

훈련 효과 SRT는 알츠하이머형 치매(Camp et al., 1996; Camp & McKitrick, 1992; McKitrick, Camp, & Black, 1992), 파킨슨병 치매(PDD; Hayden & Camp, 1995), 코르사코프 치매(Camp & Schaller,1989), 혈관성 및 혼합 치매(예: Abrahams & Camp, 1993; Bird et al., 1995), 무산소증후(postanoxia) 치매(Bird et al., 1995) 등 다양한 유형의 치매에 효과적이다. Hayden과 Camp(1995)는 PDD 환자가 SRT를 통해 새로운 운동 활동을 학습했다고 보고했다.

경도 및 중등도 치매 대상의 문헌 연구에서도 효과가 입증되었다(Hopper et al., 2005, 2013). 특히 2005년 시행된 13개 연구에서 일부 또는 모든 환자가 목표 정보나 행동을 학습했다. Hopper 등(2013)은 경도~중등도 치매의 사실 회상, 과제 수행에 효과가 있으나,

중등도~심도에서 심도 수준에 대한 효과는 입증되지 않았다. 두 연구는 적은 사례 수, 중재의 이질성, 방법의 질적 수준 등이 제한적임에도 불구하고 회상의 정확도를 대부분 입증했다. 또 목표 정보나 행동의 일반화 및 유지 효과가 모두 보고되지는 않았으나, 수개월 후 추적 검사에서 회상 능력이 유지되었다.

의미 정보를 목표로 한 12개 연구의 문헌 검토에서 SRT는 경도~중등도 치매에 효과적이며, 인지 결함이 심화되어도 유지 효과가 있었다(Oren, Willerton, & Small, 2014). 질 및 방법, 결과 측정이 연구마다 변이적이나, SRT는 정보 및 행동 전략을 학습하는 데 유용하다(Creighton, van der Ploeg, & O'Connor, 2013). 다만 임상적으로 연관된 기능적 행동 및 결과가 연구에 포함될 필요가 있다. SRT의 효과는 주로 목표 행동의 정반응 비율이나 횟수로 측정한다(Hopper etal., 2013). 보다 개별화된 목표를 훈련하고, 삶의 질이나 태도 등(Creighton et al., 2013, 2015)의 비인지적 효과도 평가한다. 예를 들어, SRT를 통해 삶의 질(Hawley & Cherry, 2008), 기능적 전략(보행 보조기 사용)에 대한 태도(Creighton et al., 2015)가 개선된다.

SRT의 일반화 및 유지 효과도 입증되었다. 15개 연구를 분석한 체계적 문헌 검토에서 12개는 훈련된 행동이 유지되었고, 6개는 일상의 기능적 과제에서 일반화 효과가 있었다(Hopper et al., 2005). 2개 단일사례 연구에서 부분적으로 목표 행동의 일반화 및 유지 효과가 보고되었다. 장기요양시설 거주자의 2/3는 훈련 회기 이외에 직원 명찰 읽기 행동이 일반화되었다(Hickey & How, 2008). SRT를 확대 적용한 경우 개별화된 목표 행동(예: 방 찾기, 지팡이 사용)에 대해 일반화 및 유지 효과가 나타났고(Hickey, Lawrence, & Landry, 2011), 추가 훈련 없이 4년 이상 목표 행동이 유지된 사례도 있었다.

사후 회기에서 목표 행동이 장기간 유지되기도 한다. 훈련 후 6, 12, 18주의 사후 회기를 진행한 결과, 6개월간 유지 효과가 있었다(Cherry et al., 2009). 반면 사후 회기가 적용되지 않은 집단은 수행력이 현저히 감소했다. 장기요양(LTC) 시 임상가가 SRT를 제공한 후 간호조무사가 사후 회기를 제공하도록 유지 계획을 수립한다. 주기적으로 선별검사를 시행해 사후 회기의 필요성을 파악하고 단기간의 SRT를 제공한다.

주요 변인 가장 효율적인 훈련 패러다임을 선택하기 위해 인지장애 환자의 학습에 가장 결정적인 변인이 무엇인지 파악해야 한다. Camp와 동료들은 ① 자극 간의 간격을 두 배로 늘리거나 절반으로 줄이기, ② 자극에 맞는 정확한 단어, ③ 간격 활동(과제와 무관함)의 속성, ④ 시간 기준에 따른 훈련을 SRT 기술의 결정적 요소로 꼽았다. 예를 들어, 확장적 또는 균일한 간격의 사용과 같은 변수가 훈련 결과에 미치는 상대적 영향을 파악한다. 확장된 간격의 효과가 입증된 바 있으나(예: Hochhalter et al., 2004; Hochhalter et al., 2005), 그렇지 않은 연구들도 있다(예: Balota et al., 2006; Hawley & Cherry, 2008; Hawley et al., 2007). Hickey 등(2011)의 단일사례 연구에서 균일한 간격은 장기요양시설의 중등도 치매에 비효과적인 반면, 확장된 간격이 적용된 3명 중 2명은 개별화된 목표 행동을 학습했다. Hawley 등(2007)은 사진과 얼굴-이름 연상 학습에서 확장된 간격 집단의 수행력이 더 향상되고 자존감과 삶의 질이 높아지는 전이 효과가 있음을 입증했다.

훈련 일정(고정된 vs. 변형된 회기 수)의 측면에서는, 2주간 격일로 고정된 6회기를 수행한 집단에 비해 최대한 많은 회기를 수행한 집단의 효과가 높게 나타났다(Cherry & Simmons-D'Gerolamo, 2004). 회기 수의 효과는 명확히 규명되지 않았으나, 보편적인 연구들에서 30~90분의 회기를 주 2~5회 정도 시행한다. 집중 훈련이 보다 용이한 장기요양시설이나 성인 주간보호소에서 훈련을 진행하는 경우가 많다. 이러한 연구는 비용이 많이 들거나 비현실적일 수 있다. 이를 고려해 지역사회에 거주하는 경도~중등도 환자에게 매주 1회기씩 훈련을 적용하기도 한다(Materne, Luszcz, & Bond, 2014). 그 결과, 개별화된 목표 행동의 학습은 초기 인지 수준과 정적 상관이 있으나 유지 효과는 인지 저하와 연관되지 않았다. 이 경우 동기의식이 학습 및 유지와 관련된다. 3회기 훈련 후 일주일간 수행력이 유지되면 추적 검사에서 정보나 행동이 유지될 가능성이 더 높다. 즉 4회기 후 진전이 없으면 훈련을 조정할 필요가 있고 보호자가 시행하는 사후 회기(Hawley & Cherry, 2008), 전화 통화로 구성된 회기(Bourgeois et al, 2007) 등을 추가한다. 실제로 전화 통화를 활용한 SRT를 매일 훈련한 경우 긍정적인 효과가 있었다(Joltin et al., 2003).

훈련 내 간격 동안 발생한 결과에 대해 상세히 설명하지 않는 연구가 많으나, 이미 습득했거나 새로운 정보, 간격 내 활동, 대화 내용을 파악하기도 한다(Hopper et al., 2010). SRT로 두 유형의 정보(기존 및 새로운 정보)를 학습하고 나서 목표 행동 관련 정보가 간격들 내에 포함되면 학습이 감소된다. 간격 내에는 추리, 단어나 숫자 퍼즐(Bourgeois et al., 2003; Haslam, Hodder, & Yates, 2011; Hopper et al., 2010), 게임 및 잡지 읽기(Materne et al., 2014), 대화(Camp & Schaller, 1989) 등 추가 과제가 포함된다.

가족 간병인(Clare et al., 2000; Hawley & Cherry, 2008; McKitrick & Camp, 1993)이나 전문 간병인(Hunter, Ward, & Camp, 2012)에 대한 훈련도 검토한다. Hunter 등(2012)은 SRT를 효과적으로 시행하도록 간호조무사를 훈련해야 한다고 강조했다. 특정 자극-반응 쌍으로 된 카드가 부착된 거주자용 열쇠고리를 간병인에게 제공한다. 이를 통해 자극-반응을 기억하거나 사례 노트를 참고하지 않고도 적절한 자극-반응 쌍을 활용하고 다음 단계로 쉽게 나아갈 수 있다. 두 가지 목표를 동시에 훈련받은 경우 대부분 목표 행동을 잘 학습한다. 추적 검사 시 SRT를 적용한 간병인은 시간 압박, 이직, 기술의 미사용과 같은 어려움을 보고했다. 이 기술이 일상에서 잘 실현되기 위해서는 정책, 임상, 관리의 수준을 보장하고 지원해야 한다. 반면 SRT를 사용한 간병인의 직업적 성취감이 향상되었다는 보고도 있다. Hunter 등(2012)은 정기적으로 간병인을 재교육하고 초보 간병인의 오리엔테이션에 SRT를 포함하도록 권고했다.

동기와 인지 수준뿐 아니라 비인지적 효과의 유형과 SRT의 주요 변인 등에 대한 추가 연구가 필요하다(Creighton et al., 2013; Materne et al., 2014). 정보나 행동의 활용도가 학습 및 유지에 영향을 미치나, 얼굴(또는 사물)-이름 연상 등에서 개별화되지 않은 목표가 사용되는 경우가 많다. 얼굴-이름 연상 시 친숙한 사람의 얼굴을 활용하면 소속감을 촉진한다(Hawley & Cherry, 2008). SRT를 통해 두 가지 목표를 동시에 훈련할 수 있는지, 한 번의 SRT로 얼마나 많은 목표를 훈련할 수 있는지 등을 검증할 필요가 있다(Hunter et al., 2012). 훈련 방법(예: 훈련 조건, 간격 일정, 목표 유형, 치매의 중증도 및 유형)이 변이적이나, 정보 및 행동을 학습하는 데 유용하다(Creighton et al., 2013). 향후에는 시행 방법의 질적 측면이 보다 검증되어야 한다(Hopper et al., 2013).

반응 행동이나 전략이 비효과적일 경우 원인을 파악해 적절성을 판단하고 유용한 자극-반응 쌍을 고안해야 한다. 기억력이 아닌 불안감에 기인한 행동이 나타나면 SRT의 반복 자극이 불안을 야기할 수 있음을 감안한다. 예를 들어, Hunter 등(2012)은 식사 후 자신의 방을 찾도록 도와줄 사람이 누구인지 반복적으로 질문하는 사례를 보고했다. 환자는 SRT가 실패할까 불안해 정반응을 연습하는 데 집중할 수 없었다. [글상자 6-6]에 추가적인 사례가 제시되어 있다.

글상자 6-6 간격회상 훈련(SRT)에 반응하지 못하고 불안감을 보이는 행동의 예

요양원에 거주하는 두 환자는 직원으로부터 반응 행동에 대한 설명을 들었다.

Maclasaac 씨는 깨어 있는 대부분의 시간에 시설 주변을 배회했고, 접수처에 가서 물을 요청하기도 했다. SLP는 SRT를 통해 간호사실에 물을 요청하도록 훈련했다. 환자는 간호사실을 식별했고, 훈련 도중 목표 행동을 수행했다. 그러나 물을 건네받자 곧바로 마시지 않고 접수처에 계속 물을 요청했다. 접수 담당자, 간호사, 임상가는 이 행동을 분석했다. 물을 요청할 장소는 기억하나, 주목받기를 원하고 접수 담당자와 친밀한 관계를 형성하고자 한 것이다.

Thibodeau 씨는 보호자이던 딸이 사망한 후 시설에 입소했다. 이후 딸이 어디에 있는지, 자신이 왜 시설에 있는지, 언제 집에 갈 수 있는지 등을 반복적으로 물었다. 더 큰 불안감을 우려한 직원들은 딸의 죽음을 알려야 할지 확신할 수 없었다. SLP는 딸의 죽음과 돌봄의 필요성에 관해 대화하면 진정된다는 점을 파악했다. 이에 근거해 딸의 죽음을 명시한 카드, 손녀와 증손녀의 방문 관련 기억카드를 제작하고, 시설에 입소한 이유가 궁금할 때마다 카드를 보도록 훈련했다. 첫 번째 회기에서 "왜 여기 있는지 궁금할 때 무엇을 보나요?"라고 질문하자 환자는 즉각 대답했다. "제 딸은 죽었어요, 그렇죠? 그리고 저는 스스로를 돌볼 수 없어요. 혼자 있는 것이 두려워요. 혼자 남겨지지 않겠죠, 그렇죠?" 이를 통해 기억력보다 불안감과 외로움에 대한 중재의 필요성을 파악할 수 있었다. SRT를 지속하는 대신 기억카드 및 의미 있는 활동에 참여하도록 유도하는 행동 중재를 시행했다(중재 관련 정보는 7장 참고).

5) 미래계획기억 훈련

미래계획기억은 약 복용, 청구서 지불에 대한 기억 등 미래에 의도된 행동을 기억하는 능력이다(Fish et al., 2015). 이는 일화기억뿐 아니라 집행기능에 의존한다. 미래계획기억 훈련은 오류 없는 학습, SRT, 외부 기억 보조기기 훈련 등과 중복적으로 시행한다(Fish et al., 2015). 수행할 과제를 잘 기억할수록 회상의 시간 간격을 늘린다. 뇌손상 환자용으로 고안된 훈련 패러다임은 일상 기능으로 일반화되는 데 다양한 변수가 작용한다(Sohlberg & Mateer, 2001). 예를 들어, 과제 유형은 1단계의 운동 명령부터 다단계의 기능적 과제까지 다양하다. 수행을 위한 자극 간 시간 간격(또는 시간 지연)은 정반응 여부에 따라 체계적으로 증가시킨다. 과제 간 간격에서 수행되는 활동은 시간 경과에 대한 조용한 모니터링, 임상가와의 대화, 활동표 등 다양하다. 과제의 시작을 알리는 신호로 사용되는 자극 유형에는 알람, 시간 경과에 대한 환자의 독립적 모니터링 등이 포함된다. 뇌손상 환자를 대상으로 이러한 훈련 패러다임의 효과가 많이 입증되었다(Fish et al., 2015; Raskin & Sohlberg, 1996; Sohlberg et al., 1992). 미래계획기억은 실생활 과제로 일반화되며, 특히 훈련된 과제에서 효과가 크다. 치매에 대한 훈련의 효율성은 추가적으로 연구되어야 한다.

4. 결론

지금까지 치매 환자의 기억력과 의사소통 능력을 향상시키기 위한 중재에 관해 논의했다. 약물적 및 비약물적 중재는 각각 특정 영역에서 효과를 보이나, 비용 효과적이고 부작용이 없는 행동적 중재에 보다 주목해야 한다(Alves et al., 2013; Olazáran et al., 2010). 행동적 접근을 시행하는 데 추가 인력이 필요하지 않을 수 있다(Volicer et al., 2006). 전 세계 의료 서비스 자원이 제한적임을 고려할 때, 가장 효과적이고 효율적인 중재가 최대한 비용 효율적으로 시행되어야 한다(예: 자원봉사자를 활용한 그룹 치료). 중재 효과가 입증되면서 치매를 위한 인지 자극 및 재활 프로그램을 제공하는 건강 체계가 제안되고 있다(예: Amieva et al., 2016; Hunter et al., 2012; Khan, Corbett, & Ballard, 2014; 치료 환경 및 미국 의료보험 배상 관련 사항은 4장 참고).

기억 및 의사소통의 외적 전략, SRT와 같은 효과적 훈련 절차 등을 활용한 인지 재활은 인간 중심적이고 의미 있는 목표를 달성하도록 돕는다. 중재의 효과 및 효율성, 절차에 대한 반응에 영향을 미치는 환자의 주요 변수 등을 추가적으로 규명해야 한다. 높은 수준의 무작위 통제실험 및 단일사례 연구를 통해 효과를 정량화해야 하나, 기억력과 의사소통 능력, 다양한 중재의 참여 방식 등을 잘 이해하기 위해 질적 연구도 필요하다. 예컨대, 대화 분석은 치매 환자와 보호자 간 의사소통, 의사소통 파트너의 지원, 치매 환자와의 확장적 상호작용을 이해하고 의사소통 지원 및 훈련 프로그램을 개발하거나 평가하는 데 유용하다(Kindell et al., 2016). 또 생태학적으로 보다 유효한 목표를 사용하며, 주요 간병인을 훈련시켜야 한다(Hunter et al., 2012).

치매 환자의 기능적 상태를 개선하기 위해 '재활 모델 뒤집기' 접근(5장 참고)으로 인간 중심 중재를 평가하고, 개별화된 시나리오에 맞는 실질적인 중재 기법을 선택한다. 환자별로 중재 효과를 기록하기 위해 자료를 상세히 수집한다. 또 제시된 지침을 따르도록 목표를 설정한다. 즉 최대한 오래 독립적 기능을 극대화하고 지원 또는 요구되는 활동에 참여함으로써 삶의 질을 유지시키며, 개별적 및 기능적 맥락의 훈련 절차를 통해 목표를 달성한다. 개별적 강점 및 효과적 훈련 절차를 활용하고 의미 있는 맥락에서 보호자와 의사소통 파트너를 훈련함으로써 유용한 목표를 달성한다.

글상자 6-7 효과적 중재를 위한 자료

약물적 중재 관련 자료

- www.fda.gov
- www.nia.nih.gov/alzheimers/publication/alzheimers-disease-medications-fact-sheet
- www.alz.org/reserach/science/alzheimers_disease_treatments.asp#approved

기억력 및 의사소통 보조기기 관련 보호자용 자료

- Bourgeios, M. S. (2013). *Memory Books and Other Graphic Cueing Systems: Practical Communication and Memory Aids for Adults with Dementia*. Baltimore: Health Professions Press.
- 알츠하이머형 치매용 우수 상품: 음성 녹음을 이용한 기억력 보조기기(예: 말하는 앨범, 말하는 타일) 관련 소비자 자료; http://store.best-alzheimers-products.com/
- *The Memory Handbook*, 알츠하이머협회: 기억, 전략, 경도 기억 저하 관련 정보; www.alzheimers.org.uk/site/scripts/download_info.php?fileID=2204

인지-의사소통 결함 및 훈련 관련 임상가용 자료

- 미국언어청각협회(ASHA)
  - 훈련 포털사이트(치매): www.asha.org/Practice-Portal/Clinical-Topics/Dementia/
  - 기능 기반 인간 중심 치료: 치매; www.asha.org/uploadedFiles/ICF-Dementia.pdf
- 신경의사소통장애 · 과학협회(ANCDS)
  - 증거 기반 임상 연구:
    https://ancds.memberclicks.net/evidence-based-clinical-research#Dementia
  - *체계적 문헌 연구 및 치매용 간격회상 훈련(SRT)의 권고 사항*:
    www.ancds.org/assets/docs/EBP/summary_technical_report_1_spaced-retrieval_training.pdf
- Benigas, J. E., Brush, J. A., & Elliot, G. M. (2016). *Spaced Retrieval Step by Step*. Baltimore: Health Professions Press.

참고문헌

Aarsland, D., Laake, K., Larsen, J. P., & Janvin, C. (2002). Donepezil for cognitive impairment in Parkinson's disease: A randomized controlled study. *Journal of Neurology, Neurosurgery and Psychiatry, 72*(6), 708-712.

Abrahams, J. P., & Camp, C. J. (1993). Maintenance and generalization of object naming training in anomia associated with degenerative dementia. *Clinical Gerontologist, 12*(3), 57-72.

Aguirre, E., Woods, R. T., Spector, A., & Orrell, M. (2013). Cognitive stimulation for dementia: A systematic review of the evidence of effectiveness from randomized controlled trials. *Ageing Research Reviews, 12*(1), 253-262. http://dx.doi.org/10.1016/j.arr.2012.07.001.

Alander, H., Prescott, T., & James, I. A. (2015). Older adults' views and experiences of doll therapy in residential care homes. *Dementia, 14*(5), 574-588. doi:10.1177/1471301213503643.

Algase, D. L., Beck, C., Kolanowski, A., Whall, A., Berent, S., Richards, K., & Beattie, E. (1996). Need-driven dementia-compromised behavior: An alternative view of disruptive behavior. *American Journal of Alzheimer's Disease, 11*(6), 10-19. doi:10.1177/153331759601100603.

Alves, J., Magalhães, R., Thomas, R. E., Gonçalves, Ó. F., Petrosyan, A., & Sampaio, A. (2013). Is there evidence for cognitive intervention in Alzheimer disease? A systematic review of efficacy, feasibility, and cost-effectiveness. *Alzheimer Disease & Associated Disorders, 27*, 195-203. doi:10.1097/WAD.0b013e31827bda55.

Alzheimer's Association. (2016). *Safe return*. Retrieved February 22, 2017, from www.alz.org/national/documents/brochure_masr_enrollment.pdf.

Alzheimer's Disease Education and Referral Center [ADEAR] (2016, August). *Alzheimer's disease medications fact sheet*. NIH Publication No. 16-AG-3431.

American Speech-Language-Hearing Association. (2005). Roles of speech-language pathologists in the identification, diagnosis, and treatment of individuals with cognitive-communication disorders: Position statement (ASHA Supplement No. 25). Rockville, MD: Author.

Amieva, H., Robert, P. H., Grandoulier, A.-S., Meillon, C., De Rotrou, J., Andrieu, S., … Dartigues, J.-F. (2016). Group and individual cognitive therapies in Alzheimer's disease: The ETNA3 randomized trial. *International Psychogeriatrics, 28*, 707-717. doi:10.1017/S1041610215001830.

Anderson, J., Arens, K., Arens, K., & Coppens, P. (2001). Spaced retrieval vs. memory tape therapy in memory rehabilitation for dementia of the Alzheimer's type. *Clinical Gerontologist, 24*(1-2), 123-139. doi:10.1300/J018v24n01_09.

Andrews-Salvia, M., Roy, N., & Cameron, R. M. (2003). Evaluating the effects of memory books for individuals with severe dementia. *Journal of Medical Speech-Language Pathology, 11*(1), 51-59.

Arkin, S. M. (1996). Volunteers in partnership: An Alzheimer's rehabilitation program delivered by students. *American Journal of Alzheimer's Disease and Other Dementias, 11*(1), 12-22.

Arkin, S. M. (1997). Alzheimer memory training: Quizzes beat repetition, especially with more impaired. *American Journal of Alzheimer's Disease and Other Dementias, 12*(4), 147-158.

Arkin, S. M. (1999). Elder rehab: A student-supervised exercise program for Alzheimer's patients. *The Gerontologist, 39*(6), 729-735.

Arkin, S. M. (2001). Alzheimer rehabilitation by students: Interventions and outcomes. *Neuropsychological Rehabilitation, 11*(3-4), 273-317.

Arkin, S. (2005). *Language-enriched exercise for clients with Alzheimer's disease*. Tucson, AZ: Desert Southwest Fitness.

Arkin, S. (2007). Language-enriched exercise plus socialization slows cognitive decline in Alzheimer's disease. *American Journal of Alzheimer's Disease and Other Dementias, 22*(1), 62-77.

Arkin, S. (2011). Service learning students as treatment providers. *Topics in Geriatric Rehabilitation, 27*(4), 301-311. doi:10.1097/TGR.0b013e31821e5a90.

Arntzen, C. A., Holthe, T., & Jentoft, R. (2016). Tracing the successful incorporation of assistive technology into everyday life for younger people with dementia and family carers. *Dementia, 15*, 646-662. doi:10.1177/1471301214532263.

Assaf, S., Barak, Y., Berger, U., Paleacu, D., Tadger, S., Plonsky, I., & Baruch, Y. (2016). Safety and efficacy of medical cannabis oil for behavioral and psychological symptoms of dementia: An open label, add-on, pilot study. *Journal of Alzheimer's Disease, 51*(1), 15-19. doi:10.3233/JAD-150915.

Astell, A. J., Ellis, M. P., Bernardi, L., et al. (2010). Using a touch screen computer to support relationships between people with dementia and caregivers. *Interact Comput, 22*(4), 267-275.

Baddeley, A. D., & Wilson, B. A. (1994). When implicit learning fails: Amnesia and the problem of error elimination. *Neuropsychologia, 32*(1), 53-68.

Bahar-Fuchs, A., Clare, L., & Woods, B. (2013). Cognitive training and cognitive rehabilitation for mild to moderate Alzheimer's disease and vascular dementia (Review). *Cochrane Database of Systematic Reviews 2013, Issue 6*. Art. No.: CD003260. doi:10.1002/14651858.CD003260.pub2.

Ball, K., Berch, D. B., Helmers, K. F., Jobe, J. B., Leveck, M. D., Marsiske, M., … Willis, S. L.

(2002). Effects of cognitive training interventions with older adults. *Journal of the American Medical Association, 288*, 2271-2281. doi:10.1001/jama.288.18.2271.

Balota, D. A., Duchek, J. M., Sergent-Marshall, S. D., & Roediger, H. L. III. (2006). Does expanded retrieval produce benefits over equal interval spacing? Explorations of spacing effects in healthy aging and early stage Alzheimer's disease. *Psychology & Aging, 21*, 19-31.

Ballard, C., Creese, B., Corbett, A., & Aarsland, D. (2011). Atypical antipsychotics for the treatment of behavioral and psychological symptoms in dementia, with a particular focus on longer term outcomes and mortality. *Expert Opinion on Drug Safety, 10*(1), 35-43. doi:10.1517/14740338.2010.506711.

Bayles, K. A., Kim, E. S., Azuma, T., Chapman, S. B., Cleary, S., Hopper, T., & Zientz, J. (2005). Developing evidence-based practice guidelines for speech-language pathologists serving individuals with Alzheimer's dementia. *American Journal of Medical Speech Language Pathology, 13*(4), xiii-xxv.

Bayles, K. A., Kim, E., Chapman, S. B., Zientz, J., Rackley, A., Mahendra, N., & Hopper, T. (2006). Evidence-based practice recommendations for working with individuals with dementia: Simulated presence therapy. *Journal of Medical Speech-Language Pathology, 14*(3), xiii-xxi.

Benigas, J. E., & Bourgeois, M. (2016). Using spaced retrieval with external aids to improve use of compensatory strategies during eating for persons with dementia. *American Journal of Speech-Language Pathology, 25*, 321-324. doi:10.1044/2015_AJSLP-14-0176.

Bird, M., Alexopoulos, P., & Adamowicz, J. (1995). Success and failure in five case studies: Use of cued recall to ameliorate behaviour problems in senile dementia. *International Journal of Geriatric Psychiatry, 10*(4), 305-311.

Birks, J., McGuinness, B., & Craig, D. (2013). Rivastigmine for vascular cognitive impairment. *Cochrane Database of Systematic Reviews 2013, Issue 5*. Art. No.: CD004744.doi:10.1002/14651858.CD004744.pub3.

Black, S., Román, G. C., Geldmacher, D. S., Salloway, S., Hecker, J., Burns, A., & Donepezil 307 Vascular Dementia Study Group. (2003). Efficacy and tolerability of donepezil in vascular dementia: Positive results of a 24-week, multicenter, international, randomized, placebo-controlled clinical trial. *Stroke, 34*(10), 2323-2330.

Boczko, F. (1994). The breakfast club: A multi-modal language stimulation program for nursing home residents with Alzheimer's disease. *The American Journal of Alzheimer's Disease and Other Dementias, 9*(4), 35-38.

Bollinger, R. L., & Stout, C. E. (1976). Response-contingent small-step treatment: Performance-based communication intervention. *Journal of Speech and Hearing Disorders, 41*(1), 40-51.

Bourgeois, M. S. (1990). Enhancing conversation skills in Alzheimer's disease using a prosthetic memory aid. *Journal of Applied Behavior Analysis, 23*(1), 29-42.

Bourgeois, M. S. (1991). Communication treatment for adults with dementia. *Journal of Speech, Language, and Hearing Research, 34*(4), 831-844.

Bourgeois, M. S. (1992a). *Conversing with memory impaired individuals using memory aids: A memory aid workbook*. Gaylord, MI: Northern Speech Services.

Bourgeois, M. S. (1992b). Evaluating memory wallets in conversations with patients with dementia. *Journal of Speech, Language, and Hearing Research, 35*(6), 1344-1357.

Bourgeois, M. S. (1993). Effects of memory aids on the dyadic conversations of individuals with dementia. *Journal of Applied Behavior Analysis, 26*(1), 77-87.

Bourgeois, M. S. (1994). Teaching caregivers to use memory aids with patients with dementia. *Seminars in Speech and Language, 15*(4), 291-305.

Bourgeois, M. S. (2001). Is reading preserved in dementia? *The ASHA Leader, 6*(9), 5.

Bourgeois, M.S. (2013). *Memory books and other graphic cueing systems: Practical communication and memory aids for adults with dementia*. Baltimore: Health Professions Press.

Bourgeois, M. (2014, March). *A functional approach to assessment in dementia: Some new ideas*. Paper presented at ASHA Healthcare Conference, Las Vegas, NV.

Bourgeois, M. (2015, November). *Innovative treatments for persons with dementia*. Paper presented at ASHA Research Symposium, Denver, CO.

Bourgeois, M. S., Brush, J., Elliot, G., & Kelly, A. (2015). Join the revolution: How Montessori for aging and dementia can change long-term care culture. *Seminars in Speech and Language, 36*, 209-214. http://dx.doi.org/10.1055/s-0035-1554802.

Bourgeois, M. S., Burgio, L. D., Schulz, R., Beach, S., & Palmer, B. (1997). Modifying the repetitive verbalization of community-dwelling patients with AD. *The Gerontologist, 37*(1), 30-39.

Bourgeois, M. S., Camp, C., Rose, M., White, B., Malone, M., Carr, J., & Rovine, M. (2003). A comparison of training strategies to enhance use of external aids by persons with dementia. *Journal of Communication Disorders, 36*(5), 361-378.

Bourgeois, M., Dijkstra, K., Burgio, L., & Allen-Burge, R. (2001). Memory aids as an AAC strategy for nursing home residents with dementia. *Augmentative and Alternative Communication, 17*(3), 196-210.

Bourgeois, M. S., Lenius, K., Turkstra, L., & Camp, C. (2007). The effects of cognitive teletherapy on reported everyday memory behaviours of persons with chronic traumatic brain injury.

Brain Injury, 21, 1245-1257. http://dx.doi.org/10.1080/02699050701727452.

Bourgeois, M. S., & Mason, L. A. (1996). Memory wallet intervention in an adult day care setting. *Behavioral Interventions, 11*(1), 3-18.

Boyle, M., Mahendra, N., Hopper, T., Bayles, K. A., Azuma, T., Clearly, S., & Kim, E. (2006). Evidence-based practice recommendations for working with individuals with dementia: Montessori-based interventions. *Journal of Medical Speech-Language Pathology, 14*(1), xv-xxv.

Brodaty, H., & Arasaratnam, C. (2012). Meta-analysis of nonpharmacological interventions for neuropsychiatric symptoms of dementia. *The American Journal of Psychiatry, 169*, 946-953.

Brush, J. A., & Camp, C. J. (1998). Using spaced-retrieval training as an intervention during speech-language therapy. *Clinical Gerontologist, 19*(1), 51-64.

Brush, J., Camp, C., Bohach, S., & Gertsberg, N. (2015). Developing signage that supports wayfinding for persons with dementia. *Canadian Nursing Home, 26*(1), 4-11. Retrieved from http://nursinghomemagazine.ca/.

Buckley, J. S., & Salpeter, S. R. (2015). A risk-benefit assessment of dementia medication: Systematic review of the evidence. *Drugs Aging, 32*, 453-467. doi:10.1007/s40266-015-0266-9.

Buettner, L. L. (1999). Simple pleasures: A multilevel sensorimotor intervention for nursing home residents with dementia. *American Journal of Alzheimer's Disease and Other Dementias, 14*(1), 41-52.

Burgio, L. D., Allen-Burge, R., Roth, D. L., Bourgeois, M. S., Dijkstra, K., Gerstle, J., & Bankester, L. (2001). Come talk with me: Improving communication between nursing assistants and nursing home residents during care routines. *The Gerontologist, 41*(4), 449-460.

Burgio, L., Scilley, K., Hardin, J. M., Hsu, C., & Yancey, J. (1996). Environmental "white noise": An intervention for verbally agitated nursing home residents. *Journal of Gerontology Series B: Psychological Sciences and Social Sciences, 51*(6), P364-P373.

Camargo, C. H. F., Justus, F. F., & Retzlaff, G. (2015). The effectiveness of reality orientation in the treatment of Alzheimer's disease. *American Journal of Alzheimer's Disease & Other Dementias, 30*(5), 527-532. doi:https://doi.org/10.1177/1533317514568004.

Camp, C. J. (1999). Memory interventions for normal and pathological older adults. In R. Schulz, G. Maddox, & M. P. Lawton (Eds.), *Annual review of gerontology and geriatrics: Focus on interventions research with older adults* (pp. 155-189). New York: Springer.

Camp, C. J. (2006). *Montessori-based activities for persons with dementia* (Vol. 1). Baltimore: Health Professions Press.

Camp, C. J., Bird, M. J., & Cherry, K. E. (2000). Retrieval strategies as a rehabilitation aid for cognitive loss in pathological aging. In R. D. Hill, L. Bäckman, & A. S. Neely (Eds.), *Cognitive rehabilitation in old age* (pp. 224-248). New York: Oxford University Press.

Camp, C. J., Foss, J. W., O'Hanlon, A. M., & Stevens, A. B. (1996). Memory interventions for persons with dementia. *Applied Cognitive Psychology, 10*(3), 193-210.

Camp, C. J., Foss, J. W., Stevens, A. B., & O'Hanlon, A. M. (1996). Improving prospective memory task performance in persons with Alzheimer's disease. In M. A. Brandimonte, G. Einstein, & M. McDaniel (Eds.), *Prospective memory: Theory and applications* (pp. 351-367). Hillsdale, NJ: Lawrence Erlbaum.

Camp, C. J., Judge, K. S., Bye, C. A., Fox, K. M., Bowden, J., Bell, M., Valencic, K., & Mattern, J. M. (1997). An intergenerational program for persons with dementia using Montessori methods. *The Gerontologist, 37*, 688-692. https://doi.org/10.1093/geront/37.5.688.

Camp, C. J., & McKitrick, L. A. (1992). Memory interventions in Alzheimer's-type dementia populations: Methodological and theoretical issues. In R. L. West & J. D. Sinnott (Eds.), *Everyday memory and aging: Current research and methodology* (pp. 155-172). New York: Springer-Verlag.

Camp, C. J., & Schaller, J. R. (1989). Epilogue: Spaced-retrieval memory training in an adult day-care center. *Educational Gerontology, 15*(6), 641-648.

Camp, C. J., & Skrajner, M. J. (2004). Resident-Assisted Montessori Programming (RAMP): Training persons with dementia to serve as group activity leaders. *The Gerontologist, 44*(3), 426-431.

Cao, L., Tan, L., Wang, H. F. et al. (2016). Dietary patterns and risk of dementia: A systematic review and meta-analysis of cohort studies. *Molecular Neurobiology, 53*(9), 6144. doi:10.1007/s12035-015-9516-4.

Chaudhury, H., Hung, L., & Badger, M. (2013). The role of physical environment in supporting person-centered dining in long-term care: A systematic review of the literature. *American J of Alzheimers Dis Other Demen, 28*(5), 491-500. doi:10.1177/1533317513488923.

Cherry, K. E., Hawley, K. S., Jackson, E. M., & Boudreaux, E. O. (2009). Booster sessions enhance the long-term effectiveness of spaced retrieval in older adults with probable Alzheimer's disease. *Behavior Modification, 33*(3), 295-313. doi:10.1177/0145445509333432.

Cherry, K., E., & Simmons-D'Gerolamo, S. S. (2004). Spaced-retrieval with probably Alzheimer's. *Clinical Gerontologist, 27*(1-2), 139-157.

Chiang, K.-J., Chu, H., Chang, H.-J., Chung, M.-H., Chen, C.-H., Chiou, H.-Y., & Chou, K.-R. (2010). The effects of reminiscence therapy on psychological well-being, depression, and loneliness among the institutionalized aged. *Int J Geriatr Psychiatry, 25*, 380-388.

doi:10.1002/gps.2350.

Clare, L., & Jones, R. S. P. (2008). Errorless learning in the rehabilitation of memory impairment: A critical review. *Neuropsychology Review, 18*, 1-23. doi:10.1007/s11065-008-9051-4.

Clare, L., Wilson, B. A., Carter, G., Breen, K., Gosses, A., & Hodges, J. R. (2000). Intervening with everyday memory problems in dementia of Alzheimer type: An errorless learning approach. *Journal of Clinical and Experimental Neuropsychology, 22*(1), 132-146. doi:10649552.

Clare, L., Wilson, B. A., Carter, G., Hodges, J. R., & Adams, M. (2001). Long-term maintenance of treatment gains following a cognitive rehabilitation intervention in early dementia of Alzheimer type: A single case study. *Neuropsychological Rehabilitation, 11*(3), 477-494.

Clare, L., Wilson, B. A., Carter, G., Roth, I., & Hodges, J. R. (2002). Relearning face-name associations in early Alzheimer's disease. *Neuropsychology, 16*, 538-547.

Clark, L. W. (1995). Interventions for persons with Alzheimer's disease: Strategies for maintaining and enhancing communicative access. *Topics in Language Disorders, 15*(2), 47-66.

Cohen-Mansfield, J. (2005). Nursing staff members' assessments of pain in cognitively impaired nursing home residents. *Pain Management Nursing, 6*(2), 68-75.

Corbett, A., Burns, A., & Ballard, C. (2014). Don't use antipsychotics routinely to treat agitation and aggression in people with dementia. *BMJ, 349*, g6420. doi:10.1136/bmj.g6420.

Cotelli, M., Manenti, R., & Zanetti, O. (2012). Reminiscence therapy in dementia: A review. *Maturitas, 72*, 203-2015.

Creighton, A. S., Davison, T. E., van der Ploeg, E. S., Camp, C. J., & O'Connor, D. W. (2015). Using spaced retrieval training to teach people with dementia to independently use their walking aids: Two case studies. *Clinical Gerontologist, 38*, 170-178. doi:10.1080/07317115.2014.988899.

Creighton, A. S., van der Ploeg, E. S., & O'Connor, D. W. (2013). A literature review of spaced-retrieval interventions: A direct memory intervention for people with dementia. *International Psychogeriatrics, 25*, 1743-1763. doi:10.1017/S1041610213001233.

Cummings, J. L., Geldmacher, D., Farlow, M., Sabbagh, M., Christensen, D., & Betz, P. (2013). High-dose donepezil (23 mg/day) for the treatment of moderate and severe Alzheimer's disease: Drug profile and clinical guidelines. *CNS Neuroscience and Therapeutics, 19*, 294-301. doi:10.1111/cns.12076.

Declercq, T., Petrovic, M., Azermai, M., Vander Stichele, R., De Sutter, A. I. M., van Driel, M. L., & Christiaens, T. (2013). Withdrawal versus continuation of chronic antipsychotic drugs for behavioural and psychological symptoms in older people with dementia (Review). *Cochrane Database of Systematic Reviews, 3*, 1-80. doi:10.1002/14651858.CD007726.pub2.

Dempsey, L., Murphy, K., Cooney, A., Casey, D., O'Shea, E., Devane, D., … Hunter, A. (2014). Reminiscence in dementia: A concept analysis. *Dementia, 13*(2), 176-192. doi:10.1177/1471301212456277.

de Werd, M. M. E., Boelen, D., Olde Rikkert, M. G. M., & Kessels, R. P. C. (2013). Errorless learning of everyday tasks in people with dementia. *Clinical Interventions in Aging, 8*, 1177-1190. http://dx.doi.org/10.2147/CIA.S46809.

Dijkstra, K., Bourgeois, M., Burgio, L., & Allen, R. (2002). Effects of a communication intervention on the discourse of nursing home residents with dementia and their nursing assistants. *Journal of Medical Speech-Language Pathology, 10*, 143-157.

Egan, M., Bérubé, D., Racine, G., Leonard, C., & Rochon, E. (2010). Methods to enhance verbal communication between individuals with Alzheimer's disease and their formal and informal caregivers: A systematic review. *International Journal of Alzheimer's Disease, Volume 2010*, Article ID 906818, 12 pages, doi:10.4061/2010/906818.

Ehret, M. J., & Chamberlin, K. W. (2015). Current practices in the treatment of Alzheimer disease: Where is the evidence after phase III trials? *Clinical Therapeutics, 37*, 1604-1616. http://dx.doi.org/10.1016.j.clinthera.2015.05.510.

Eisner, E. (2013). *Engaging and communicating with people who have dementia: Finding and using their strengths*. Baltimore: Health Professions Press.

Elias, S. M. S., Neville, C., & Scott, T. (2015). The effectiveness of group reminiscence therapy for loneliness, anxiety and depression in older adults in long-term care: A systematic review. *Geriatric Nursing, 36*, 372-380. http://dx.doi.org/10.1016/j.gerinurse.2015.05.004.

Elliott, R. A., Goeman, D., Beanland, C., & Koch, S. (2015). Ability of older people with dementia or cognitive impairment to manage medicine regimens: A narrative review. *Current Clinical Pharmacology, 10*, 213-221.

Esposito, Z., Belli, L., Toniolo, S., Sancesario, G., Bianconi, C., & Martorana, A. (2013). Amyloid beta, glutamate, excitotoxicity in Alzheimer's disease: Are we on the right track? Review article. *CNS Neuroscience & Therapeutics, 19*, 549-555. doi:10.1111/cns.12095.

Fairchild, J. K., Friedman, L., Rosen, A. C., & Yesavage, J. A. (2013). Which older adults maintain benefit from cognitive training? Use of signal detection methods to identify long-term treatment gains. *International Psychogeriatrics, 25*, 607-616. doi:10.1017/S1041610212002049.

Farina, N., Llewellyn, D., Isaac, M., & Tabet, N. (2017). Vitamin E for Alzheimer's dementia and mild cognitive impairment. *Cochrane Database of Systematic Reviews 2017, Issue 1*. Art. No.: CD002854. doi:10.1002/14651858.CD002854.pub4.

Farrimond, L. E., Roberts, E., & McShane, R. (2012). Memantine and cholinesterase inhibitor combination therapy for Alzheimer's disease: A systematic review. *BMJ Open, 2*(3), e000917. doi:10.1136/bmjopen-2012-000917.

Feil, N. (1992). Validation therapy. *Geriatric Nursing, 13*(3), 129-133.

Feil, N., & de Klerk-Rubin, V. (1992). *Validation: The Feil method: How to help the disoriented old-old*. Cleveland, OH: Edward Feil.

Ferris, S. H., Schmitt, F. A., Saxton, J. et al. (2011). Analyzing the impact of 23 mg/day donepezil on language dysfunction in moderate to severe Alzheimer's disease. *Alzheimers Res Ther, 3*, 22.

Fish, J. E., Manly, T., Kopelman, M. D., & Morris, R. G. (2015). Errorless learning of prospective memory tasks: An experimental investigation in people with memory disorders. *Neuropsychological Rehabilitation, 25*(2), 159-188. doi:10.1080/09602011.2014.921204.

Folsom, J. C. (1968). Reality orientation for the elderly mental patient. *Journal of Geriatric Psychiatry, 1*(2), 291-307.

Fried-Oken, M., Rowland, C., Daniels, D., & Oken, B. (2012). AAC to support conversation in persons with moderate Alzheimer's disease. *Augmentative and Alternative Communication, 28*(4), 219-231. doi:10.3109/07434618.2012.732610.

Fritsch, T., McClendon, M. J., Wallendal, M. S., Smyth, K. A., Geldmacher, D. S., Hyde, T. F., & Leo, G. J. (2014). Can a memory club help maintain cognitive function? A pilot investigation. *Activities, Adaptation, & Aging, 38*, 29-52. doi:10.1080/01924788.2014.878873.

Garrett, K. L., & Yorkston, K. M. (1997). Assistive communication technology for elders with cognitive and language disabilities. In R. Lubinski & D. J. Higginbotham (Eds.), *Communication technologies for the elderly* (pp. 203-234). San Diego, CA: Singular.

Gill, C., & McCabe, C. (2016, August). Preparation, clinical support, and confidence of speech and language therapists working with people with dementia in Ireland. Paper presented at the 30th World Congress of the International Association of Logopedics and Phoniatrics, Dublin, Ireland.

Glisky, E. L., Schacter, D. L., & Tulving, E. (1986). Learning and retention of computer-related vocabulary in amnesic patients: Method of vanishing cues. *Journal of Clinical and Experimental Neuropsychology, 8*(3), 292-312.

Griffiths, S., Dening, T., Beer, C., & Tischler, V. (2016). Mementos from Boots multisensory boxes: Qualitative evaluation of an intervention for people with dementia: Innovative practice. *Dementia, 0*(0), 1-9. doi:10.1177/1471301216672495.

Gross, A. L., Parisi, J. M., Spira, A. P., Kueider, A. M., Ko, J. Y., Saczynski, J. S., Samus, Q. M., &

Rebok, G. W. (2012). Memory training interventions for older adults: A meta-analysis. *Aging & Mental Health, 16*(6), 722-734. http://dx.doi.org/10.1080/13607863.2012.667783.

Hambrick, D. Z. (2014). Brain training doesn't make you smarter. Retrieved January 5, 2017, from www.scientificamerican.com/article/brain-training-doesn-t-make-you-smarter/.

Haslam, C., Hodder, K. I., & Yates, P. J. (2011). Errorless learning and spaced retrieval: How do these methods fare in healthy and clinical populations? *Journal of Clinical and Experimental Neuropsychology, 33*, 432-447. http://dx.doi.org/10.1080/13803395.2010.533155.

Hawley, K. S., & Cherry, K. E. (2008). Memory interventions and quality of life for older adults with dementia. *Activities, Adaptation, and Aging, 32*(2), 89-102. doi:10.1080/01924780802142958.

Hawley, K. S., Cherry, K. E., Boudreaux, E. O., & Jackson, E. M. (2007). A comparison of adjusted spaced retrieval versus a uniform expanded retrieval schedule for learning a name-face association in older adults with probably Alzheimer's disease. *Journal of Clinical and Experimental Neuropsychology, 30*, 639-649.

Hayden, C. M., & Camp, C. J. (1995). Spaced-retrieval: A memory intervention for dementia in Parkinson's disease. *Clinical Gerontologist, 16*(3), 80-82.

Hickey, E. M., & How, S. (2008, May). Spaced-retrieval training for persons with dementia: Maintenance and generalization. Paper presented at the annual Clinical Aphasiology Conference, Jackson, WY.

Hickey, E. M., Lawrence, M., & Landry, A. (2011, June). Comparison of expanded versus equal interval recall training in persons with Dementia. Paper presented at the annual Clinical Aphasiology Conference, Ft. Lauderdale, FL.

Hochhalter, A. K., Bakke, B. L., Holub, R. J., & Overmier, J. B. (2004). Adjusted spaced retrieval training: A demonstration and initial test of why it is effective. *Clinical Gerontologist, 27*(1-2), 159-168.

Hochhalter, A. K., Overmier, J. B., Gasper, S. M., Bakke, B. L., & Holub, R. J. (2005). A comparison of spaced retrieval to other schedules of practice for people with dementia. *Experimental Aging Research, 31*, 101-118.

Hoerster, L., Hickey, E. M., & Bourgeois, M. S. (2001). Effects of memory aids on conversations between nursing home residents with dementia and nursing assistants. *Neuropsychological Rehabilitation, 11*(3-4), 399-427.

Hopper, T. (2003). "They're just going to get worse anyway": Perspectives on rehabilitation for nursing home residents with dementia. *Journal of Communication Disorders, 36*(5), 345-359. doi:10.1016/S0021-9924(03)00050-9.

Hopper, T. (2016). Not cured … but improved. *The ASHA Leader, 21*(6), 44-51. doi:10.1044/leader.FTR1.21062016.44.

Hopper, T., Bourgeois, M., Pimentel, J., Qualls, C. D., Hickey, E., Frymark, T., & Schooling, T. (2013). An evidence-based systematic review on cognitive interventions for individuals with dementia. *American Journal of Speech-Language Pathology, 22*(1), 126-145.

Hopper, T., Cleary, S., Oddson, B., Donnelly, M. J., & Elgar, S. (2007). Service delivery for older Canadians with dementia: A survey of speech-language pathologists. *Canadian Journal of Speech-Language Pathology & Audiology, 31*(3), 114-126.

Hopper, T., Drefs, S. J., Bayles, K. A., Tomoeda, C. K., & Dinu, I. (2010). The effects of modified spaced retrieval training on learning and retention of face-name associations by individuals with dementia. *Neuropsychological Rehabilitation, 20*(1), 81-102.

Hopper, T., Mahendra, N., Kim, E., Azuma, T., Bayles, K. A., Cleary, S. J., & Tomoeda, C. K. (2005). Evidence-based practice recommendations for working with individuals with dementia: Spaced-retrieval training. *American Journal of Medical Speech-Language Pathology, 13*(4), xxvii-xxxiv.

Hunter, C. E. A., Ward, L., & Camp, C. J. (2012). Transitioning spaced retrieval training to care staff in an Australian residential aged care setting for older adults with dementia: A case study approach. *Clinical Gerontologist, 35*(1), 1-14. doi:10.1080/07317115.2011.626513.

Huntley, J. D., Gould, R. L., Liu, K. et al. (2015). Do cognitive interventions improve general cognition in dementia? A meta-analysis and metaregression. *BMJ Open, 5*, e005247. doi:10.1136/bmjopen-2014-005247.

Ikeda, M. (2017). Pharmacotherapy in dementia with Lewy bodies. In K. Kosaka (Ed.), *Dementia with Lewy bodies*. Switzerland: Springer International.

Irvine, A. B., Ary, D. V., & Bourgeois, M. S., & (2003). An interactive multi-media program to train professional caregivers. *Journal of Applied Gerontology, 22*(2), 269-288.

Jamieson, M., Cullen, B., McGee-Lennon, M., Brewster, S., & Evans, J. J. (2014). The efficacy of cognitive prosthetic technology for people with memory impairments: A systematic review and meta-analysis. *Neuropsychological Rehabilitation, 24*(3-4), 419-444. http://dx.doi.org/10.1080/09602011.2013.825632.

Jeffrey, S. (2013). FDA approves Exelon patch for severe Alzheimer's. Medscape, available at www.medscape.com/viewarticle/807062.

Jiang, X., Huang, J., Song, D., Deng, R., Wei, J., & Zhang, Z. (2017). Increased consumption of fruit and vegetables is related to a reduced risk of cognitive impairment and dementia: Meta-analysis. *Frontiers in Aging Neuroscience, 9*, 18. http://doi.org/10.3389/fnagi.2017.00018.

Jokanovic, N., Tan, E. C. K., Dooley, M. J., Kirkpatrick, C. M., & Bell, J. S. (2015). Prevalence and factors associated with polypharmacy in long-term care facilities: A systematic review. *JAMDA, 16*, 535.e1-535.e12 http://dx.doi.org/10.1016/j.jamda.2015.03.003.

Joltin, A., Camp., C. J., & McMahon, C. M. (2003). Spaced-retrieval over the telephone: An intervention for persons with dementia. *Clinical Psychologist, 7*(1), 50-55.

Kagan, A., Simmons-Mackie, N., Rowland, A., Huijbregts, M., Shumway, E., McEwen, S., … Sharp, S. (2008). Counting what counts: A framework for capturing real-life outcomes of aphasia intervention. *Aphasiology, 22*, 258-280. http://dx.doi.org/10.1080/02687030701282595.

Kallio, E.-L., Öhman, H., Kautiainen, H., Hietanen, M., & Pitkälä, K. (2017). Cognitive training interventions for patients with Alzheimer's disease: A systematic review. *Journal of Alzheimer's Disease, 56*, 1349-1372. doi:10.3233/JAD-160810.

Kavanagh, S., Gaudig, M., Van Baelen, B. et al. (2011). Galantamine and behavior in Alzheimer disease: Analysis of four trials. *Acta Neurol Scand, 124*(5), 302-308.

Khan, Z., Corbett, A., & Ballard, C. (2014). Cognitive stimulation therapy: Training, maintenance, and implementation in clinical trials. *Pragmatic and Observational Research, 5*, 15-19.

Kim, E. S., Clearly, S. J., Hopper, T., Bayles, K. A., Azuma, T., & Rackley, A. (2006). Evidence-based practice recommendations for working with individuals with dementia: Group reminiscence therapy. *Journal of Medical Speech-Language Pathology, 14*(3), xxiii-xxxiv.

Kincaid, C., & Peacock, J. R. (2003). The effect of a wall mural on decreasing four types of door-testing behaviors. *Journal of Applied Gerontology, 22*(1), 76-88.

Kindell, J., Keady, J., Sage, K., & Wilkinson, R. (2016). Everyday conversation in dementia: A review of the literature to inform research and practice. *Int J Lang Comm Disord, 00*(0), 1-15. doi:10.1111/1460-6984.12298.

Kitwood, T. (1997) *Dementia reconsidered: The person comes first*. Buckingham, UK: Open University Press.

Kueider, A., Parisi, J., Gross, A., & Rebok, G. (2012). Computerized cognitive training with older adults: A systematic review. *PLOS ONE, 7(7)*, e40588. doi:10.1371/journal.pone.0040588.

Kunik, M., Martinez, M., Snow, A., Beck, C., Cody, M., Rapp, C. et al. (2003). Determinants of behavioral symptoms in dementia patients. *Clinical Gerontologist, 26*(3-4), 83-89.

Lachaine, J., Beauchemin, C., Legault, M., & Bineau, S. (2011). Economic evaluation of the impact of memantine on time to nursing home admission in the treatment of Alzheimer disease. *Can J Psychiatry, 56*(10), 596-604.

Lalanne, J., Gallarda, T., & Piolino, P. (2015). "The Castle of Remembrance": New insights into a cognitive training programme for autobiographical memory in Alzheimer's disease. *Neuropsychological Rehabilitation, 25*(2), 254-282. doi:http://dx.doi.org/10.1080/09602011.2014.949276.

Lam, V., Hackett, M., & Takechi, R. (2016). Antioxidants and dementia risk: Consideration through a cerebrovascular perspective. *Nutrients, 8*, 828; doi:10.3390/nu8120828.

Lampit, A., Hallock, H., & Valenzuela, M. (2014). Computerized training in cognitively healthy older adults: A systematic review and meta-analysis of effect modifiers. *PLOS Medicine, 11*(11), 1-18. doi:10.1371/journal.pmed.1001756.

Laver, K., Dyer, S., Whitehead, C., Clemson, L., & Crotty, M. (2016). Interventions to delay functional decline in people with dementia: A systematic review of systematic reviews. *BMJ Open, 6*, 1-13. doi:10.1136/bmjopen-2015-010767.

Lazar, A., Thompson, H., & Demiris, G. (2014). A systematic review of the use of technology for reminiscence therapy. *Health Education & Behavior, 41*(15), 515-615. doi:10.1177/1090198114537067.

Leirer, V. O., Morrow, D. G., Tanke, E. D., & Pariante, G. M. (1991). Elders' nonadherence: Its assessment and medication reminding by voice mail. *The Gerontologist, 31*(4), 514-520.

Leseth, L., & Meader, L. (1995). Utilizing an AAC system to maximize receptive and expressive communication skills of a person with Alzheimer's disease. *ASHA AAC Special Interest Division Newsletter, 4*, 7-9.

Li, R., & Liu, K. P. (2012). The use of errorless learning strategies for patients with Alzheimer's disease: A literature review. *International Journal of Rehabilitation Research, 35*(4), 292-298.

Li, Y., Hai, S., Zhou, Y., & Dong, B. R. (2015). Cholinesterase inhibitors for rarer dementias associated with neurological conditions. *Cochrane Database of Systematic Reviews 2015, Issue 3*. Art. No.: CD009444. doi:10.1002/14651858.CD009444.pub3.

Lin, L.-C., Huang, Y.-J., Su, S.-G., Watson, R., Tsai, B., & Wu, S.-C. (2010). Using spaced retrieval and Montessori-based activities in improving eating ability for residents with dementia. *International Journal of Geriatric Psychiatry, 25*(10), 953-959.

Livingston, G., Kelly, L., Lewis-Holmes, E., Baio, G., Morris, S., Patel, N., Omar, R., Katona, C., & Cooper, C. (2014). Non-pharmacological interventions for agitation in dementia: Systematic review of randomized controlled trials. *British Journal of Psychiatry, 205*, 436-442

Mahendra, N., & Arkin, S. (2003). Effects of four years of exercise, language, and social interventions on Alzheimer discourse. *Journal of Communication Disorders, 36*(5), 395-422.

Mahendra, N., Hopper, T., Bayles, K., Azuma, T., Cleary, S., & Kim, E. (2006). Evidence-based practice recommendations for working with individuals with dementia: Montessori-based interventions. *Journal of Medical Speech-Language Pathology, 14*(1), xv-xxv.

Mahendra, N., Kim, E., Bayles, K. A., Hopper, T., Cleary, S. J., & Azuma, T. (2006). Evidence-based practice recommendations for working with individuals with dementia: Computer-assisted cognitive interventions (CACIs). *Journal of Medical Speech-Language Pathology, 13*(4), xxxv-xliv.

Maier, A., Özkil, A. G., Bang, M. M., & Hysse Forchhammer, B. (2015). Remember to remember: A feasibility study adapting wearable technology to the needs of people aged 65 and older with Mild Cognitive Impairment (MCI) and Alzheimer's dementia. *Proceedings of International Conference on Engineering Design (ICED 2015), 1*, 331-340. Retrieved February 4, 2017, from http://orbit.dtu.dk/files/107110242/Remember_to_remember.pdf.

March, E., Wales, R., & Pattison, P. (2003). Language use in normal ageing and dementia of the Alzheimer type. *Clinical Psychologist*, 7(1), 44-49.

Materne, C. J., Luszcz, M. A., & Bond, M. J. (2014). Once-weekly spaced retrieval training is effective in supporting everyday memory activities in community dwelling older people with dementia. *Clinical Gerontologist, 37*(5), 475-492. doi:10.1080/07317115.2014.907591.

Mazzei, F., Gillan, R., & Cloutier, D. (2014). Exploring the influence of environment on the spatial behavior of older adults in a purpose-built acute care dementia unit. *Am J Alzheimers Dis Other Demen, 29*(4), 311-319. doi:10.1177/1533317513517033.

McGuinness, B., Craig, D., Bullock, R., Malouf, R., & Passmore, P. (2014). Statins for the treatment of dementia. *Cochrane Database of Systematic Reviews 2014, Issue 7*. Art. No.: CD007514. doi:10.1002/14651858.CD007514.pub3.

McKitrick, L. A., & Camp, C. J. (1993). Relearning the names of things: The spaced-retrieval intervention implemented by a caregiver. *Clinical Gerontologist, 14*(2), 60-62.

McKitrick, L. A., Camp, C. J., & Black, F. W. (1992). Prospective memory intervention in Alzheimer's disease. *The Journal of Gerontology, 47*(5), 337-343.

McPherson, A., Furniss, F. G., Sdogati, C., Cesaroni, F., Tartaglini, B., & Lindesay, J. (2001). Effects of individualized memory aids on the conversation of persons with severe dementia. *Aging & Mental Health*, 5(3), 289-294.

Microsoft Game Studios. (2003). *Rise of nations* [Video game]. Retrieved from www.microsoftstudios.com/.

Mitchell, G., & Agnelli, J. (2015) Person-centred care for people with dementia: Kitwood reconsidered. *Nursing Standard, 30*, 7, 46-50.

Mitchell, G., McCormack, B., & McCance, T. (2016). Therapeutic use of dolls for people living with dementia: A critical review of the literature. *Dementia, 15*(5), 976-1001.

doi:10.1177/1471301214548522.

Moyle, W., El Saifi, N., Draper, B., Jones, C. Beattie, E., Shum, D., … O'Dwyer, S. (2017). Pharmacotherapy of persons with dementia in long-term care in Australia: A descriptive audit of central nervous system medications. *Curr Drug Saf, Feb 9.* doi:10.2174/1574886312666170209113203. [Epub ahead of print] Retrieved on February 22, 2017.

Mueller, K. (2016). A review of computer-based cognitive training for individuals with mild cognitive impairment and Alzheimer's disease. *Perspectives of the ASHA Special Interest Groups, SIG 2, 1*(1), 47-60.

Neal, M., & Barton Wright, P. (2003). Validation therapy for dementia. *Cochrane Database of Systematic Reviews 2003, Issue 3.* Art. No.: CD001394. doi:10.1002/14651858.CD001394.

Nintendo. (2007). *Big Brain Academy: Wii Degree* [Video game]. Redmond, WA: Author.

Nolan, B. A. D., Mathews, R. M., & Harrison, M. (2001). Using external memory aids to increase room finding by older adults with dementia. *American Journal of Alzheimer's Disease and Other Dementias, 16*(4), 251-254.

Olazarán, J., Reisberg, B., Clare, L., Cruz, I., Peña-Casanova, J., del Ser, T., … & Muñiz, R. (2010). Nonpharmacological therapies in Alzheimer's disease: A systematic review of efficacy. *Dementia and Geriatric Cognitive Disorders, 30*(2), 161-178.

Oren, S., Willerton, C., & Small, J. (2014). Effects of spaced retrieval training on semantic memory in Alzheimer's disease: A systematic review. *JSLHR, 57*, 247-270. doi:10.1044/1092-4388(2013/12-0352).

Orrell, M., Aguirre, E., Spector, A., Hoare, Z., Woods, R. T., Streater, A., … & Russell, I. (2014). Maintenance cognitive stimulation therapy for dementia: Single-blind, multicentre, pragmatic randomised controlled trial. *The British Journal of Psychiatry, 204*(6), 454-461. doi:10.1192/bjp.bp. 113.137414.

Owen, A. M., Hampshire, A., Grahn, J. A., Stenton, R., Dajani, S., Burns, A. S., … Ballard, C. G. (2010). Putting brain training to the test. *Nature, 465*, 775-778. doi:10.1038/nature09042.

Parenté, R., & Herrmann, D. (2010). *Retraining cognition: Techniques & applications* (3rd ed.). Austin, TX: Pro-Ed.

Park, D. C., & Kidder, D. P. (1996). Prospective memory and medication adherence. In M. A. Brandimonte, G. Einstein, & M. McDaniel (Eds.), *Prospective memory: Theory and applications* (pp. 369-390). Hillsdale, NJ: Lawrence Erlbaum.

Park, D. C., Morrell, R. W., Frieske, D., & Kincaid, D. (1992). Medication adherence behaviors in older adults: Effects of external cognitive supports. *Psychology and Aging, 7*(2), 252-256.

Parsons, C. (2016). Withdrawal of antidementia drugs in older people: Who, when and how?

Drugs & Aging. doi:10.1007/s40266-016-0384-z.

Patterson, J. P. (2001). The effectiveness of cueing hierarchies as a treatment for word retrieval impairment. *Perspectives on Neurophysiology and Neurogenic Speech and Language Disorders, 11*(2), 11-18.

Pimentel, J. (2009). Contextual thematic group treatment for individuals with dementia. *Perspectives in Neurogenic Communication Disorders*, 135-141.

Posit Science. (2013). *Brain Fitness Program* [Computer program]. San Francisco, CA: Author.

Purves, B. A., Phinney, A., Hulko, W., Puurveen, G., & Astell, A. J. (2014). Developing CIRCA-BC and exploring the role of the computer as a third participant in conversation. *American Journal of Alzheimer's Disease & Other Dementias, 30*(1), 101-107. doi:10.1177/1533317514539031.

Raskin, S. A., & Sohlberg, M. M. (1996). The efficacy of prospective memory training in two adults with brain injury. *The Journal of Head Trauma Rehabilitation, 11*(3), 32-51.

Ratner, E., & Atkinson, D. (2015). Why cognitive training and brain games will not prevent or forestall dementia. *JAGS, 63*(12), 2612-2614.

Reeve, E., Bell, J. S., & Hilmer, S. N. (2015). Barriers to optimizing prescribing and deprescribing in older adults with dementia: A narrative review. *Curr Clin Pharmacol, 10*(3), 168-177.

Reilly, J. (2016). How to constrain and maintain a lexicon for the treatment of progressive semantic naming deficits: Principles of item selection for formal semantic therapy. *Neuropsychological Rehabilitation, 26*(1), 126-156. doi:10.1080/09602011.2014.1003947.

Reisberg, B., Doody, R., Stöffler, A., Schmitt, F., Ferris, S., & Möbius, H. (2003). Memantine in moderate-to-severe Alzheimer's disease. *New England Journal of Medicine, 348*(14), 1333-1341.

Reus, V., Fochtmann, L. J., Eyler, A. E., Hilty, D. M., Horvitz-Lennon, M., Jibson, M. D., … & Yager, J. (2016). The American Psychiatric Association practice guideline on the use of antipsychotics to treat agitation or psychosis in patients with dementia. *Am J Psychiatry, 173*(5), 543-546.

Rogalski, Y., & Quintana, M. (2013). Activity engagement in cognitive aging: A review of the evidence. *Perspectives on Neurophysiology and Neurogenic Speech and Language Disorders, 23*(1).

Santo Pietro, M. J., & Boczko, F. (1997). The Breakfast Club and related programs. In B. Shadden & M. A. Toner (Eds.), *Aging and communication* (pp. 341-359). Austin, TX: Pro-Ed.

Santo Pietro, M. J., & Boczko, F. (1998). The Breakfast Club: Results of a study examining the effectiveness of a multi-modality group communication treatment. *American Journal of*

Alzheimer's Disease and Other Dementias, 13(3), 146-158.

Saxton, J., McGonigle, K. L., Swihart, A. A., & Boller, F. (1993). *Severe impairment battery*. Bury St. Edmunds, UK: Thames Valley.

Schneider, L. S., Dagerman, K. S., Higgins, J. P., & McShane, R. (2011). Lack of evidence for the efficacy of memantine in mild Alzheimer disease. *Arch Neurol, 68*(8), 991-998.

Schnelle, J. F. (1990). Treatment of urinary incontinence in nursing homepatients by prompted voiding. *Journal of the American Geriatrics Society, 38*(3), 356-360.

Small, J. A. (2012). A new frontier in spaced retrieval memory training for persons with Alzheimer's disease. *Neuropsychological Rehabilitation, 22*(3), 329-361. doi:10.1080/09602011.2011.640468.

Smith, G., House, P., Yaffe, K., Ruff, R., Kennison, R., Mahncke, H., & Zelinski, E. (2009). A cognitive training program based on principles of brain plasticity: Results from the Improvement in Memory with Plasticity-Based Adaptive Cognitive Training (IMPACT) study. *Journal of the American Geriatrics Society, 57*(4), 594-603.

Sohlberg, M. M., Ehlhardt, L., & Kennedy, M. (2005). Instructional techniques in cognitive rehabilitation: A preliminary report. *Seminars in Speech & Language, 26*, 268-279. doi:10.1055/s-2005-922105.

Sohlberg, M. M., & Mateer, C. A. (2001). *Cognitive rehabilitation: An integrative neuro-psychological approach*. New York: Guilford Press.

Sohlberg, M. M., & Turkstra, L. (2011). *Optimizing cognitive rehabilitation: Effective instructional methods*. New York: Guilford Press.

Sohlberg, M. M., White, O., Evans, E., & Mateer, C. (1992). An investigation into the effects of prospective memory training. *Brain Injury, 6*(2), 139-154.

Spector, A., Davies, S., Woods, B., & Orrell, M. (2000). Reality orientation for dementia: A systematic review of the evidence of effectiveness from randomized controlled trials. *The Gerontologist, 40*, 206-212. https://doi.org/10.1093/geront/40.2.206.

Spector, A., Gardner, C., & Orrell, M. (2011). The impact of cognitive stimulation therapy groups on people with dementia: Views from participants, their carers, and group facilitators. *Aging & Mental Health, 15*(8), 945-949. http://dx.doi.org/10.1080/13607863.2011.586622.

Spilkin, M., & Bethlehem, D. (2003). A conversation analysis approach to facilitating communication with memory books. *Advances in Speech Language Pathology, 5*, 105-118.

Squire, L. R. (1994). Declarative and nondeclarative memory: Multiple brain system supporting learning and memory. In D. L. Schacter & E. Tulving (Eds.), *Memory systems 1994* (pp. 203-232). Cambridge, MA: MIT Press.

Sun, M.-K., Nelson, T. J., & Alkon, D. (2015). Towards universal therapeutics for memory disorders. *Trends in Pharmacological Sciences, 36*(6), 384-394. http://dx.doi.org/10.1016/j.tips.2015.04.004.

Tampi, R. R., & Tampi, D. J. (2014). Efficacy and tolerability of benzodiazepines for the treatment of behavioral and psychological symptoms of dementia: A systematic review of randomized controlled trials. *American Journal of Alzheimer's Disease & Other Dementias, 29*(7), 565-574.

Tan, C. C., Yu, J. T., Wang, H. F., Tan, M. S., Meng, X. F., Wang, C. et al. (2014). Efficacy and safety of donepezil, galantamine, rivastigmine, and memantine for the treatment of Alzheimer's disease: A systematic review and meta-analysis. *Journal of Alzheimer's Disease, 41*(2), 615-631.

Tan, M.-S., Yu, J.-T., Tan, C.-C., Wang, H.-F., Meng, X.-F., Wang, C., … & Tan, L. (2015). Efficacy and adverse effects of ginkgo biloba for cognitive impairment and dementia: A systematic review and meta-analysis. *Journal of Alzheimer's Disease, 43*, 589-603. doi:10.3233/JAD-140837.

Thivierge, S., Simard, M., Jean, L., & Grandmaison, E. (2008). Errorless learning and spaced retrieval techniques to relearn instrumental activities of dialing living in mild Alzheimer's disease: A case report study. *Neuropsychiatric Disease and Treatment, 4*, 987-999. http://dx.doi.org/10.3109/02703181.2013.796037.

Tija, J., Briesacher, B. A., Peterson, D., Liu, Q., Andrade, S. E., & Mitchell, S. L. (2014). Use of medications of questionable benefit in advanced dementia. *JAMA Intern Med, 174*(11), 1763-1771. doi:10.1001/jamainternmed.2014.4103.

Tsoi, K. K. F., Hirai, H. W., Chan, J. Y. C., & Kwok, T. C. Y. (2016). Time to treatment initiation in people with Alzheimer disease: A meta-analysis of randomized controlled trials. *JAMDA, 17*, 24-30. http://dx.doi.org/10.1016/j.jamda.2015.08.007.

Unverzagt, F., Guey, L., Jones, R. et al. (2012). ACTIVE cognitive training and rates of incident dementia. *J Int Neuropsychol Soc, 18*, 669-677.

Volicer, L., Simard, J., Heartquist Pupa, J., Medrek, R., & Riorden, M. E. (2006). Effects of continuous activity programming on behavioral symptoms of dementia. *Journal of the American Medical Directors Association, 7*, 426-431. https://doi.org/10.1016/j.jamda.2006.02.003.

Wilson, B. A., Baddeley, A., Evans, J., & Shiel, A. (1994). Errorless learning in the rehabilitation of memory impaired people. *Neuropsychological Rehabilitation, 4*(3), 307-326.

Wong, C. W. (2016). Pharmacotherapy for dementia: A practical approach to the use of cholinesterase inhibitors and memantine. *Drugs & Aging, 33*(7), 451-460. doi:10.1007/s40266-016-0372-3.

Woods, B., Aguirre, E., Spector, A. E., & Orrell, M. (2012). Cognitive stimulation to improve cognitive functioning in people with dementia. *Cochrane Database of Systematic Reviews, Issue 2.* Art. No.: CD005562. doi:10.1002/14651858.CD005562.pub2.

Woods, R. T. (1996). Psychological "therapies" in dementia. In R. T. Woods (Ed.), *Handbook of the clinical psychology of ageing* (pp. 575-600). New York: John Wiley.

Woods, R. T., Orrell, M., Bruce, E., Edwards, R. T., Hoare, Z., Hounsome, B., … Russell, I. (2016) REMCARE: Pragmatic multi-centre randomised trial of reminiscence groups for people with dementia and their family carers: Effectiveness and economic analysis. *PLoS ONE, 11*(4), e0152843. doi:10.1371/journal.pone.0152843.

World Health Organization. (2001). *International classification of functioning, disability and health (ICF).* Geneva, Switzerland: Author.

Yang, M., Xu, D. D., Zhang, Y., Liu, X., Hoeven, R., & Cho, W. C. S. (2014). A systematic review on natural medicines for the prevention and treatment of Alzheimer's disease with meta-analyses of intervention effect of ginkgo. *The American Journal of Chinese Medicine, 42*(3), 505-521. doi:10.1142/S0192415X14500335.

Yesavage, J. A. et al. (2008). Acetylcholinesterase inhibitor in combination with cognitive training in older adults. *Journals of Gerontology: Psychological Sciences, 63B*, P288-P294.

Zeng, L., Zou, Y., Kong, L., Wang, N., Wang, Q., … & Liang, W. (2015). Can Chinese herbal medicine ajunctive therapy improve outcomes of senile vascular dementia? Systematic review with meta-analysis of clinical trials. *Phytotherapy Research, 29*, 1843-1857. doi:10.1002/ptr.5481.

Zeisel, J., Hyde, J., & Shi, L. (1999). Environmental design as a treatment for Alzheimer's disease. In L. Volicer & L. Bloom-Charette (Eds.), *Enhancing the quality of life in advanced dementia* (pp. 206-222). Philadelphia: Taylor & Francis.

Zientz, J., Rackley, A., Chapman, S. B., Hopper, T., Mahendra, N., & Cleary, S. (2007a). Evidence-based practice recommendations: Caregiver-administered active cognitive stimulation for individuals with Alzheimer's disease. *Journal of Medical Speech-Language Pathology, 15*(3), xxvii-xxxiv.

Zientz, J., Rackley, A., Chapman, S. B., Hopper, T., Mahendra, N., Kim, E. S., & Cleary, S. (2007b). Evidence-based practice recommendations for dementia: Educating caregivers on Alzheimer's disease and training communication strategies. *Journal of Medical Speech-Language Pathology, 15*(1), iii-xiv.

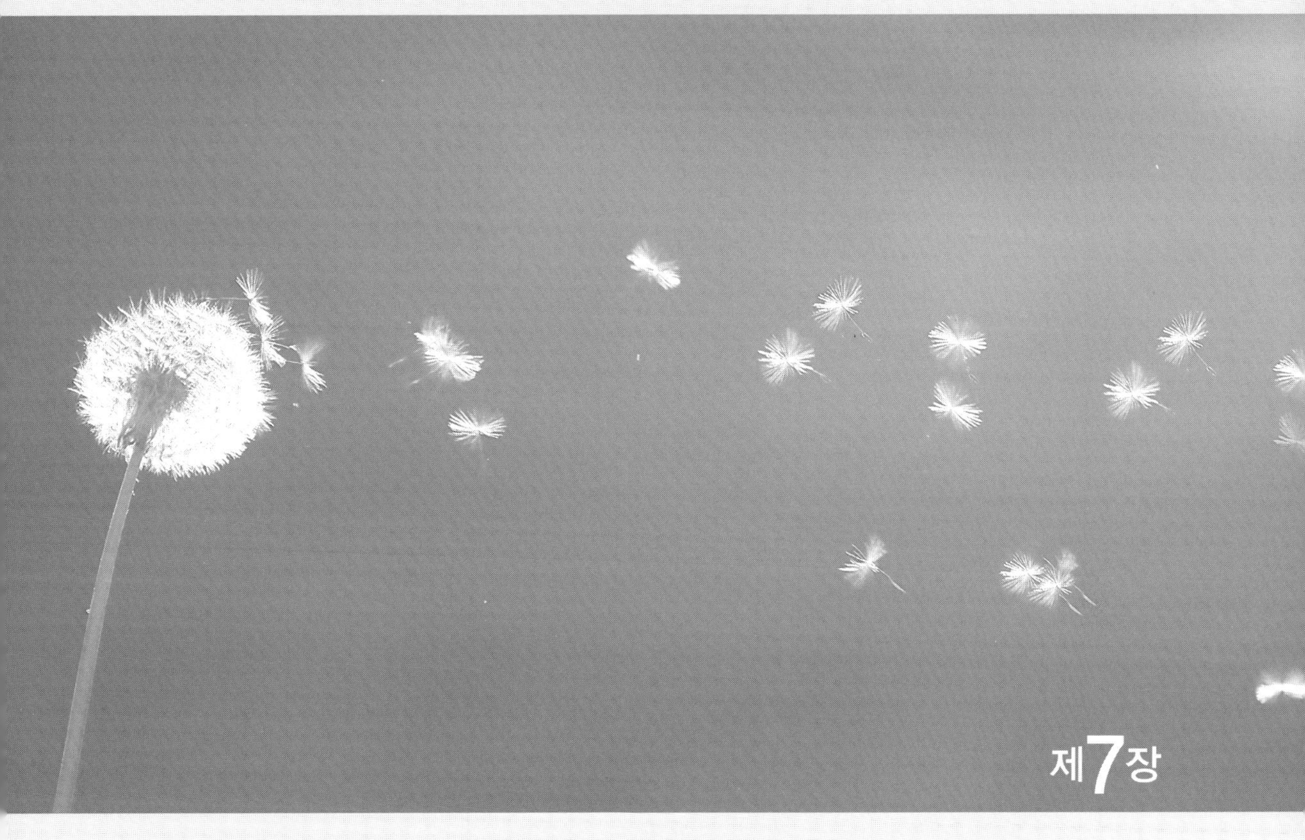

제7장

참여 및 삶의 질을 위한 전문가 협력 중재

Ellen M. Hickey, Michelle S. Bourgeois, and Jennifer Brush

지난 수십 년간 치매의 치료 및 중재 모델은 치매 행동 및 심리 증상(BPSD)이나 반응 행동에 대한 총체적이고 비약물적인 접근에 주목하며 발전해 왔다. 건강 및 인간 중심 돌봄의 사회적 모델이 발전함에 따라 장기요양(LTC; 1장 및 4장 참고)의 문화적 변화가 촉진되었다. 치매에 대한 인간 중심 돌봄에 근거하여, 돌봄을 제공하는 물리적 및 사회적 환경을 고려하고 기능과 삶의 질을 극대화하는 목표가 강조되고 있다. 인간 중심 돌봄은 선택, 존엄, 존중, 자기결정, 의미 있는 생활을 촉진함으로써(Kitwood, 1997; Kitwood & Bredin, 1992) 치매 돌봄의 정책과 철학을 발전시키는 데 반영된다.

6장에서 소개한 인지-의사소통 중재는 주로 언어병리학 및 심리학(신경심리학)의 관점에 기반해 환자의 보존된 능력과 관심사를 활용한다. 여기서는 참여 및 삶의 질을 증진하기 위해 환경적 적응을 강조하며, 보다 광범위한 전문가적 관점에서 보존된 능력, 개인적 관심사, 맥락적 훈련을 반영한 비약물적 중재를 추가적으로 논의한다. 치매의 돌봄 환경을 설계하고 프로그램을 계획하는 것은 모두 중요하다(Forrest & Cohen, 2004). 이 장은 치료 모델과 특정 중재법의 가능성을 논의하는 출발점이 될 것이다.

또 치매 환자의 독립성, 생활 참여, 삶의 질을 높이는 전반적인 행동 및 환경 중재의 사례를 제시하는데, 이는 추가적인 연구가 필요하다. 효과가 규명되지 않은 접근도 있으나, 인간 중심 돌봄, 환자의 참여 및 삶의 질을 위한 적절한 지원책을 논의한다. 예를 들어, 노화와 치매를 위한 몬테소리(Montessori for Ageing and Dementia) 모델은 혁신적 치매 치료법으로, 팀 접근을 통해 기능 및 삶의 질을 극대화하는 물리적 및 사회적 환경을 제공한다(Bourgeois et al., 2015). 삶의 질을 증진하고 BPSD를 줄이기 위해 보다 추가적이고 향상된 비약물적 중재가 필요하다.

1. 전문가 협력 팀

협업 치료의 효과를 극대화하기 위해 환자와 가족을 중심으로 언어재활사(SLP)가 포함된 전문가 협력 팀이 구성되어야 한다. 전문가 협력 팀은 기능적 및 개별적 목표를 갖는 증거 기반적 돌봄 계획을 수립하기 위해 전반적이고 인간 중심적인 평가를 수행한다. 팀원 간의 원활한 의사소통을 통해 치료의 불필요한 중복이나 공백을 방지함으로써 기능적 효과를 극대화한다. 돌봄 계획을 위한 팀의 합의 및 전략에 관한 전문가 협력 교육은 회기 중 적용 가능하고 일상생활에 보다 쉽게 통합되는 전략에 적용된다. 이는 의료 및 재활 환경에 거주하는 기간과 별개로 효과를 극대화하는 데 기여한다(Chatfield, Christos, & McGregor, 2012).

전문가 협력 팀은 치료 환경에 따라 다르게 구성된다. 주로 의사, 간호사, 사회복지사, 가족, 간병인 등이 팀에 포함되고, 재활 및 영적 간호 전문가도 구성원이 될 수 있다(Chatfield et al., 2012). 대개 의사가 전반적인 정보를 파악해 돌봄을 감독한다. 병원 및 장기요양시설의 간호사와 간호조무사(또는 지원 인력)는 일상생활에서 환자를 감독하거나 지원하고 약물 투여 등 대부분의 주간 보호를 관장한다. 이에 근거해 다른 팀원에게 필요한 정보와 조언을 제공한다. 사회복지사는 주로 치료의 법적 및 재정적 측면을 다루는 사례관리자로, 환자 및 가족을 위한 상담 서비스를 제공하기도 한다. 영적 간호 전문가는 환자의 정신적 안녕, 종교의식 참여, 성찬식 등을 돕고, 환경 및 일정에 따라 상담 서비스를 제공한다.

LTC에서 여가 활동, 식사, 가사 담당자는 팀의 필수 구성원으로서 의료 및 재활 전문가에게 매우 유용한 정보를 제공한다. 특히 가사 담당자는 직무를 수행하면서 거주자와 상호작용하거나 관찰할 수 있어 기상, 식사, 방 및 공용 공간에서의 행동, 활동 참여, 화장실 사용 등 일상생활 및 양식의 변화에 관한 필수 정보를 제공한다. 예를 들어, 장소나 시간에 따른 기침 또는 기분, 다른 거주자나 직원에 대한 반응 양식 등을 파악한다. 가정 거주자를 다루는 팀 구성원은 더 적은 편이다. 팀원 간 교류가 부족해 가정 돌봄 시 협업이 어려울 수 있으나, 개별화된 맥락에서 중재를 시행하므로 보다 효과적이다.

다양한 환경의 재활 전문가 팀은 물리치료사, 작업치료사, 레크리에이션 치료사, 음악치료사, SLP 등으로 구성된다. 물리치료사는 전반적인 힘과 운동성, 가능한 자세 조절 등을 다룬다. 작업치료사는 자세 조절의 필요성, 신체 및 인지 기능 등 다양한 ADLs를 중재하고 보조적인 기술 및 장비(예: 보행 보조기, 휠체어, 특수 침대)를 조달하는 데 관여한다. 레크리에이션 치료사와 여가 활동 담당자는 원하는 시간에 참여하는 전략과 도구를 개발하고, 개인 및 집단 활동에 참여하도록 돕는다. 음악치료사는 의사소통이나 기억력 향상, 의미 있는 활동 참여, 삶의 질을 높이기 위한 유쾌한 경험의 제공 등을 목표로 삼는다. SLP는 반응 행동을 줄이고 활동, 참여, 의미 있는 일정을 극대화하기 위해 인지 및 의사소통 능력을 중재하는 데 초점을 둔다. 각 재활 훈련의 감각, 환경, 활동 중심 기술은 긍정적 행동을 강화하고 반응 행동을 줄이도록 돕는다.

2. 참여 및 삶의 질 방해 요인

이 장에서는 주로 LTC에 중점을 두나, 다른 환경에도 유사하게 적용된다. AD로 인해 인지 부담이 과도하면 초조, 방황, 황혼 증후군, 호전성이 나타나거나 그림자처럼 따라다니고(Mowrey et al., 2012), 신체적 및 언어적 동요와 공격성이 두드러져(Zeisel et al., 2003) 충족되지 않은 요구를 표현하는 반응 행동을 보인다. 내적 및 외적 스트레스 요인은 주변 환경에 대한 권태감, 분리, 불만을 촉발하며, 반응 행동이나 BPSD를 유발한다(Mowrey et al., 2012). LTC의 사회적 및 물리적 환경이 기능적 행동, 안녕, BPSD에 미치는 영향을 우선적으로 파악해야 하는데, 거주자의 참여와 삶의 질을 개선하는 중재의 목표가 되기 때문이다. Garcia와 동료들(2012)은 소음을 제외하고 거주자의 행동과 삶의 질에 가장 크게 관여하는 사회적 환경의 중요성을 평가했다. 이들은 가족과 시설 직원으로 구성되었다. 연구 결과, 전문적으로 설계된 물리적 환경은 거주자의 안녕을 증진하는 데 불충분한 반면, 사회적 환경의 질은 영향력이 큰 것으로 간주되었다. 사회적 환경에는 거주자 본인, 방문자, 자원봉사자, 시설 직원 특성 등이 영향을 미친다.

장기요양의 사회적 환경 요양원의 사회적 환경은 사회 풍토와 거주자 간 접촉(Schenk et al., 2013), 장애인의 사회적 상호작용, 요양원 활동이 결합하는 데 방해가 되는 제도적 규칙의 영향을 받는다(Lubinski, 1995). 전통적으로 요양원의 사회적 및 물리적 환경은 사회적 상호작용에 효과적이지 않으며, 특히 인지-의사소통 손상 시 사회적 고립과 외로움을 초래한다(예: Jacelon, 1995; Kaakinen, 1995; Motteran, Trifiletti, & Pedrazza, 2016; Schenk et al., 2013). 거주자는 요양원에서 허용되는 대화의 유형과 양에 있어 암묵적인 규칙이 있다고 여긴다(Kaakinen, 1995). 즉 불필요한 대화로 직원을 성가시게 해서는 안 되며, 과도한 수다, 외로움에 대한 토로, 노쇠하거나 의사소통하기 어려운 파트너와의 대화, 타인 앞에서의 사담이나 불평을 자제해야 한다고 믿는다(Kaakinen, 1995). 거주자는 의사소통 파트너 및 공유할 만한 주제가 제한적이고(Jacelon, 1995) 상호작용 없이 일상생활의 약 85%를 보낸다고 인식한다(Voelkl et al., 2003).

거주자의 신체 및 인지 손상은 참여 감소, 갈등 및 고통의 증가와 정적 상관이 있다(예: Bradshaw, Playford, & Riazi, 2012; Mjørud et al., 2017; Mor et al., 1995; Schroll et al., 1997). 갈등과 고통은 거주자가 시도하는 사회적 통합을 방해해 사회적 고립을 초래한다. 실제로 거주자의 1/3만이 다른 거주자와 편하게 대화할 수 있다고 보고한다(Schroll et al.,1997). 각성 상태의 거주자는 대개 인지 손상 환자와 지내기를 원하지 않는다(Lévesque, Cossette, & Potvin, 1993). 또 거주자 대비 낮은 직원 비율과 조직의 엄격한 규칙/규제는 행동장애를 증가시키고 삶의 질을 낮춘다(Garcia et al., 2012).

Lubinski(1995)는 의미 있는 의사소통 기회가 제한된 요양원 환경을 '의사소통 손상 환경'으로 규정했는데, 이는 인간 중심 돌봄을 제공하는 장기요양시설도 마찬가지이다. 그러나 보호자와 거주자의 관계는 협력적이며, 직원은 이들에게 필요한 과제 지향적 의사소통 외에도 관계 지향적 의사소통에 참여한다(Westerhof et al., 2016). 참여와 상호작용을 촉진하면 삶의 질이 향상된다(Clare et al., 2013). 능동적 참여와 삶의 질에 초점을 둔 인간 중심 돌봄의 권고안은 보다 많은 시설에서의 긍정적인 상호작용을 촉진한다(전문 간병인 교육 및 훈련 중재는 10장 참고).

장기요양의 물리적 환경 물리적 환경은 치매 환자의 의사소통, 기능, 안녕에 영향을 미칠 수 있다. 예컨대, 사적 공간 부족, 부적절한 조명, 온도 및 소음, 상호작용을 방해하는 가구 배치 등은 사회적 상호작용을 어렵게 한다(Garre-Olmo et al., 2012). 온도가 높고 조명이 어두운 침실에서 많은 시간을 보내는 심도 치매 환자는 사회적 상호작용이 적다(Garre-Olmo et al., 2012). 열악하거나 결여된 환경 단서, 시각적 혼란, 부적절한 조명 및 소음 조건에서는 의사소통 참여가 제한된다(Brush et al., 2012). 길을 잃는 것에 대한 두려움 때문에 탐색이나 사회적 참여가 줄어든다(Davis et al., 2009). 요양원 내 미용실은 사적인 주제 관련 사회적 상호작용이 가능한 유일한 공간일 수 있다(Sigman, 1985).

공간의 특성에 따라 공용 및 사적 공간의 질이 긍정적 또는 부정적 영향을 미친다(예: Clare et al., 2013; Motteran et al., 2016; van Hoof et al., 2016). 균일한 간격의 문이 많은 긴 흰색 복도(Passini Pigot, Rainville, & Tétreault, 2000)와 같이 비교 기준이 없는 단순하고 반복적인 건축 요소는 혼동과 방향감각 상실을 유발하는 물리적 속성이다(Marquardt, Schmieg, & Marquardt, 2009). 엘리베이터, 바닥 패턴, 어두운 선과 표면 등은 불안과 방향감각 상실을 초래할 수 있다(Passini et al., 2000). 공공장소의 부적절한 조명(Netten, 1989), 불충분한 표지판(Rule, Milke, & Dobbs, 1992)도 바람직하지 않다.

물리적 및 사회적 환경의 중재는 환자의 독립성을 극대화하고 참여 및 관계, 삶의 질을 촉진하는 데 필요하다. 물리적 중재는 활용 가능한 공간의 유형과 특정 설계의 속성을 다룬다. 기타 중재는 개인 및 집단 활동이나 중재법을 활용한 사회 환경 및 활동 프로그램을 조정하는 데 중점을 둔다. 정체성과 개인적 관심을 유지하고 창의적 및 사회적 참여를 독려하는 프로그램 등이 해당하는데, 이는 이후에 논의할 것이다.

3. 장기요양 문화의 변화 정책 및 모델의 발전

Lindsley(1964)가 보조적 환경(치매 환자의 감각적 · 사회적 어려움을 줄이는 물리적 및 사회적 지원 환경)을 제안한 지 50년이 지났으나, 지원적 환경의 구축은 미미하게 발전했고 최근 10~20년 사이에 인간 중심 돌봄과 더불어 변화했다. 인간 중심 돌봄은 환자 선택, 존엄, 존중, 자기결정, 의미 있는 삶을 촉진한다(Kitwood, 1997; Kitwood & Bredin, 1992). 지난 20년간의 문화적 변화(Weiner & Ronch, 2003)에 따라 덜 '시설적'이고 보다 '가정적'인 환경을 만들기 위한 여러 LTC 모델(예: Eden Alternative, Green House/Small House, Wellspring, Pioneer Network)이 개발되면서 과제 기반에서 인간 중심 돌봄으로 발전했다(Robinson & Gallagher, 2008). 이러한 모델은 안녕을 유지하는 데 중점을 둔다(Bourgeois et al., 2015; Kitwood & Bredin, 1992). 즉 혼동, 동요, 우울을 줄이고 사회적 상호작용과 참여를 개선시킨다. 일상적 활동을 보존하며 의사소통, 사회적 기능, 운동을 위한 기억력을 촉진한다.

요양원 내 특수치료실이나 '기억력 치료' 시설 등 치매 특화적 환경 설계는 환경적 복잡성의 감소, 지남력 및 인식을 높이는 감각 자극과 단서 활용, 덜 자극적이고 편안한 환경 조성을 목적으로 삼는다(Gitlin, Liebman, & Winter, 2003). 에버케어(Evercare)의 관계 중심 접근과 마찬가지로 혁신적 LTC 모델도 사회적 환경에 초점을 맞춘다(Kane et al., 2003). 가정에서의 노년(Aging in Place; Szanton et al., 2011)은 LTC 대신 지역사회에서 서비스를 제공함으로써 가정에 보다 오래 머물도록 돕는 모델이다. 350개의 생활지원시설 및 요양원 대상 연구(LTC 협력 연구; Zimmerman et al., 2005a)에서 거주자의 삶의 질을 평가한 결과, 활동 참여를 독려하는 훈련된 전문 인력이 많을수록 삶의 질이 높았다. 전문가가 치료 계획, 선택권 제공, 거주자의 의사결정 지원, 거주자와의 긍정적 의사소통, 항정신성 약물 및 진정제 사용 감소 등도 주목할 만한 요인이다.

1990년대 후반에서 2000년대까지 많은 나라에서 인간 중심 돌봄 운동이 급증하면서 제도적 효율성보다 거주자의 선택을 우선시하는 변화가 나타났다. 예를 들어, 2000년 이후 미국 메디케어 · 메디케이드 서비스센터(CMS)는 이를 반영하는 규정을 개정함으로써 시설이 자율성, 선호도, 선택을 촉진하는 환경과 지원을 제공하도록 의무화했다. CMS의

글상자 7-1 메디케어 · 메디케이드 서비스센터(CMS; 2000) 규정의 예(괄호: Tags)

거주자는 다음의 권리를 갖는다.

- 활동 및 일정 선택(F242)
- 돌봄 공동체 내외부에서 협력 팀원, 친구, 가족과의 상호작용(F172, F242)
- 돌봄 공동체에서 자신에게 중요한 삶의 양상 선택(F242)
- 돌봄 계획 참여(F280)
- 치료 거부(F155)
- 개인을 인정하고 존엄을 높이는 돌봄의 질(F309) 및 삶의 질(F240)
- 실천 가능한 고도의 안녕 성취(F309)
- 미국의 모든 거주자와 동등한 권리(F151)

'Tags(483.15[b], Tag F242)'에는 20개 이상의 변경된 지침이 포함된다([글상자 7-1] 참고).

ABLE 모델 Bourgeois 등(2015)에 따르면, ABLE 모델(Roberts et al., 2015)은 새로운 인간 중심 접근법으로 사회 생태학적 모델(Galik, 2010)과 인간 중심적 몬테소리 방법(Montessori, 1964)이 통합된 형태이다. 이 모델의 4대 핵심 영역은 ① 거주자의 능력(abilities: A) 및 가능성, ② 거주자의 배경정보(background: B), ③ 리더십(leadership: L), 문화적 변화, 교육, ④ 물리적 환경(physical environment: E)의 변화이다(Roberts et al., 2015). ABLE 돌봄 모델은 호주의 Rural Northwest Hearthcare의 Wattle 시설에서 시도되었는데, 16명의 거주자 중 10명은 심한 인지 손상이 있었고, 12명에게 항정신성 약물, 11명에게 진정제가 투여되었다. 이해 관계자 참여, 몬테소리 활동 관련 직원 교육 및 훈련, 18개월간 지속적 상담 지원, 가정과 유사한 내외부 환경 개조 등이 시행되었다. 거주자, 가족, 직원, 간호 관리자, 치매 상담가, 인지 재활치료사, 프로젝트 관리자 등의 이해 관계자가 수행 계획을 논의했다. 18명의 직원은 치매 돌봄 및 몬테소리 활동 훈련에 각각 2일간 참여했고, 치매 상담가는 18개월간 지속적인 상담을 지원했다. 가정집 분위기의 화려한 실내 공간은 특정 용도(예: 음악, 독서, 신체 활동, 사회적 상호작용, 가정 활동), 개별 출입문, 표지판 및 이름표 사용 등을 위한 의사소통형 벽 공간으로 설계되었다(ABLE 모델 내용은 [글상자 7-2], 꽃꽂이 활동 공간은 [그림 7-1] 참고). 외부 공간은 시골의 가정집 환경과 유사하게 설계되었다(예: 닭장, 텃밭, 바비큐 공간).

글상자 7-2 ABLE 모델

ABLE의 핵심 영역

A=거주자의 능력 및 가능성

B=거주자의 배경정보

L=리더십, 문화적 변화, 교육

E=물리적 환경의 변화

실행의 주요 특징

1. 이해 관계자 참여
2. 치매 돌봄 교육 및 훈련, 활동 프로그램 관련 몬테소리 원리
3. 18개월간 치매 상담가의 지속적 지원
4. 가정집 분위기 조성을 위해 몬테소리 원리가 적용된 환경적 변화

(www.youtube.com/watch?v=1LCRrcxlrXE 참고)

출처: Roberts et al.(2015).

[그림 7-1] ABLE 모델을 적용한 시설의 꽃꽂이 활동 공간

출처: Roberts et al.(2015). Anne Kelly 승인하 인용.

훈련 기능으로서 '인간 중심 돌봄'의 변화가 검증되었다. 개인으로서의 거주자요구 이해도구(The Tool for Understanding Residents' Needs as Individual Persons: TURNIP; Edvardsson, Fetherstonhaugh, & Nay, 2011)를 사용해 훈련 전후 12~14개월간 직원과 가족을 설문 조사한 결과, 치매에 대한 직원의 지식 및 태도, 인간 중심 돌봄, 제공된 돌봄 내용 등이 개선되었다. 항정신병 약물의 사용이 100% 중단되었고, 진정제는 67%에서 2%로 감소했다(Roberts et al., 2015). 또 미충족 요구에 대한 거주자의 반응 행동이 현저히 감소했다. 직원 보고에서도 이 프로그램의 긍정적 효과가 강조되었다(www.youtube.com/watch?v=dYN7I87bXeY 참고).

1) 노화 및 치매를 위한 몬테소리

마리아 몬테소리(Maria Montessori)는 아동의 자기 주도 학습 및 발달에 적절한 활동을 강조한 교육법을 개발했는데, 이 방법이 치매 중재에 적용되었다(Camp, 1999; Camp et al., 1997). 노화 및 치매를 위한 몬테소리는 호주, 캐나다, 미국의 유사한 프로그램과 통합된 결과물이다. 이는 인간 중심 돌봄을 확장시키며, 준비된 물리적 환경을 제공하기 위한 팀 접근을 강조한다. 몬테소리 접근법은 만족스러운 삶을 촉진하도록 환자의 보존된 능력을 극대화하는 데 중점을 둔다(Bourgeois et al., 2015). Elliot의 DementiAbility 프로그램(Ducak, Denton, & Elliot, 2016; Elliot, 2011)은 몬테소리 원리를 통합하고, 개인의 능력, 요구, 관심, 강점을 중시한다. 지원적 환경 내의 일상생활 및 활동에서 의미 있는 역할을 발견한다. 준비되고 지원된 물리적 환경은 시각 단서의 효과를 검증하여 조성된다(예: Bourgeois, 2013). 직원 훈련 및 팀 접근에 기반하며, 종일 돌봄 체계로 변화하도록 요양원 경영진에게 권고한다(Bourgeois et al., 2015). 시설에서 DementiAbility 프로그램을 통합적으로 적용한 결과를 기록하고 평가하도록 요구하는데, 실제로 한 시설에서 약물 복용, 낙상 건수, 감염률(Grandview Lodge, 2013), 기타 시설로부터 수집된 정보 등 질 지표가 개선되었다.

몬테소리 접근법이 활동에만 국한되기도 하나, 노화와 치매에 적용될 경우 돌봄의 모든 측면을 포괄한다. 국제몬테소리협회(Association Montessori Internationale: AMI; http://ami-global.org)는 노화와 치매를 위한 몬테소리 프로그램의 훈련 표준, 자료, 인증 프로그램을 개발하는 자문위원회를 구성했다(Elliot et al., 2015). 노화 및 치매를 위한 몬테소리 헌장은 [글상자 7-3]과 같다. 프로그램의 전반적 목표는 준비된 환경에서 환자가 실행 가능한 활동을 하고 참여하도록 독려하며 높은 수준의 기회를 제공하는 데 있다. 이는 시설을 변화시키도록 경영진의 노력을 유도하고 전 직원 대상 현장 교육, 감찰을 위한 후속 방문을 시행함으로써 달성된다.

글상자 7-3 노화 및 치매를 위한 몬테소리 현장

모든 노인과 치매 환자는 개인의 요구, 관심, 능력, 기술, 강점에 따라 최적의 사회적, 정서적, 신체적, 인지적 지원을 받도록 돌봄 시설에 대한 권리를 갖는다. 이는 개인의 요구를 충족하고 발전시키는 데 기여하며, 수행의 성공, 선택, 독립성 증진, 자기 주도적 활동 기회 등을 통해 성취된다. 역할, 일상생활, 활동에 참여함으로써 삶이 풍족해지고 소속감과 행복감이 촉진된다.

(http://brushdevelopment.com/wp-content/uploads/2015/09/AMIMAGADBrochure-6_2015.pdf 참고)

출처: AMI(2015).

노화 및 치매에 몬테소리 접근법을 적용하려면 먼저 개인의 강점, 관심사, 요구를 평가해야 한다. 개별 활동의 참여를 촉진하고 공동체에 기여할 의미 있는 역할을 부여한다(예: 식탁 꽃꽂이, 손수건 배포, 식전 기도 등). 개별화된 기억 단서는 환경 내의 개인 및 사적 공간에서 쉽게 길을 찾도록 돕는다. 몬테소리 접근에는 팀 및 직원 훈련이 포함된다. 식사, 가사, 여가 활동 담당자는 개별적인 피드백 및 멘토링뿐 아니라 교육을 받는다. 가족 및 가정 간병인에게 이론과 과정을 교육하면 가정에서도 활용할 수 있다.

2) 인간 중심 돌봄 접근의 효과

법규(예: 미국 CMS 법규)는 인간 중심 돌봄의 효과를 체계적으로 제공하나, 모든 LTC 환경에 적용되는 것은 아니다. 인간 중심 중재 관련 24개 연구에서 장기요양시설 환자에게 심리적 안녕, 행동 증상, 항정신성 약물 측면의 효과가 나타났다(Li & Porock, 2014). 38개 가정 거주자 601명에게 무작위 통제실험으로 인간 중심 돌봄 및 환경을 검증한 결과, 돌봄 상호작용의 질과 거주자의 정서적 반응이 개선된 반면, 삶의 질이나 흥분에 대한 효과는 없었다(Chenoweth et al., 2014). 프로그램이나 중재의 세부 사항(예: 직원 훈련, 프로그램 실행 정도)이 다양해 돌봄 효과가 제한적이므로, 접근법에 대한 정밀한 평가가 요구된다(Bourgeois et al., 2015). 운영에 필요한 지원, 직원 협조 정도 등 관리 환경에 따라 프로그램의 실현이 달라지기도 한다(Li & Porock, 2014). 수면, 기분, 반응 행동, ADLs 기능은 보편적 심리 기능 및 안녕에 근거해 평가해야 한다. 접근법을 개발하기 위해 보다 세밀한 추가 연구가 필요하다.

4. 물리적 환경의 중재

노화 및 치매를 위한 몬테소리 모델과 ABLE 모델에서 언급했듯이, 잘 준비된 지원적 환경은 치매 환자의 안녕과 기능에 중요하다(Bourgeois et al., 2015). 요양원 임원, 임상가, 가족은 환자의 안전, 기능, 삶의 질을 극대화하기 위해 환경을 활용한다(Day, Carreon, & Stump, 2000; Gitlin et al., 2003; Marquardt, Bueter, & Motzek, 2014; Soril et al., 2014). 물리적 환경에 대한 적응은 반응 및 흥분 행동을 줄이고 안전, 안녕, 사생활 및 존엄, 활동, 참여 및 관계를 증진하는 데 목표를 둔다. 효과적인 환경 중재 목표는 다음의 원칙을 준수함으로써 달성된다. ① 규칙 및 거주자에 대한 기대를 줄이고 주의력의 방해 요인을 최소화해 환경적 복잡성을 낮춘다. ② 감각 자극 및 단서를 활용해 지남력과 의식을 높인다. ③ 경도~중도 수준의 자극으로 편안한 환경을 조성한다(Gitlin et al., 2003). 전략의 우선순위는 예측 가능성, 친숙도, 구조를 제공함과 동시에 직원의 요구를 고려하는 것이다. 이러한 환경 변화는 직원 및 직원-거주자 관계에 효과적이다(Lee, Chaudury, & Hung, 2016). 소규모 환경은 가정과 더 유사하고 거주자와의 사회적 상호작용뿐 아니라 거주자의 삶의 질과 직원의 직무 경험을 향상시킨다(Lee et al., 2016).

연구의 수와 방법이 제한적임에도 불구하고 체계적 문헌 연구를 통해 환경 중재의 효과성이 입증되었다(예: Marquardt et al., 2014). Soril 등(2014)은 1995~2013년의 문헌 검토에서 환경 중재가 장기요양 환경의 BPSD를 치료하는 데 효과적이며 중재 범위가 넓다고 강조했다. 상대적으로 효과가 뚜렷한 특정 유형의 중재는 없으나, 환경 중재로 인해 반응 행동이 악화된 사례는 보고되지 않았다. 이상적인 구조가 아닌 대부분의 노후 시설도 가구 배치, 조명, 장식 등 효과적인 디자인 요소를 활용해 긍정적으로 변화시킬 수 있다. 새로운 시설은 효과적인 환경 특성을 반영하고 기관보다는 가정 환경과 유사하게 설립된다(Bourgeois et al., 2015). 예를 들어, 동식물, 예술품, 적절한 조명, 가구 배치, 내부 마감재 등을 사용하면 환자의 안녕에 큰 영향을 미친다(예: Brawley, 2002; Brush et al., 2012; Calkins, 2001, 2005; Danes, 2002; Day et al., 2000; Forrest & Cohen, 2004; Gitlin et al., 2003; Noreika, Kujoth, & Torgrude, 2002; Teresi, Holmes, & Ory, 2000; Zeisel et al., 2003).

1) 건물 설계 및 구조

시설의 몇몇 구조적 특징은 치매 환자에게 영향을 준다. 특히 식당은 시설과 다르게 설계되어 가정 환경과 유사한 분위기를 조성한다. 주거적 특성의 시설, 분위기 · 활동 · 음악에 적합한 여러 공용 공간은 사회적 위축과 우울감을 감소시킨다(Anderiessen et al., 2014; Gotestam & Melin, 1987; Zeisel et al., 2003). 소규모 공간은 기능적 행동 및 길 찾기에 더 유용하다. 출입구의 크기 및 구조, 복도/연결 공간의 크기 · 형태 · 양식은 이동과 기능의 자율성에 영향을 미친다. 병실 사이의 문은 공간의 필요에 따라 제거 또는 추가된다. 예컨대, 문을 제거하면 화장실과 같은 공간을 찾는 데 유용하다. 휴식 공간이 포함된 원형 설계는 방해받거나 복도 끝에 이르지 않고 통행할 수 있도록 돕는다(Forrest & Cohen, 2004).

내외부 공간으로 연결된 주요 활동 공간(예: 공예실, 미용실, 정원, 사무실)은 다른 공간이나 관심 있는 활동을 관찰하고 참여하는 데 유용하다(Danes, 2002). 그러나 대부분의 시설은 중간에 간호사실이 위치한 긴 복도로 설계되어 거주자가 서로 마주보는 대신 복도를 보게 된다. 긴 복도는 거주자의 행동에 부정적으로 작용하는데, 초조와 불안감(Elmståhl, Annerstedt, & Åhlund, 1997)이 증가하고 폭력성(Isaksson et al. 2009)이 심화될 수 있다. 긴 복도의 가구 배치 등을 변경해 거주자가 서로 마주보고 앉으면 상호작용을 촉진한다.

거주자 간에 자유롭게 이동할 수 있는 공용 및 사적 공간의 활용도와 위치도 중요하다(Danes, 2002). 비공식적 공용 공간은 구조화된 활동을 위한 공식적 영역만큼 의미 있는 역할을 한다. 거주자는 소파나 부엌 식탁과 마찬가지로 비공식적 공용 구역에 자연스럽게 모여 친목을 도모한다(Danes, 2002). 사적이고 개인화된 공간도 필요하다(Anderiesen et al., 2014; Morgan & Stewart, 1998; Sigman, 1985; Zeisel et al., 2003). 개인 침실, 방문자와의 사적 공간 등을 설계하기도 한다. 사적 공간이 부족하면 가족 및 방문자와 의미 있게 대화할 기회가 제한된다. 가족 중심 활동은 '가족 전용' 공간에서 이루어지는데, 특히 외출하기 어려운 거주자의 유대감을 유지하는 데 필수적이다(Anderiesen et al., 2014).

사적 및 개인 공간은 불안감, 공격성, 정신질환을 줄이고 수면을 개선시켜 건강한 행동에 영향을 미친다(Morgan & Stewart, 1998; Zeiselet al., 2003). 사회적 · 물리적 환경에 대한 선택과 통제는 긍정적 적응, 건강 및 안녕과 연관되며(Kane & Kane, 1987), 공간에 개인적 정체성과 의미를 부여한다. 시설 내 가구, 방 배치, 개인 물품, 친숙한 일상은 개인의 정체성과 삶의 질을 증진한다(Calkins & Cassella, 2007; Rubinstein & de Medeiros, 2005).

글상자 7-4 환경 설계

다층적 돌봄시설은 치매 환자의 변화하는 요구 수준을 고려해 설계되었다. 치매 병동에는 벽난로가 있는 거실, 주방, 거주자가 자유롭게 접근할 수 있는 별도의 정원이 있다. SLP는 거주자들이 주방이나 벽난로 옆에 앉아 편안하게 대화하는 모습을 관찰했다. 가정식 식탁에 모여 앉기도 했다. 보다 전문적인 돌봄이 필요하면 전문 요양 병동으로 옮겨진다. 거주자들은 휴게실에 모이기도 하는데, 이는 간호사실 건너편에 위치한다. 유리로 둘러싸여 있어 간호사가 항상 지켜볼 수 있다. 휴게실은 다양한 감각운동 활동과 촉각 자극 등을 제공하는 흥미로운 공간으로, 심한 인지 결함 환자도 즐길 수 있도록 설계되었다. SLP는 거주자 간 상호작용이 증가하고 흥분 행동이나 반복 질문이 줄었다고 판단했다. 거주자들이 간호사실 앞에 머물지 않고 관심 있는 활동을 수행할 수 있는 구조이기 때문이다.

2) 시각 전략 및 단서

시각적 장벽 시각적 전략 및 단서는 기능적 행동과 참여를 증진하고 길을 헤매거나 출구를 찾는 행동을 감소시킨다. 특히 시각적 장벽은 안전성을 높이고 길을 헤매지 않도록 돕는다(Padilla, 2011). 건물이나 실내의 출입구도 신중히 설계해야 한다(Day et al., 2000; Gitlin et al., 2003; Zeisel et al., 2003). 탈출 행동을 줄이기 위해 비상용 빗장과 잠금장치 달린 손잡이를 설치하기도 한다. 출입구와 엘리베이터를 가림막이나 벽화로 차단하고 문 앞에 격자무늬나 거울을 배치하는 등의 창의적 시각 자극은 탈출 행동을 줄이는 데 활용된다. 인지장애가 경미하면 방문자를 보고 문을 인식하기도 한다(Kincaid & Peacock, 2003; Mazzei, Gillian, & Cloutier, 2014). 경보기보다 더 잘 위장된 출구, 소음이 적은 전자 잠금장치는 우울증(Zeisel et al., 2003)과 흥분(Kincaid & Peacock, 2003)을 감소시킨다. 벽화도 시설의 느낌을 경감시키는 효과가 있다(Kincaid & Peacock, 2003). 안정성을 높이기 위한 벽화가 [그림 7-2] 및 [글상자 7-5]에 제시되었다. 빛에 대비되는 어두운 양식 등의 색채 대비와 양식은 3차원으로 인식되어 바닥에 계단이나 구멍이 있다고 착각하는 시각적 장벽을 조성하는 데 유용하다(Passini et al., 2000).

[그림 7-2] 시설관리 구역으로의 진입을 막는 벽화 문

글상자 7-5 안전성 증진에 활용되는 벽화 문

치매 환자들이 건물 내 시설관리 구역(예: 세탁실, 시설관리실)의 경보 출입문을 열려고 시도했다. 문 비밀번호를 알아내거나 직원 뒤에서 '훔쳐보기'를 함으로써 문제를 일으키기도 했다. SLP는 벽화 문을 제안했는데, 대부분의 거주자가 바다 근처에 사는 점을 감안해 바다 그림을 권고했다. 바다를 즐겁게 관망하되 들어가려고 시도하지는 않을 것이라 판단했기 때문이다. 바닷속 장면을 고려하지는 않았으나 거주자에게는 효과적이었다! 처음에는 벽화에 무엇이 있는지 살펴보거나 출입문에 대한 관심을 멈추었다. 문을 여는 행동은 며칠 내에 거의 사라졌고, 이는 수년간 유지되었다. 관리 측면에서 비용 효율이 높았고, 다른 문에도 벽화를 추가해 효과를 거두었다.

사물의 배열 사물 및 가구는 참여를 증진하고 방황과 흥분을 줄여 거주자에게 관심사와 자극을 제공한다. 환경 내 사물은 연령, 성별, 문화에 적절해야 한다(Mahendra, 2001). 사물은 기분을 촉진하고 추억을 상기시키며 안정감을 주어야 한다. 외부 보조기기는 기억을 회상하고 의사소통 맥락에 초점을 맞추도록 지원한다(예: 장난감, 기억지갑; 6장 참고). 기억상자, 예술품 전시, 관심 주제는 가족이나 친구의 방문을 즐겁게 하고 방황과 흥분을 줄이는 중재법이다(Cohen-Mansfield & Werner, 1998; Forrest & Cohen, 2004; Guwaldi, 2013). 특히 기억상자는 직원이 거주자를 개별적으로 파악하고 소통하도록 돕는다(Guwaldi, 2013). 복도에 예술품을 전시해 거주자와 방문자의 대화 소재를 제공하고 보다 즐거운 방문을 유도한다.

Cohen-Mansfield와 Werner(1998)는 다감각적 활동센터가 위치한 산책로를 걸으면 출구를 덜 찾아 헤매고 가족과의 교류 및 분위기가 향상된다고 제안했다. Forrest와 Cohen(2004)은 흥분을 통제하도록 설계된 건물을 소개했는데, 거주자가 오래 머물고 활동(예: 음악, 독서, 게임, 다른 거주자와의 모임)에 참여하도록 독려하는 가정집 분위기의 생활 공간 및 소그룹 활동센터로 구성된다. 이는 공동체의식, 상호작용, 참여를 증진한다(Hikichi et al., 2015).

표지판은 지남력, 길 찾기, 활동 참여를 개선하는 데 유용하다([그림 7-3] 참고). 글자 크기가 크고 이해하기 쉬어야 하나 표지판만으로는 지남력에 영향을 미치지 못할 수 있어, 거주자는 표지판을 사용하는 훈련을 받아야 한다(Day et al., 2000). Brush 등(2015)에 따르면, 거주자가 선호하는 글자 크기와 색상이 반영된 표지판은 길 찾기 및 독립성을 향상시킨다. 특히 치매 환자는 연초록색, 감청색, 라즈베리 색상을 선호한다.

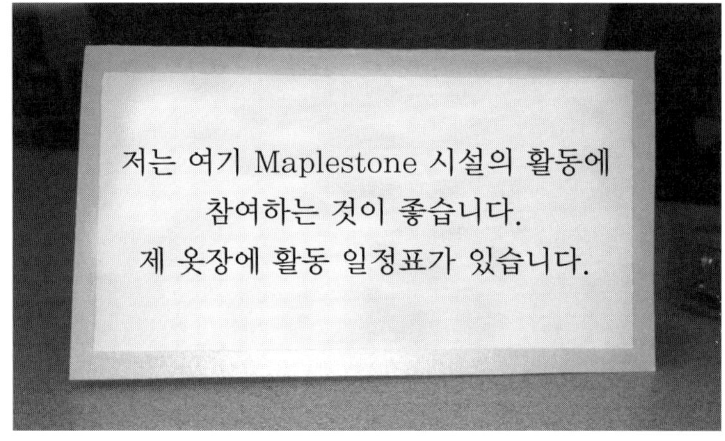

[그림 7-3] 활동 일정표의 확인 및 참여를 촉진하는 병실 내 표지판

글상자 7-6 **길 찾기 및 지남력 중재의 예**

- 길 찾기 능력을 개선하기 위해 환자 정보에 기초한 색상 및 아이콘으로 구성된 표지판(Brush et al., 2015).
- 거주자 병실 외부의 기억상자(Gulwadi, 2013)
- 인상 깊은 기준점(지표)
- 특정 장소와 활동 간 일관된 연관성(Zgola, 1990)
- 병실 내부 구성물이나 활동을 나타내는 표지판(Van Hoof et al., 2010)

3) 감각-촉진 적응

감각의 과잉 및 과소 자극은 혼동과 동요뿐 아니라 환각까지 유발하므로 간병인은 자극의 수준을 신중히 조정해야 한다(Day et al., 2000; Gitlin et al., 2003; Marquardt et al., 2014). 불필요한 혼란, 지나치게 자극적인 TV, 경보기, 머리맡 호출기를 제거하고 표면과 벽걸이의 촉각 자극을 제공하는 것이 바람직하다(Day et al., 2000). Zeisel 등(2003)은 이해 가능하고 통제된 감각 자극이 행동과 연관됨을 강조했다. 감각 자극을 이해하는 거주자는 언어적 공격성, 동요, 정신병리적 문제가 적다(Burgio et al., 1996; Cohen-Mansfield & Werner, 1997; Zeisel et al., 2003). 따라서 임상가는 거주자의 감각 결함 및 자극에 관한 모든 유형을 파악해야 한다.

시각 요양원 거주자는 빛 수용력, 빛의 변화에 대한 적응력, 눈부심을 견디는 능력, 색상 구별력이 낮아(Noell-Waggoner, 2002), 지역사회 거주 노인보다 시각 손상 가능성이 높다(West et al., 2003). 수정체 황변, 다른 광도 간 적응 시간 지연, 더 많은 채광의 필요성 때문에 색상에 대한 지각력은 노화에 따라 변화한다(Bouma, Weale, & McCreadie, 2006). 치매 노인은 깊이감 저하, 대비 민감도 손실(Shikder, Mourshed, & Price, 2012) 등 시지각 결함을 보이기도 한다(Hwang, 2014). 시각 손상은 낙상, 일상 활동에 대한 의존도, 환경 내 사물의 구별과 이해의 어려움을 예측하는 변수이다(Skelton et al., 2013).

임상가는 거주자의 시각 결함과 능력, 환경의 자극 유형이 기능에 미치는 영향을 파악한다. 디자인 측면에서 빛의 질과 양, 색상 및 색상 대비, 자극 크기 등을 고려한다(Brush, Meehan, & Calkins, 2002; Noell-Waggoner, 2002; Teresi et al., 2000). 방의 다른 요소들 간 대비도 중요한데, 대비가 부족하면 기능적 행동을 방해할 수 있다. 예를 들어, 치매 환자는 흰 바닥의 흰색 변기를 인식하지 못할 수 있다. 건물 설계뿐 아니라 표지판, 장식 유형 등에도 이러한 양상을 반영해야 한다(Brush et al., 2002, 2015).

노인은 광원이나 반사 표면의 눈부심이 적고 깜빡이지 않는 조명, 주변 조명과의 통일성, 햇빛과 조명 간 조화, 보다 많은 빛 노출이 필요하다(Brush et al., 2002). 이는 주변 조명과의 통일성, 눈부심이 없는 햇빛과 조명 간 조화, 필요한 빛의 양과 질에 대한 표준에 준한다(Noell-Waggoner, 2002). 방을 어둡게 하는 블라인드보다 눈부심을 줄이는 얇은 커튼이 바람직하다. 노인은 청년층보다 3~5배의 빛이 더 필요하다. 빛은 눈이 아닌 관심 있는 시각 과제를 향하고, 최상의 색상을 연출하기 위해 연색 평가지수(척도 100)상 높은 등급의 조명을 사용해야 한다.

과제를 위한 조명을 계획할 경우 조명(예: 책상 등)이 가깝게 위치하고 사용하기 쉬운지 확인한다(Noell-Waggoner, 2002). 찾기 어려운 소형 스위치가 달린 등보다는 받침대를 만져서 켜고 끄는 형태가 바람직하다. Teresi 등(2000)은 눈부심을 줄이기 위해 파란색 형광등이나 백열등 대신 노란색을 사용하도록 제안했다. 예컨대, 눈부심을 흡수하는 바닥재, 빛을 부드럽게 반사하는 밝은 색상의 직물 및 페인트로 눈부심을 최소화하면 거주자의 편안함과 주의력을 높이고 낙상을 최소화한다. 광원을 보호하고 눈부심을 줄이는 빛 고정 장치를 추가하기도 한다. 다른 밝기에 적응(최대 10분 소요)하기 위한 내외부 이동 공간(예: 입구 로비)은 빛을 천장에 반사시켜 창문으로 들어오는 햇빛을 최대화하고 눈부심을 줄인다(Brawley, 2006; Brawley & Taylor, 2001; Figueiro, 2008; Noell-Waggoner, 2004).

노인의 눈이 수용하는 낮은 수준의 빛 때문에 색상을 잘 식별하지 못할 수 있다. 흰색 배경의 검정, 노란색 배경의 파랑 등 높은 색 대비로 이를 보완한다(Teresi et al., 2000). 또 파란색과 초록색을 함께 사용하면 잘 구별되지 않는다. 어두운 색상(예: 남색, 진홍색)은 회색이나 검정색으로 보일 수 있어 중간 색조가 바람직하다. 색상을 잘 계획하기 위해 무채색 색표(gray scale)로 최적의 대비를 확인하거나, 환경 · 의사소통 평가도구(ECAT)를 활용한다(Brush et al., 2012). 중간 색상의 벽과 밝은 색상의 천장(Noell-Waggoner, 2002), 역치가 강조된 대조적 중간 색상, 장애물의 존재를 강조하는 밝고 대조적인 색상(Teresi et al., 2000) 등이 치매 노인에게 가장 적합하다.

밝은 빛 치료 33개의 환경 중재 관련 문헌 연구에서 밝은 빛(bright light) 치료가 기분 및 수면-기상 주기와 연관되는 것으로 나타났다(Padilla, 2011). 실외로 나가거나 따뜻한 정원에 앉아 있는 활동(Torrington & Tregenza, 2007) 등을 통해 거주자가 자연광에 노출될 기회를 제공해야 한다(Martin et al., 2006). 저녁보다 아침에 밝은 햇살을 받으면 우울감이 감소된다(Joseph, 2006; Wallace-Guy et al., 2002). 밝은 조명으로 자연광을 보충하면 순환 리듬을 조절하는 데 효과적이다(Joseph, 2006). 오후의 자연광을 조절해 일정 수준의 광도를 유지할 경우 행동이 개선된 반면(La Garce, 2004), 새벽-황혼의 빛 치료는 행동, 인지, 우울, 수면에 전혀 영향을 주지 않았다(Fontana et al., 2003). 전반적 조도 수준을 높이면 눈부심과 온도가 조절되고 야간 기상 및 과도한 낮잠을 줄여 준다(Joseph, 2006; Martin et al., 2006; Shochat et al., 2000; Torrington & Tregenza, 2007). 그러나 이는 추가적인 연구가 필요하다.

음향 및 청각 자극 시설의 음향 상태는 대개 거주자의 기능에 도움이 되지 않는다. 예를 들어, Sloane 등(2000)은 식당과 간호사실의 음향이 큰 대화 수준인 60~70dB 정도라고 밝혔다. 시설의 소음 수준은 환경보호청(Environmental Protection Agency)이 권고한 40~50dB를 초과하는 것으로 나타났다(Bharathan et al., 2007). Teresi 등(2000)은 소음이 기능에 부정적인 영향을 미친다고 보고했다. 특히 소음은 행복(Garcia et al., 2012) 및 사회적 상호작용의 양(Garre-Olmo et al., 2012)에 부정적으로 작용한다.

청각장애 거주자가 많으므로 설계 시 각 공간의 청각 자극 및 음향을 고려하고, 적절한 음향 환경을 조성하거나 음향 특성을 개선해야 한다. 청각적 중재는 흥분을 줄이고 기능적 행동을 증가시킨다. 식당 커튼, 공공장소 카펫 등 음향 자극을 완화하는 물리적 공간(Alessi & Schnelle, 2000; McClaugherty & Burnette, 2001)은 음향적 속성을 개선시키나, 청결을 유지하기 어려워 기피하는 시설도 많다. 음향 천장 타일도 음향 자극을 완화시킨다(Brawley, 2006; Brawley & Taylor, 2001; Joseph & Ulrich, 2007; Mahmood, Chaudury, & Gaumont, 2009). 반면 단단하고 통기성 없는 표면은 소리를 반사시켜 노인에게 불리한 음향 환경을 조성한다(Alessi & Schnelle, 2000; Brawley & Taylor, 2001). 저소음 장비, 격리된 공간의 소음 장비(예: 제빙기)가 유용할 수 있으며(Brawley, 2006; McClaugherty & Burnette, 2001), 유지보수 장비의 사용은 방해를 최소화하도록 일정을 잡는다(Brawley, 2006).

Burgio 등(1996)에 따르면, 심도 치매 환자가 언어적 동요를 일으킬 경우 녹음된 환경적 '백색 소음(예: 물소리)'이 효과적이다. Gitlin 등(2003)은 청각 자극(예: 마음을 달래 주는 음악, 자연음, 백색 소음) 관련 8개 연구, 다른 감각 기반 전략과 결합된 음악 관련 3개 연구(음악 기반 중재는 추후 논의) 등을 검토했다. 그 결과 11개 중 10개 연구에서 청각적 중재의 효과가 입증되었으나, 연구 방법이 상이해 권고안으로 구체화되지 못했다. 즉 청각 자극에 노출되는 양과 유형, 결과치가 연구마다 다르고, 중재별로 반드시 다른 결과를 보이지도 않았다. 그러나 마음을 이완시키는 청각음은 흥분을 줄이는 데 효과가 있었다.

또 다른 청각 중재법인 보청기 착용은 간과되거나 부적절할 수 있다. 환경 소음이 과도하게 높은 요양원에서는 보청기의 활용도가 낮다(Pryce & Gooberman-Hill, 2012). Palmer 등(1999)은 가정에 거주하는 8명의 알츠하이머병(AD) 환자를 대상으로 보청기 착용이 반응 행동에 미치는 영향을 알아보았다. 가족 간병인이 치료 전후의 결과를 작성했고, 환자는 일일 4~13시간 보청기를 착용했다. 보청기 치료 후 모든 환자의 1~4개 반응 행동이 유의미하게 감소했으며, 대부분의 간병인이 보청기로 인해 어려움이 크게 줄었다고 보고했다. Palmer 등은 인지 기능이 떨어질수록 보청기 착용 효과가 낮다고 지적했다. 청각장애 거주자를 돌보는 간호사는 보청기의 지속적 착용 및 배터리 작동을 확인해야 한다.

4) 실외 환경 및 치료 정원

시설 거주자는 외부 환경에 노출될 기회가 적다. 따라서 치료 정원과 같은 실외로 자유롭게 접근하면 삶의 질이 높아진다(Brawley, 2002; Day et al., 2000). 원예치료 및 정원 환경은 통증과 낙상, '필수' 의약품 및 항정신병 약물, 스트레스를 줄이고 주의력을 높임으로써 삶의 질을 개선하고 LTC 비용을 절감시킨다(Detweiler et al., 2012). 넓은 창문으로 치료 정원을 바라보기만 해도 흥분이 줄어든다(Edwards, McDonnell, & Merl, 2012). 안전한 실외 공간을 갖춘 치료 정원은 걷기 및 다른 운동을 장려하고 사회화와 감각 자극의 기회뿐 아니라 즐겁고 의미 있는 활동을 제공함으로써 긍정적인 영향을 준다(Brawley, 2002; Edwards et al., 2012). 치료 정원에 대한 접근은 탈출 시도를 줄이고 수면을 개선시킨다(Stewart, 1995). 또 인지가 저하된 조기 치매 환자의 목적의식과 행복감을 고양한다(Duggan et al., 2008; Hewitt et al., 2013). 넓은 창문, 안뜰, 실외를 통해 공간이 잘 보이는 구조(Brawley, 2002; Detweiler et al., 2012; Edwards et al., 2012), 적절한 식물(Detweiler et al., 2012), 흥미로운 산책길, 눈부심을 줄이는 매끄러운 표면 및 미끄럼 방지용 보행 표면, 균일한 질감과 색상에 의해 경계가 뚜렷한 통로, 활동 및 사생활 공간(Edwards et al., 2012) 등 여러 요인을 고려해 치료 정원을 설계한다. 이는 개방된 운동 공간, 개인 또는 방문 가족용 공간(Brawley, 2002; Whear et al., 2014), 활동 · 휴식 · 식사 공간 등으로 구성된다. 거주자가 실외 공간에 접근하면 갈퀴질하기, 옷 널기 등 다양한 목적의 신체 활동에 참여하게 된다. 이는 익숙한 과거 경험에 기반해 즐겁고 자극적인 활동으로 발전한다. 식물, 꽃, 나무, 야생생물 등의 자

[그림 7-4] 정원 가꾸기 활동

연 감각 자극에 노출됨으로써 삶의 질이 높아진다(Brawley, 2002; Edwards et al., 2012). 실외 활동이 불가능하나 정원 손질을 즐기는 환자는 생화나 조화를 활용한 활동에 참여하도록 돕는다([그림 7-4] 참고).

5. 사회적 환경의 중재: 개인 및 집단 활동

임상가와 가족은 개별적인 돌봄 계획을 통해 환자가 의미 있고 만족스러운 일상 활동에 참여하도록 보장해야 한다. 특정 활동에서 얻는 즐거움과 만족감은 환자에게 긍정적인 영향을 미친다. 그러나 발병 전의 취미와 관심사에 기초한 활동은 대개 복잡하고 기술이 요구되므로 참여를 제한할 수 있다. 예컨대, 경쟁적인 포커 게임을 피하기 위한 대체 활동을 요청하거나, 과거와 달리 짧고 단순해진 편지에 대해 "최근 너무 바빠 거의 쓸 수 없어요." 라며 회피하기도 한다. "시력 검사를 받아야 해요."라는 핑계로 예배에 참석하지 않으려는 행동도 나타난다. 참여의 변화는 대개 눈에 띄지 않을 만큼 점진적이며, 기억력 손상으로 인해 발생하는 경우는 드물다. 그러나 친숙하고 사회적인 활동의 회피는 인지 능력이 이전보다 낮다는 인식을 반영한다. 따라서 친숙하고 즐거운 모든 취미와 활동 목록, 각 활동의 과거 및 현재 참여 수준, 미래의 즐거움을 위해 유지할 활동의 우선순위 등을 파악해야 한다. 전문가 팀은 이러한 정보를 토대로 주요 활동에 대한 지원 전략을 고안한다.

1) 사회 및 참여의 방해 요인

치매로 인해 언어 및 인지 능력이 악화되면 사회적 관계에서 사회성과 독립성을 유지하기 어렵다(Lubinski, 1995). 특히 요양원 환경의 간병인은 거주자에 대한 기대치가 낮아 활동을 제한하고 너무 빨리 '학습된 무기력'에 빠지게 한다. 간병인과 가족이 환자에 대한 의무와 책임(예: 재정 관리), 안전(예: 운전)을 담당할 경우 가정 및 지역사회에도 유사한 문제를 초래한다. 따라서 사회적 위축, 우울, 선호 활동에 대한 참여 저하 등을 고려해 중재를 시행한다. 간병인과 나누는 언어적 상호작용의 빈도와 질은 환자의 삶의 질에 어느 정도 영향을 미친다(Bourgeois, Dijkstra, & Hickey, 2005).

특히 임상가는 주간돌봄센터나 장기요양시설의 사회적 집단에 참여하고, 집단의 조직 및 구성원, 집단 내 상호작용을 확인한다(Gitlin et al., 2003). 사회화의 증진 전략으로 오디오나 비디오 녹화(예: Woods & Ashley, 1995), 개인 메시지카드(Evans, Cheston, & Harris, 2015)를 통한 모의 가족의 존재, 구조화된 집단 활동 프로그램(예: Camp & Skrajner, 2004), 동물 보조 중재(예: Bernabei et al., 2013), 세대 간 프로그램(예: Galbraith et al., 2015) 등이 있다. 중재 효과를 규명하고 과학적으로 검증하지 못할 경우(즉 중재가 전문가 견해에만 의존할 경우) 중재 이론 및 원칙을 검토해야 한다. 이후의 중재에는 학습 원리를 적용하고, 추상적 기초 인지가 아닌 일상의 기능적 행동을 목표로 삼는다(Holland, 2003). 추상적 인지 훈련은 기능적 행동으로의 일반화 효과가 없다(6장 참고).

2) 사회적 역할 및 적응을 통한 자아 정체성의 유지

원활한 의사소통 상호작용은 사회적 관계의 일부를 형성하고 관계 내 역할을 유지하도록 돕는다. 교사, 조언자, 양육자와 같은 특정 역할은 사람들이 일생 동안 활용하는 보편적인 상호작용 방식이다. 이러한 친숙한 상호작용은 대개 정형화된 절차를 따른다. Camp와 Skrajner(2004)에 따르면, 초기 치매 환자는 소집단에서 기억력 빙고 게임을 이끌 수 있다. 즉 집단을 이끄는 절차를 학습하고 효과적으로 역할을 수행한다. 심도 치매는 영유아와의 상호작용 시 몬테소리 자료를 활용해 교사 역할을 완수한다(Camp et al., 1997).

돕거나 가르치는 역할은 자존감, 안녕 등의 심리적 효과를 준다(Liang, Krause, & Bennett, 2001). Dijkstra 등(2006)은 지역사회의 중등도 치매 환자가 보존된 지식을 활성화해 역할에 맞게 대화하는지 평가했다. 조언자 및 교사 역할을 부여한 후 영향을 분석했는데, 연구

1은 3개 주제(결혼, 자녀, 교회) 관련 사회적 대화 및 조언을 제공하기 위한 언어 표현의 차이를 살펴보았다. 연구 2에서는 교사 역할의 수행 정도, 요리 순서 및 지시어를 위한 보존된 지식 등을 분석했다. 환자는 과거 경험에 기반해 부모, 형제, 친구로서 조언하거나 요리법을 가르치는 역할을 수행할 것으로 예측되었다. 연구 결과, 단기기억, 작업기억, 일화기억 결함에도 불구하고 적절한 사회적 의사소통 맥락에서 역할이 주어지면 과제를 잘 수행했다. 따라서 치매 환자는 보존된 담화 및 역할 수행 능력에 기초해 능동적이고 안정된 사회적 역할 등의 상호작용에 참여할 수 있다. 특정 역할을 잘 수행하면 삶의 질뿐 아니라 보다 많은 동료 및 간병인과의 사회적 상호작용이 촉진된다.

Maddox와 Burns(1999)는 지역사회의 초기~중등도 치매 환자, 특히 주간돌봄 프로그램에 참여하는 남성 퇴역 군인에게 적용 가능한 보호 워크숍인 직업적응 프로그램(Adapted Work Program: AWP)을 개발하고 검토했다. 이는 작업치료(Allen 인지장애 구조[Allen cognitive disabilities framework]; Allen, 1988) 및 간호학(점진적으로 감소하는 스트레스 역치; Hall & Buckwalter, 1987)의 개념 모델에 기초했다. AWP는 자존감 및 의미 있는 역할을 강화하기 위해 수행 수준이 다른 구조화된 업무 활동을 제공한다. 과제 유형에는 인쇄물 순서 맞추기 및 고정하기, 편지 봉투에 주소 붙이기, 수술용 수건의 검사 및 분류, 담요 개기, 구내식당용 음식 배분 및 포장 등이 있다. 중증도가 보다 심한 환자가 지속적으로 수행하도록 시연, 시각 단서, 기타 전략 및 적응이 제공된다. 1년간 주 3일씩 하루 4시간의 프로그램에 참여한 12명을 분석한 결과, 노인우울척도(Geriatric Depression Scale: GDS; Yesavage et al., 1983)에서 긍정적 효과가 있었고, 자존감 척도(Rosenberg, 1965)의 점수가 다소 향상되었다. 또 환자 및 간병인은 과제 수행, 업무에서의 역할, 사회적 관계 유지에 만족한다고 보고했다.

3) 사회집단에의 참여

질문형 읽기 장기요양시설 거주자 및 성인의 날 고객을 위한 활동 프로그램에는 '일일 이벤트' 집단, 직원의 신문 읽기 등이 포함된다. 이러한 활동에서 환자는 이야기 길이 및 복잡성, 맥락에 대한 친숙도의 부족으로 파괴적이거나 소극적인 행동을 보인다. 질문형 읽기(Question-Asking Reading: QAR)는 독서 능력이 보존된 환자에게 적용하는 대안적 중재로, 글자 단서를 활용해 인터넷 토론 활동에 참여하도록 촉진한다(Stevens et al., 1998; Stevens, King, & Camp, 1993). QAR은 외적 단서를 통해 능동적인 참여를 유도하고 글의 이해도를 높인다. 토론 활동의 권고 절차는 다음과 같다. 오리엔테이션에서 요일, 날짜, 주변 환경 등의 일반 정보뿐 아니라 일상 활동과 책의 각 구절을 소개한다. 질문용 글자 단서카드를 제공하고, 읽은 이야기를 토론하도록 촉진한다. 두 문단의 글을 제공한 후 읽도록 하는데, 구성원 중 한 명이 첫 문단을 읽으면 나머지 구성원들이 단서카드를 사용해 차례로 질문한다. 이후 두 번째 문단을 읽고 질문한다.

QAR에 참여한 환자는 다른 구성원 및 직원과 더 많이 상호작용하고, 보편적인 독서 집단에 비해 이해 및 정보 유지 능력이 높다. 초기에는 참여를 독려하는 지도자의 역할이 중요하나, 반복될수록 순서에 맞게 읽기, 질문 및 대답하기, 주제 관련 새로운 통찰 제공하기 등에 필요한 단서가 줄어든다. 활동을 진행하면서 단락의 길이 및 복잡성, 단서의 구체성은 인지적 요구와 능력에 따라 수정된다. 이는 직원이나 자원봉사자의 지시를 수동적으로 수행하기보다 읽기 및 토론 활동에 적극적으로 참여하도록 돕는다. 〈사례 7-1〉은 QAR 활동의 예이다.

글상자 7-7 질문형 읽기(QAR)의 권고 절차

- 오리엔테이션
- 질문용 단서카드 제공(예: “말하기 어려운 단어에 대해 물어보세요.”, “주제에 관해 물어보세요.”, “다음에 무슨 일이 일어날지 물어보세요.”, “이야기의 구체적인 내용에 관해 물어보세요.”, “이 주제에 대한 추가 정보를 아는 사람이 있는지 물어보세요.”)
- 두 문단으로 구성된 글 제공
- 문단 1 함께 읽기
- 질문하기
- 문단 2 함께 읽기
- 질문하기

출처: Stevens et al.(1993).

사례 7-1 참여 유지의 예

2001년 가을부터 SLP가 장기요양시설에 근무하기 시작했다. 그녀는 활동실을 지나갈 때마다 보조원이 거주자에게 신문을 읽어 주는 소리를 들었다. 신문에 실린 나쁜 뉴스가 부정적 영향을 줄 수 있어 부적절하다고 판단되었다. 뉴스 내용을 완전히 이해하지 못할 가능성도 있고(예: 우편물 속 탄저균, 테러 위협, 아프가니스탄 전쟁 이야기), 부정적 이야기가 거주자의 행복감에 미치는 영향이 우려되었다. SLP는 활동 보조원과 함께 질문형 읽기 기술을 사용해 과거 관심사를 읽도록 독려하고, 토론 시 원격기억 및 관심사를 활용하도록 훈련했다.

시 쓰기 모임 독서회, 시 쓰기 모임 등 읽기 관련 중재는 의사소통과 회상 능력을 강화하고 심한 사회적 장애로 인한 어려움을 예방하는 데 효과적이다(Ryan et al., 1995). 시 쓰기 모임은 회상에서 발전된 것으로, 지도자가 특정 주제(예: 봄, 해변, 학창 시절) 관련 대화를 자극한 후 환자의 기억과 감정을 기록하고 시처럼 소리 내어 읽도록 한다(Hagens, 1995; Koch, 1977; Schuster, 1998). Hagens(1995)의 '회상 및 쓰기' 모임에서 환자는 시 형태로 단어를 적는다. 이후 시와 관련된 물품을 가족에게 요청하고 과거 사진 및 개인 물품이 담긴 기억상자를 만들어 기억과 대화를 유도한다. 기억상자, 시 액자, 대형 환자 사진을 방에 전시하고, 14개월간 거주자와 직원이 자료를 함께 사용하도록 독려한다. 직원 보고에 따르면, 의사소통 도구로 활용되는 상자와 시는 거주자의 과거사를 파악하고 흥분이나 슬픔을 경감시키는 데 효과적이다.

가족 및 요양원 직원은 글 읽기 모임 후 거주자의 자존감뿐 아니라 직원 및 가족과의 관계가 향상되었다고 보고했다(Hagens, Beaman, & Ryan, 2003). Petrescu 등(2014)은 시 쓰기 워크숍에 지속적으로 참여한 4명의 거주자와 구조화된 일대일 면담을 시행했는데, 모든 참가자에게 효과적이었으나 각자의 경험은 크게 달랐다. 주제에는 능력 및 자기효능감, 개인적 성장, 기여에 대한 요구, 질환의 진행에 대처하기 위한 시 쓰기 등이 포함된다.

Timeslips™ Timeslips™(George & Hauser, 2014)는 초현실적 그림카드(예: 공원 벤치의 소녀 옆에 앉은 코끼리)를 활용한 즉흥적 스토리텔링 활동이다. 스토리텔링을 시작하기 위해 개방형 질문을 사용하고, 반응을 기록해 이야기로 전환한 후 집단 구성원에게 주기적으로 읽어 준다. 이는 생활의 세부 정보를 포함할 뿐 아니라 즐거움을 제공한다. TimeSlips™는 거주자(창의성 및 삶의 질 개선, 긍정적 행동 변화, 의미 있는 활동 참여), 직원(새로운 상황 학습, 거주자에 대한 깊은 이해, 의미 있는 활동 참여, 프로그램화된 과제 관련 창의적 사고), 요양원 공동체(관계 및 분위기 개선)에 모두 효과적이다(George & Hauser, 2014).

4) 수정된 활동을 통한 생애 관심사의 유지

강점 기반 프로그램 Eisner(2001, 2013)는 개인의 강점과 관심사에 기반한 자료 및 활동을 적절히 선정하는 접근법을 개발했다. 이는 다중지능 이론(Gardner, 1983, 1993)을 활용한 접근으로, 모든 인간에게는 강약점이 있으며 선택한 활동의 유형 및 과정에서 강점이 드러난다고 전제한다. 치매 환자는 발병 전의 관심사가 반영된 상대적 강점을 지속적으로 드러내는데, 이를 파악하고 활용하여 활동을 고안한다. Eisner의 두 안내서는 환자의 참여와 삶의 질을 개선하기 위해 다중지능을 활용하는 '수행 가능' 활동을 제공하며, 인지 결함이 악화됨에 따라 수정할 수 있다(Bourgeois, 2001). 다중지능의 각 영역별로 수행 가능한 활동은 〈표 7-1〉에 제시되어 있다. 인지 저하에 따라 선호하는 활동을 수정하는 방법은 〈사례 7-2〉, 강점 기반 활동의 예시는 [그림 7-5], [그림 7-6], [그림 7-7]에 포함되었다. 예를 들어, 구어 및 촉각-운동에 관심이 있으면 촉각 자극이 포함된 읽기나 대화 책을 활용한다. 털실 바구니 사진은 만들기, 색상 및 질감 관련 이야기, 느끼거나 조작하기 등의 활동에 유용하다.

〈표 7-1〉 다중지능 이론에 입각한 강점 기반 프로그램

지능 유형	활동 예
구두-언어	의사소통카드, 기억지갑, 단어 게임
논리-수학	카드 및 보드 게임, 직소 퍼즐, 조직화된 과제
시공간	공예, 그림 게임
촉각-운동	춤, 운동, 공 게임, 인형 및 천 장난감
청각-음악	음악, 소리 게임, 효과음이 있는 장난감
대인관계	토론, 드라마, 스토리텔링, 집단 게임, 인형 및 장난감
자기성찰	일지 쓰기, 개인 물품 수집, 솔리테르(solitaire; 1인 카드놀이)
자연주의	소풍, 자연 산책, 정원 가꾸기, 동물, 자연 다큐멘터리 및 비디오, 과학 게임 및 활동

출처: 강점 기반 프로그램, Eisner(2001, 2013); 다중지능 이론, Gardner(1993).

사례 7-2 활동 수정 예: 단어 만들기 보드 게임(Scrabble)

수준 1: 알파벳이 쓰인 타일 7개를 무작위로 선택한 후, 게임 보드를 이용해 단어를 만들고 점수를 획득한다. 새 단어는 보드에 포함된 단어와 교차해 낱말 퍼즐 형식으로 배치된다. 더 이상 단어를 만들지 못할 때까지 게임을 지속한다. 단어에 부여된 점수가 가장 높은 참가자가 승리한다. 이 게임은 어휘력, 철자 능력, 주의력, 예측력, 작업기억이 요구된다.

수준 2: 게임 규칙을 단순화하기 위해 보드 및 낱말 퍼즐을 제거한다. 7개 문자 타일을 무작위로 선택한 후 단어를 만든다. 탁자 중앙에 단어를 배치해 모두에게 공개하고, 단어마다 점수를 부여해 누적한다. 단어를 만들지 못하면 자신의 차례에 타일을 교환할 수 있다.

수준 3: 글자 타일은 단어 및 글자 맞추기 게임에 사용된다. 관심 있는 주제(예: 학창 시절[연필, 종이, 선생님, 수학, 과학, 철자 등])에 따라 단어카드를 미리 준비할 수 있고, 탁자 중앙에서 카드의 글자와 일치하는 타일을 찾아낸다. 집단 활동에서 차례로 타일을 골라 카드와 짝짓고, 단독 활동으로도 가능하다.

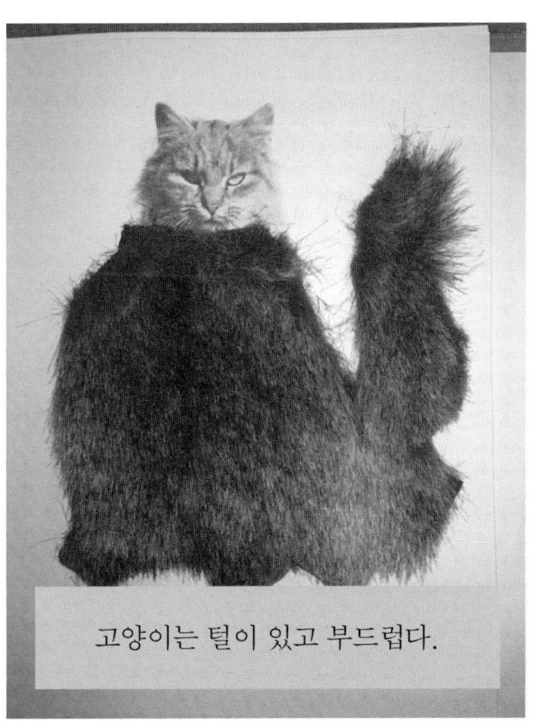

[그림 7-5] 반려동물 관련 촉각 자극 대화 책

[그림 7-6] 회상이나 촉각 자극에 활용되는 털실 바구니

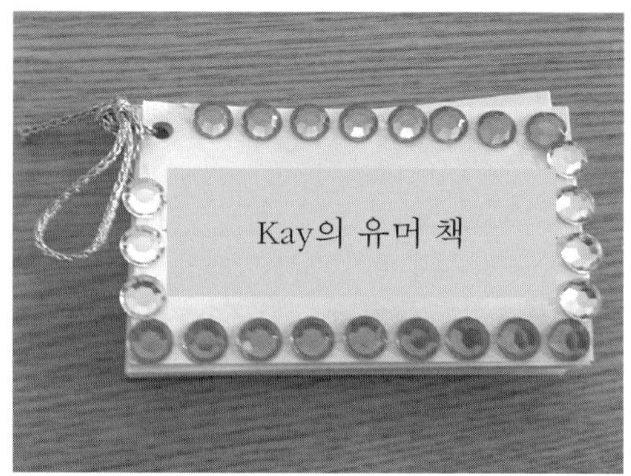

[그림 7-7] 수정된 농담 이야기 활동용 유머 책

핸드백 중재 치매 환자의 참여를 촉진하는 의미 있고 흥미로운 활동이 지속적으로 개발 및 수정되었다. Buse와 Twigg(2014)는 핸드백이 치매 여성의 일상적 정체성을 반영한다고 강조했다. 가방 및 소지품은 '전기적(biographical)'이며 '기억력'을 자극한다. 또 핸드백은 여성의 사적 공간을 만드는 데 활용된다. 관심사와 정체성을 유지하는 데 유용한 창작 예술 활동은 추후 논의된다.

몬테소리 기반 활동 노화 및 치매를 위한 몬테소리 접근은 활동 프로그램에서 전반적 치료법까지 포괄하는 총체적 모델이다. 그러나 시설의 임상가와 간병인은 DementiAbility(Elliot; www.dementiability.com) 훈련이나 총체적 프로그램 대신 몬테소리 기반 활동을 적용하기도 한다. 이는 환경과의 의미 있는 상호작용 및 인지 자극을 제공하며, 수행에 필요한 단서가 포함된다. 회상보다 재인에 초점을 두고 이전의 능력과 강점을 유지하는 활동으로 구성된다. Camp와 동료들은 성인 주간돌봄센터(Judge, Camp, & Orsulic-Jeras, 2000) 및 장기요양시설(Camp et al., 1997; Orsulic-Jeras, Judge, & Camp, 2000; Vance et al., 1996) 환자에게 몬테소리 원리를 적용하는 중재법을 개발하고 검증했다. 상호작용하는 치매 환자(예: Camp & Skrajner, 2004), 학령전기 아동(예: Camp et al., 1997), 직원(예: Schneider et al., 1999), 가족(예: Schneider & Camp, 2002) 등이 연구에 참여했다.

치매 환자를 위한 몬테소리 활동의 두 지침서에는 일련의 활동들이 상세히 설명되어 있으며, 목적에 부합하고 개인적으로 연관된 세부 자료를 능동적으로 활용하도록 구성된다(Camp, 2001; Joltin et al., 2012). 이를 통해 사회에 대한 독립성, 자신감, 기여 등을 장려하는 감각·운동·추상 영역의 학습 과제를 제공한다. 각 활동은 단순한 수준에서 시작해 점차 복잡성이 증가하며, 구조화된 반복, 즉각적 피드백, 무의식적 학습 촉진 등이 시행된다. 이러한 학습 유형은 AD 및 기타 치매에서 비교적 보존되는 점화, 운동 학습, 내현기억에 기반한다(Camp, 1999). 활동 유형으로는 대근육 및 소근육 운동을 위한 도구 사용과 물건 집기, 소리・향기・색깔・모양 식별 및 감각을 위한 분류, 추상적 인지 기술을 위한 수 세기 및 개념 분류 등이 있다. 〈표 7-2〉에는 활동의 다양한 예가 제시되었다.

〈표 7-2〉 몬테소리 프로그램 활동의 예

활동 유형	예
운동	물건 집기 및 광내기, 원형 블록, 옷 모형틀(dressing frame)
감각	소리 나는 원통, 냄새 식별하기, 촉감 분류하기, 색상 및 모양 맞추기
추론	수 막대 및 세기, 사포 문자, 분류 과제(예: 감정, 식물 vs. 동물), 지리 활동

치매 노인이 학령전기 아동에게 몬테소리 과제의 수행법을 알려 주도록 요청받으면 도움 없이 잘 완수한다(Camp et al., 1997). 선생님 역할을 수행할 때 긍정적 자기 인식, 자존감 및 기능적 행동 증진, 행동 문제 감소 등이 나타난다(Camp et al., 1997). 의미 있는 참여와 즐거움을 촉진하고 수동적 참여를 줄이는 데에도 효과적이다(Orsulic-Jeras et al., 2000). 훈련을 통해 증상이 완화된 초기 치매 환자가 소규모 몬테소리 기반 활동의 지도자 역할을 하면 효과적 리더십 기술, 참여, 만족도 및 즐거움이 증대된다(Camp & Skrajner, 2004; Skrajner et al., 2014). Schneider와 Camp(2002)에 따르면, 방문한 가족에게 몬테소리 활동을 훈련할 경우 거주자-방문자 간 능동적 관계가 증가하고 방문자의 심리적 부담이 감소한다.

즐거운 사건 즐거운 사건(Pleasant Events) 중재는 우울증 노인에게 우선적으로 적용되며(Zeiss & Lewinsohn, 1986), 가정 거주자 및 보호자의 우울감을 줄이는 데에도 효과적이다. AD용 즐거운 사건 일정(Pleasant Events Schedule-AD; Teri & Logsdon, 1991)을 통해 바람직한 활동 목록을 폭넓게 확인할 수 있는데, 이는 Teri 등(1997)이 환자의 일상에서 즐거운 사건의 빈도를 높이기 위해 보호자를 훈련한 데에서 출발했다. 이후 보호자에게 행동치료-문제해결 중재를 적용해 즐거운 사건의 방해 요인을 감소시킨다. 궁극적으로 즐거운 사건-문제해결 중재는 치매 환자의 우울증을 줄이는 데 기여한다.

간호조무사는 치매 돌봄시설 거주자와 함께 개별 활동을 수행하도록 훈련받는다(Lichtenberg et al., 2005). AD용 즐거운 사건 일정(Teri & Logsdon, 1991)에 따라 각 거주자의 활동이 분류된다. 중재 효과 연구에서, 활동 전후 실험 집단에게 프로그램 활동과 감정, 이완 운동, 기분(1~10점 척도) 간의 관계를 설명한 후 15~20분의 개별 활동을 시행했다. 활동으로는, 편지 쓰기(예: 카드 및 편지), 회상, 교제, 보살피기, 새 관찰하기, 독서, 걷기, 수리하기 등이 있다. 〈사례 7-3〉은 즐거운 사건이 필요한 치매 거주자의 예이다. 중재 후 실험 집단은 문제 및 위험 행동이 감소하고 AD-행동(Behave-AD; Reisberg et al., 1987)이 유의미하게 개선되었다. 활동 직후의 기분 등급도 상향되었다. 반면 통제 집단의 문제 행동은 오히려 증가했다. 따라서 즐거운 사건 중재는 반응 행동을 줄일 뿐 아니라 가정과 장기요양시설 거주자에게 긍정적 참여 기회를 촉진한다.

사례 7-3 즐거운 활동의 사례

남편과 사별한 한 여성이 요양원에 입주했다. 자녀들은 아버지가 그녀의 기억력 결함을 많이 보완해 왔음을 깨달았다. 그녀는 매우 우울해 보였는데, 이는 인지 결함을 더 악화시켰다. 직원은 그녀의 옛 교회 친구들이 요양원에 머문다는 사실을 알고 같은 방에 머물도록 조치했다. 이들은 함께 걸으며 할 일을 찾아다녔다. 위로하거나 화를 내고 언제 집에 갈 수 있냐며 울기도 했다. 관리 직원이 건물 밖으로 나가려는 여성을 발견해 도움을 요청한 적도 있었다. 한 환자에게 털실뭉치를 주고 다른 여성에게 실 끝을 건네준 후 새로운 털실뭉치를 만들어 달라고 부탁했다. SLP는 활동에 참여하는 환자들에게 무엇을 하고 있는지 물었다. 한 환자가 "어떤 사람이 털실뭉치를 주고 새 뭉치를 만들라고 부탁했어요. 우리가 '미쳤다'고 생각하는 것 같아요."라고 대답했다. SLP는 그들을 활동실로 데려가 빨래 개는 일을 도와달라고 부탁했는데, 이에 대한 만족도가 훨씬 더 높았다. 이후 직원들이 보다 즐겁고 의미 있는 활동을 부여하기 시작하자 환자들이 울거나 탈출하려는 시도가 줄었다.

단순한 즐거움 단순한 즐거움(Simple Pleasures)은 고립, 비활동, 흥분을 줄이기 위한 치료적 레크리에이션 활동이다(Buettner, 1997, 1999; Kolanowski et al., 2001). 단순한 즐거움의 기본 개념은, 요양원 거주자에게 연령과 단계에 맞는 레크리에이션 물품을 제공하고 직원·가족·자원봉사자와 거주자 간의 상호작용을 위해 물품의 제작 및 사용법을 훈련하는 것이다. 단순한 즐거움에 사용되는 물품은 감각-운동 기반의 다양한 치료적 레크리에이션 수공예품(예: 작업용 앞치마, 전자 활동상자, 지갑 등)으로 구성된다. 이는 요구 기반 치매행동 모델(Need-Driven Dementia Compromised Behavior Model; Algase et al., 1996; Kunik et al., 2003)에 근거한다. 〈표 7-3〉에서 단순한 즐거움의 예가 소개되며, 〈사례 7-4〉는 참여를 늘리고 반응 행동을 감소시키는 도구함의 사용 예시를 보여 준다. 촉각-운동 참여를 위한 '장식 달린' 손뜨개 장갑은 [그림 7-8], 인형과의 상호작용이나 촉각-운동 자극용 사물 조작에 활용되는 '장식 달린' 옷을 입은 인형은 [그림 7-9]에 제시되었다.

〈표 7-3〉 단순한 즐거움(Simple Pleasures)

활동/자극 유형	예시
감각-운동 활동	새 모이로 가득 찬 풍선, 봉제 물고기 및 나비, 헝겊 카드, '조파기'(예: 별이 빛나는 밤 또는 파도 – 미네랄 오일, 반짝이, 별 모양 장신구, 조개껍질로 채운 플라스틱 병)
회상, 언어, 인지	지갑, 서류 가방, 낚시도구 상자, 가정용 장식함(예: 벽지 견본집, 카펫, 직물, 페인트 견본), 메시지용 자석: 단어 및 구절이 적힌 자석판, 그림 도미노 및 빙고 게임, 인형
촉각 조작; 감각-운동	테이블 공 게임(나무 상자 구멍으로 테니스공 굴리기), 자물쇠 상자(다양한 자물쇠, 경첩, 잠금장치 달린 나무판 조작하기), 작업용 앞치마
난방	장갑, 컵 뚜껑, 무릎 담요
보행	이동식 카트(PVC 파이프 소재)

출처: Buettner(1999).

사례 7-4 참여용 기억상자의 예

70세가 넘은 기계공인 Pearson이 장기요양시설에 입소했다. 그는 자신의 일을 상세히 설명하지 못했고, 다른 거주자와 상호작용할 수 없었다. 할 일을 찾아 주변을 방황하며, 사물을 조작하거나 '고칠' 물건을 탐색하기도 했다. 활동 보조원은 도구함을 활용해 기억상자를 만들고 Pearson이 오래 근무했던 자동차 정비소의 이름을 써 붙였다. 상자에는 장난감 자동차, 자동차 사진 및 부속품, 도구, 수집품을 넣음으로써 기계공으로 근무한 시간을 회상하도록 유도했다. Pearson이 방황하거나 할 일을 찾을 때마다 주변에 도구함을 비치하도록 직원을 훈련했다. 결과적으로 그의 문제 행동이 감소했고, 선호하는 주제에 대해 직원과의 상호작용이 촉진되었다.

Buettner(1999)는 요양원 환자에게 단순한 즐거움을 제공하면 흥분이 줄고 참여와 상호작용, 가족 방문 빈도 및 만족감이 향상된다고 보고했다. 제공된 물품은 450명의 자원봉사자(예: 교회 봉사자나 협회)가 사전 훈련을 받은 후 만들었기 때문에 매우 경제적이었다. Kolanowski 등(2001)은 소규모 치료에 단순한 즐거움을 적용해 물리적 및 사회적 환경을 개선하고, 개인의 관심사 및 발병 전 기질(예: 외향성, 개방성)에 따라 활동을 조정했다. 그

[그림 7-8] 촉각-운동 참여를 위한 '장식 달린' 손뜨개 장갑

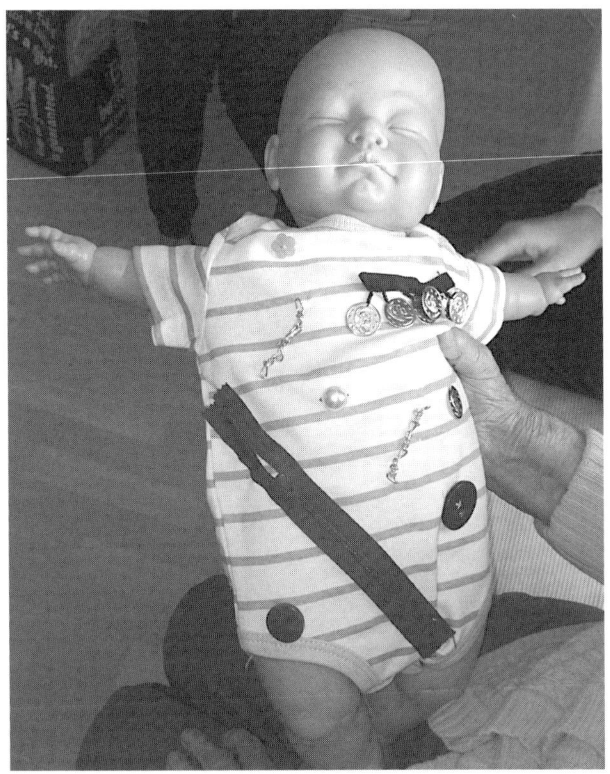

[그림 7-9] '장식 달린' 옷을 입은 인형

결과, 과제 수행 시간이 통제 집단 평균보다 높았으나 참여 정도에는 유의한 차이가 없었다. 또 치료 조건에서 긍정적 영향이 증가한 반면, 부정적 영향, 기분, 치매 행동 수준은 차이가 없었다. 그러나 치료 참여자가 치매 행동을 보이지 않는 날이 더 많았다.

5) 관계 및 상호작용의 유지

가상 존재 가족이나 간병인은 라디오, TV, 영화를 통해 환자와 즐거운 시간을 보내기도 한다. 좋아하는 라디오 프로그램, 영화, 축구 중계를 반복적으로 즐길 수도 있다. 그러나 친숙한 고전 영화나 좋아하는 스포츠 경기에 흥미를 잃는 환자도 있다. 인지 결함이 심화되면서 이러한 활동의 과소 또는 과다 자극으로 인해 수동적 태도를 보이거나 흥분할 수 있다. 라디오나 비디오 프로그램에는 너무 복잡한 대화, 지나치게 많거나 적은 행동이 포함되고, 상황을 이해하기 어려운 과도한 시각 및 청각 자극이 제공된다.

이를 고려하여 라디오, 영화, TV의 대안적 방안이 모색되었다. 치매 환자를 위해 집에서 제작한 오디오나 비디오테이프는 대안 중 하나이다. 예를 들어, 가족과 친척 간의 대화를 녹음해 '가상 존재(simulated presence)'를 제공한다(Woods & Ashley, 1995). 이때 가족은 방문 시 긍정적 감정을 유도한 주제에 관해 기억 목록을 작성한 후 2~3개 주제를 참조해 개별적인 대화형 오디오테이프를 만들고, 다양한 방식으로 이를 반복한다(예: 중요한 일상 사건, 사랑하는 사람, 취미, 관심사). 애정을 표현하도록 가족에게 권고한다. 테이프를 편집하고 일시 중지 기능을 추가해 거주자가 반응할 기회를 부여한다. 이로써 사회적 접촉의 기회를 제공하며, 보존된 장기기억을 활용해 개인의 추억과 긍정적 감정을 유도한다.

Woods와 Ashley(1995)는 사회적 고립과 흥분이 감소하는 데 근거해 가족이나 친숙한 이들에 잘 반응하는 거주자에게 '가상 존재'를 권고했다. 가족이나 직원이 제작한 '가상 존재' 관련 오디오테이프를 사용할 경우 보편적 돌봄 및 위약(placebo) 조건에 비해 흥분은 14%와 46% 이상, 위축 행동은 25%와 50% 이상 감소되었다(Camberg, Woods, & McIntyre, 1999). 비디오테이프는 가족이 만들 수 있고, 이야기, 노래, 활동 등을 포함한다. 직원은 거주자의 혼란과 흥분을 완화하고 전환하기 위해 가족 비디오를 활용한다. 가상 존재 치료의 효과는 보통 수준이라는 보고가 많다.

녹음을 시행할 가족이 없는 경우도 많은데, 이는 개인 메시지카드(personal message cards)로 보완한다. 짧은 음성 메시지가 포함된 인사말카드를 시중에서 구입해 개인 메시지카드로 활용하고, 필요시 개별 사진을 추가한다. 카드를 열 때마다 메시지를 듣거나 사진을 보게 된다. Evans 등(2015)이 메시지카드의 효과를 알아본 결과, 피드백에 대한 반응은 저조하나(24명 중 10명) 90%가 목표를 달성했다고 보고했다. 메시지카드는 심도 치매에도 효과적이다.

Video Respite™ 상업용 비디오 녹화본은 비디오테이프를 제작할 가족이 없거나(Lund et al., 1995), 다양한 영상이 필요한 환자에게 유용하다. Video Respite™ 비디오는 상호작용 및 다양한 치료 활동(예: 회상, 음악, 운동)에 대한 참여를 촉진하는데, 이를 위해 비디오의 활동과 대화를 따라 하도록 권장한다. 다른 영상(예: 고전 영화 및 TV 프로그램)에 비해 Video Respite™는 환자의 참여(예: 미소 짓기, 크게 웃기, 발언하기) 시간을 더 증가시킨다(Lund et al., 1995). 또 불평, 위축, 방황, 반복 질문 등의 반응 행동이 감소하고, 자존감과 자기 인식이 향상된다. 이는 보호자가 걱정 없이 저녁식사를 준비하거나 샤워할 수 있어 가정 돌봄 시 매우 유용하다. 전문 간병인의 경우 개인이나 집단 활동 시 Video Respite™를 활용한다.

6) 신앙심 및 종교 활동의 유지

종교 관련 중재는 제한적이지만 점차 발전되고 있다. 의외로 장시간 찬송가를 부르거나 기도문을 암송하는 치매 환자도 있다(예: 치매의 진행 단계, 비구어 상태; Roff & Parker, 2003; Stuckey et al., 2002). 종교적 정체성 및 참여가 노인의 인지 기능에 미치는 영향도 연구 중이다(예: Van Ness & Kasl, 2003). 연구 및 임상 환경에서 치매의 총체적 돌봄을 계획할 때 신체적, 인지적, 사회적, 정서적 요구 외에 신앙적 및 종교적 요구를 충족하도록 권고된다(예: Bell & Troxel, 2001; Powers & Watson, 2011; Roff & Parker, 2003; Stuckey et al., 2002). 신앙 및 종교 활동은 지속적 참여, 가족 · 친구 · 간병인과의 소통, 정신 활동을 촉진한다. 임상가가 이러한 활동을 낯설거나 불편하게 느낄 수 있으므로, 종교 공동체 및 가족과 협력해 지속적인 참여를 지원한다(Roff & Parker, 2003).

신앙 활동은 다감각적 경험이어야 한다(예: 음악, 향기, 촉감, 구어; Stuckey et al., 2002). 종교 활동은 인지를 자극하는데, 여러 지능 영역(예: 구어, 음악, 감정)이 활용되고 지각 및 산출 활동(예: 설교 경청, 기도문 암송, 노래 부르기)을 요하기 때문이다(Van Ness & Kasl, 2003). 치매 환자에게 보존된 장기기억은 신앙 활동을 계획하는 데 활용된다(Van Ness & Kasl, 2003). 특히 유년기에 기도와 찬송가를 습득한 환자는 반복 연습과 시연을 통해 완전한 학습 및 암기가 가능하다. 찬송가 부르기나 기도문 암송은 주제 관련 대화보다 더 자동 구어적 행동이며(Roff & Parker, 2003), 오래 기억된 의식 및 기도는 위안과 안도감을 제공한다. Marston(2001)의 기도 목록은 초기 치매에 유용하고 후기 단계에서는 수정해 적용한다. 또 ① 가장 효과적인 기도 방법과 의미를 탐구하고, ② 기도 목록이 어떻게 운영되는지 검토하며, ③ 기도 목록을 개발해 사용한다.

신앙 활동 기반 돌봄은 관계, 사랑, 희망, 인간으로서의 가치를 인식함으로써 환자의 존엄을 높인다(Bell & Troxel, 2001). 치매가 진행된 후에도 생애 말기에 신앙적 경험이 의미 있게 다가오면 신앙적 요구가 생길 수 있다. 치매 환자와 간병인은 종교 및 신앙 활동을 통해 질환에 대처하고 평온을 느끼며, '잃어버린 선물'을 찾거나(Stuckey et al., 2002, p. 204) 현재의 순간과 축복에 감사하도록 독려받는다. 특히 신앙에 의해 형성된 관계는 질환에 대처하는 데 도움을 준다.

Roff와 Parker(2003)는 종교 공동체에 지속적으로 참여하도록 '돌봄 팀(Care Team)'이라는 신앙 팀 모델을 제안했다. 이는 환자와 간병인에게 서비스를 제공하고 신앙적 성장 및 활동을 촉진하기 위해 자원봉사자를 훈련한다. 돌봄 팀 모델을 적용할 수 없는 경우 종교 지도자 및 공동체 구성원과 협력해 환자의 요구를 충족시킨다. 목사는 신앙적 지원을 제공하고 다양성을 수용하는 방법에 대해 직원을 훈련하며(Powers & Watson, 2011), SLP는 의사소통 및 신앙 활동에 참여하도록 종교 팀 구성원을 교육한다. 예를 들어, SLP는 종교 팀에게 보상 전략을 훈련시킨다(6장 참고). 신앙이나 종교 관련 내용을 몬테소리 활동과 결합하기도 한다. 즉 성경의 등장인물을 구약 및 신약 성서로 분류하기, 찬송가나 기도문을 순서대로 배열하기 등을 몬테소리 활동으로 시행한다.

돌봄 계획에 신앙 활동이 반영되도록 권고하는 전문가가 많으나, 이에 대한 근거는 부족하다. 다양한 종교적 및 민족적 전통에 따른 검증이 필요하며, 임상가는 각 환자의 요구를 민감하게 고려한다(Stuckey et al., 2002). 신앙 및 종교 활동이 포함된 돌봄 효과는 추가적으로 검증될 필요가 있다(Marston, 2001).

7) 창작 예술 중재

창작 예술 중재에는 음악, 춤, 시각 예술, 그리고 이들의 통합적 접근이 포함된다. 예술은 개인과 지역사회에 긍정적 영향을 주며 오랫동안 건강에 필수적인 요소로 간주되었다. 예술치료와 예술 건강 활동은 구분되어야 하는데, 전자는 자격을 갖춘 임상 치료사, 후자는 예술가, 교육가, 간호사, 박물관 직원이 시행한다(Young, Camic, & Tischler, 2016). 환자 참여, 인지 자극, 의사소통을 촉진하기 위해 SLP, 재활 전문가, 간병인이 창작 예술에 과거 취미와 관심사를 연계한다. SLP는 미술 · 춤 · 음악 치료사와 협력하기도 하나, 항상 가능한 것은 아니다. 이 경우 SLP는 창작 예술 활동을 부분적으로 시행한다.

17개 문헌 검토에서 지역사회 기반 예술 프로그램이 치매 환자의 인지 능력에 긍정적인 효과가 있었다(Young et al., 2016). 이 중 3개는 음독과 스토리텔링으로 구성된 문예 창작 프로그램(예: TimeSlips; 7장 전반부 참고)으로, 의사소통, 토론, 주의력 및 기억력을 증진시켰다. 공연 예술 관련 7개 연구에는 간병인 및 집단의 노래, 배경 및 라이브 음악, 참여형 춤과 춤 공연 등이 포함되며, 특히 라이브 음악 감상은 치매 초기의 행복감, 의사소통, 사회적 접촉, 참여에 효과적이었다. 노래 집단 및 프로그램은 주의력을 크게 높이고, 경도 치매의 일화기억, 작업기억, 집행기능, 전반적 인지 능력을 향상시켰다. 춤 관련 1개 연구에서는 국립발레학교 학생들이 환자의 회상에 기초한 춤 공연을 주기적으로 시행했다. 환자가 적극적으로 참여하지 않아도 인지적 효과가 있었고, 춤 자극으로 청년기를 회상하기도 했다. 미술 활동 및 교육, 감상으로 구성된 7개 시각 예술 연구에 따르면, 경도~중등도 환자의 주의력, 사회적 의사소통, 지적 참여가 향상되었다. 예술 활동은 초기 및 중기 치매의 일화기억과 구어 산출에 매우 효과적이며, 활동 및 자발적 의사소통에 참여하도록 촉진한다. 향후에는 행동, 삶의 질, 인지에 대한 효과를 방법론적 측면에서 심도 깊게 연구할 필요가 있다.

특히 과거에 예술 활동이 활발했던 환자의 경우 듣거나 보는 데 그치지 않고 예술적 창작 활동에 보다 적극적으로 참여해야 한다. 이때 임상가는 보존된 인지 능력(예: 절차기억)과 강점 기반 중재를 이해하고 적용한다. 예를 들어, 다른 기능을 상실한 말기 환자에게 피아노 치기(Crystal, Grober, & Masur, 1989)나 리듬(Clair, Bernstein, & Johnson, 1995) 능력이 보존되면 작곡을 위한 원격 절차기억이 유지된 것으로 간주한다. 선호하는 음악 자극에 관한 질문으로 구어 및 비구어 의사소통을 촉진한다(Mahendra, 2001).

음악치료는 반응 행동을 조절하고 삶의 질을 증진시킨다. Clair와 Ebberts(1997)는 음악치료 프로그램이 보호자의 방문 만족도를 높인다고 강조했다. 이는 몬테소리 활동의 효과와 유사하다. Chavin(2002)은 LCT 환경에서 다음과 같은 음악 프로그램을 제안했다. ① 자격이 공인된 음악치료사와 함께 음악치료 프로그램을 개발한다. ② 음악치료사와 함께 전문적 음악 프로그램을 개발한다. ③ 활동 프로그램 내에서 일대일 또는 소집단 음악 프로그램을 개발한다. ④ 정기 연주를 위해 전문 음악가를 초청한다. 음악은 기분을 변화시키는데, 이는 긍정적 또는 부정적 영향을 미친다(Chavin, 2002). 모두가 음악을 즐기는 것은 아니며 선택적으로 즐기기도 한다. 따라서 임상가는 집단 규모, 개별 반응, 음악 선택, 활동의 적절성 등을 다양하게 고려해 효과를 평가한다. 이를 위해 유사실험 및 비실험 연구가 필요하다.

문화의 주요 양상인 예술은 일상생활에 폭넓게 관여한다. 음악, 춤, 시각 예술 활동은 문화적 배경, 나이, 성별, 종교, 민족, 문화에 따라 선호도가 다르나, 인구통계학적 특성에만 좌우되는 것은 아니다. 치매 환자와 보호자는 예술 관련 기호를 구어로 의사소통하기 어려울 수 있다. SLP는 보호자를 훈련함으로써 선호도 및 기타 필요 사항에 대해 의사소통 상호작용을 촉진하고 기호 및 참여 관련 비구어적 신호에 주의하도록 권장한다.

8) 반려동물 치료: 동물 지원 중재

행동 및 환경 중재에는 살아 있는 동물, 동물 인형 및 로봇이 활용된다. 동물은 원격기억을 자극하거나 참여를 촉진하고, 공유되고 가시적인 맥락을 제공해 의사소통을 돕는다(예: Hopper, Bayles, & Tomoeda, 1998; Mahendra, 2001; Shibata, 2012). 개를 사용한 반려동물 치료는 시설에서 함께 생활하며 작업 및 물리 치료에 도움을 주거나(동물 지원 치료), 동물과 함께 자원봉사자가 방문하기도 한다. Bernabei 등(2013)은 동물 지원 중재가 흥분 감소, 의사소통 및 사회적 상호작용 개선 등 긍정적으로 작용한다고 보고했다. 그러나 대처 능력 이외에 기분, 인지 기능에 대한 효과는 거의 검증되지 않았다.

Hopper와 동료들(1998)은 봉제 인형 등의 장난감으로 4명의 환자에게 대화 과제를 시행한 후 의사소통을 평가했다. 대화 시 정보 단위가 증가했으나, 3명은 장난감 유무와 상관없이 총 단어 수 및 구어 개시 빈도에 변화가 없었다. 장난감의 실제성도 영향을 미치지 않았다. 동물 인형은 각성, 미소, 고개 끄덕이기 행동을 증가시키고 흥분을 줄여 준다(Bailey, Gilbert, & Herweyer, 1992). 또 삶의 만족도, 심리사회적 기능, 사회적 능력, 정리정돈 기능을 높이며 우울감을 감소시킨다(Francis & Baly, 1986).

가정과 유사한 환경으로 바꾸려는 추세에 따라 일부 거주 시설은 고양이, 새, 개 등의 생물을 환경의 일부로 간주한다(Thomas, 1994). 이에 관한 연구 및 프로그램은 주로 개와 고양이가 연관된다. 3개 장기요양시설 환자 및 직원을 대상으로 수족관의 효과를 알아본 결과, 거주자의 비협조, 불합리성, 부적절한 행동이 감소하고 수면이 개선되었다(Edwards, Beck, & Lim, 2014). 직원 만족도도 향상되었다. 이에 따라 수족관은 치매에 유용한 중재법으로 권고된다.

Cipriani 등(2013)은 개 지원 치료를 연구했는데, 19개 중 12개 연구에서 삶의 질에 유의미한 효과가 있었다. 예를 들어, 호주의 3개 장기요양시설에 거주하는 55명의 경도~중등도 치매 환자가 인간 단독 및 인간-개 치료를 받았다(Travers et al., 2013). 우울감이 더 낮은 환자일수록 동물 지원 치료의 효과가 더 높았다. 한 시설에서는 삶의 질이 개선되었다. 그러나 동물 지원 치료의 효과는 추가적으로 검증되어야 한다.

이스라엘과 스코틀랜드는 '치매견(Dementia dogs)'이라는 서비스 동물로 환자를 훈련한다(Coren, 2014; www.dementiadog.org). 목줄을 맨 치매견은 위성 위치확인 시스템(Global Positioning System: GPS)을 통해 가족의 신호음이나 '집'이라는 명령어를 전달받으면 환자를 집으로 인도한다. 환자가 집까지 걸어갈 수 없거나 넘어지면 타인에게 도움을 요청하고, 서로 멀어지면 냄새를 통해 추적하기도 한다. 또 개에게 먹이 주기, 스스로 식사하기, 약 먹기, 화장실 사용하기 등을 상기시켜 집안일을 돕는다. 치매견의 효과는 아직 입증되지 않았으나 유용성에 대한 몇몇 보고가 있다. 개의 등에 탑재된 스마트폰이 울리면 이를 전달하는 훈련도 고안되었는데, 건강한 여성에 대한 효과만 입증되어 치매 환자 대상의 연구가 더 필요하다(Oshima et al., 2014).

Bernabei 등(2013)은 로봇 동물 중재의 효과에 주목했다. 즉 로봇 동물(PARO)은 쓰다듬거나 잡고 대화할 때 실제 동물이나 영아와 유사하게 반응하므로 삶의 질을 향상시키는 데 유용하다(Shibata, 2012). 이는 로봇 동물도 실제 동물과 유사한 효과가 있음을 시사하며, 특히 우울과 흥분을 줄이고 의사소통 능력을 증진한다. 17세 청소년이 3개 조건(청소년 단독, 개 동반, 소니 로봇 반려동물 AIBO 동반)하에 장기요양시설의 치매 여성 18명을 방문한 결과(Kramer, Friedmann, & Bernstein, 2009), 세 조건에 모두 긍정적 반응을 보였으나 실제 동물이나 로봇이 동반된 경우 더 많이 유발되었다. 특히 AIBO는 실제 동물보다 대화 개시 및 눈 맞춤 시간을 늘림으로써 동물 치료 효과를 입증했다.

추가적인 연구가 필요하나, 동물 동반 방문, 치료 보조 서비스견 등 동물 지원 중재가 효과적이라는 보고가 많다. 임상가는 반려동물이 환자의 삶에서 중요했는지 판단하고, 동물이나 반려동물로부터 안정감을 얻을 경우 중재에 활용한다. 반려동물을 키우지 않던 환자도 삶의 질 및 상호작용을 개선하는 데 유용할 수 있다. 동물 알레르기나 시설 위생 문제가 있으면 동물 인형이 바람직하다. 이러한 중재를 활용하고 효과를 입증하기 위해서는 임상가의 세심한 관찰이 필요하다. 〈사례 7-5〉는 동물 지원 중재에 대한 반응 예시이다.

사례 7-5 알츠하이머형 치매의 동물 지원 중재 반응 예

세 환자의 발화는 대부분 알아듣기 어렵고 인지-언어 결함이 심하다.

• 개에 대한 반응
 - 긍정적 감정을 표현하고, 이해 가능한 대화를 시작한다. 예를 들면,
  "넌 그냥 귀여운 게 아니야. 가장 귀여운 강아지야, 그렇지?" (반복)
  "개들은 배고픈 거야. 과자가 필요해." 간식을 준 후 개가 더 요구하자 그녀는 "넌 욕심쟁이야. 더 먹고 싶나 봐."
 - 개의 머리나 등을 쓰다듬는다.

• 기계 고양이('야옹' 소리, 가르랑거림, 머리를 앞으로 내밀거나 앞발을 움직임)에 대한 반응
 - 고양이를 안고 쓰다듬는다.
 - 고양이에게 완전하고 이해 가능한 문장으로 말한다.
 - 환자 한 명은 단서 없이 20분간 고양이와 의미 있는 놀이를 한다.

9) 세대 간 프로그램

세대 간 프로그램은 성인 주간돌봄 프로그램, 생활지원, 요양원, 노인 가정돌봄 등에 사용된다. 초기에는 연방 정책 및 학문적 목적에 따라 촉진되었으나(Aday, Rice, & Evans, 1991; Aday, Sims, & Evans, 1991; Baecher-Browii, 1997; Chamberlain, Fetterman, & Maher, 1994), 미국 전역의 대학에서 지역사회 서비스와 교육을 통합하는 학습 서비스가 강조되면서 보다 성장하기 시작했다(Campus Compact, 1994). 세대 간 프로그램은 세대에 걸친 분열과 상호작용의 감소를 해결하는 데 중요하다(George, Whitehouse, & Whitehouse, 2011). 이는 사회사업(Gesino & Siegel, 1995; Wilson & Simson, 1991), 작업치료(Greene, 1998), 심리학(Fretz, 1979), 사회학 및 인류학(McGowan, 1994; McGowan & Blankenship, 1994), 노인학(Yamashita, Kinney, & Lokon, 2011), 언어병리학(Arkin, 1996) 등 다양한 분야에서 활용된다.

세대 간 프로그램 및 서비스 학습은 수여자와 제공자에게 모두 효과적이어야 한다(Greene, 1998). 즉 보다 큰 사회의 일원이라는 소속감, 자존감, 진전에 대한 일상적 인식의 향상 등에 유용해야 한다(Aday, Sim, & Evans, 1991; Chamberlain et al., 1994). 노인은 필요한 서비스를 받을 수 있고, 학생에게는 노인차별 감소, 실용적 경험 획득, 노인학 관련 직업에

대한 관심 증대를 촉발한다. 세대 간 프로그램은 사회적 고립을 줄이고 청년층과 노년층의 사회적 통합을 촉진하는 주요 기제이다. 대학생 신문(McGowan & Blankenship, 1994) 및 설문(Gesino & Siegel, 1995)에서 학생들은 노인과의 경험을 통해 자아 정체성이 변화하고 노인차별이 줄었다고 보고했다.

치매 대상의 연구 결과, 유치원 및 초등학교 교실에서 5개월간 일주일에 한 시간씩 교대로 구조화된 중재를 받은 노인은 스트레스가 감소했다(George & Singer, 2011). 즉 중재가 치매의 위험 요인을 변화시킬 수 있다. 이는 오하이오주 클리블랜드의 공립 대안학교인 세대 간 학교(Intergenerational School)에서 시행된 연구로, 사회적 및 시민적 책임을 교육하고 사회 당면 과제를 해결하는 유용한 방법을 제공한다(George et al., 2011).

세대 간 프로그램의 효과에 대해 다양하게 검증되고 있다. 27개 논문의 문헌 고찰에 따르면, 음악, 시각 및 공연 예술, 내러티브 및 스토리텔링 등이 보편적인 세대 간 프로그램이며, 몬테소리, 교육, 멘토링, 레크리에이션 활동 등도 포함된다(Galbraith et al., 2015). 연구들은 프로그램 설계, 청년 및 치매 대상의 분석 등을 주제로 삼았는데, 두 집단 모두에게 효과적이었다. 청년층의 범주에는 노화 및 치매에 대한 인식, 행동, 기분 및 즐거움, 기술 개발, 인격 형성 등이 해당되었다. 치매 환자는 자의식(목적), 긍정적 감정을 유발하는 기분, 개선되거나 동요가 감소된 행동, 사회 및 활동 참여 등에서 영향을 받았다. 연구의 방법론적 한계에도 불구하고 세대 간 프로그램의 효과성이 입증되었다. 다만 상호작용에 앞서 지도자와 청년 참여자에 대한 교육과 훈련의 필요성이 제기되었다.

이전에 논의한 역할 연구(Dijkstra et al., 2006), 유치원 아동과 치매 거주자 간 몬테소리 프로그램(Camp et al., 1997), 자원봉사협력 프로그램(Arkin, 1996; Mahendra & Arkin, 2003) 등도 세대 간 프로그램의 요소가 포함된다. 몇몇 활동 기반 중재(예: 강점 기반, 즐거운 사건, 예술치료 프로그램)도 세대 간 맥락에서 쉽게 수행할 수 있다.

6. 결론

전문가 협력 중재를 통해 치매 환자의 물리적 및 사회적 환경을 변화시킬 수 있다. 인간중심 돌봄이 크게 발전해 왔으나, 치매 관련 심화 연구, 증거 기반적 환경 수정, 행동 중재가 보다 확대되어야 한다. 중재 이후의 기능과 삶의 질을 극대화하기 위해서는 보존된 능력, 개인적 강점과 흥미를 활용해야 한다. 대부분의 행동 중재와 일부 물리적 환경 중재는 비용이 적게 드는데, 특히 BPSD나 삶의 질에 효과가 없는 약물과 비교할 때 저비용 중재에 해당한다. 국가와 환경의 자원이 대개 제한적이므로, 거주 환경이나 서비스의 수혜 여건과 별개로 저비용 및 인간 중심 중재를 통해 참여와 삶의 질을 향상하도록 요구된다. SLP는 팀 구성원에게 전문가의 역할과 적절한 권고 사항을 교육한다. SLP의 서비스는 [글상자 7-8]을 참고해 지원받을 수 있다. [글상자 7-9]에는 임상가가 사용할 수 있는 자원 목록, 비약물적 중재를 위한 가족 권고 사항 등이 제시되었다.

글상자 7-8 서비스 지원 사례

요양원에 새로 부임한 SLP는 훈련받은 전략을 시행하고자 했으나 삼킴장애나 마비말장애를 동반한 거주자만 참여했다. 몇 주 후 사례가 감소하자 SLP는 다른 거주자를 선별하기 시작했다. 복도에 앉아 지나가는 이들에게 침을 뱉고 발길질이나 주먹질을 하며 이름을 부르는 Franklin 씨가 눈에 띄었다. SLP는 반응 행동 및 제한된 긍정적 상호작용에 대해 간호사와 논의한 후 중재를 의뢰했다. 사회복지사와 간호사는 "왜 환자를 보려 하지요? 해 줄 수 있는 일이 무엇인가요?"라고 물었다. 의료 기록을 검토한 SLP는 환자의 실제 상태가 변화했음을 알았다. Franklin 씨는 이전에 상호작용을 전혀 개시하지 않았고 대부분 무기력했다. 상태가 변화하고 각성이 호전되면서 SLP 치료가 의뢰되었다. 시설 인근 아파트에 거주하는 그녀는 SLP의 방문을 만족스러워했으나 거의 말을 하지 않았다. 남편은 회의적이었지만 아내의 의사소통을 지원한다는 데 기뻐했다. 아파트에 방문한 SLP는 남편과 함께 그녀의 일상과 가족사진에 기반해 기억지갑을 만들었다. 부부는 매우 즐거운 생을 함께 보냈다! 그녀는 기억지갑을 읽고 주제에 관해 이야기하기를 매우 즐겼다. 유럽에서의 생활, 18세에 세상을 떠난 딸, 교사로서의 성취 등을 자랑스럽게 토론했다. 남편은 자신의 아내가 삶의 중요한 세부 사항을 기억한다는 사실에 눈물을 흘리며 바라보았다. 그녀에게는 회상과 대화를 위한 지원이 필요했던 것이다. 직원들은 그녀의 일생을 더 알고 싶어 주변에 모여들었다. 이제 그녀는 많은 대화 파트너들과 긍정적 상호작용을 개시하는 법을 알았으므로 반응 행동을 거의 보이지 않았다. 그녀가 혼자 있어도 기억지갑이 자극을 주었다. 결국 SLP의 사례 수(인지-의사소통장애 환자 포함)가 너무 많아져 대기자 명단이 생겼고, SLP를 추가로 고용해야 했다!

글상자 7-9 활용 가능한 자원들

활동과 참여를 위한 자원

- *101 Activities*, 알츠하이머협회(Alzheimer's Association)
  : www.alz.org/living_with_alzheimers_101_activities
- *Activities to do with Your Parent Who Has Alzheimer's Dementia*, Judity A. Levy
  : Levy는 알츠하이머형 치매 환자와 개별적 및 전문적 경험이 있는 작업치료사임. CreateSpace 독립 출판 플랫폼 발행
- Alzheimer's Store
  : 퍼즐, 치료 인형, 단일 버튼 라디오, 단순 음악재생기, 미술 활동, 게임, 활동 게시판 등 알츠하이머 환자용 제품; www.alzstore.com/alzheimers-dementia-activities-s/1673.htm
- Best Alzheimer's Products
  : 오락용 제품(예: 단순 음악재생기, 리모콘, 단일 버튼 라디오, DVD, Video Respite 시리즈, CD), 양육 및 위안 활동(예: 인형, 동물 인형), 독서, 사진 수집, 색칠용 책, 기타 활동; http://store.best-alzheimers-products.com/
- *Can Do Activities for Adults with Alzheimer's Disease: Strength-based Communication and Programming*, Eileen Eisner: Pro-Ed Inc. 발행
- *Creating Moments of Joy* (5th ed.), Jolene Brackey: Purdue University Press 발행
- Dementiability
  : 정보, 워크숍, 비디오, 출판, 치매용 몬테소리 방법 관련 기타 자료; www.dementiability.com/
- *Engaging and Communicating With People Who Have Dementia: Finding and Using Their Strengths*, Eileen Eisner: Health Professions Press 발행
- Keeping Busy
  : 치매 활동 전문가; 치매 환자 및 그룹치료 전문가용 게임, 책, 활동; http://keepingbusy.com/puzzles-for-dementia/
- MindStart
  : 퍼즐, 게임, 색칠용 책, 단어 게임, 책, 실 꿰기 카드 등 치매 환자의 여가 생활 및 자극을 위해 작업치료사가 고안한 제품; www.mind-start.com/Alzheimers-and-dementia-products-from-MindStart.html

- *Montessori-Based Activities for Persons with Dementia, Volumes 1 & 2*, Cameron J. Camp
  : Health Professions Press 발행
- *My House of Memories* app, National Museums Liverpool and Innovate Dementia
  : 관심 분야의 회상 및 탐색을 촉진하기 위한 1920~1980년의 영국 일상 사물 그림, 음악, 상호 정보 수집; www.liverpoolmuseums.org.uk/learning/projects/house-of-memories/my-house-of-memories-app.aspx
- *Taking Part: Activities for People with Dementia*, Alzheimer's Society
  ; https://shop.alzheimers.org.uk/books/taking-part-activities-for-people-with-dementia?search=Taking%20part&description=true

성인 문해 자원

- New Readers Press
  : 즐거운 독서를 위한 읽기 쉬운 책 시리즈 등 영어 학습자용 도서출판; www.newreaderspress.com/pleasure-reading
- News for You
  : New Readers Press에서 읽기 쉬운 뉴스 이용 가능; 본문 음성은 전체 문장 또는 각 문장별 재생 가능; www.newreaderspress.com/news-for-you-online
- News in Levels
  : 본문 녹음 기능; 3개 수준의 전 세계 뉴스 기사, 로빈슨 크루소 요약본 및 오디오 녹음 기능; www.newsinlevels.com/
- Shadowbox Press
  : 치매 환자용 도서 모음집 출판; www.shadowboxpress.com/products/conversation-cards-two-deck-set
- Two-Lap Book 시리즈
  : Health Professions Press 출판; www.healthpropress.com/product/two-lapbook-series/
- Emma Rose Sparrow
  : Amazon CreateSpace 독립출판 플랫폼에서 AD 환자용 책 이용 가능; www.amazon.com/Emma-Rose-Sparrow/e/B00N09DY10

[부록 7-1] 황혼 클럽(Sunset Club)의 언어치료 참여

Ellen Hickey, Ph.D., CCC-SLP

2001년 10월 12일

언어치료 참여 목표

구어 참여, 거주자 간 상호작용 증진, 기억력 결함에 대한 인지 단서 사용 증가

강점 기반 프로그램 사용

다중지능 이론 관련 견해 등

- 각 개인의 강점을 판단하고 이에 기초한다(예: Jones=구어, Smith=운동).
- 취약 분야에 필요한 지원을 제공한다.

(예: Smith 씨는 운동 기술에 강점이 있고 구어 사용은 취약한 편이다. 구어 활동 시 글자 단서를 제공하고 구어와 운동 동작을 연결해 긍정적으로 촉진한다.)

구어 참여 증가

치매 거주자는 강약점과 별개로 대부분 낱말 찾기 어려움을 보이므로 약점을 부각시키지 말고 강점을 강조함

- 정답이나 오답 없이 다양한 답변이 가능한 개방형 질문을 제시한다("……에 대해 어떻게 생각하세요?").
- 정답이나 오답보다 개별 소통을 위한 상호작용을 독려한다.
- 토론을 유도할 경우 예-아니요 질문을 자제한다. 구어 능력이 낮으면 '예'나 '아니요'로만 대답하도록 한다.
- 다음과 같은 글자 단서를 제공한다.
  - 이름대기 활동 시 이름이 쓰인 그림카드를 사용하고, 음독 과제로 바꾼 후 이를 상세히 설명하도록 요청한다.
  - 시사 토론 시
    ① 포스터 게시판, 화이트보드, 이젤을 사용해 사람, 장소, 사건의 이름을 작성한다.
    ② '나는 민주당원이다. 나는 지미 카터에게 투표했다.' 등 주제 관련 글자 단서가 포함된 색인카드를 제공한다.

③ 시사 관련 짧은 이야기를 읽고 연관된 질문이 적힌 색인카드를 구어 능력이 낮은 거주자에게 제공한다. 이후 구어 능력이 더 나은 거주자가 질문에 대답하도록 한다(필요시 화이트보드 등에 글자 단서를 제공함).

- 사진, 그림, 제스처 등을 사용해 구어의 이해와 산출을 보완함으로써 의사소통을 강화한다. 단서를 작성하거나 그림을 그릴 수 있도록 각 거주자 근처에 메모지를 두고, 다른 의사소통 방식으로 메시지를 전달하도록 한다.
- 소집단(거주자 2~3명) 대화 시 기억책과 의사소통카드를 사용한다. 서로의 책을 함께 보도록 한다.
- 음악, 토론, 운동 게임 등 함께 활동하는 주제를 사용한다.

참고문헌

Aday, R. H., Rice, C., & Evans, E. (1991a). Intergenerational Partners Project: A model linking elementary students with senior center volunteers. *The Gerontologist, 31*(2), 263-266.

Aday, R. H., Sims, C. R., & Evans, E. (1991b). Youth's attitudes toward the elderly: The impact of intergenerational partners. *Journal of Applied Gerontology, 10*(3), 372-384.

Algase, D. L., Beck, C., Kolanowski, A., Whall, A., Berent, S., Richards, K., & Beattie, E. (1996). Need-driven dementia-compromised behavior: An alternative view of disruptive behavior. *American Journal of Alzheimer's Disease and Other Dementias, 11*(6), 10-19.

Allen, C. K. (1988). Occupational therapy: Functional assessment of the severity of mental disorders. *Hospital and Community Psychiatry, 39*(2), 140-142.

Alessi, C. A., & Schnelle, J. F. (2000). Approach to sleep disorders in the nursing home setting: Review article. *Sleep Medicine Reviews, 4*, 45-56. https://doi.org/10.1053/smrv.1999.0066.

Anderiesen, H., Scherder, C., Gossens, R., & Sonneveld, M. (2014). A systematic review - physical activity in dementia: The influence of the nursing home environment. *Applied Ergonomics, 45*, 1678-1686.

Arkin, S. M. (1996). Volunteers in partnership: An Alzheimer's rehabilitation program delivered by students. *American Journal of Alzheimer's Disease and Other Dementias, 11*(1), 12-22.

Baecher-Browii, D. (1997). Why a geriatric center? *Journal of Gerontological Social Work, 28*(1-2), 163-170.

Bailey, J., Gilbert, E., & Herweyer, S. (1992). To find a soul. *Nursing, 22*(7), 63-64.

Bell, V., & Troxel, D. (2001). Spirituality and the person with dementia: A view from the field.

Alzheimer's Care Today, 2(2), 31-45.

Bernabei, V., De Ronchi, D., La Ferla, T., Moretti, F., Tonelli, L., Ferrari, … & Atti, A. R. (2013). Animal-assisted interventions for elderly patients affected by dementia or psychiatric disorders: A review. *Journal of Psychiatric Research, 47*(6), 762-773.

Bharathan, T., Glodan, D., Ramesh, A., Vardhini, B., Baccash, E., Kiselev, P., & Goldenberg, G. (2007). What do patterns of noise in a teaching hospital and nursing home suggest? *Noise & Health, 9*(35), 31-34.

Bouma, H., Weale, R. A., & McCreadie. C. (2006). Technological environments for visual independence in later years. *Gerontechnology, 5*(4), 187-194.

Bourgeois, M. S. (2001). Matching activity modifications to the progression of functional changes. In E. Eisner (Ed.), *Can do activities for adults with Alzheimer's disease* (pp. 101-107). Austin, TX: Pro-Ed.

Bourgeois, M. S. (2013). *Memory and communication aids for people with dementia*. Baltimore: Health Professions Press.

Bourgeois, M. S., Brush, J., Elliot, G., & Kelly, A. (2015). Join the revolution: How Montessori for aging and dementia can change long-term care culture. *Seminars in Speech and Language, 36*, 209-214. http://dx.doi.org/10.1055/s-0035-1554802.

Bourgeois, M., Dijkstra, K., & Hickey, E. (2005). Impact of communicative interaction on measuring quality of life in dementia. *Journal of Medical Speech Language Pathology, 13*, 37-50.

Bradshaw, S. A., Playford, E. D., & Riazi, A. (2012). Living well in care homes: A systematic review of qualitative studies. *Age and Ageing, 41*, 429-440. doi:10.1093/ageing/afs069.

Brawley, E. C. (2002). Therapeutic gardens for individuals with Alzheimer's disease. *Alzheimer's Care Today, 3*(1), 7-11.

Brawley, E. C. (2006). *Design innovations for aging and Alzheimer's: Creating caring environments*. Hoboken, NJ: John Wiley & Sons.

Brawley, E. C., & Taylor, M. (2001). Strategies for upgrading senior care environments: Designing for vision. *Nursing Homes, 50*(6), 28-30.

Brush, J., Calkins, M., Bruce, C., & Sanford, J. (2012). *Environment and communication assessment toolkit for dementia care*. Baltimore: Health Professions Press.

Brush, J., Camp, C., Bohach, S., & Gertsberg, N. (2015). Creating supportive wayfinding for persons with dementia. *Canadian Nursing Home, 26*(1), 4-11.

Brush, J. A., Meehan, R. A., & Calkins, M. P. (2002). Using the environment to improve intake for people with dementia. *Alzheimer's Care Quarterly, 3*, 330-338.

Buettner, L. L. (1997). *Simple Pleasures: A multi-level sensory motor intervention for nursing home residents with dementia*. Binghamton, NY: Binghamton University Press.

Buettner, L. (1999). Simple Pleasures: A multilevel sensorimotor intervention for nursing home residents with dementia. *American Journal of Alzheimer's Disease and Other Dementias, 14*(1), 41-52.

Burgio, L., Scilley, K., Hardin, J. M., Hsu, C., & Yancey, J. (1996). Environmental "white noise": An intervention for verbally agitated nursing home residents. *The Journals of Gerontology Series B: Psychological Sciences and Social Sciences, 51*(6), P364-P373.

Buse, C., & Twigg, J. (2014). Women with dementia and their handbags: Negotiating identity, privacy and "home" through material culture. *J Aging Studies, 30*(1), 14-22.

Calkins, M. P. (2001). The physical and social environment of the person with Alzheimer's disease. *Aging & Mental Health, 5*(Suppl. 1), 74-78. http://dx.doi.org/10.1080/713650003.

Calkins, M. P. (2005). Environments for late-stage dementia. *Alzheimer's Care Today, 6*(1), 71-75.

Calkins, M., & Cassella, C. (2007). Exploring the cost and value of private versus shared bedrooms in nursing homes. *Gerontologist, 47*, 169-183. https://doi.org/10.1093/geront/47.2.169.

Camberg, L., Woods, P., & McIntyre, K. (1999). SimPres: A personalized approach to enhance well-being in persons with Alzheimer's disease. In L. Volicer & L. Bloom-Charette (Eds.), *Enhancing the quality of life in advanced dementia* (pp. 126-139). Philadelphia: Brunner/Mazel.

Camp, C. J. (1999). *Montessori-based activities for persons with dementia* (Vol. 1). Beachwood, OH: Menorah Park Center for the Aging.

Camp, C. J. (2001). From efficacy to effectiveness to diffusion: Making the transitions in dementia intervention research. *Neuropsychological Rehabilitation, 11*, 495-517. doi:10.1080/09602010042000079.

Camp, C. J., Judge, K. S., Bye, C. A., Fox, K. M., Bowden, J., Bell, M., … & Mattern, J. M. (1997). An intergenerational program for persons with dementia using Montessori methods. *The Gerontologist, 37*(5), 688-692.

Camp, C. J., & Skrajner, M. J. (2004). Resident-assisted Montessori programming (RAMP): Training persons with dementia to serve as group activity leaders. *The Gerontologist, 44*(3), 426-431.

Campus Compact. (1994). *Annual report*. Providence, RI: Brown University.

Chamberlain, V. M., Fetterman, E., & Maher, M. (1994). Innovation in elder and child care: An intergenerational experience. *Educational Gerontology, 20*(2), 193-204.

Chatfield, L., Christos, S., & McGregor, M. (2012). Interdisciplinary therapy assessments for the older adults. *Perspectives of the ASHA Special Interest Groups, 17*, 11-16. doi:10.1044/gero17.1.11.

Chavin, M. (2002). Music as communication. *Alzheimer's Care Today, 3*(2), 145-156.

Chenoweth, L., Forbes, I., Fleming, R., et al. (2014). PerCEN: A cluster randomized controlled trial of personcentered residential care and environment for people with dementia. *Int Psychogeriatr, 26*(7), 1147-1160.

Cipriani, J., Cooper, M., DiGiovanni, N. M., Litchkofski, A., Nichols, A. L., & Ramsey, A. (2013). Dog-assisted therapy for residents of long-term care facilities: An evidence-based review with implications for occupational therapy. *Physical & Occupational Therapy in Geriatrics, 31*(3), 214-240.

Clair, A. A., Bernstein, B., & Johnson, G. (1995). Rhythm playing characteristics in persons with severe dementia including those with probable Alzheimer's type. *Journal of Music Therapy, 32*(5), 113-131.

Clair, A. A., & Ebberts, A. G. (1997). The effects of music therapy on interactions between family caregivers and their care receivers with late stage dementia. *Journal of Music Therapy, 34*, 148-164. https://doi.org/10.1093/jmt/34.3.148.

Clare, L., Whitaker, R., Woods, R. T., & Quinn, C. (2013). AwareCare: A pilot randomized controlled trial of an awareness-based staff training intervention to improve quality of life for residents with severe dementia in long-term care settings. *International Psychogeriatrics, 25*(1), 128-139. doi:https://doi.org/10.1017/S1041610212001226.

Cohen-Mansfield, J., & Werner, P. (1997). Management of verbally disruptive behaviors in nursing home residents. *The Journals of Gerontology Series A: Biological Sciences and Medical Sciences, 52*(6), M369-M377.

Cohen-Mansfield, J., & Werner, P. (1998). The effects of an enhanced environment on nursing home residents who pace. *The Gerontologist, 38*(2), 199-208.

Coren, S. (2014, January 21). Assistance dogs for Alzheimer's and dementia patients. *Psychology Today*. Retrieved on April 17, 2017 from www.psychologytoday.com/blog/canine-corner/201401/assistance-dogs-alzheimers-and-dementia-patients.

Crystal, H. A., Grober, E., & Masur, D. (1989). Preservation of musical memory in Alzheimer's disease. *Journal of Neurology, Neurosurgery, and Psychiatry, 52*(12), 1415-1416.

Danes, S. (2002). Creating an environment for community. *Alzheimer's Care Today, 3*(1), 61-66.

Davis, S., Byers, S., Nay, R., & Koch, S. (2009). Guiding design of dementia friendly environments in residential care settings: Considering the living experience. *Dementia, 8*, 185-203. doi:10.1177/1471301209103250.

Day, K., Carreon, D., & Stump, C. (2000). The therapeutic design of environments for people with dementia: A review of the empirical research. *The Gerontologist, 40*(4), 397-416.

Detweiler, M., Sharma, T., Detweiler, J., Murphy, P., Lane, S., Carman, J., Chudhary, A., Halling, M., & Kim, K. (2012). What is the evidence to support the use of therapeutic gardens for the elderly? *Psychiatry Investig, 9*(2), 100-110.

Dijkstra, K., Bourgeois, M., Youmans, G., & Hancock, A. (2006). Implications of an advice-giving and teacher role on language produce in adults with dementia. *The Gerontologist, 46*(3), 357-366.

Ducak, K., Denton, M., & Elliot, G. (2016). Implementing Montessori methods for dementia in Ontario long-term care homes: Recreation staff and multidisciplinary consultants' perceptions of policy and practice issues. *Dementia* (Advanced Online publication). doi:10.1177/1471301215625342.

Duggan, S., Blackman, T., Martyr, A., & Van Schaik, P. (2008). The impact of early dementia on outdoor life. *Dementia, 7*(2), 191-204.

Edvardsson, D., Fetherstonhaugh, D., & Nay, R. (2011). The tool for understanding residents' needs as individual persons (TURNIP): Construction and initial testing. *J Clin Nurs, 20*(19-20), 2890-2896.

Edwards, C. A., McDonnell, C., & Merl, H. (2012). An evaluation of a therapeutic garden's influence on the quality of life of aged care residents with dementia. *Dementia, 12*(4), 494-510.

Edwards, N. E., Beck, A. M., & Lim, E. (2014). Influence of aquarium on resident behavior and staff satisfaction in dementia units. *Western Journal of Nursing Research, 36*(10), 1309-1322.

Elmståhl, S., Annerstedt, L., & Åhlund, O. (1997). How should a group living unit for demented elderly be designed to decrease psychiatric symptoms? *Alzheimer Disease and Associated Disorders, 11*, 47-52.

Eisner, E. (2001). *Can do activities for adults with Alzheimer's disease: Strength-based communication and programming*. Austin, TX: Pro-Ed.

Eisner, E. (2013). *Engaging and communicating with people who have dementia: Finding and using their strengths*. Baltimore: Health Professions Press.

Elliot, G. (2011). *Montessori Methods for Dementia™: Focusing on the person and the prepared environment*. Oakville, Ontario, Canada: Dementiability Enterprises.

Elliot, G., Kelly, A., Brush, J., & Bourgeois, M. (2015). Dr. Montessori meets DementiAbility. Presented at The General Meeting of the Association Montessori International (AMI), Amsterdam, Holland.

Evans, N., Cheston, R., & Harris, N. (2015). Personal message cards: An evaluation of an alternative method of delivering simulated presence therapy. *Dementia, 15*(6), 1703-1715. doi:10.1177/1471301215574363.

Figueiro, M. G. (2008). A proposed 24 hour lighting scheme for older adults. *Lighting Research & Technology, 40*, 153-160. doi:10.1177/1477153507087299.

Fontana, G. P., Kraüchi, K., Cajochen, C., Someren, E., Amrhein, I., Pache, M., … Wirz-Justice, A. (2003). Dawn-dusk simulation light therapy of disturbed circadian rest-activity cycles in demented elderly. *Experimental Gerontology, 38*(1-2), 207-216.

Forrest, M. M., & Cohen, J. (2004). Marrying design/organization and programming to create a home and community for Alzheimer's residents. *Alzheimer's Care Today, 5*(1), 9-12.

Francis, G., & Baly, A. (1986). Plush animals: Do they make a difference? *Geriatric Nursing, 74*(3), 140-143.

Fretz, B. R. (1979). College students as paraprofessionals with children and the aged. *American Journal of Community Psychology, 7*(3), 357-360.

Galbraith, B., Larkin, H., Moorhouse, A., & Oomen, T. (2015). Intergenerational programs for persons with dementia: A scoping review. *Journal of Gerontological Social Work, 5*(4), 357-378. doi:10.1080/01634372.2015.1008166.

Galik, E. (2010). Function-focused care for LTC residents with moderate-to-severe dementia: A social ecological approach. *ANN Longterm Care, 18*(6), 27-32.

Garcia, C. H., Espinoza, S. E., Lichtenstein, M., & Hazuda, H. P. (2012). Health literacy associations between Hispanic elderly patients and their caregivers. *Journal of Health Communication, 18*(Suppl. 1), 256-272. doi:10.1044/gero17.1.11.

Gardner, H. (1983). *Frames of mind: The theory of multiple intelligences*. New York: Basic.

Gardner, H. (1993). *Multiple intelligences: The theory in practice*. New York: Basic.

Garre-Olmo, J., Planas-Pujol, X., Lopez-Pousa, S., Weiner, M. F., Turon-Estrada, A., Juvinyà, D., … Vilalta-Franch, J. (2012). Cross-cultural adaptation and psychometric validation of a Spanish version of the Quality of Life in Late-Stage Dementia Scale. *Qual Life Res, 19*(3), 445-453.

George, D., & Hauser, D. (2014). "I'm a storyteller!" Exploring the benefits of TimeSlips Creating Expression program at a nursing home. *Am J Alz Dis & Oth Dementias, 29*(8), 678-684.

George, D. G., & Singer, M. E. (2011). Intergenerational volunteering and quality of life for persons with mild to moderate dementia: Results from a 5-month intervention study in the United States. *The American Journal of Geriatric Psychiatry, 19*(4), 392-396.

George, D., Whitehouse, C., & Whitehouse, P. (2011). A model of intergenerativity: How the intergenerational school is bringing the generations together to foster collective wisdom and community health. *Journal of Intergenerational Relationships, 9*(4), 389-404. http://dx.doi.org/10.1080/15350770.2011.619922.

Gesino, J. P., & Siegel, E. (1995). Training gerontological social workers for nursing home practice. *Gerontology & Geriatrics Education, 15*(4), 69-82.

Gitlin, L. N., Liebman, J., & Winter, L. (2003). Are environmental interventions effective in the management of Alzheimer's disease and related disorders? *Alzheimer's Care Today, 4*(2), 85-107.

Gotestam, K. G., & Melin, L. (1987). Improving well-being for patients with senile dementia by minor changes in the ward environment. In L. Levi (Ed.), *Society, stress, and disease* (pp. 295-297). Oxford, UK: Oxford University Press.

Grandview Lodge (2013). *Grandview Lodge annual report 2013*. Ontario, Canada. Available at www.haldimandcounty.on.ca/residents.aspx?id=268. Accessed May 29, 2015.

Greene, D. (1998). Reciprocity in two conditions of service learning. *Educational Gerontology, 24*(5), 411-424.

Guwaldi, G. (2013). Establishing continuity of self-memory boxes in dementia facilities for older adults: Their use and usefulness. *Journal of Housing for the Elderly, 27*(1/2), 105-119. doi:10.1080/02763893.2102.754817.

Hagens, C. (1995). Reminisce and write: A creative writing program for the nursing home. *Long Term Care Journal, 5*(2), 9-10.

Hagens, C., Beaman, A., & Ryan, E. B. (2003). Reminiscing, poetry writing, and remembering boxes: Personhood-centered communication with cognitively impaired older adults. *Activities, Adaptation, & Aging, 27*(3-4), 97-112.

Hall, G. R., & Buckwalter, K. C. (1987). Progressively lowered stress threshold: A conceptual model for care of adults with Alzheimer's disease. *Archives of Psychiatric Nursing, 1*(6), 399-406.

Hewitt, P., Watts, C., Hussey, J., Power, K., & Williams, T. (2013). Does a structured gardening programme improve well-being in young-onset dementia? A preliminary study. *Br J Occupational Therapy, 76*(8), 355-361.

Hikichi, H., Kondo, N., Kondo, K., Aida, J., Takeda, T., & Kawachi, I. (2015). Effect of a community intervention programme promoting social interactions on functional disability prevention for older adults: Propensity score matching and instrumental variable analyses. *J. Epidemiol. Comm. Health, 69*(9), 905-910. doi:10.1136/jech-2014-2015345.

Holland, A. L. (2003). Improving communication skills in individuals with dementia. *Journal of Communication Disorders, 36*(5), 325-326.

Hopper, T., Bayles, K. A., & Tomoeda, C. K. (1998). Using toys to stimulate communication function in individuals with Alzheimer's disease. *Journal of Medical Speech-Language Pathology, 6*(2), 73-80.

Hwang, Y. (2014). Influence of building materials with directional textures on the visual perceptions of elderly with Alzheimer's disease. *Intern. J. Geron, 8*(3), 147-151.

Isaksson, U., Åström, S., Sandman, P.-O., & Karlsson, S. (2009). Factors associated with prevalence of violent behaviour among residents living in nursing homes. *Journal of Clinical Nursing, 18*, 972-980. doi:10.1111/j.1365-2702.2008.02440.x.

Jacelon, C. S. (1995). The effect of living in a nursing home on socialization in elderly people. *Journal of Advanced Nursing, 22*(3), 539-546.

Joltin, A., Camp, C., Noble, B. H., & Antenucci, V. M. (2012). *A different visit: Activities for caregivers and their loved ones with memory impairments*. Beachwood, OH: Menorah Park Center for Senior Living.

Joseph, A. (2006). *The impact of light on outcomes in healthcare settings*. Issue Paper No. 2. Concord, CA: The Center for Health Design.

Joseph, A., & Ulrich, R. (2007). *Sound control for improved outcomes in healthcare settings*. Issue Paper No. 4. Concord, CA: The Center for Health Design.

Judge, K. S., Camp, C. J., & Orsulic-Jeras, S. (2000). Use of Montessori-based activities for clients with dementia in adult day care: Effects on engagement. *American Journal of Alzheimer's Disease and Other Dementias, 15*(1), 42-46.

Kaakinen, J. (1995). Talking among elderly nursing home residents. *Topics in Language Disorders, 15*(2), 36-46.

Kane, R. A., & Kane, R. L. (1987). *Long-term care: Principles, programs, and policies*. New York: Springer.

Kane, R. L., Keckhafer, G., Flood, S., Bershadsky, B., & Siadaty, M. S. (2003). The effect of Evercare on hospital use. *Journal of the American Geriatrics Society, 51*, 1427-1434. http://onlinelibrary.wiley.com/doi/10.1046/j.1532-5415.2003.51461.x/full.

Kane, R. A., Lum, T. Y., Cutler, L. J., Degenholtz, H. B., & Yu, T. C. (2007). Resident outcomes in small-house nursing homes: A longitudinal evaluation of the initial green house program. *J Am Geriatr Soc, 55*, 832-839.

Kincaid, C., & Peacock, J. R. (2003). The effect of a wall mural on decreasing four types of door-testing behaviors. *Journal of Applied Gerontology, 22*(1), 76-88.

Kitwood, T. (1997). *Dementia reconsidered: The person comes first*. Milton Keynes, UK: Open University Press.

Kitwood, T., & Bredin, K. (1992). Towards a theory of dementia care: Personhood and well-being. *Ageing Soc, 12*, 269-287.

Koch, K. (1977). *I never told anybody: Teaching poetry writing in a nursing home*. New York: Random House.

Kolanowski, A. M., Buettner, L., Costa, P. T., & Litaker, M. (2001). Capturing interests: Therapeutic recreation activities for persons with dementia. *Therapeutic Recreation Journal, 35*(3), 220-235.

Kramer, S. C., Friedmann, E., & Bernstein, P. L. (2009). Comparison of the effect of human interaction, animal-assisted therapy, and AIBO-assisted therapy on long-term care residents with dementia. *Anthrozoös, 22*(1), 43-57.

Kunik, M. E., Martinez, M., Snow, A. L., Beck, C. K., Cody, M., Rapp, C. G., … & Hamilton, J. D. (2003). Determinants of behavioral symptoms in dementia patients. *Clinical Gerontologist, 26*(3-4), 83-89.

Lee, S. Y., Chaudhury, H., & Hung, L. (2016). Exploring staff perceptions on the role of physical environment in dementia care setting. *Dementia, 15*(4), 743-755.

Lévesque, S., Cossette, S., & Potvin, L. (1993). Why alert residents are more or less willing to cohabit with cognitively impaired peers: An exploratory model. *The Gerontologist, 33*(4), 514-522.

Li, J., & Porock, D. (2014). Resident outcomes of person-centered care in long-term care: A narrative review of interventional research. *International Journal of Nursing Studies, 51*, 1395-1415.

Liang, J., Krause, N. M., & Bennett, J. M. (2001). Social exchange and well-being: Is giving better than receiving? *Psychology and Aging, 16*(3), 511-523.

Lichtenberg, P. A., Kemp-Havican, J., MacNeill, S. E., & Johnson, A. S. (2005). Pilot study of behavioral treatment in dementia care units. *The Gerontologist, 45*(3), 406-410.

Lindsley, O. R. (1964). Geriatric behavioral prosthetics. In R. Kastenbaum (Ed.), *New thoughts on old age* (pp. 41-60). New York: Springer.

Lubinski, R. (1995). State-of-the-art perspectives on communication in nursing homes. *Topics in Language Disorders, 15*(2), 1-19.

Lund, D. A., Hill, R. D., Caserta, M. S., & Wright, S. D. (1995). Video Respite™: An innovative resource for family, professional caregivers, and persons with dementia. *The Gerontologist, 35*(5), 683-687.

Maddox, M. K., & Burns, T. (1999). Adapted Work Program: A sheltered workshop for patients with dementia. In L. Volicer & L. Bloom-Charette (Eds.), *Enhancing the quality of life in advanced dementia* (pp. 56-77). Philadelphia: Brunner/Mazel.

Mahendra, N. (2001). Direct interventions for improving the performance of individuals with Alzheimer's disease. *Seminars in Speech and Language, 22*(4), 291-303.

Mahendra, N., & Arkin, S. (2003). Effects of four years of exercise, language, and social interventions on Alzheimer disease. *Journal of Communication Disorders, 36*(5), 395-422.

Mahmood, A., Chaudhury, H., & Gaumont, A. (2009). Environmental issues related to medication errors in long-term care: Lessons from the literature. *Health Environments Research & Design Journal, 2*(2), 42-59.

Marquardt, G., Bueter, K., & Motzek, T. (2014). Impact of the design of the built environment on people with dementia: An evidence-based review. *Health Environments Research & Design Journal, 8*(1), 127-157. doi:10.1177/193758671400800111.

Marquardt, G., Schmieg, P., & Marquardt, G. (2009). Dementia-friendly architecture: Environments that facilitate wayfinding in nursing homes. *American Journal of Alzheimer's Disease and Other Dementias, 24*, 333-340. doi:0.1177/1533317509334959.

Marston, D. C. (2001). Prayer as a meaningful activity in nursing homes. *Clinical Gerontologist, 23*(1-2), 173-178.

Martin, J. L., Webber, A. P., Alam, T., Harker, J. O., Josephson, K. R., & Alessi, C. A. (2006). Daytime sleeping, sleep disturbance, and circadian rhythms in the nursing home. *Am J Geriatr Psychiatry, 14*(2), 121-129. doi:10.1097/01.JGP.0000192483.35555.a3.

Mazzei, F., Gillan, R., & Cloutier, D. (2014). Exploring the influence of environment on the spatial behavior of older adults in a purpose-built acute care dementia unit. *Am J Alzheimers and Other Dementias, 29*(4), 311-319.

McClaugherty, L., & Burnette, K. D. (2001, January). Are nursing facilities too noisy? *Provider, 27*(1), 39-41.

McGowan, T. G. (1994). Mentoring-reminiscence: A conceptual and empirical analysis. *The International Journal of Aging and Human Development, 39*(4), 321-336.

McGowan, T. G., & Blankenship, S. (1994). Intergenerational experience and ontological change. *Educational Gerontology, 20*(6), 589-604.

Mjørud, M., Engedal, K., Røsvik, J., & Kirkevold, M. (2017). Living with dementia in a nursing home, as described by persons with dementia: A phenomenological hermeneutic study. *BMC Health Services Research, 17*(93), 1-9. doi:10.1186/s12913-017-2053-2.

Montessori, M. (1964). *The Montessori method*. New York: Schocken Books.

Mor, V., Branco, K., Fleishman, J., Hawes, C., Phillips, C., Morris, J., & Fries, B. (1995). The structure of social engagement among nursing home residents. *The Journals of Gerontology*

Series B: Psychological Sciences and Social Sciences, 50(1), P1-P8.

Morgan, D. G., & Stewart, N. J. (1998). Multiple occupancy versus private rooms on dementia care units. *Environment and Behavior, 30*(4), 487-504.

Motteran, A., Trifiletti, E., & Pedrazza, M. (2016). Well-being and lack of well-being among nursing home residents. *Ageing International, 41*, 150-166. doi:10.1007/s12126-016-9240-z.

Mowrey, C., Parikh, P., Bharwang, G., & Bharwnaj, M. (2012). Application of behavior-based ergonomics therapies to improve quality of life and reduce medication usage for Alzheimer's/dementia residents. *American Journal of Alzheimer's Disease & Other Dementias, 28*(1), 35-41.

Netten, A. (1989). The effect of design of residential homes in creating dependency among confused elderly residents: A study of elderly demented residents and their ability to find their way around homes for the elderly. *International Journal of Geriatric Psychiatry, 4*(3), 143-153.

Noell-Waggoner, E. (2002). Light: An essential intervention for Alzheimer's disease. *Alzheimer's Care Today, 3*(4), 343-352.

Noell-Waggoner, E. (2004). Lighting solutions for contemporary problems of older adults. *Journal of Psychosocial Nursing and Mental Health Services, 42*(7), 14-20. doi:10.3928/02793695-20040301-01.

Noreika, J., Kujoth, J., & Torgrude, S. (2002). Using a post occupancy evaluation to guide bathroom design in a dementia specific, assisted-living facility. *Alzheimer's Care Today, 3*(1), 32-37.

Orsulic-Jeras, S., Judge, K. S., & Camp, C. J. (2000). Montessori-based activities for long-term care residents with advanced dementia: Effects on engagement and affect. *The Gerontologist, 40*(1), 107-111.

Oshima, C., Harada, C., Yasuda, K., Machishima, K., & Nakayama, K. (2014). The effectiveness of assistance dogs mounting ICT devices: A case study of a healthy woman and her dog. In S. Yamamoto (Eds.), *Human interface and the management of information. Information and knowledge in applications and services. Lecture notes in computer science, vol. 8522*. Springer, Cham.

Padilla, R. (2011). Effectiveness of environment-based interventions for people with Alzheimer's disease and related dementias. *American Journal of Occupational Therapy, 65*(5), 514-530.

Palmer, C. V., Adams, S. W., Bourgeois, M., Durrant, J., & Rossi, M. (1999). Reduction in caregiver-identified responsive behaviors in patients with Alzheimer disease post-hearing-aid fitting. *Journal of Speech, Language, and Hearing Research, 42*(2), 312-328.

Passini, R., Pigot, H., Rainville, C., & Tétreault, M.-H. (2000). Wayfinding in a nursing home for advanced dementia of the Alzheimer's type. *Environment and Behavior, 32*, 684-710.

Petrescu, I., MacFarlane, K., & Ranzijn, R. (2014). Psychological effects of poetry workshops with people with early stage dementia: An exploratory study. *Dementia, 13*(2), 207-215.

Powers, B. A., & Watson, N. M. (2011). Spiritual nurturance and support for nursing home residents with dementia. *Dementia, 10*(1), 59-80.

Pryce, H., & Gooberman-Hill, R. (2012). "There's a hell of a noise": Living with a hearing loss in residential care. *Age & Ageing, 41*(1), 40-46. doi:https://doi.org/10.1093/ageing/afr112.

Reisberg, B., Borenstein, J., Salob, S. P., Ferris, S. H., Franssen, E., & Georgotas, A. (1987). Behavioral symptoms in Alzheimer's disease: Phenomenology and treatment. *The Journal of Clinical Psychiatry, 48*(Suppl. 5), 9-15.

Roberts, G., Morley, C., Walters, W., Malta, S., & Doyle, C. (2015). Caring for people with dementia in residential aged care: Successes with a composite person-centered care model featuring Montessori-based activities. *Geriatr Nurs, 36*(2), 106-110.

Robinson, G. E., & Gallagher, A. (2008). Culture change impacts quality of life for nursing home residents. *Topics in Clinical Nutr., 23*(2), 120-130.

Roff, L. L., & Parker, M. W. (2003). Spirituality and Alzheimer's disease care. *Alzheimer's Care Today, 4*(4), 267-270.

Rosenberg, M. (1965). *Society and the adolescent self-image*. Princeton, NJ: University Press.

Rubinstein, R. L., & de Medeiros, K. (2005). Home, self, and identity. In G. Rowles & H. Chaudhury (Eds.), *Home and identity in late life* (pp. 47-62). New York: Springer.

Rule, B. G., Milke, D. L., & Dobbs, A. R. (1992). Design of institutions: Cognitive functioning and social interactions of the aged resident. *Journal of Applied Gerontology, 11*, 475-488.

Ryan, E. B., Meredith, S. D., MacLean, M. J., & Orange, J. B. (1995). Changing the way we talk with older adults: Promoting health using the Communication Enhancement Model. *The International Journal of Aging and Human Development, 41*(2), 87-105.

Schenk, L., Meyer, R., Behr, A., Kuhlmey, A., & Holzhausen, M. (2013). Quality of life in nursing homes: Results of a qualitative resident survey. *Quality of Life Research, 22*, 2929-2938. doi:10.1007/s11136-013-0400-2.

Schneider, N. M., & Camp, C. J. (2002). Use of Montessori-based activities by visitors of nursing home residents with dementia. *Clinical Gerontologist, 26*(1-2), 71-84.

Schneider, N. M., Diggs, S., Orsulic, S., & Camp, C. J. (1999). Nursing assistants teaching Montessori activities. *Journal of Nurse Assistants, 6*, 13-15.

Schroll, M., Jónsson, P. V., Mor, V., Berg, K., & Sherwood, S. (1997). An international study of social engagement among nursing home residents. *Age and Ageing, 26*(Suppl. 2), 55-59.

Schuster, E. (1998). A community bound by words: Reflections on a nursing home writing group. *Journal of Aging Studies, 12*(2), 137-147.

Shibata, T. (2012). Therapeutic seal robot as biofeedback medical device: Qualitative and quantitative evaluations of robot therapy in dementia care. *Proceedings of the IEEE, 100*(8), 2527-2538. doi:10.1109/JPROC.2012.2200559.

Shikder, S., Mourshed, M., & Price, A. (2012). Therapeutic lighting design for the elderly: A review. *Perspectives in Public Health, 132*, 282-291. doi:10.1177/1757913911422288.

Shochat, T., Martin, J., Marler, M., & Ancoli-Israel, S. (2000). Illumination levels in nursing home patients: Effects on sleep and activity rhythms. *Journal of Sleep Research, 9*, 373-379. doi:10.1046/j.1365-2869.2000.00221.x.

Sigman, S. J. (1985). Conversational behavior in two health care institutions for the elderly. *Institutional Journal of Aging and Human Development, 21*(2), 137-154.

Skelton, D. A., Howe, T. E., Ballinger, C., Neil, F., Palmer, S., & Gray, L. (2013). Environmental and behavioural interventions for reducing physical activity limitation in community-dwelling visually impaired older people. *Cochrane Database of Systematic Reviews 2013, Issue 6*. Art. No.: CD009233. doi:10.1002/14651858.CD009233.pub2.

Skrajner, M. J., Haberman, J. L., Camp, C. J., Tusick, M., Frentiu, C., & Gorzelle, G. (2014). Effects of using nursing home residents to serve as group activity leaders: Lessons learned from the RAP project. *Dementia, 13*(2), 274-285.

Sloane, P. D., Mitchell, C. M., Calkins, M., & Zimmerman, S. I. (2000). Light and noise levels in Alzheimer's disease special care units. *Research and Practice in Alzheimer's Disease, 4*, 241-249.

Soril, L. J. J. J., Leggett, L. E., Lorenzetti, D. L., Silvius, J., Robertson, D., Mansell, L. et al. (2014). Effective use of the built environment to manage behavioral and psychological symptoms of dementia: A systematic review. *PLoS ONE, 9*(12), e115425. doi:10.1371/journal.pone.0115425.

Stevens, A. B., Camp, C. J., King, C. A., Bailey, E. H., & Hsu, C. (1998). Effects of a staff implemented therapeutic group activity for adult day care clients. *Aging & Mental Health, 2*(4), 333-342.

Stevens, A. B., King, C. A., & Camp, C. J. (1993). Improving prose memory and social interaction using question asking reading with adult day care clients. *Educational Gerontology, 19*(7), 651-662.

Stewart, J. T. (1995). Management of behavior problems in the demented patient. *American*

Family Physician, 52(8), 2311-2320.

Stuckey, J. C., Post, S. G., Ollerton, S., FallCreek, S. J., & Whitehouse, P. J. (2002). Alzheimer's disease, religion, and the ethics of respect for spirituality: A community dialogue. *Alzheimer's Care Today, 3*(3), 199-207.

Szanton, S. L., Thorpe, R. J., Boyd, C., et al. (2011). Community aging in place, advancing better living for elders: A bio-behavioral-environmental intervention to improve function and health-related quality of life in disabled older adults. *J Am Geriatr Soc, 59*(12), 2314-2320.

Teresi, J. A., Holmes, D., & Ory, M. G. (2000). The therapeutic design of environments for people with dementia: Further reflections and recent findings from the National Institute on Aging Collaborative Studies of Dementia Special Care Units. *The Gerontologist, 40*(4), 417-421.

Teri, L., & Logsdon, R. G. (1991). Identifying pleasant events for Alzheimer's disease patients: The Pleasant Events Schedule-AD. *The Gerontologist, 31*(1), 124-127.

Teri, L., Logsdon, R. G., Uomoto, J., & McCurry, S. M. (1997). Behavioral treatment of depression in dementia patients: A controlled clinical trial. *Journal of Gerontology Series B: Psychological Sciences and Social Sciences,* 52(4), P159-P166.

Thomas, W. H. (1994). *The Eden alternative: Nature, hope, and nursing homes.* Columbia, MO: University of Missouri.

Torrington, J. M., & Tregenza, P. R. (2007). Lighting for people with dementia. *Lighting Research and Technology, 39*, 81-97. doi:10.1177/1365782806074484.

Travers, C., Perkins, J., Rand, J., Bartlett, H., & Morton, J. (2013). An evaluation of dog-assisted therapy for residents of aged care facilities with dementia. *Antrozoös: A multidisciplinary Journal of the Interactions of People and Animals, 26*(2), 213-225.

Vance, D. Camp, C., Kabacoff, M., & Greenwalt, L. (1996). Montessori methods: Innovative interventions for adults with Alzheimer's disease. *Montessori Life, 8*, 10-12.

Van Hoof, J., Kort, H. S. M., Duijnstee, M. S. H., Rutten, P. G. S., & Hensen, J. L. M. (2010). The indoor environment and the integrated design of homes for older people. *Building and Environment, 45*(5), 1244-1261.

van Hoof, J., Verbeek, H., Janssen, B. M., Eijkelenboom, A., Molony, S. L., Felix, E., Nieboer, K. A., Zwerts-Verhelst, E. L. M., Sijstermans, J. J. W. M., & Wouters, E. J. M. (2016). A three perspective study of the sense of home of nursing home residents: The views of residents, care professionals, and relatives. *BMC Geriatrics, 16*(169), 1-15. doi:10.1186/s12877-016-0344-9.

Van Ness, P. H., & Kasl, S. V. (2003). Religion and cognitive dysfunction in an elderly cohort. *Journal of Gerontology Series B: Psychological Sciences and Social Sciences, 58*(1), S21-S29.

Voelkl, J. E., Winkelhake, K., Jeffries, J., & Yoshioka, N. (2003). Examination of a nursing home environment: Are residents engaged in recreation activities? *Therapeutic Recreation Journal, 37*, 300-314.

Wallace-Guy, G. M., Kripke, D. F., Jean-Louis, G., Langer, R. D., Elliott, J. A., & Tuunainen, A. (2002). Evening light exposure: Implications for sleep and depression. *Journal of the American Geriatrics Society, 50*, 738-739. doi:10.1046/j.1532-5415.2002.50171.x.

Weiner, A. S., & Ronch, J. L. (2003). *Culture change in long-term care*. New York: Routledge.

West, S. K., Friedman, D., Muñoz, B., Roche, K. B., Park, W., Deremeik, J., … & German, P. (2003). A randomized trial of visual impairment interventions for nursing home residents: Study design, baseline characteristics and visual loss. *Ophthalmic Epidemiology, 10*(3), 193-209.

Westerhof, G. J., van Vuuren, M., Brummans, B. H. J. M., & Custers, A. F. J. (2014). A Buberian approach to the co-construction of relationships between professional caregivers and residents in nursing homes. *Gerontologist, 54*, 354-362. https://doi.org/10.1093/geront/gnt064.

Whear, R., Coon, J. T., Bethel, A., Abbott, R., Stein, K., & Garside, R. (2014). What is the impact of using outdoor spaces such as gardens on the physical and mental well-being of those with dementia? A systematic review of quantitative and qualitative evidence. *Journal of the American Medical Directors Association, 15*, 697-705. http://dx.doi.org/10.1016/j.jamda.2014.05.013.

Wilson, L. B., & Simson, S. (1991). The role of social work in intergenerational programming. *Journal of Gerontological Social Work, 16*(1-2), 87-96.

Woods, P., & Ashley, J. (1995). Simulated presence therapy: Using selected memories to manage responsive behaviors in Alzheimer's disease patients. *Geriatric Nursing, 16*(1), 9-14.

Yamashita, T., Kinney, J. M., & Lokon, E. J. (2011). The impact of a gerontology course and a service-learning program on college students' attitudes toward people with dementia. *Journal of Applied Gerontology, 32*(2), 139-163.

Yesavage, J. A., Brink, T. L., Rose, T. L., Lum, O., Huang, V., Adey, M., & Leirer, V. O. (1983). Development and validation of a geriatric depression screening scale: A preliminary report. *Journal of Psychiatric Research, 17*(1), 37-49.

Young, R., Camic, P. M., & Tischler, V. (2016). The impact of community-based arts and health interventions on cognition in people with dementia: A systematic literature review. *Aging & Mental Health, 20*(4), 337-351. doi:10.1080/13607863.2015.1011080.

Zeisel, J., Silverstein, N. M., Hyde, J., Levkoff, S., Lawton, M. P., & Holmes, W. (2003).

Environmental correlates to behavioral health outcomes in Alzheimer's special care units. *The Gerontologist, 43*(5), 697-711.

Zeiss, A. M., & Lewinsohn, P. M. (1986). Adapting behavioral treatment for depression to meet the needs of the elderly. *Clinical Psychologist, 39*(4), 98-100.

Zgola, J. (1990). Alzheimer's disease and the home: Issues in environmental design. *American Journal of Alzheimer's Disease & Other Dementias, 5*(3), 15-22.

Zimmerman, S., Sloane, P. D., Heck, E., Maslow, K., & Schulz, R. (2005a). Introduction: Dementia care and quality of life in assisted living and nursing homes. *Gerontologist, 45*(Spec No. 1), 5-7.

Zimmerman, S, Sloane P. D., Williams, C. S., et al. (2005b). Dementia care and quality of life in assisted living and nursing homes. *Gerontologist, 45*(Spec No. 1), 133-146.

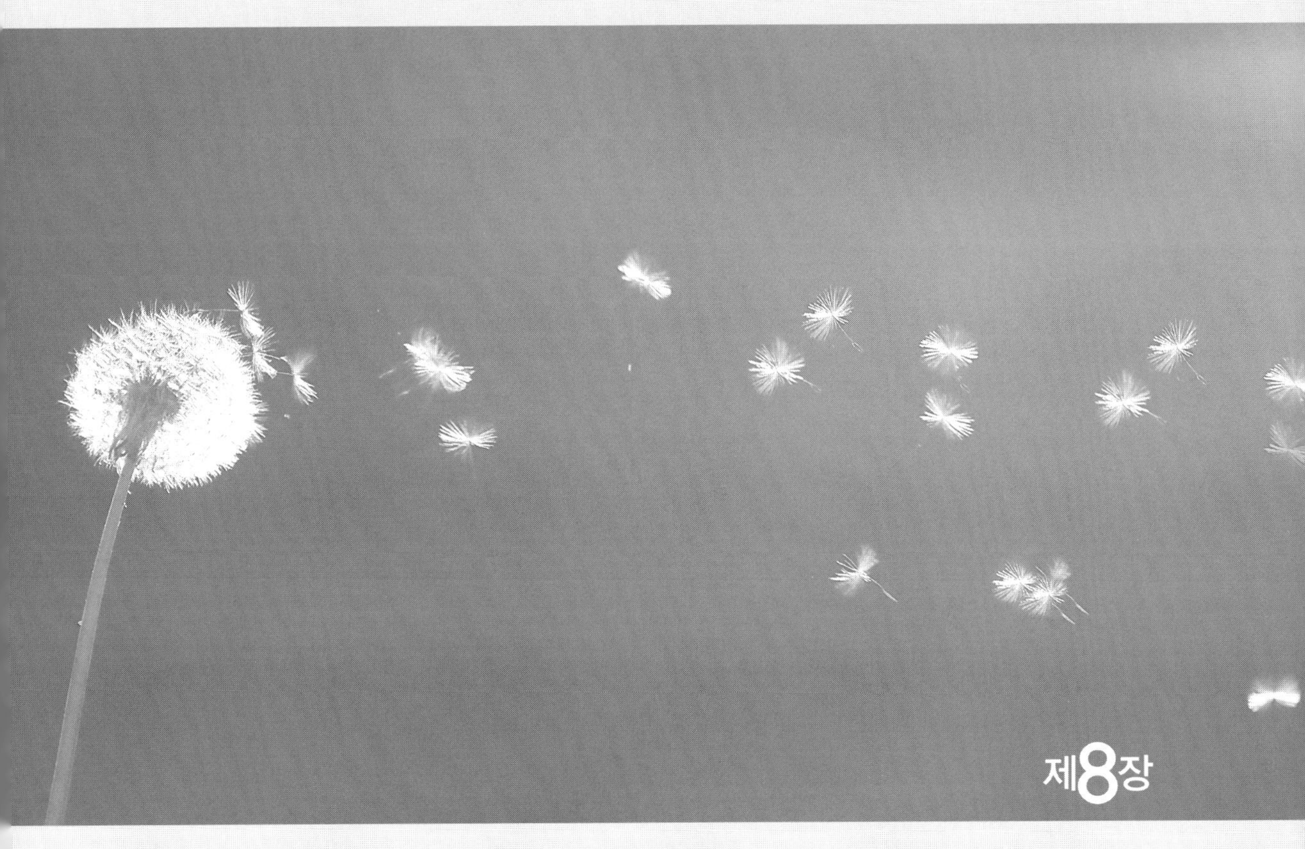

제8장

섭식과 삼킴: 특성, 평가, 중재

Ellen M. Hickey, Stuart Cleary, Pamela Coulter, and Michelle S. Bourgeois

치매 환자는 식사시간 문제(사회적/행동적 문제), 섭식(eating) 곤란, 삼킴장애(swallowing disorders or dysphagia) 등 식사 도중 다양한 어려움을 겪는다(Aselage, 2010; Watson & Green, 2006). 이러한 문제는 건강 및 삶의 질에 대한 부정적 영향과 유병률을 고려할 때 돌봄 시 주요 쟁점이 된다(Alagiakrishnan, Bhanjib, & Kurianc, 2013; Clavé & Shaker, 2015; Giebel, Sutcliffe, & Challis, 2015). 이들은 통합적으로 연관되므로 평가 및 치료에 미치는 여러 영향 요인을 고려해야 한다. 증상의 심화에 따라 환자 및 가족의 요구를 존중하고, 삶의 질에 대한 영향과 건강 위험 요인 간에 균형을 이루어야 한다. 환자와 가족에 중점을 둔 전문가 팀의 인간 중심 접근은 시행 및 효과를 극대화하는 데 필수적이다.

이 장에서는 식사시간, 섭식, 삼킴 문제의 특성, 식사시간에 대한 영향 요인, 이들로 인한 결과를 논의한다. 또 안전성을 높이고 영양 및 수분을 극대화하며 전반적인 식사시간의 경험을 강화하기 위해 인간 중심 평가 및 치료 접근을 소개한다. 궁극적으로 임상가는 치매의 진행 과정에서 삶의 질을 유지하는 데 목표를 두어야 한다. 영양 공급, 삼킴 등 생애 말기 돌봄도 논의한다.

1. 특성

식사 관련 용어는 의미에 따라 뚜렷이 구분된다(Aselage, 2010; Watson & Green, 2006 참고). **식사시간 행동**은 식사에 참여하는 사회적 양상(예: 욕구 및 요구 관련 의사소통, 식사 관련 사회적 행동 및 문화적 의식)과 연관되며, **섭식**은 음식과 음료를 입으로 전달하는 과정이다. **삼킴**은 음식과 음료를 입에서 위장으로 옮기는 과정이다. 여기서는 주로 섭식과 삼킴에 초점을 두고, 식사시간 행동을 추가로 논의한다. 치매로 인해 세 영역에 문제를 보일 수 있는데, 이들은 구분하기가 쉽지 않다.

치매로 인해 섭식 및 삼킴이 어려우면 건강 문제부터 사회적·문화적 삶의 질까지 다양한 위험과 결과를 초래한다(Aselage & Amella, 2010; Brush, Meehan, & Calkins, 2002; Calkins & Brush, 2003; Liu et al., 2016). 함께 식사하는 의식은 개인의 문화적 정체성, 기억, 삶의 질의 일부가 된다(Bloomfield & Pegram, 2012; Brush et al., 2002; Kofod & Birkemose, 2004; Wallin et al., 2014). 식사시간의 사회적 행동은 환경 요인, 인지-의사소통 결함, 질환의 중증도에 좌우된다. 치매 초기~중기의 섭식 능력 및 기초 일상생활활동(ADLs)은 비교적 양호하나 후기로 갈수록 저하되는 경향이 있다(Arrighi et al., 2013; Aselage & Amella, 2010; Giebel et al., 2014, 2015; Kai et al., 2015). 후기에는 씹기 및 삼킴 문제도 보편화된다.

삼킴장애가 있는 치매 환자는 흡인성 폐렴, 영양실조, 패혈증, 인공호흡기, 거식증, 사망의 위험이 높고, 삼킴장애가 없는 경우에 비해 돌봄 비용과 기간이 증가한다(Paranji et al., 2017). 요양원 거주자 중 치매 환자는 체중 감소, 영양 부족, 섭식장애의 가능성이 크고, 동반 질환, 심도 치매, 다수의 약물 투여로 인한 위험도 증가한다(Bell et al., 2013; Slaughter et al., 2011; Slaughter & Hayduk, 2012). 여기서는 인지적, 행동적, 감각적, 생리적, 환경적 측면에서 섭식과 삼킴의 영향 요인을 논의한다.

1) 식사시간 행동 및 섭식

인지 및 행동 요인 식사시간 행동과 섭식 문제는 인지 결함과 연관될 수 있다. 섭식은 알츠하이머병(AD)의 마지막 단계에서 저하되는 기능적 행동 중 하나이자 예측 가능한 과정이다. 예를 들어, 지역사회에 거주하는 치매 초기 환자는 식료품 구매와 식사 준비(예: 개시, 계획, 요리법 기억, 안전한 준비)에 어려움을 겪거나 식사 자체를 잊기도 한다(Arrighi et al., 2013; Brush et al., 2002; Douglas & Lawrence, 2015; Sato et al., 2014). 요양원에서는 식당 찾기, 식사시간 기억, 음식 선택, 사회적으로 적절한 대화 및 예절 유지에 어려움이 있다(Genoe et al., 2012; Kai et al., 2015). 질환이 심화되면서 주의력 결함 및 지각 문제가 증가하고, 식사시간 내 착석 유지, 주의산만 극복, 식기류 및 양념통 조작 등을 잘 수행하지 못한다(Brush et al., 2002). 입을 과도하게 벌리거나 식료품이 아닌 것을 먹기도 한다(특히 행동 변이형 전두측두치매[bv-FTD]).

지남력, 주의력, 지각, 집행기능 결함이 심화되면서 식사시간 및 섭식 행동이 더 어려워지고, 식사 시 의식·주의·관심 유지, 음식 인식 및 위치 파악, 섭식 개시 및 순서화, 식기 사용, 냄새에 대한 반응, 간단한 구두 지시 따르기, 선호 및 요구 관련 의사소통 기능이 저하된다(Aselage & Amella, 2010; Lee & Song, 2015; Rogus-Pulia et al., 2015; Wu & Lin, 2015). 환경 및 식사 구성원에 대한 인식 부족, 망상이나 환각 등의 행동 및 정신병적 징후도 식사시간 행동과 섭식을 복잡하게 한다(Amella, 2004; Arrighi et al., 2013; Aselage & Amella, 2011; Lee & Song, 2015; Njegovan et al., 2001; Stockdell & Amella, 2008).

방황, 서성거림, 신체 공격 등은 식사시간에 영향을 주는 반응 행동이다(Liu et al., 2016). 후기에 인지 결함이 심화되고 반응 행동이 보편화되면서 음식을 던지거나 뱉기, 거부하기,

밀어내는 모습도 보인다(Lee & Song, 2015; Liu et al., 2016; Wu & Lin, 2015). 손으로 음식을 먹거나 섭식에 저항하며(고개 돌리기, 입 다물기, 삼키지 않기, 밀어내기), 음식을 뱉거나 파괴적으로 발성한다(Aselage & Amella, 2010, 2011; Gilmore-Bykovskyi, 2015). 증상을 어느 정도 예측할 수 있으나, 능력 저하, 손상 순서 및 비율에 있어 개인차가 있다(Arrighi et al., 2013).

감각 요인 감각 요인은 식사시간 행동과 섭식에 모두 영향을 주며, 제한적 식사와 음주로 인해 위험이 가중된다(Behrman, Chouliaras, & Ebmeier, 2014; Briller et al., 2001). 동공 크기, 반응시간, 색 대비 · 채도 · 변별력 감소, 주변 시야 소실, 깊이 감각 및 공간 지남력 저하 등의 신체 변화는 식사 문제를 야기하는 연령 요인이다(Behrman et al., 2014; Brush et al., 2002; Lee & Song, 2015; Rizzo et al., 2000). 시각 자극에는 주의산만의 빈도(예: 주변 통행인들), 빛의 양과 질, 식탁-접시 및 접시-음식 간 시각적 대비 등이 있다(Douglas & Lawrence, 2015; Koss & Gilmore, 1998). 환시는 식사시간 행동과 섭식, 특히 루이소체 치매(DLB) 환자에게 영향을 줄 수 있다(Behrman et al., 2014). 이로 인해 식판 위에 놓인 것을 인지하지 못하고, 좌절하거나 당황하여 식사를 포기하기도 한다.

난청과 소음 환경 내 듣기의 어려움(보청기 사용 및 미사용)은 식사 상황의 사회적 상호작용을 방해하며, 보청기로 인해 자신의 씹는 소리뿐 아니라 환경음이 증폭되어 불편해질 수 있다(Baucom, 1996; Behrman et al., 2014; Roberts & Durnbaugh, 2002). 청각 자극의 양 및 유형에는 기계와 요리로 인한 환경음(예: 제빙기, 접시와 식기류의 달그락거리는 소리), 대화 소리, 식사 시 대화나 구어 지시에의 참여 능력 등이 관련된다(Calkins & Brush, 2003). 음식의 식별과 인식을 좌우하는 후각 및 미각의 변화는 연령, 약물, AD, 파킨슨병 치매(PDD), 전두측두엽변성(FTLD)에 기인한다(Behrman et al., 2014; Omar et al., 2013; Sakai et al., 2016; Williams & Weatherhead, 2013). AD로 인해 단맛에 대한 민감도와 인식이 저하되면 단 음식을 더 섭취하게 된다(Sakai et al., 2016). 이는 식욕 감퇴의 보편적 원인일 수 있다.

생리학적 요인 치매로 인해 식욕 조절(Kai et al., 2015; Sato et al., 2014; Simmons & Schnelle, 2003), 기분장애(예: 우울, 냉담, 무관심; Liu et al., 2016; Simmons & Schnelle, 2003) 관련 식욕 감퇴나 증가를 경험하는데, 식욕은 적절한 영양을 섭취하는 데 중요한 생리학적 요소이다. 식욕 부진, 무관심, 목표 중심적 행동 감소, 섭식 관련 외적 동기 저하 등의 식욕 문제는 좌측 전대상피질의 병변에 기인한다(Hu et al., 2002; Ismail et al., 2008). 안와전두피질(orbitofrontal cortex)은 미각 · 후각 · 시각 정보, 불쾌한 맛과 냄새, 포만감을 처리한다

(Ismail et al., 2008). bv-FTD는 식욕으로 인해 칼로리 섭취가 증가하는데, 대상피질, 시상, 소뇌 위축이 관여한다. 의미 변이형 원발성 진행성 실어증(sv-PPA)은 이들 세 영역과 안와전두피질, 측좌핵(nucleus accumbens) 위축과 관련된다(Ahmed et al., 2016).

약물 부작용(예: 항우울제), 기타 건강 문제(예: 갑상선 기능 항진증, 간 문제, 신부전증), 감염(예: 방광염) 등도 섭식 감소의 원인일 수 있다(Gillick & Mitchell, 2002). 피로, 통증, 만성 질환, 변비, 의치 부족이나 부적합, 식욕이나 침을 감소시키는 약물 등 신체적 스트레스 요인은 섭식을 방해하고 부적절한 섭취를 초래한다(Keller et al., 2012; Roberts & Durnbaugh, 2002). 전반적 약화, 악력, 착석 시 균형, 운동성도 섭식장애에 영향을 미친다(Liu et al., 2016).

물리적 및 사회적 환경 요인 국제기능장애건강분류(ICF; WHO, 2001)에 규정된 환경 요인에는 일상의 물리적 및 사회적 측면, 태도가 포함된다. 이는 식사 및 수분의 양과 질을 낮추고 지원에 대한 의존도를 높여 노인을 위험에 노출시키는 데 작용한다(Lee & Song, 2015; Slaughter et al., 2011; Slaughter & Hayduk, 2012). 지역사회 거주자의 환경은 고립(사회적 또는 지리적), 제한적 수입(Genoe et al., 2012; Rehm et al., 2016) 등으로 인해 음식과 수분을 적절히 섭취하기 어렵게 한다(Genoe et al., 2012; Rehm et al., 2016). 치매 노인이 아닌 경우에도 미국심장협회(American Heart Association)가 규정한 낮거나 중간 수준의 식단을 소비하는 경향이 있다(Rehm et al., 2016).

거주 돌봄시설 환자는 식사시간을 통제하지 못해 식사 참여가 제한된다. 특히 치매 환자는 영양실조와 탈수증의 위험이 높은데, 시설 환경에서는 더욱 그렇다. 공동 식사에 비해 방에서 식사하는 요양원 거주자는 스스로 잘 먹지 못한다(Lee & Song, 2015). 45개 생활지원시설 및 요양원 거주자의 54%는 음식, 51%는 수분 섭취율이 낮았다(Reed et al., 2005). 반면 직원 모니터링, 공동 식사, 식판 미사용, 식탁보 등 비시설적 요소는 음식과 수분 섭취를 늘렸다.

공동 식사 시에는 소음이나 음악 등 외적 스트레스 요인, 혼잡 및 이동 보조기기, 시설 환경, 식판의 저자극 음식, 빈약한 조명, 타인의 행동이 식사에 영향을 미친다(Brush et al., 2002; Douglas & Lawrence, 2015; Roberts & Durnbaugh, 2002). 간병인 행동과 연관된 식사시간 및 섭식 문제로는, 음식과 수분의 구강 섭취 및 영양 보충 관련 부정확한 기록, 중재 필요성의 미확인, 섭식 지원 필요성의 과대평가, AD로 인한 음식 선호도 변화에 대한 일상평가 부족 등이 있다(Gilmore-Bykovskyi, 2015; Hanson et al., 2013; Kai et al., 2015; Pioneer Network, 2011; Simmons & Schnelle, 2003).

식당 내에 직원이 부족하면 섭식에 대한 감독이나 지원이 부적절해진다(예: 구어 촉진 미시행, 사회적 참여 제한, 과도한 한입 크기, 너무 빠른 음식 섭취; Amella, 1999; Aselage & Amella, 2011; Liu et al., 2016; Pioneer Network, 2011; Simmons & Schnelle, 2003, 2006; Ullrich & Crichton, 2015). 간병인과 상호작용하는 질적 수준은 반응 행동, 흥분, 섭취 등 식사시간의 어려움을 개선 또는 가중시킨다(Aselage & Amella, 2010, 2011). 간호조무사가 식사 시 과제 중심 접근을 사용하면 비인격적이고 '기계적인' 돌봄을 초래해 직원 및 거주자의 스트레스, 흥분, 기타 반응 행동 빈도를 높이고 식사시간의 즐거움을 감소시킨다(Aselage & Amella, 2011; Gilmore-Bykovskyi, 2015; Liu et al., 2015; Roberts & Durnbaugh, 2002). 간병인의 행동은 참여, 독립성, 섭취, 식사 소요 시간을 강조하는 시설의 조직 문화 및 돌봄의 우선순위에 기인한다.

심도 치매로 인한 반응 행동은 저항이 아닌 의사소통 수단일 수 있다(예: 다른 음료수를 원할 때 컵을 치우고 빨대를 물어뜯는 행동). 적절히 훈련되지 않은 간호사는 반응 행동으로 인해 섭식을 효과적으로 지원하지 못한다(Douglas & Lawrence, 2015). 너무 빨리 먹이기, 행동 및 언어 통제(예: "콩 드세요." 등의 명령적 어조), 과제 중심 행동(예: 환자의 말을 무시하고 섭식에만 집중함, 음식을 즐기고 삼키는 능력을 고려하지 않은 식이법)은 반응 행동을 유발하는 간병인의 행동이다(Aselage & Amella, 2011; Gilmore-Bykovskyi, 2015). 간병인은 반응 행동의 원인을 파악해 문제를 해결하고 결과를 평가해야 한다(예: 실내 온도 조절, 먹여 주는 행동을 수정해 편안함을 증진함). 저항과 흥분을 비협조나 거부로 오해하면 식사가 조기에 중단되어 영양 섭취가 불충분해진다(Amella & Batchelor-Aselage, 2014; Aselage & Amella, 2011).

거주자 · 간병인의 문화적 및 종교적 요인 식습관과 음식 선택은 문화마다 다르고 식사 행동 및 섭취에 영향을 준다(Liu et al., 2016). 식전 기도나 공동 식사의 시작을 기다리는 습관은 섭식을 미루려는 행동으로 오인된다. 신앙심은 일정 기간 단식, 특정 음식 자제 등을 좌우하며, 문화적 관습은 특정 음식, 특히 건강하지 않을 때 '위안을 주는 음식' 관련 선호도를 좌우한다. 매우 동질적인 지역사회에서 문화적 및 종교적 관습을 다루기는 용이하나, 다양성이 높을수록 장기요양시설의 식사 서비스에 어려움이 가중되어 획기적인 해결책이 요구된다.

종교나 건강에 대한 간병인의 믿음은 식사 제공법과 반응 행동을 이해하는 데 관여한다. 예를 들어, 독일 기독교 요양원 직원은 섭식 지원에 대한 저항(예: 식사 중 입 다물기)을 자살 의지로 해석할 가능성이 높으나(Kuehlmeyer et al., 2015), 일반 가정에서는 불편함이나 중단 요구로 간주된다(Kuehlmeyeret al., 2015). 간병인은 자신의 믿음과 반응 행동에 대한 해석이 상호작용 및 섭식의 어려움에 미치는 영향을 고려해야 한다(Amella & Batchelor-Aselage, 2014; Kuehlmeyer et al., 2015). 종교적 시설에서는 생애 말기 돌봄 관련 의사결정에 관여하는 정책도 시행한다(예: 가톨릭 시설은 대체 식이법의 제거를 허용하지 않음).

음식의 질과 공급 음식 및 음료의 공급과 질은 식사의 즐거움에 기여한다. 섭식과 삼킴이 어려운 요양원의 중증 치매 거주자는 선호 음식에 대한 선택권이 제한될 수 있다(Hanson et al., 2013). 음식에 대한 인지가 어려운 환자에게 형태를 파악할 수 없는 퓌레 음식을 제공하면 문제가 심화된다(Keller et al., 2012). 치료용(예: 저염, 저당, 저지방) 및 삼킴장애용(예: 퓌레, 다진 음식) 식단은 입맛을 떨어뜨리는 음식 맛의 변화, 영양분 밀도 감소, 선택 제한 등으로 체중을 감소시킬 위험이 높다(Keller et al., 2012; Pioneer Network, 2011). 다른 질감에 비해 퓌레 식단은 일일 약 400칼로리를 적게 제공한다(Keller et al., 2012). 선도네트워크 음식 · 식사임상대책위원회(Pioneer Network, Food and Dining Clinical Task Force)는 요양원 거주자의 식단을 자율화하고 저항력 부족, 치료 목표, 체중 감소율에 근거해 필요시만 치료용 식단을 제공하도록 권고한다.

2) 삼킴

삼킴은 음식을 구강, 인두, 식도에서 위까지 전달하는 과정이다. 삼킴장애는 문제가 발생하는 위치에 따라 구강, 인두, 식도로 분류된다. 진단과 관리가 부적절하면 탈수증, 영양실조, 후두염, 기관지염, 흡인성 폐렴, 질식사 등 심각한 의학적 질환을 초래하기도 한다(Clavé & Shaker, 2015; Liu, Cheon, & Thomas, 2014). 언어재활사(SLP)는 주로 구강 및 인두 삼킴의 결함을 다루며, 종종 식도 결함도 포괄한다. 여기서는 삼킴장애의 유병률, 징후 및 증상, 결과를 논의한다.

삼킴장애 유병률 삼킴장애의 유병률은 치매 유형에 따라 다르며, 신경근육장애를 유발하는 병태생리학에 근거한다. 치매 유형과 별개로 삼킴장애 유병률은 경도 치매 6~13%(Park et al., 2013; Sato et al., 2014), 중등도~심도 83%(Park et al., 2013), 심도 80%(Hanson et al., 2013) 수준이다. AD의 경우 경도 32%, 중등도~심도 29~44%이다(Alagiakrishnan et al., 2013). AD의 대부분은 구강 단계에 결함이 있는데, 이는 구강 내 음식에 주의를 기울이지 않거나 씹기 및 삼킴을 기억하지 못하는 인지 결함에 기인한다. 구강 이동시간 지연 등은 감각이 손상되어 나타난다.

이 밖에 혈관성 치매(VaD) 47%, FTD 25%, FTLD 57%(Alagiakrishnan et al., 2013), DLB 및 PDD 32%이며, 이 중 92%가 비디오투시조영 삼킴검사(videofluroscopic swallow study: VFSS)를 통해 확인되었다(Londos et al., 2013). 진단과 상관없이 삼킴장애는 치매 환자에게 보편적인 증상이다(Park et al., 2013). 인지 결함과 연관된 삼킴 문제 외에, 원인 질환이 신경근육 결함을 유발해 조기에 삼킴장애를 동반하기도 한다. 파킨슨병(PD; Volonté, Porta, & Comi, 2002), 진행성 핵상마비(PSP) 및 다계통위축증(multi-system atrophy; Walshe, 2014), 헌팅턴병(HD; Kagel & Leopold, 1992) 등이 이에 해당한다. 파킨슨증(Parkinsonism)을 보이는 DLB 및 PDD는 인두 단계에 결함이 있고(Londos et al., 2013; Walshe, 2014), VaD의 경우 구강 및 인두 단계에서 모두 삼킴장애를 보일 수 있다(Alagiakrishnan et al., 2013; Walshe, 2014). 삼킴장애 유병률은 FTD보다 AD에서 더 높으나(Alagiakrishnan et al., 2013), FTD는 무분별한 섭식 행동(예: 비식품 섭취)이 많은 반면, 의미치매(SD)는 선호하는 음식이 변이적이다(Alagiakrishnan et al., 2013).

삼킴장애 증상 구강 및 인두의 기능 저하 증상으로는 씹기 곤란, 음식 및 음료 유출, 구강 내 음식물 고임, 삼킴 개시 곤란, 느린 삼킴, 비강 역류, 침 흘림, 분비물 관리 곤란, 젖은 음성, 흡인(aspiration), 질식 및 기침, 인두 및 후두 내 음식 유착, 체중 감소 등이 있다(Park et al., 2013; Sato et al., 2014). 인지 결함 외에 신경근육 약화 및 불협응, 운동 범위 감소, 입술 및 혀 조절이 어려운 구강실행증 등이 구강 단계의 삼킴에 영향을 미친다. 입술 다물기, 구강 청결, 음식덩이 형성, 인두로의 이동 등도 저하된다. 치매 환자는 물기, 씹기, 삼킴 능력이 섭식에 비해 덜 손상될 수 있으나(Lee & Song, 2015; Wu & Lin, 2015), 음식덩이를 조작하는 데 어려움을 겪는다(Aselage & Amella, 2011).

인두 단계에서 인두 삼킴 지연, 반복 삼킴, 설골-후두 상승 감소, 인두 내 잔여물, 침습 및 흡인이 나타나기도 한다(Affoo et al., 2013; Alagiakrishnan et al., 2013; Sato et al., 2014; Walshe, 2014). 삼킴 개시 전 음식덩이의 인두 내 유출, 조롱박굴(pyriform sinuses) 및 후두계곡(valleculae) 내 잔여물 등도 보고된다(Alagiakrishnan et al., 2013; Londos et al., 2013; Walshe, 2014). 객관적 평가를 통해 식도 운동장애, 타액 분비 감소, 질환 심화에 따른 후두 내 침습 제거의 저하, 무증상 흡인 등이 관찰될 수 있다(Cersosimo & Benarroch, 2012; Kalf et al., 2012).

3) 섭식 및 삼킴 문제의 영향

영양실조, 탈수증, 체중 감소 영양실조는 전 세계 노인에게 보편화된 문제이다(Allen, Methven, & Gosney, 2014). 치매가 진행될수록 식욕 저하, 갈증 인식 저하, 섭식 망각 등으로 영양실조 및 탈수증이 유발되는데, 이는 체중 감소와 사망으로 이어지기도 한다(Aselage & Amella, 2010; Liu et al., 2014; Hanson, Ersek, Lin, & Carey, 2013; Jensen et al., 2013; Roberts & Durnbaugh, 2002). 보호자는 가정과 거주시설에서 영양실조, 탈수증, 흡인의 징후뿐 아니라 섭식 양상을 지속적으로 관찰해야 한다(Foley, Affoo, & Martin, 2015). 장기요양(LTC) 돌봄에서 저체중 지수와 영양실조는 중요한 문제로, 30~85%가 영양실조를 경험한다(Landi et al., 1999; Saletti et al., 2000; Simmons & Reuben, 2000). 영양결핍으로 인해 인지 저하가 가속화될 수 있으므로(Brooke & Ojo, 2015; Hooper et al., 2016), 체중 감소가 중요한 지표에 해당한다(Ball et al., 2015).

최소자료세트(MDS)에 근거할 때 제공된 식사를 75% 미만으로 섭취하면 임상적으로 중대한 섭식 문제로 간주된다. Simmons와 Schnelle(2003)은 대부분의 요양원 거주자가 MDS 기준에 비해 음식 및 수분의 구강 섭취가 적고, 특히 인지 결함이 동반되면 영양실조 위험이 높다고 보고했다. 인지 결함의 중증도보다 행동장애(예: 과민성, 흥분, 탈억제)가 영양실조를 더 많이 유발하며 대체 음식의 선택을 좌우할 수 있다(Greenwood et al., 2005). AD로 인해 식욕을 잘 조절하지 못하고, 단백질보다 탄수화물이나 단 음식을 선호하는 경향이 있다. [글상자 8-1]에서 영양 및 수분 부족의 징후를 소개한다.

글상자 8-1 영양실조 및 탈수증 징후

- 영양실조 및 탈수증 징후
  - 체중 감소, 피부 병변 및 손상(예: 욕창), 감염, 현기증, 피로, 과민성, 혼동 및 낙상 증가, 사망
- 추가 징후
  - 영양실조: 요실금, 쇠약, 모발 건조, 탈모, 감염 민감도 증가
  - 탈수증: 구강/혀 건조, 입술 갈라짐, 퀭한 눈, 소변량 감소, 짙은 소변, 변비, 무기력증, 현기증, 저혈압, 근육경련, 손등에 '꼬집은 흔적'이 그대로 남는 증상

출처: Jensen et al.(2013), Kofod & Birkemose(2004), Roberts & Durnbaugh(2002).

삶의 질 치매로 인해 저하된 삶의 질은 식사시간 지연에 기인한다(Liu et al., 2014; Pioneer Network, 2011). 식감이 달라지면 즐거움이 아닌 영양을 위한 식사가 되고, 슬픔, 좌절, 우울, 동요를 유발한다(Ullrich & Crichton, 2015). 섭식 및 삼킴 문제는 사회적 측면에도 영향을 미친다(Calkins & Brush, 2003; Wallin et al., 2014). 따라서 치매 돌봄 시 식사를 통한 영양 및 즐거움의 제공은 주요 고려 사항이다(Gillick & Mitchell, 2002; Njegovan et al., 2001; Watson & Green, 2006). 간병인은 식사시간을 의미 있는 기회로 삼아야 한다. 즉 환자가 공동체의 일원이자 존엄한 성인으로 인식할 수 있는 기회가 되어야 한다(Bowlby Sifton, 2002; Hellen, 2002).

가정 돌봄 시 섭식 및 체중 감소는 가족의 불안감, 죄책감, 스트레스를 유발하고, 특히 예기치 않은 부담감을 증폭시킨다(Ball et al., 2015). 예를 들어, 인지(망각, 혼동, 지남력 상실), 신체(삼킴장애, 식욕 및 시공간력 저하, 음식 인지 저하), 반응적 감정(좌절, 분노, 고립, 두려움), 독립적 기능(자가식이, 식기 사용), 반응 행동(공격성, 음식 비축)에 문제가 있다. 간병인은 전문가로부터 충분히 교육받지 못했다고 인식하며, 영양사, 인터넷, 지원 단체의 도움을 받거나 스스로의 전문 지식을 활용한다.

2. 평가

평가 목표는 손상, 활동 및 참여, 맥락 요인, 삶의 질 등 ICF에 근거한다(WHO, 2001). 돌봄은 협력적 및 인간 중심적 방식으로 전문가 팀이 제공하는 것이 가장 바람직하다. 팀은 환경(예: 가정, 요양원, 병원) 및 식사시간의 문제 유형에 따라 다르게 구성되나, 주로 SLP가 간호사, 영양사/영양학자, 작업치료사, 전문의와 협력해 섭식 및 삼킴 문제를 다룬다. 물리치료사, 레크리에이션 치료사, 활동 직원, 심리학자, 사회복지사도 포함될 수 있다.

임상가는 평가 목적과 목표를 이해함으로써 적절한 활용 절차를 결정한다(인지-의사소통 평가는 5장 참고). 평가 목표는 선별부터 감별 진단, 치료 계획 및 결과 측정까지 다양하다. 선별검사에서는 심화평가를 요하는 잠재적 문제가 있는지 판단하며, 주로 간호사, 작업치료사, SLP가 시행한다. 감별 진단의 목표는 손상 특성 및 중증도를 진단하고 안전상 위험과 건강 문제를 확인하는 데 있다. 이러한 정보가 파악되지 않은 경우 치료 계획을 위한 평가 시 반영한다.

치료 계획을 위한 평가 시 임상가는 환자 및 보호자의 목표를 결정하고, 미충족 요구, 식사시간 참여 및 삶의 질에의 영향, 섭식 및 삼킴 문제를 유발하는 내외부 요인, 보상 가능한 강점을 확인한다. 강점은 광범위하게 검토하고, 환자, 간병인, 환경의 다른 측면도 고려한다. 치료 계획은 종합적으로 평가하고, 환자와 가족의 선택 사항을 명확히 반영한다(선택에 필요한 의사소통 지원 도구는 5장 참고).

치료 계획 평가 시 숙련된 SLP 서비스의 효과 및 예후를 판단하고 회복 또는 유지에 기반한 계획인지 판단한다(세부 내용은 4장 참고). 협력적인 평가가 바람직하고, 간호사, 간병인, 전문의, 전문 영양사/영양학자, 작업/물리치료사, 기타 전문가가 참여한다(Walshe, 2014). 심리학자나 사회복지사는 위험/안전과 환자 · 가족 요구 간의 균형이 필요할 때 주요 역할을 수행한다.

1) 선별검사

간호사 및 다른 직원은 삼킴장애의 징후를 파악하고 선별하며, SLP에게 적절히 의뢰해야 한다. 헹굼 능력은 간호사가 선별할 수 있는 행동 중 하나로, 이를 통해 AD의 삼킴장애를 예측한다(Sato et al., 2014). 자기보고형인 섭식평가도구-10(Eating Assessment Tool-10: EAT-10; Belafksy et al., 2008)은 타당도가 입증되었다(www.nestlenutrition-institute.org/Education/practical-tools/Documents/EAT-10_Swallowing_Assessment_Tool.pdf 참고).

식사지원 선별검사(The Meal Assistance Screening Tool: MAST; Steele, 1996)는 요양원에서 활용된다. MAST는 간호사가 식사시간 문제의 유형과 중증도를 확인하도록 돕고, 식사시간 전제 조건(예: 각성 또는 기면), 착석 및 자세 문제, 틀니 및 구강 위생, 제공되는 식단 및 지원 유형, 섭취량, 문제 행동(예: 소리 지르기, 저장 강박증), 섭식 문제(예: 삼킴장애) 등 8개 항목으로 구성된다. 349명의 요양원 거주자에게 MAST를 적용한 결과, 삼킴장애(68%), 제한적 구강 섭취(46%), 자세 문제(35%), 반응 행동(40%) 등 87%의 거주자에게 어려움이 있었다(Steele et al., 1997). 경도~중등도에 비해 심도의 인지 손상 시 구강 섭취 능력이 더 높은데, 이는 부분적 또는 전반적으로 섭식을 지원받기 때문이다.

2) 차트 기록 및 병력

차트 기록 및 병력은 의학적 진단, 삼킴장애 병력 등 주요 요인을 판단하는 데 중요하다. SLP는 식품 · 음료 섭취 및 체중 감소, 열, 흉부 울혈, 폐렴 등 삼킴장애의 병력과 징후를 파악하기 위해 전문가 팀, 특히 전문의 및 간호사의 기록을 검토한다. 식단 및 음료 섭취 유형, 삼킴장애 관련 권고 사항, 알레르기, 의학적 제약(예: 저염식 또는 당뇨식)을 확인하고, 위장장애, 약물, 영양관 사용, 흡입 필요성도 검토한다(McCullough et al., 2000). 간호사, 영양사, 작업치료사의 기록을 통해 섭식 시 기침이나 질식, 식이 보조, 음식 선호도를 파악한다. 흉부 X선(예: 우하엽 폐 침윤물), 삼킴검사(예: 비디오투시검사), 실험(예: 탈수증이나 영양실조의 증거) 등의 결과도 중요하다.

어디에서, 언제, 무엇을, 얼마나 자주, 얼마나 많이, 누구와 함께 먹는지 등 식사 환경에 대한 정보를 획득한다(Calkins & Brush, 2003). 식사 시 즐기는 다른 활동(예: TV, 라디오, 신문)과 먹는 속도도 고려한다. 친숙한 식사 환경이 달라지면 섭식 및 삼킴 문제를 유발할 수 있다. SLP는 환자 및 보호자와의 면담을 통해 이 같은 정보를 얻으며, 환자가 섭식이나 삼킴 문제를 지각하고 의식하는지 판단한다. 환자와 SLP가 친숙하지 않은 경우 면담은 인지-의사소통 상태를 파악하는 계기가 된다. 또 사회적 측면, 섭식 등 식사시간의 습관적 행동을 관찰함으로써 문제를 검증하거나 추가한다.

3) 자세 잡기

식사 시의 전형적 자세는 주요 고려 사항 중 하나이다. SLP는 환자의 신체 및 머리 자세, 자발적으로 또는 지시 사항에 따라 자세를 수정하는지 등을 확인한다. 섭식 및 삼킴을 위해서는 무릎과 엉덩이가 직각이 되도록 앉아 척추 및 머리를 일직선으로 두는 자세가 바람직하다. 필요시 '턱 당기기'와 같은 보상 자세를 취하도록 한다. 치매 말기에는 만성적으로 고개가 구부러지거나 과도하게 늘어질 수 있는데, 평가를 통해 각 자세에 맞는 적응형 섭식 장비의 사용을 결정한다(Hellen, 2002). 물리치료사와 작업치료사는 자세 보조 및 대체 좌석을 고려한다.

4) 삼킴 기제의 구조-기능 검사

구조-기능 검사는 구강/인두 삼킴장애를 유발하는 신경근육 질환의 징후를 확인하는 데 유용하다. 그러나 중기~말기 환자는 절차를 이해하고 지시를 따르기가 어려워 시행이 제한적일 수 있다(Alagiakrishnan et al., 2013; Yorkston et al., 2010 또는 Duffy, 2013 참고). 수의적 움직임 관련 지시를 따르지 못하면 입술 오므리기, 입 벌리기 등 다양한 구강-운동 행동을 모방하는 '게임'을 통해 움직임을 관찰한다.

타액의 생성 및 관리(예: 침 흘림, 과다 타액, 약물로 인한 구강 건조)도 관찰하는데, 특히 침 흘림은 음식이나 음료의 유출 가능성을 보여 준다. 세포 조직의 건강, 대칭, 강도, 운동 범위, 협응을 파악하기 위해 얼굴, 입술, 혀, 목젖, 턱 근육을 관찰한다. 얼굴/입술 처짐, 혀의 비대칭, 움직임이나 협응 약화는 음식덩이를 조작하고 구강 청결을 유지하기 어려움을 의미한다. 식사시간 종료 후 몇 시간이 지났음에도 볼 안, 혀, 입천장에 잔여물이 있는 경우도 있다. 턱의 약화는 씹기 능력을 저하시키고, 턱 근육 강직은 씹는 동안 통증을 유발할 수 있다. 목젖의 비대칭이나 구강 압력 형성('볼 부풀리기')의 어려움은 연구개를 약화시켜 비강 역류를 일으킨다.

호흡 양식(예: 호흡률, 복식 vs. 흉식 호흡)도 관찰한다. 인지 문제로 인해 감각 평가가 제한될 수 있으나, SLP는 다양한 맛, 온도, 질감 관련 행동, 볼 바깥쪽을 부드럽게 만지거나 설압자, 숟가락, 레몬 면봉으로 혀를 자극할 때의 긍정적·부정적 행동 등을 기록한다. 감각이 저하되면 구강 청결(볼 안에 음식 남기기)을 유지하기 어렵다. 구조-기능 검사에는 가급적 수의적 기침, 삼킴 강도 및 질을 포함시킨다. 환자가 지시에 반응하지 못하면 후두 상승, 기침, 삼킴 후 음성의 질을 관찰하면서 반사적 기침과 삼킴에 주목한다. 구토반사(gag reflex)의 평가는 보편적으로 권고되지 않는데, 신뢰도가 낮고 삼킴장애와 연관성이 적으며(McCullough et al., 2000) 환자에게 혼돈이나 분노를 유발할 수 있기 때문이다.

검사 시 산출된 발화와 음성은 삼킴 관련 구조의 상태를 반영한다. 임상가는 마비말장애 유무 및 말명료도(McCullough et al., 2000), 음성의 질(예: 발성장애, 기식음, 거친 음, 젖은/그르렁거리는 음성)에 주목한다. 발성장애와 젖은 음성은 연장 발성을 통해 확인하는데, 젖은 음성은 삼킴장애의 징후일 수 있다.

5) 섭식 및 삼킴 행동의 임상('침상') 평가

여기서는 치매 환자 및 요양원 환경에 적용하는 평가도구를 소개한다. 일반적으로 섭식 평가도구는 접시에서 입으로 음식과 음료를 가져가는 능력을 검사한다. 삼킴 평가도구는 구강 내에서 음식 및 음료를 관리하고 음식덩이를 안전하게 삼키는지 파악한다. 평가도구와 상관없이 섭식 상황 등 다양한 영향 요인 관련 정보를 수집한다.

섭식 및 삼킴 행동은 이상적이고 습관적인 상황에서 평가함으로써 현 문제와 개선 가능성을 판단한다. 청각적 및 시각적 변인과 환경 요인이 섭식 능력에 미치는 영향도 고려한다. 환경 · 의사소통 평가도구(ECAT; Brush et al., 2011)를 통해 개인(예: 개인 방) 및 공용(예: 식당) 공간의 영향을 확인하는데, 조명 변화, 주변 소음 감소 등 저비용의 인간 중심 환경으로 변경해 기능을 증진한다(Bruce et al., 2013).

식사시간 행동 및 섭식 평가 관련된 모든 전문가(예: 간호사, 작업치료사, SLP, 영양사)는 타인과의 사회적 행동 등 식사시간 행동을 관찰한다. 작업치료사는 섭식을 위한 지원 및 간병인 보조의 필요성을 평가한다. 이에는 운동 범위, 강도, 상체 지구력, 수축 및 이완 능력, 식기 사용에 영향을 미치는 시각-운동 통합 능력이 포함된다(Hellen, 2002). 보이는 사물에 대한 주의력(예: 시야 절단 및 무시증으로 인해 훑어보는 데 어려움이 있는가?), 음식 · 음료 · 식기 식별 능력(예: 실인증이나 기타 지각 문제가 있는가?)에 주목한다. 식사 개시 및 식기 조작 관련 능력도 평가한다(예: 집행기능 문제나 실행증이 있는가?; Lee & Song, 2015). 간병인이 먹여 주는 경우 이에 대한 환자 반응을 평가하고, 식이 회피 행동에 항상 유의한다(Stockdell & Amella, 2008).

요양원 거주자에게 식이 지원이 필요한지 판단하는 도구가 개발되었으나, 에든버러 섭식평가척도(Edinburgh Feeding Evaluation in Dementia Scale: EdFED; Stockdell & Amella, 2008)를 제외하고 대부분 심리측정적으로 적절히 검증되지 않았다(Aselage, 2010). EdFED는 치매 말기 섭식장애 및 지원의 필요 수준을 파악하는 데 유용하다. 총 11개 항목으로 구성되고, 관찰 가능한 10개 행동의 빈도 및 식사 지원의 필요 수준을 주관적으로 판단한다. 예를 들어, 요구되는 감독이나 지원 양, 식사 거부, 고개 돌리기, 음식 뱉기, 입 벌리기 등의 행동을 확인한다. 치료 팀 구성원(예: 간호사)의 관찰이나 간병인 보고에 근거해 5분 내외로 평가한다. EdFED는 심리측정적 검증을 통해 내적 일관성(Watson, 1996), 신뢰도(Watson, McDonald, & McReady, 2001), 구성타당도(Watson, Green, & Legg, 2001), 수렴 및 변별 타당도(Watson, 1997; Watson, Green, & Legg, 2001)가 입증되었다. 중국에서 표준화되었고, 이탈리아의 예비 심리측정적 검증이 완료되었다(Bagnasco et al., 2015). EdFED는 활용도, 시간 효율성, 시간 경과에 따른 변화에 대한 민감성, 신뢰도 및 타당도가 입증되었고, 지역사회 및 보호자 면담 시에도 활용한다.

삼킴평가 임상적 삼킴평가의 일환으로 다양한 삼킴 행동을 검사한다. 필요시 구조-기능 검사 및 구강 위생 관리를 먼저 시행한다. 안전 및 흡인의 위험 때문에 감염을 유발하는 음식이나 음료를 삼키지 않는 경우 물 한 모금으로 평가를 시작하기도 한다. 이후 통제되고 습관적인 자가식이를 통해 다양한 질감과 농도의 음식 및 음료를 제공한다.

씹기 양식의 유형(예: 회전 또는 빨기–삼킴 양식), 다양한 질감의 음식을 적절히 씹는지 등에 주목한다. 단단한 음식덩이를 형성하는 데 있어 음식의 질감이 미치는 영향도 확인한다. 인지 및 운동 결함은 구강 단계부터 영향을 주는데, 음식덩이를 안정적으로 형성하고 조작하기 위해 음식의 질감을 변경하고 제한한다(예: 부드러운 음식만 제공, 수프 등 액체와 고형식 혼합 금지).

인두 단계에서는 후두 상승 속도와 적절성에 주목한다. 치매 환자는 삼킴의 개시는 늦지만 전반적 과정이 매우 빠르다. 임상가는 네 손가락을 환자의 목 앞쪽 후두 및 혀 기저부에 두고 위쪽과 앞쪽으로 후두가 빨리 움직이도록 촉진한다. 삼킴 도중이나 직후 후두의 부적절한 상승 또는 지연, 기침, 헛기침, 젖은 음성을 확인하고, '음식이 목에 걸린 것 같다'는 호소에 유의한다. McCullough 등(2000)은 삼킴 시간 연장, 삼킴 후 구강 잔여물, 전반적 삼킴 기능을 평가하기 위해 묽고 진한 액체와 퓌레 농도의 시범 삼킴을 시도했다.

삼킴평가는 삶의 질에 영향을 미친다. 이는 환자, 가족, 전문가 팀 간의 논쟁 사안이나 중재를 결정하는 데 필수적이다. 삼킴관련 삶의질 설문(Swallowing Quality-of-Life questionnaire: SWAL-QOL; McHorney et al., 2000a, 2000b, 2002, 2006)은 44개 항목의 자기보고형 척도로, 손상에 대한 인식과 삼킴장애가 개인의 일상생활, 감정, 활동에 미치는 영향을 평가한다. 이는 삼킴장애 중증도에 민감하며, 인지 손상 집단을 제외하고 신뢰도 및 타당도가 입증되었다. 15개 항목으로 구성된 삼킴관련 돌봄질 설문(Swallowing Quality of Care questionnaire: SWAL-CARE; McHorney et al., 2002)은 돌봄에 대한 환자/가족의 만족도를 평가한다. 이는 치료 효과를 입증하는 데 유용하다. 자기보고형 과제의 속성, 기억력에의 의존, 결함 인식을 고려할 때 중등도 치매에는 적용하기 어려울 수 있으나, 신경근육장애를 동반한 초기 치매에는 효과적이다.

6) 도구적 삼킴평가

급성이나 외래 환자의 인두 삼킴 문제가 의심될 경우 전문의는 도구적 삼킴평가(예: 수정된 바륨 삼킴검사[modified barium swallow: MBS], VFSS, 광섬유내시경 삼킴검사[fiberendoscopic evaluation of swallowing: FEES])를 의뢰한다. 임상 침상검사의 신뢰도가 낮고(McCullough et al., 2000) 무증상 흡인을 감지하거나 흡인을 방지하는 보상 전략 효과를 명확히 평가하기 어려우므로(예: Leder, Sasaki, & Burrell, 1998; Logemann, 2003), 도구적 삼킴평가가 필수적으로 권고되기도 한다. 보상 전략은 환자마다 다른데, 도구적 삼킴평가를 통해 자극적인 맛, 음식덩이 온도, 인두 단계 속도를 높이는 탄산화, 흡인 방지를 위한 턱 당기기 자세 등의 효과를 검증한다(Rösler et al., 2015).

그러나 요양원 환경의 도구적 삼킴평가는 여러 요인들로 인해 논란이 있다. 즉 실행(예: 이동) 및 재정상의 문제 때문에 습관적 삼킴 능력을 충분히 반영하지 못하거나 혼란을 야기할 수 있다. 지시 따르기 및 참여를 방해하는 인지 및 행동 결함으로 평가가 어려워지기도 한다(Walshe, 2014). 친숙하지 않은 환경에서는 임상 평가를 통한 정보가 불충분한 경우에만 도구적 평가를 시행한다(Pioneer Network, 2011).

절차에 협조할 수 있는 환자는 자연스러운 환경에서 FEES를 실시하는 것이 효과적이다(Leder et al., 1998). FEES는 침상에서 조영제나 방사선 없이 최소한의 침습으로 무증상 흡인을 감지하고, 필요시 반복 시행할 수 있다. 그러나 환경과 상관없이 반응 행동을 유발하고 침습적인 속성이 있음을 감안해 정보의 필요성과 유용성을 신중히 검토한 후 시행한다. SLP는 전문가 팀과 협력해 삼킴 증상의 위험성과 다양한 절차의 장단점을 파악하고, 획득한 정보가 중재를 고안하는 데 미치는 영향을 판단한다(예: 환자 및 가족은 도구적 평가 결과와 상관없이 구강 식이를 선택하는가?).

3. 섭식 및 삼킴 치료

섭식 및 삼킴 중재의 목표는 ICF의 전 영역에 걸쳐 있다. 즉 안전한 섭식이나 삼킴(예: 흡인을 예방하는 안전한 삼킴 전략), 영양 및 수분 증진 전략(예: 음식과 음료 섭취를 증가하기 위한 글자 단서카드), 참여, 관계, 삶의 질(예: 식사 경험의 즐거움)을 향상시키는 데 중점을 둔다. 환자, 가족, 전문가 팀 구성원이 협력하여 평가 결과, 잠재적 치료 효과, 환자 및 가족 요구에 맞게 목표를 결정한다. 안전 증진과 위험 수용 간의 균형을 통해 환자 및 가족 요구를 최대한 반영하고 독립성과 존엄을 유지해야 한다. 각 환자와 가족은 위험에 대한 저항 수준이 다르다는 점을 고려한다. 섭식 및 삼킴의 목표는 단지 적절한 섭취를 보장하는 것이 아니라 고유한 개인 환경에 맞게 신체적, 정신적, 정서적 안녕을 전반적으로 고양시키는 데 있다.

치매 환자의 섭식 및 삼킴 능력을 개선하기 위한 접근법은 다양하다. 독립성, 존엄, 삶의 질을 유지하고 적절한 양과 질의 음식 및 음료를 안전하게 섭취하는 데 방해가 되는 인지적, 감각적, 생리학적, 환경적 요인(물리적 · 사회적 측면, 태도)이 관여한다. 환자 및 가족의 목표와 평가 결과에 근거해 합리적이고 필수적인 인간 중심 치료 계획을 고안하고, 주어진 환경에 최적화된 효과적 및 효율적 중재를 선택한다. 식사시간 행동이 심할 경우 간병인은 환자의 스트레스 요인을 줄이기 위해 요구 기반 치매행동 모델(Need-Driven Dementia-Compromised Behavior model: Algase et al.,1996; Kunik et al., 2003)을 적용한다. 반응 행동이 감소하면 다른 결함을 파악한 후 영양 상태를 개선하는 중재를 시행한다(Roberts & Durnbaugh, 2002). 여기서는 섭식 및 삼킴 관련 변인 중 환경 요인, 음식 선택, 인지 · 기억 전략 및 훈련, 간병인 중재 등 수정 가능한 요인을 논의한다.

1) 환경 수정

노인이 생활지원시설이나 장기요양시설에 입주하면 변화된 식사 상황에 적응해야 한다. 시설에서 개인의 선호도를 모두 수용할 수 없기 때문이다. 그러나 개인의 요구와 선호도를 일정 정도 반영하여 인간 중심 돌봄을 보장해야 한다. 음식의 질 및 양, 사회적 맥락이 식사시간의 만족도에 기여한다. 건강관리 팀은 섭식을 방해하는 환경적 요소를 감소 또는 제거함으로써 영양과 삶의 질을 증진하도록 지원한다(Lee & Song, 2015). 여기서는 식사 상황, 감각 자극, 음악 등 식사 경험을 개선하기 위한 권고안을 논의하며, 추가 자료는 [글상자 8-5]에 제시되었다.

식사 상황 및 사회적 일상 시설 거주자의 식사 경험을 전반적으로 개선하기 위해 가정과 유사하거나 보다 자연스러운 환경이 권고된다(예: Aselage & Amella, 2010; Brush et al., 2002, 2011; Calkins & Brush, 2003; Douglas & Lawrence, 2015; Hellen, 2002). 식사 환경, 사회적 자극, 직원의 주의를 향상시킴으로써 음식과 음료의 구강 섭취를 증진한다(Douglas & Lawrence, 2015; Lee & Song, 2015). 장기간의 독거 생활로 거주시설의 집단 식사가 부담스러울 수 있지만, 배우자의 죽음이나 친구의 이사로 외로움을 느끼는 경우 반가운 변화이기도 하다. 환자의 식사 이력에는 개별 또는 집단 식사 여부가 포함되며, 가장 기능적인 식사 상황이 무엇인지 판단할 때 이를 고려한다(Pioneer Network, 2011). 식사 관련 친숙한 일상에 참여하는 것도 중요하다. 예를 들어, 항상 식전 기도를 한 경우 거주시설의 분주한 분위기에 적응하기 어려우므로 식사 전 침묵의 시간을 제공해 문제를 줄인다(Hellen, 2002).

기능과 안녕을 증진하는 데 최적화된 상황은 친화적 소집단 식사이다(Hellen, 2002). 치매 초기에는 선호하는 음식, 상호작용 기회, 섭취량을 증진하기 위해 레스토랑, 뷔페식 등 양질의 식사 접근법이 권고된다(Aselage & Amella, 2010; Pioneer Network, 2011; Roberts & Durnbaugh, 2002). 식당은 활동을 제한하는 작고 조용한 환경이 바람직하며, 기울어지지 않는 팔걸이가 부착된 의자와 식탁이 구비되어야 한다. 기다림 없이 정시에 식사하도록 지원하고, 적절히 교육받은 충분한 수의 직원이 상주해야 한다. 환경 개선을 통한 가정식 식사는 환자에게 유익하다(Altus, Engelman, & Mathews, 2002; Aselage & Amella, 2010; Douglas & Lawrence, 2015; Liu et al., 2015). 식판에 비해 접대용 그릇과 빈 접시에 음식을 제공하면 긍정적 효과를 준다(Altus et al., 2002). 개인의 선택과 독립성에 기초한 가정식 식사는 거주자의 음식 섭취, 영양 상태, 삶의 질을 향상시킨다(Ruigrok & Sheridan, 2006). 생리적 및 사회적 상호작용 요구를 해결하도록 고안된 행동적 의사소통 중재는 방황 감소, 착석 및 음식 섭취 증가, 체중 안정화에 효과적이다(Beattie, Algase, & Song, 2004).

가정에서는 환자가 식사를 마칠 때까지 다른 가족이 식탁에서 대화를 지속하는 것이 바람직하다(Aselage & Amella, 2010). 가족이 식탁을 떠나는 것은 식사 중단을 의미하므로, 사회적 상호작용의 즐거움이 사라지고 홀로 남아 식사하기를 거부하게 된다. 식사나 간식 시간의 통제를 싫어하는 환자는 보호자가 음료를 마시는 것만으로도 보다 자연스러운 상황을 연출할 수 있다. 식사하지 않는 사람 앞에서 먹거나 마시는 것은 예의에 어긋난다고 여길 수 있으므로 보호자가 물을 마시며 식탁에 앉아 있으면 더 편안하고 즐거운 느낌을 준다.

식사 시 적응 및 지원 식사시간의 적응과 지원 방법은 수준 및 형태가 다양하다. 섭식의 독립성은 보조 좌석(예: 착석 시 균형이 저하된 경우), 보조 식기, 장소 설정, 음식 자르기 등으로 개선한다(Liu et al., 2016). 간병인의 적절한 구어 촉진과 칭찬은 음식 섭취에 도움이 된다(Altus et al., 2002; Aselage & Amella, 2011; Liu et al., 2016). 단서나 수정(예: 손으로 집어 먹는 음식)은 종종 치매에 비효과적이며, 특히 체중이 줄어든 경우 손으로 세심히 먹여준다(AGS, 2014; Gillick & Mitchell, 2002; Hanson et al., 2013). 간호 감독관, 작업치료사, SLP는 담당 직원을 훈련하고 감독함으로써 안전과 존엄을 강조하는 인간 중심적 섭식 기술을 일관적으로 적용한다([글상자 8-2]). 간병인은 섭식을 지원받는 환자에게 흡인이 더 자주 발생함에 유의해야 하는데(Correia et al., 2010), 음식이 제공된 후 환자 스스로 삼킴 시기를 조정하는 능력이 떨어지기 때문이다. 입을 벌리지 않으려는 시도가 식사를 중단하는 신호가 아님을 알아야 한다. 즉, 예상한 것과의 차이, 이전에 먹은 음식을 삼킬 필요성, 헹구려는 시도 등을 전달하려는 의지일 수 있다(Correia et al., 2010).

글상자 8-2 인간 중심적 섭식을 위한 적절한 의사소통 및 지원

의사소통

- 구어: 환대, 긍정적 목소리 톤, 단순한 문장, 공감 및 칭찬("점심식사를 함께해서 즐거웠습니다."), 관심 표현("초콜릿케이크를 좋아하신다고 들었어요. 맞나요?"), 지남력 및 주의력 유지를 위해 너무 많이 말하지 않기
- 비구어: 시선 맞추기, 긍정적 표정 짓기, 부드럽게 만지며 말하기, 맞장구치기("음."), 동의하며 끄덕이기
- 행동을 주의 깊게 관찰하고, 식사를 방해하지 않도록 상호작용 능력 조절하기

지원

- 필요시 보조기기(예: 고무 숟가락, 접시 보호판, 손잡이 달린 식기, U자형 홈이 있는 컵) 사용하기
- 환자가 도움을 주도록 독려하기(예: 필요한 물건을 환자가 들고 있을 경우 "제게 주실래요? …… 감사합니다."라며 공손히 말하기)
- 고기 자르기, 음식 이외 물건을 식판에서 치우기, 상자 열기, 식사 중 음료 권유하기, 입에 묻은 부스러기나 침 닦기
- 선택권을 부여하고 편안한지 관찰하기
- 금지 행위: 강제로 먹이기, 퓌레 음식 섞기, 환자의 삼킴 속도보다 서두르기, 입 벌리지 않는 행위를 식사 중단의 징후로 오인하기

출처: Gilmore-Bykovskyi, 2015; Kayser-Jones & Schell, 1997; Roberts & Durnbaugh, 2002; Rogus-Pulia et al., 2015; Simmons, Osterweil, & Schnelle, 2001.

간병인은 구강 위생을 관찰하는데, 특히 치매가 진행되면서 더 많은 도움이 필요하다. 중기~말기에는 주로 구강 건강이 좋지 않다. 정기적 구강 관리는 세균의 과잉 증식, 분비물 흡인에 의한 폐렴을 예방하는 데 매우 중요하므로 돌봄 시 반드시 고려한다(Pioneer Network, 2011; Rogus-Pulia et al., 2015). 구강 관리는 치매 및 삼킴장애에 필수적이며, 특히 수분 공급을 향상시키는 Frazier 수분섭취 프로토콜(Frazier free water protocol)의 적용 대상인 경우 매우 중요하다.

감각 자극 바람직한 식사를 위한 간단한 환경 수정으로 제한적 외부 자극(예: 음식 제공 전 식탁에서 식품 외 물품 치우기), 조명 개선(예: 식당 구석과 둘레에 조명 추가), 눈부심(예: 창문 가리개 및 식탁보) 및 그림자 감소, 깜빡이는 조명 수리, 단조로운 색깔 및 무늬의 바닥과 직물, 음식 및 장소 설정 시 시각적 대조(예: 어두운 식탁보에 밝은 그릇) 등이 있다(Aselage

& Amella, 2010; Behrman et al., 2014; Brush et al., 2002; Calkins & Brush, 2003; Douglas & Lawrence, 2015; Hellen, 2002; Kingston, 2017; Lee & Song, 2015; Liu et al., 2016; Roberts & Durnbaugh, 2002; Whear et al., 2014).

청년층에 비해 노인은 3배 더 많은 빛이 필요하며(Koss & Gilmore, 1998), 식탁의 시각 대비와 조명을 개선함으로써 음식 섭취를 늘리고 부정적 행동을 줄일 수 있다(Brush et al., 2002; Koss & Gilmore, 1998). 이러한 시각적 수정은 직원과의 대화 빈도 및 질, 냅킨 탐색 및 사용, 간단한 지시 따르기 능력을 증진하고, 주의산만, 불안, 지원의 필요성을 줄인다(Brush et al., 2002). 가시성을 고려해 색깔 있는 유리잔을 사용하면 물을 50% 이상 더 많이 마신다(Kingston, 2017).

시각 및 청각 자극 관련 환경 수정을 위해 TV 및 라디오 재생, 유동 인원, 직원의 고함 및 대화를 줄이기도 하는데, 식사 공간이 작을수록 이를 개선하기가 더 쉽다(Behrman et al., 2014; Calkins & Brush, 2003). 천장과 벽에서 아래로 드리워진 음향판을 덮는 천 커튼 및 가구는 식당의 배경 소음을 최대한 흡수한다(Behrman et al., 2014; Calkins & Brush, 2003).

고품질의 음향 재료로 벽면 칸막이를 설치해 주방, 제빙기, 식판 제공 구역의 소음을 차단함으로써 환경 소음을 줄인다. 거주시설은 청소와 위생을 고려해 직물 사용을 제한하는 경향이 있는데, 단단한 표면은 음향 에너지를 증가시키는 단점이 있다. 요리나 커피 냄새는 식사시간을 알아채게 하거나 식욕을 자극해 음식 섭취를 개선하는 데 유용하다(Behrman et al., 2014; Cleary et al., 2008). 환경 소음과 자신의 씹는 소리가 고통스럽지 않도록 보청기와 안경을 조절한다(Behrman et al., 2014; Hellen, 2002; Roberts & Durnbaugh, 2002).

음악 저녁 식사 시의 음악 중재는 음식 섭취를 늘리고 우울, 과민성, 좌불안석 등을 감소시킨다. 음악에 따라 거주자에 미치는 영향이 다른데, 마음을 가라앉히거나 식사시간을 연장시킨다. 예를 들어, 식사시간에 '치유적' 또는 '차분한' 음악을 들으면 동요가 감소하고(Douglas & Lawrence, 2015; Hicks-Moore, 2005; Ho et al., 2011) 보다 침착해진다(Douglas & Lawrence, 2015). 점심시간에 듣는 친숙한 배경 음악은 20%의 칼로리를 더 섭취하도록 촉진한다(Thomas & Smith, 2009).

그러나 마음을 가라앉히는 음악이 식사시간의 동요에 미치는 영향이 미미하다는 보고도 있다(Liu et al., 2014). 선택된 음악이 취향에 맞지 않거나 동료의 말을 듣는 데 방해가 되므로 식사 중 음악을 싫어하는 거주자도 있다. 7개 연구에 대한 문헌 검토에서 식사 중 음악이 신체 공격, 과민성, 언어적 및 신체적 동요, 공격적 신체 행동을 줄이는 데 기여했고, 음악을 중단한 후에도 2주간 효과가 지속되었다(Whear et al., 2014). 특히 편안한 음악(예: 자연음, 연주 및 고전 음악), 팝 음악, 1920~1930년대 음악 등이 효과적이었다.

음악은 LTC 환경의 식사시간 및 영양 섭취를 개선하는 중재법 중 하나이다. 기대효과 및 노출량, 최적의 음악 유형을 명확히 이해하면 연구 방법론을 발전시켜 신뢰도를 높일 수 있다. 인간 중심 돌봄 시 직원은 개별적 선호도를 파악한다.

사례 8-1 물리적 및 사회적 환경 수정의 예

Brenda는 중증 전두측두치매(FTD)를 앓고 있는 상냥한 중년 여성으로 전문요양시설(SNF)에 거주했다. 이전 직업은 간호사였다. Brenda는 깨어 있을 때 주변 환경을 매우 경계하고 세심히 '사람을 관찰'하거나 남들의 말을 듣는 것을 즐겼지만, 더 이상 구두로 의사소통할 수 없었다. 그녀는 주로 식당에서 퓌레식을 먹었는데, 섭식을 돕고 삼킴 및 헹굼 관련 단서를 주는 직원들과 함께였다. 식사를 다 끝내지 못하기도 하고, 종종 음식의 40%도 채 먹지 못해 체중이 줄고 있었다. 식당에 존재하는 많은 방해 요인이 원인 중 하나였다. 직원과 거주자, 직원 간의 여러 대화, Brenda 뒤에 항상 켜져 있는 TV 소리, 걸어 다니는 많은 사람들이 그 예이다. Brenda가 직원과 함께 식사를 완전히 마치는 데 40~60분이 소요된다는 점도 방해 요인으로 작용했다. 천천히 씹기, 잦은 주의산만, 삼킴을 위한 반복적 지시 때문이었다. 이로 인해 음식을 자주 데워야 했다. 직원들은 다른 거주자를 고려해 그녀와만 많은 시간을 보낼 수 없다고 판단했다.

요양 임상 지도사는 담당 직원이 Brenda의 방에서 식사를 돕도록 권고했다. 그녀는 식사 중 음악을 듣고 '수다'를 떨거나 직원의 노래를 듣는 것을 즐겼다. 방해 요인이 감소하자 다른 환자들과 즐겁게 어울리면서 식사 및 단서에 더 집중할 수 있었다. 다른 직원이 방문하면 더 활기가 넘쳤다. 직원들의 이야기를 보고 들으며 훨씬 더 적은 단서로 빠르게 씹고 삼켰다. 직원들은 그녀와 눈을 마주치고 미소 지었다. 또 그녀의 이름을 부르며 대화에 참여하도록 독려했다(예: "Brenda도 이런 맑은 날씨 좋아하죠?"). 이러한 헌신적 지원과 최적의 감각적 · 사회적 환경으로 인해 그녀는 음식을 더 많이 섭취하고 체중도 다시 늘었다.

2) 음식의 선택 · 수정 · 섭취

음식 선택 영양 상태를 개선하는 중재를 시작하기 전 간병인은 영양사/임상 영양학자가 결정한 음식과 음료 섭취의 적절한 목표를 파악해야 한다. 환자의 선호도에 기반한 개별적 접근을 통해 식사시간을 개선하고, 음식 섭취가 저조한 환자에게는 선택권을 주거나 '친숙한 음식'을 제공함으로써 섭식을 촉진한다(Hellen, 2002). 음식 일부를 비축해 두는 환자에게는 포장이 가능하고 상하지 않는 음식을 제공한다. 음식이 너무 많다고 당황하는 환자에게는 한 번에 한 가지 음식이나 1개 코스만 제공함으로써 식사를 간소화하고 음식 양을 축소한다(Ball et al., 2015; Gillick & Mitchell, 2002; Hellen, 2002). 손으로 집어 먹는 음식은 섭취량을 늘리고 체중 감소를 막는 데 기여한다(Ablhdeamid et al., 2016). 고열량 보충제를 동반한 보조식이, 식욕 자극제, 음식 변경 등은 치매 및 섭식 문제가 있는 환자의 체중을 늘리는 증거 기반적 선택이며, 개별적이거나 복합적으로 적용한다(Jackson et al., 2011). 영양 보조제는 빨대보다 유리잔에 담아 제공될 때 섭취가 더 쉽다(Allen et al., 2014).

사례 8-2 가정 내 식사시간의 수정 사례

Marian은 몇 년 전 AD로 진단받은 남편 Gery를 가정에서 돌본다. 그러나 자신의 건강 문제 때문에 요양원 입소를 대기 중인 남편을 더 이상 혼자 돌보기가 어려웠다. 그의 신체적, 언어적, 공격적 행동도 점차 증가했다. Marian은 그가 제대로 식사하지 못해 고심했는데(산만해진 그는 배부르다면서 음식에 흥미를 잃은 듯 행동함), 특히 식전에 설탕이 든 음료를 많이 마셨다. 이는 요실금으로 인해 더욱 문제가 되었다. Marian은 식사량, 음료 섭취량, 탄산음료 및 주스에 의한 설탕 섭취량, 식사 준비, 음식 낭비 등을 걱정했다.

Marian은 파스타나 샌드위치 등의 식사를 고안했다. 다 먹지 못해도 냉장고에 보관한 후 다시 꺼내어 맛있게 준비할 수 있고, 샌드위치는 돌아다니며 먹기도 했다. 식탁을 구석에 배치해 식사의 방해 요소를 줄였으며, 주스와 물 한두 병을 제외하고 탄산음료 등을 냉장고에서 없앴다. 이 같은 변화는 남편과의 대립과 부양에 대한 부담을 줄이는 데 효과적이었다.

삼킴장애 식이 요법 치매가 진행되면서 흔히 식단이 변경된다. 구강인두 삼킴장애의 경우 안정적이고 효율적인 삼킴을 위해 음식 질감과 액체 농도를 변형시킨다(Garcia, Chambers, & Molander, 2005). 부드럽고 다진 음식, 갈아 만든 음식, 퓌레 등으로 질감을 변경하면 삼킴에 요구되는 노력을 줄이고 고형식 조각에 의한 질식 위험을 낮춘다. 또 혀, 저작 능력, 인두근 강도가 저하된 환자에게 삼킴 후 구강 및 인두 내 잔여물이 감소하는 효과가 있다(Keller et al., 2012; Steele et al., 2015). 농도가 진한 액체는 이동 시간을 늦추고 침습 및 흡인 위험을 줄이는 데 기여하나, 농도가 진할수록 삼킴 후 인두 내 잔여물이 늘어날 수 있다(Steele et al., 2015).

진한 액체(꿀/중간 농도로 걸쭉하게 만든 음료)에 대해 하나의 선택권만 제공함으로써 액체의 농도를 정확히 조절하도록 돕는다(꿀 대신 과즙). 그러나 이러한 선택에는 위험이 따른다. 꿀 농도의 음료가 최적인 거주자에게 과즙 농도만 제공되면 인두 내 잔여물이 증가하고 액체 섭취 및 음료를 통한 즐거움이 줄어든다(Steele et al., 2015). 진한 액체는 탈수증을 유발할 수 있고(Garcia et al., 2005), 농도가 증가할수록 필요 수분을 충족하기 위해 더 많이 섭취해야 한다. 탈수증은 인지 손상을 악화시키고 기능에 부정적인 영향을 주므로, SLP가 신중히 판단해 액체 농도를 조절하도록 권고한다. 잘 통제된 프로토콜(Cleary et al., 2016 참고)을 적용해 구강 위생이 확인된 후에만 소량의 물 한 모금을 허용하기도 한다.

퓌레의 경우 지방, 단백질, 칼로리와 맛이 떨어지고 모양 및 색깔 변화로 음식을 알아볼 수 없어 영양실조와 체중 감소를 유발한다. 삼킴장애용 식단은 섭식, 먹는 즐거움, 삶의 질을 고려해야 하므로(Keller et al., 2012; Pioneer Network, 2011; Ullrich & Crichton, 2015), 영양 상태, 수분 공급, 삶의 질을 증진하고 체중 감소율을 낮추려면 부득이한 경우를 제외하고 치료, 기계적 변형, 삼킴장애 식단을 자제한다(Pioneer Network, 2011). 환자(능력에 따라) 및 가족/대리인이 삼킴장애 식단 관련 의사결정에 참여하여 식단의 허용 정도를 논의한다. 식단이 정당화되고 환자 및 가족에게 수용되면 지속적으로 관찰하고, 불필요한 시기(예: 폐렴 회복 후 삼킴 기능이 기초선에 도달하거나 효과적 보상 전략을 시행한 경우), 치료 목표 변화(예: 임종 돌봄), 체중 감소 등 부정적 결과가 나타날 경우 적용을 중단한다(Pioneer Network, 2011). 환자와 가족이 식단 관련 의사결정에 참여할 때의 '권장 및 금지 사항'은 [글상자 8-3]에 제시되었다.

식감이 변경되거나 음식량이 부적절하면 영양분의 섭취를 위해 양뿐 아니라 에너지 함량에도 유의한다. 에너지가 많고 영양분이 풍부하거나 질 높은 식단이 바람직하다(Keller et al., 2012; Spindler, 2002). 음식의 향과 맛을 증진시켜 감각 자극을 제공하면 식욕, 인내심, 섭취량이 증가하며(Douglas & Lawrence, 2015; Keller et al., 2012; Yen, 1996), 모양과 향이 좋은 음식도 식욕을 자극한다(Keller et al., 2012; Roberts & Durnbaugh, 2002). 영양 보조제는 치매 환자의 섭식, 체중 및 체질량 지수를 개선한다(Liu et al., 2014). [글상자 8-4]에는 음식을 변경하고 영양을 증진하는 전략이 소개된다.

글상자 8-3 음식 및 음료 변경 관련 의사결정 시 환자와 가족의 참여

권장 사항

- 식감과 농도의 변화된 특성, 효과 및 위험을 환자와 가족에게 교육하기
- 환자가 (능력에 맞게) 최대한 참여하도록 지원적 의사소통 및 선택 결정 도구 활용하기(의사소통 도구는 5장 및 6장 참고)
- 수용 가능한 관리 계획을 수립하는 데 적극적으로 참여하기
- 환자에게 제안하기: "아이스크림이나 바닐라 푸딩을 드시겠어요?"
- 건강에 대한 우려 표현하기(예: "어머니께서 커피를 좋아하시는 걸 알지만, 걸쭉하지 않은 액체가 기도로 들어가면 위험해질 수 있어요.")

금지 사항

- 환자 및 가족에게 고지나 참여 없이 권고 사항 승인하기
- 가혹하고 제한적인 언어 자제하기: "당신은 쿠키를 먹을 수 없습니다."

출처: Ullrich & Crichton(2015).

글상자 8-4 변형된 음식에 대한 호감 및 영양 가치 증진 전략

호감도 증진

- 음식의 냄새, 맛, 온도를 통해 감각 자극 증가시키기
- 음식 형태(예: 닭 가슴살 모양의 다진 닭고기, 당근 모양의 당근 퓌레)를 통해 변경 전 모양으로 제공하기
- 특정 농도의 퓌레(예: 으깬 감자, 요구르트, 무스) 제공하기
- 씹기 및 삼킴이 용이하고 퓌레로 만들어도 맛이 유지되며, 잘게 다진 부드러운 음식 제공하기
- 음식물을 각 접시에 따로 놓기
- 보기 좋고 맛있는 향의 음식을 적당히 제공하기
- 소금, 허브, 달콤한 소스, 꿀, 설탕으로 풍미 증진하기

영양 가치 증진

- 에너지 함량이 높은 음식(예: 버터, 기름, 견과류, 소스/그레이비, 아이스크림, 치즈) 제공하기
- 영양소가 풍부한 음식(예: 과일, 야채, 기름) 제공하기
- 영양분이 첨가된 음식(예: 비타민이 강화된 시리얼) 제공하기
- 탈지우유 분말, 달걀흰자, 탄수화물 증점제, 쌀 시리얼 추가하기

출처: Ball et al., 2015; Behrman et al., 2014; Douglas & Lawrence, 2015; Keller et al., 2012; Roberts & Durnbaugh, 2002; Rogus-Pulia et al., 2015; Spindler, 2002; Williams & Weatherhead, 2013; Yen, 1996 참고.

용어, 조작적 정의, 음식 분류는 시설, 의료 영역, 기업, 지역에 따라 다르다(Cichero et al., 2016). 의뢰된 환자의 음식 및 음료 관련 권고 사항을 적절히 전달하지 않으면 돌봄 수준이나 시설 간의 전환이 어려울 수 있다. 이로 인해 일부 국가(예: 미국, 캐나다, 뉴질랜드)는 표준화된 프로토콜을 개발했다. 2015년 11월 국제삼킴장애식이 표준화계획(International Dysphagia Diet Standardization Initiative: IDDSI)은 IDDSI 체계를 발표했다(Cichero et al., 2016). 이는 식감 및 농도 변경 준비, 조작적 정의, 용어를 표준화하는 국제적 및 다학문적 협력이다. IDDSI는 미국언어청각협회(ASHA)가 인정하고 뉴질랜드 언어재활사협회(New Zealand Speech-language Therapists' Association)가 승인했다. 또 캐나다 삼킴장애산업체(Canadian Dysphagia Industry Group)가 채택한 후 2019년 전면적으로 시행하는 데 목표를 두었다((http://iddsi.org/).

3) 인지적 접근

보상 전략 초기 AD의 섭식 문제가 주로 인지 결함에 기인하는 데 기반해 섭식, 삼킴 행동, 전반적 식사 경험을 개선하는 인지 전략을 고안한다. 초기 환자는 쇼핑 및 식사 준비 시 도움을 받아 비교적 독립적인 가정생활을 한다. 독립성을 촉진하기 위해 글자 및 그림 단서 등 창의적 접근이 활용된다. 예를 들어, 식료품점 통로별로 분류된 구매 목록을 작성한다(〈표 8-1〉 참고). 글자 단서와 라벨을 사용해 유통기한이 지난 식품을 식별하고 냉장고와 찬장을 정리하는 전략도 개발한다. 매일 먹는 음식 목록을 달력에 기재하거나 섭취 여부를 선으로 표시한다. 글자 단서와 타이머로 요리 수준을 유지하거나 전자레인지를 통해 간소화한다. 뜨거운 음식을 준비하기 어려우면 '식사배달 서비스'로 하루에 한 번 따뜻한 식사를 제공받는데, 배달원과의 사회적 교류가 가능하다는 추가적 이점도 있다.

중기 단계의 인지 · 정신 · 행동 장애는 섭식 및 삼킴에 영향을 미칠 수 있다. 예컨대, 독성이나 비용을 염려해 식당에 가기를 거부한다. Hellen(2002)은 반응 행동에 대응하기 위한 창의적 전략을 권고했다. 예를 들어, 독성 우려 시 포장 상자를 사용한다. 식사 '비용'을 지불했다는 내용의 편지나 '전액 지불' 식사권을 제공하기도 한다(〈표 8-2〉 참고). 인지 결함이 심화될수록 식사시간 혼돈이 가중되며, 기억을 촉진하기 위해 다감각적 단서, 구성 요소 간소화, 활동 순서의 일관적 배열을 위한 과제 분석, 한 번에 1개 항목 또는 한 단계씩 지시하는 단순화 등이 필요하다(Calkins & Brush, 2003; Gillick & Mitchell, 2002; Hellen, 2002).

〈표 8-1〉 식료품점 통로별로 분류된 구입 목록의 예

통로 1: 농산물	통로 2: 빵, 크래커	통로 3: 시리얼
통로 4: 청소용품	**통로 5: 건강식품**	**통로 6: 탄산음료, 감자칩, 스낵류**
통로 7: 냉동 채소 및 요리	**통로 8: 빙과류**	**통로 9: 유제품 및 달걀 (우유, 치즈, 요구르트)**

〈표 8-2〉 식사권의 예

Islandview Village 식사권

이름: ______________________

지불 완료

SLP는 기능적 행동을 증진하는 외적 전략을 활용한다(5장 참고). 예컨대, 안전한 삼킴이나 다양한 평가 지침에 대해 글자 알림카드를 만든다. 인지 결함이 보다 심할 경우 '입을 벌리세요.', '씹으세요.', '삼키세요.' 등 섭식 및 삼킴 단계를 카드로 제시한다. 턱 당기기, 액체-고형식 번갈아 사용하기 등 특정 삼킴 전략을 쉽게 사용하도록 알림카드를 활용한다. 이러한 전략은 장기간 독립성을 유지하거나 단서 및 지원 양을 최소화하는 데 유용하다. 알림카드의 예시는 〈표 8-3〉에 제시되었다.

〈표 8-3〉 섭식 및 삼킴 문제를 위한 알림카드의 예

1. 냉장고 속 음식 이름 붙여 두기

닭, 2022년 5월 22일	콩, 2022년 5월 22일

2. 찬장 속 품목 붙여 두기

통조림 수프, 채소	파스타, 쌀, 시리얼
허브, 양념, 밀가루	

3. 식사 메뉴

Isleview Manor 2022년 5월 22일 오늘의 메뉴: 껍질 콩 으깬 감자 닭요리 브라우니 커피 또는 차

4. 식사 순서

입을 벌린다. 씹는다. 삼킨다.

5. 안전하게 먹기/삼키기

1. 똑바로 앉는다. 2. 음료 한 모금 마신다. 3. 턱을 내린다. 4. 삼킨다.	한입 베어 문다. 반복해 씹는다. 삼킨다. 음료 한 모금 마신다. 다시 시작한다.

6. 삼킴 평가

1. 음료 한 모금 마신다. 2. 혀 위에 올려 둔다. 3. 기다린다. 4. 삼킨다.

7. 구강 위생

1. 틀니 보관함을 준비한다. 2. 틀니를 제거한다. 3. 틀니를 보관함에 넣는다. 4. 보관함에 물을 채운다. 5. 보관함을 닫는다. 6. 컵을 가져온다. 7. 컵에 물을 따른다. 8. 물로 입을 헹군다.

간격회상 훈련+글자 단서 구강인두 삼킴장애에 간격회상 훈련(SRT)과 글자 단서를 적용하면 안전한 삼킴 전략이 된다. Brush와 Camp(1998)는 장기요양시설의 86세 거주자가 보상 전략인 SRT를 통해 긍정적 효과를 얻었다고 보고했다. 삼킴평가(침상 및 방사선 촬영)를 토대로 액체와 음식을 한입씩 번갈아 섭취함으로써 후두계곡 내 잔여물을 제거할 필요가 있으면 시각 단서카드("음식을 삼킨 후 물을 한 모금씩 드세요.")로 훈련한다. SRT 기술을 활용해 "음식을 삼킨 후 무엇을 합니까?"라는 질문으로 촉진한다. "액체 한 모금을 마십니다."라 대답하면 임상가는 한 모금을 마시도록 유도한다. 훈련 시 "씹는다-삼킨다-마신다"를 읽도록 시각적 촉진을 변경한 후, 83%의 시간 동안 한 모금 마시기를 기억하면 이를 제거한다. 8주간의 후속 회기에서 95%의 시간 동안 보상 기술을 완료하면 한 끼에 1회의 알림만으로 안전한 삼킴 기술을 활용할 수 있다. 인지 관련 섭식 및 삼킴 전략은 [부록 8-1]에 제시되었다.

Benigas와 Bourgeois(2016)는 보상적 삼킴 행동을 보인 5명의 치매 환자에게 글자 및 그림 단서를 활용한 SRT를 시행했다. VFSS 등 종합적 섭식 및 삼킴 평가에 근거해 전형적인 섭식 양상을 확인하고, 개별화된 보상 전략(예: 턱 당기기, 소량 베어 물기, 이중 삼킴, 삼킴 후 기침)을 구상했다. 이러한 전략을 단서카드에 인쇄하고 SRT 패러다임을 적용했다. 모든 환자는 안전하게 먹기 위한 보상 전략을 학습했고, 4명은 시각 단서를 활용해 섭식이 개선되었다. 치료 조건이 고지되지 않은 평가자를 통해 사회적 타당도를 검증한 결과, 기초선에 비해 보상 행동이 유의하게 향상되었다.

몬테소리 기반 활동+간격회상 훈련 몬테소리 기반 활동과 SRT는 섭식 문제를 줄이고 식사의 독립성을 높이는 데 효과적이다(Liu et al., 2015). Wu 등(2013)은 대만의 3개 요양원에 거주하는 63명의 환자에게 SRT와 몬테소리 기반 활동을 결합한 치료 프로그램을 시행했다. 1개 요양원의 25명은 8주간 표준화된 프로토콜로 24회기의 치료를 받았고, 다른 2개 요양원의 38명에게는 10~35회기의 개별 프로그램이 적용되었다. 또 다른 요양원의 27명은 통제 집단으로서 평소대로 치료를 받았다. 프로그램의 종료 후 사전-사후 검사를 비교한 결과, 두 중재 집단의 중국어판-EdFED 점수 및 섭취량이 향상되고 6개월 후 추적 검사에서 체중이 다소 증가했다. 1, 3, 6개월 경과 시점의 추적 검사에서도 모두 긍정적 변화가 있었다. 몬테소리 기반 중재의 신체 운동 영역이 악력, 상지 힘, 착석 균형을 증진하는 효과도 있었다(Liu et al., 2016). 따라서 SRT와 몬테소리 기반 중재는 독립적 섭식, 섭취량, 체중을 증가시키는 데 유용하다. 다만 방법론적 한계(예: 무작위 추출이나 다중 기초선 측정의 부족)를 극복하고 검증에 기반한 후속 연구가 더 필요하다.

4) 간병인 지원

인지 결함이 진행됨에 따라 간병인은 중재를 조정하고 안전한 섭식과 삼킴을 위한 관찰, 단서, 도움을 제공한다. 가장 효과적이고 효율적인 절차로 직원을 훈련할 만큼 여건이 충분한 경우는 드물다. 직원은 거주자의 반응이나 혐오 행동이 섭식의 주요 걸림돌이므로 식사시간이 돌봄의 최대 난제라고 호소한다(Aselage & Amella, 2010; Douglas & Lawrence, 2015; Simmons & Schnelle, 2003). 이로 인해 섭식 및 삼킴 문제를 돕는 직원 훈련 프로그램이 개발되었는데, 효과적인 훈련을 통해 식사시간을 늘리고 섭식의 어려움을 경감시킨다(Liu et al., 2014). 여기서는 환경 및 인지 전략 외에 단서 제공이나 섭식을 위한 최적의 방안이 논의된다.

직원 훈련 시 과제 중심보다는 인간 중심 접근을 강조함으로써(Gilmore-Bykovskyi, 2015; Hellen, 2002; Roberts & Durnbaugh, 2002) 동요, 저항, 직원 및 거주자 스트레스를 줄인다. 전문가 팀은 보다 침습적인 섭식을 시작하기 전에 적절한 절차와 전략이 시도되었는지 확인하며, 직원은 환자의 자율성과 존엄을 보호하는 돌봄을 제공한다(Pioneer Network, 2011; Simmons & Schnelle, 2003). 이러한 인간 중심 접근을 따르기 위해서는 충분한 인력이 확보되어야 한다(Hellen, 2002). 인간 중심 접근에 기반한 의사소통 및 지원은 [글상자 8-2]에 제시되었다.

직원은 자가식이 및 삼킴 능력의 변화와 그 원인(예: 실행증)을 파악한다. 직원의 행동·믿음·태도, 인간 중심 접근이 거주자의 행동을 어떻게 변화시키는지 이해해야 한다. 적절한 직접 지원(예: 연결하기, 묶기, 양손 번갈아 사용하기)뿐 아니라 단서를 강화하는 의사소통 전략(예: 침착하고 느린 문장, 짧은 문장)도 훈련한다(Hellen, 2002). 직원은 자가식이를 강화하고 격려하며, 단서나 지원의 제공 시 환자 앞에 앉는다. 구어를 촉진하고 강화하는 일대일 지원은 섭식을 개선하는 데 효과적이다(Liu et al., 2015).

Roberts와 Durnbaugh(2002)는 중기 AD 환자 26명 및 직원 52명에게 3주간 간병인 훈련을 시행했는데, 적절한 중재를 식별하는 직원의 능력이 유의미하게 향상되었다. 음식 섭취는 변화가 없었으나, 영양분이 높은 음식을 더 많이 선택했다. Simmons와 Schnelle(2003)은 2일간의 섭식 지원이 구강 및 액체 섭취에 긍정적 영향을 미친다고 보고했다. 인지 및 신체 결함이 심할수록 중재 후 구강 섭취가 더 많이 향상되었다.

간병인 대상 집단 교육은 요양원의 섭식 훈련 중 하나이다. Batchelor-Murphy 등(2015)은 직접적인 집단 지도를 시행하고 30분짜리 온라인 훈련의 타당성을 알아보았다. 통제 집단의 간병인은 사전-사후 설문만 작성했다. 그 결과, 중재 및 통제 집단 모두에서 섭식 행동 수가 증가했다. 이는 훈련 프로그램의 특정 행동 관련 내용이 설문에도 포함되기 때문이다. 환자의 섭식을 돕는 시간은 중재 집단이 2배로 증가한 반면, 통제 집단은 절반 이하로 줄었다. 궁극적으로 전문요양시설(SNF) 거주자는 훈련 프로그램을 통해 음식 섭취를 향상시킬 수 있으나, 추가적인 검증이 필요하다(Batchelor-Murphy et al., 2015).

Manning 등(2012)은 자원봉사자의 지원으로 입원 노인의 구강 섭취가 유의미하게 증가했음을 확인했다. 간호사에 비해 자원봉사자는 2배 이상의 시간이 소요되었다. 이와 유사한 보고들도 있다(Dory, 2004; Lipner, Bosler, & Giles, 1990 참고). 간병인은 복합적 문제가 있는 거주자를 다루는 반면, 자원봉사자는 덜 숙련된 돌봄을 요하는 환자에게 단서와 지원을 제공한다. 병원과 요양원에 자원봉사자가 많으므로 섭식 지원에 활용하면 운영비나 직원의 업무 부담을 최소화해 돌봄을 개선할 수 있다(Douglas & Lawrence, 2015).

지원 단체는 변경된 음식을 준비하고 반응 행동 관련 감정적 지원과 유용한 정보를 제공한다. 특히 삼킴장애나 치매에 적극적으로 대응한다([글상자 8-5] 참고). 예를 들어, 남성 배우자의 요구에 부합하는 온타리오주 토론토의 남성요리그룹(Men's Cooking Group)이 있다. 이는 토론토 알츠하이머협회(Alzheimer Society Toronto)가 지역 교회와 협력하여 개발한 프로그램으로, 치매 환자를 돌보는 남편이 식료품 예산 책정, 요리 등을 배우고 유사한 경험자와 교류한다(http://alz.to/blog/whats-dinner-tonight/).

Amella와 Batchelor-Aselage(2014)는 식사시간 문제의 평가 및 중재를 위해 C3P 모델을 개발했다. 이는 공식적 및 비공식적 간병인이 식사시간 수행, 변화 실행 및 결과를 평가하도록 지원한다. C3P 모델은 식사시간을 향상시키기 위해 **치매 환자**(person), **장소**(환경; place), **관계자**(간병인; people)를 수정하는 방법을 분석하는 체계적·실용적 접근이다. 이의 유용성이 입증되었으며, 간병인과 자원봉사자가 가정에서 훈련하는 내용도 포함된다.

사례 8-3 간병인 중재의 예

Cleary(2006)는 섭식/삼킴의 독립성과 안전성을 높이기 위해 파킨슨병 치매(PDD)에 적용 가능한 여러 전략을 소개했다. 환자가 특정 장소에 앉아 예측 가능한 식당 일과를 따르도록 직원을 훈련했다. 비식품(예: 설탕 봉지)을 먹지 못하도록 식사 구역 주위에 플렉시글라스(Plexiglas) 장벽을 설치하고, 한 번에 한 가지씩 음식을 제공했다. 중재 전 환자는 주의가 산만하고 약 20%의 독립적 식사만 가능했다. 이로 인해 급격한 체중 감소, 2회의 질식을 경험했다. 중재 후에는 70%의 독립적 식사가 가능했고 45일간 체중이 9파운드까지 늘었다.

4. 치매 말기 섭식 문제

섭식은 치매가 진행되면서 마지막에 결함을 보이는 기능 행동 중 하나이다(Mitchell, 2015). 말기에는 직원이 음식을 먹여 주는데, 이 기간이 수개월에서 수년까지 지속될 수 있다. 그러나 음식 뱉기, 숟가락 밀어내기, 입 틀어막기, 음료 거부 등의 행동이 나타나면 완화치료(palliative care) 접근이나 경관식이법(tube feeding)을 고려해야 한다(Mitchell, 2015). 중증 치매 환자의 체중 감소는 사망의 예측인자이다(Hanson et al., 2013). 이 단계에서 섭식 문제를 결정하는 것은 복잡하고 논쟁의 여지가 많다. SLP는 가족과 간병인에게 관련 정보를 제공한다.

폐렴 일반적으로 영양 불량은 감염 위험을 높인다. 특히 삼킴장애는 영양 불량 및 폐렴의 위험 요인이다. 치매 환자의 폐렴 발병률은 상대적으로 높고 이로 인한 사망률도 높다(Foley et al., 2015). 삼킴장애가 폐렴의 유일한 원인은 아니나, 치매의 경우 몇몇 원인들 중 하나이다. 특히 경관식이 중이거나 역류증이 있으면 흡인 위험이 크다. 인지 결함이 심화될수록 폐렴 발병률이 높아지는 경향이 있으며, 폐렴으로 인해 인지 결함이 더 악화된다. 특정 약물의 부작용으로 인두 삼킴장애가 심화되기도 한다(예: 특정 신경이완제).

완화치료 완화치료는 환자 및 가족이 최상의 삶의 질을 유지하는 데 목표를 둔다(Pollens, 2004). 이는 생명을 긍정하되 죽음을 재촉하거나 연기하지 않으며 고통을 완화함으로써 실현된다. 심리적 및 정신적 요구를 해소하고 환자와 가족을 지원하는 돌봄을 제공한다. 완화 또는 임종 돌봄은 환자가 지속적으로 수용하고 즐기는 수준까지만 음식과 음료를 제공한다. 손으로 음식을 먹일 경우 열량 섭취보다 편안한 제공에 목적을 둔다(Mitchell, 2015). 생애 말기에 물, 젤리, 아이스크림 등으로 구성된 '안락 쟁반(comfort tray)'을 활용해 수분을 공급하기도 한다.

사례 8-4 다영역적 중재의 예

집단 주거 요양시설의 장기요양 병동은 간헐적으로 SLP 서비스를 제공했다. 식사 시에는 중증 치매 환자를 복도에 대기시킨 채 간호조무사가 대형 주사기로 퓌레 음식을 주입했다. 직원들끼리 이야기하고, 거주민은 수동적으로 섭취하거나 불안감을 보였다. SLP에게 평가가 의뢰되어 음식과 식기류를 요청했으나, 직원은 이를 무의미하다고 여겼다. 환자가 위험한 삼킴 행동 없이 음식을 모두 먹자 직원들은 매우 놀랐다!

SLP의 전략은 다음과 같다. 방해되는 물건을 제거한 후 한 번에 한 가지 음식만 제공하고, 차분한 목소리로 대화했다. 한 단계씩 지시하고 각 단계마다 글자가 쓰인 알림카드를 활용했다("입을 벌리세요", "씹으세요", "삼키세요"). 간호사를 위한 현장 훈련 및 시범 설명도 제공했다. 직원들의 우려와 달리 업무량이 증가하지 않았고, 섭식 증진 및 불안감 감소의 효과가 있었다. 궁극적으로 관리자와 가족은 모두 기뻐했다!

경관식이 경관식이는 음식이나 액체를 더 이상 구강으로 섭취하지 못하는 중증 치매 환자가 선택하는 치료법이다. 비강에서 식도를 거쳐 위에 관을 삽입하거나(비위관 삽입[nasogastric tube]), 경피적내시경위조루술(percutaneous endoscopic gastrostomy: PEG)을 시행해 입과 식도를 지나 위에 관을 삽입한 후 위벽과 조직을 절개한다. PEG는 가벼운 진정제와 국소 마취제를 투여한 후 시술하는데, 대부분의 환자가 잘 수행한다(Gillick & Mitchell, 2002). 그러나 치매 말기에 수명을 연장하거나 삶의 질을 향상시키는 데에는 효과적이지 않고, 조기에 삽입해도 이점이 없다(Foley et al., 2015; Goldberg & Altman, 2014; Nourhashémi et al., 2012; Teno et al., 2012).

미국노인학회(American Geriatrics Society)의 윤리위원회 및 임상실습 · 돌봄모델위원회(Clinical Practice and Models of Care Committee)는 중증 치매에 적용하는 경관식이법에 관한 보호 정책을 개발했는데, 실질적인 부담에 비해 효과가 적다고 결론지었다(AGS, 2014). 치매 말기의 흡인성 폐렴 예방, 생명 연장, 고통 경감에도 기여하지 않으며(예: Alagiakrishnan et al., 2013; Dharmarajan & Unnikrishnan, 2004), 영양관 삽입에 의한 합병증(예: 감염, 욕창,

폐렴)으로 부작용이 우려된다.

영양관을 삽입하거나 손으로 먹여 주는 완화 접근법은 보호자가 쉽게 결정하기 어렵다. 특히 윤리적 우려, 가족의 신념 · 가치 및 부담, 기타 고려 사항이 많다(Fernandez-Viadero et al., 2015). 환자가 식사를 중단하면 보호자의 염려가 가중된다. 생애 말기에는 공복과 갈증을 거의 느끼지 않고, 면봉이나 얼음 조각으로 구강 건조를 완화시킬 수 있다(Gillick & Mitchell, 2002; McCann, Hall, & Groth-Juncker, 1994). PEG를 삽입하지 말도록 보호자에게 권고하면 '음식 금지'나 '치료 금지'로 오인된다(Goldberg & Altman, 2014). 경관식이 대신 손으로 먹이는 방법이 권고되면 의료적 처치의 중단이 아닌 완화치료 목표임을 강조해야 한다(Mitchell, 2015). 보호자의 의사결정을 지원하면 경관식이법을 결정하는 데 도움이 된다(Hanson et al., 2011).

생애 말기 돌봄 시 SLP의 역할 SLP는 생애 말기 중증 치매의 섭식을 결정해야 한다(Irwin, 2006). 장기요양시설의 영양 관리를 계획하고 수행하는 데에도 참여하나(White, 2005), 환자의 선호도를 최대한 반영한 경관식이나 안전한 구강 섭취, 효과 분석 등을 위한 지식이 부족하다는 지적도 있다(Davis & Conti, 2003). 중증 치매에 삼킴장애가 동반되고 음식 및 음료 농도에 대한 권고와 예방, 구강 섭취의 촉진이 필요함에도 불구하고 완화나 호스피스 치료 팀에 SLP가 거의 포함되지 않는다. 반면 SLP가 영양관 삽입을 줄이는 결정에 크게 기여하기도 한다(Monteleoni & Clark, 2004). ASHA 및 캐나다언어청각협회(Speech-Language and Audiology Canada: SAC)는 이러한 환경의 SLP를 지도하기 위한 자료를 제작했다(ASHA, n.d.; SAC, 2016). SLP는 환자의 영양 정보 및 생애 말기에 관한 가족의 결정을 돕기 위해 실행 가능한 최상의 방법과 임상적 전문성을 결합한다(Eggenberger & Nelms, 2014). 가족과 의료 전문가가 의사결정 과정에서 활용할 수 있는 도구도 개발되었다(Eggenberger & Nelms, 2004; Mitchell, Tetroe, & O'Connor, 2001). 삶의 질, 생애 말기 의사결정, 사전 치료 계획은 11장에서 논의된다.

글상자 8-5 임상가 · 환자 · 가족용 참고 자료

임상가: 전문요양시설(SNF)에서 식사시간 및 식습관 최적화시키기

- Pioneer Network Resource Library-Dining: 선도네트워크 음식 · 식사임상대책위원회(Pioneer Network Food and Dinning Clinical Standards Task Force, 2011)의 권고 사항 및 식사 개선에 유용한 자료; www.pioneernetwork.net/resource-library
- International Dysphagia Diet Standardisation Initiative: 전문가용 정보; http://iddsi.org/about-us/

환자, 가족, 간병인용

- Dysphagia Diet: 소비자용 증점제, 변형된 식기, 퓌레 음식, 사전 준비된 진한 음료, 요리법, 삼킴장애 요리책 정보; www.dysphagia-diet.com/default.aspx
- National Foundation of Swallowing Disorders: 삼킴장애 요리책 정보 ; http://swallowingdisorderfoundation.com/which-dysphagia-cookbook-is-right-for-you/
- Dysphagia Solutions: 소비자 및 가족용 식품, 요리법, 권고 사항, 교육용 비디오 ; www.dysphagiasupplies. com/
- Gourmet Puree: 퓌레 요리책 구입; http://essentialpuree.com/
- DysDine-Dysphagia Dining: 언어병리학 전공 대학원생 운영. 요리법, 토론 게시판, 정보, 식당 정보 제공; www.dysdine.com/

환자 및 가족용: 지원 단체 및 온라인 토론

- Agevillage.com Forums: 노화 관련 다양한 주제로 프랑스어 게시판 운영 ; http://forums.agevillage.com/
- ALZConnected, Alzheimer's Association: 다양한 주제 관련 보호자용 게시판 운영; 스페인어 토론 게시판; www.alzconnected.org/default.aspx
- Alzheimer's Association - Caregiver Support Groups: 환자 및 보호자 주 지원 단체 검색 ; www.alz.org/care/alzheimers-dementia-support-groups.asp
- AsantCafé, Alzheimer Society of Alberta and Northwest Territories: 치매 환자 및 보호자용 온라인 토론 포럼; www.asantcafe.ca/
- Alzheimer Society Canada: 지역 협력단체 결성 및 인적 네트워크 형성 ; www.alzheimer.ca/en/provincial-office-directory
- National Foundation of Swallowing Disorders: 미국 내 삼킴 관련 협력재단 관리, 주제별 온라인 커뮤니티 포럼 주최, 협력재단 결성에 관심 있는 SLP용 자료 제공; 치매에만 국한되지 않음 ; http://swallowingdisorderfoundation.com/swallowing-support-groups/

[부록 8-1] 치매 환자의 식사시간 · 섭식 · 삼킴장애 관련 전략

문제 및 전략

쇼핑, 음식 보관, 식사 준비
- 체계적 목록 사용하기
- 냉장고 속 식품에 이름 및 날짜 표기하기
- 식료품 저장실 및 찬장에 범주 표기하기
- 타이머
- 간단한 요리법 작성하기
- 전자레인지
- 음식 준비 돕기: 소스 및 드레싱 뿌리기, 빵에 버터 바르기, 음식 자르기
- '식사 배달 서비스'

식사에 대한 흥미 결여 또는 식욕 부진
- 식사 일과 강조하기
- 다감각적 자극을 위한 식사 준비 지원하기
- 몇몇 즉각적 선택권 제시하기(메뉴나 음식 사진 제시)
- 소량의 식사 및 간식을 자주 제공하기
- 소량의 음식을 개별적으로 제공하기
- 실제 음식과 유사한 음식, 실제 그릇 및 식기 제공하기
- 여름 정원의 아이스크림, 쌀쌀한 오후 난로 옆의 수프 한 그릇, 활동 시 물 등을 제안함으로써 음식과 음료를 제공할 자연스러운 사회적 기회 모색하기

과식
- 주의를 분산시키고 대안적 활동 제공하기
- 접근 제한, 저열량 간식 제공하기
- 식후에 식사 체크리스트 표기하기

안전: 충동적 식사 및 음식 준비
- 식사 속도 감독하기
- 소량으로 씹고 마시도록 상기시키기
- 소량의 씹기 및 마시기를 위한 알림카드 작성하기
- 한입 크기로 자른 음식을 안전한 온도로 제공하기

기억력 결함: 식사나 먹는 방법을 잊는 경우
- 일과가 쓰인 카드나 알람 사용하기
- 알림카드 사용하기(예: "식사는 나를 튼튼하고 건강하게 만듭니다.")
- 단계별 카드 사용하기: 한 카드에 여러 단계 또는 한 카드당 한 단계(예: "입 벌리세요.", "씹으세요.", "삼키세요.")

- 모방
- 구어 및 행동 단서
- 글자 단서: "나는 껍질 콩을 먹고 있다."
- 식사 개시를 위한 물리적 도움 제공하기(예: 숟가락이나 샌드위치를 손에 쥐어 주기)

주의력 결함: 식사를 멈추거나 산만해지는 경우
- 식사를 지속하도록 상기시키기(예: "수프 더 드세요."라고 말하며 수프를 가리킴)
- 배경 소음 줄이기(예: TV 끄기)
- 도로를 등지고 앉도록 위치 조절하기

지각 결함: 후각, 미각, 시각, 촉각
- 라벨을 사용해 상한 음식 버리기
- 음식 맛 강화하기: 소금 및 설탕 대체물, 단맛과 신맛
- 온도와 질감을 섞어 사용하기(민감하지 않은 구강 상태 시)
- 식사 제공 방식 개선하기: 테이블 매트, 그릇, 음식 간 색채 대비
- 쟁반 및 음식 이외 물품 제거하기
- 실제 음식과 유사한 물품 제공하기
- 한 번에 1~2개의 음식 제공하기
- 조명 극대화하기
- 탄산음료로 구강 및 추가적 감각 제공하기

집행기능: 개시, 계획화, 순서화
- 식사 개시를 알리는 구두 신호 제공하기
- 손에 숟가락 쥐어 주기
- 음식을 숟가락에 얹어 주로 사용하는 손 쪽 그릇에 올려놓고 구어 단서 제공하기(주목시키며: "미트로프 좀 드세요."), 숟가락으로 손 유도하기
- 간격회상 훈련
- 글자 단서카드

불안 및 서성거림
- 추가 열량 제공하기
- 방해 요소 줄이기(예: TV 앞이 아닌 식탁에서 식사하기)
- 한 번에 하나씩 먹기
- '칵테일 파티' 접근법: 손으로 집어 먹을 수 있는 음식 곁들여 먹기
- 지원 시 침착하고 느리게 접근하기
- 필요시 혼자 먹도록 유도하기
- 음식을 기다리며 대화나 활동으로 불안감 줄이기(예: 사진첩 보기, 아기 인형에게 젖병 먹이기)
- 불편감, 통증, 의사소통 의도 파악하기
- 보다 자연스럽고 즐거운 경험을 위해 차나 물 섭취하기, 대화하기

식사 거부 행동

- 입 벌리라는 신호로 숟가락을 부드럽게 아랫입술에 대기
- 상황 평가: 편안함(자세 조정의 필요성 및 통증 정도 확인), 음식 및 실내 온도(음식 데우기, 스웨터 제공, 방 온도 조절 등 확인), 삼키기 위한 노력(후두 상승의 외적 징후 관찰)
- 음식/음료 거절 시 음료/음식 권하기
- 번갈아 섭취하기(고기, 채소, 감자, 디저트)
- 휴식 시간 제공하기

식사 기술

- 어지럽히는 것 허용하기: 비닐 식탁보, 냅킨, 셔츠 보호대 사용; 식사 완료 시 손과 얼굴을 닦기 위한 따뜻한 젖은 수건 제공
- 식기 보호대, 무게감 있는 식기 사용하기
- 숟가락만 사용하는 '숟가락으로 먹는' 음식 및 그릇 제공하기
- 손으로 집어 먹을 수 있는 음식 제공하기
- 제공 전 미리 음식 자르기

보조제 및 향신료

- 우유에 단백질(예: 콩) 가루 첨가하기
- 간식으로 쉐이크 제공하기
- 맥아를 사용해 섬유질 첨가하기
- 열량 증가를 위해 소스, 그레이비, 버터, 잘게 썬 치즈 첨가하기
- 음식에 단맛 내는 보조제 첨가하기(초콜릿 시럽, 젤리)
- 소금(또는 소금 대체물) 및 양념 사용하기

탈수증

(주의: 탈수증은 인지 결함을 악화시킴!)

- 갈증에 대한 인지 여부 확인하기
- 덥거나 습할 때, 매우 건조할 때 음료를 자주 제공하기
- 쉽게 접할 수 있는 음료 제공하기(예: 주스 상자 등의 개별 제공)
- 예-아니요 질문(예: "음료수 드릴까요?") 자제하기

삼킴장애: 질식 위험

- 핫도그, 팝콘, 크래커, '혼합' 질감의 음식 등 피하기
- 해당 사례: 구강 잔여물 및 흡인 위험이 있는 경우, 음료를 완전히 삼키는 데 도움이 필요한 경우
- 알약 으깨기(약사와의 상담 우선 권고)

삼킴장애: 식단이나 음료 변경 필요

- 평상시: 베이컨, 치킨, 브로콜리, 샐러드
- 부드러운 음식: 토스트, 햄버거, 조리된 야채
- 잘게 간 음식: 바나나, 구운 생선, 달걀 스크램블
- 퓌레: 사과 소스, 밀 크림, 빻은 옥수수, 요구르트, 푸딩, 으깬 감자, 아이스크림(음료 제한 없을 시)

- 약간 진한 농도의 음식
- 과즙/조금 진한 농도의 음식
- 꿀/진한 농도의 음식
- 푸딩/매우 진한 농도의 음식

삼킴장애: 씹기를 너무 일찍 멈추거나 삼킴 시 신호가 필요한 경우, 볼에 음식을 모아 두는 경우

- 구어 단서(예: "음식을 씹으세요.")
- 부드럽게 볼 쓰다듬기
- 구어 또는 촉각 단서 사용하기(예: "삼키세요.", 환자가 편안할 때 부드럽게 목 쓰다듬기)
- 볼 안쪽 음식도 모두 삼키도록 단서 제공하기(예: "입 안에 있는 음식을 모두 드세요.")
- 음식을 볼 위로 밀어 올리기 위해 턱선부터 볼까지 위쪽으로 쓰다듬기

경고 신호 – 아래 사항 중 1개 이상 관찰 시 전문의와 논의해 SLP에게 의뢰하기

- 음식을 입에 물고 있어 삼킴을 위한 단서가 필요한 경우
- 입에 음식이 남아 있는 경우(입 안, 혓바닥 위)
- 식사 중 및 식후의 헛기침
- 식사 중 및 식후의 기침
- 젖은 또는 그르렁거리는 음성
- 체중 감소
- 열
- 폐렴

말기 단계: 엄격한 식사 제한

(주의: 갑작스러운 변화는 자제할 것)

예측 가능한 변화:

- 삼킴 문제, 음식을 씹지 않는 것, 식사 거부, 음식 인식 불능, 비식품을 먹는 행위

섭취 제한:

- 편안한 음식 제공하기: 음료, 젤리, 아이스크림 등 선택

구강 위생 문제

징후:

- 음식 기피(토스트, 고기 등), 구내염, 약물 투약, 민감한 잇몸

틀니:

- 세척 시 도움 제공하기(시각적 지원 및 구어 단서)
- 체중 변화 시 치과의사와 상담하기

구강 청결:

- 양치를 위해 글자 알림카드 사용하기
- 글리세린 면봉 사용하기
- 식사 및 간식 전후 구강 내 잔여물 여부 확인하기

출처: Melton & Bourgeois(2004)에서 인용

참고문헌

Abdelhamid, A., Bunn, D., Copley, M., Cowap, V., Dickinson, A., Gray, L., … Hooper, L. (2016). Effectiveness of interventions to directly support food and drink intake in people with dementia: Systematic review and meta-analysis. *BMN Geriatrics, 16*(26), 1-18. doi:10.1186/s12877-016-0196-3.

Affoo, R. H., Foley, N., Rosenbek, J., Shoemaker, J. K., & Martin, R. E. (2013). Swallowing dysfunction and autonomic nervous system dysfunction in Alzheimer's disease: A scoping review of the evidence. *Journal of the American Geriatrics Society, 61*, 2203-2213. doi:10.1111/jgs.12553.

Ahmed, R. M., Irish, M., Henning, E., Dermody, N., Bartley, L., Kiernan, M. C., … Hodges, J. R. (2016). Assessment of eating behavior disturbance and neural networks in frontotemporal dementia. *Journal of the American Medical Association, 73*, 282-290. doi:10.1001/jamaneurol.2015.4478.

Alagiakrishnan, K., Bhanjib, R. A., & Kurianc, M. (2013). Evaluation and management of oropharyngeal dysphagia in different types of dementia: A systematic review. *Archives of Gerontology and Geriatrics, 56*, 1-9. http://dx.doi.org/10.1016/j.archger.2012.04.011.

Algase, D. L., Beck, C., Kolanowski, A., Whall, A., Berent, S., Richards, K., & Beattie, E. (1996). Need-driven dementia-compromised behavior: An alternative view of disruptive behavior. *American Journal of Alzheimer's Disease, 11*, 10-19. doi:abs/10.1177/153331759601100603.

Allen, V. J., Methven, L., & Gosney, M. (2014). Impact of serving method on the consumption of nutritional supplement drinks: Randomized trial in older adults with cognitive impairment. *Journal of Advanced Nursing, 70*(6), 1323-1334. doi:10.1111/jan.12293.

Altus, D., Engelman, K., & Mathews, M. (2002). Using family-style meals to increase participation and communication in persons with dementia. *Journal of Gerontological Nursing, 28*(9), 47-53. doi:10.3928/0098-9134-20020901-09.

Amella, E. J. (1999). Factors influencing the proportion of food consumed by nursing home residents with dementia. *Journal of the American Medical Society, 47*, 879-885. doi:10.1111/j.1532-5415.1999.tb03849.x.

Amella, E. (2004). Feeding and hydration issues for older adults with dementia. *Nursing Clinics of North America, 39*(3), 607-623.

Amella, E. J., & Batchelor-Aselage, M. B. (2014). Facilitating ADLs by caregivers of persons with dementia: The C3P model. *Occupational Therapy in Health Care, 28*, 51-62. doi:10.3109/07380577.2013.867388.

American Geriatrics Society [AGS] Ethics Committee and Clinical Practice and Models of Care Committee (2014). American Geriatrics Society feeding tubes in advanced dementia position statement. *J Am Geriatr Soc, 62*(8), 1590-1593. doi:10.1111/jgs.12924.

American Speech-Language-Hearing Association (ASHA). (n.d.). *Dementia: End-of-life issues*. Retrieved February 20, 2017 from www.asha.org/PRPSpecificTopic.aspx? folderid=8589935289§ion=Treatment#End-of-Life_Issues.

Arrighi, H. M., Gélinas, I., McLaughlin, T. P., Buchanan, J., & Gauthier, S. (2013). Longitudinal changes in functional disability in Alzheimer's disease patients. *International Psychogeriatrics, 25*, 929-937. doi:10.1017/S1041610212002360.

Aselage, M. B. (2010). Measuring mealtime difficulties: Eating, feeding and meal behaviours in older adults with dementia. *Journal of Clinical Nursing, 19*, 621-631. doi:10.1111/j.1365-2702.2009.03129.x.

Aselage, M. B., & Amella, E. J. (2010). An evolutionary analysis of mealtime difficulties in older adults with dementia. *Journal of Clinical Nursing, 19*, 33-41. doi:10.1111/j.1365-2702.2009.0269.x.

Aselage, M. B., & Amella, E. J. (2011). State of the science: Alleviating mealtime difficulties in nursing home residents with dementia. *Nursing Outlook, 59*, 210-214. doi:10.1016/j.outlook.2011.05.009.

Bagnasco, A., Watson, R., Zanini, M., Rosa, F., Rocco, G., & Sasso, L. (2015). Preliminary testing using Mokken scaling of an Italian translation of the Edinburgh Feeding Evaluation in Dementia (EdFED-I) scale. *Applied Nursing Research, 28*, 391-396. http://dx.doi.org/10.1016/j.apnr.2015.02.003.

Ball, L., Jansen, S., Desbrow, B., Morgan, K., Moyle, W., & Hughes, R. (2015). Experiences and nutrition support strategies in dementia care: Lessons from family carers. *Nutrition & Dietetics, 72*, 22-29. doi:10.1111/1747-0080.12107.

Batchelor-Murphy, M., Amella, E. J., Zapka, J., Mueller, M., & Beck, C. (2015). Feasibility of a web-based dementia feeding skills training program for nursing home staff. *Geriatric Nursing, 36*, 212-218. http://dx.doi.org/10.1016/j.gerinurse.2015.02.003.

Baucom, A. (1996). *Hospitality design for the graying generation: Meeting the needs of a growing market*. New York: John Wiley.

Beattie, E., Algase, D., & Song, J. (2004). Keeping wandering nursing home residents at the table: Improving food intake using a behavioral communication intervention. *Aging & Mental Health, 8*, 109-116. doi:10.1080/13607860410001649617.

Behrman, S., Chouliaras, L., & Ebmeier, K. P. (2014). Considering the senses in the diagnosis and management of dementia. *Maturitas, 77*, 305-310. http://dx.doi.org/10.1016/j.maturitas.2014.01.003.

Belafsky, P. C., Mouadeb, D. A., Rees, C. J., Pryor, J. C., Postma, G. N., Allen, J., & Leonard, R. J. (2008). Validity and reliability of the eating assessment tool (EAT-10). *Annals of Otology Rhinology & Laryngology, 117*(12), 919-924.

Bell, C. L., Tamura, B. K., Masaki, K. H., & Amella, E. J. (2013). Prevalence and measures of nutritional compromise among nursing home patients: Weight loss, low body mass index, malnutrition, and feeding dependency, a systematic review of the literature. *Journal of the American Directors Association, 14*, 94-100. http://dx.doi.org/10.1016/j.jamda.2012.10.012.

Benigas, J., & Bourgeois, M. S. (2016). Using spaced retrieval with external aids to improve use of compensatory strategies during eating for persons with dementia. *American Journal of Speech Language Pathology, 25*(3), 321-324.

Bloomfield, J., & Pegram, A. (2012). Improving nutrition and hydration in hospital: The nurse's responsibility. *Nursing Standard, 26*, 52-56. http://dx.doi.org/10.7748/ns2012.04.26.34.52.c9065.

Bowlby Sifton, C. (2002). Eating and nutrition: Nurturing, food, and community life. *Alzheimer's Care Quarterly, 3*(4), iv-v. Retrieved from http://journals.lww.com/actjournalonline.

Briller, S., Proffitt, M., Perez, K., & Calkins, M. (2001). *Creating successful dementia care settings: Vol. 1. Understanding the environment through aging senses*. Baltimore: Health Professions.

Brooke, J., & Ojo, O. (2015). Oral and enteral nutrition in dementia: An overview. *British Journal of Nursing, 24*(12), 624-628.

Bruce, C., Brush, J. A., Sanford, J. A., & Calkins, M. P. (2013). Development and evaluation of the Environment and Communication Assessment Toolkit with speech-language pathologists. *Seminars in Speech & Language, 34*(1), 42-51. doi:10.1055/s-0033-1337394.

Brush, J., Calkins, M., Bruce, C., & Sanford, J. (2011). *Environment and Communication Assessment Toolkit for dementia care (ECAT)*. Baltimore: Health Professions Press.

Brush, J. A., & Camp, C. J. (1998). Spaced retrieval during dysphagia therapy: A case study. *Clinical Gerontologist, 19*, 96-99. Retrieved from www.tandfonline.com/loi/wcli20.

Brush, J. A., Meehan, R. A., & Calkins, M. P. (2002). Using the environment to improve intake for people with dementia. *Alzheimer's Care Quarterly, 3*, 330-338. Retrieved from www.alzfdn.org/Publications/afa-care-quarterly/.

Calkins, M. P., & Brush, J. A. (2003). Designing for dining: The secret of happier mealtimes. *Alzheimer's Care Quarterly, 4*(1), 73-76. Retrieved from www.alzfdn.org/Publications/afa-care-quarterly/.

Cersosimo, M. G., & Benarroch, E. E. (2012). Pathological correlates of gastrointestinal dysfunction in Parkinson's disease. *Neurobiology of Disease, 46*, 559-564. doi:10.1016/j.nbd.2011.10.014.

Cichero, J. A. Y., Lam, P., Steele, C. M., Hanson, B., Chen, J., Dantas, R. O., … Stanschus, S. (2016). Development of international terminology and definitions for texture-modified foods and thickened fluids used in dysphagia management: The IDDSI framework. *Dysphagia*. doi:10.1007/s00455-016-9758-y.

Clavé, P., & Shaker, R. (2015). Dysphagia: Current reality and scope of the problem. *Nature Reviews Gastroenterology & Hepatology, 12*, 259-270. doi:10.1038/nrgastro.2015.49.

Cleary, S. (2006). Shifting paradigms: Treating swallowing and eating problems in dementia. *Communiqué, 20*(2), 4-7.

Cleary, S., Van Soest, D., Milke, D., & Misiaszek, J. (2008). Using the smell of baking bread to facilitate eating in residents with dementia. *Canadian Nursing Home, 19*, 6-13.

Cleary, S., Yanke, J., Masuta, B., & Wilson, K. (2016). Free water protocols. *Canadian Nursing Home, 27*(3), 8.

Correia, S. D. M., Morillo, L. S., Filho, W. J., & Mansur, L. L. (2010). Swallowing in moderate and severe phases of Alzheimer's disease. *Arq Neuropsiquiatr, 68*(6), 855-861.

Davis, L. A., & Conti, G. J. (2003). Speech-language pathologists' roles and knowledge levels related to non-oral feeding. *Journal of Medical Speech-Language Pathology, 13*(1), 15-30. Retrieved from www.pluralpublishing.com/journals_JMSLP.htm.

Dharmarajan, T., & Unnikrishnan, D. (2004). Tube feeding in the elderly. The technique, complications, and outcome. *Postgraduate Medicine, 115*, 51-54. http://dx.doi.org/10.3810/pgm.2004.02.1443.

Dory, M. (2004). Enhancing the dining experience in long-term care: Dining With Dignity program. *Journal of Nutrition for the Elderly, 23*(3), 99-109. http://dx.doi.org/10. 1300/J052v23n03_07.

Douglas, J. W., & Lawrence, J. C. (2015). Environmental considerations for improving nutritional status in older adults with dementia: A narrative review. *Journal of the Academy of Nutrition and Dietetics, 115*, 1815-1831. http://dx.doi.org/10.1016/j.jand.2015.06.376.

Duffy, J. (2013). *Motor speech disorders: Substrates, differential diagnosis, and management* (3rd ed.). Toronto: Mosby.

Eggenberger, S., & Nelms, T. (2004). Artificial hydration and nutrition in advanced Alzheimer's disease: Facilitating family decision-making. *Journal of Clinical Nursing, 13*, 661-667. doi:10.1111/j.1365-2702.2004.00967.x.

Fernandez-Viadero, C., Jimenez-Sanz, M., Verduga, R., & Crespo, D. (2015). Some questions about dementia and tube feedings. *J Am Geriatr Soc, 63*(7), 1490. doi:10.1111/jgs.13551.

Foley, N. C., Affoo, R. H., & Martin, R. E. (2015). A systematic review and meta-analysis examining pneumonia-associated mortality in dementia. *Dementia and Geriatric Cognitive Disorders, 39*, 52-67. doi:10.1159/000367783.

Garcia, J. M., Chambers, E., & Molander, M. (2005). Thickened liquids: Practice patterns of speech-language pathologists. *American Journal of Speech Language Pathology, 14*(1), 4-13.

Genoe, M. R., Keller, H. H., Martin, L. S., Dupuis, S. L., Reimer, H., Cassolato, C., & Edward, G. (2012). Adjusting to mealtime change within the context of dementia. *Canadian Journal on Aging, 31*, 173-194. doi:10.1017/S0714980812000098.

Giebel, C. M., Sutcliffe, C., & Challis, D. (2015). Activities of daily living and quality of life across different stages of dementia: A UK study. *Aging & Mental Health, 19*, 63-71. http://dx.doi.org/10.1080/13607863.2014.915920.

Giebel, C. M., Sutcliffe, C., Stolt, M., Karlsson, S., Renom-Guiteras, A., Soto, M., … Challis, D. (2014). Deterioration of basic activities of daily living and their impact on quality of life across different cognitive stages of dementia: A European study. *International Psychogeriatrics, 26*, 1283-1293. doi:10.1017/S1041610214000775.

Gillick, M. R., & Mitchell, S. L. (2002). Facing eating difficulties in end-stage dementia. *Alzheimer's Care Quarterly, 3*(3), 227-232. Retrieved from www.alzfdn.org/Publications/afa-care-quarterly/.

Gilmore-Bykovskyi, A. L. (2015). Caregiver person-centeredness and behavioral symptoms during mealtime interactions: Development and feasibility of a coding scheme. *Geriatric Nursing, 26*, S10-S15. http://dx.doi.org/10.1016/j.gerinurse.2015.02.018.

Goldberg, L. S., & Altman, K. W. (2014). The role of gastrostomy tube placement in advanced dementia with dysphagia: A critical review. *Clinical Interventions in Aging, 9*, 1733-1739. http://doi.org/10.2147/CIA.S53153.

Greenwood, C. E., Tam, C., Chan, M., Young, K. W. H., Binns, M. A., & van Reekum, R. (2005). Behavioral disturbances, not cognitive deterioration, are associated with altered food selection in seniors with Alzheimer's disease. *Journal of Gerontology: Medical Sciences, 60A*, 499-505. https://doi.org/10.1093/gerona/60.4.499.

Hanson, L. C., Carey, T. S., Caprio, A. J. et al. (2011). Improving decision-making for feeding options in advanced dementia: A randomized, controlled trial. *JAGS, 59*(11), 2009-2016.

Hanson, L. C., Ersek, M., Lin, F. C., & Carey, T. S. (2013). Outcomes of feeding problems in advanced dementia in a nursing home population. *Journal of the American Geriatrics Society,*

61, 1692-1697. doi:10.1111/jgs.12448.

Hellen, C. R. (2002). Doing lunch: A proposal for a functional well-being assessment. *Alzheimer's Care Quarterly, 3*(4), 302-315.

Hicks-Moore, S. (2005). Relaxing music at mealtime in nursing homes: Effects on agitated patients with dementia. *Journal of Gerontological Nursing, 31*(12), 26-32. doi:10.3928/0098-9134-20051201-07.

Ho, S.-Y., Lai, H.-L., Jeng, S.-Y., Tang, C.-W., Sung, H.-C., & Chen, P.-W. (2011). The effects of researcher-composed music at mealtime on agitation in nursing home residents with dementia. *Archives Psychiatric Nursing, 25*(6), 49-55.

Hooper, L., Bunn, D. K., Downing, A., Jimoh, F. O., Groves, J., … & Shepstone, L. (2016). Which frail older people are dehydrated? The UK DRIE study. *J Gerontol A Biol Sci Med Sci, 71*(10), 1341-1347. doi:10.1093/gerona/glv205.

Hu, X., Okamura, N., Arai, H., Higuchi, M., Maruyama, M., Itoh, M., … Sasaki, H. (2002). Neuroanatomical correlates of low body weight in Alzheimer's disease: A PET study. *Progress in Neuropsycho_pharmacology and Biological Psychiatry, 26*, 1285-1289. http://dx.doi.org/10.1016/S0278-5846(02)00291-9.

Irwin, W. (2006). Feeding patients with advanced dementia: The role of the speech-language pathologist in making end-of-life decisions. *Journal of Medical Speech-Language Pathology, 14*, xi-xiii.

Ismail, Z., Hermann, N., Rothenburg, L. S., Cotter, A., Leibovitch, F. S., Rafi-Tari, S., … Lanctôt, K. L. (2008). A functional neuroimaging study of appetite loss in Alzheimer's disease. *Journal of the Neurological Sciences, 271*, 97-103. http://dx.doi.org.ezproxy. library.dal.ca/10.1016/j.jns.2008.03.023.

Jackson, J., Currie, K., Graham, C., & Robb, Y. (2011). The effectiveness of interventions to reduce undernutrition and promote eating in older adults with dementia: A systematic review. *JBI Library of Systematic Reviews, 9* (37), 1509-1550. doi:10.11124/jbisrir-2011-119.

Jensen, G. L., Compher, C., Sullivan, D. H., & Mullin, G. E. (2013). Recognizing malnutrition in adults: Definitions and characteristics, screening, assessment, and team approach. *JPEN: Journal of Parenteral and Enteral Nutrition, 37*(6), 802-807. doi:10.1177/0148607113492338.

Kagel, M. C., & Leopold, N. A. (1992). Dysphagia in Huntington's disease: A 16 year retrospective. *Dysphagia, 7*, 106. doi:10.1007/BF02493441.

Kai, K., Hashimoto, M., Amano, K., Tanaka, H., Fukuhara, R., & Ikeda, M. (2015). Relationship between eating disturbance and dementia severity in patients with Alzheimer's disease. *PLoS ONE, 10*(8), 1-10. doi:10.1371/journal.pone.0133666.

Kalf, J. G., de Swart, B. J. M., Bloem, B. R., & Munneke, M. (2012). Prevalence of oropharyngeal dysphagia in Parkinson's disease: A meta-analysis. *Parkinsonism and Related Disorders, 18*, 311-315. doi:10.1016/j.parkreldis.2011.11.006.

Kayser-Jones, J., & Schell, E. (1997). The effect of staffing on the quality of care at mealtime. *Nursing Outlook, 45*(2), 64-72.

Keller, H., Chambers, L., Niezgoda, H., & Duizer, L. (2012). Issues associated with the use of modified texture foods. *The Journal of Nutrition, Health & Aging, 16*, 195-200. doi:10.1007/s12603-011-0160-z.

Kingston, T. (2017). Promoting fluid intake for patients with dementia or visual impairments. *British Journal of Nursing, 26*, 98-99. doi:10.12968/bjon.2017.26.2.98.

Kofod, J., & Birkemose, A. (2004). Meals in nursing homes. *Scandinavian Journal of Caring Sciences, 18*, 128-134. doi:10.1111/j.1471-6712.2004.00276.x.

Koss, E., & Gilmore, C. G. (1998). Environmental interventions and functional abilities of AD patients. In B. Vellas, J. Filten, & G. Frisoni (Eds.), *Research and practice in Alzheimer's disease* (pp. 185-191). New York: Serdi/Springer.

Kuehlmeyer, K., Schuler, A. F., Kolb, C., Pflegewirt, D., Borasio, G. D., & Jox, R. J. (2015). Evaluating nonverbal behavior of individuals with dementia during feeding: A survey of the nursing staff in residential care homes for elderly adults. *Journal of the American Geriatrics Society, 63*, 2544-2549. doi:10.1111/jgs.13822.

Kunik, M., Martinez, M., Snow, A., Beck, C., Cody, M., Rapp, C. et al. (2003). Determinants of behavioral symptoms in dementia patients. *Clinical Gerontologist, 26*(3-4), 83-89.

Landi, F., Zuccala, G., Gambassi, G., Incalzi, R. A., Manigrasso, L., Pagano, F., … Bernabei, R. (1999). Body mass index and mortality among old people living in the community. *American Journal of the Geriatrics Society, 47*, 1072-1076. doi:10.1111/j.1532-5415.1999.tb05229.x.

Leder, S. B., Sasaki, C. T., & Burrell, M. I. (1998). Fiberoptic endoscopic evaluation of dysphagia to identify silent aspiration. *Dysphagia, 13*, 19-21. doi:10.1007/PL00009544.

Lee, K. M., & Song, J.-A. (2015). Factors influencing the degree of eating ability among people with dementia. *Journal of Clinical Nursing, 24*, 1707-1717. doi:10.1111/jocn.12777.

Lipner, H., Bosler, J., & Giles, G. (1990). Volunteer participation in feeding residents: Training and supervision in a long-term care facility. *Dysphagia, 5*(2), 89-95. doi:10.1007/BF02412650.

Liu, W., Cheon, J., & Thomas, S. A. (2014). Interventions on mealtime difficulties in older adults with dementia: A systematic review. *International Journal of Nursing Studies, 51*, 14-27. http://dx.doi.org/10.1016/j.ijnurstu.2012.12.021.

Liu, W., Galik, E., Boltz, M., Nahm, E.-S., Lerner, N., & Resnick, B. (2016). Factors associated with eating performance for long-term care residents with moderate-to-severe cognitive impairment. *Journal of Advanced Nursing, 72*, 348-360. doi:10.1111/jan.12846.

Liu, W., Galik, E., Boltz, M., Nahm, E.-S., & Resnick, B. (2015). Optimizing eating performance for older adults with dementia living in long-term care: A systematic review. *Worldviews on Evidence-Based Nursing, 12*, 228-235. doi:10.1111/wvn.12100.

Liu, W., Watson, R., & Lou, F. (2013). The Edinburgh Feeding Evaluation in Dementia scale (EdFED): Cross-cultural validation of the simplified Chinese version in mainland China. *Journal of Clinical Nursing, 23*, 45-53. doi:10.1111/j.1365-2702.2012.04250.x.

Logemann, J. (2003). Dysphagia and dementia: The challenge of dual diagnosis. *The ASHA Leader, 8*, 1-5. doi:10.1044/leader.FTR4.08032003.1.

Londos, E., Hanxsson, O., Hirsch, I. A., Janneskog, A., Bülow, M., & Palmqvist, S. (2013). Dysphagia in Lewy body dementia: A clinical observational study of swallowing function by videofluoroscopic examination. *BMC Neurology, 13*(140), 1-5. www.biomedcentral.com/1471-2377/13/140.

Manning, F., Harris, K., Duncan, R., Walton, K., Bracks, J., Larby, L., … Batterham, M. (2012). Additional feeding assistance improves the energy and protein intakes of hospitalized elderly patients. A health services evaluation. *Appetite, 59*, 471-477. http://dx.doi.org/10.1016/j.appet.2012.06.011.

McCann, R., Hall, W., & Groth-Juncker, A. (1994). Comfort care for terminally ill patients: The appropriate use of nutrition and hydration. *JAMA, 274*, 1236-1246.

McCullough, G. H., Wertz, R. T., Rosenbek, J. C., Mills, R. H., Ross, K. B., & Ashford, J. R. (2000). Inter- and intrajudge reliability of a clinical examination of swallowing in adults. *Dysphagia, 15*, 58-67. doi:10.1007/s004550010002.

McHorney, C. A., Bricker, D. E., Robbins, J., Kramer, A. E., Rosenbek, J. C., & Chignell, K. A. (2000a). The SWAL-QOL Outcomes tool for oropharyngeal dysphagia in adults: II. Item reduction and preliminary scaling. *Dysphagia, 15*, 122-133.

McHorney, C. A., Bricker, D. E., Robbins, J., Kramer, A. E., Rosenbek, J. C., Chignell, K. A., Logemann, J. A., & Clarke, C. (2000b). The SWAL-QOL Outcomes tool for oropharyngeal dysphagia in adults: I. Conceptual foundation and item development. *Dysphagia, 15*, 115-121.

McHorney, C. A., Martin-Harris, B., Robbins, J., & Rosenbek, J. (2006). Clinical validity of the SWAL-QOL and SWAL-CARE outcomes tools with respect to bolus flow measures. *Dysphagia, 21*(3), 141-148. doi:10.1007/s00455-005-0026-9.

McHorney, C. A., Robbins, J., Lomax, K., Rosenbek, J. C., Chignell, K. A., Kramer, A. E., &

Bricker, D. E. (2002). The SWAL-QOL and SWAL-CARE Outcomes tool for oropharyngeal dysphagia in adults: III. Documentation of reliability and validity. *Dysphagia, 17*, 97-114.

Melton, A., & Bourgeois, M. (2004, February). *Feeding and swallowing issues in dementia*. Invited presentation at the Pilot Club's Annual Alzheimer Update, Tallahassee, FL.

Mitchell, S. L. (2015). Advanced dementia. *New England Journal of Medicine, 372*, 2533-2540. doi:10.1056/NEJMcp1412652.

Mitchell, S., Tetroe, J., & O'Connor, A. (2001). A decision aid for long-term tube-feeding in cognitively impaired older persons. *Journal of the American Geriatrics Society, 49*, 313-316. doi:10.1046/j.1532-5415.2001.4930313.x.

Monteleoni, C., & Clark, E. (2004). Using rapid-cycle quality improvement methodology to reduce feeding tubes in patients with advanced dementia: Before and after study. *British Medical Journal, 329*, 491-494. https://doi.org/10.1136/bmj.329.7464.491.

Njegovan, V., Man-Son-Hing, M., Mitchell, S., & Molnar, F. (2001). The hierarchy of functional loss associative with cognitive decline in older persons. *Journal of Gerontology A: Biological Science & Medical Science, 56*, M638-M643. https://doi.org/10. 1093/gerona/56.10.M638.

Nourhashémi, F., Gillette, S., Cantet, C., Stilmunkes, A., Saffon, N., Rougé-Bugat, M. E., … Rolland, Y. (2012). End-of-life care for persons with advanced Alzheimer disease: Design and baseline data from the ALFINE study. *The Journal of Nutrition, Health & Aging, 16*, 457-461. doi:10.1007/s12603-011-0333-9.

Omar, R., Mahoney, C. J., Buckley, A. H., & Warren, J. D. (2013). Flavour identification in fronto_ temporal lobar degeneration. *Journal of Neurology, Neurosurgery, & Psychiatry, 84*, 88-93. doi:10.1136/jnnp-2012-303853.

Paranji, S., Paranji, N., Wright, S., & Chandra, S. (2017). A nationwide study of the impact of dysphagia on hospital outcomes among patients with dementia. *American Journal of Alzheimer's Disease & Other Dementias, 32*, 5-11. doi:10.1177/1533317516673464.

Park, Y.-H., Han, H.-R., Oh, B.-M., Lee, J., Park, J., Yu, S. J., & Chang, H. K. (2013). Prevalence and associated factors of dysphagia in nursing home residents. *Geriatric Nursing, 34*, 212-217. http://dx.doi.org/10.1016/j.gerinurse.2013.02.014.

Pioneer Network, Food and Dining Clinical Standards Task Force. (2011). *New dining practice standards*. Retrieved from www.pioneernetwork.net/resource-library/.

Pollens, R. (2004). Role of the speech-language pathologist in palliative hospice care. *Journal of Palliative Medicine, 7*, 694-702. doi:10.1089/jpm.2004.7.694.

Reed, P., Zimmerman, S., Sloane, P., Williams, C., & Boustani, M. (2005). Characteristics associated with low food and fluid intake in long-term care residents with dementia. *The*

Gerontologist, 45, 74-80. https://doi.org/10.1093/geront/45.suppl_1.74.

Rehm, C. D., Peñalvo, J. L., Afshin, A., & Mozaffarian, D. (2016). Dietary intake among US adults, 1999-2012. *Journal of the American Medical Association, 316*, 2542-2553. doi:10.1001/jama.2016.7491.

Rizzo, M., Anderson, S. W., Dawson, J., & Nawrot, M. (2000). Vision and cognition in Alzheimer's disease. *Neuropsychologia, 38*, 1157-1169. http://dx.doi.org/10.1016/S0028-3932(00)00023-3.

Roberts, S., & Durnbaugh, T. (2002). Enhancing nutrition and eating skills in long term care. *Alzheimer's Care Quarterly, 3*(4), 316-329. Retrieved from www.alzfdn.org/Publications/afa-care-quarterly/.

Rogus-Pulia, N., Malandraki, G. A., Johnson, S., & Robbins, J. (2015). Understanding dysphagia in dementia: The present and the future. *Current Physical Medicine and Rehabilitation Reports, 3*, 86-97. doi:10.1007/s40141-015-0078-1.

Rösler, A., Pfeil, S., Lessmannc, H., Höder, J., Befahr, A., & von Renteln-Kruse, W. (2015). Dysphagia in dementia: Influence of dementia severity and food texture on the prevalence of aspiration and latency to swallow in hospitalized geriatric patients. *Journal of the American Medical Directors Association, 16*, 697-701. http://dx.doi.org/10.1016/j.jamda.2015.03.020.

Ruigrok, J., & Sheridan, L. (2006). Life enrichment programme: Enhanced dining experience, a pilot project. *International Journal of Health Care Quality Assurance Incorporating Leadership in Health Services, 19*, 420-429. http://dx.doi.org/10.1108/09526860610680067.

Sakai, M., Ikeda, M., Kazui, H., Shigenobu, K., & Nishikawa, T. (2016). Decline of gustatory sensitivity with the progression of Alzheimer's disease. *International Psychogeriatrics, 28*, 511-517. doi:10.1017/S1041610215001337.

Saletti, A., Lindgren, E. Y., Johansson, L., & Cederholm, T. (2000). Nutritional status according to Mini Nutritional Assessment in an institutionalised elderly population in Sweden. *Gerontology, 46*, 139-145. doi:10.1159/000022149.

Sato, E., Hirano, H., Watanabe, Y., Edahiro, A., Sato, K., Yamane, G., & Katakura, A. (2014). Detecting signs of dysphagia in patients with Alzheimer's disease with oral feeding in daily life. *Geriatrics & Gerontology International, 14*, 549-555. doi:10.1111/ggi.12131.

Simmons, S., Osterweil, D., & Schnelle, J. (2001). Improving food intake in nursing home residents with feeding assistance: A staff analysis. *Journal of Gerontology, 56A*, M790-M794. https://doi.org/10.1093/gerona/56.12.M790.

Simmons, S. F., & Reuben, D. (2000). Nutritional intake monitoring for nursing home residents: A comparison of staff documentation, direct observation, and photography methods. *Journal of the American Geriatrics Society, 48*, 209-213. doi:10.1111/j.1532-5415.2000.tb03914.x.

Simmons, S. F., & Schnelle, J. F. (2003). Implementation of nutritional interventions in long-term care. *Alzheimer's Care Quarterly, 4*(4), 286-296.

Simmons, S. F., & Schnelle, J. F. (2006). Feeding assistance needs of long-stay nursing home residents and staff time to provide care. *Journal of the American Geriatrics Society, 54*, 919-924. doi:10.1111/j.1532-5415.2006.00812.x.

Slaughter, S. E., Eliasziw, M., Morgan, D., & Drummond, N. (2011). Incidence and predictors of eating disability among nursing home residents with middle-stage dementia. *Clinical Nutrition, 30*, 172-177. doi:10.1016/j.clnu.2010.09.001.

Slaughter, S. E., & Hayduk, L. A. (2012). Contributions of environment, comorbidity, and stage of dementia to the onset of walking and eating disability in long-term care residents. *Journal of the American Geriatrics Society, 60*, 1624-1631. doi:10.1111/j.1532-5415.2012.04116.x.

Speech-Language and Audiology Canada (SAC). (2016). *The role of speech-language pathologists, audiologists and communication health assistants in end-of-life care*. Retrieved from www.sac-oac.ca/sites/default/files/resources/end-of-life_position-statement_en.pdf.

Spindler, A. A. (2002). Nutritional considerations for persons with Alzheimer's disease. *Alzheimer's Care Quarterly, 3*(4), 289-301.

Steele, C. (1996). *Meal assistance screening tool*. Ontario: Steele.

Steele, C. M., Alsanei, W. A., Ayanikalath, S., Barbon, C. E., Chen, J., Cichero, J. A., … Wang, H. (2015). The influence of food texture and liquid consistency modification on swallowing physiology and function: A systematic review. *Dysphagia, 30*, 2-26. doi:10.1007/s00455-014-9578-x.

Steele, C., Greenwood, C., Ens, I., Robertson, C., & Seidman-Carlson, R. (1997). Mealtime difficulties in a home for the aged: Not just dysphagia. *Dysphagia, 12*, 45-50. doi:10.1007/PL00009517.

Stockdell, R., & Amella, E. J. (2008). The Edinburgh Feeding Evaluation in Dementia Scale: Determining how much help people with dementia need at mealtime. *American Journal of Nursing, 108*(8), 46-54. doi:10.1097/01.NAJ.0000327831.51782.8e.

Teno, J. M., Gozalo, P. L., Mitchell, S. L., Kuo, S., Rhodes, R. L., Bynum, J. P. W., & Mor, V. (2012). Does feeding tube insertion and its timing improve survival? *J Am Geriatr Soc, 60*, 1918-1921.

Thomas, D. W., & Smith, M. (2009). The effect of music on caloric consumption among nursing home residents with dementia of the Alzheimer's type. *Activities, Adaptation, & Aging, 33*(1), 1-16. http://dx.doi.org/10.1080/01924780902718566.

Ullrich, S., & Crichton, J. (2015). Older people with dysphagia: Transitioning to texture-modified food. *British Journal of Nursing, 24*, 686-692.

Volonté, M. A., Porta, M., & Comi, G. (2002). Clinical assessment of dysphagia in early phases of Parkinson's disease. *Neurological Sciences, 23*, S121-S122. doi:10.1007/s100720200099.

Wallin, V., Carlander, I., Sandman, P.-O., Ternestedt, B.-M., & Håkanson, C. (2014). Maintaining ordinariness around food: Partners' experiences of everyday life with a dying person. *Journal of Clinical Nursing, 23*, 2748-2756. doi:10.1111/jocn.12518.

Walshe, M. (2014). Oropharyngeal dysphagia in neurodegenerative disease. *Journal of Gastroenterology and Hepatology Research, 3*, 1265-1271. doi:10.6051/j.issn.2224-3992.2014.03.408-2.

Watson, R. (1996). The Mokken scaling procedure (MSP) applied to the measurement of feeding difficulty in elderly people with dementia. *International Journal of Nursing Studies, 33*, 385-393. http://dx.doi.org/10.1016/0020-7489(95)00058-5.

Watson, R. (1997). Construct validity of a scale to measure feeding difficulty in elderly patients with dementia. *Clinical Effectiveness in Nursing, 1*, 114-115. http://dx.doi.org/10.1016/S1361-9004(06)80014-2.

Watson, R., & Green, S. M. (2006). Feeding and dementia: A systematic literature review. *Journal of Advanced Nursing, 54*(1), 86-93.

Watson, R., Green, S. M., & Legg, L. (2001). The Edinburgh Feeding Evaluation in Dementia Scale #2 (EdFED #2): Convergent and discriminant validity. *Clinical Effectiveness in Nursing, 5*(1), 44-46.

Watson, R., MacDonald, J., & McReady, T. (2001). The Edinburgh Feeding Evaluation in Dementia Scale #2 (EdFED #2): Inter- and intra-rater reliability. *Clinical Effectiveness in Nursing, 5*(1), 184-186.

Whear, R., Abbott, R., Thompson-Coon, J., Bethel, A., Rogers, M., Hemsley, A., … Stein, K. (2014). Effectiveness of mealtime interventions on behavior symptoms of people with dementia living in care homes: A systematic review. *Journal of the American Medical Directors Association, 15*, 185-193. http://dx.doi.org/10.1016/j.jamda.2013.10.015.

White, H. (2005). Nutrition in advanced Alzheimer's disease. *North Carolina Medical Journal, 66*, 307-312.

Williams, K., & Weatherhead, I. (2013, May). Improving nutrition and care for people with dementia. *British Journal of Community Nursing, 18*(Suppl 5), S20-S25. doi:10.12968/bjcn.2013.18.Sup5.S20.

World Health Organization. (2001). *International classification of functioning, disability, and health*. Geneva: Author.

Wu, H.-S., & Lin, L.-C. (2015). Comparing cognition, mealtime performance, and nutritional status in people with dementia with or without ideational apraxia. *Biological Research for Nursing, 17*, 199-206. doi:10.1177/1099800414536773.

Wu, H. S., Lin, L. C., Wu, S. C., in, K. N., & Liu, H. C. (2013). The effectiveness of spaced retrieval combined with Montessori-based activities in improving the eating ability of residents with dementia. *Journal of Advanced Nursing, 70*, 1891-1901. doi:10.111/jan.12352.

Yen, P. (1996). When food doesn't taste good anymore. *Geriatric Nursing, 17*, 44-45. doi:10.1016/S0197-4572(96)80014-0.

Yorkston, K. M., Beukelman, D. R., Strand, E. A., & Hakel, M. (2010). *Management of motor speech disorders in children and adults* (3rd ed.). Austin, TX: Pro-Ed.

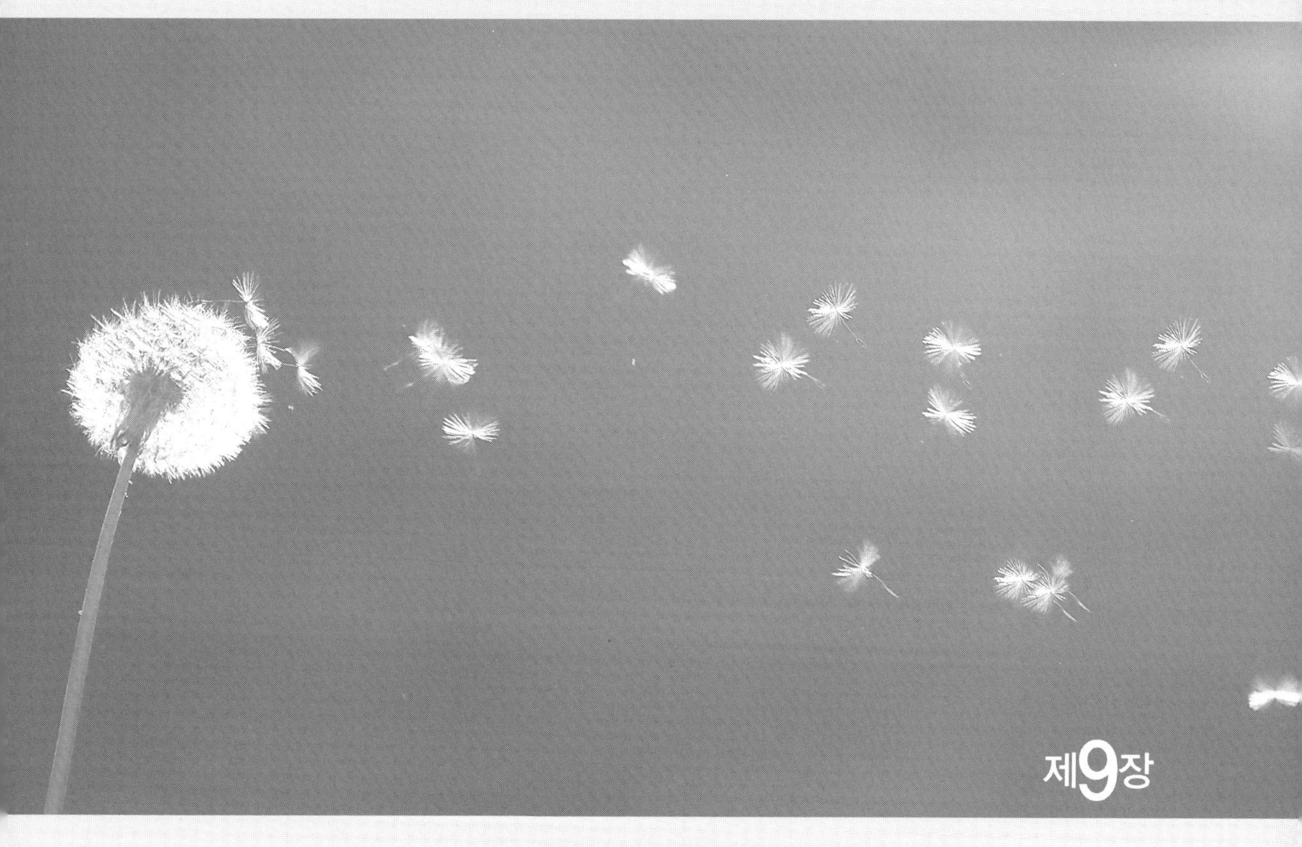

제9장

가족 간병인의 문제 및 훈련

Michelle S. Bourgeois

이 장은 치매의 치료 과정에서 보호자뿐 아니라 조언과 지원을 제공하는 SLP 및 전문가 팀의 역할을 소개한다. 보호자는 급여 없이 개인적 요구와 가사를 돕는 친족이나 친구를 의미한다(National Alliance for Caregiving and the American Association of Retired Persons[NAC/AARP], 2015). 과거에는 SLP가 진단 및 향후 계획에 관해 보호자를 교육함으로써 간접적인 도움을 제공했다(Clark, 1997). 지난 20년간 직접적 중재를 고안하고 평가하는 데 관심이 집중되었으나, 보호자가 중재 과정에 참여해야 한다는 점이 지속적으로 강조되었다. 특히 지원 요구, 환자와의 관계뿐 아니라 인구통계학적 특성, 다양한 사회경제적 요인(예: 교육수준, 문화적 배경)에 근거한 보호자 훈련의 필요성이 제기되었다. SLP와 전문가 팀은 진단 시부터 생애 말기까지 교육, 지원, 훈련, 상담을 보호자에게 제공한다.

보호자의 특정 요구와 특성을 이해함으로써 적절한 지원 및 훈련 접근법을 적용할 수 있다. 여기서는 보호자의 다양한 상황, 요구 및 기대, 정서적 및 신체적 건강 위험, 서비스 효과의 방해 요인 등 보호자에 관한 개요를 소개한다. 전문가 팀은 간병 관련 권고 사항을 수용하고 이행하는 것을 방해하는 감정적 및 정신적 요소를 평가한다. 보편적 교육 및 지원 모델부터 보호자가 시행하는 의사소통 중심 훈련 프로그램까지 다양한 중재 접근법을 논의한다.

Pearlin의 간병 스트레스 처리 모델(Pearlin et al., 1990) 이후 간병에 대한 개념이 발전했다. 이 모델에 포함된 보호자 문제(예: 환자의 객관적 문제, 문제에 대한 보호자의 주관적 반응)로는 보호자와 환자의 긍정적 및 부정적 '상황'(예: 건강 악화, 우울증, 시설 입소)에 관여하는 '스트레스 요인', 그리고 이차적 스트레스 요인(예: 가족 갈등 및 과업, 고용, 재정적 부담 등)이 있다. 스트레스 요인과 결과 간의 관계를 조정하거나 규제하는 데에는 '조절기'가 필요하다(Aneshensel et al., 1995). 전반적 간병 과정은 보호자의 사회적, 경제적, 문화적 맥락, 특정 '배경' 및 '상황' 변수와 연관된다. 스트레스 요인을 조정하지 않으면 부정적 영향을 초래한다(예: 간병인의 우울증, 불안, 분노, 건강 악화, 사망, 환자의 시설 입소). 사회적 지원(도구적 및 감정적), 간병 문제 관련 중재, 숙달과 자존감을 제공하는 효과적 대처 전략은 스트레스 요인을 조정하고 긍정적 효과를 제공한다.

보호자가 간병의 긍정적 측면을 인지하면 우울증, 부담감, 주관적 건강 수준이 호전된다(예: Cohen, Colantonio, & Vernich, 2002). Folkman의 수정된 스트레스 처리 모델(Folkman, 2008)은 스트레스 조절기로서 대처 방안의 중요성을 강조한다([그림 9-1] 참고). 대처 반응이 적응적이면(예: 호의적 해결을 낳는 문제 중심 대처) 간병 효과가 보다 긍정적인

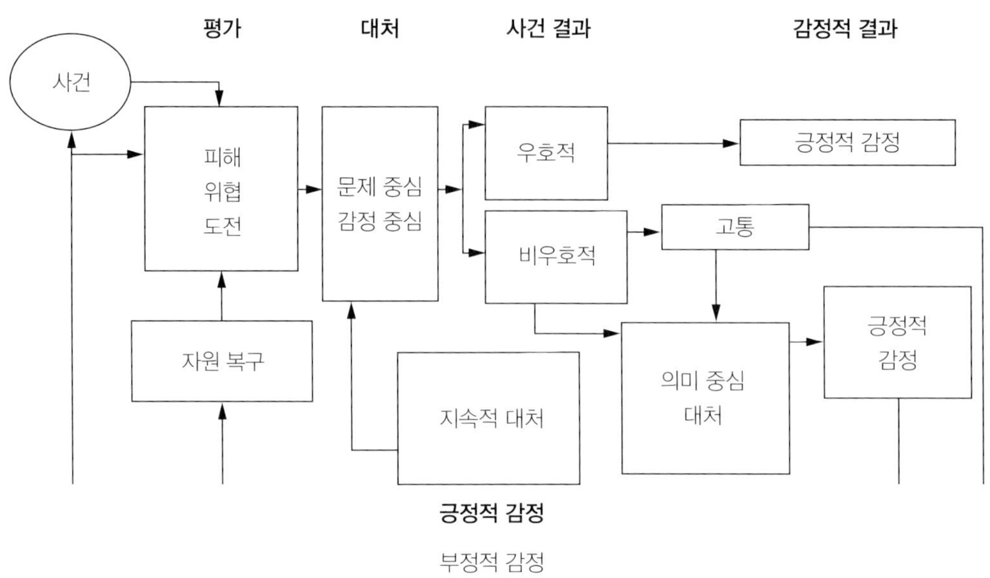

[그림 9-1] Folkman의 수정된 스트레스 처리 모델

출처: Folkman(2008). Taylor & Francis Ltd. 승인하 재인용.

감정으로 연계된다. 반면 대처 반응이 부적응적인 경우(예: 비우호적이거나 해결책이 없는 회피형 대처) 보호자의 고통이 가중된다. 따라서 최근에는 의미 중심적 대처 전략을 문제 해결 기술 등의 성공적 중재법과 결합한 보호자 중재가 시행된다(Judge, Yarry, & Orsulic-Jeras, 2014).

보호자의 개인적 특성과 상황에 따라 반응이 매우 다양하다. 간병 상황에 대한 영향 요인으로는 연령, 성별, 교육수준, 인종, 민족성, 사회경제적 상태, 재정적 자원, 가족 구성, 보호자의 건강 및 대처 능력, 보호자-환자 관계의 질, 보호자와 환자의 신체적 근접성 등이 있다. 치매 환자의 보호자 관련 고려 사항은 후반부에 논의한다.

1. 보호자 특성

보호자는 치매 환자에게 가장 중요한 지원이다. 국립간병연맹/미국퇴직자협회(NAC/AARP, 2015)에 따르면, 3,980만 명의 미국 내 보호자는 181억 시간의 무급 돌봄을 제공한다. 이들은 비히스패닉계 백인 2/3, 아프리카계 미국인 10%, 히스패닉계 20%이다. 보호자 중 66%는 주로 지역사회에서 환자와 함께 지내며, 23%는 치매 노부모와 18세 미만 아동을 돌보는 '샌드위치 세대'이다(Alzheimer's Association, 2016). 보호자의 2/3는 여성 기혼자이며, 1/3에 해당하는 딸은 남성 보호자보다 많은 돌봄을 제공한다. 남편보다 아내가 간병에 더 많이 참여한다. 보편적으로 여성 보호자의 부담, 우울, 건강 손상이 더 크다. 이는 여성이 돌봄 시간과 간병 업무에 더 많이 참여하고, 행동 문제가 있는 환자를 더 많이 돌보기 때문이다(Alzheimer's Association, 2016).

베이비 붐 세대의 연령과 기대 수명이 높아지고 의료 기술이 발달하면서 보호자 수도 지속적으로 증가하고 있다(Schulz & Martire, 2004). 특히 의료의 초점이 급성에서 만성 질환으로 변화함에 따라 돌봄 인력, 시간, 업무의 필요성이 급증했다. 20년 전에는 노인 인구의 10%(297만 명)가 옷 입기, 목욕 등 일상생활활동(ADLs), 23.2%(626만 명)는 쇼핑, 금융 등 도구적 일상생활활동(IADLs)에 도움이 필요했다(Van Nostrand, Furner, & Suzman, 1993). 2015년 보호자가 제공한 돌봄은 주당 평균 24.4시간이고, 이 중 60%의 환자는 ADLs에서 도움을 받았다(NAC/AARP, 2015). 이는 베이비 붐 세대가 65세에 도달하는 시기부터 더 증가할 것으로 예측된다(Centers for Disease Control and Prevention, 2013).

가족 간병인은 돌봄의 시작 시기를 정확히 판단하지 못하는데, 만성 질환이나 장애 유무와는 별개로 가족에게 수행하는 보편적 과업이기 때문이다(예: 요리 및 세탁; Schulz & Quittner, 1998). 돌봄이 정상 수준을 넘어서면(예: 목욕 및 용변 관련 도움) 역할 변화를 인식한다. 가족과 친구가 돌봄의 75%를 제공하며, 나머지는 전문 간병인이 담당한다(Schulz & Martire, 2004). 가족 간병인의 대부분은 기혼 중년 여성으로, 최소한의 시간제 형태로 근무한다(NAC/AARP, 2015). 주로 부모, 조부모, 친구, 이모나 삼촌, 배우자에게 제공하며, 대부분 자녀가 있다. 환자를 돌보는 보호자는 5년간 주당 평균 40.5시간을 근무하는 것으로 추정된다(NAC/AARP, 2015). 돌봄 업무의 유형으로는 IADLs(예: 차량 이동, 식료품 쇼핑, 가사, 의약품 및 재정 관리)부터 ADLs(예: 옷 입히기, 목욕시키기, 먹이기, 용변 돕기)까지 다양하다. 환자의 돌봄은 모두 부담이 크나, 치매로 인한 인지 결함 및 반응 행동 범위, 빈도, 중증도는 신체적 고통과 스트레스를 유발한다(Ory et al., 2000). 환자의 기능이 저하되고 돌봄 지속 시간, 양, 강도가 높아지면서 부담과 우울감이 가중된다(Epstein-Lubow et al., 2012). 많은 보호자가 수입 및 건강 상태의 저하를 호소하며, 이는 정신적 고통과 부담, 정신적 및 신체적 질병, 경제적 스트레스를 악화시킨다(Alzheimer's Association, 2016).

1) 보호자의 경험 요인

보호자와 환자 간 관계(배우자, 아들이나 딸, 친척, 친구), 관계의 속성(예: 애정, 적대), 보호자 역할(예: 주도적 vs. 부차적), 연령, 성별, 교육수준, 재정 상황, 환자와의 친밀도, 민족성 등 다양한 요소들이 돌봄 관련 인식에 영향을 미친다. 모든 변인을 심층적으로 분석하기는 어려우나 참고할 만한 몇몇 자료들이 있다(예: Burgio et al., 2016; Miller et al., 2013; NAC/AARP, 2015). 전문가가 보호자의 상황을 이해하는 데 필요한 요인은 다음과 같다.

환자와의 관계 유형: 배우자 보호자와 환자 간의 관계가 간병 경험을 좌우한다(Brodaty et al., 2014; Kim et al., 2016; Reed et al., 2014; Yee & Schulz, 2000). 배우자는 부부 관계의 속성으로 인해 가장 광범위하고 포괄적인 돌봄을 제공한다(NAC/AARP, 2015). 심리적, 사회적, 신체적 안녕은 보호자의 성별에 따라 다르다(Rose-Rego et al., 1998). 남편에 비해 아내는 돌봄으로 인한 우울증 등 부정적 감정을 더 많이 느낀다. 이는 여성의 감정적 예민성, 부정적 증상의 보고 의지, 감정 중심적 대처 전략, 간병 업무 특성 등의 차이에서 비롯된다. 도구적 지원에 비해 개인적 돌봄을 제공하는 아내의 우울감이 더 큰 반면, 남편은 업무 유형에 따른 차이가 없었다(Kim et al., 2016). 개인적 돌봄을 제공하는 아내의 고통을 줄이는 전략을 지속적으로 연구할 필요가 있다. Dauphinot와 동료들(2015)은 신경정신목록(Neuropsychiatric Inventory: NPI)에 대한 보호자의 반응을 비교해 환자 행동 및 간병부담 인터뷰(Zarit Burden Interview)를 분석했다. 질환 단계와 병인 간의 상관성은 없으나, 무관심, 동요, 이상운동 행동, 식욕장애, 과민성에 기인한 행동이 나타났다. 혈관성 치매(VaD)에 비해 알츠하이머병(AD) 환자의 보호자가 더 큰 부담을 느끼며(D'Onofrio et al., 2014), AD의 인지 단계 및 업무 유형이 부담감과 연관될 수 있다(Kamiya et al., 2014). 도움이 많이 필요한 상황에서도 아내는 이를 잘 받아들이지 못하는데, 문제 인식, 지시 수용, 도움의 필요성 인식 등이 영향을 미친다(Brown & Alligood, 2004). 반면 남편이 보호자인 경우 돌봄 업무의 드러나지 않는 측면과 고립감을 호소하고, 관리와 교육이 결합된 돌봄, 헌신, 책임감, 봉사심을 발휘한다(Brown & Alligood, 2004; Russell, 2001). 간병이 배우자에게 미치는 영향은 부부 관계의 속성에 좌우된다. 부부 간 화합과 만족도가 낮은 경우 우울감이 높고(Rankin, Haut, & Keefover, 2001), 애정 수준 및 만족도에 대한 인식은 배우자의 치매로 인한 슬픔과 반비례한다(Lindgren, Connelly, & Gaspar, 1999). 보호자가 환자의 요구에 이견이 없더라도 간병으로 인해 부부 관계에 부담을 느낀다(Lyons et al., 2002). 자녀에 비해 배우

자는 환자가 신체적 손상이나 행동 문제를 보이면 돌봄에 대한 책임감으로 인해 부담과 우울감을 더 많이 느낀다(Pinquart & Sörensen, 2003). 보호자가 아내이거나 젊은(65세 미만) 남편인 경우 정서적 불안정이 부정적 상태를 야기한다(Croog et al., 2001). 환자와의 관계 만족도를 통해 보호자의 좌절감, 당혹감, 돌봄에 미치는 영향을 예측할 수 있다(Springate & Tremont, 2014). 치매로 인한 의사소통 손상도 간병에 큰 부담을 준다. 보호자에게 효과적인 의사소통 전략을 지속적으로 훈련함으로써 부담감을 줄이고 의사소통 만족도를 높일 수 있다(Watson et al., 2013).

환자와의 관계 유형: 성인 자녀 성인 자녀가 노부모를 돌볼 경우 이해, 가족 구성, 성별, 지리적 접근성, 결혼 여부 등 다양한 변수가 작용한다(Fulton, 2005; Moon, Rote, & Beatty, 2016; Pinquart & Sörensen, 2011; Stoller, Forster, & Duniho, 1992). 예를 들어, 한부모 가정, 기능이나 인지 손상, 인근 거주자일 경우 성인 자녀가 간병 과정에 관여할 가능성이 더 높다(Crawford, Bond, & Balshaw, 1994; Stoller et al., 1992). 간병에 대해 긍정적 기준을 가진 건강한 성인 자녀는 돌봄에 우선적으로 참여하고자 하나, 딸은 부모 돌봄에 대한 책임감을 덜 갖는 경향이 있다(Franks, Pierce, & Dwyer, 2003). 부차적 및 재정적 스트레스 요인이 많은 지역사회에 비해, 거주시설의 부모를 간병하는 베이비 붐 세대 보호자는 더 적은 일상적 도움, 높은 수준의 신체적 · 정서적 건강, 더 많은 비공식적 지원을 보고한다(Moon et al., 2016). 즉 거주시설에서 돌봄을 제공받는 부모의 보호자는 신체적 및 정서적 건강 수준이 높다.

형제자매 유무와 상관없이 딸이 더 많은 간병을 제공하며(Dwyer & Coward, 1991), ADLs, IADLs 등 범위가 광범위하다(Dwyer et al., 1992; Horowitz, 1985). 미혼(Connidis, Rosenthal, & McMullin, 1996) 또는 부모의 손상이 심한 경우(Crawford et al., 1994) 딸의 간병 참여율이 가장 높다. 자녀가 모두 인근에 살면 홀어머니는 아들보다 딸의 도움을 더 선호하는데(Crawford et al., 1994), 이는 지원이 많이 필요할수록 더 강하게 나타난다(Stoller et al., 1992). 홀어머니는 딸과 더 친밀하고(Lopata, 1987), 아들과의 친밀도가 떨어지는 경향이 있다(Atchely, 1988). 딸은 더 강한 애착을 보일 뿐 아니라 부모에게 도움이 더 많이 필요하다고 여긴다(Cicirelli, 1983). 이 같은 경향으로 인해 딸의 간병 참여율이 상대적으로 높다. 아들보다 딸에 대한 기대감이 높은 성 역할 관련 태도도 영향을 미친다(Finley, 1989). 그러나 딸과 아들이 부모에 대한 애착에서 반드시 차이를 보이는 것은 아니다(Crawford et al., 1994). 딸은 재정 관리, 집수리, 차량 이동 등의 가사를 돕는 아들보다 더 많은 개인적 돌봄과 가사에 참여한다(Collins & Jones, 1997; Dwyer & Coward, 1991). 이러한 성별 차이는 성인 자녀와 유사한 돌봄 방식 및 노동량을 제공하는 배우자에는 적용되지 않는다(Tennstedt, Crawford, & McKinlay, 1993).

성인 자녀의 간병은 배우자의 역할과 실질적으로 다른데, 더 이상 부모의 도움과 지원을 받을 수 없음을 인정하고 부모에게 도움과 정서적 지원을 제공해야 한다. 자녀가 이러한 태도를 갖기 어려울 수 있고(Connidis et al., 1996), 친밀감, 상호 연락, 상호관계를 유지하기도 쉽지 않다(Kaye & Applegate, 1990). 간병 시의 역할 변화는 상호관계에 영향을 주는데, 자녀는 애정의 정도가 결정적인 데 반해 배우자에게는 의무감이 중요하다(Connidis et al., 1996).

형제자매가 간병 상황에 미치는 영향도 고려한다. 예를 들어, 형제자매가 노부모에게 제공하는 돌봄의 양과 강도에는 행동, 활용도, 접근성이 작용한다(Fulton, 2005). 자신의 형제자매가 부모를 간병하면 본인도 도움을 제공할 확률이 높다. 그러나 형제자매가 지원을 중단하면 본인도 중단할 가능성이 커진다(Dwyer et al.,1992). 외동 자녀는 간병의 책임을 분담할 수 없어 배우자와 유사한 역할을 수행한다(Lustbader & Hooyman, 1994). 역할에 대한 책임감이 더 크지만, 긍정적으로 여기고 소외감을 덜 느낀다(Barnes, Given, & Given, 1992). 형제자매가 책임을 공유하면 갈등이 발생하기도 한다. 주 보호자인 딸은 남자 형제보다 자매와의 갈등이 더 잦은데, 자매들은 더 많은 일을 분담하지 않는다는 죄책감을 갖기 때문이다(Brody et al., 1989). 성인 자녀는 형제자매와 간병에 대한 부담을 나누기를 원하며, 도움과 지원을 받지 못하면 소외감을 느낀다. 이와는 별개로 보호자는 시간이 지나면서 자신의 지원이 건강에 부정적인 영향을 주며, 점차 감정적 지원을 덜 받게 되면서 소외감이 커진다(Barnes et al., 1992). 형제자매와의 갈등으로 인해 딸은 남편이나 친구의 지지를 더 많이 받고 더 중시한다(Brody et al., 1992).

간병의 역할: 주 보호자 vs. 이차 보호자 보호자와 환자 간 관계 외에 주요 또는 이차 보호자로서의 역할이 간병의 성격 및 결과에 영향을 미친다. 대개 한 명의 주 보호자에게 책임이 주어지나, 이차 보호자도 다양한 업무와 보조적 지원을 제공한다(Pruchno, Peters, & Burant, 1995; Tennstedt, McKinlay, & Sullivan, 1989). 간병에 관해 두 보호자의 기대치와 견해가 다를 수 있고, 부모의 질환 및 가족 지원 수준에 따라 갈등이 발생한다(Semple, 1992). 다른 가족 구성원의 조언으로 스트레스를 받기도 한다(MaloneBeach & Zarit, 1995).

Bourgeois 등(1996)에 따르면, 대처 효능에 대한 주 보호자의 인식, 주 보호자의 중압감,

반응 행동의 인식 측면에서 두 보호자는 각각 64%, 51%, 46%의 의견 불일치가 있고, 보다 객관적인 행동 측정에서는 일치율이 높다. 이는 지원에 대한 불만족을 반영하며, 높은 수준의 스트레스를 야기한다. 의견 불일치나 기타 고충을 조정하면 부담 및 스트레스 감소에 비해 훨씬 더 효과적이다(Pagel, Erdly, & Becker, 1987). 의견 불일치로 보호자의 중압감과 부담이 커질수록 환자의 요양원 입소 가능성이 높아진다.

두 보호자가 반응 행동에 다르게 대처하면 의견 불일치가 가중되어 반응 행동을 증가시킬 수 있다. 배우자에 비해 자녀는 긍정적으로 대처하는 경향이 있는데(Gottlieb & Gignac, 1996), 이는 부모의 실제 반응 행동, 간병에 대한 중압감 등을 적절히 반영하지 못한다. 딸이 더 낙관적이고, 배우자는 부담을 완화하기 위해 유머를 많이 사용한다. 또 성인 자녀는 보다 광범위한 외부 지원을 모색한다.

두 보호자 및 환자에게 모두 효과적이기 위해서는 주 보호자가 자신의 대처 전략을 인식하고 이차 보호자와 잘 조정해야 한다. 간병 업무를 상호 보완하여 분담하는데, 가족 모임에서 현실적이고 구체적인 간병 일정을 세운 후 지원 유형을 분담하고 참여를 독려한다(Zarit & Edwards, 1999).

이차 보호자는 주 보호자의 부담을 줄여 주고 환자의 요양시설 입소 시기를 늦추나, 간병 스트레스를 효율적으로 관리하지 못한다(Barbosa et al., 2011). Lou와 동료들의 연구에 따르면, 중국인 주 보호자 중 70%에게 이차 보호자가 있음에도 환자의 기분이 부정적이면 자신도 심리적 고통을 받는다(Lou et al., 2013). 따라서 두 보호자 모두에게 정서적 지원을 제공하는 서비스가 필요하다.

인종 · 민족 · 문화 다양한 현대 사회에서 보호자에게 서비스를 제공할 때 인종, 민족, 문화의 차이를 고려해야 한다. 상이한 요구에 민감하게 반응하고 다양한 배경을 갖는 보호자의 간병 문제에 대처하면 긍정적 결과를 가져온다. 미국 연방정부에서 지정한 4개 소수 민족은 아메리카 인디언/알래스카 원주민, 아시아/태평양 섬 주민, 흑인, 히스패닉계이다(Yeo, 1996). 이 범주 내 출신국, 문화, 언어의 차이가 집단을 보다 다양화시킨다. 예를 들어, Young과 Gu(1995)는 하와이 원주민, 일본인, 베트남인, 캄보디아인, 중국인, 필리핀 노인을 포함한 아시아인을 표집했다. 문화적 적응, 민족 정체성, 교육, 소득, 종교 등의 요인은 보호자가 활용 가능한 자원 및 지원에 접근하는 정도에 영향을 미친다. Pinquart와 Sörensen(2005)은 민족적 차이와 간병 관련 요인(스트레스, 자원, 결과) 간의 상관성을 보여주는 모델을 개발했다(〈표 9-1〉).

〈표 9-1〉 간병 관련 변수와 민족적 차이 간 상관성

인종 및 민족성의 영향
• 보호자 요인 – 자원 및 문화적 규준(긍정적 평가, 신념, 문제 중심적 대처, 간병 전 건강, 비공식적 사회 지원, 공식 서비스 활용) – 기타 배경 변수(연령, 성별, 가족 지위, 공동 거주, 고용, 교육, 소득)
• 간병 효과(부담 및 이점) – 환자의 건강 및 기능(객관적 간병 필요성; 제한적 일상생활활동[ADLs], 인지 상태, 문제 행동) – 제공된 간병의 양(일일 시간, 업무 수), 긍정적 간병 경험 – 심리적 및 신체적 건강 효과(우울증, 질환)

출처: Pinquart & Sörensen(2005)에서 인용.

의료 전문가는 문화적 특수성이 반영된 서비스를 적절히 제공해야 한다. 이는 다음과 같은 상황에서 어려움을 초래한다. ① 의료 팀의 언어로 말하지 못하는 경우, ② 문화권에 따라 치매 증상(예: 혼동, 기억 상실)이 정상 노화 과정으로 간주되는 경우, ③ 가족 책임 및 성 역할 관련 문화적 전통으로 인해 외부 지원을 수용하지 않는 경우, ④ 요양시설 입소, 건강 및 생애 말기 관련 의사결정 시 문화적 인식 차이가 있는 경우 등이다(Yeo, 1996). 정신 건강, 즉 삶의 만족도, 간병 평가, 종교, 대처, 자아효능감, 신체적 기능, 사회적 지원, 자녀로서의 책무, 가족주의, 노인에 대한 시각, 공식적 서비스 이용, 건강관리 등 다양한 영역에서 문화적 차이가 나타난다(Nápoles et al., 2010).

인종적, 문화적, 민족적 차이 관련 전문가 교육용 자료는 〈표 9-2〉에 제시되었다(Botsford, Clarke, & Gibb, 2011; Edgerly et al., 2003; Santo Pietro & Ostuni, 2003). 진단적 검사, 치매 교육 및 보호자 자료를 다른 언어권에서 활용하려는 시도가 있었으나(예: 알츠하이머 협회 웹 사이트; Fuh et al., 1999), 추후 보다 확대할 필요가 있다. Nápoles와 동료들(2010)은 민족적 및 문화적 특성이 반영된 11개 문헌을 확인했다. 이에는 알츠하이머 보호자 건강증진자원(Resources for Enhancing Alzheimer's Caregiver Health: REACH) 계획에 근거한 국립노화협회(National Institute on Aging: NIA)의 지원 프로젝트 그룹이 민족 집단(백인 56%, 흑인 24%, 히스패닉 19%)을 대상으로 실시한 8개의 보호자 훈련 연구가 포함되었다(Wisniewski et al., 2003).

〈표 9-2〉 미국 내 다양한 민족 관련 보호자용 자료

민족	참고문헌
아메리카 인디언/알래스카 원주민	Carter(2015), Jervis & Manson(2002)
아시아/태평양 섬 주민	
• 중국인	Braun & Browne(1998), Teng(1996)
• 일본인	Tempo & Saito(1996)
• 필리핀인	McBride & Parreno(1996)
• 한국인	Youn et al.(1999)
• 베트남인	Yeo et al.(2001)
	Yee, Nguyen, & Ha(2003)
• 몽족	Gerdner, Tripp-Reimer, & Yang(2005)
아프리카계 미국인	Barnes et al.(2004)
	Dilworth-Anderson, Goodwin, & Williams(2004)
	Lewis & Ausberry(1996)
히스패닉계	
• 스페인인	Mungas(1996), Taussig & Ponton(1996)
• 멕시코인	Briones et al.(2002)
	Chiriboga et al.(2002)
	Gallagher-Thompson et al.(1996), Llanque & Enriquez(2012)
• 쿠바인 및 푸에르토리코인	Henderson(1996)

보호자이자 자녀 · 친구 · 가족으로서의 역할, 낮은 사회경제적 지위, 나쁜 신체 건강, 주 13시간 이상의 간병, 비공식적 지원 가능성에서 비백인 인종이 30% 더 많은 비중을 차지한다(McCann et al., 2000; Pinquart & Sörensen, 2005). 기혼자는 나이가 들수록 간병에 대한 책임이 증가한다. 소수 민족 노인일수록 스트레스, 부담감, 우울감이 낮고, 자녀의 지원에 대한 강한 신뢰, 기도, 종교를 대처 전략으로 활용한다(Connell & Gibson, 1997; Koenig et al., 1992). 아프리카계 미국인 보호자는 백인에 비해 종교적으로 독실한데, 이는 간병에 대한 긍정적 감정, 불안감 및 성가심 완화에 기여한다(Roff et al., 2004). 연로한 가족에 대한 존중은 반응 행동을 '정상화'시키는 반면, 치매 평가 시기를 늦추기도 한다(Cloutterbuck & Mahoney, 2003).

아메리카 원주민은 높은 도덕적 가치와 지혜를 바탕으로 노인을 존경하는 문화가 있어 치매 증상을 노화의 일부나 내세로의 전환 과정으로 간주하며, 간병을 가족에게만 맡기는 경향이 있다(Jervis & Manson, 2002). 특히 원주민 가족은 빈곤 문제가 크고, 공식적 서

비스와 장기요양시설이 부족한 시골이나 보호 구역에 거주한다. 이러한 요인과 치매에 대한 이해 부족은 보호자의 심한 스트레스, 노인 방치 및 학대를 야기한다(Paveza et al., 1992; Whitehouse, Lerner, & Hedera, 1993).

라틴계 보호자의 우울증에 관한 상반된 보고가 있다. 주로 40대 여성인 라틴계 보호자는 부모나 시부모의 무급 보호자로, 우울감이 높고 비공식적 지원 및 공식적 서비스를 잘 활용하지 못한다(Ayalon & Huyck, 2001; Llanque & Enriquez, 2012). 일본, 아프리카계 미국인, 백인에 비해 라틴계 보호자의 우울감이 가장 높다(Adams et al., 2002; Pinquart & Sörensen, 2005). 반면 라틴계 성인 자녀는 백인보다 우울감 및 고착화된 역할이 적고 자아수용감이 높다. 민족성에 비해 고착화된 역할이 간병 결과에 더 크게 관여한다(Morano & Sanders, 2005). 문화적 적응력이 높은 멕시코계 미국인 보호자의 우울감도 높은 편이다(Hahn, Kim & Chiriboga, 2011). 히스패닉/라틴계 보호자의 이 같은 특수성을 잘 이해하면 적절한 중재를 적용할 수 있다.

아시아인(예: 중국인, 일본인, 한국인, 필리핀인)의 간병 및 대처 전략은 논의된 바가 적은데, 특히 베트남인과 몽족에 관한 연구가 드물다(Thompson, Gallagher-Thompson, & Haley, 2003). 싱가포르에 거주하는 다민족 아시아인이 비공식적 보호자인 경우 치매, 의사소통 장애, 과중한 간병 업무(예: 식사, 목욕)로 인한 부담감이 크다(Vaingankar et al., 2016). 로스앤젤레스 El Portal 라틴계 알츠하이머 프로젝트, 샌프란시스코 일본계 Kimochi사, John 23세 중국계 다목적원조센터 등 소수 민족 보호자의 요구와 어려움을 지원하는 혁신적 중재 프로그램이 있다(Edgerly et al., 2003).

알츠하이머협회(https://alz.org/) 및 노화지원부(Administration on Aging, https://aoa.acl.gov/)는 아시아 태평양 섬주민용 프로그램(Asian Pacific Islanders Toolkit) 등 다양한 민족 문화권의 보호자가 활용할 수 있는 프로그램과 자료를 제공한다. 간병연맹(Caregiving Alliance)에도 유사한 참고 자료가 있다(www.caregiver.org/asian-pacific-islander-dementia-care-network).

소수 민족 노인에게 문화적으로 적절한 서비스를 제공하기 위해서는 사회 및 의료 공급 체계의 경제적, 지리적, 문화적, 언어적 차이뿐 아니라 인지 손상에 대한 인식과 낙인을 고려해야 한다(Nápoles et al., 2010). 가족주의, 언어, 문해, 노인 보호, 이동 측면의 방해 요인을 극복하려면 문화적 차이에 많은 관심을 기울일 필요가 있다. 이에 기반해 소수 민족의 가족 간병, 확장된 사회관계, 지원 요청 과정을 연구함으로써 의료 환경 전반에서 치매 돌봄 및 관리를 질적으로 개선할 수 있다.

글상자 9-1 간병 관련 기타 영향 요인: 간병인의 특수 범주

- 동성 동반자의 보호자는 의료 서비스를 이용할 때 편견, 무감각, 중재 및 지원 서비스 부족 등의 문제에 직면한다(Moore, 2002).
- 젊은 치매 환자의 보호자는 더 젊거나 직장인이며 육아 부담이 있다. 간병에 대한 준비가 미흡해 부담감과 고립감이 심하다(Arai et al., 2007).
- 다운증후군은 중년기 이후 알츠하이머병(AD)으로 발전될 가능성이 높아 진단 및 관리의 어려움이 가중된다(Margallo-Lana et al., 2007; Stanton & Coetzee, 2003). 웹 사이트(www.emedicinehealth.com/alzheimers_disease_in_down_syndrome/article_em.htm)에서 참고 자료를 제공한다.
- 만년에 재혼한 배우자가 치매로 진단된 경우 결혼 유지, 보호자의 의무감 등이 자녀와의 갈등을 유발한다(Peisah & Bridger, 2008)

2) 간병의 위험 요인 및 효과

보호자의 유형에 따라 간병 책임 관련 기대와 스트레스가 다르다. 이는 보호자의 신체 및 정신 건강, 요양시설 입소 시 환자의 위험 등 다양한 결과를 초래한다(Argimon et al., 2005). 신체 건강 척도에는 전반적 건강 자가평가, 의학적 질환의 빈도 및 유형, 건강 관련 행동, 약물, 입원, 생리적 변화 등이 포함된다(예: 면역 기능, 고혈압, 심장 건강; Bookwala, Yee, & Schulz, 2000). 보호자는 전반적 건강 저하, 신체적 건강 악화, 신체 활동 및 수면 부족, 약물 사용 증가 등을 호소한다(Brodaty et al., 2014). 면역 기능이 저하되고 심혈관계 및 고혈압의 위험도 높아진다(Mausbach, 2014). 정신 건강이나 정신의학적 영향은 행복, 우울, 불안, 정신의학적 약물 사용 관련 자기보고형 척도로 평가하는데, 치매 환자의 보호자는 우울감과 불안이 상대적으로 높다(Epstein-Lubow et al., 2012). 일반적으로 보호자의 신체 및 정신 건강뿐 아니라 기타 위험 요인(예: 성별, 재정 상태, 성격 변인)이 간병에 부정적으로 작용한다(Ory et al., 2000). 예를 들어, 우울감과 불안 증가, 제한된 사회적 지원은 신체 건강을 위협하고(Li, Seltzer, & Greenberg, 1997) 우울감을 더 악화시킨다(Harwood et al., 2000).

환자와의 관계, 보호자의 정신 및 신체 건강은 가장 강력한 영향 요인이다. 특히 환자의 반응 행동은 보호자의 건강에 부정적으로 작용한다(Hooker et al., 2002; O'Rourke & Tuokko, 2000). 반응 행동(예: 탈억제, 인식 제한) 이외에 ADLs의 의존도가 높아질수록 보호자의 우울도 증가한다(Alzheimer's Association, 2016). 환자의 반응 행동과 기능적 제한으로 가족 및 친구의 비공식적 지원이 줄고 보호자의 우울 및 부담이 증가한다(Clyburn et al., 2000). 보호자의 스트레스는 주로 치매 중증도, 반응 행동 유형 및 양, 보호자 지원의 양, 질환 진행에 따른 변화와 연관되며, 원활한 지원 체계와 양질의 사회 서비스가 부담 및 중압감을 완화시킨다(Alzheimer's Association, 2016).

보호자의 정신 및 신체 건강이 양호하지 않고 삶의 질이 낮으면 환자가 요양시설에 입소할 가능성이 높다(Gaugler et al., 2009). 부적절한 대처 전략 및 스트레스, 불충분한 지원, 보호자 간 불화 등도 연관된다. 주 보호자인 성인 자녀, 비교적 젊은 보호자(예: 손주), 직장인 자녀 보호자, 의욕이 낮은 보호자 등은 요양시설에 입소시킬 확률이 높다(Montgomery & Kosloski, 1994). 고령, 건강 악화, 기능 저하, ADLs 문제, 인지 손상, 가족이나 친구의 지원 없는 독거 상태 등의 환자 요인도 영향을 미친다.

재정적 자원이 있는 성인 자녀에게 경제적으로 많이 의존하는 노부모는 요양시설에 입소할 가능성이 높다(Gaugler et al., 2009). 요양원에 입소하면 보호자의 스트레스가 감소할 것으로 예상되나, 실질적인 감소 효과는 없다(Moon et al., 2016). 전문가가 입소를 권고하더라도 보호자가 준비되지 않는 경우도 있다(Zarit & Knight, 1996). 지원(예: ADLs 및 야간 지원, 간병 시간 단축)이 증가하면 보호자의 정신적 기능이 개선되고(Markowitz et al., 2003) 요양시설의 입소율이 낮아진다(Gaugler et al., 2000). 즉 간병에 대한 개입이 결과에 영향을 미친다.

간병이 항상 스트레스로 인식되는 것은 아니다(McKinlay et al., 1995). 행복(48.9%)과 사랑(17.3%)이 보호자의 간병 경험을 가장 잘 설명하며, 부담감, 의무감, 슬픔, 분노는 2.5~15.2%를 차지한다(NAC/AARP 설문). 간병의 긍정적 측면에 대한 보고가 많은데, 돌봄을 통해 만족과 보상을 얻음으로써 스트레스가 감소하고 간병에도 긍정적으로 기여한다(Cohen et al., 2002; Miller & Lawton, 1997; Roff et al., 2004). 여성 보호자가 더 많은 간병 '비용'을 부담하며, 성인 자녀가 배우자보다 더 큰 보상을 경험한다(Raschick & Ingersoll-Dayton, 2004). 그러나 환자에게는 배우자가 더 큰 도움을 준다.

3) 간병 지원의 어려움

전문가(예: 사회복지사, 사례관리사)는 권고된 간병 전략 및 공식적 서비스를 거부하는 보호자에게 불만을 표하기도 한다. 보호자의 특성을 반영하는 심리사회학적 변수(예: 관계, 성별, 민족) 외에 부가적 요인이 간병 상황 및 결과에 영향을 준다. 드러나지 않는 방해 요인 때문에 보호자가 명확히 인식할 수 없어 특정 전략을 선택하지 못하기도 한다. 극심한 스트레스로 사소한 문제에 민감해지기 전까지는, 환자의 질환이 가정을 붕괴시키는 상황을 보호자가 인정하지 않으려 한다(Albert, 1990). Rubinstein(1990)은 **가정**이라는 용어에 심리적 및 상징적 의미를 부여했는데, 이는 돌봄에 대한 헌신을 유도한다. 예컨대, 통제, 보안, 가족력, 독립성, 편안함, 보호는 가정 돌봄에 대한 특정 전제와 연관된다. 즉 환자 상태가 양호해야 가정 돌봄이 가능하다. 효과적인 가정 돌봄을 위해 규칙적 일상을 적용하고 부모-자녀의 역할을 재정의하기도 한다(Albert, 1990). 그러나 위기 관리가 어려워 외부의 도움을 모색하거나 수용하는 시기가 늦어지는 가정도 있다. 치매 환자는 입원, 전문요양시설(SNF) 거주, 가정 방문형 건강관리 등의 빈도가 높은데(Alzheimer's Association, 2016), 이는 베이비 붐 세대의 보호자가 외부 지원을 모색한다는 점을 반영한다(Moon et al., 2016).

적절한 지원의 방해 요인으로는, 지원에 대한 사회적 낙인 및 실패감, 서비스 관련 지식의 부족, 활용 가능한 선택의 과도함, 서비스 비용 부담, 환자 거부, 이동의 어려움 등이 있다. 보호자가 서비스를 허용한 후에는 제공된 서비스에 대한 불만족, 간병 업무의 방향 및 강도 관련 신념 차이 등 보호자와 제공자 간의 갈등이 발생한다(Corcoran, 1993; Weinberger et al., 1993; Zarit, 1990). 효과적인 서비스를 위해 보호자의 생활 방식 및 가치, 간병의 목적이나 방식을 이해해야 하는데(Corcoran, 1994), 적절한 평가도구로 측정하지 않으면 간과되기 쉽다. 예를 들어, 남성은 과제 중심 접근, 여성은 환자의 신체적 · 정서적 건강을 강조하는 부모 모델을 선호한다(Corcoran, 1994).

치매인성설문(Personhood in Dementia Questionnaire; Hunter et al., 2013), **대처방법설문**(Ways of Coping Questionnaire; Lazarus & Folkman, 1984), **의사소통: 의사소통방법 · 감정**(Communicating With Others: What's My Style or Hidden Feelings That Influence Communication; Ostuni & Santo Pietro, 1991) 등을 통해 보호자와 긍정적이고 신뢰할 만한 관계를 형성하고 간병 효과를 높이는 요소를 파악한다. 가정 돌봄 시 보호자의 고려 사항은 다음과 같다(Toth-Cohen et al., 2001). ① 가정의 개별적 의미, ② '비전문가'로서의 보호자, ③ 보호자의 신념 및 가치, ④ 제공되는 서비스의 특징 등이다.

시간은 간병의 가장 중요한 변인이다. 보호자의 사고 및 관리 방식을 변화시키기 위해 많은 시간이 소요될 수 있는데, 이러한 변화는 간병 문제의 범위와 활용 가능한 자원을 확인하고 수용하며 긍정적 결과를 유도하는 데 필요하다. 보호자가 전문가의 제안을 시도하거나 채택하는 시간을 추적한 연구에서 전략의 방해 요인을 극복하기까지 6~12개월 정도 소요되었다(Bourgeois et al., 2002). 시간의 변이성은 간병 문제의 복잡성, 보호자 및 간병 방식의 연속성을 반영한다. 보호자가 변화하는 데 시간이 필요한 경우 전문가는 낙담하지 말아야 한다. 그 대신 보호자의 신념, 가족력, 대처 방식과 상충하거나 불일치하는 사안을 수용하는 시기가 다름을 이해해야 한다. 대부분의 보호자는 결국 새로운 제안을 시도하는데, 전문가는 이러한 노력을 지원할 준비가 되어 있어야 한다.

4) 가족 간병인 중재

지난 수십 년간 가족 간병인의 심리사회-정서적 반응 및 치매 관리 기술을 개선하는 중재법이 개발되었다(Burgio et al., 2016; Gitlin & Hodgson, 2015). 배우자, 성인 자녀, 형제자매, 친구, 전문 간병인 등 다양한 보호자를 대상으로 중재를 시행했다. 중재 유형으로는 심리교육(정보 · 자료 · 서비스 제공), 지원(개념 및 문제해결을 공유하는 지원 집단), 휴식(가정 또는 특정 장소에서 제공되는 간병 외 시간), 심리치료(개인 또는 가족 상담), 다영역 중재(교육, 지원, 휴식, 치료의 통합적 제공) 등이 있다(Burgio et al., 2016). 그러나 무작위 통제실험의 부족, 표집 차이, 가변적 연구 설계, 이질적 결과 측정, 미흡한 통계적 검정으로 인해 질적 증거가 부족하며, 보통 수준의 중재 효과를 보인다(Burgio et al., 2016).

심리교육 중재의 목표는 보호자의 지식(Brennan, Moore, & Smyth, 1991; Brodaty, Roberts, & Peters, 1994), 문제해결력(Labrecque et al., 1992), 대처 능력(Gallagher Thompson & DeVries, 1994), 행동 관리 기술(Bourgeois et al., 2002), 환자의 삶의 질 인식(Fletcher & Eckberg, 2014), 치매로 인한 의사소통 문제의 이해(Purves & Phinney, 2012) 등을 증진하고, 비기능적 사고를 줄이며(Gallagher-Thompson & Steffen, 1994), 긍정적 및 부정적 영향을 수정하는 데 있다(Teri & Uomoto, 1991; Toseland et al., 1990). 또 심리적 문제를 경감시키고 보호자의 부담, 우울, 안녕에도 단기적인 효과를 보인다(Burgio et al., 2016; Thompson et al., 2007). 심리교육+능력배양 중재는 우울감을 줄이고 삶의 질을 향상시킨다(Elvish et al., 2013). 문제 행동을 관리하는 대만의 가정 기반 중재 프로그램은 글자 지시 및 전화 지원 조건에 비해 신체적 공격 행동을 줄이는 데 효과적이다(Huang et al., 2013). 지원 집단 중재는 보호자의 어려움을 줄이는 효과가 미미하나, 문제해결 요소가 추가되면 긍정적인 결과를 보인다(Cooke et al., 2001). 집단에 비해 개별 교육이 더 효과적이다(Selwood et al., 2007). 중재를 통해 실질적으로 기술이 향상되고 스트레스와 부담이 감소됨에도 불구하고, 보호자는 여전히 '비체계적 방식'을 사용하며, 보다 개선된 과정이나 지속적인 지원이 필요하다고 여긴다(Samia, Hepburn, & Nichols, 2012).

휴식 중재는 임시 돌봄이나 성인 일일 간병으로부터 안도감을 제공하기 위해 고안되었다. 간병 책임에서 벗어나는 시간을 통해 기분, 삶의 질, 감정에 긍정적 변화를 유도하는데, 이러한 변화가 항상 일어나는 것은 아니다(Theis, Moss, & Pearson, 1994; Zarit et al., 1996). 시설에서의 단기 간병이 신체적 건강 및 수면을 개선하는 데 효과적이다(Caradoc-Davies & Harvey, 1995; Larkin & Hopcroft, 1993). 그러나 휴식 중재의 활용도는 낮은데, Lawton 등(1989)은 보호자의 58%만 적용한다고 밝혔다. 휴식 중재의 효과는 연구가 부족하고 결과도 상이하다. 부담, 우울감, 안녕에 다소 기여한다는 보고도 있으나(예: Sörenson, Pinquart, & Duberstein, 2002), 효과가 없거나(Maayan, Soares-Weiser, & Lee, 2014) 지속적이지 않다는 결과도 있다(Cooper et al., 2007).

심리치료, 특히 인지-행동 치료는 보호자에게 지속적이고 긍정적인 영향을 미치는데(Sörenson et al., 2002), 이는 개별 중재의 강도 및 시간에 기인한다. 그러나 보호자 및 환자에 대한 효과는 연구마다 다르다. 예를 들어, 집단 중재는 보호자에게 더 효과적이나(Thompson et al., 2007), 환자가 요양시설에 입소하는 시기에는 영향이 없었다(Vernooij-Dassen et al., 2011). 4시간 명상 중재는 안녕(수용, 존재, 평화, 희망)을 증진하고 반응성 및 보호자의 부담을 줄인다(Hoppes et al., 2012). 자원봉사(Guerra et al., 2012), 신체 활동 증가(Loi et al., 2014), 추억 모임 참석(Melunsky et al., 2015) 등 창의적 방식으로 보호자 문제를 다루기도 한다.

다영역 중재 단일 목표나 중점 사안은 중재 모델마다 다른데, 보호자의 다양한 요구를 반영한 다영역 중재도 있다. 초반에는 교육, 돌봄 계획, 지원 집단이나 '친구'(Ingersoll-Dayton, Chapman, & Neal, 1990)를 통합해 교육과 휴식(Mohide et al., 1990; Oktay & Volland, 1990), 정보, 상담, 문제해결, 지원 집단을 제공한다(Demers & Lavoie, 1996). 문제해결, 시간 관리, 스트레스 감소 등 다양한 주제 관련 상담(Toseland & Smith, 1990), 간병 지식과 감정 반응을 늘리는 개인 및 가족 상담(Mittelman et al., 1995; Mittelman et al., 1996)이 효과적이다. 인지 및 행동 기술 훈련이 추가된 중재 모델도 간병에 긍정적으로 기여한다(Gallagher-Thompson & DeVries, 1994; Gallagher-Thompson & Steffen, 1994).

다영역 중재는 보호자와 환자에게 가장 일관된 효과를 보인다(Burgio et al., 2016; Gitlin & Hodgson, 2015). 우울척도상 미미하나 유의한 효과(Parker, Mills, & Abbey, 2008), 보호자에 대한 중간 수준의 효과 등이 확인되었고, 환자의 요양시설 입소 시기를 늦춘다(Brodaty

& Arasaratnam, 2012; Olazarán et al., 2010). 이는 치매 보호자를 대상으로 한 인터넷 기반 중재에서도 나타난다(예: Boots et al., 2014).

다양한 접근법을 적용할 경우 간병에 가장 크게 기여하는 특정 요소를 파악하기 어렵다. 재정적 한계를 고려해 최소 비용으로 최적의 서비스를 제공하는 것이 중요하다. 예컨대, 약물 치료, 행동·대처·인지 기술 훈련, 휴식, 보호자 교육을 제공하면 중재의 어느 측면에 효과적인지 파악할 수 없고 불필요한 요소도 있다(Hinchliffe et al., 1995). 따라서 가장 효과적인 중재 요소를 개별 보호자의 특정 요구에 적용하고, 불필요하거나 비효과적인 요소는 배제한다. 선택 사항이 너무 많으면 당황스러울 수 있고 이용률이 떨어지기도 한다. 심리사회적 중재를 시행한 경우 환자가 중재에 참여할수록(보호자가 가족의 행동 수정 방법을 학습함) 보호자의 심리적 어려움 및 간병 지식이 크게 개선된다(Brodaty, Green, & Koschera, 2003). 프로그램이 정교해지고 보호자 요구가 잘 반영되며, 요양원 입소 시기를 늦추기도 한다(Eloniemi-Sulkava, Sivenius, & Sulkava, 1999; Mittelman et al., 1996; Riordan & Bennett, 1998).

다영역 중재의 구성 요소를 비교하면 상대적 효과를 검증할 수 있다. 예를 들어, Bourgeois와 동료들(2002)은 구조화된 기술 훈련 접근이 환자나 보호자를 변화시키는지 알아보기 위해 보호자에 대한 유사 중재(집단 교육, 가정 방문, 환자 행동 추적)의 효과와 비교했다. 이는 가장 효과적인 보호자 중심(Lovett & Gallagher, 1988) 및 환자 중심 기술 훈련을 일반화시키는 데 목표를 둔다(Pinkston, Linsk, & Young, 1988; Zarit, Anthony, & Boutselis, 1987). 두 중재 집단의 배우자 보호자는 우울감, 건강 인식, 중압감, 자기효능감 등 다양한 척도가 유의미하게 향상되었다. 환자 중심 행동 변화 프로그램은 반응 행동을 줄이는 데 매우 유용하며, 이의 유지 효과도 나타났다. 또 간병 문제에 대응하기 위해 보호자의 행동을 변화시키는 접근은 사후 중재 및 추적 검사 시의 만족도를 높이는 데 기여했다. 훈련 목표의 직접적 결과(행동 관리 기술 훈련이 반응 행동을 감소시킴, 기분 전환 훈련이 기분 등급을 개선함)가 가장 두드러졌고, 직접적으로 훈련되지 않은 목표(예: 분노, 건강 인식)는 이와 달랐다. 따라서 각 보호자의 구체적인 요구를 파악하고, 문제를 직접적으로 다루는 중재를 적용해 효과를 극대화해야 한다. 두 중재 집단이 치료 계획을 수용할 가능성(즉 이행)은 변화 행동에 대한 보호자 간 견해 차이, 프로그램 이행의 어려움에 좌우된다. 임상가는 보호자의 요구에 근거해 선택 사항을 안내하고 행동 변화 전략을 제공한다.

다양한 결과를 측정해 치료의 구성 요소나 프로그램을 분석하면 구성 요소와 결과 간의 상관성을 파악할 수 있다. 예를 들어, Steffen(2000)은 비디오테이프로 제공되는 가정 내 좌절감 대처(Coping With Frustration) 수업 및 전화 추적 집단, 전통적 대면 수업 집단, 대기자 통제 집단을 비교했는데, 두 치료 집단의 우울감, 적대감, 문제 대처에 대한 자신감이 향상된 반면, 통제 집단은 그렇지 않았다. 전화 기반 인지-행동 중재에 참여한 보호자는 최소한의 교육 및 지원 집단에 비해 스트레스와 우울감이 감소되고 삶의 만족도가 향상된다(Eisdorfer et al., 2003; Mahoney et al., 2003). Glueckauf 등(2004)은 대도시 및 도시의 치매 환자 가족에게 인터넷 및 전화 기반 긍정적 간병(Positive Caregiving) 수업을 시행한 결과, 자아효능감에 대한 인식이 증대하고 부담감이 줄었다.

Glueckauf 등(2004)은 농촌 인구에 특화된 전화 기반의 긍정적 간병 수업을 고안했다. 예컨대, 농촌지역 알츠하이머 환자용 돌봄건강관리(Alzheimer's Rural Care Healthline: ARCH) 프로그램은 보호자의 우울감, 자아효능감 인식, 부담감 측면에서 전화 기반 간병 수업과 최소한의 교육 · 지원을 비교하기 위해 고안되었다. Glueckauf와 동료들(2012)은 우울증을 보이는 아프리카계 미국인 보호자에게 전화 기반 및 대면 인지행동치료(Cognitive Behavior Therapy: CBT)를 시행했는데, 두 조건에서 모두 우울증, 주관적 부담감, 보조적 지원이 개선되었다. 이후 표본 크기를 확대(N=106)한 반복 연구도 시행되었다.

1995년 NIA 및 국립간호연구협회(National Institute on Nursing Research)는 6개의 중재 연구 프로그램을 지원했다(Schulz et al., 2003). 이는 AD 환자의 가족 보호자를 위한 다영역 중재의 효과를 평가하는 데 목적을 두었다. 각 중재 모델을 통해 보호자의 특정 스트레스 요인, 이에 대한 평가 및 대응 방식을 변화시키고, 문화적으로 다양한 인종, 민족, 소수 인구층의 특정 요구를 다루었다. 이러한 미국국립보건원 체계는 ① 치료 및 통제 조건의 무작위 할당, ② 공통된 결과 측정, ③ 동일한 측정 간격 등 무작위 통제실험 규준을 준수한다. 중재에는 ① 개인 정보 및 지원 전략, ② 집단 지원 및 가족 체계 치료, ③ 심리교육 및 기술 기반 훈련 접근, ④ 가정 기반 환경 중재, ⑤ 향상된 기술 지원 체계 등이 포함된다. 연구 결과, 중재를 받은 보호자의 부담감과 우울이 감소했다. 특히 여성이나 고졸 이하 학력 집단은 부담감이 적고, 고졸 미만 학력의 히스패닉계 보호자 및 비배우자는 우울감이 더 낮았다(Schultz et al., 2003).

중재가 부담감, 우울감, 심리적 안녕 등의 지표에 미미하거나 중간 정도의 영향을 미친다는 보고도 있는데(Schulz et al., 2003), 보호자를 분류할 때 특정 중재 목표에 해당하거나 단일 증상을 갖는 집단으로 단순화할 수 없기 때문이다. 보호자는 다양한 영역에서 다른 수준의 문제를 가지므로 이에 특화된 중재 요소가 필요하다. '보편적으로 적용되는' 중재를 모색하는 것은 효과적이지 않고 대부분 비현실적이다.

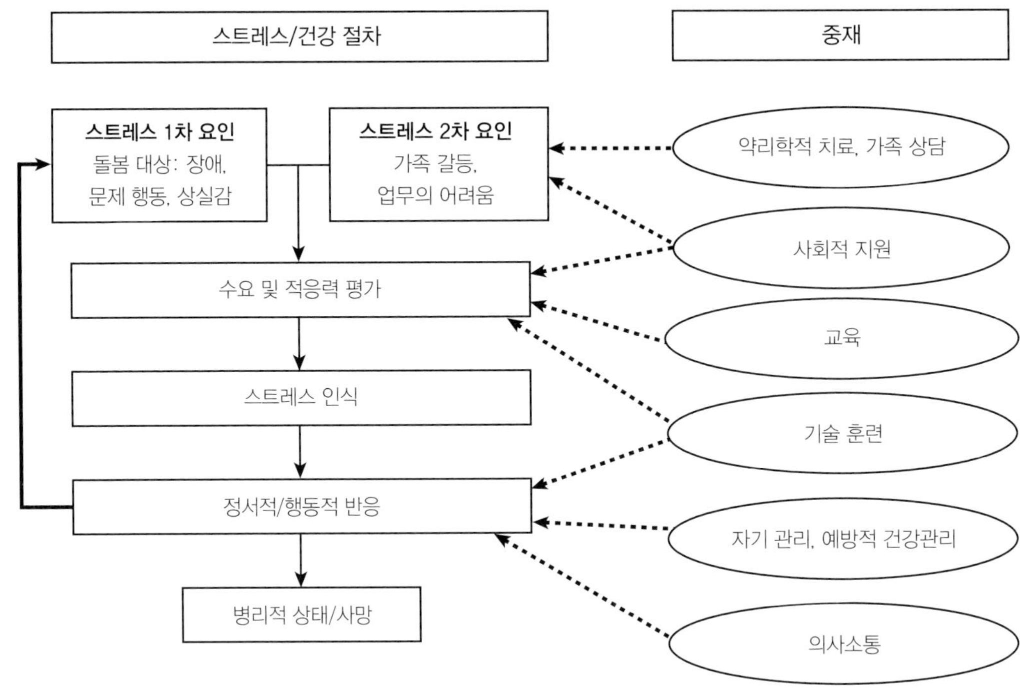

[그림 9-2] 간병 및 관련 중재에 적용된 스트레스/건강 모델

출처: Schulz & Martire(2004) 승인하 재인용.

이에 근거한 2단계 중재 연구 지원책인 알츠하이머 보호자 건강증진자원(Resources for Enhancing Alzheimer's Caregiver Health: REACH) II가 고안되었다. 중재 연구에서는 개인 간병의 다양한 영역(안전, 자기 관리, 사회적 지원, 정서적 안녕, 반응 행동)으로 구성된 중재를 평가한다. 위험 평가도구는 각 치료 영역의 강도를 측정한다. 치료는 역할극 및 상호작용 연습, 가정 방문, REACH 연구에서 검증된 전화 기반 지원 등 가장 효과적인 능동적 기술을 결합해 구성한다. 6개월 후 평가에서 히스패닉계, 백인, 흑인 보호자의 삶의 질 지표(우울감, 부담감, 자기 관리, 사회적 지원)가 향상되었다. 그러나 6개월간의 치료가 요양시설 입소 시기에 유의미한 영향을 미치지는 않았다(Belle et al., 2006). 다양한 인종의 보호자 중재는 추적 기간을 확대해 효과를 확인한다. Schulz와 Martire(2004)의 모델([그림 9-2])과 같이, 다양한 유형의 중재는 스트레스 요인과 건강 절차가 다르다. 기대 효과와 중재를 부합시키는 연구는 지속적으로 진행 중이다.

5) 의사소통 기반 치매 보호자 중재

치매 환자의 가족 보호자는 환자와의 의사소통 시도를 스트레스 요인으로 꼽는다(Clark & Witte, 1995). 이는 치매 관련 의사소통 문제를 이해하지 못하고 의사소통 실패를 예방하거나 보상하는 기술이 없기 때문이다. 따라서 보호자는 의사소통 변화에 대한 오해, 상호 의사소통에 대한 비현실적 기대, 환자와의 부정적 의사소통 양상 등의 어려움을 겪는다(Ripich, Ziol, & Lee, 1998). 특히 의미 및 화용 측면의 의사소통 실패로 인한 반응 행동이 보호자의 스트레스를 야기한다(Savundranagam, Hummert, & Montgomery, 2005). 예를 들어, 낱말 찾기 어려움은 대화 주제를 유지하는 데 방해 요인이 되며(Ripich, 1994), 대화 중의 오해는 보호자의 좌절감을 초래한다(Orange, 1995). 궁극적으로 치매 경과에 따른 의사소통 기술의 점진적 감소, 반응 행동에 미치는 영향, 의사소통 문제로 인한 스트레스 및 부담감 완화 전략 등을 이해하도록 보호자를 지원해야 한다.

치매로 인한 의사소통 행동의 변화는 다양한 보호자용 문헌에 제시되어 있다. SLP들의 저서에는 경도부터 심도 단계까지 나타나는 의사소통의 결함 및 보존된 능력이 기술되어 있다(예: Rau, 1993; Santo Pietro & Ostuni, 2003). 의사소통 문제, 개선을 위한 권고 전략 등을 소개한 안내서도 있다(예: Mace & Rabins, 2017; Tappen, 1997).

환자와의 효과적 의사소통은 연구마다 다양하다. 예컨대, Hendryx-Bedalov(1999)는 식사 중의 대화에서 AD 환자가 추상적 언어에 반응하지 못한다고 지적했다. 질문을 구체화하도록 보호자를 훈련해도 반응에 차이가 없었다. Tappen과 동료들(1997)은 대화를 개선하는 3개 전략(폐쇄형 질문, 인격 존중, 주제 유지)을 보호자에게 훈련했는데, 모든 전략에 긍정적으로 반응한 치매 환자에게도 거의 효과가 없었다. 특히 느리거나 짧게 말하기 등의 권고 전략은 보호자의 만족도가 낮았다(Orange, 1995).

Small과 Gutman(2002)은 보호자의 의사소통 전략에 대한 사용 빈도 및 효과를 평가했다(가장 빈번히 권고되는 10개 전략은 〈표 9-3〉 참고). 짧고 간단한 발화, 한 번에 하나씩 질문하거나 지시하기 등이 효과적인 기술로 보고된다(Kemper et al., 1994; Small et al., 2003; Small, Kemper & Lyons, 1997). Small 등(1997)의 연구와 달리, 보호자는 쉬운 말로 바꾸어 표현하는 데 만족하지 못하고, 느린 발화, 주의산만 요소 제거, 정면에 위치하기, 눈맞춤 유지 등을 자주 사용하지 않았다. 이에 따라 전략의 실질적 효과를 검증할 필요성이 제기되었다(Small & Gutman, 2002). 의사소통 문제를 확인하고 상호작용을 개선하는 의사소통 전략을 적용하려면 가족 보호자를 훈련해야 한다. 예를 들어, 대화 증진(Bourgeois, 1992),

〈표 9-3〉 가장 빈번히 권고되는 의사소통 전략의 순위

1. 짧고 간단한 문장 사용하기
2. 천천히 말하기
3. 한 번에 하나의 질문이나 지시만 제공하기
4. 정면에서 천천히 다가가기, 눈맞춤을 시도하고 유지하기
5. 주의산만 요소(예: TV, 라디오) 제거하기
6. 환자를 방해하지 않기, 반응시간 충분히 제공하기
7. 개방형 질문보다 예-아니요 질문 사용하기
8. 낱말 찾기 문제 시 에둘러 말하도록 독려하기
9. 동일 문구의 메시지 반복하기
10. 반복된 메시지를 바꾸어 말하기

출처: Small & Gutman(2002).

반복적 요구 감소(Bourgeois et al., 1997) 등을 위해 기억 보조기기를 사용하는 교육이 시행된다. 수정 전략을 개선하는 훈련도 있다(Orange & Colton-Hudson, 1998). 이들은 의사소통을 증진할 뿐 아니라 보호자의 스트레스를 줄인다. 비공식적 간병인에게 의사소통 유지 전략을 교육하는 TANDEM 프로그램은 훈련 회기 동안 전략 사용, 기분 증진 등에 기여하나 부담감에는 영향을 주지 않았다(Haberstroh et al., 2011).

Bourgeois와 동료들(2001)은 공식적 간병인 프로그램을 개발해 ADLs 과제에 기억지갑을 사용하도록 간호조무사를 훈련했다. 이에는 치매 관련 행동, 반응 행동과 의사소통 결함 간 상관성, 의사소통을 지원하는 글자 단서 활용, 상호작용 전략 등이 포함된다. 간호조무사와 환자 간의 상호작용을 관찰한 후, 알림("안녕하세요, Smith 씨. 저는 Mary입니다."), 구체화된 1단계 지시("이것을 읽어 주세요: 〈샤워를 하면 상쾌하고 깨끗해집니다〉, 샤워하러 갑시다."), 칭찬("잠옷을 입도록 도와주셔서 감사합니다.") 등의 전략에 대한 피드백을 제공한다. 훈련받은 간호조무사는 동일한 돌봄 시간에 더 많이 말하고 긍정적 발화 및 구체화된 지시가 증가했다. 이러한 효과는 2개월간 유지되었다. Wilson 등(2012)은 중등도~심도 치매 환자의 손 씻기를 도우면서 과제 중심의 구어 및 비구어 의사소통 전략을 사용하도록 간호조무사를 훈련했다. 그 결과, 한 번에 하나씩의 지시, 폐쇄형 질문, 반복적으로 바꾸어 말하기, 격려의 말, 과제 수행을 촉진하는 환자 호명하기 등의 전략을 사용했다. 전문 간병인을 훈련하는 데 유용한 정보는 10장에서 논의한다.

Egan 등(2010)은 AD 환자와 공식적 및 비공식적 간병인 간의 구어 의사소통 중재를 검토했는데, 방법론(예: 작은 표본 크기, 무작위가 아닌 집단 할당)이 중재 결과에 영향을 미쳤다. 그럼에도 불구하고 기억 보조기기는 조식 모임의 중재 효과 및 담화 능력을 증진하는 데 가장 유용했다(Santo Pietro & Boczko, 1998).

보호자용 기억 보조기기 훈련 가족 보호자는 환자와의 대화를 개선하기 위해 기억지갑 및 기억책을 사용하도록 훈련받는다(Bourgeois, 1994; 6장 참고). 보호자의 인식이 객관적 자료와 불일치할 수 있다(행동 문제 지속 시 보호자는 친숙한 경험 관련 대화가 개선되어도 만족하지 못함). Bourgeois와 동료들(1997)은 의사소통을 방해하거나 차단하는 반복적 구어 행동을 수정하는 데 문헌을 사용하도록 보호자를 훈련했다. 예컨대, 사망한 친척에 대한 반복적 질문이 고통스러울 때 기억책의 한 페이지에 해당 내용을 작성한다(예: "내 남편 Jim은 2002년 3월 14일 성 마리아 묘지에 안치되었다."). 알림카드("우리는 식료품점에 갑니다."), 냉장고에 부착하는 게시판 메모("오늘은 월요일입니다. Jane은 3시에 집에 옵니다.") 등 특정 문제를 해결하기 위한 설명과 단서도 있다. 글자가 쓰인 도구는 환자의 반복 구어를 줄이고 보호자가 문제의 수정에 만족하도록 촉진한다.

AD 환자의 배우자가 스트레스로 인해 보이는 반응 행동을 추적한 연구(Bourgeois et al., 2002)에 따르면, 스트레스가 심하지 않고 글자로 구성된 기억 보조기기가 효과적이었다. 즉 자료의 기록 자체가 보호자를 객관화시켜 특정 문제 행동의 빈도를 줄였다. 반면 기억 보조기기로 중재받지 않은 집단의 문제 행동 빈도는 변하지 않았다. 따라서 반응 행동의 빈도를 기록하는 것은 효과적인 중재 프로그램을 개발하기 위한 주요 선행 요건이다. 보호자에게 권장되는 자료 기록지 및 사용 지침은 [부록 9-1]에 제시되었다.

보호자를 위한 다른 도구들은 후반부에 논의되며, 기억 보조기기를 만드는 데 필요한 지침은 [부록 9-2]에 제시되었다. [부록 9-3]에는 기억 보조기기를 활용해 환자와 만족스럽게 대화하기 위한 보호자 지침이 포함된다. 글자 단서(알림카드 형식)를 개발하고 활용하기 위한 보호자용 지침은 [부록 9-4]에서 제공한다.

대중화된 FOCUSED 프로그램(Ripich, 1994)은 가족 보호자의 요구를 다루기 위해 SLP가 개발한 것으로, 간호조무사 대상의 의사소통 기술 훈련 프로그램(Ripich, Wykle, & Niles, 1995; Ripich et al., 1999)을 적용했다. 대화 주고받기의 상호적 담화 모델에 기반한 FOCUSED 프로그램은 7단계로 구성되며, 보호자에게 구체적인 대화 기술(대면, 오리엔테이션, 지속, 분리, 구조화, 주고받기, 직접적 표현)을 훈련한다(〈표 9-4〉 참고). 이는 2시간 단위의 6개 수업에 적용하며, 훈련자 지침서, 보호자 안내서, 사전-사후 평가, FOCUSED 원칙이 인쇄된 알림카드, 교육용 비디오테이프(AD용 의사소통 안내서: 보호자용 FOCUSED 프로

〈표 9-4〉 FOCUSED의 의사소통 전략

대면 (Face to face)	AD 환자를 똑바로 쳐다본다. 환자의 이름을 부른다. 환자를 가볍게 만진다. 눈맞춤을 유지한다.
오리엔테이션 (Orientation)	주요 단어를 반복하며 주제를 알려 준다. 문장을 반복하고 바꾸어 말한다. 명사 및 구체적 이름을 사용한다.
지속 (Continuity)	동일한 대화 주제를 가능한 한 오래 유지한다. 대화를 통해 주제를 다시 언급한다. 새로운 주제의 시작을 알려 준다.
분리 (Unsticking)	목표 단어를 제시해 환자가 '분리'되도록 돕는다. 올바른 단어를 사용해 문장을 반복한다. "……라는 의미입니까?"라고 묻는다.
구조화 (Structure)	반응을 인식하고 반복하도록 질문을 구조화한다. 한 번에 2개씩 간단한 선택권을 제공한다. 예-아니요 질문을 사용한다.
주고받기 (Exchange)	일상 대화에서 생각을 지속적으로 주고받는다. "정말 좋네요." "멋져요." 등의 반응으로 대화를 유지한다. '평가적' 질문은 하지 않는다.
직접적 표현 (Direct)	짧고 간단하며 직접적으로 문장을 표현한다. 주어를 문장 맨 앞에 둔다. 대명사보다 명사를 반복적으로 사용한다. 손짓, 그림, 얼굴 표정 등을 활용한다.

출처: Ripich & Wykle(1996).

그램; Ripich & Wykle, 1996)로 구성된다.

Ripich 등(1998)은 보호자 19명(여 15명, 남 4명)에게 FOCUSED 프로그램을 적용하고, 대기 중인 보호자 18명(여 15명, 남 3명)을 통제 집단으로 설정했다. 치료 집단은 2시간씩 총 4회기에 참여했고, 두 집단은 훈련 전후, 훈련 후 6개월 및 12개월 시점에 안녕(긍정적 및 부정적 영향), 우울감, 건강, 스트레스 및 부담감(보편적 및 의사소통적 문제), AD 및 의사소통 관련 지식을 평가받았다. 6개월 및 12개월 시점의 사후 검사에서 치료 집단 보호자의 의사소통 문제가 유의하게 감소했으며, AD 및 의사소통 관련 지식이 증가했다. 반면 애착, 우울감, 건강, 보편적 간병 문제에는 변화가 없었다. 이를 통해 보호자와 치매 환자 간의 상호작용을 변화시키는 의사소통 중심 능력 훈련 프로그램의 효과를 입증했다. 그러나 Byrne과 Orange(2005)는 '이론적 근거가 부족하다'고 지적했고, Small과 Gutman(2002)은 권고된 전략 중 일부만 효과적이라고 강조했다. 따라서 SLP는 FOCUSED 전략의 효과를 명확히 검토할 필요가 있다.

치매 환자의 반응 행동은 의사소통 및 인지 손상과 관련되며, 주로 의사소통이나 기억력을 증진하는 SLP의 중재를 통해 변화한다. 즉 보호자에 대한 SLP의 역할은 다차원적이다. SLP는 치매 진행에 따른 인지 및 의사소통 결함과 강점을 보호자에게 교육한다. 이때 만족스러운 대화를 지원하고 유지하며 반응 행동을 수정하는 특정 전략과 기법을 안내한다.

SLP는 보호자 교육의 비용이 지원된다는 사실을 숙지해야 한다(보호자 교육의 목표 예시는 4장 참고). 또 보호자의 심리사회적 및 정서적 요구를 인식하고, 교육 자료, 웹 사이트, 지원 단체, 지역사회 기타 자원 등의 서비스를 권고한다. 〈표 9-5〉는 보호자에게 유용한 교육적 주제, 〈표 9-6〉은 보호자용 웹 사이트 및 인터넷 자료를 소개한다. SLP는 간병 문제로 어려움을 겪는 보호자에게 상담 서비스도 제공한다. 치매 환자 및 보호자를 치료하는 기능적 접근은 퇴행성 질환으로 인한 여러 어려움 속에서 삶의 질을 유지하고 생애 말기 의사소통을 돕는 데 유용하다(11장 참고).

〈표 9-5〉 보호자 교육용 주제의 예

- 치매: 정의, 단계, 과정, 치료
- 알츠하이머병(AD) 및 관련 치매 이해
- AD 및 관련 치매 특징
- 의사소통 기술
- 행동 관리
- 일상생활활동(ADLs): 목욕하기, 옷 입기, 용변 보기, 식사하기
- 의학적 치료: 진단 평가, 치료, 약물
- 간호 및 가정 건강관리 서비스
- 휴식 및 주간돌봄 서비스
- 거주시설 돌봄 및 요양원 선택 사항
- 지원 단체
- 상담 서비스
- 운송 서비스
- 지역 단체 서비스
- 법적 문제 및 서비스
- 재정 문제 및 서비스

〈표 9-6〉 가족 보호자용 웹 사이트 및 인터넷 자료

- 노화 관리: www.aoa.gov
- 장기요양(LTC) 담당자용 자료: www.aoa.gov/prof/aoaprog/elder_rights/
- LTCombudsman/ltc_ombudsman.asp
- 알츠하이머병 교육 · 의뢰센터(Alzheimer Disease Education and Referral Center: ADEAR): www.alzheimers.org
- 알츠하이머협회(Alzheimer's Association): www.alz.org
- 미국알츠하이머재단(Alzheimer's Foundation of America): www.alzfdn.org

- 미국노인병리학회(American Geriatrics Society): www.americangeriatrics.org
- 지역노화국(Area Agency on Aging): www.n4a.org
- 노인 돌봄용 지역사회 서비스 자료: www.n4a.org/locator
- 가족보호자연맹(Family Caregiver Alliance): www.caregiver.org
- 메이요 클리닉(Mayo Clinic): www.mayoclinic.com/health/alzheimers-caregivers
- Medline Plus: www.nlm.nih.gov/medlineplus/alzheimerscaregivers.html
- 국립가족보호자지원(National Family Caregiver Support) 프로그램: www.fullcirclecare.org
- 온라인 간병인 잡지: www.caregiver.com
- CD-ROM 훈련 자료: www.orcahealth.com
- 대형 인쇄물, 적용 가능한 가정 및 여가 관련 자료: www.eldercorner.com
- Video Respite 테이프 및 기타 알츠하이머 관련 자료: www.healthpropress.com

사례 9-1 보호자 중재의 예

Capital Area 지역병원에서 '보호자: 교육 및 지원'을 주제로 한 월례 회의가 열렸다. Wong 부부, Hernandez와 언니 Maria, Johnson 가족(Jamar, Jerrell, Jenisha), Sterling, Hughes 등이 회의장에서 조용히 대화 중이었다. 사회복지사 Washington이 초청 연사인 Henry 박사와 함께 프로젝터 및 유인물을 확인했다. 잠시 후 모두 착석했고, Washington이 환영사 후 연사 및 강연 주제('치매 치료의 최신 동향')를 소개했다. 강연이 시작되자 Washington은 참석자를 대상으로 지난 몇 달간의 진전 사항을 조사했다.

중년의 교수이자 대만 이민자 2세인 Wong 부부는 치매 환자인 아버지를 돌보고 있었다. 몇 개월 전 Wong 부인이 전화로 어려움을 호소했는데, 아버지의 이상 행동(예: 쇼핑백에 옷 넣기, 길모퉁이 식료품점에서 담배 사기, 낯선 사람에게 버스 정류장 가는 길 묻기 등)을 살피기 위해 직장을 그만두라는 남편의 권고가 있었기 때문이다. 여름 동안 대만의 형제자매를 방문하고 돌아온 아버지는 지인을 전혀 만나지 못하고, 3주 내내 식사할 수 없었다. Washington은 Wong 부인에게 가정의학과 전문의와의 상담을 권고했다. Wong 부부는 이 모임에 참석해 몇몇 제안을 받았다. 이에 따라 식사 조정하기, 함께 체스 두기, 남성 주간 모임인 아시안사교클럽(Asian Social Club)에 동행하기 등을 시도하고, 오후 시간에 돌봄 도우미를 고용했다. Wong은 재정적 및 의학적 의사결정을 논의하기 위해 변호사와 상담하기로 했다.

Hernandez와 언니 Maria는 모두 어린 자녀들을 기르는 싱글 맘으로, 치매 환자인 어머니에 대한 책임을 분담하고 있었다. 어머니인 Luz는 수년간 25명 이상의 수양 자녀들로 구성된 대가족을 돌보았으나, 몇 개월간 일상적 가정 활동을 제대로 수행할 수 없었다. 그녀는 현관 의자에 앉아 행인을 지켜보며 시간을 보냈고, 목욕이나 옷 갈아입기 등을 잊었다. 집에 도착한

Maria가 방치된 어린 아들의 비명소리를 들은 날, 자매는 의학적 평가를 받기로 결정했다. 6개월 간 어머니와 여러 명의 아이들을 돌보면서 다른 형제자매의 도움을 요청하지 못했다. 그러나 Washington은 지난 가족 모임 시 다른 자매들 및 두 명의 오빠들이 어머니에 대한 세심한 감독과 지원을 학습했음을 상기했다. 이들은 메모가 가능한 달력을 활용해 특정 시기의 활동에 신속히 자원했고, 자매들은 일주일에 하루씩 어머니 집에서 아이를 돌보고 식사를 준비하기로 동의했다. 오빠들은 정원 관리, 쓰레기 버리기, 어머니와 교회 예배 참석하기 등을 계획했다. 모든 일이 항상 순조롭지는 않았으나, 최근에는 예배 후 어머니 집에서 저녁 모임을 열어 이후의 계획을 논의하는 시간을 갖기 시작했다.

Johnson 가족은 모두 모임에 참석했다. 가족 간의 문제가 많았으나, 사랑하는 Oscar 삼촌이 진단받은 후 생활보조시설로 이주하도록 형제들이 서로 도왔다. 이들은 지난달 Oscar가 일상생활 프로그램에 참석하지 않고 식사를 거른다는 시설 직원의 보고를 받았다. Johnson 가족은 행사에서 삼촌의 약 복용법에 대한 견해를 얻고자 했다.

70대인 Sterling 부인과 Hughes는 각자의 배우자가 낮 시간을 보내는 병원의 성인 주간보호시설에서 만났다. 남편이 몇 개월 전 사망했음에도 Sterling 부인은 계속 모임에 참석했다. Hughes는 아내가 외국인 억양을 쓰는 신임 직원을 두려워해 이에 대한 조언을 구하고자 참석했다. Sterling 부인은 Washington이 처음으로 주간보호시설을 제안했음을 기억했다. 남편이 떠오르는 생각을 재빨리 말해 버리고 공공장소에서 인종차별적 언행을 할까 봐 두려워 그의 말을 무시했다. 주간보호를 생각하지 못해 극도로 지칠 때까지 몇 개월을 보낸 것을 후회했다. 잠재적 어려움을 예측한 후 이를 긍정적 활동으로 신중히 전환하는 시설 직원을 보고 그녀의 두려움도 사라졌다. Hughes는 아내의 두려움을 직원이 알아차리면 상황이 호전될 것으로 여겼다.

Henry 박사는 강연 후반부에 청중과의 질의응답 시간을 가졌다. Wahington은 지난 모임의 신규 참석자 중 일부가 이번 모임에 오지 않았음을 확인했다. 바쁜 젊은 변호사인 McCory가 치매 관련 정보의 출처를 문의해 유용한 웹 사이트, 참고문헌 목록, 진단 관련 팸플릿을 제공했다. 프리랜서 사진작가인 Smith는 다른 주에 거주하는 이모에게만 고민을 털어놓았는데, 수시로 전화 상담이 가능하도록 무료 전화번호를 알려 주었다. 보호자의 개별 요구에 맞는 다양한 해결책이 있고 병원과 지역사회에는 모든 요구를 충족시키기 위한 자료가 풍부하므로, Washington은 이에 안도할 수 있었다.

[부록 9-1] 자료 기록지 및 보호자 지침

요일	문제 수: 방 찾기 실패	문제 수: 시간 묻기
월요일		
화요일		
수요일		
목요일		
금요일		
토요일		
일요일		

1. 반응 행동을 확인하고 설명하도록 보호자에게 요청한다.
2. 가장 스트레스가 심한 행동을 판단하고 기록지에 작성한다.
3. 기록 시간에 대해 논의한다(아침 또는 저녁 식사 이후, 취침 전 등 매일 동일한 시간에 시행).
4. 구어 역할극을 통해 기록을 연습한다.
5. 일주일 후 기록지를 검토한다. 빈도에 대해 논의하고, 해결할 문제를 결정한다.

[부록 9-2] 기억 보조기기 만들기: 가족 보호자용 지침

1. '기억력 지원 정보 양식'을 작성한다([부록 5-3] 및 [부록 5-4] 참고).
2. 기억 보조기기 내 모든 문장 목록을 작성한다.
3. 가족이 사용할 수 있는 적절한 문장이나 복사 가능한 페이지를 선택한다.
4. 각 문장을 잘 반영한 가족사진을 찾는다. 잡지 사진, 기념품, 친숙한 소품(지도, 콘서트 프로그램, 입장권, 초대장, 연하장 등)도 페이지를 설명하는 데 포함될 수 있다.
5. 가족에게 가장 적절한 기억 보조기기의 크기를 선택한다. 기억지갑은 가정에 거주하는 환자가 외출할 때 추천된다. 기억책은 가정이나 요양원 거주자, 페이지 몇 장을 넘기기 어려운 환자에게 더 바람직하다. 몸에 착용하는 기억지갑은 요양원이나 생활 보조 환경에서 유용하다.
6. 기억 보조기기를 제작하는 데 필요한 가위, 풀, 검은색 사인펜 등의 소모품을 준비한다.
7. 검은색 잉크 및 큰 글자로 인쇄하거나 컴퓨터로 입력한다.
8. 사진을 오려 관련 페이지에 붙인다.
9. 투명 플라스틱 보호기나 코팅된 기억지갑에 책 페이지를 끼워 넣는다. 천공기로 각 페이지에 구멍을 뚫는다.
10. 모든 책 페이지는 3개의 고리, 지갑 페이지는 1개의 고리로 각각 묶는다.
11. '만족스러운 대화 지침([부록 9-3])'을 읽는다.
12. 기억 보조기기를 새로운 소유주와 공유한다.

[부록 9-3] 만족스러운 대화 지침

1. 당신과의 대화를 **요청**한다.

   "Mary, 오늘 당신과 얘기하고 싶어요. 옆에 앉아도 될까요?"

2. 특정 주제로 대화를 **유도**하고 횡설수설하면 대화 주제로 다시 **전환**한다.

   "Mary, 이제 가족에 대해 얘기해 봅시다. 모두 말해 주세요."

3. **안심**시킨 후 중단되거나 목표 단어를 떠올리지 못할 때 **도와**준다.

   "괜찮아요, Bob. 당신 인생에 대해 더 말해 줄 수 있어요?"

4. **미소**를 짓고 말의 의미를 정확히 몰라도 **관심**을 보인다.

5. 대화에 대해 **감사** 인사를 전한다.

대화 중 금기 사항

- 특정 질문을 많이 하거나 **퀴즈를 내지 않는다**.

  "이 사람은 누구죠? 당신은 아는 것 같은데, 누구일까요?"

- 사실이라고 주장하면 틀렸다 해도 **수정하거나 반박하지 않는다**.

  "아니에요. 이 사람은 John이 아니고 Jason이에요. 기억하세요. 손자 Jason입니다."

출처: © Michelle S. Bourgeois, Ph.D.

[부록 9-4] 알림카드: 가정 및 요양원에서 글자 단서 활용하기

대답한 지 몇 초 후 다시 질문할 경우 **알림카드**를 활용해 정보를 기억하도록 돕는다. 이의 단계는 다음과 같다.

1. 질문이나 관심사에 대해 대답한다.
2. 색인카드나 메모장에 대답을 적는다.
3. 카드 내용을 함께 읽은 후 카드를 건네준다.
4. 질문이 반복되면 대답하는 대신 "카드를 읽으세요."라고 말한다.
5. 질문이 반복될 때마다 동일하게 대응한다.

예시

질문: 나는 언제 가게에 가나요?

대답: **나는 점심 식사 후 가게에 갈 거예요.** (이 내용을 카드에 기재함)

질문: 우리는 어디에 가나요?

대답: **우리는 교회에 갈 거예요.** (이 내용을 카드에 기재함)

질문: 내 돈은 어디에 있나요?

대답: **내 돈은 은행에 보관되어 있어요.** (이 내용을 카드에 기재함)

유용한 힌트

- 명확한 메시지를 인쇄한다.
  글자를 크게 인쇄한다. 간단하고 긍정적인 몇몇 단어를 사용한다.
- 개인적 메시지를 만든다.
  메시지에 인칭대명사(나, 나의, 우리)를 사용한다.
- 메시지를 소리 내어 읽는다.
  읽기 오류 시 메시지를 수정한다.

출처: © Michelle S. Bourgeois, Ph.D.

참고문헌

Adams, B., Aranda, M., Kemp, R., & Takagi, K. (2002). Ethnic and gender differences in distress among Anglo-American, African-American, Japanese-American and Mexican-American spousal caregivers of persons with dementia. *Journal of Clinical Geropsychology, 8*(4), 279-301.

Albert, S. M. (1990). The dependent elderly, home health care, and strategies of household adaptation. In J. F. Gubrium & A. Sankar (Eds.), *The home care experience* (pp. 19-36). Newbury Park, CA: Sage.

Alzheimer's Association (2014). *Alzheimer's disease facts and figures. Special report: Women and Alzheimer's disease*. Retrieved December 22, 2015, from www.alz.org/downloads/Facts_Figures_2014.pdf.

Alzheimer's Association (2016). Alzheimer's disease facts and figures. *Alzheimer's & Dementia, 12*(4), 1-84.

Aneshensel, C., Pearlin, L., Mullan, J., Zarit, S., & Whitlatch, C. (1995). *Profiles in caregiving: The unexpected career*. New York: Academic Press.

Arai, A., Matsumoto, T., Ikeda, M., & Arai, Y. (2007). Do family caregivers perceive more difficulty when they look after patients with early onset dementia compared to those with late onset dementia. *Int J Geriatr Psychiatry*, 22, 1255-1261.

Argimon, J., Limon, E., Vila, J., & Cabezas, C. (2005). Health-related quality-of-life of caregivers as a predictor of nursing-home placement of patients with dementia. *Alzheimer Disease and Associated Disorders, 19*(1), 41-44.

Atchely, R. C. (1988). *The social forces in later life*. Belmont, CA: Wadsworth.

Ayalon, L., & Huyck, M. (2001). Latino caregivers of relatives with Alzheimer's disease. *Clinical Gerontologist, 24*(3/4), 93-106.

Barbosa, A., Figueiredo, S., Sousa, L., & Demain, S. (2011). Coping with the caregiving role: Differences between primary and secondary caregivers of dependent elderly people. *Aging and Mental Health, 15*(4), 490-499.

Barnes, C., Given, B., & Given, C. (1992). Caregivers of elderly relatives: Spouses and adult children. *Health & Social Work, 17*, 282-289.

Barnes, L., Mendes de Leon, C., Bienias, J., & Evans, D. (2004). A longitudinal study of Black-White differences in social resources. *Journal of Gerontology: Social Sciences, 59B*, S146-S153.

Belle, S., Burgio, L., Burns, R. Coon, D., Czaja, S. J., Gallagher-Thompson, D., et al. (2006).

Enhancing the quality of life of dementia caregivers from different ethnic or racial groups: A randomized, controlled trial. *Annals of Internal Medicine, 145*, 727-738.

Bookwala, J., Yee, J., & Schulz, R. (2000). Caregiving and detrimental mental and physical health outcomes. In G. Williamson, P. Parmelee, & D. Shaffer (Eds.), *Physical illness and depression in older adults: A handbook of theory, research, and practice* (pp. 93-131). New York: Plenum.

Boots, L. M., de Vugt, M. E., van Knippenberg, R. J., Kempen, G. I., & Verhey, F. R. (2014). A systematic review of internet-based supportive interventions for caregivers of patients with dementia. *International Journal of Geriatric Psychiatry, 29*, 331-344.

Botsford, J., Clark, C. L., & Gibb, C. E. (2011). Research and dementia, caring and ethnicity: A review of the literature. *Journal of Research in Nursing, 16*(5), 437-449.

Bourgeois, M. (1992). Evaluating memory wallets in conversations with patients with dementia. *Journal of Speech and Hearing Research, 35*, 1344-1357.

Bourgeois, M. (1994). Teaching caregivers to use memory aids with patients with dementia. In Caregiving in Alzheimer's disease II: Caregiving interventions. *Seminars in Speech and Language, 15*(4), 291-305.

Bourgeois, M., Beach, S., Schulz, R., & Burgio, L. (1996). When primary and secondary caregivers disagree: Predictors and psychosocial consequences. *Psychology and Aging, 11*, 527-537.

Bourgeois, M., Burgio, L., Schulz, R., Beach, S., & Palmer, B. (1997). Modifying repetitive verbalization of community dwelling patients with AD. *The Gerontologist, 37*, 30-39.

Bourgeois, M., Schulz, R., Burgio, L., & Beach, S. (2002). Skills training for spouses of patients with Alzheimer's disease: Outcomes of an intervention study. *Journal of Clinical Geropsychology, 8*, 53-73.

Braun, K., & Browne, C. V. (1998). Perceptions of dementia, caregiving, and help seeking among Asian and Pacific Islander Americans. *Health Social Work, 23*(4), 262-274.

Brennan, P., Moore, S., & Smyth, K. (1991). ComputerLink: Electronic support for the home caregiver. *Advances in Nursing Science, 13*(4), 14-27.

Briones, D., Ramirez, A., Guerrero, M., & Ledger, E. (2002). Determining cultural and psychosocial factors in Alzheimer disease among Hispanic populations. *Alzheimer Disease and Associated Disorders, 16*, S86-S88.

Brodaty, H., & Arasaratnam, C. (2012). Meta-analysis of nonpharmacological interventions for neuropsychiatric symptoms of dementia. *The American Journal of Psychiatry, 169*, 946-953.

Brodaty, H., Green, A., & Koschera, A. (2003). Meta-analysis of psychosocial interventions for caregivers of people with dementia. *Journal of the American Geriatrics Society, 51*, 657-664.

Brodaty, H., Roberts, K., & Peters, K. (1994). Quasi-experimental evaluation of an educational model for dementia caregivers. *International Journal of Geriatric Psychiatry, 9*, 195-204.

Brodaty, H., Woodward, M., Boundry, K., Ames, D., Balshaw, R., & PRIME Study Group. (2014). Prevalence and predictors of burden in caregivers of people with dementia. *The American Journal of Geriatric Psychiatry, 22*, 756-765.

Brody, E. M., Hoffman, C., Kleban, M. H., & Schoonover, C. B. (1989). Caregiving daughters and their local siblings: Perceptions, strains, and interactions. *The Gerontologist, 29*, 529-538.

Brody, E., Litvin, S., Hoffman, C., & Kleban, M. (1992). Differential effects of daughters' marital status on their parent care experiences. *The Gerontologist, 32*, 58-67.

Brown, J., & Alligood, M. (2004). Realizing wrongness: Stories of older wife caregivers. *Journal of Applied Gerontology, 23*(2), 104-119.

Burgio, L., Allen-Burge, R., Roth, D., Bourgeois, M., Dijkstra, K., Gerstle, J., et al. (2001). Come talk with me: Improving communication between nursing assistants and nursing home residents during care routines. *The Gerontologist, 41*, 449-460.

Burgio, L. D., Gaugler, J. E., & Hilgeman, M. M. (Eds.) (2016). *The spectrum of family caregiving for adults and elders with chronic illness*. New York: Oxford University Press.

Byrne, K., & Orange, J. B. (2005). Conceptualizing communication enhancement in dementia for family caregivers using the SHO-ICF framework. *Advances in Speech-Language Pathology, 7*(4), 187-202.

Caradoc-Davies, T., & Harvey, J. (1995). Do social relief admissions have any effect on patients or their caregivers? *Disability and Rehabilitation, 17*(5), 247-251.

Carter, P. (2015). State of caregiving for people with dementia in Indian country. Retrieved December 2016, from https://ruralhealth.und.edu/presentations/pdf/101915-caregiving-for-dementia-in-indian-country.pdf.

Centers for Disease Control and Prevention (2013). *The state of aging and health in America 2013*. Centers for Disease Control and Prevention, US Dept. of Health and Human Services.

Chiriboga, D., Black, S., Aranda, M., & Markides, K. (2002). Stress and depressive symptoms among Mexican American elders. *Journal of Gerontology: Psychological Sciences, 57B*, P559-P568.

Cicirelli, V. G. (1983). Adult children's attachment and helping behaviour to elderly parents: A path model. *Journal of Marriage and the Family, 45*, 815-824.

Clark, L. (1997). Communication intervention for family caregivers and professional health care providers. In B. Shadden & M. A. Toner (Eds.), *Aging and communication* (pp. 251-274). Austin, TX: Pro-Ed.

Clark, L., & Witte, K. (1995). Nature and efficacy of communication management in Alzheimer's disease. In R. Lubinski (Ed.), *Dementia and communication* (pp. 238-256). San Diego, CA: Singular.

Cloutterbuck, J., & Mahoney, D. (2003). African American dementia caregivers: The duality of respect. *Dementia, 2*(2), 221-243.

Clyburn, L., Stones, M., Hadjistavropoulos, T., & Tuokko, H. (2000). Predicting caregiver burden and depression in Alzheimer's disease. *Journal of Gerontology: Social Sciences, 55B*, S2-S13.

Cohen, C., Colantonio, A., & Vernich, L. (2002). Positive aspects of caregiving: Rounding out the caregiver experience. *International Journal of Geriatric Psychiatry, 17*, 184-188.

Collins, C., & Jones, R. (1997). Emotional distress and morbidity in dementia carers: A matched comparison of husbands and wives. *International Journal of Geriatric Psychiatry, 12*, 1168-1173.

Connell, C., & Gibson, G. (1997). Racial, ethnic and cultural differences in dementia caregiving: Review and analysis. *The Gerontologist, 37*, 355-364.

Connidis, I. A., Rosenthal, C. J., & McMullin, J. A. (1996). The impact of family composition on providing help to older parents. *Research on Aging, 18*(4), 402-429.

Cooke, D. D., McNally, L., Mulligan, K. T., Harrison, M. J., & Newman, S. P. (2001). Psychosocial interventions for caregivers of people with dementia: A systematic review. *Aging & Mental Health, 5*, 120-135.

Cooper, C., Balamurali, T. B., Selwood, A., & Livingston, G. (2007). A systematic review of intervention studies about anxiety in caregivers of people with dementia. *International Journal of Geriatric Psychiatry, 22*, 181-188.

Corcoran, M. (1993). Collaboration: An ethical approach to effective therapeutic relationships. *Topics in Geriatric Rehabilitation, 9*, 21-29.

Corcoran, M. (1994, November). *Individuals caring for a spouse with Alzheimer's disease: A descriptive study of caregiving styles*. Paper presented at the Gerontological Society of America Convention, New Orleans, LA.

Crawford, L., Bond, J., & Balshaw, R. (1994). Factors affecting sons' and daughters' caregiving to older parents. *Canadian Journal on Aging, 13*(4), 454-469.

Croog, S., Sudilovsky, A., Burleson, J., & Baume, R. (2001). Vulnerability of husband and wife caregivers of Alzheimer disease patients to caregiving stressors. *Alzheimer Disease and Associated Disorders, 15*(4), 201-210.

Dauphinot, V., Felphin-Combe, F., Mouchoux, C., Dorey, A., Bathsavanis, A., Makaroff, Z., Rouch, I., & Krolak-Salmon, P. (2015). Risk factors of caregiver burden among patients with Alzheimer's disease or related disorders: A cross-sectional study. *Journal of Alzheimers Disease, 44*, 907-916.

Demers, A., & Lavoie, J. (1996). Effect of support groups on family caregivers to the frail elderly. *Canadian Journal on Aging, 15*(1), 129-144.

Dilworth-Anderson, P., Goodwin, P., & Williams, S. (2004). Can culture help explain the physical health effects of caregiving over time among African American caregivers? *Journal of Gerontology: Social Sciences, 59B*, S138-S145.

D'Onofrio, G., Sancaroo, D., Addante, F., Ciccone, F., Cascavilla, L., Paris, F., Picoco, M., Nuzzaci, C., Elia, A., Greco, A., Chiarini, R., Panza, F., & Pilotto, A. (2014). Caregiver burden characterization in patients with Alzheimer's disease or vascular dementia. *International Journal of Geriatric Psychiatry, 30*.

Dwyer, J. W., & Coward, R. T. (1991). A multivariate comparison of the involvement of adult sons versus daughters in the care of impaired parents. *Journal of Gerontology, 46*, S259-S269.

Dwyer, J. W., Henretta, J. C., Coward, R. T., & Barton, A. J. (1992). Changes in helping behaviors of adult children as caregivers. *Research on Aging, 14*(3), 351-375.

Edgerly, E., Montes, L., Yau, E., Stokes, S., & Redd, D. (2003). Ethnic minority caregivers. In D. Coon, D. Gallagher-Thompson, & L. Thompson (Eds.), *Innovative interventions to reduce dementia caregiver stress* (pp. 223-242). New York: Springer.

Egan, M., Bérubé, D., Racine, G., Leonard, C., & Rochon, E. (2010). Methods to enhance verbal communication between individuals with Alzheimer's disease and their formal and informal caregivers: A systematic review. *International Journal of Alzheimer's Disease*. Retrieved from www.ncbi.nlm.nih.gov/pubmedhealth/PMH0030378/.

Eisdorfer, C., Czaja, S., Loewenstein, D., Rubert, M., Arguelles, S., Mitrani, V., et al. (2003). The effect of a family therapy and technology-based intervention on caregiver depression. *Gerontologist, 43*, 521-531.

Eloniemi-Sulkava, U., Sivenius, J. S., & Sulkava, R. (1999). Support program for demented patients and their carers: The role of dementia family care coordinator is crucial. In K. Iqbal, D. Swaab, B. Winblad, & H. M. Wisniewski (Eds.), *Alzheimer's disease and related disorders* (pp. 795-802). West Sussex, UK: John Wiley.

Elvish, R., Lever, S., Johnstone, J., Cawley, R., & Keady, J. (2013). Psychological interventions for carers of people with dementia: A systematic review of quantitative and qualitative evidence. *Counseling and Psychotherapy Research, 13*, 106-125.

Epstein-Lubow, G., Gaudiano, B., Darling, E., Hinckley, M., Tremont, G., Kohn, R., et al. (2012). Differences in depression severity in family caregivers of hospitalized individuals with dementia and family caregivers of outpatients with dementia. *American Journal of Geriatric Psychiatry, 20*, 815-819.

Finley, N. J. (1989). Theories of family labor as applied to gender differences in caregiving for elderly parents. *Journal of Marriage and the Family, 51*, 79-86.

Fletcher, T., & Eckberg, J. (2014). The effects of creative reminiscing on individuals with dementia and their caregivers: A pilot study. *Physical & Occupational Therapy in Geriatrics, 32*(1), 68-84.

Folkman, S. (2008). The case for positive emotions in the stress process. *Anxiety Stress Coping, 21*(1), 3-14.

Franks, M., Pierce, L., & Dwyer, J. (2003). Expected parent-care involvement of adult children. *Journal of Applied Gerontology, 22*(1), 104-117.

Fuh, J., Wanh, S., Liu, H., & Wang, H. (1999). The caregiving burden scale among Chinese caregivers of Alzheimer patients. *Dementia and Geriatric Cognitive Disorders, 10*(3), 186-191.

Fulton, B. R. (2005). Adult child caregivers of persons with Alzheimer's disease: Social exchange, generativity, and the family. *Dissertation Abstracts International, 66*(2-B), 1219.

Gallagher-Thompson, D., & DeVries, H. (1994). Coping with frustration classes: Development and preliminary outcomes with women who care for relatives with dementia. *The Gerontologist, 34*(4), 548-552.

Gallagher-Thompson, D., & Steffen, A. (1994). Comparative effects of cognitive-behavioral and brief psychodynamic psychotherapies for depressed family caregivers. *Journal of Consulting and Clinical Psychology, 62*(3), 543-549.

Gallagher-Thompson, D., Talamantes, M., Ramirez, R., & Valverde, I. (1996). Service delivery issues and recommendations for working with Mexican American family caregivers. In G. Yeo & D. Gallagher-Thompson (Eds.), *Ethnicity and the dementias* (pp. 137-152). Washington, DC: Taylor & Francis.

Gaugler, J., Edwards, A., Femia, E., Zarit, S., Stephens, M., Townsend, A., et al. (2000). Predictors of institutionalization of cognitively impaired elders: Family help and the timing of placement. *Journal of Gerontology: Psychological Sciences, 55B*, P247-P255.

Gaugler, J. E., Yu, F., Krichbaum, K., & Wyman, J. F. (2009). Predictors of nursing home admission for persons with dementia. *Medical Care, 47*(2), 191-198.

Gerdner, L., Tripp-Reimer, T., & Yang, D. (2005). Perception and care of elders with dementia in the Hmong American community. *Alzheimer's & Dementia*, *1*(Suppl. 1), S54-S55.

Gitlin, L., & Hodgson, N. (2015). Caregivers as therapeutic agents in dementia care: The evidence-base for interventions supporting their role. In J. E. Gaugler & R. L. Kane (Eds.), *Family caregiving in the new normal* (pp. 305-356). London, UK: Academic Press.

Glueckauf, R. L., Bourgeois, M., Massey, A., Pomidor, A., & Stine, C. (2004, June). *Alzheimer's Rural Care Healthline: Supporting rural caregivers across Florida* (Grant No. 2004103). Tampa, FL: Johnny Byrd, Sr. Alzheimer's Center and Research Institute.

Glueckauf, R., Davis, W., Willis, F., Sharma, D., Gustafson, D. J., Hayes, J., Stutzman, M., et al. (2012). Telephone-based, cognitive-behavioral therapy for African American dementia caregivers with depression: Initial findings. *Rehabilitation Psychology, 57*(2), 124-139.

Glueckauf, R., Ketterson, T., Loomis, J., & Dages, P. (2004). Online support and education for dementia caregivers: Overview, utilization, and initial program evaluation. *Telemedicine Journal and e-Health, 10*, 223-232.

Glueckauf, R. L., Stine, C., Bourgeois, M., Pomidor, A., Rom, P., Young, M. E., et al. (2005). Alzheimer's Rural Care Healthline: Linking rural caregivers to cognitive-behavioral intervention for depression. *Rehabilitation Psychology, 50*, 346-354.

Gottlieb, B., & Gignac, M. (1996). Content and domain specificity of coping among family caregivers of persons with dementia. *Journal of Aging Studies, 10*(2), 137-155.

Guerra, S., Demain, S., Figueiredo, D., & De Sousa, L. (2012). Being a Volunteer: Motivations, fears and benefits of volunteering in an intervention program for people with dementia and their families. *Activities, Adaptation & Aging, 36*(1), 55-78.

Haberstroh, J., Neumeyer, K., Krause, K., Franzmann, J., & Pantel, J. (2011). TANDEM: Communication training for informal caregivers of people with dementia. *Aging & Mental Health, 15*(3), 405-413.

Hahn, E., Kim, G., & Chiriboga, D. (2011). Acculturation and depressive symptoms among Mexican American elders new to the caregiving role: Results from the Hispanic-EPESE. *Journal of Aging and Health, 23*(3), 417-432.

Harwood, D., Barker, W., Ownby, R., & Duara, R. (2000). Caregiver self-rated health in Alzheimer's disease. *Clinical Gerontologist, 21*(4), 19-33.

Henderson, J. N. (1996). Cultural dynamics of dementia in a Cuban and Puerto Rican population in the United States. In G. Yeo & D. Gallagher-Thompson (Eds.), *Ethnicity and the dementias* (pp. 153-166). Washington, DC: Taylor & Francis.

Hendryx-Bedalov, P. (1999). Effects of caregiver communication on the outcomes of requests in spouses with dementia of the Alzheimer's type. *International Journal of Aging and Human Development, 49*, 127-148.

Hinchliffe, A., Hyman, I., Blizard, B., & Livingston, G. (1995). Behavioural complications of dementia: Can they be treated? *International Journal of Geriatric Psychiatry, 10*, 839-847.

Hooker, K., Bowman, S., Coehlo, D., Lim, S., Kaye, J., Guariglia, R., et al. (2002). Behavioral change in persons with dementia: Relationships with mental and physical health of caregivers. *Journal of Gerontology: Psychological Sciences, 57B*, P453-P460.

Hoppes, S., Bryce, H., Hellman, C., & Finlay, E. (2012). The effects of brief Mindfulness training on caregivers' well-being. *Activities, Adaptation & Aging, 36*, 147-166.

Horowitz, A. (1985). Sons and daughters as caregivers to older parents: Differences in role performance and consequences. *The Gerontologist, 25*, 5-10.

Huang, H.-L., Kuo, L.-M., Chen, Y.-S., Liang, J., Huang, H.-L., Chiu, Y.-C., Chen, S.-T., Sun, Y., Hsu, W.-C., & Shyu, Y.-L. (2013). A home-based training program improves caregivers' skills and dementia patients' aggressive behaviors: a randomized controlled trial. *American Journal of Geriatric Psychiatry, 21*(11), 1060-1070.

Hunter, P. V., Hadjistavropoulos, T., Smythe, W. E., Malloy, D. C., Kaasalainen, S., & Williams, J. (2013). The Personhood in Dementia Questionnaire (PDQ): Establishing an association between beliefs about personhood and health providers' approaches to person-centred care. *Journal of Aging Studies, 27*, 276-287.

Ingersoll-Dayton, B., Chapman, N., & Neal, M. (1990). A program for caregivers in the workplace. *The Gerontologist, 30*(1), 126-130.

Jervis, L., & Manson, S. (2002). American Indians/Alaska Natives and dementia. *Alzheimer Disease and Associated Disorders, 16*, S89-S95.

Judge, K. S., Yarry, S. J., & Orselic-Jeras, S. (2014). Acceptability and feasibility results of a strength-based skills training program for dementia caregiving dyads. *The Gerontologist, 50*(3), 408-417.

Kamiya, M., Sakurai, T., Ogama, N., Maki, Y., & Toba, K. (2014). Factors associated with increased caregivers' burden in several cognitive stages of Alzheimer's disease. *Geriatric Gerontology International, 14*(Suppl. 2), 45-55.

Kaye, L., & Applegate, J. (1990). Men as elder caregivers: A response to changing families. *American Journal of Orthopsychiatry, 60*(1), 86-95.

Kemper, S., Anagnopoulos, C., Lyons, K., & Heberlein, W. (1994). Speech accommodations to dementia. *Journal of Gerontology, 49*, P223-P229.

Kim, M., Dunkle, R., Lehnng, A., Shen, H.-W., Feld, S., & Perone, A. (2016). Caregiver stressors and depressive symptoms among older husbands and wives in the United States. *Journal of Women & Aging*. doi:10.1080/08952841.2016.1223962.

Koenig, H., Cohen, H., Blazer, D., Pieper, C., Meador, K., Shelp, F., et al. (1992). Religious coping and depression among elderly, hospitalized medically ill men. *American Journal of Psychiatry, 149*(12), 1693-1700.

Labrecque, M., Peak, T., & Toseland, R. (1992). Long-term effectiveness of a group program for caregivers of frail elderly veterans. *American Journal of Orthopsychiatry, 62*(4), 575-588.

Larkin, J., & Hopcroft, B. (1993). In-hospital respite as a moderator of caregiver stress. *Health & Social Work, 18*(2), 133-138.

Lawton, M., Brody, E., & Saperstein, A. (1989). A controlled study of respite service for caregivers of Alzheimer's patients. *The Gerontologist, 29*(1), 8-16.

Lazarus, R. S., & Folkman, S. (1984). *Stress, appraisal and coping*. New York: Springer.

Lewis, I., & Ausberry, M. (1996). African American families: Management of demented elders. In G. Yeo & D. Gallagher-Thompson (Eds.), *Ethnicity and the dementias* (pp. 167-174). Washington, DC: Taylor & Francis.

Li, L., Seltzer, M., & Greenberg, J. (1997). Social support and depressive symptoms: Differential patterns in wife and daughter caregivers. *Journal of Gerontology: Social Sciences, 52B*, S200-S211.

Lindgren, C., Connelly, C., & Gaspar, H. (1999). Grief in spouse and children caregivers of dementia patients. *Western Journal of Nursing Research, 21*(4), 521-537.

Llanque, S. M., & Enriquez, M. (2012). Interventions for Hispanic caregivers of patients with dementia: A review of the literature. *American Journal of Alzheimers Disease and Other Dementias, 27*(1), 23-32.

Loi, S., Dow, B., Ames, D., Moore, K., Hill, K., Russell, M., & Lautenschlager, N. (2014). Physical activity in caregivers: What are the psychological benefits? *Archives of Gerontology and Geriatrics, 59*, 204-210.

Lopata, H. (Ed.). (1987). *Widows: Vol. 2. North America*. Durham, NC: Duke University Press.

Lou, V., Kwan, C., Chong, M., & Chi, I. (2013). Associations between secondary caregivers' supportive behaviors and psychological distress of primary spousal caregivers of cognitively intact and impaired elders. *The Gerontologist, 53*, 1-11.

Lovett, S., & Gallagher, D. (1988). Psychoeducational interventions for family caregivers: Preliminary efficacy data. *Behavior Therapy, 19*, 321-330.

Lustbader, W., & Hooyman, N. R. (1994). *Taking care of aging family members: A practical guide* (rev. ed.). New York: Free Press.

Lyons, K., Zarit, S., Sayer, A., & Whitlatch, C. (2002). Caregiving as a dyadic process: Perspectives from caregiver and receiver. *Journal of Gerontology: Psychological Sciences, 57B*, P195-P204.

Maayan, N., Soares-Weiser, K., & Lee, H. (2014). Respite care for people with dementia and their carers. *Cochrane Database of Systematic Reviews 2014, Issue 1*. Art. No.: CD004396.

doi:10.1002/14651858.CD004396.pub3.

Mace, N. L., & Rabins, P. V. (2017). *The 36-hour day: A family guide to caring for persons with Alzheimer's disease, related dementing illnesses, and memory loss in later life* (6th ed.). Baltimore: Johns Hopkins University Press.

Mahoney, D., Tarlow, B., & Jones, R. (2003). Effects of an automated telephone support system on caregiver burden and anxiety: Findings from the REACH for TLC intervention study. *Gerontologist, 43*, 556-567.

MaloneBeach, E., & Zarit, S. (1995). Dimensions of social support and social conflict as predictors of caregiver depression. *International Psychogeriatrics, 7*, 25-38.

Margallo-Lana, M., Moore, P., Kay, D., et al. (2007). Fifteen-year follow-up of 92 hospitalized adults with Down's syndrome: Incidence of cognitive decline, its relationship to age and neuropathology. *Journal of Intellectual Disability Research, 51*, 463-477.

Markowitz, J., Gutterman, E., Sadik, K., & Papadopoulos, G. (2003). Health-related quality of life for caregivers of patients with Alzheimer disease. *Alzheimer Disease and Associated Disorders, 17*, 209-214.

Mausbach, B. T. (2014). Caregiving. *American Journal of Geriatric Psychiatry, 22*, 743-745.

McBride, M., & Parreno, H. (1996). Filipino American families and caregiving. In G. Yeo & D. Gallagher-Thompson (Eds.), *Ethnicity and the dementias* (pp. 123-135). Washington, DC: Taylor & Francis.

McCann, J., Herbert, L., Beckett, L., Morris, M., Scherr, P., & Evans, D. (2000). Comparison of informal caregiving by black and white older adults in a community population. *Journal of the American Geriatrics Society, 48*(12), 1612-1617.

McKinlay, J., Crawford, S., & Tennstedt, S. (1995). The everyday impacts of providing informal care to dependent elders and their consequences for the care recipients. *Journal of Aging and Health, 7*, 497-528.

Melunsky, N., Crellin, N., Dudzinski, E., Orrell, M., Wenborn, J., Poland, F., Woods, B., & Charlesworth, G. (2015). The experience of family carers attending a joint reminiscence group with people with dementia: A thematic analysis. *Dementia, 14*(6), 842-859.

Miller, B., & Lawton, M. (1997). Positive aspects of caregiving. Introduction: Finding balance in caregiver research. *The Gerontologist, 37*, 216-217.

Miller, L., Mioshi, E., Savage, S., Lah, S., Hodges, J., & Piquet, O. (2013). Identifying cognitive and demographic variables that contribute to carer burden in dementia. *Dementia & Geriatric Cognitive Disorders, 36*, 43-49.

Mittelman, M., Ferris, S., Shulman, E., Steinberg, G., Ambinder, A., Mackell, J., et al. (1995). A comprehensive support program: Effect on depression in spouse-caregivers of AD patients. *The Gerontologist, 35*(6), 792-802.

Mittelman, M., Ferris, S., Shulman, E., Steinberg, G., & Levin, B. (1996). A family intervention to delay nursing home placement of patients with Alzheimer disease. *Journal of the American Medical Association, 276*(21), 1725-1731.

Mohide, E., Pringle, D., Streiner, D., Gilbert, J., Muir, G., & Tew, M. (1990). A randomized trial of family caregiver support in the home management of dementia. *Journal of the American Geriatrics Society, 38*, 446-454.

Montgomery, R. J. V., & Kosloski, K. (1994). A longitudinal analysis of nursing home placement for dependent elders cared for by spouses vs. adult children. *Journal of Gerontology: Social Sciences, 49*(2), S62-S74.

Moon, H., Rote, S., & Beaty, J. (2016). Caregiver setting and Baby Boomer caregiver stress process: Findings from the National Study of Caregiving (NSOC). *Geriatric Nursing*, 1-6.

Moore, W. (2002). Lesbian and gay elders: Connecting care providers through a telephone support group. *Journal of Gay and Lesbian Social Services, 14*, 23-41.

Morano, C., & Sanders, S. (2005). Exploring differences in depression, role captivity, and self-acceptance in Hispanic and non-Hispanic adult children caregivers. *Journal of Ethnic & Cultural Diversity in Social Work, 14*(1/2), 27-46.

Mungas, D. (1996). The process of development of valid and reliable neuropsychological assessment measures for English- and Spanish-speaking elderly persons. In G. Yeo & D. Gallagher-Thompson (Eds.), *Ethnicity and the dementias* (pp. 33-46). Washington, DC: Taylor & Francis.

Nápoles, A. M., Chadiha, L., Eversley, R., & Moreno-John, G. (2010). Developing culturally sensitive dementia caregiver interventions: Are we there yet? *American Journal of Alzheimer's Disease & Other Dementia, 25*(5), 389-406.

National Alliance for Caregiving and the American Association of Retired Persons (NAC/AARP). (2015). *Family caregiving in the US: Findings from a national survey: Final report*. Bethesda, MD: National Alliance for Caregiving. Retrieved November 6, 2015, from http://assets.aarp.org/rgcenter/il/caregiving_09_fr.pdf.

Oktay, J., & Volland, P. (1990). Posthospital support program for the frail elderly and their caregivers: A quasi-experimental evaluation. *American Journal of Public Health, 80*(1), 39-46.

Olazarán, J., Reisberg, B., Clare, L., Cruz, I., Pena-Casanova, J., Del Ser, T., et al. (2010). Nonpharmacological therapies in Alzheimer's disease: A systematic review of efficacy.

Dementia & Geriatric Cognitive Disorders, 30, 161-178.

Orange, J. B. (1995). Perspectives of family members regarding communication changes. In R. Lubinski (Ed.), *Dementia and communication* (pp. 168-186). San Diego, CA: Singular.

Orange, J. B., & Colton-Hudson, A. (1998). Enhancing communicating in dementia of the Alzheimer's type: Caregiver education and training. *Topics in Geriatric Rehabilitation*, *14*, 56-75.

O'Rourke, N., & Tuokko, H. (2000). The psychological and physical costs of caregiving: The Canadian study of health and aging. *Journal of Applied Gerontology*, *19*(4), 389-404.

Ory, M., Yee, J., Tennstedt, S., & Schulz, R. (2000). The extent and impact of dementia care: Unique challenges experienced by family caregivers. In R. Schulz (Ed.), *Handbook on dementia caregiving: Evidence-based interventions for family caregivers* (pp. 1-32). New York: Springer.

Ostuni, E., & Santo Pietro, M. J. (1991). *Getting through: Communicating when someone you care for has Alzheimer's disease*. Vero Beach, FL: Speech Bin.

Pagel, M., Erdly, W., & Becker, J. (1987). Social networks: We get by with (and in spite of) a little help from our friends. *Journal of Personality and Social Psychology, 53*, 793-804.

Parker, D., Mills, S., & Abbey, J. (2008). Effectiveness of interventions that assist caregivers to support people with dementia living in the community: A systematic review. *International Journal of Evidence-based Healthcare, 6*, 137-172.

Paveza, G., Cohen, D., Eisendorfer, C., Freels, S., Semla, T., Ashford, J. W., et al. (1992). Severe family violence and Alzheimer's disease: Prevalence and risk factors. *Gerontologist, 32*, 493-497.

Pearlin, L., Mullan, J., Semple, S., & Skaff, M. (1990). Caregiving and the stress process: An overview of concepts and their measures. *The Gerontologist, 30*(5), 583-594.

Peisah, C., & Bridger, M. (2008). Abuse by marriage: The exploitation of mentally ill older people. *International Journal of Geriatric Psychiatry, 23*, 883-888.

Pinkston, E. M., Linsk, N. L., & Young, R. N. (1988). Home-based behavioral family treatment of the impaired elderly. *Behavior Therapy, 19*(3), 331-344.

Pinquart, M., & Sörensen, S. (2003). Associations of stressors and uplifts of caregiving with caregiver burden and depressive mood: A meta-analysis. *Journal of Gerontology: Psychological Sciences*, *58B*, P112-P128.

Pinquart, M., & Sörensen, S. (2005). Ethnic differences in stressors, resources, and psychological outcomes of family caregiving: A meta-analysis. *The Gerontologist, 45*, 90-106.

Pinquart, M., & Sörensen, S. (2011). Spouses, adult children, and children-in-law as caregivers of older adults: A meta-analytic comparison. *Psychology and Aging, 26*(1), 1-14.

Pruchno, R., Peters, N., & Burant, C. (1995). Mental health of coresident family caregivers: Examination of a two-factor model. *Journal of Gerontology: Psychological Sciences, 50B*, P247-P256.

Purves, B., & Phinney, A. (2012). Family voices: A family systems approach to understanding communication in dementia. *Canadian J Speech-Language Pathology and Audiology, 36*(4), 284-300.

Rankin, E., Haut, M., & Keefover, R. (2001). Current marital functioning as a mediating factor in depression among spouse caregivers in dementia. *Clinical Gerontologist, 23*(3/4), 27-44.

Raschick, M., & Ingersoll-Dayton, B. (2004). The costs and rewards of caregiving among aging spouses and adult children. *Family Relations, 53*(3), 317-325.

Rau, M. T. (1993). *Coping with communication challenges in Alzheimer's disease*. San Diego, CA: Singular.

Reed, C., Belger, M., Dell'Agnello, G., et al. (2014). Caregiver burden in Alzheimer's disease: Differential association in adult-child and spousal caregivers in the GERAS observational study. *Dementia Geriatric Cognitive Disorders Extra, 4*(1), 51-64.

Riordan, J., & Bennett, A. (1998). An evaluation of an augmented domiciliary service to older people with dementia and their carers. *Aging & Mental Health, 2*, 137-143.

Ripich, D. (1994). Functional communication with AD patients: A caregiver training program. *Alzheimer Disease and Associated Disorders, 8*, 95-109.

Ripich, D., & Wykle, M. (1996). *Alzheimer's disease communication guide: The FOCUSED program for caregivers*. San Antonio, TX: Psychological Corporation.

Ripich, D., Wykle, M., & Niles, S. (1995). Alzheimer's disease caregivers: The FOCUSED program: A communication skills training program helps nursing assistants to give better care to patients with disease. *Geriatric Nursing, 16*, 15-19.

Ripich, D. N., Ziol, E., Durand, E. J., & Fritsch, T. (1999). Training Alzheimer's disease caregivers for successful communication. *Clinical Gerontologist, 21*(1), 37-57.

Ripich, D., Ziol, E., & Lee, M. (1998). Longitudinal effects of communication training on caregivers of persons with Alzheimer's disease. *Clinical Gerontologist, 19*, 37-55.

Roff, L., Burgio, L., Gitlin, L., Nichols, L., Chaplin, W., & Hardin, J. M. (2004). Positive aspects of Alzheimer's caregiving: The role of race. *Journal of Gerontology: Psychological Sciences, 59B*, P185-P190.

Rose-Rego, S. K., Strauss, M. E., & Smyth, K. A. (1998). Differences in the perceived well-being of wives and husbands caring for persons with Alzheimer's disease. *The Gerontologist, 38*,

224-230.

Rubinstein, R. L. (1990). Culture and disorder in the home care experience: The home as the sickroom. In J. F. Gubrium & A. Sankar (Eds.), *The home care experience* (pp. 37-58). Newbury Park, CA: Sage.

Russell, R. (2001). In sickness and in health: A qualitative study of elderly men who care for wives with dementia. *Journal of Aging Studies, 15*, 351-367.

Samia, L., Hepburn, K., & Nichols, L. (2012). "Flying by the seat of our pants": What dementia family caregivers want in an advanced caregiver training program. *Research in Nursing & Health, 35*, 598-609.

Santo Pietro, M. J., & Boczko, F. (1998). The Breakfast Club: Results of a study examining the effectiveness of a multi-modality group communication treatment. *American Journal of Alzheimer's Disease, 13*, 146-158.

Santo Pietro, M., & Ostuni, E. (2003). *Successful communication with persons with Alzheimer's disease: An inservice manual* (2nd ed.). St. Louis, MO: Elsevier Science.

Savundranagam, M. Y., Hummert, M., & Montgomery, R. (2005). Investigating the effects of communication problems on caregiver burden. *Journal of Gerontology: Social Sciences, 60B*, S48-S55.

Schulz, R., Burgio, L., Burns, R., Eisdorfer, C., Gallagher-Thompson, D., Gitlin, L., et al. (2003). Resources for enhancing Alzheimer's caregiver health (REACH): Overview, site-specific outcomes, and future directions. *Gerontologist, 43*, 514-520.

Schulz, R., & Martire, L. (2004). Family caregiving of persons with dementia: Prevalence, health effects, and support strategies. *American Journal of Geriatric Psychiatry, 12*, 240-249.

Schulz, R., & Quittner, A. (1998). Caregiving through the life span: An overview and future directions. *Health Psychology, 17*, 107-111.

Selwood, A., Johnston, K., Katona, C., Lyketsos, C., & Livingston, G. (2007). Systematic review of the effect of psychological interventions on family caregivers of people with dementia. *Journal of Affective Disorders, 101*, 75-89.

Semple, S. (1992). Conflict in Alzheimer's caregiving families: Its dimensions and consequences. *The Gerontologist, 32*, 648-655.

Small, J. A., & Gutman, G. (2002). Recommended and reported use of communication strategies in Alzheimer caregiving. *Alzheimer Disease and Associated Disorders, 16*, 270-278.

Small, J. A., Gutman, G., Makela, S., & Hillhouse, B. (2003). Effectiveness of communication strategies used by caregivers of persons with Alzheimer's disease during activities of daily living. *Journal of Speech, Language and Hearing Research, 46*, 353-367.

Small, J. A., Kemper, S., & Lyons, K. (1997). Sentence comprehension in Alzheimer's disease: Effects of grammatical complexity, speech rate, and repetition. *Psychology and Aging, 12*, 3-11.

Sörensen, S., Pinquart, M., & Duberstein, P. (2002). How effective are interventions with caregivers? An updated meta-analysis. *The Gerontologist, 42*(3), 356-372.

Springate, B., & Tremont, G. (2014). Dimensions of caregiver burden in dementia: Impact of demographic, mood, and care recipient variables. *American Journal of Geriatric Psychiatry, 22*(3), 294-300.

Stanton, L. R. & Coetzee, R. H. (2003). Down's syndrome and dementia. *Advances in Psychiatric Treatment, 10*(1), 50-58.

Steffen, A. M. (2000). Anger management for dementia caregivers: A preliminary study using video and telephone interventions. *Behavior Therapy, 31*, 281-299.

Stoller, E. P., Forster, L. E., & Duniho, T. S. (1992). Systems of parent care within sibling networks. *Research on Aging, 14*(1), 28-49.

Tappen, R. (1997). *Interventions for Alzheimer's disease: A caregiver's complete reference.* Baltimore: Health Professions.

Tappen, R., Williams-Burgess, C., Edelstein, J., Touhy, T., & Fishman, S. (1997). Communicating with individuals with Alzheimer's disease: Examination of recommended strategies. *Archives of Psychiatric Nursing, 21*, 249-256.

Taussig, I. M., & Ponton, M. (1996). Issues in neuropsychological assessment for Hispanic older adults: Cultural and linguistic factors. In G. Yeo & D. Gallagher-Thompson (Eds.), *Ethnicity and the dementias* (pp. 33-46). Washington, DC: Taylor & Francis.

Tempo, P., & Saito, A. (1996). Techniques of working with Japanese American families. In G. Yeo & D. Gallagher-Thompson (Eds.), *Ethnicity and the dementias* (pp. 109-122). Washington, DC: Taylor & Francis.

Teng, E. (1996). Cross-cultural testing and the cognitive abilities screening instrument. In G. Yeo & D. Gallagher-Thompson (Eds.), *Ethnicity and the dementias* (pp. 77-85). Washington, DC: Taylor & Francis.

Tennstedt, S., Crawford, S., & McKinlay, J. (1993). Determining the pattern of community care: Is coresidence more important than caregiver relationship? *Journal of Gerontology, 48*, S74-S83.

Tennstedt, S. L., McKinlay, J. B., & Sullivan, L. M. (1989). Informal care for frail elders: The role of secondary caregivers. *The Gerontologist, 29*, 677-683.

Teri, L., & Uomoto, J. M. (1991). Reducing excess disability in dementia patients: Training caregivers to manage patient depression. *Clinical Gerontologist, 10*, 49-63.

Theis, S., Moss, J., & Pearson, M. (1994). Respite for caregivers: An evaluation study. *Journal of Community Health Nursing, 77*(1), 31-44.

Thompson, C. A., Spilsbury, K., Hall, J., Birks, Y., Barnes, C., & Adamson, J. (2007). Systematic review of information and support interventions for caregivers of people with dementia. *BMC Geriatrics, 7*, 18.

Thompson, L., Gallagher-Thompson, D., & Haley, W. (2003). Future directions in dementia caregiving intervention research and practice. In D. Coon, D. Gallagher-Thompson, & L. Thompson (Eds.), *Innovative interventions to reduce dementia caregiver stress* (pp. 299-311). New York: Springer.

Toseland, R. W., Rossiter, C. M., Peak, T., & Smith, G. C. (1990). Comparative effectiveness of individual and group interventions to support family caregivers. *Social Work, 35*, 209-217.

Toseland, R. W., & Smith, G. C. (1990). Effectiveness of individual counseling by professional and peer helpers for family caregivers of the elderly. *Psychology and Aging, 5*, 256-263.

Toth-Cohen, S., Gitlin, L., Corcoran, M., Eckhardt, S., Johns, P., & Lipsitt, R. (2001). Providing services to family caregivers at home: Challenges and recommendations for health and human service professions. *Alzheimer's Care Quarterly, 2*, 23-32.

Vaingankar, J., Chong, S., Abdin, E., Picco, L., Jeyagurunathan, A., Zhang, Y., Sambasivam, R., Chua, B., Ng, L., Prince, M., & Subramaniam, M. (2016). Care participation and burden among informal caregivers of older adults with care needs and association with dementia. *International Psychogeriatrics, 28*(2), 221-231.

Van Nostrand, J., Furner, S., & Suzman, R. (Eds.). (1993). *Health data on older Americans, United States: 1992* (Ser. 3). Hyattsville, MD: National Center for Health Statistics.

Vernooij-Dassen, M., Draskovic, I., McCleery, J., & Downs, M. (2011). Cognitive reframing for carers of people with dementia. *The Cochrane Database of Systematic Reviews, Nov. 9*(11), CD005318.

Watson, B., Aizawa, L., Savundranayagam, M., & Orange, J. B. (2013). Links among communication, dementia, and caregiver burden. *Canadian J Speech-Language Pathology and Audiology, 36*(4), 276-283.

Weinberger, M., Gold, D., Divine, G., Cowper, P., Hodgson, L., Schreiner, P., et al. (1993). Social service interventions for caregivers of patients with dementia: Impact on health care utilization and expenditures. *Journal of the American Geriatrics Society, 41*, 153-156.

Whitehouse, P., Lerner, A., & Hedera, P. (1993). Dementia. In K. Heilman (Ed.), *Clinical neuropsychology* (pp. 603-645). New York: Oxford University Press.

Wilson, R., Rochon, E., Mihailidis, A., & Leonard, C. (2012). Examining success of communication strategies used by formal caregivers assisting individuals with Alzheimer's disease during an activity of daily living. *Journal of Speech, Language, and Hearing Research, 55*, 328-341.

Wisniewski, S. R., Belle, S. H., Marcus, S. M., Burgio, L. D., Coon, D. W., Ory, M. G., … Schulz, R. (2003). The Resources for Enhancing Alzheimer's Caregiver Health (REACH): Project design and baseline characteristics. *Psychology and Aging, 18*(3), 375-384. http://doi.org/10.1037/0882-7974.18.3.375.

Yee, B., Nguyen, H., & Ha, M. (2003). Chronic disease health beliefs and life style practices among Vietnamese adults: Influence of gender and age. *Women & Therapy, 26*(1/2), 111-125.

Yee, J., & Schulz, R. (2000). Gender differences in psychiatric morbidity among family caregivers: A review and analysis. *The Gerontologist, 40*, 147-164.

Yeo, G. (1996). Background. In G. Yeo & D. Gallagher-Thompson (Eds.), *Ethnicity and the dementias* (pp. 3-7). Washington, DC: Taylor & Francis.

Yeo, G., Uyen Tran, J., Hikoyeda, N., & Hinton, L. (2001). Conceptions of dementia among Vietnamese American caregivers. *Journal of Gerontological Social Work, 36*, 131-152.

Youn, G., Knight, B., Jeong, H., & Benton, D. (1999). Differences in familism values and caregiving outcomes among Korean, Korean American, and White American dementia caregivers. *Psychology and Aging, 14*(3), 355-364.

Young, J., & Gu, N. (1995). *Demographic and socioeconomic characteristics of elderly Asian and Pacific Island Americans*. Seattle, WA: National Asian Pacific Center on Aging.

Zarit, S. H. (1990). Interventions with frail elders and their families: Are they effective and why? In M. P. Stevens, J. H. Crowther, S. E. Hobfoil, & D. L. Tennenbaum (Eds.), *Stress and coping in later life* (pp. 147-158). Washington, DC: Hemisphere.

Zarit, S. H., Anthony, C., & Boutselis, M. (1987). Interventions with caregivers of dementia patients: Comparison of two approaches. *Psychology and Aging, 2*(3), 225-232.

Zarit, S. H., & Edwards, A. (1999). Family caregiving: Research and clinical interventions. In R. Woods (Ed.), *Psychological problems of ageing*. London: John Wiley.

Zarit, S. H., Greene, R., Ferraro, E., Townsend, A., & Stephens, M. (1996, November). Adult day care and the relief of caregiver strain: Results of the adult day care collaborative study. Symposium presented at the annual meetings of the Gerontological Society of America, Washington, DC.

Zarit, S. H., & Knight, B. G. (Eds.). (1996). *A guide to psychotherapy and aging: Effective clinical interventions in a life-stage context*. Washington, DC: APA.

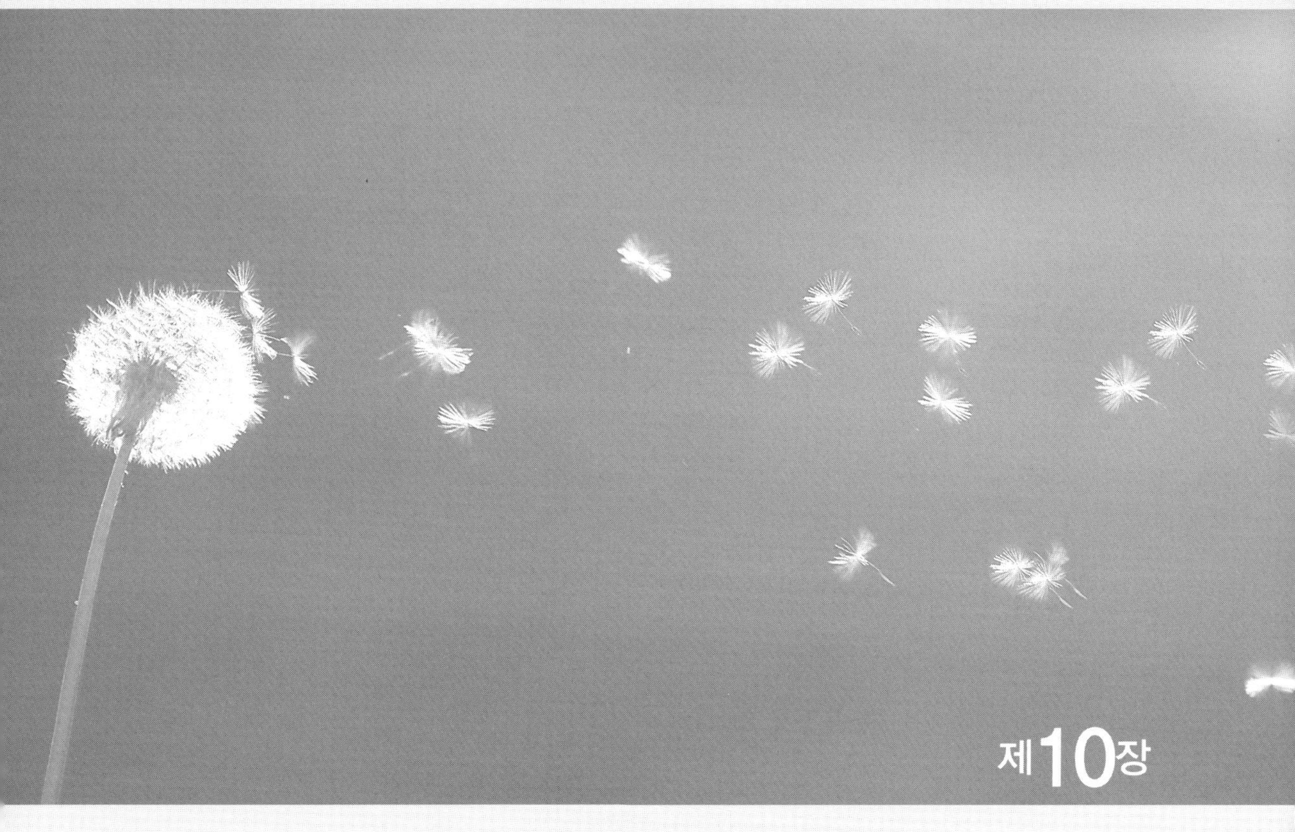

제10장

전문 및 준전문 간병인의 훈련과 감독

Natalie F. Douglas, Michelle S. Bourgeois, and Ellen M. Hickey

2050년까지 전 세계 인구 중 약 1억 3,150만 명이 치매로 진단받을 것으로 추산된다(Alzheimer's Disease International, 2016). 가정에서 더 이상 환자를 돌볼 수 없거나 돌봄을 제공할 가족이 없는 경우 거주시설이 합리적인 선택일 수 있다. 현재 140만 명 이상의 미국인이 전문요양시설(SNF)에 거주 중이다(Harris-Kojetin et al., 2013). 이 중 68%는 경도인지장애(MCI), 중등도-고도(moderate-severe) 인지장애, 기타 치매 관련 장애 등의 인지 손상을 겪는다(Alzheimer's Association, 2012). 이러한 환경의 돌봄은 주로 간호 및 활동 부서의 직원이 제공한다. 노약자를 돌보기 위해 고용된 직원은 학사 학위 이상의 관리직 간호사부터 고등학교 교육을 받은 준전문직 공인 간호조무사(certified nursing assistants: CNAs)까지 다양하다. CNAs는 장기요양시설의 모든 직군 중 약 65%를 차지한다(Trinkoff et al., 2016). 최상의 환경에서도 CNAs의 업무 부담은 크며, 양질의 돌봄을 제공하는 데 어려움이 많다. 이직률이 높고 직원 보상이 적은 현황을 고려해 효과적인 직원 훈련 프로그램과 바람직한 근무 환경을 조성하려는 노력이 시도되고 있다.

1987년 연방 정부는 요양원이 관리가 아닌 치료적 돌봄 모델을 제공하도록 의무화했다(Omnibus Budget Reconciliation Act[OBRA] of 1987, 1991). 이를 계기로 요양원은 국회의원과 가족의 기대에 부응하고자 노력하고 있다. CNAs는 취업 시 기본 훈련 75시간, 연간 교육 12시간을 수료해야 한다(CMS, 2012). 그러나 감사원(Office of the Inspector General[OIG], 2002)에 따르면, CNAs 훈련이 요양원 업계의 요구에 부응하지 못하는 실정이다. 전문 간병인 교육뿐 아니라 업무의 어려움을 극복하고 양질의 돌봄을 제공하기 위한 지원 유형(예: 훈련)도 많이 연구되고 있다. 그러나 CNAs는 반응 행동 관리, 우울감 및 공격성 관련 정보, 치매 환자와의 효과적 의사소통을 위해 보다 많은 훈련이 필요하다(Trinkoff et al., 2016). OIG(2002)는 협동 업무, 생애 말기 대처, 시간 관리, 신기술 관련 추가 훈련이 필요하다고 강조했다. 미국 요양원이 낮은 수준의 돌봄을 제공한다는 인식은 부적절한 훈련 및 불충분한 인력 배치에 기인한다(Trinkoff et al., 2016). 서비스 비용, 연방 정부 · 주 · 개인 차원의 제한된 자원 등 치료 모델을 약화시키는 변수를 인식해야 한다. 도움이 필요한 이들에 대한 양질의 치료적 돌봄은 점차 발전하는 추세이다.

1. 직원 특성

CNAs는 주로 장기요양시설 거주자에게 돌봄을 제공한다(Squillace et al., 2009). 자격증 제도가 없어 CNAs의 업무량에 관한 연방 정부 규정이 없다. 몇몇 주에만 규정이 있는 실정이다. 예를 들어, 미시간주에서 CNAs의 배치 비율은 오전 8:1, 오후 12:1, 야간 15:1이다(NH Regulations Plus, 2011). 반면 앨라배마주에는 이러한 규정이 없다. 이러한 상황은 돌봄의 질을 크게 저해한다(Schnelle et al., 2016). 직원을 부적절하게 배치해 이직률을 높이기도 하는데, 몇몇 국가는 연간 15~80%로 추정된다(Schnelle et al., 2016). 미국 장기요양시설의 CNAs 중 66%가 매년 이직한다(Trinkoff et al., 2013). 전국의 SNF 및 장기돌봄시설에 근무하는 CNAs의 이직률은 인력 배치, 기술 조합, 침상 수, 수익 현황을 통제할 경우 거주자의 욕창, 통증, 요로감염과 연관된다(Trinkoff et al., 2013). 궁극적으로 CNAs의 높은 이직률은 장기요양 산업의 가장 큰 당면 과제로, 돌봄의 연속성, 지속적 직원 훈련 및 재교육 비용에 영향을 미친다.

이직의 원인은 다양하나, 주로 직업적 만족도와 연관된다. 만족도에 영향을 미치는 직업 특성은 업무량, 급여 및 복지, 자율성 인식, 직업에 대한 자부심, 전문적 상호작용 등이다(Chou, Boldy, & Lee, 2002). 업무량 및 인력 배치 양식은 불만족을 초래하는 주된 요인이며, 권한 부여 및 자율성도 영향 요인에 해당한다(Squires et al., 2015). 직업 만족도에 기여하는 조직적 요인에는 시설 자원과 업무량이 포함된다.

CNAs의 업무는 신체적 및 정신적 어려움을 초래한다. 거주자를 들어올리거나 이송시키는 일, 언어폭력, 신체적 동요, 방황 등 일상 행동을 관리하는 데 어려움이 크다. 거주자의 사망으로 정서적 고통을 겪고 삶의 질이 낮아질 수 있다(Liang et al., 2014). 거주자의 가족과 통화할 때 스트레스가 높아지는 반면, 준전문가로서 직무 책임의 권한이 부여되었다고 느끼면 정신 건강이 향상된다(Liang et al., 2014). SLP는 의사소통, 인지, 삼킴 등 거주자의 안녕과 직결되는 영역을 훈련함으로써 CNAs에게 권한이 부여되었다는 인식을 줄 수 있다. 이는 거주자에 대한 이해를 증진시켜 돌봄의 수준에 기여한다.

글상자 10-1 간호조무사(CNAs)를 이해하기 위한 핵심 사안

1. 항상 과로한다.
2. 대부분 보수가 적다.
3. 스트레스 수준이 높다.
4. 권력이나 권한 없이 거주자에 대한 책임을 떠맡는다.
5. 불합리한 업무량에 대한 기대에 부응해야 한다는 압박을 느낀다(예: 업무를 대충 해치움).
6. 권한이 부여되면(정책 및 돌봄 관련 의사결정에 참여함) 거주자에게 더 긍정적인 영향을 미친다.
7. 개인적 성장 기회를 소중히 여긴다.
8. 거주자 중심 환경은 업무 만족도를 촉진한다.

2. 직원 훈련의 요구

직원 훈련은 치매 관련 지식을 증진시키는데, 질환의 진행 과정 및 적용에 대한 개요 설명, '의학적' 모델, 특정 전략을 위한 행동적 접근, 환자의 관점을 파악하는 인간 중심 모델 등으로 발전했다(Ortigara & Rapp, 2004). 지난 10년간 발전해 온 인간 중심 접근은 현재 대부분의 장기요양시설에서 활용된다. 이에 근거해 SLP는 전문 및 준전문 직원을 훈련함으로써 거주자의 의사소통, 인지, 삼킴 관련 요구에 부응한다. 삶의 질, 독립성, 목적 있는 삶을 지향하는 직원 훈련 프로그램의 오리엔테이션을 통해 효과를 극대화하기 위한 사전 준비를 시행한다.

인지, 의사소통, 삼킴의 요구는 중증도와 상관없이 신체적 및 심리적 건강에 영향을 미친다. 예를 들어, 인지 손상 시 활동이 감소하고 사회적 고립, 권태, 불안을 겪는다. 활동 참여가 부족하면 공격성, 방황, 의학적 치료 거부 등 부정적 신경심리 행동이 촉발된다. 비약물적 중재 관련 직원 훈련, 중재 시간, 자원 등의 부족으로 항정신성 약물이 부적절하게 투여되기도 한다(Daly et al., 2015).

3. 직원 훈련 시 SLP의 역할

SLP는 언어, 말, 주의력, 기억력, 집행기능 등 의사소통의 기초 과정에 대한 특정 훈련을 받고 석사 이상의 학위 과정을 이수하므로, 간병인을 훈련할 수 있는 수준 높은 자격을 갖추고 있다. 식사의 안전성과 즐거움 간의 균형을 조절하는 역할도 한다. SLP의 기술은 치매 환자 및 돌봄 인력에게 매우 중요하며, 다른 치료사, 전문 및 준전문 간호 인력뿐 아니라 장기요양시설의 관리자/지도자에게 증거 기반 훈련을 시행해 다양한 요구를 해결한다. SLP가 전문 및 준전문 간병인을 훈련하면 환자의 의사소통, 인지, 삼킴이 개선된다(Hopper et al., 2013). 따라서 장기요양시설의 SLP는 매우 핵심적인 역할을 한다(ASHA, 2016). 예컨대, SLP는 식사 및 일상생활활동(ADLs)의 독립성 유지, 사회적 관계의 유지 및 확장, 결핍 · 요구 · 욕구 전달 등을 최적화하고 의미 있는 ADLs와 대화에 참여하도록 돕는다.

SLP는 삼킴 및 인지-의사소통장애에 대한 양질의 치료를 계획하기 위해 장기요양(LTC) 환경의 전문 간병인을 훈련할 윤리적 책임도 지닌다(ASHA, 2016). 미국언어청각협회(ASHA)는 SLP의 임상 양식을 안내하는 증거 기반 지침을 개발했는데, 권고 사안은 웹 사이트(www.asha.org/Practice-Portal/ClinicalTopics/Dementia/)에서 제공된다. 전문 간병인의 훈련에 관한 역할 및 책임은 〈표 10-1〉에 제시되었다.

〈표 10-1〉 치매 환자 및 전문 간병인에 대한 SLP의 역할과 책임

- 다른 전문가, 제3 지원자, 입법자에게 치매 환자의 요구, 인지-의사소통 및 삼킴 장애를 진단하고 중재하는 SLP의 역할을 교육한다.
- 간병인에게 의사소통의 어려움을 교육하고, 효과적인 의사소통 촉진 전략을 제공한다.
- 개인 간병인 및 환경 수정을 통해 간접적 중재를 제공한다.
- 프로그램의 개발을 촉진하고 감독, 평가, 전문가의 조언을 제공하기 위해 전문가, 가족, 간병인, 기타 관련자와 상담 및 협업한다.
- 치매 환자 및 가족/간병인을 다루는 전문가 팀의 필수 구성원으로서 역할을 수행한다.

출처: ASHA, n.d.(www.asha.org/PRPSpecificTopic.aspx?folderid=8589935289§ion=Roles_and_Responsibilities)

SLP는 SNF의 전문 간병인을 교육하는 데 있어 윤리적이고 중요한 역할을 담당하나, 이를 방해하는 요소가 있다(Douglas et al., 2014). 즉 전문 간병인 훈련을 위한 재정적 지원이 부족하거나 시행이 지연되며, 개인 간병인을 고용해도 시설의 문화 및 분위기로 인해 변화가 어려울 수 있다(Douglas & Hickey, 2015). 따라서 특정 기술을 훈련하기 전에 시야를 확장하고 인간 행동 변화의 이론적 속성을 확인한다.

1) 성인 학습의 원리

행동 중재는 인간의 행동을 변화시킨다. SLP는 성인 학습에 관한 이론을 검토함으로써 행동 변화를 촉진하는 지원을 다양하게 활용한다. Knowles(1980)는 성인 학습의 원리를 확장시켰다(Knowles, Holton, & Swanson, 2005). 〈표 10-2〉는 Knowles 등(2005)이 제시한 6개 성인 학습 원리이다.

〈표 10-2〉 성인 학습 원리

학습 원리	학습자 사고
1. 알고자 하는 욕구	나는 이것을 왜 알고자 하는가?
2. 학습자의 자아 개념	나는 스스로의 결정에 책임이 있다.
3. 학습자 경험의 역할	나는 가치 있는 경험을 했고, 당신은 이를 존중해야 한다.
4. 학습 준비	나의 환경은 변하고 있으므로 이에 대해 배운다
5. 학습 지향	배움은 내가 추구하는 상황에 대처하도록 도움을 줄 것이다.
6. 동기	내가 원해서 배운다.

출처: Taylor & Hamdy(2013, p. e1563)의 Knowles et al.(2005)에서 재인용

성인 학습자는 훈련의 이유와 근거를 인식해야 한다. 예를 들어, SLP가 특정 의사소통 전략에 대해 CNAs를 훈련할 때, 치매 환자 및 CNAs에게 훈련 가치를 명시한다. 권고된 인지적 지원 및 중재 효과, 전반적 환경 개선, CNAs 업무에 미치는 이점 등의 사례를 제공하면 CNAs가 '숙지 사항'을 이해하는 데 도움이 된다([글상자 10-2] 참고).

글상자 10-2 간호조무사(CNAs)의 '숙지 사항' 예

- 불필요하게 호출 버튼을 누르는 행동이 감소한 경우
- 의사소통 시 소리 지르는 행동이 감소한 경우
- 출입문을 찾는 행동이 감소한 경우
- 환자가 의미 있는 활동에 적극적으로 참여하는 경우
- 신체적 도움보다 단서를 활용해 일상생활활동(ADLs)을 수행하는 경우

글상자 10-3 학습자 경험의 역할 예

SLP가 인지 지원의 활용을 훈련할 때, 한 활동 보조원이 어머니와 함께 치매 환자인 할머니를 가정에서 돌본 경험을 말했다. 할머니와의 의사소통, 의미 있는 활동 참여를 촉진하는 일이 '자연스럽게' 느껴져 활동 보조원이 되었다고 밝혔다. SLP는 경험을 들려주려는 보조원의 욕구를 최소화하기보다 세부 정보를 공유하고 성공적 경험을 확대시켜 요지를 파악했다.

SLP는 주로 전문 간병인을 훈련시키는데, 통합적인 성인 학습 원리를 적용하면 돌봄의 효과와 질이 향상된다. 준전문 간병인이 현 상황에 기초한 변화를 인식할 경우 학습이 향상될 수 있다. 어느 저명한 심리학자는 "업무는 어떻습니까?"라는 고찰의 필요성을 제기했다. 전문 간병인이 환자를 씻기는 데 어려움을 겪으면 SLP가 현장 훈련을 제공한다. 전문 또는 준전문 간병인은 지원의 필요성을 인식하고 이러한 상황에서 학습을 유도한다.

성인 학습자는 자신의 결정에 책임을 느끼는데(학습 원리 2), 이와 유사한 개념이 자아효능감이다(Bandura, 1997). 즉 성인은 의사결정을 통제할 수 있다는 믿음 속에서 스스로 성공적이라고 인식하는 과제를 수행하는 경향이 강하다(Bandura, 1988). 규정된 행동이 아니라 선택적으로 전문 간병인을 훈련하는 것이 성인 학습 원리에 더 부합된다. 간병인에게 문제에 대한 하나의 해결책 대신 몇 가지 대안을 훈련시킨다. 예를 들어, 장기요양시설 거주자가 타인을 방해하는 반응 행동을 보이면 하나의 보편 행동 대신 다양한 전략이나 전환 활동을 제안한다. 자원봉사자가 거주자를 산책시키거나, 변화를 지원하는 3~4개의 인간 중심 활동을 시도한다. CNAs는 다양한 선택권을 활용해 상황에 맞는 돌봄을 제공한다.

학습자의 경험을 인정하고 훈련 프로그램에 이를 반영한다. 준전문 및 전문 간병인은 대부분 치매 환자를 다룬 경력과 다양한 인생 경험을 지닌다. 이는 학습 과정에 영향을 미치므로, SLP는 훈련 시 생애 경험에 대한 존중을 최소 하나 이상 명시한다. 간병인의 가족 중 치매 환자가 있을 수 있고, 가족의 심각한 상황 때문에 수료 직전의 학업을 중단한 경험도 있을 것이다. 20년간 장기요양시설에 근무한 간병인은 몇몇 거주자를 가족처럼 느끼기도 한다. 이러한 경험을 훈련 프로그램에 통합시키고 가치를 부여함으로써 성인 학습을 지원한다.

여섯 번째 성인 학습 원리인 동기는 훈련 프로그램에 통합시키기가 가장 어렵다. 성인은 내적 또는 외적 학습 동기가 있을 때 가장 잘 배운다. 외적 동기는 금전, 명성이나 자격 유지를 위한 지속 교육의 필요성 등이다. 내적 동기로는 평생 학습자가 되려는 욕구, 주제 관련 깊은 열정, 치매 환자 돌봄에 대한 특별한 애정, 직장 내 지속적 질적 성장을 위한 추진력 등이 있다. Michie와 동료들(Michie, Atkins, & West, 2014; Michie, van Stralen, & West, 2011)은 이러한 원리에 기반해 바람직한 행동 중재의 사례를 제시했다.

2) 행동 변화 바퀴

Michie와 동료들(2011, 2013, 2014)은 행동 변화를 촉진하는 핵심 양상을 연구했다. [그림 10-1]에 제시된 행동 변화 바퀴는 행동 중재 시 고려할 여러 이론적 측면을 시각화한 것이다.

원의 가장 안쪽에는 행동 변화와 관련된 주요 자질로서 ① 능력, ② 동기, ③ 기회가 명

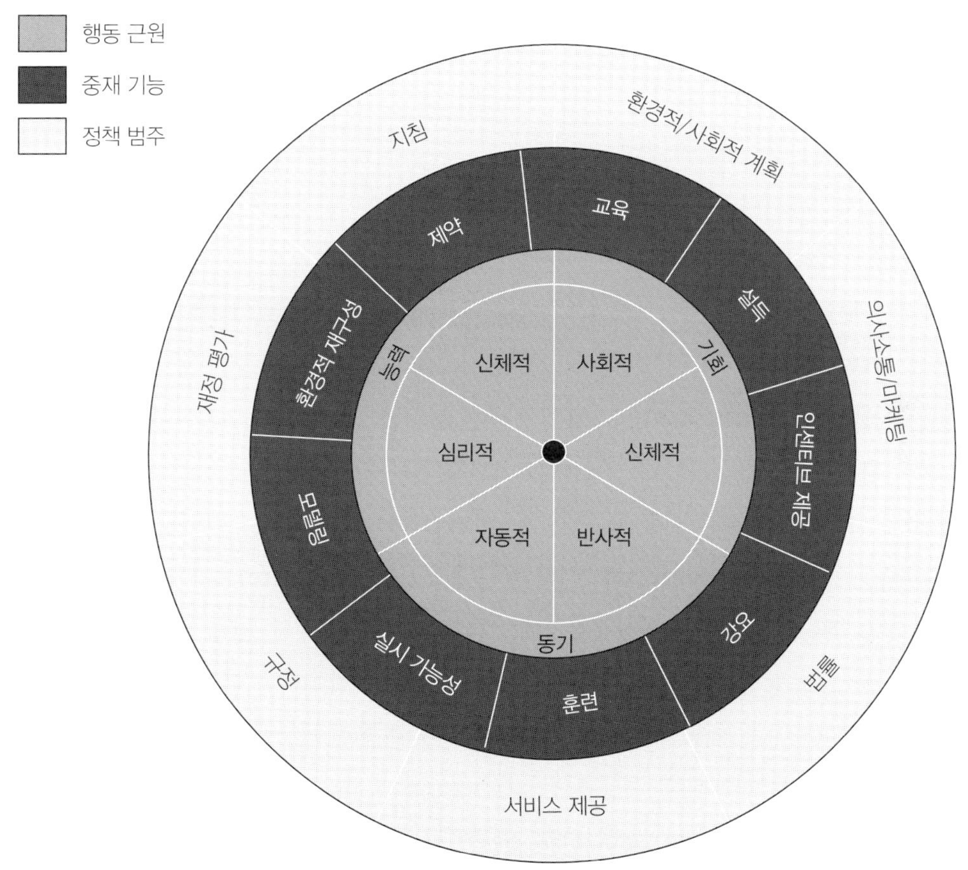

[그림 10-1] 행동 변화 바퀴

출처: © Michie et al., licensee BioMed Central Ltd. Creative Commons Attribution License(http://creativecommons.org/licenses/by/2.0).

시되어 있다(Michie et al., 2011). 개인이 특정 행동의 변화를 요구받으면 신체적 또는 심리적으로 변화할 **능력**이 필요하다. 또 성인 학습 원리에 근거해 행동을 바꾸도록 **동기화**되어야 한다. 반사적 동기는 외부 요인에 의한 동기화로, 전문 · 준전문 간병인이 상급자의 평가를 받을 것으로 인식하는 상황 등이다. 자동적 동기는 감정적 반응, 내적 성향 등 보다 내재적 요인으로 구성된다. 마지막으로 변화된 행동을 보여 줄 **기회**가 있어야 한다. 상황은 새롭게 훈련된 행동을 촉진하기 위해 물리적 또는 사회적으로 구조화되어야 한다. 인지적 지원의 활용을 위한 전문 · 준전문 간병인 훈련 시, 간병인은 ① 인지적 지원(예: 외부 기억 보조기기)이 가능한 신체적 및 심리적 능력이 있음을 느끼고, ② 지원 방법에 동기화되어 있으며, ③ 지원할 기회가 충분해야 한다. [글상자 10-4]에서 관련 예시가 제공된다.

글상자 10-4 행동은 어떻게 변화하는가

1. 능력
   예: 간호조무사(CNAs)는 반복 질문에 적절한 기억카드를 고안할 수 있다.
2. 동기
   예: CNAs는 거주자의 반응 행동이 줄어 전반적 분위기와 삶의 질이 개선된 데 보람을 느낀다.
3. 기회
   예: 색인카드, 사진, 마커가 든 상자를 간호사실에 비치함으로써 필요시 기억카드를 신속하게 제작한다.

행동 변화 이론에 따라 동시적 · 지속적이고 다양화된 수준으로 중재한다. 예를 들어, 전문 · 준전문 간병인은 전반적 건강관리 기관으로부터 훈련 항목을 지원받아 다양한 상황에서 훈련받는다(Harvey & Kitson, 2016). 변화할 행동을 정확히 파악하고, 훈련자와 훈련생이 행동을 완전히 이해해야 한다. 이후 구체적인 행동 변화 기술을 도입한다. 행동 변화 기술은 [그림 10-1]의 가장 어두운 부분에 위치하는데, 교육, 설득, 인센티브 제공, 강요, 훈련, 제약, 환경적 재구성, 모델링, 실시 가능성이 포함된다. 〈표 10-3〉은 각 행동 변화 중재의 정의, SLP가 시행하는 전문 · 준전문 간병인 훈련의 적용 예를 나타낸다.

[그림 10-1]의 바깥쪽 원은 주로 행동 변화에 영향을 미치는 정책 범주의 예이다. 인간의 행동 변화는 복잡하므로 정책이 전문 간병인의 행동에 미치는 영향을 고려한다. 예컨대, SNF의 의사소통 및 마케팅 캠페인은 행동 변화를 지원한다("우리는 치매 돌봄 시 개인 선택을 지지합니다!"). 임상 지침은 실제 환경에서 실행하기 어려울 수 있으나 행동 변화를 지

〈표 10-3〉 행동 변화 중재 및 전문 · 준전문 간병인 훈련의 적용

중재	정의	전문 및 준전문 간병인 훈련의 적용
교육	지식이나 이해의 증진	치매 의사소통 관련 기본 정보를 제공함
설득	긍정적 · 부정적 감정의 유도나 행동 자극을 위한 의사소통의 사용	이미지를 활용해 외부 기억 보조기기 및 기타 인지 지원을 사용하도록 동기화함
인센티브 제공	시상에 대한 기대감의 조성	치매 거주자에게 긍정적 의사소통 전략을 적용한 전문 간병인을 위해 보상품을 제공함
강요	벌이나 부담에 대한 예측의 조성	치매 거주자에게 긍정적 의사소통 전략을 제공하지 않은 전문 간병인에 대해 기록함
훈련	기술 전달	치매 거주자의 관계자들에게 심화 훈련을 제공함
제약	목표 행동에 대한 참여 기회를 줄이는 규칙의 사용	치매 거주자에게 신체적 제약을 가하거나 불필요한 항정신성 약물을 처방한 시설을 강력히 처벌하는 제약들
환경적 재구성	신체적 또는 사회적 맥락의 변화	치매 거주자의 참여를 위해 긍정적 방법을 사용하도록 전문 간병인용 차트 시스템 내에 전자메모를 제공함
모델링	요구나 모방을 위한 예시의 제공	적절한 전략 시행의 실제 모델이나 비디오 영상을 제공함
실시 가능성	수단의 증가/능력이나 기회를 증진하기 위한 방해 요인의 감소	행동에 대한 현장 지원, 다양한 환경에서 참여 및 인지 지원 자료에 물리적으로 쉽게 접근하도록 함

출처: Michie et al.(2011).

원하는 데 유용하다. 항정신성 약물의 부적절한 사용을 줄이는 국가적 지시에 따라 지난 5년간 비약물학적 중재가 시행되어 사용률이 급감했다(CMS, 2016). SLP는 전문 간병인을 훈련함으로써 의미 있고 목적적인 활동 등 비약물적 중재를 시행한다.

재정, 규정, 법률, 서비스 제공에 관한 정책도 행동 변화에 영향을 미친다. 예를 들어, 생산성 요건은 LTC 환경의 SLP가 전문 · 준전문 간병인을 훈련하는 데 방해가 될 수 있다. 지속적인 양질의 돌봄에 대한 필요성이 증가함에 따라 SLP는 서비스를 제공하고 비용을 청구하는 방법을 고안해야 한다. 먼저 사회복지사나 레크리에이션 책임자의 급여에 준하여 SLP의 급여 수준을 조정한다. 예를 들어, 사회복지사, 수간호사, 레크리에이션 및 행정 책임자는 일정 금액의 연봉을 받는데, 업무 요건의 충족 여부를 결정하는 직무 분석표에 근거해 생산성이 측정된다. 반면 물리치료사, 작업치료사, SLP의 생산성 및 가치는 숙련된

서비스 제공에 소요된 시간에 따라 결정된다(Douglas, 2016). 전문 · 준전문 간병인 훈련은 다양한 수준(CNAs, 면허 임상간호사[licensed practical nurses: LPNs], 등록간호사[registered nurses: RNs], 기타 치료사, 의사) 및 빈도(5분간의 서비스 제공)에 기초하므로 현 연봉 구조에 훨씬 더 적합하다. 이는 "오늘 45분간 Smith 씨를 만나 보세요."처럼 최적의 생산성을 목표로 삼는 구조와는 대조적이다([글상자 10-5] 참고).

글상자 10-5 사례

중등도 치매인 Smith 씨는 외부 기억 보조기기를 보면서 샤워한다. 보조기기를 사용하면 거의 독립적으로 샤워할 수 있으나 그렇지 않을 경우 최소 두 명의 도움이 필요하다. Smith 씨가 45분간 보조기기를 사용하는 것과 비교할 때, SLP가 최적의 증거 기반 임상에 기반해 전문 간병인에게 기기 사용법을 훈련하면 보다 향상된 돌봄을 제공할 수 있다. SLP의 훈련에 성인 학습 원리를 통합함으로써 전문 간병인이 양질의 돌봄을 지원하도록 한다. 대체 서비스의 제공 모델도 고려한다.

돌봄제공법(Affordable Care Act; Blumenthal, Abrams, & Nuzum, 2015)의 가치 및 제공량 기반 돌봄에서는 SLP가 증거 기반 성인 학습 모델을 활용하도록 권고한다. SLP가 전문 간병인에게 권고한 최적의 의사소통 지원 서비스 정책을 치매 시설에서 수용하면 바람직하다. 환경적 또는 사회적 계획도 행동 변화에 영향을 미친다. 물리적 환경이 이를 지원할 경우 전문 간병인은 의사소통 전략, 개인 선택, 목적적 활동, 참여를 더 잘 실행한다. 향후 치매 돌봄의 방향은 비시설적이고 덜 의료화된 가정과 같은 환경이며, SLP는 이러한 환경에서 전문 간병인을 더 잘 양성할 수 있다(Bourgeois et al., 2015).

4. 훈련 프로그램

1) 효과적 훈련 프로그램의 예

이 책의 초판이 발행된 후 치매 환자의 전문 간병인 및 가족 간병인을 위한 훈련 프로그램이 급증했다. 이러한 프로그램은 여러 과학적 증거가 있는데, 과학계와 의료계의 관심이 크다는 점은 고무적이다. Rosalynn Carter 간병연구소(Rosalynn Carter Institute for

Caregiving)는 간병의 지원 및 중재 관련 연구를 기획한다(www.rosalynncarter.org). 조지아 사우스웨스턴 대학교(Georgia Southwestern University) 서비스부에 기반한 이 연구소는 지원 단체를 모색하고 전문용어가 배제(예: '치매와 싸우기')된 출판물을 제공함으로써 가족과 전문 간병인을 돕는다. 인지적 재구조화, 자기 관리, 의사소통 및 기술 훈련, 교육 등의 증거 기반 간병 훈련 프로그램에 대해 30개 이상의 연구가 고안되어 있다. 전문 간병 프로그램 관련 우수 출판물은 추후 제시된다.

1996년 Bourgeois와 Burgio는 국립노화협회의 지원을 받아 치매 환자와 CNAs 간 의사소통을 증진하는 CNA 훈련 프로그램('요양원 내 효과적 의사소통 증진', R01 AG13008-04)을 평가했다. 이에는 교육 서비스(지침서 및 유인물), 개별화된 현장 기술 훈련, 맞춤형 기억책, 의사소통 기술 및 기억책 활용의 효과를 평가하는 직원 공식 관리 체계가 포함된다(Bourgeois et al., 1998). 예비연구(Allen-Burge et al., 2001)에서 12명의 CNAs가 1시간씩 교육 서비스를 받은 후 2주간 개별 현장 훈련을 받았다. 일대기, 성향, 일정 관련 정보로 구성된 12페이지 분량의 맞춤형 기억책이 제작되었다. 훈련 후 8명의 CNAs는 지침 및 긍정적 언급을 더 자주 사용하는 등 훈련 기술의 활용도가 80%에 이르렀다. 중재받은 환자는 기억책을 소지한 시간이 70%였고, 기초선에 비해 발화율이 증가했다. 방문자 및 다른 환자는 기억책을 소지한 환자와 더 많이 대화했다. 특히 환자를 포함한 시설 내 모든 인력이 긍정적으로 발화하는 비율이 증가했다. 1개월 후 추적 평가에서도 부분적인 유지 효과가 나타났다.

후속 연구에서 현장 훈련 기간이 4주로 연장되었고, 직원 공식 관리 체계의 세부 사항이 2개 시설의 요구에 따라 조정되었다(Burgio et al., 2001). 훈련된 CNAs는 간병 시간을 늘리지 않고도 발화량이 증가했고, 긍정적 발화를 더 자주 사용했다. 환자에게 구체적인 지시도 더 많이 제공했다. 이러한 변화는 종료 후 2개월 시점까지 유지되었다. 돌봄 활동을 수행하는 CNAs를 관찰하고 즉각적인 구두 피드백을 제공하도록 LPNs 및 RNs를 교육해야 한다. CNAs는 교대 근무 종료 시 자기 점검 서식을 작성해 기술 수행의 성과를 점검하는데, 이는 주간 추첨권 체계에 입력되고 당첨자는 다양한 우대 사항(예: 조기 퇴근 기회, 추가 급여, 사은품)의 선택권이 주어진다. 이름을 명예의 전당에 게시하는 등 직무 수행 기준의 달성을 공개적으로 표창하기도 한다. 의사소통 기술 훈련 프로그램이 적용된 CNAs는 효과적인 기술 및 지침을 더 많이 사용하고 비효율적 지시가 감소한다(Bourgeois et al., 2004).

훈련 전 CNAs는 **돌봄 업무의 공개, 환자 호명**(회기의 70~80%) 외에 모든 기술과 지시의 사용률이 낮았다(Bourgeois et al., 2004). CNAs의 직무 수행 기준을 달성하기 위해서는 피드백을 포함한 일대일 훈련이 평균 8.35회기(SD=2.86, 범위=3~15) 더 필요했다. 돌봄 활동 시 의사소통기술 체크리스트(Communication Skills Checklist)를 통해 수행을 기록하고 이에 대해 피드백이 주어졌다. 훈련 직후 CNAs는 기술(호명하며 말 걸기, 자기 소개, 활동 고지, 5초 기다리기), 효과적 지시(짧고 명확한 지시, 긍정적 피드백, 거주자 인생 이야기), 비효율적 지시(다단계 지시, 도움이 되지 않는 질문)에서 진전이 있었다. 3개월 후에도 효과가 유지되거나 증가했다. 맞춤형 기억책은 회기의 84.3% 동안 관찰되었으나, 후속 회기에서는 26.5%만 사용되었다(Bourgeois et al., 2004). 돌봄 기간에 전반적 의사소통의 질이 개선되었다. 훈련 전 CNAs의 의사소통 양식은 과제 중심적이고 중립적이었으나, 훈련 후에는 사회적 및 개인적 대화에 더 많이 참여하고 보다 긍정적으로 변화했다.

Hobday 등(2010)은 CNAs를 훈련하는 인터넷 기반 멀티미디어 교육 프로그램을 평가했다. CARES®(거주자와의 연계, 행동 평가, 적절한 대응, 효과 평가, 팀과의 공유[Connect with the resident, Assess behavior, Respond appropriately, Evaluate what works, Share with the team])는 치매 환자 돌봄을 직접적으로 지원하기 위해 설계되었다. 역할극과 문제 기반 학습 기술을 결합한 인터넷 모듈은 CNAs의 지식, 기술, 역량 관련 인식 등을 향상시키고 환자와의 일상적 상호작용 스트레스를 줄인다. 프로그램을 통해 훈련에 대한 선택권도 주어진다.

Teri와 동료들(2012)의 STAR-C는 우수 프로그램 중 하나이다. 이는 체계적이고 표준화된 가족 보호자 훈련 프로그램으로, CNAs뿐 아니라 지역 사회에서도 사용한다. 지역 사회 상담가는 맞춤형 문제해결 전략을 훈련받은 후 돌봄 담당자나 가족을 훈련한다. 간병인이 프로그램을 훈련받으면 환자의 즐거운 사건, 의사소통 기술, 문제해결력이 향상된다. 프로그램의 긍정적 효과를 파악하기 위해 개별 사례 상담도 중시된다.

비디오, 인터넷 등의 기술은 전문가 및 준전문가 훈련 프로그램의 핵심 요소일 수 있다. Irvine 등(2003)은 CNAs를 무작위로 할당한 후 비디오테이프형 강의 및 시디롬 기반 상호 멀티미디어 컴퓨터 훈련 프로그램을 비교했다. 훈련 전후의 간병 상황을 녹화하고 이를 평가한 결과, 정반응률이 높아지고 정확하고 적절한 전략을 활용하기 위한 자아효능감이 향상되었다.

Maslow 등(2013)은 비디오를 활용해 자료를 검토하고 인간 중심 돌봄의 치매 교육 프로그램과 리더십 회의를 결합했다. 구체화 계획에는 문제 및 행동을 예측하기 위한 브레인스토밍(brainstorming) 회기와 함께 단기 및 장기 목표 설정이 포함된다. 보다 강화된 훈련 자료를 개별 지도와 소집단에 제공했다. 훈련 과정에서 제공하는 인센티브(상품권, 월별 시상)로서 저비용 또는 무료 시상이 권고되며, 필요시 평가 및 수정도 제안된다. 간병인의 정서적 학습과 환자의 개선된 결과를 연계시키는 성인 학습 원리의 중요성이 강조된다.

Passalacqua와 Harwood(2012)는 소중한 사람, 개별 돌봄, 개인적 관점, 적절한 사회 환경을 훈련하는 연수 과정인 VIPS를 검토했다. LTC 환경의 긍정적 의사소통을 지원하는 프로그램으로, 강점 기반의 오류 없는 환경을 기본 철학으로 삼는다. 훈련은 4주간 1시간의 회기로 진행되고, 정상 노화, 알츠하이머병(AD), 의사소통 전략, 행동 관리, 개별 돌봄, 삶의 질 향상, 참여 및 활동 촉진법, 간병 · 가족 · 윤리 목표 관련 정보로 구성된다. 영상, 파워포인트 발표, 역할극, 시각화 유도 등을 조합해 자료를 전달한다. 참여자는 환자의 부정적 발화에 덜 반응했고, 공감과 희망의 감정이 증가했다. VIPS는 다른 SNF에서도 활용 가능한 것으로 평가되었다.

기술관리 프로그램(Gitlin, Winter, & Corcoran, 2003)은 지역사회 환경에서 작업치료사가 제공하는 효과적인 증거 기반 중재로, 무작위 통제실험을 통해 검증되었다. 'Skill 2 Care'라 불리는 이 중재는 가정 보건소의 개인 훈련으로 변형되어(Gitlin, Jacobs, & Earland, 2010) 작업치료사의 치료 업무에 추가되었고, 메디케어 B 파트에 근거해 배상된다. 중재는 가정 내 안전을 위한 맞춤형 중재(환경 정돈 등), 문제해결 전략을 통한 반응 행동 감소, 전반적 의사소통 능력 향상으로 구성된다(Gitlin et al., 2010).

Gitlin과 동료들(2010)은 지역사회 환경의 작업치료사가 시행한 중재의 지속적 효과를 검증했다. 임상가는 대부분 치료에 만족했고, 연구가 종료된 후에도 치료를 지속하고자 했다. 예를 들어, 조직적 차원에서 프로그램을 적절히 변형하기 위해서는 지역사회 환경 내의 전담 조정자 및 조기 중재자가 필요하다. 자원자와 작업치료사가 이에 참여했다. 치료 프로토콜의 정밀 검토, 치료의 제공 · 수혜 · 법제화를 위한 간병인 조사도 프로그램을 변형하는 데 유용했다. 훈련된 치료사와의 개별 통화 3회, 어려운 사례 및 핵심 요소 관련 집단 통화 5개월이 적용된 지도는 프로그램을 지역사회 환경으로 변형할 때 효과적이었다.

문헌에 소개된 고전적 훈련 프로그램은 CNAs를 위한 의사소통 전략으로 구성된다. FOCUSED 프로그램은 CNAs를 훈련함으로써 대면 의사소통, 집중화 주제, 주제 유지, 의사소통 단절의 '차단', 예/아니요 또는 2개 선택형 질문, 전형적이고 즐거운 교류, 짧고 직접적인 문장 유지를 촉진한다(Ripich, Wykle, & Niles, 1995). 환자의 삶의 질을 높여 보다 호의적 태도를 유지시키는 효과도 있다. 최근 퀸즐랜드 대학교(University of Queensland) 연구원들은 환자와의 상호작용 시 의사소통 및 기억력 지원 전략을 제시했다(Conway & Chenery, 2016). 즉 MESSAGE(주의력 및 표현 · 신체 언어 극대화, 단순함 유지, 대화 지원, 시각적 지원, 메시지 수신, 의사소통 독려 및 참여[Maximize attention, Expression and body language, Keep it simple, Support their conversation, Assist with visual aids, Get their message, and Engage in communication])와 RECAPS(상기[Reminders], 환경[Environment], 일상 지속[Consistent routines], 주의력[Attention], 연습[Practice], 간단한 단계[Simple steps])의 의사소통 전략은 의료 환경 내 간병 인력의 지식과 자아효능감을 증진시킨다. 비디오 예시와 전략 관련 삽화는 두 웹 사이트(www.youtube.com/watch?v=LC8pv2XX5lg, www.youtube.com/watch?v=pupgSd-3sx0)에서 무료로 제공한다.

2) 효과적 훈련 프로그램의 특성

훈련 프로그램의 특성은 다양하나, 문헌을 통해 효과적 훈련을 선택하기 위한 보편적인 전략을 파악할 수 있다(〈표 10-4〉).

〈표 10-4〉 효과적 훈련 프로그램의 특성

1. 다양한 양식(비디오, 인쇄물, 실시간 설명)을 활용한다.
2. 개인의 특정 요구에 따른 맞춤형 훈련을 제공한다.
3. 교육 회기를 늘리는 대신 단기간 내 훈련을 완료한다.
4. 지도 및 협업 관련 철학을 반영한다.
5. 참여자의 기여와 가치를 인식한다.
6. 훈련 결과를 평가하고 필요시 수정한다.

3) 감독 및 지속 가능성의 어려움

지속 가능성, 즉 훈련 종료 후 기술의 지속성은 치매 돌봄 전문 간병인에만 국한된 문제는 아니다. 행동 치료의 목표는 희석되거나 '변경'되고 완전히 소멸될 위험이 있다. 예를 들어, SLP가 CNAs에게 기억력이나 의사소통 보조기기를 활용한 옷 입기 활동을 훈련하면 종료 후 2시간이 경과해도 보조기기를 사용하는가? 2주 후에도 사용하는가? 2년 후에도 사용하는가?

과학적 문헌을 통해 전문 간병의 지속 가능성을 파악한다. 지속 가능성은 지속 시간, 유지, 증거 기반 건강관리 중재의 지속성을 의미한다. 이에는 지속적 지도, 목표 행동의 충실도 측정, 지속적 평가 및 문제해결 체계 등의 요소가 포함된다(National Implementation Research Network, n.d). 목표 행동을 유지하기 위해 정책과 절차를 바꿀 수 있다. 목표 행동은 조직의 기반 시설에 부합해야 하나, 행동을 취하는 개인에게 의존할 필요는 없다(CNAs의 높은 이직률 고려). 건강관리 중재의 지속 가능성을 검토하는 연구가 매우 중요하다. 예컨대, 훈련, 관리, 재정 능력, 조직의 맥락적 요소는 지속 가능성을 달성하는 데 유용하다(Proctor et al., 2015).

최근에는 건강관리 서비스를 시행하는 데 있어 임상가가 아닌 외적 요인의 영향이 강조된다. 부정적 조직 문화와 풍토로 인해 환자의 안전성이 저하되고 직원의 과로와 이직률이 증가한다. 반면 긍정적 조직 문화와 풍토는 안정성을 강화하고 직원의 만족도 및 혁신적 치료의 지속 가능성을 높인다(Douglas & Hickey, 2015 참고). 최상의 서비스를 제공하기 위해 조직적 차원의 중재를 추가로 연구해야 한다.

SLP가 필수 업무를 수행하기 어려울 수 있으나, 환자의 삶의 질, 목적 있는 삶, 최적의 의사소통을 촉진하도록 조직 체계를 지속적으로 이끌어야 한다. 증거 기반의 전문 간병인 훈련은 전문 요양원 및 장기요양시설 내 거주자에게 동등한 서비스를 제공하기 위한 출발점이다. 추가적인 검증을 통해 이를 실현하고 훈련 효과를 지속시킬 필요가 있다.

5. 결론

이 장에서는 전문 요양원이나 유사 환경에서 성인 치매 환자를 다루는 전문가 및 준전문가의 특성을 간략히 소개했다. 간호 및 활동 담당 직원은 부담스러운 업무로 인해 큰 어려움을 느낀다. 따라서 효과적인 직원 훈련 프로그램과 바람직한 업무 환경을 조성하기 위한 혁신적 조치가 필요하다. SLP는 중재 효과를 최적화하기 위한 직원 훈련에서 중요한 역할을 수행한다. 여기서는 행동 변화를 지원하는 증거 기반 전략, 성인 학습 원리를 활용한 훈련 프로그램 등을 소개했다. 이를 토대로 전문 요양원 및 장기요양시설 내 SLP 서비스의 제공 모델에 영향을 미치는 원리가 임상 환경에 반영될 것이다. 과도한 경쟁을 의도적으로 자제할 필요도 있다. 전문가 협력적 임상은 SLP와 기타 전문가 · 준전문가 간의 능력 차이를 인식하는 데 기여한다. 또 인간 중심적이고 상관성이 있으며 유의미한 결과를 도출하는 궁극적 목표를 지원한다.

참고문헌

Allen-Burge, R., Burgio, L. D., Bourgeois, M. S., Sims, R., & Nunnikhoven, J. (2001). Increasing communication among nursing home residents. *Journal of Clinical Geropsychology, 7*, 213-230. doi:10.1023/A:1011343212424.

Alzheimer's Association. (2012). 2012 Alzheimer's disease facts and figures. *Alzheimer's and Dementia, 8*, 131-168. http://dx.doi.org/10.1016/j.jalz.2012.02.001.

Alzheimer's Disease International. (2016). *Dementia statistics*. Retrieved October 29, 2016, from www.alz.co.uk/research/statistics.

American Speech-Language-Hearing Association. (n.d.). *Practice portal: Dementia*. Retrieved October 24, 2016, from www.asha.org/Practice-Portal/Clinical-Topics/Dementia/.

American Speech-Language-Hearing Association. (2016, March 1). *Code of ethics*. Available from www.asha.org/Code-of-Ethics/.

Bandura, A. (1997). *Self-efficacy: The exercise of control*. New York: Freeman.

Bandura, A. (1988). Organizational application of social cognitive theory. *Australian Journal of Management, 13*, 275-302. doi:10.1177/031289628801300210.

Blumenthal, D., Abrams, M., & Nuzum, R. (2015). The Affordable Care Act at 5 years. *The New England Journal of Medicine, 372*, 2451-2458. doi:10.1056/NEJMhpr1503614.

Bourgeois, M. S., Brush, J., Elliot, G., & Kelly, A. (2015). Join the revolution: How Montessori for aging and dementia care can change long-term care culture. *Seminars in Speech and Language, 36*, 209-214. doi:10.1055/s-0035-1554802.

Bourgeois, M., Dijkstra, K., Burgio, L., & Allen, R. (1998). *Increasing effective communication in nursing homes: In-service workshop training manual, videotapes, and documentation forms*. Tallahassee, FL: Department of Communication Disorders, Florida State University.

Bourgeois, M. S., Dijkstra, K., Burgio, L. D., & Allen, R. S. (2004). Communication skills training for nursing aides of residents with dementia: The impact of measuring performance. *Clinical Gerontologist, 27*, 119-138. http://dx.doi.org/10.1300/J018v27n01_10.

Burgio, L. D., Allen-Burge, R., Roth, D. L., Bourgeois, M. S., Dijkstra, K., Gerstle, J., … Bankester, L. (2001). Come talk with me: Improving communication between nursing assistants and nursing home residents during care routines. *The Gerontologist, 41*, 449-460. doi:10.1093/geront/41.4.449.

Chou, S., Boldy, D., & Lee, A. (2002). Measuring job satisfaction in residential aged care. *International Journal for Quality in Health Care, 14*, 49-54.

Centers for Medicare and Medicaid Services (CMS). (2012). Code of Federal Regulations. Title 42

- Public health, Part 483: Requirements for states and long term care facilities. Retrieved June 15, 2017, from www.ecfr.gov/cgi-bin/text-idx?c=ecfr&tpl=/ecfrbrowse/Title42/42cfr483_main_02.tpl.

Centers for Medicare and Medicaid Services (CMS). (2016). *CMS launches partnership to improve dementia care in nursing homes.* Updated August 5, 2016. Retrieved October 24, 2016 from www.nhqualitycampaign.org/dementiaCare.aspx.

Conway, E. R., & Chenery, H. J. (2016). Evaluating the MESSAGE communication strategies in dementia training for use with community-based aged care staff working with people with dementia: A controlled pretest-post-test study. *Journal of Clinical Nursing, 25*, 1145-1155. doi:10.1111/jocn.13134.

Daly, J. M., Bay, C. P., Levy, B. T., & Carnahan, R. M. (2015). Caring for people with dementia and challenging behaviors in nursing homes: A needs assessment geriatric nursing. *Geriatric Nursing, 36*, 182-191. http://dx.doi.org/10.1016/j.gerinurse.2015.01.001.

Douglas, N. F. (2016). Organizational context associated with time spent evaluating language and cognitive-communicative impairments in skilled nursing facilities: Survey results within an implementation science framework. *Journal of Communication Disorders, 60*, 1-13. http://dx.doi.org/10.1016/j.jcomdis.2015.11.002.

Douglas, N. F., & Hickey, E. (2015). Creating positive environments in skilled nursing facilities to support best practice implementation: An overview and practical suggestions. *Seminars in Speech & Language, 36*, 167-178. http://dx.doi.org/10.1055/s-0035-1551838.

Douglas, N. F., Hinckley, J. J., Haley, W. E., Andel, R., Chisolm, T. H., & Eddins, A. C. (2014). Perceptions of speech-language pathologists linked to evidence-based practice use in skilled nursing facilities. *American Journal of Speech-Language Pathology, 23*, 612-624. doi:10.1044/2014_AJSLP-13-0139.

Gitlin, L. N., Jacobs, M., & Earland, T. V. (2010). Translation of a dementia caregiver intervention for delivery in homecare as a reimbursable Medicare service: Outcomes and lessons learned. *The Gerontologist, 50*, 847-854. doi:10.1093/geront/gnq057.

Gitlin, L. N., Winter, L., & Corcoran, M. (2003). Effects of the home environmental skill-building program on the caregiver-care recipient dyad: 6-month outcomes from the Philadelphia REACH Initiative. *The Gerontologist, 43*, 532-546. doi:10.1093/geront/43.4.532.

Harris-Kojetin, L., Sengupta, M., Park-Lee, E., & Valverde, R. (2013). Long-term care services in the United States: 2013 overview. *Vital and Health Statistics, 3*(37). Retrieved June 16, 2017, from Centers for Disease Control and Prevention website: www.cdc.gov/nchs/data/nsltcp/long_term_care_services_2013.pdf.

Harvey, G., & Kitson, A. (2016). PARIHS revisited: From heuristic to integrated framework for the successful implementation of knowledge into practice. *Implementation Science, 11*(33), 1-13. doi:10.1186/s13012-016-0398-2.

Hobday, J. V., Savik, K., Smith, S., & Gaugler, J. E. (2010). Feasibility of internet training for care staff of residents with dementia: The CARES program. *Journal of Gerontological Nursing, 36*(4), 13-21. doi:10.3928/00989134-20100302-01.

Hopper, T., Bourgeois, M., Pimentel, J., Qualls, C. D., Hickey, E., Frymark, T., & Schooling, T. (2013). An evidence-based systematic review on cognitive interventions for individuals with dementia. *American Journal of Speech-Language Pathology, 22*, 126-145. doi:10.1044/1058-0360.

Irvine, A. B., Ary, D. V., & Bourgeois, M. S. (2003). An interactive multi-media program to train professional caregivers. *Journal of Applied Gerontology, 22*, 269-288. doi:10.1177/0733464803022002006.

Knowles, M. S. (1980). *The modern practice of adult education: From pedagogy to andragogy* (rev. ed.). New York: Cambridge-the Adult Education Company.

Knowles, M. S., Holton, E. F., & Swanson, R. A. (2005). *The adult learner: The definitive classic in adult education and human resource development* (6th ed.). Boston: Elsevier.

Liang, Y.-W., Hsieh, Y., Lin, Y.-H., & Chen, W.-Y. (2014). The impact of job stressors on health-related quality of life of nursing assistants in long-term care settings. *Geriatric Nursing, 35*, 114-119. http://dx.doi.org/10.1016/j.gerinurse.2013.11.001.

Maslow, K., Fazio, S., Ortigara, A., Kuhn, D., & Zeisel, J. (2013). From concept to practice: Training in person-centered care for people with dementia. *Generations-Journal of the American Society on Aging, 37*(3), 100-107. Retrieved June 16, 2017, from www.asaging.org/generations-journal-american-society-aging.

Michie, S., Atkins, L., & West, R. (2014). *The behavior change wheel: A guide to designing interventions*. Surrey, UK: Silverback Publishing.

Michie, S., Richardson, M., Johnston, M. Abraham, C., Francis, J., Hardeman, W., … Wood, C. E. (2013). The behavior change technique taxonomy (v1) of 93 hierarchical clustered techniques: Building an international consensus for the reporting of behavior change interventions. *Annals of Behavioral Medicine, 46*, 81-95. doi:10.1007/s12160-013-9486-6.

Michie, S., van Stralen, M. M., & West, R. (2011). The behavior change wheel: A new method for characterizing and designing behavior change interventions. *Implementation Science, 6*(42), 1-11. doi:10.1186/1748-5908-6-42.

National Implementation Research Network (NIRN). (n.d.). About NIRN. Retrieved October 27,

2016, from http://nirn.fpg.unc.edu/about-nirn.

NH Regulations Plus. (2011). Nursing services-staffing ratios. Retrieved October 27, 2016, from www.hpm.umn.edu/nhregsplus/NH%20Regs%20by%20Topic/Topic%20Nursing%20 Services%20-%20Staffing%20Ratios.html.

Office of the Inspector General (OIG). (2002). Nurse aide training report. Retrieved October 27, 2016, from http://oig.hhs.gov/oci/reports/oci-05-01-00030.pdf.

Omnibus Budget Reconciliation Act (OBRA) of 1987. (1991, October). *The Federal Register, 56*(48), 865-921.

Ortigara, A., & Rapp, C. G. (2004). Caregiver education for excellence in dementia care. *Alzheimer's Care Quarterly, 5*, 179-180. Retrieved October 27, 2016, from http://journals.lww.com/actjournalonline/pages/default.aspx.

Passalacqua, S. A., & Harwood, J. (2012). VIPS communication skills training to paraprofessional dementia caregivers: An intervention to increase person-centered dementia care. *Clinical Gerontologist, 35*, 425-445. http://dx.doi.org/10.1080/07317115.2012.702655.

Proctor, E., Luke, D., Calhoun, A., McMillen, C., Brownson, R., McCrary, S., & Padek, M. (2015). Sustainability of evidence-based healthcare: Research agenda, methodological advances, and infrastructure support. *Implementation Science, 10*(88), 1-13 doi:10.1186/s13012-015-0274-5.

Ripich, D. N., Wykle, M., & Niles, S. (1995). Alzheimer's disease caregivers: The FOCUSED program: A communication skills training program helps nursing assistants to give better care to patients with Alzheimer's disease. *Geriatric Nursing, 16*, 15-19. http://dx.doi.org/10.1016/S0197-4572(05)80073-4.

Schnelle, J. F., Schroyer, L. D., Saraf, A. A., & Simmons, S. F. (2016). Determining nurse aide staffing requirements to provide care based on resident workload: A discrete event simulation model. *The Journal of Post-Acute and Long-Term Care Medicine, 17*, 970-977. http://dx.doi.org/10.1016/j.jamda.2016.08.006.

Squillace, M. R., Remsburg, R. E., Harris-Kojetin, L. D., Bercovitz, A., Rosenoff, E., & Han, B. (2009). The national nursing assistant survey: Improving the evidence base for policy initiatives to strengthen the certified nursing assistant workforce. *Gerontologist, 49*, 185-197. doi:10.1093/geront/gnp024.

Squires, J. E., Hoben, M., Linklater, S., Carlteon, H. L., Graham, N., & Estabrooks, C. A. (2015). Job satisfaction among care aides in residential long-term care: A systematic review of contributing factors, both individual and organizational. *Nursing Research and Practice, Article ID 157924*, 1-24, doi:http://dx.doi.org/10.1155/2015/157924.

Taylor, D. C. M., & Hamdy, H. (2013). Adult learning theories: Implications for learning and teaching in medical education: AMEE guide no. 83. *Medical Teacher, 35*, e1561-e1572. doi:10.3109/0142159X.2013.828153.

Teri, L., McKenzie, G., Logsdon, R. G., McCurry, S. M., Bollin, S., Mead, J., & Menne, H. (2012). Translation of two evidence-based programs for training families to improve care of persons with dementia. *The Gerontologist*, 1-8. doi:10.1093/geront/gnr132.

Trinkoff, A. M., Han, K., Storr, C. L., Lerner, N., Johantgen, M., & Gartrell, K. (2013). Turnover, staffing, skill mix, and resident outcomes in a national sample of US nursing homes. *The Journal of Nursing Administration, 43*, 630-636. doi:10.1097/NNA. 0000000000000004.

Trinkoff, A. M., Storr, C. L., Lerner, N. B., Yang, B. K., & Han, K. (2016). CNA training requirements and resident care outcomes in nursing homes. *The Gerontologist*, 1-8. doi:10.1093/geront/gnw049.

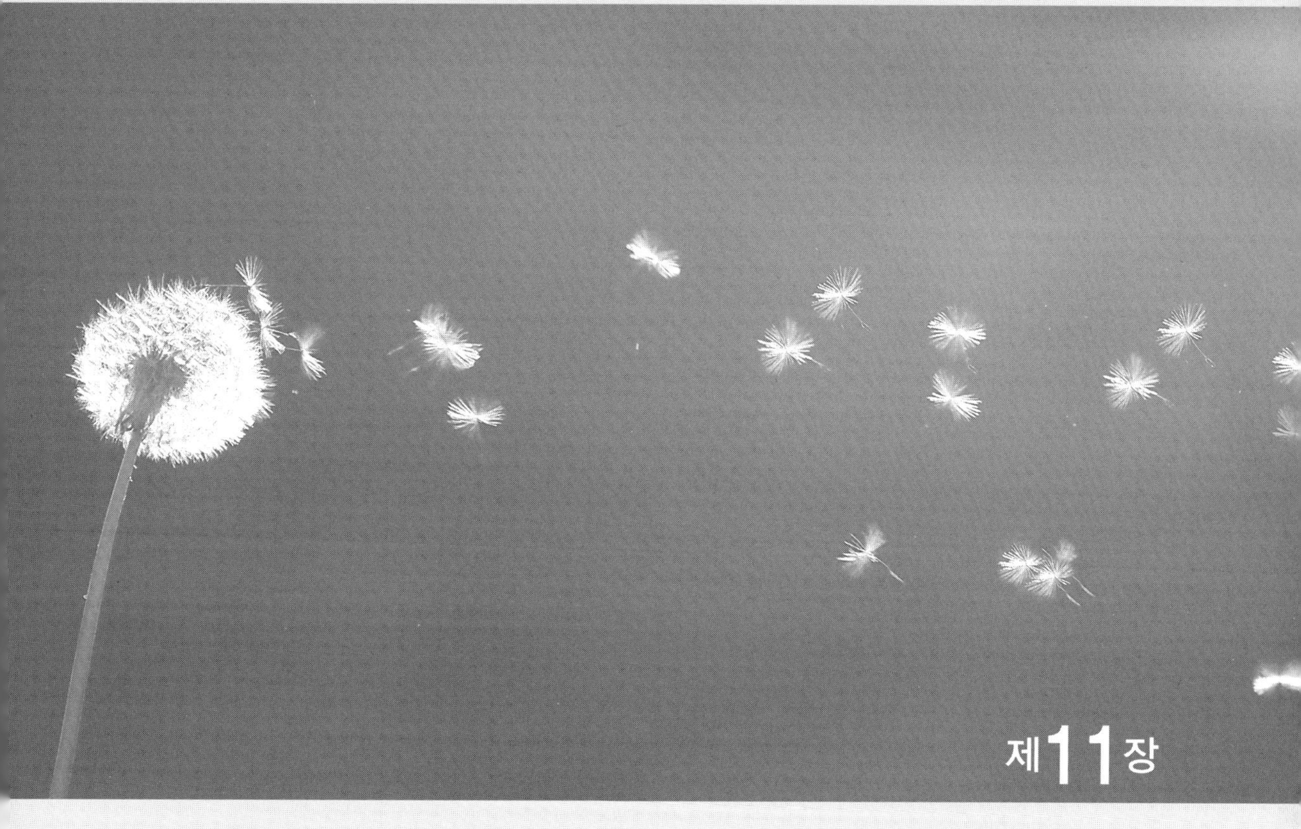

제11장

삶의 질 및 생애 말기 쟁점들

Ellen M. Hickey and Michelle S. Bourgeois

치매 환자에게 적용하는 인간 중심 돌봄은 궁극적으로 의사소통 · 인지 · 사회 기능이 제한된 상태에서 삶의 질을 강화하거나 유지하는 데 목표를 둔다. 치매 환자 및 간병인의 삶의 질은 수십 년간 많이 연구되었다. 삶의 질은 정량화하기 어려운 주관적 개념이지만 필수적인 고려 사항이다. 전 세계 정부와 기구가 증거 기반 중재, 환자/고객 보고 중심의 효과 및 만족도, 책임을 중시하면서 삶의 질 관련 평가도구가 요구되었다. 삶의 질은 치매 환자와 간병인에게 영향을 미치나, 그 정도를 평가하는 방법은 불분명하다. 자기 및 대리(직원이나 가족) 보고의 결과도 다르다. 여기서는 삶의 질 관련 평가 방법을 제시하고, 통증 치료, 심화 치료 계획, 생애 말기 관련 쟁점을 논의한다(삶의 질 증진 방안은 6~8장 참고).

1. 치매 환자의 삶의 질

1) 삶의 질의 정의

삶의 질은 개인이나 집단에 따라 의미가 달라 구성 요소를 쉽게 정의할 수 없고, 연구 및 임상 환경에서 평가하기가 어렵다. 삶의 질의 주요 영역을 고려한 의미 있는 인간 중심적 평가도구에는 이러한 속성이 반영된다. 지난 수십 년간 노인의 삶의 질을 개념화하는 연구들이 많았고, 청년층과 노년층의 개념이 다르다는 인식이 증대했다. 삶의 질 관련 개념, 노인 및 시설 거주자, 치매 환자를 대상으로 한 연구 결과는 다음과 같다.

삶의 질 영역 삶의 질에 대한 정의가 비일관적이어서 관련 영역을 판단하고 평가도구 및 주관적 경험의 평가 절차를 개발하기가 어렵다(Dempster & Donnelly, 2000; Volicer & Bloom-Charette, 1999). 정의는 다양하나 '좋은 삶'의 개념은 대체로 일치한다(George & Bearon, 1980). 삶의 질에는 삶의 만족도에 대한 인식이 포함되는데, 이는 보편적이거나 광범위한 차원의 물리적 · 정신적 안녕 또는 만족도를 의미한다. 즉 삶의 만족도는 일상생활, 현 상황, 기대, 행복과 안녕에 대한 보편적 감각 등에 좌우된다(George & Bearon, 1980).

사회 및 문화 요소는 건강과 삶의 질을 인식하는 데 영향을 미치며(Saxena, O'Connell, & Underwood, 2002), 주요 영역들은 국가나 문화권과 상관없이 중요하게 간주된다(Kane,

2003). 여러 나라에서 장기요양시설 거주자의 삶의 질이 유사한데, 주로 선진국에 거주하는 백인에 한정된다(예: Clare et al., 2008; Godin et al., 2015; Mjørud et al., 2017; Motteran, Trifiletti, & Pedrazza, 2016; Schenk et al., 2013; van Hoof et al., 2016). 삶의 질을 평가하고 치료를 결정할 때 성별, 인종, 민족, 종교를 고려한다(Cunningham et al., 1999; Saxena et al., 2002). 예컨대, 발병 유형은 인종, 민족, 사회경제적 집단에 따라 다르다(예: 당뇨병, 고혈압, 심장병 유병률; Smith & Kington, 1997).

Lawton(1991)은 노인의 삶의 질을 외적 환경(물리적 속성), 인식된 삶의 질(삶의 주관적 만족도), 심리적 안녕(감정 상태), 행동 능력(신체 건강, 기능, 인지, 시간 사용, 사회적 행동) 등 포괄적인 4개 영역으로 개념화했는데, 이 모델이 치매군에 적용되었다(Lawton, 1994). 중복요인뿐 아니라 특정 차원의 삶의 질 개념도 포함된다. 즉 삶의 질 관련 전반적 인상, 감정적 및 행동적 기능과 안녕, 감정 및 기분, 지적 및 인지적 기능, 사회적 기능과 안녕, 지원망의 존재, 관심과 오락을 추구하고 즐기는 능력, 에너지와 활력, 신체적 및 기능적 안녕, 환경에의 반응, 환경적 · 직업적 · 재정적 요소 등이다(Howard & Rockwood, 1995; Kane, 2003; Rabins et al., 1999; Silberfeld et al., 2002; Volicer & Bloom-Charette, 1999). 정체성과 자부심은 연령과 상관없이 노인 및 장기요양시설 거주자에게 중요한 요소이다(예: Hellberg, Augustsson, & Hellstrom Muhli, 2011; Mjørud et al., 2017). 신체적, 사회적, 심리적 안녕 등 삶의 질에 관한 3개 주요 요인도 검증된 바 있다(Torrison et al., 2016).

건강 관련 삶의 질 건강 관련 삶의 질(health-related quality of life: HRQoL)에는 일상생활활동(ADLs) 등 신체 및 정신 기능의 평가가 포함된다. 독립적 ADLs의 수행 지표인 기능적 상태가 HRQoL과 동일시되기도 한다. 10년간의 연구 100개를 검토한 결과, 개념이 비일관적이고 모델마다 용어가 달라 상호 비교하기가 어려웠다(Bakas et al., 2012). HRQoL은 역동적, 주관적, 다영역적 구조로서 신체적, 사회적, 심리적, 영적 요소를 포함하며, 연구마다 개념이 다르나 3개 모델이 반복적으로 사용된다. 특히 연구 간의 비교가 가능하고 개인 및 환경의 주요 특성이 포함된 Ferrans 등(2005)의 모델이 권고된다. 국제기능장애건강분류(ICF; WHO, 2001)는 건강 상태에 따라 중재를 계획하는 데 가장 유용하다.

세계보건기구 삶의질(WHO Quality of Life: WHOQOL) 협회(1993, 1995)는 **삶의 질**을 '문화 및 가치 체계 내 삶의 목표, 기대, 표준, 관심사에 대한 개인적 인식'이라 정의했다. WHOQOL 협회(1998)가 개발한 WHOQOL-100은 HRQoL의 6개 주요 영역인 신체적 건강, 심리적 건강, 독립성 수준, 사회적 건강, 환경적 건강, 종교심과 개인적 믿음을 포함

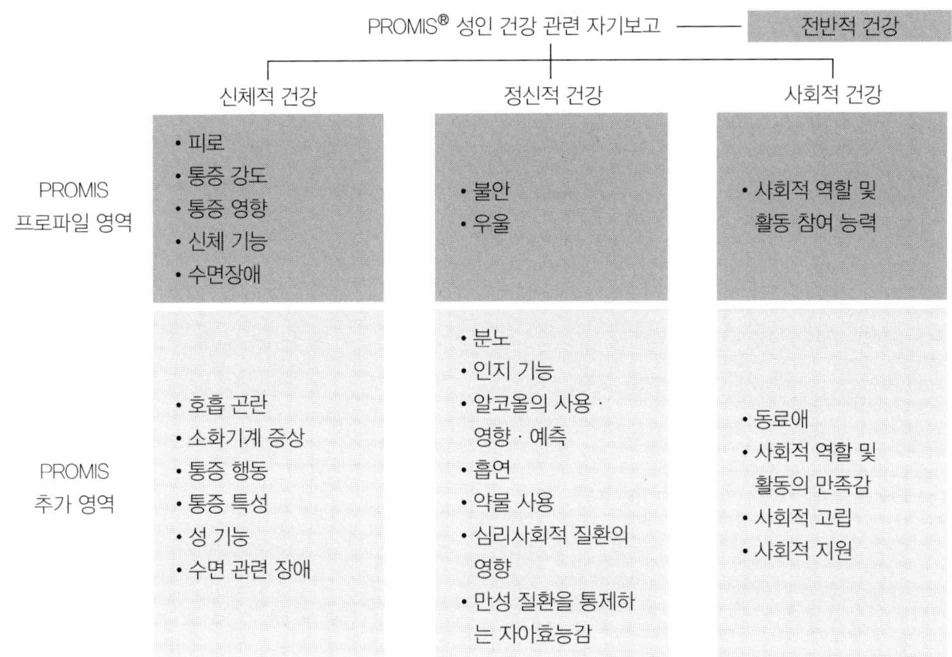

[그림 11-1] PROMIS의 개념 구조(www.nihpromis.org/measures/domain framework)

출처: PROMIS Health Organization(2017)의 승인하 재인용. PROMIS는 HHS의 등록 상표임.

한다. 협회는 WHOQOL SRPB(영성, 종교심, 개인적 믿음[Spirituality, Religiousness, Personal Beliefs])를 추가적으로 개발했다. 심리측정적 측면을 고려한 국제 예비검사를 통해 영적 유대, 삶의 의미와 목적, 경외심, 전체성과 통합성, 정신력, 내적 평화, 희망과 낙관주의, 신념 등 8개 공통 요소가 소개되었다. 타인에 대한 호의, 삶의 규칙, 타인에 대한 수용, 용서, 죽음과 임종, 다양성(예: 삶의 통제, 고립과 애착), 믿음과 의식을 실천할 자유 등은 직업 생활에 요구되나 심리측정적 측면에서는 부적절한 것으로 나타났다. WHO의 건강 관련 정의에 기초해 가장 최근 개발된 PROMIS 개념 모델(PROMIS Network, 2011)은 신체적, 정신적, 사회적 건강의 전반적 양상이 통합적으로 반영된다([그림 11-1] 참고). PROMIS의 개념 구조(2011)는 치매 환자의 삶의 질에 중요한 모든 영역을 포괄한다.

시설 거주자의 삶의 질 수십 년간 시설 거주자의 삶의 질이 검토되었다. 최근 삶의 질의 주요 양상은 초기와 유사한데, 선택, 통제와 자율, 능력 인식, 사생활, 평화와 고요, 편안함, 안전과 안보, 사회적 교류, 의미 있는 활동, 직원과의 상호작용 등이다(예: Clare et al., 2008; Godin et al., 2015; Mjørud et al., 2017; Motteran et al., 2016; Schenk et al., 2013; van Hoof et al., 2016). 삶의 질과 장기요양(LTC)의 만족도는 영성(예: Motteran et al., 2016), 정체성(예:

Hellberg et al., 2011; Mjørud et al., 2017), 존엄, 음식과 식사의 즐거움(예: Burack et al., 2012; Godin et al., 2015; van Hoof et al., 2016) 등에 좌우되기도 한다. 공적 및 사적 공간의 질도 영향을 준다(예: Clare et al., 2013; Motteran et al., 2016; van Hoof et al., 2016).

사회적 교류는 사회 환경, 다른 거주자와의 교류, 간호 및 치료 인력과의 교류, 가족과의 교류 등 4개 하위 요소로 구성된다(Schenk et al., 2013). **사회 환경**은 가정의 전반적 분위기와 연관되며, 친밀하고 조화로운 관계가 중시된다. LTC의 사회적 관계를 고려할 때 **다른 거주자와의 교류**는 변이적이다(예: 무언가를 행하는 경우, 기쁨을 공유하는 경우, 타인과 신뢰를 형성하는 경우). 가정으로 옮기기 전 시설에서 친구를 사귀면 사회적 관계가 향상된 것으로 간주한다. **가족과의 교류**는 사회적 안녕에 중요하며, **간호 및 돌봄 인력과의 교류**는 거주자와 직원의 공감 및 관계를 반영한다.

사회적 교류에 관한 견해는 대개 유사하다. 공용 공간은 다른 거주자 및 방문자와의 사회적 교류를 촉진하거나 방해한다(Motteran et al., 2016). 장기요양시설 거주자의 사회적 교류에서는 전문 간병인과의 질적 상호작용이 중요하다. 다른 거주자와의 상호작용에 관심을 보이기도 하고, 의사소통이나 인지 저하로 상호작용이 불가능한 경우도 있다(예: Bradshaw, Playford, & Riazi, 2012; Cahill & Diaz-Ponce, 2011; Mjørud et al., 2017). 자율성, 관계, 능력 등 3개 기본 요구를 지원하는 직원의 역량이 필수적이다(Custers et al., 2011). 거주자는 인간으로서 인정받는다고 느끼며 사랑하고 사랑받을 필요가 있다(Lundin, Berg, & Muhli, 2013). 직원이 거주자의 참여와 상호작용을 촉진하면 삶의 질이 향상된다(Clare et al., 2013). 돌봄뿐 아니라 사회적 관계를 독려하는 직원의 역할이 중요하며, 사생활에 대한 존중도 필수적이다(예: Bradshaw et al., 2012; Custers et al., 2011; Mjørud et al., 2017; Ryan et al., 2005). 따라서 간병인-거주자 관계는 협력적이어야 하며, 직원은 과제뿐 아니라 관계 중심 의사소통에도 참여한다(Westerhof et al., 2016; 10장 참고).

의미 있고 즐거운 활동에 참여함으로써 유익하면서도 연결된 느낌과 긍정적 감정을 경험할 필요가 있다(예: Godin et al., 2015; Schenk et al., 2013). 거주자가 느끼는 상실감은 의미 있는 활동에 참여하면서 어느 정도 경감될 수 있다(Mjørud et al., 2017). 이는 주로 인지 능력이 보존되거나 경미하게 손상된 경우에 해당한다. 장기요양시설의 중재 전문가와 SLP는 거주자의 상실감을 반드시 고려하며, 활동 및 상호작용 시 의미 있는 참여를 촉진하기 위해 SLP가 중재를 제공한다(세부 내용은 6~7장 참고). 다양한 연구를 통해 전 세계 장기요양시설의 문화가 폭넓게 변화할 수 있는 방향을 모색한다. 거주자의 삶의 질 관련 주요 요소는 [글상자 11-1]에 제시되었다.

글상자 11-1 장기요양시설 거주자의 삶의 질 관련 주요 요소

- 선택, 통제와 자율, 능력 인식
- 정체성, 영성, 존엄
- 사생활, 평화와 고요
- 편안함, 안전과 안보
- 사회적 교류, 직원과의 상호작용
- 의미 있는 활동, 식사의 즐거움

치매 환자의 삶의 질 치매 환자의 삶의 질에서 가장 중요한 요소가 무엇인지에 관한 연구들이 많다. 예를 들어, 과거를 회상하고 '매번 최대한 활용'하는 것이 중요하다(Thorgrimsen et al., 2003). 질환을 수용하고 정상적 상태를 보존하는 데 핵심 가치를 두기도 한다(von Kutzleben et al., 2012). LTC 시 가족 교류를 줄이는 주 요인은 치매의 발현이다(Port et al., 2001). 호주 장기요양시설 거주자의 긍정적 삶의 질은 가족 및 타인과의 관계, 삶에 대한 통제 요구, 지역사회에의 기여감과 연관된다(Moyle et al., 2015). 반면 우울이나 인지 결함은 사회적 참여를 방해한다(Achterberg et al., 2003). 우울, 인지, ADLs의 손상도 삶의 질을 저하시킨다(Barrios et al., 2013; Bosboom et al., 2012; Conde-Sala et al., 2009; Logsdon et al., 1999, 2002). 그러나 인지 및 기능적 능력과의 상관성이 미미하며(Lacey et al., 2015), 인지와 삶의 질 간의 상관성은 없으나 우울은 일관적으로 영향을 미친다는 보고도 있다(Chua et al., 2016; Giebel, Sutcliffe, & Challis, 2015; Naglie et al., 2011; Woods et al., 2014).

삶의 질의 주요 요소로 환자의 과민성 및 자아상, 환자와 치료자 간 관계의 질, 남성 등을 꼽기도 한다(Woods et al., 2014). 동반 질환(Buckley et al., 2012) 및 ADLs 수행력(Giebel et al., 2015)과 삶의 질이 연관될 수 있다. 인지나 활동 저하는 삶의 질에 관여하지 않으나, 우울은 일관적인 상관성이 있다(Banerjee et al., 2009; Beerens et al., 2013). 치매는 삶의 질에 지속적으로 영향을 주는데(Beerens et al., 2013), 이는 질적 및 장기적 연구가 더 필요하다(Beerens et al., 2014).

2) 삶의 질 평가의 난제들

지난 수십 년간 치매 환자의 삶의 질을 평가하는 환자/고객 보고형 도구가 개발되었다. 치매에 특화된 10개 이상의 평가도구는 다양한 변수가 반영되며, 국제적으로 통용되거나 특정 국가에 편중된다. 여기서는 신뢰도 및 타당도가 높은 평가를 고안할 때 직면하는 시행 방식, 대리 및 자기 보고의 어려움을 논의한다. 대상자(예: 고객, 직원, 가족)에 따라 삶의 질의 개념과 관점이 다양하나, 자료 수집의 목적에 따라 모든 관점을 활용할 수 있다(Godin et al., 2015).

시행 방식 치매 노인의 삶의 질을 평가할 때 시행 방식(예: 독립적 자기보고 설문, 면담 기반 접근, 대리보고)을 고려하고, 검사와 면담을 통해 삶의 질을 평가한다(Novella et al., 2001). 시각 아날로그척도(Visual Analogue Scales: VAS)는 인지-의사소통장애의 평가 절차를 단순화시키는데(예: Scherder & Bouma, 2000), 특히 장기요양시설 거주자에게 효과적이다(Bourgeois, Dijktra, & Hickey, 2005a, 2005b; Hickey & Bourgeois, 2000). 설문조사 문항 및 시행 방식을 결정하는 참여 행동 연구, 의사소통을 지원하는 시각 보조기기 등도 삶의 질 관련 자기보고형 평가로 활용된다(Rand & Caeils, 2015).

경도~중등도의 인지 손상 시 인지-의사소통 지원이 적절하면 일상생활 관련 선호도, 선택, 결정 참여 등에 지속적으로 반응할 수 있다(Bourgeois et al., 2016; Feinberg & Whitlatch, 2001). 의미 있는 사진 찍기, 사진 보며 토론하기 등의 획기적 지원은 삶의 질을 높이는 데 효과적이다(van Hoof et al., 2016). 치매의 진행으로 기억 소실이 심화되면 질환을 인식하지 못해 삶의 질 평가의 신뢰도가 떨어질 수 있다. 질환 및 결함에 대한 인식과 통찰이 삶의 질에 관한 자기보고에 영향을 미치는지 여부는 연구마다 다양하다(Banerjee et al., 2009; Giebel et al., 2015; Hurt et al., 2010; Lacey et al., 2015; Selai et al., 2001; Sousa et al., 2013; Thorgrimsen et al., 2003; Woods et al., 2014).

대리보고 자기보고가 불가능한 경우 환자를 잘 아는 가족, 친구, 전문 간병인의 대리보고를 통해 추가 정보를 획득한다(Beerens et al., 2014; Godin et al., 2015; Kane et al., 2005; Robertson et al., 2017). 결함이 심한 환자도 대리보고나 관찰로 평가할 수 있으나, 자기보고에 비해 부정적인 결과가 많다(Arons et al., 2013; Bruvik Ulstein, Ranhoff, & Engedal, 2012; Buckley et al., 2012). 장기요양시설 거주자의 전반적 삶의 질에 대해 직원과 가족의 대리보고 간에는 차이가 없으나, 자기보고와 대리보고, 대리보고와 신체 · 정신 건강 지표 간에 상관성이 있다(Robertson et al., 2017). 직원과 가족 간에는 삶의 질의 개념이 다른데(예: Godin et al., 2015), 직원 피로, 스트레스 환경 등 요양시설 환경이 주요 영향 요인이다(Robertson et al., 2017).

가족을 통한 대리보고의 결과가 일관적이지 않으므로 가족의 특성에 주목하기도 한다. 삶의 질에 관한 가족의 대리보고는 연령, 재정 상황 등과 상관성이 크다(Arons et al., 2013). 환자와 간병인이 함께 생활할 경우 두 보고 간의 차이가 적으나 신경정신병적 행동이 많을수록 차이가 커진다(Bruvik et al., 2012). 우울 증상, 의식 등 비인지적 요소가 자기보고와 대리보고 간의 차이를 더 잘 반영하기도 한다(Sousa et al., 2013).

가족의 대리보고에서는 인지, 기능, 행동, 우울이 치매의 신경정신병적 증상에 영향을 미친다(Buckley et al., 2012; Giebel et al., 2015; Robertson et al., 2017). 그러나 우울과 대리보고 간의 상관성은 비일관적이다. 우울과 기능은 삶의 질에 대한 대리보고의 일관적 예측인자인 반면, 인지, 보호자의 우울 및 부담감은 그렇지 않다(Naglie et al., 2011). 자기보고에 의한 HRQoL은 대리보고보다 우울과 더 큰 상관성을 갖는다(Chua et al., 2016). 대리인은 환자의 인지 능력을 과대평가하거나 감정 상태를 과소평가하기도 한다(Bourgeois et al., 2005a; Hickey & Bourgeois, 2000).

직원, 가족 등 정보를 제공하는 대리인의 유형 및 환자와의 관계가 평가에 영향을 줄 수 있다. 가족의 대리보고는 장기요양시설 거주자의 안위, 기능, 사생활, 존엄, 의미 있는 활동, 안전, 자율성 관련 삶의 질과 유의한 상관성이 있으나, 즐거움 및 관계에는 영향력을 미치지 않는다(Kane et al., 2005). 직원의 대리보고는 존엄과 관계를 제외한 모든 영역에서 상관성이 높다. 평가된 영역의 유형도 대리보고에 영향을 줄 수 있다. 가족과 임상가가 각각 정확히 평가하는 문항이 다르다(Cheng & Chan, 2006). 가족은 관찰하기 어려운 문항(예: 일상 활동, 불안, 우울), 임상가는 가시화된 문항(예: 이동성, 자가 치료)에 더 유효하게 반응한다. 그러나 삶의 질에 관한 가족의 대리보고는 제약이 많고 가정 거주 기간과 비용 부담이 클수록 낮게 나타난다(Robertson et al., 2017).

장기요양시설 거주자와 대리인은 구어적 및 사회적 상호작용의 양과 질에 따라 평가 결과가 다르다. 의사소통의 어려움은 사회적 상호작용을 방해하고 삶의 질을 스스로 평가할 기회를 줄인다(Brod et al., 1999). 거주자가 명확히 표현하지 못하면 간병인은 의사소통 시도를 잘못 해석한다. 환자를 파악하는 정도에 따라 대리인의 평가가 다른데, 수간호사의 대리보고가 이를 입증하는 예이다(Gräske et al., 2012). 심화평가가 필요한 경우 구조화된 대화를 통해 환자의 삶의 질을 미리 파악하도록 대리인을 훈련한다.

Bourgeois 등(2005a)은 삶의 질에 관한 10분간의 대화 전후 치매 삶의질척도(Dementia Quality of Life Scale: DQoL; Brod, 1998; Brod et al., 1999)를 시행했는데, 장기요양시설 거주자와 직원(간호조무사[CNAs]/치료 보조원)의 자기 및 대리 보고로 구성되었다. 글자 단서카드(확대된 구어 절차)를 활용해 정확한 대화를 유도한 결과, 대화 이후의 평가에서 거주자와 직원이 보고한 삶의 질 지표가 더 많이 일치했다. CNAs와의 상호작용을 관찰하면 환자의 반응이 놀랍거나 의문스러울 수 있다. 즉 대리인은 거주자의 선호도를 안다고 여기나 예기치 않은 반응이 나오기도 한다. 대리인의 전제가 환자 반응과 많이 달라 오류가 발생하면 삶의 질 관련 의사결정에 큰 영향을 준다. 따라서 평가도구나 대리인의 유형을 고려하고, 삶의 질을 폭넓게 이해하기 위해 대리인의 유형을 하나 이상으로 구성해야 한다.

3) 삶의 질 평가도구

삶의 질 평가도구는 정상인이나 특정 질환에 적용된다. 삶의 질 관련 자기보고의 중요성을 고려해 신뢰도가 높고 치매 특화적인 도구가 개발되고 있다. 자기보고가 어려운 경우 대리보고나 관찰척도를 사용한다. 삶의 질에 관한 15개의 치매 특화적 평가도구들이 보고되었는데(Perales et al., 2013), 주로 미국에서 개발되었으나 5개는 다른 나라의 도구들이다. 인구 기반 표본을 대상으로 한 심리측정적 도구는 전무하다. 자기보고형은 경도~중등도 치매에 적합한 반면, 대리보고 및 관찰척도는 중등도~심도에 더 효과적이다. 평가 영역의 개념이 비일관적이므로 도구를 선택하기 전에 면밀히 검토해야 한다. 평가 영역에는 주로 기분, 사회적 상호작용, 활동의 즐거움, 미적 감각, 자존감, 자아상이 포함되며, 인지, 활동, 건강, 생활 여건, 유용성 인식 등도 추가될 수 있다(Perales et al., 2013). 치매 특화적 평가도구는 심리측정성이나 보편성을 고려해 보다 포괄적이고 정밀하게 개발되어야 한다(Bowling et al., 2015).

치매용 자기보고 평가 알츠하이머병(AD)을 치료할 때 우울 및 삶의 질에 관한 자기보고 평가가 권고된다(예: Naglie et al., 2011). DQoL(Brod, 1998; Brod et al., 1999), 삶의질-알츠하이머병척도(Quality of Life-Alzheimer's Disease Scale: QoL-AD; Logsdon et al., 1999) 등 초기의 치매 특화적인 자기보고형 삶의 질 평가는 Lawton의 삶의 질 모델에 기초했다. 그러나 DQoL과 QoL-AD에는 Lawton의 모델이 크게 반영되지 않았으며, 특정 모델에 기초하지 않고 HRQoL만 고려하거나 사회적 연관성이 적은 도구들도 있다(Bowling et al., 2015). 이러한 도구들이 가장 보편적으로 사용된다.

DQoL(Brod, 1998; Brod et al., 1999)은 3개 간병인 집단이 치매 환자에게 중요한 영역이 무엇인지를 검토한 데에서 출발했다. 29개 문항으로 구성된 DQoL은 약 10분이 소요되며, 자존감, 긍정적 및 부정적 감정, 소유욕, 미적 감각 등 5개 하위 영역의 점수와 총점이 산정된다. 이는 경도~중등도의 인지 결함(간이정신상태검사[MMSE]>11)에 대한 신뢰도와 타당도가 높다. MMSE가 10점 미만이면 DQoL을 수행하기 어렵다(Thorgrimsen et al., 2003). DQoL은 미국, 중국, 일본, 스페인, 영국, 네덜란드에서 표준화되었다(Perales et al., 2013).

QoL-AD(Logsdon et al., 1999)는 신체적 건강, 에너지, 기분, 생활 환경, 기억력, 가족, 결혼, 친구, 잡일, 즐거움, 재정, 자아, 생애 전반 등 13개 영역 관련 삶의 질에 기초하며, 자기 및 대리 보고의 신뢰도와 타당도가 높다. 치매 환자 및 간병인(가족, 직원)의 시각을 파악하고 다른 도구와 비교함으로써 QoL-AD의 신뢰도와 타당도가 입증되었다(Thorgrimsen et al., 2003). QoL-AD는 심도의 인지 결함에도 효과적이며, 급성기 치료에 적용 가능하나 추가 연구가 필요하다(Torrison et al., 2016). DQoL에 비해 수행하기 쉽고 변화에 대한 민감도가 높다(Selwood, Thorgrimsen, & Orrell, 2005; Thorgrimsen et al., 2003). 다양한 중증도 및 심리측정적 속성으로 인해 임상 연구 시 널리 활용된다(Whitehouse, Patterson, & Sami, 2003). DQoL은 변별력이 높아 연구 영역에서 선호되는 반면, QoL-AD는 소요 시간이 짧고 시행하기 쉬워 노인 치료에 더 유용하다. DQoL과 QoL-AD의 프랑스어판은 모두 심리측정적 속성을 갖는다(Wolak-Thierry et al., 2015). 특히 QoL-AD는 미국, 중국(광둥어 및 북경 표준어), 대만, 스페인, 일본, 브라질, 한국, 프랑스(스위스 프랑스어권 지역), 멕시코, 영국에서 검증되었다(Perales et al., 2013).

자기보고 평가인 DEMQOL(Smith et al., 2005, 2007)은 건강과 행복, 인지 기능, 사회적 관계, 일상 활동 등 4개 영역의 28개 문항으로 구성된다. 전반적 삶의 질 관련 문항은 총점에 포함시키지 않는다. DEMQOL의 타당도와 신뢰도는 경도~중등도 치매에서 높다. HRQoL을 정확히 평가하나 하위 점수는 유용하지 않다(Chua et al., 2016). DEMQOL 및 DEMQOL-대리보고형은 치매 환자의 질적 삶(quality-adjusted life-years: QALYs) 관련 평가도구를 개발하는 데 활용되었다(Mulhern et al., 2013). QALYs는 치료 영역(예: 기억력, 참여)뿐 아니라 삶의 질 관련 중재 효과와 비용 효율성을 주로 평가한다. 반면 DEMQOL은 이러한 목적에 부합되지 않는다. Mulhern 등(2013)은 유럽 삶의질-5(European Quality of Life-5 Dimensions: EQ-5D; Brooks, Rabin, & de Charro, 2003)와 같은 전반적 삶의 질 평가와

DEMQOL을 병행해 중재 효과를 판단하도록 제안했다. 그러나 전반적 평가만 시행하는 것은 바람직하지 않다. DEMQOL은 영국과 스페인에서 표준화되었다(Perales et al., 2013).

전반적 자기보고 평가 Neuro-QoL(Cella et al., 2011; Gershon et al., 2012)은 치매 환자의 삶의 질을 평가하며, 뇌졸중, 외상성 뇌손상(TBI), 파킨슨병(PD), 헌팅턴병(HD), 다발성 경화증(MS), 근위축측삭경화증(ALS) 등에 의한 인지 결함이나 치매 증상을 동반한 신경학적 질환에서 타당도가 검증되었다. 이는 신체적, 정신적, 사회적 안녕 등 다양한 삶의 질 영역을 평가하는 데 유용하다(www.neuroqol.com). 자기보고형으로 고안되었으나 대리보고도 가능하다. Neuro-QoL의 두 버전은 1개 영역에 대한 간편검사인 5−10과 컴퓨터 기반의 4−12이며, 각각 고정형과 변동형으로 시행된다.

단일 영역 평가는 전반적 삶의 질 관련 특정 상황에서 시행된다. 인지나 기능 수준을 개별적으로 평가하면 삶의 질의 주요 영향 요인을 간과할 수 있다(Sousa et al., 2013). 특정 단일 영역은 삶의 질을 평가하는 데 유용하다. 예를 들어, 우울과 삶의 질 간의 상관성에 근거하여 우울증을 예측변인으로 간주하기도 한다. 이로 인해 노인우울척도(GDS; Yesavage et al., 1983)가 장기요양시설에서 흔히 사용된다. Isella 등(2005)은 경도~중등도 환자의 우울증을 선별하고 정량화하는 간편검사를 권고했다. 즉 GDS-4로 선별하거나 GDS-15로 중증도를 평가한다. MMSE가 14점 이상이면 GDS-15를 수행할 수 있고, 10~14점인 경우 추가 연구가 필요하다(Conradsson et al., 2013). 치매 대상의 우울증 평가도구로서 기분 관련 증상, 행동장애, 신체 증상, 순환 기능, 관념장애 등 19개 문항으로 구성된 코넬 치매 우울척도(Cornell Scale for Depression in Dementia: CSDD; Alexopoulus et al., 1988)가 있다. CSDD는 기억장애를 대상으로 타당도가 검증되었다(Knapskog et al., 2011).

의사소통 관련 자기보고 평가 치매로 인해 동반되는 의사소통장애가 삶의 질에 미치는 영향을 평가한다. 의사소통 관련 삶의질척도(Quality of Communication Life Scale: QCL; Paul-Brown et al., 2004)는 삶의 질에 있어 의사소통의 역할을 평가한다. QCL은 일상의 의미 있는 참여에 영향을 주는 개인적 및 환경적 요소를 파악하며, 전반적 삶의 질 관련 문항 1개를 포함한다(Paul-Brown et al., 2004). QCL은 치매가 아닌 실어증, 마비말장애, 기타 신경의사소통장애를 대상으로 개발되었다. 검사자가 직접 지시문을 읽어 주고 충분한 반응 시간, 필요시 적절한 촉진 등을 제공하면 신뢰도가 높아진다(Bourgeois et al., 2005b).

몬테소리 방법에 기반한 그림카드 범주 분류는 타당도와 신뢰도가 높고 환자의 직접 수행을 유도하는 효과적 절차 중 하나이다(Camp, 2006; Camp & Skrajner, 2004; van der Ploeg et al., 2013; 치료 계획 평가는 5장 참고). 강화된 시각/분류 절차에서 글자 및 그림 단서를 사용하면 삶의 질 지표와 관련된 반응을 유도한다. 전문 간병인과 환자 간의 대화 시 이를 활용해 발화를 촉진하고 혼동을 줄일 수 있다. 삶의 질 관련 대리보고의 타당도를 높이도록 간호 직원의 능력을 향상시킨다. VoiceMyChoice™(VMC; Bourgeois et al., 2016)와 Talking Mats®(www.talkingmats.com; Murphy et al., 2010)는 시각적으로 구성된 의사결정 평가도구이다.

치매용 대리보고 평가 DQoL과 QoL-AD는 대리보고형으로도 사용되며, 자기 및 대리보고를 통해 환자와 간병인의 평가를 비교한다. AD 관련 삶의질척도(Alzheimer Disease Related Quality of Life Scale: ADRQL; Rabins et al., 1999), DEMQOL-대리보고형(Smith et al., 2005, 2007) 등은 대리보고용으로 개발되었다. ADRQL은 사회적 상호작용, 자기 인식, 활동의 기쁨, 감정 및 기분, 환경에의 반응 등 5개 영역의 점수를 합산해 전반적 삶의 질을 파악한다. DEMQOL-대리보고형은 31개 문항에 전반적 삶의 질 관련 문항이 추가된다(Smith et al., 2005, 2007). 자기보고형과 동일하게 4개 영역을 평가한다. 경도~심도 치매 환자 및 간병인에게 유용하나, 하위 검사의 신뢰도가 낮아 개별적 활용은 권장되지 않는다(Chua et al., 2016).

치매 환자의 삶의 질과 신경정신병적 행동 간의 상관성(예: Benhabib et al., 2013; Hurt et al., 2008)을 고려할 때, 신경정신병목록(Neuropsychiatric Inventory: NPI; Cummings et al., 1994; Cummings, 1997; www.npitest.net)은 삶의 질 지표로 사용될 수 있다. 망상, 환각, 흥분/공격성, 불쾌감, 분노, 도취, 무감각, 탈억제, 과민성/불안정성, 이상운동성, 야간행동장애, 식욕 및 섭식 이상 등 신경정신병적 행동 관련 12개 영역으로 구성되며, 검사의 신뢰도와 타당도가 높다. AD뿐 아니라 다양한 치매 유형에 적용 가능하고, 하위 영역 중 하나의 행동을 보이면 문항 전체를 평가해 행동 빈도, 간병인 고통 등을 측정한다. 40개 언어 및 몇몇 방언(예: 영어, 스페인어, 프랑스어, 광둥어)으로 번안된 NPI는 검사용 웹사이트(http://npitest.net/npi/translations.html)에서 제공된다. 10개 및 12개 문항(NPI-10; Cummings et al., 1994; NPI-12, Cummings, 1997), 간편설문(NPI-Q; Kaufer et al., 2000), 장기요양용(NPI-NH; Wood et al., 2000), 임상가용(NPI-C; de Medeiros et al., 2010) 등 5개 유형으로 분류된다. 특히 NPI는 약물 치료에 의한 변화에 민감하다(Benhabib et al., 2013).

치매용 관찰 평가 관찰 평가는 환자의 긍정적 감정 및 경험의 변화를 파악하고 중재하기 위한 진단에 유용하다. 그러나 직원이 시행하기 어렵고 관찰할 수 없는 행동도 있다(Kane, 2003). 평가의 타당도와 신뢰도를 높이기 위해 훈련이 필요한데, 단기간 내에 목표 행동을 관찰하기가 매우 어렵다. 평일 근무 시간 외에 일상생활 내내 삶의 질을 관찰해야 한다(Kane, 2003). 감정 및 기타 삶의 질 지표는 심한 인지 결함 시에도 관찰 가능하다.

관찰 평가도구는 다수의 명칭을 갖는다. 필라델피아노인센터 정서평가척도(Philadelphia Geriatric Center Affect Rating Scale; Lawton, Van Haitsma, & Klapper, 1996a, 1996b)는 현재 감정관찰 평가척도(Observed Emotion Rating Scale; Lawton, Van Haitsma, & Klapper, 1996b)로 불린다. 웹 사이트(www.abramsoncenter.org/media/1199/observed-emotion-rating-scale.pdf)에서 제공하며, 중등도~심도 치매에 대해 즐거움, 분노, 불안/두려움, 슬픔, 전반적 환기 등 5개 영역을 평가한다. 훈련받은 임상가가 환자를 잘 파악하고 10분간 얼굴 표정을 관찰한 후 각 영역의 수준이나 지속 시간을 측정한다. 장기요양시설의 치매 환자는 비교적 덜 긍정적인 정서를 보인다.

치매용 삶의질척도(Quality of Life in Dementia scale: QUALID; Weiner et al., 2000; Weiner & Hynan, 2015)는 장기요양시설에 거주하는 말기 치매 환자의 삶의 질을 평가한다. 훈련받은 전문가가 일주일간 거주자의 11개 행동(예: 미소, 민감성, 식사의 즐거움)을 관찰하고 평가한다. QUALID는 내적 일관성, 검사-재검사, 검사자내 신뢰도가 높고, 적절한 수준의 내적 구성타당도가 입증되었다. 특히 QUALID는 생애 말기 치매 환자의 삶의 질을 평가하는 데 유용하고(Hendriks et al., 2014), 중등도~심도 치매에 대한 타당도가 높다. 그러나 행동적 및 정신과적 증상이 향상되더라도 약물 치료 시의 종단적 변화를 반영하지 못할 수 있다(Benhabib et al., 2013). 삶의 질-시각 아날로그척도(QOL-Visual Analogue Scale), 통증-시각 아날로그척도(Pain-Visual Analogue Scale), NPI-NH(Garre-Olmo et al., 2010)와 상관성을 갖는 스페인어 버전을 개발하기 위해 QUALID에 비교문화적 및 심리측정적 속성이 포함되었다. QUALID는 스웨덴에서도 표준화되었다.

요컨대, 삶의 질은 복합적 구조로서 상관성이 가장 큰 영역에 대한 개념과 견해가 다양하다. 치매 환자의 삶의 질을 평가하는 도구들이 많은데, 이는 약물이나 행동 중재의 회기 내에서 시행한다. HRQoL 및 다양한 측면을 검토하여 척도를 선택해야 한다(Perales et al., 2013). 예컨대, 검사의 개발 주체, 타당도 검증, 사용 언어, 자료 수집 방법 등을 고려한다. 평가 목적, 영역 및 문항의 개념화, 심리측정적 속성, 채점 등도 중요한 고려 요소이다.

2. 통증의 평가 및 관리

통증은 HRQoL의 주요 요소이다. 장기요양시설의 치매 환자 중 50~80%가 근골격, 위장, 심장 관련 통증을 경험한다(Corbett et al., 2012). 숙변, 소변정체, 무자각 골절, 외과복증(surgical abdomen) 등도 통증의 원인일 수 있다(Volicer & Hurley, 2015). 인지 손상이 없는 경우에 비해 치매 환자는 통증 치료를 덜 받는다(Hoffman et al., 2014). 신경병리적 속성이 통증의 지각 및 처리에 미치는 영향, 평가 절차상 한계, 치료 효과 검증의 부족, 건강관리 전문가 교육 및 훈련의 필요성 등을 잘 이해하지 못하기 때문에 치매 환자의 통증을 적절히 평가하고 치료하기가 어렵다(Achterberg et al., 2013). 간호사는 급성기 노인에 비해 치매 환자에게 증거 기반적 통증 관리 원칙을 더 많이 적용한다고 여긴다(Coker et al., 2010). 통증 완화의 지속적 제공, 인지장애 평가, 비약물적 치료, 부작용 관리를 위한 환자 및 가족 지원 등이 통증 관리의 어려움을 극복하는 전략으로 활용된다.

통증의 유무 및 중증도 평가는 간호사의 주요 역할 중 하나로, 주치의가 통증을 관리하는 데 유용하다. 의료 환경의 SLP는 적절한 의사소통 지원 및 상담을 통해 환자가 통증의 수준을 정확히 보고하도록 돕는다. 또 인지-의사소통장애 환자의 비구어 의사소통을 해석한다. 통증 평가는 대개 자기보고 형식의 구어로 실시되며, 간호사가 통증 유무를 파악한 후 통증이 있으면 중증도를 평가한다. 통증의 평가척도는 다양하며, 환자가 0~10점 척도(0=통증 없음, 10=매우 심한 통증)로 평정하기도 한다. 구어서술척도(Verbal Descriptor Scale; Feldt, Ryden, & Miles, 1998)는 환자가 통증의 7개 중증도 항목(통증 없음~심함)을 평가한다. VAS(Scherder & Bouma, 2000), 숫자평가척도(Numerical Rating Scale; Herr & Mobily, 1993), 안면통증척도(Faces Pain Scale: FPS; Bieri et al., 1990) 등의 자기보고 평가는 초경도 치매에 유용하다(Corbett et al., 2012). 129명의 심도 치매(MMSE<11)에 3개 척도를 적용한 결과, 61%가 최소 1개의 척도를 이해했고 FPS에서 어려움을 보였다(Pautex et al., 2006). 색 아날로그척도(Colored Analogue Scale: CAS; McGrath et al., 1996), 안면감정척도(Facial Affective Scale: FAS; McGrath et al., 1996), FPS는 모두 경도 치매에 적용되며 CAS는 중등도~심도 치매에도 효과적이다(Scherder & Bouma, 2000).

Fisher 등(2002)은 다양한 인지 수준(MMSE 평균 15, 표준편차 7)의 장기요양시설 거주자를 대상으로 통증에 대한 자기보고형 평가를 개발하고 신뢰도를 검증했다. GPM-M2라 불리는 노인통증평가 수정판(Geriatric Pain Measure-Modified: GPM-M; Ferrell, Stein, & Beck,

2000; Simmons, Ferrell, & Schnelle, 2002)을 시행하도록 지원하고(예: 구어 촉진), 17개 항목에 대해 예-아니오 및 리커트(Likert) 척도로 평정하도록 했다. 이의 타당도, 내적 일관성신뢰도, 안정도 등 심리측정적 속성은 양호한 것으로 입증되었다.

전 세계적으로 사용되고 타당도가 높은 치매용 통증 평가도구로는 비구어통증지표 체크리스트(Checklist of Nonverbal Pain Indicators: CNPI; Feldt, 2000), 노인통증치료평가 2(Elderly Pain Caring Assessment 2: EPCA-2; Morello et al., 2007), 가동-관찰-행동-집중-치매(Mobilization-Observation-Behavior-Intensity-Dementia: MOBID; Husebo, Ostelo, & Strand, 2014), 관찰 통증행동평가도구(Observational Pain Behavior Assessment Instrument: OPBAI; Teske, Daut, & Cleeland, 1983), 치매노인 통증평가(Pain Assessment for the Dementing Elderly: PADE; Villanueva et al., 2003), 중증치매 통증평가(Pain Assessment in Advanced Dementia: PAINAD; Warden, Hurley, & Volicer, 2003), 의사소통장애노인 통증평가(Pain Assessment in Noncommunicative Elderly persons: PAINE, Cohen-Mansfield, 2006) 등이 있다(Husebo, Achterberg, & Flo, 2016).

의사소통 문제가 있는 치매 환자는 통증을 적절히 설명하지 못한다(Ballard et al., 2011; Monroe, Parish, & Mion, 2015). 즉 울기, 고함치기, 초조, 동요, 신체 부위 문지르기, 찡그리기, 공격적 · 저항적 · 방어적 행동 등 통증을 비구어로 표현하는 경우가 많다(Ballard et al., 2011; Husebo et al., 2009). 통증은 공격성 및 흥분과 정적 상관, 방황과 부적 상관을 보인다(Ahn & Horgas, 2013). 따라서 통증을 효과적으로 관리하면 공격성 및 흥분 행동을 감소시키고 운동성을 증진한다. 개별적 상호작용, 활동 양식, 일상생활, 정신 상태 등의 변화도 고려한다(AGS Panel on Persistent Pain in Older Persons, 2002).

통증은 효과적으로 치료되지 않을 수 있다(Frampton, 2003). 파괴적 행동을 보이면 진통제가 아닌 항정신성 약물을 투여하기도 한다(Ballard et al., 2011). 통증이 있는 거주자의 45%는 통증 관련 약물 치료를 받지 않는다(Plooij, van der Spek, & Scherder, 2012). 고관절 수술을 받은 치매 환자는 상대적으로 진통제를 덜 사용한다(Monroe, Misra, & Habermann, 2014; Morrison & Siu, 2000). 체계적 평가는 통증 관리를 향상시키고(진통제 복용 필요성의 증가에 준함) 간호사의 고통과 피로를 줄인다(Fuchs-Lacelle, Hadjistavropoulos, & Lix, 2008).

치매 환자의 자기보고 평가를 신뢰하기 어려우므로, 관찰 도구를 활용해 통증의 비구어적 징후를 판단한다. 예컨대, CNPI(Feldt, 2000)는 통증 관련 구어 및 비구어 행동을 파악하기 위한 간호사용 관찰 도구이다. 임상 관찰 도구인 PAINAD(Warden, Hurley, & Volicer, 2003)는 통증 관련 행동을 관찰하고 타당도와 신뢰도가 높은 신속한 평가의 필요성 때문에 개발되었다. 음악 감상을 통한 통증 관리(Park, 2010) 등 비약물적 중재를 평가하고, 5개 행동 범주(호흡, 부정적 발성, 얼굴 표정, 신체 언어, 위로)를 각각 0~2점(총점 0~10)으로 평정한다. 초기에는 내적 일관성신뢰도가 낮았으나 후속 연구를 통해 보완되었고, 검사자내 신뢰도가 매우 높게 나타났다(Dewaters et al., 2008; Schuler et al., 2007). PAINAD는 11개 언어로 번안되었고, 온라인 동영상 및 다른 3개 통증 척도를 웹 사이트(http://journals.lww.com/ajnonline/Pages/videogallery.aspx?videoId=16&autoPlay=true)에서 무료로 이용할 수 있다. 얼굴 표정 컴퓨터평가(Hadjistavropoulos et al., 2014) 등 다른 도구도 개발 중이다.

인지-의사소통장애 환자의 통증을 평가하고 치료하는 것은 간호 교육의 초점으로서 긍정적인 역할을 한다. 통증 강도가 유사한 인지 손상 환자와 정상 거주자는 훈련 이후에 둔부 골절 관련 진통제 치료를 유사하게 시행한다(Feldt & Finch, 2002). 그러나 장기요양시설 간호사는 통증 관련 약물 치료가 간과될 수 있음에 유의해야 한다. 인지 손상 시 약물 치료의 필요성을 인식하지 못하기 때문이다. 따라서 통증의 변화를 예측해 약물 치료 일정을 잡아야 한다. Reid와 동료들(2015)은 2시간의 통증 관리 교육 워크숍을 실시했는데, 38개월 후 통증에 대한 평가와 기록이 크게 증가했다.

인지 결함 시 통증을 적절히 평가하고 관리하기가 매우 어려우므로 SLP는 환자의 의사소통을 촉진시켜야 한다. 특히 흥분과 같은 비구어 표현을 해석함으로써 간호 인력을 돕고, 비구어 의사소통을 평가하거나 도구를 적용하도록 지원한다. 예를 들어, Lasker(2006)는 지역 병원 간호사와 함께 통증의 중증도별로 얼굴 표정을 도식화해 시각 통증척도(Visual Pain Scale)를 수정했다([그림 11-2]). SLP는 '모든 사람은 의사소통할 수 있고 실제로 의사소통'하며(Beukelman, Mirenda, & Ball, 2012) '의사소통 문제'를 갖는 치매 환자가 무엇을, 어떻게 의사소통하는지 간병인이 이해하도록 돕는다.

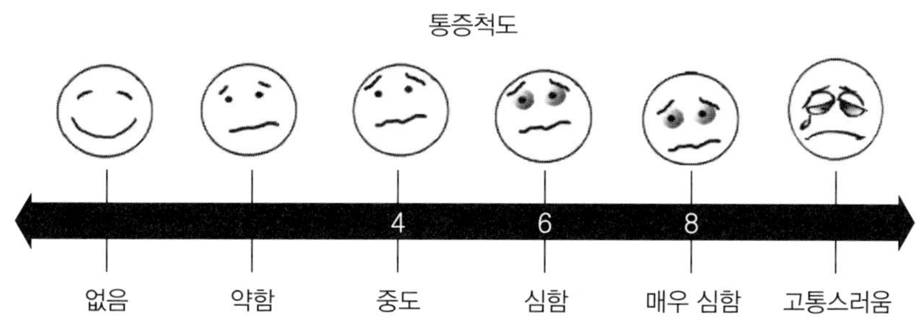

[그림 11-2] 시각 통증척도(Visual Pain Scale)

출처: Lasker(2006).

3. 생애 말기 쟁점들

고령화 및 치매 발병률의 증가에 따라 생애 말기 치매 환자를 위한 의사결정이 중시되고 있다. 생애 말기까지 삶의 질을 극대화시키는 데 목표를 두나, 적절히 중재받지 못하고 가족의 요구와 무관하게 삶의 질이 보장되지 않는 연명 치료에 국한되는 경우가 많다(Mitchell et al., 2009). 조직과 정부는 생애 말기 노인에 대한 부담을 줄이기 위해 많은 획기적 방안을 제시한다. 이러한 부담은 비용을 가중시키고 기피 현상을 초래한다(Gozalo et al., 2011). 존엄사에 대한 권리가 많이 논의되는 추세이나, 죽음의 개별적 가치와 요구가 매우 다양하고 대부분의 조력사 관련법에 치매가 배제되어 있다(Menzel & Steinbock, 2013).

1) 사전의료의향서

사전의료의향서('사망선택 유언장')를 통해 다양한 의료 상황과 생애 말기 돌봄에 대한 견해를 명기하고 의료 및 의사 결정 대리인을 확인한다. 의향서에는 치료 관련 요구, 선호도, 거부 계획이 포함된다(Brooke & Kirk, 2016). 이는 논란의 여지가 있어 강요가 아닌 대화의 도구로 활용되어야 하며, 가족과 전문 간병인의 판단을 돕는 역할을 한다. 여러 국가나 지역에서 관련 절차를 포함한 법안이 마련되었다(Gozalo et al., 2011). 전문의는 가급적 환자와 절차를 논의하며, 가족과 환자 간의 대화도 강력히 권장되나 대부분 실현되지 못한다(Garand et al., 2011; Kim et al., 2015).

2010년 HealthStyles 설문 분석 결과, 응답자의 26.3%만 사전의료의향서를 준비했고 이에 대한 인식이 많이 부족했다(Rao et al., 2014). 의향서에 대한 능동적 회피는 관련 논의와 참여 의지가 없는 데서 비롯되며, 수동적 원인은 질환의 진행에 대한 두려움 및 이해 부족, 전문가의 적절한 돌봄에 대한 믿음 등이다(van der Steen et al., 2014). 질환과 예후를 환자가 이해했다는 확신이 없고 치매 말기에 익숙하지 않기 때문에 전문의가 사전의료의향 절차를 시행하지 못할 수 있다(de Vleminck et al., 2014). 사전 돌봄 계획의 논의 시기, 주체, 구비 문서 등도 회피 요인에 해당한다(Dickinson et al., 2013; Robinson et al., 2013).

환자에게 의사결정 능력이 있을 때 사전의료의향 절차를 시작하고 실행해야 한다(Kim et al., 2015; Mitchell et al., 2009). 생애 말기 돌봄 관련 논의가 불편할 수 있고, 특히 가족이

동의하지 않을 경우 더욱 그렇다. 긴급 의료 상황이 발생하면 이러한 문제가 더 심화되며, 의사결정 대리인은 환자의 요구를 제대로 파악하지 못한다. 환자나 대리인은 입원 시 치료 동의서에 서명해야 한다. 서류를 작성하지 못했거나 안내받지 못한 경우 입원 과정에서 이를 보완한다. 그러나 대부분의 치매 환자는 사전의료의향서를 작성하거나 치료 요구를 표현하지 못해 가족과 직원의 선택을 어렵게 한다(Kim et al., 2015).

사전의료의향서의 유무와 상관없이 주치의나 간호사는 전문의 연명치료처방(Physician Orders for Life-Sustaining Treatments: POLST) 패러다임(Bomba, Kemp, & Black, 2012)에 근거해 요구를 논의하며, 급성기 입원 전에 미리 준비하는 것이 바람직하다. POLST는 의료 제공자, 환자, 대리인 간에 돌봄 목표를 논의하기 위한 틀을 제공한다(Kim et al., 2015). 논의에 근거한 결정은 의료 처방과 직결되고, 더 나은 돌봄을 지속적으로 제공하는 데 유용하다. POLST는 환자의 사전의료의향서를 보완하며, 질환의 변화에 따라 의료 제공자와 대리인 간에 논의되어야 한다(Kim et al., 2015). 그러나 이를 시행하기는 쉽지 않다. 예컨대, 생애 말기 돌봄 목표에 대해 전문의, 환자, 대리인 간의 논의가 부족하다. 선택 사항을 이해하거나 의사소통하기 위한 훈련도 필요하다. 지역에 따라 POLST의 처방이 어려울 수 있는데, 사전의료의향서에 누락되어 있으면 인공 영양 및 수분 공급에 앞서 POLST를 시행할 수 없는 지역도 있다. POLST에 근거할 경우 원하지 않는 연명치료가 줄어든다.

의료 전문가는 치매의 예후, 사전 돌봄 계획, 고도의 의사소통 기술에 관해 훈련 및 교육을 받아야 한다(Brooke & Kirk, 2016). 전문가 팀 구성원인 SLP는 다른 전문가에게 의사소통 기술을 훈련하고, 치매 환자의 의학적 치료 및 생애 말기 돌봄에 관한 결정을 지원한다. 이는 각 돌봄 환경(급성기 및 가정 돌봄, 장기요양) 내에서 이루어진다. 사전의료의향서 관련 웹 사이트, 공공 및 의료 전문가용 자료는 [글상자 11-2]에 제시되었다. 치매 환자의 의사조력 사망권리(Menzel & Steinbock, 2013)는 논란의 여지가 있다. Menzel과 Steinbock(2013)은 생애 말기 결정을 위한 고려 사항과 6개 사례 연구를 제시하고, 환자 참여 및 판단의 복잡성을 강조했다. SLP가 의사소통을 지원하면 이러한 과정이 보다 원활해진다.

글상자 11-2 사전 돌봄 계획의 참고 자료

- Five Wishes, Aging with Dignity: 의학적, 개인적, 감정적, 영적 요구에 기반한 사전의료의향서 ; www.agingwithdignity.org
- National POLST Paradigm: 생애 말기 돌봄 및 사전 돌봄 계획을 위한 전문가용 공공 의료 자료 ; http://polst.org
- Conversation Project: 치매 환자와 가족이 측근 및 의료진과 생애 말기 요구를 논의하도록 독려하고, 8개 언어의 대화개시 키트(Your Conversation Starter Kit), 4개 언어로 된 주치의와의 상담법(How to Talk to Your Doctor)을 제공한다.
  ; http://theconversationproject.org; http://theconversationproject.org/wp-content/uploads/2017/02/ConversationProject-StarterKit-Alzheimers-English.pdf
- PREPARE for Your Care: 개인이나 가족의 의학적 의사결정을 돕는 쌍방향 웹 사이트로, 영어 및 스페인어 버전이 제공된다; www.prepareforyourcare.org
- 〈Go Wish〉 게임: 중요도(예: 진정한 자아를 파악할 전문의 찾기)에 따라 요구를 표현하는 분류카드로, 구매용 카드나 무료 온라인 게임에 활용되고 다양한 자료를 지원한다.
  ; www.gowish.org from the Coda Alliance; http://codaalliance.org
- Caring Conversations 워크북 및 임상생명윤리센터(Center for Practical Bioethics)의 사전의료의향서와 위임권 관련 자료; https://practicalbioethics.org/resources/caring-conversations
- 국립호스피스 · 완화치료기구(National Hospice and Palliative Care Organization)는 50개 주 및 워싱턴의 사전의료의향서 관련 정보와 상담을 무료로 제공하며, 웹 사이트에서 스페인어로도 이용 가능하다.; www.caringinfo.org
- UCLA 보건학 박사 Neil Wenger의 사전의료의향서
  ; www.uclahealth.org/neil-wenger
- 알츠하이머협회(Alzheimer's Association)의 생애말기결정(End-of-Life Decisions): 환자 및 가족용 정보를 제공한다.; www.alz.org/national/documents/brochure_endoflifedecisions.pdf
- 캐나다 알츠하이머협회(Alzheimer Society of Canada)의 치매 · 생애말기치료(Dementia and End-of-Life Care; www.alzheimer.ca/~/media/Files/national/End-of-life-care/EoL_Part_I_e
- 캐나다 사전돌봄계획(Advance Care Planning Canada) 지지캠페인(Speak Up Campaign): 환자 · 가족 · 전문가용 정보, 지역별 정보, 5단계 계획(사고 · 학습 · 결정 · 대화 · 기록) 관련 비디오를 제공한다.; www.advancecareplanning.ca
- Dying With Dignity Canada: 사전의료의향서 관련 자료 및 개별 지원을 제공한다.
  ; www.dyingwithdignity.ca/download_your_advance_care_planning_kit

- 캐나다 생애말기법 · 정책(End of Life Law & Policy in Canada): 사전의료의향서, 완화치료, 조력 사망 관련 국가 및 지방 법률 정보를 제공한다.; http://eol.law.dal.ca/?page_id=231
- 호주 사전의료의향서(Advance Care Planning Australia): 수행 능력, 질의응답, 공공 및 보건 전문가 훈련 워크숍 관련 정보로 구성되고, 11개 언어의 사전 돌봄 계획 정보가 제공된다.; http://advancecare planning.org.au/

2) 자격 판단

의사결정 권한 및 자격에 대한 판단은 복잡한 과정으로서 환자 가족에게 부담이 된다. 환자의 정신 건강을 의미하는 법적 상태인 권한(competence)은 특정 상황을 결정한다. 무권한(incompetence) 상태인 경우 오직 판사가 결정하는 반면, 이외의 모든 성인은 권한을 갖는다고 전제된다. 자격(capacity)은 정보에 근거해 결정하는 능력의 정도를 일컫는 임상적 판단으로, 인지 변화와 상황(예: 일상 활동, 음식, 의학적 치료에 대한 결정)에 따라 다양하다(Trachsel, Hermann, & Biller-Andorno, 2015). 결정할 자격이 상황에 좌우되므로, 평가 팀은 결정의 필요 정도, 각 결정의 잠재적 영향, 인지 손상 환자의 선택을 효과적으로 전달하는 방법을 파악한다. SLP는 이해 능력이 낮거나 인지 문제를 인식하지 못하는 환자의 자격을 평가한다. 즉 이해 능력을 판단하고 적절한 평가도구 및 지원 전략(즉 시각 및 글자 단서)을 제공한다.

Allen 등(2003)은 장기요양시설의 사전 돌봄 계획을 연구해 자격에 대한 객관적 평가도구를 개발했다. MMSE(Folstein, Folstein, & McHugh, 1975)의 평균 점수가 14점(표준편차 6.5)인 LTC 환자 78명은 치료의 선호도를 언급할 수 있으나 치료 상황이나 선택 결과를 이해하지 못했다. 구어로 상호작용하는 거주자는 치료의 선택 사항을 더 잘 이해하고 판단했다. 또 인지적 지원 및 촉진(Allen & Shuster, 2002), 예-아니요 및 조정된 반응 등 다양한 선택(Fisher et al., 2002)이 주어지면 치료 계획을 위한 논의에 참여할 가능성이 높아진다. 경도 치매는 법적 표준에 따른 의학적 결정이 가능하다(Moye et al., 2004). 특정 진단 및 치료 절차를 이해하기 위한 별도의 과정을 시행하지 않으려면 환자가 선택의 이유와 결과를 기술할 수 있어야 한다.

3) 생애 말기 의사결정 시 SLP의 역할

예후가 나쁘고 의학적 중재가 필수적인 환자는 사전의료의향서 및 생애 말기 요구를 논의할 때 반드시 참여해야 한다. SLP는 의사소통 관련 건강 서비스와 지원을 제공함으로써 의사소통 요구에 접근하도록 돕고 삶의 질을 향상시킨다. 이는 인간 중심 돌봄 절차에 따라 환자와 가족이 결정한다(ASHA, 2017). SLP는 치매 환자와 가족의 신체적, 감정적, 심리적, 영적 요구를 통합적으로 고려한다(ASHA, 2017; www.asha.org; Speech-Language and Audiology Canada, 2016; www.sac-oac.ca/). 문화적 배경, 영적 믿음, 장애 수용이 가족의 결정에 영향을 주며, SLP는 이를 존중해야 한다(ASHA, n.d.). 임상가가 치료 방안을 권고하고 결과를 공유할 때에는 문화적 측면의 겸양과 민감성을 갖춰야 한다(ASHA, 2017). 이는 의학치료승인기구 연합위원회(Joint Commission on Accreditation of Healthcare Organizations)

글상자 11-3 호스피스 및 생애 말기 돌봄 자원의 권고 사항

웹 사이트

- 국립호스피스·완화치료기구(National Hospice and Palliative Care Organization): 전문가·고객·가족용 생애 말기 돌봄 교육 자료; www.nhpco.org
- 직책성명서(Position Statement): 캐나다 언어청각협회가 규정한 생애 말기 돌봄 시 SLP, 청각학자, 의사소통 건강 보조원의 역할
  ; www.sac-oac.ca/sites/default/files/resources/end-of-life_position-statement_en.pdf
- 미국언어청각협회(ASHA)의 생애 말기 자원 및 참고 자료
  ; www.asha.org/SLP/End-of-Life-Resources/Books

도서

- Gawande, A. (2014). *Being mortal: Medicine and what matters in the end*. New York: Henry Holt & Company, LLC.
- Goldberg, S. (2009). *Lessons for the living: Stories of forgiveness, gratitude, and courage at the end of life*. Boston: Trumpeter Books.
- Kalanithi, P. (2016). *When breath becomes air*. New York: Random House.
- Nuland, S. (1993). *How we die*. New York: Vintage Books.
- Sacks, O. (2015). *Gratitude*. New York: Alfred A. Knopf.

의 2004~2005 윤리 · 권리 · 책임표준(2004-2005 Ethics, Rights, and Responsibilities Standards) 내 표준 RI.2.80([글상자 11-3]의 링크 참고)에 근거한다.

생애 말기의 대안적 의사소통 전략(예: 시각적 및 환경적 지원)은 재활이 아닌 촉진이나 완화 기능을 중심으로 개발된다. SLP는 의사소통 상호작용, 파트너, 환경, 주제에 관한 환자의 요구 및 선호도를 공유하고 파악한다. 치매 환자를 적절히 지원하면 견해와 선호도를 명확히 이해하고 표현할 수 있으며, 중증도가 심화된 후에도 이러한 능력이 유지된다(Bourgeois et al., 2016; 5장 참고).

Chang(2015)은 경도~중등도 치매 환자 20명을 대상으로 시각 보조기기와 의학 문서가 생애 말기 돌봄의 의사결정에 미치는 효과를 평가했다. 피험자는 2개 조건(구어 및 구어/시각 보조기기 조건)에서 2개 의학 문서(치매용 약물 치료, 삼킴장애용 영양보급관 삽입)에 대한 이해, 선택, 추론, 평가를 수행했다. 시각 보조기기는 의학 문서 관련 그림 및 글자로 구성되었다. 판단 자격을 반영하는 구어 표현의 질을 분석한 결과, 의사결정 시 시각 보조기기가 지원되면 이해, 추론, 평가 능력이 유의하게 높았다. 두 조건의 모든 피험자가 선택 사항을 전달할 수 있으나, 시각 보조기기의 지원 조건에서는 제공된 정보에 기초해 판단 근거까지 표현했다. 구어 조건에서 주치의의 권고 사항을 선택하겠다는 의사 표현도 있었다. SLP와 의료 전문가는 의사소통 지원 도구를 개발하고 효과를 입증함으로써 치매 환자의 결정을 독려하는데, 이는 삶의 질을 좌우하는 문제(예: 영양보급관, 영양 및 수분 공급 전략)와 관련된다(Regan, Tapley, & Jolley, 2014).

SLP는 사망 절차뿐 아니라 생애 말기의 기능 저하 양상을 이해해야 한다. 생애 말기 중증 치매 환자의 섭식 및 삼킴 능력은 임종 시까지 대체로 보존되며, ADLs를 전적으로 타인에게 의존하는 치매 말기까지도 유지된다(Chen et al., 2007). 호스피스 및 생애 말기 돌봄 관련 참고 자료는 [글상자 11-3]에 제시되었다. 특히 미국언어청각협회(ASHA)는 생애 말기 돌봄 관련 웹 사이트와 논문 링크를 제공한다.

4) 생애 말기의 상담

치료 시의 상호작용을 통해 '상담 기회'를 모색하고 가족 외 타인과의 논의 요구를 파악한다(Holland & Nelson, 2013). 예컨대, 과거의 악행에 대한 사과가 필요하거나 유언장 보관처, 금고 열쇠, 컴퓨터 비밀번호가 공유되어야 한다. 이를 위해 주요 세부 사항을 표현하는 치료 활동이 개발되어야 한다. SLP는 사과 및 감사 편지, 간병인에 대한 요구 사항 등 환자가 구술하는 내용을 받아 적기도 한다. 기억책, 요리책, 손주의 미래를 위한 조언 등을 환자와 함께 만들고 가족 참여 활동을 고안한다. 삶의 성취에 관한 대화를 통해 부고의 초안을 작성하도록 유도하고, 선호하는 기도 문구 및 찬송가를 바탕으로 장례식 원고를 논의하기도 한다. 장례식용 원고, 감사나 사과 편지를 남긴 환자의 가족은 고인과 대화했던 임상가에게 감사를 표한다(Bourgeois, 개인적 대화).

4. 결론

전 세계적인 법률과 정책은 병원 및 기타 의료시설이 환자/고객의 만족과 효과를 반영하도록 변화하는 추세이다. 치매 환자의 삶의 질을 이해하기 위한 연구도 지속되고 있다. 이는 주로 사생활, 자기 결정, 자율성, 사회적 접촉, 환경이 삶의 질에 미치는 영향을 다룬다. 경도~중등도 치매 시 삶의 질과 선호도를 표현할 수 있으나, 인지 결함이 심할수록 이를 수행하기가 어렵다. 정보제공 대리인이 삶의 질 관련 견해를 제공하는데, 임상가 및 연구자의 견해가 환자와 다를 가능성에 주목해야 한다. 치료 환경과 상관없이 통증 관리는 삶의 질을 유지하거나 강화하는 데 중요하지만, 실제로는 적절히 시행되지 않는 영역이다. SLP는 환자의 삶의 질, 통증, 생애 말기 결정에 있어 의사소통을 촉진하도록 돕는다. 즉 의사소통 기술을 지원하고 보완대체의사소통 도구를 사용함으로써 환자가 돌봄 및 일상생활의 결정에 참여하도록 돕는다.

생애 말기 관련 문서를 남기지 못한 Mary Doe(〈사례 11-1〉)와 같은 환자가 자신의 결정을 전달하고 기록하도록 독려한다. 중등도 치매 시에는 스스로 결정하기 어려울 수 있으나, 자기 결정은 매우 중요한 과정이다. 임상가는 이들의 선택을 기술하고 시각 보조기기를 제공한다. 임상가나 활동 지도자는 선택 사항의 장단점을 제시한다. 시각 보조기기는 환자가 장단점을 이해하고 기술하는 데 효과적이다.

사례 11-1 생애 말기 쟁점 관련 대화를 돕는 시각적 지원의 예

Mary Doe의 가족은 화장 및 매장 관련 요구를 존중하고자 하나 환자의 선택 사항을 명확히 파악할 수 없다고 보고했다. 함께 논의하기를 원하고, 특히 환자가 화장과 매장에 대해 잘 이해하기를 희망했다. 이러한 상황에 처한 환자와 가족(또는 유사한 상황의 타인)에게 유용한 예시는 다음과 같다.

화장 vs. 매장

화장	매장
화장이란 무엇인가? 사체를 태워 재로 환원하는 것(Merriam-Webster 사전 참고).	매장이란 무엇인가? 사체를 무덤에 묻는 행위나 의식(Merriam-Webster 사전 참고).
장점 • 매장에 비해 저렴함 • 유해/납골을 옮길 수 있음 • 유족들이 유해를 나눠 갖거나 원하는 장소에 보관할 수 있음	장점 • 사회적으로 더 잘 용인됨 • 방문할 장소가 있어 가족에게 위안을 줌(묘지/묘비) • 가족 묘의 일부를 구성함
단점 • 화장할 장소가 제한적이고 가족이 화장 시설을 결정해야 함 • 유해의 분실이나 파손 시 복구할 수 없음 • 가족 반대 시 갈등을 초래함	단점 • 가족이 관, 묘지, 묘비를 구입해야 함 • 기타 비용이 추가되어 경제적 부담이 가중됨 • 묘지의 방문 시간 및 묘비 유형이 제한적임
어떤 것을 선호하십니까? 화장 저는 화장을 원합니다.	매장 저는 매장을 원합니다.

출처: Haller(2015)의 승인하 인용.

참고문헌

Achterberg, W., Pieper, M., Dalen-Kok, A., de Waal, M., Husebo, B., Lautenbacher, S., Kunz, M., Scherder, E., & Corbett, A. (2013). Pain management in patients with dementia. *Clin Interv Aging, 8*, 1471-1482.

Achterberg, W., Pot, A., Kerkstra, A., Ooms, M., Muller, M., & Ribbe, M. (2003). The effect of depression on social engagement in newly admitted Dutch nursing home residents. *The Gerontologist, 43*(2), 213-218.

AGS Panel on Persistent Pain in Older Persons (2002). The management of persistent pain in older persons. *J Am Geriatr Soc, 50*(Suppl 6), S205-S224.

Ahn, H., & Horgas, A. (2013). The relationship between pain and disruptive behaviors in LTC residents with dementia. *BMC Geriatr, 13*, 14.

Alexopoulus, G. S., Abrams, R. S., Young, R. C., & Shamoian, C. A. (1988). Cornell scale for depression in dementia. *Biological Psychiatry, 23*(3), 271-284.

Allen, R. S., DeLaine, S. R., Chaplin, W. F., Marson, D. C., Bourgeois, M. S., Dijkstra, K., & Burgio, L. D. (2003). Advance care planning in LTCs: Correlates of capacity and possession of advance directives. *The Gerontologist, 43*(3), 309-317.

Allen, R. S., & Shuster, J. L. (2002). The role of proxies in treatment decisions: Evaluating functional capacity to consent to end-of-life treatments within a family context. *Behavioral Sciences and the Law, 20*, 235-252.

American Speech-Language-Hearing Association (ASHA). (n.d.). *Dementia: End-of-life issues*. Retrieved February 20, 2017, from www.asha.org/PRPSpecificTopic.aspx? folderid=8589935289§ion=Treatment#End-of-Life_Issues.

American Speech-Language-Hearing Association (ASHA). (2017). *Practice portal on SLP roles in dementia care*. Retrieved January 10, 2017, from www.asha.org/PRPSpecificTopic.aspx?folderid=8589935289§ion=Roles_and_Responsibilities.

Arons, A., Krabbe, P., Schölzel-Dorenbos, C., van der Wilt, G. J., & Olde Rikkert, M. (2013). Quality of life in dementia: A study on proxy bias. *BMC Medical Research Methodology, 13*(110). doi:10.1186/1471-2288-13-110.

Bakas, T., McLennon, S. M., Carpenter, J. S., Buelow, J. M., Otte, J. L., Hanna, K. M., … Welch, J. L. (2012). Systematic review of health-related quality of life models. *Health and Quality of Life Outcomes, 10*(134). doi:10.1186/1477-7525-10-134.

Ballard, C., Creese, B., Corbett, A., & Aarsland, D. (2011). Atypical antipsychotics for the treatment of behavioral and psychological symptoms in dementia, with a particular focus on longer term outcomes and mortality. *Expert Opin Drug Saf, 10*(1), 35-43.

Banerjee, S., Samsi, K., Petrie, C. D., Alvir, J., Treglia, M., Schwam, E. M., & del Valle, M. (2009). What do we know about quality of life in dementia? A review of the emerging evidence on the predictive and explanatory value of disease specific measures of health related quality of life in people with dementia. *International Journal of Geriatric Psychiatry, 24*, 15-24.

Barrios, H., Verdelho, A., Narciso, S., Goncalves-Pereira, M., Logsdon, R., & de Mendonca, A. (2013). Quality of life in patients with cognitive impairment: Validation of the Quality of Life-Alzheimer's Disease scale in Portugal. *International Psychogeriatrics, 25*, 1085-1096.

Beerens, H. C., Sutcliffe, C., Renom-Guiteras, A., Soto, M. E., Suhonen, R., Zabalegui, A., … Hamers, J. P. H. (2014). Quality of life and quality of care for people with dementia receiving long term institutional care or professional home care: The European RightTimePlaceCare Study. *Journal of American Medical Directors Association, 15*(1), 54-61. http://dx.doi.org/10.1016/j.jamda.2013.09.010.

Beerens, H. C., Zwakhalen, S. M. G., Verbeek, H., Ruwaard, D., & Hamers, J. P. H. (2013). Factors associated with quality of life of people with dementia in long-term care facilities: A systematic review. *International Journal of Nursing Studies, 50*(9), 1259-1270.

Benhabib, H., Lanctôt, K. L., Eryavec, G. M., Li, A., & Herrmann, N. (2013). Responsiveness of the QUALID to improved neurospsychiatric symptoms in patients with Alzheimer's disease. *Canadian Geriatrics Journal, 16*(4). Retrieved January 28, 2017, from www.cgjonline.ca/index.php/cgj/article/view/78/155.

Beukelman, D., Mirenda, P., & Ball, L. (2012). *Augmentative and alternative communication: Supporting children and adults with complex communication needs* (4th ed.). Baltimore: Paul H. Brookes Publishing Co.

Bieri, D., Reeve, R. A., Champion, G. D., Addicoat, L., & Ziegler, J. B. (1990). Faces Pain Scale for the self-assessment of the severity of pain experienced by children: Development, initial validation, and preliminary investigation for ratio scale properties. *Pain, 41*, 139-150.

Bomba, P. A., Kemp, M., & Black, J. S. (2012). POLST: An improvement over traditional advance directives. *Cleveland Clinic Journal of Medicine, 79*(7), 457-464. doi:10.3949/ccjm.79a.11098.

Bosboom, P. R., Alfonso, H., Eaton, J., & Almeida, O. P. (2012). Quality of life in Alzheimer's disease: Different factors associated with complementary ratings by patients and family carers. *International Psychogeriatrics, 24*, 708-721.

Bourgeois, M., Camp, C., Antenucci, V., & Fox, K. (2016). VoiceMyChoice™: Facilitating understanding of preferences of residents with dementia. *Advances in Aging Research, 5*,

131-141.

Bourgeois, M., Dijkstra, K., & Hickey, E. (2005a). Impact of communicative interaction on measuring quality of life in dementia. *Journal of Medical Speech Language Pathology, 13*, 37-50.

Bourgeois, M., Dijkstra, K., & Hickey, E. (2005b, November). Assessing quality of life in persons with dementia. Paper presented at the American Speech Language Hearing Association convention, San Diego, CA.

Bowling, A., Rowe, G., Adams, S., Sands, P., Samsi, K., Crane, M., Joly, L., & Manthorpe, J. (2015). Quality of life in dementia: A systematically conducted narrative review of dementia-specific measurement scales. *Aging & Mental Health, 19*(1), 13-31.

Bradshaw, S. A., Playford, E. D., & Riazi, A. (2012). Living well in care homes: A systematic review of qualitative studies. *Age & Ageing, 41*, 429-440. doi:10.1093/ageing/afs069.

Brod, M. (1998). *Dementia quality of life instrument*. San Francisco, CA: Quintiles.

Brod, M., Steward, A. L., Sands, L., & Walton, P. (1999). Conceptualization and measurement of quality of life in dementia: The dementia quality of life instrument (DQoL). *The Gerontologist, 39*, 25-35.

Brooke, J., & Kirk, M. (2016). Advance care planning for people living with dementia. *British Journal of Community Nursing, 19*(10), 490-495.

Brooks, R., Rabin, R., & de Charro, F. (2003). *The measurement and valuation of health status using EQ-5D: A European perspective*. The Netherlands: Kluwer Academic Publishers.

Bruvik, F. K., Ulstein, I. D., Ranhoff, A. H., & Engedal, K. (2012). The quality of life of people with dementia and their family carers. *Dementia Geriatric Cognitive Disorders, 34*, 7-14. doi:10.1159/0000341584.

Buckley, T., Fauth, E. B., Morrison, A., Tschanz, J., Rabins, P. V., Piercy, K. W., Norton, M., & Lyketsos, C. G. (2012). Predictors of quality of life ratings for persons with dementia simultaneously reported by patients and their caregivers: The Cache County (Utah) study. *International Psychogeriatrics, 24*(7), 1094-1102. doi:10.1017/S1041610212000063.

Burack, O. R., Weiner, A. S., Reinhardt, J. P., & Annunziato, R. A. (2012). What matters most to LTC elders: Quality of life in the LTC. *Journal of American Medical Directors Association, 13*(1), 48-53. http://dx.doi.org/10.1016/j.jamda.2010.08.002.

Cahill, S., & Diaz-Ponce, A. M. (2011). "I hate having nobody here. I'd like to know where they all are": Can qualitative research detect differences in quality of life among LTC residents with different levels of cognitive impairment? *Aging Mental Health, 15*(5), 562-572.

Camp, C. (2006). Montessori-based Dementia Programming™ in long-term care: A case study of disseminating an intervention for persons with dementia. In R. C. Intrieri & L. Hyer (Eds.),

Clinical applied gerontological interventions in long-term care (pp. 295-314). New York: Springer.

Camp, C., & Skrajner, M. (2004). Resident-assisted Montessori programming (RAMPTM): Training persons with dementia to serve as group activity leaders. *The Gerontologist, 44*, 426-431.

Cella, D., Nowinski, C., Peterman, A., Victorson, D., Miller, D., Lai, J.-S., & Moy, C. (2011). The Neurology Quality of Life measurement initiative. *Archives of Physical Medicine and Rehabilitation, 92*(10 Suppl), S28-S36. doi:10.1016/j.apmr.2011.01.025.

Chang, W. (2015). *Effects of visual stimuli on decision-making capacity of people with dementia for end-of-life care*. Unpublished dissertation. Columbus, OH: The Ohio State University.

Chen, J., Chan, D., Kiely, D., Morris, J., & Mitchell, S. (2007). Terminal trajectories of functional decline in the long-term care setting. *Journal of Gerontology, 62A*(5), 531-536.

Cheng, S., & Chan, A. (2006). Relationship with others and life satisfaction in later life: Do gender and widowhood make a difference? *Journal of Gerontology, 61B*, P46-P53.

Chua, K.-C., Brown, A., Little, R., Matthews, D., Morton, L., Loftus, V., … Banerjee, S. (2016). Quality-of-life assessment in dementia: The use of DEMQOL and DEMQOL-Proxy total scores. *Quality of Life Research, 25*, 3107-3118. doi:10.1007/s11136-016-1343-1.

Clare, L., Rowlands, J., Bruce, E., Surr, C., & Downs, M. (2008). The experience of living with dementia in residential care: An interpretative phenomenological analysis. *The Gerontologist, 48*(6), 711-720.

Clare, L., Whitaker, R., Woods, R. T., Quinn, C., Jelley, H., Hoare, Z., … Wilson, B. A. (2013). AwareCare: A pilot randomized controlled trial of an awareness-based staff training intervention to improve quality of life for residents with severe dementia in long-term care settings. *International Psychogeriatrics, 25*(1), 128-139. doi:10.1017/S1041610212001226.

Cohen-Mansfield, J. (2006). Pain assessment in noncommunicative elderly persons - PAINE. *Clin J Pain, 22*, 569-575.

Coker, E., Papaioannou, A., Kaasalainen, S., Dolovich, L., Turpie, I., & Taniguchi, A. (2010). Nurses' perceived barriers to optimal pain management in older adults on acute medical units. *Appl. Nurs. Res, 23*, 139-146.

Conde-Sala, J. L., Garre-Olmo, J., Turro-Garriga, O., Lopez-Pousa, S., & Vilalta-Franch, J. (2009). Factors related to perceived quality of life in patients with Alzheimer's disease: The patient's perception compared with that of caregivers. *Int J Geriatr Psychiatry, 24*, 585-594.

Conradsson, M., Rosendahl, E., Littbrand, H., Gustafson, Y., Olofsson, B., & Lövheim, H. (2013). Usefulness of the Geriatric Depression Scale 15-item version among very old people with and without cognitive impairment. *Aging Ment Health, 17*(5), 638-645. doi:10.1080/1360786

3.2012.758231.

Corbett, A., Husebo, B., Malcangio, M., Staniland, A., Cohen-Mansfield, J., Aarsland, D., & Ballard, C. (2012). Assessment and treatment of pain in people with dementia. *Nat Rev Neurol.*, *8*(5), 264-274. doi:10.1038/nrneurol.2012.53.

Cummings, J. L. (1997). The Neuropsychiatric Inventory: Assessing psychopathology in dementia patients. *Neurology, 48*, S10-S16.

Cummings, J., Mega, M., Gray, K., Rosenberg-Thompson, S., Carusi, D. A., & Gornbein, J. (1994). The Neuropsychiatric Inventory: Comprehensive assessment of psychopathology in dementia. *Neurology, 44*, 2308-2314.

Cunningham, W. E., Burton, T. M., Hawes-Dawson, J., Kington, R. S., & Hays, R. D. (1999). Use of relevancy ratings by target respondents to develop health-related quality of life measures: An example with African-American elderly. *Quality of Life Research, 8*, 749-768.

Custers, A., Kuin, Y., Riksen-Walraven, M., & Westerhof, G. J. (2011). Need support and wellbeing during morning care activities: An observational study on resident-staff interaction in LTCs. *Ageing & Society, 31*, 1425-1442.

de Medeiros, K., Robert, P., Gauthier, S., Stella, F., Politis, A. … Lyketsos, C. (2010). The Neuropsychiatric Inventory-Clinician Rating Scale (NPI-C): Reliability and validity of a revised assessment of neuropsychiatric symptoms in dementia. *International Psychogeriatrics, 22*(6), 984-994.

de Vleminck, A., Pardon, K., Beernaert, K., Deschepper, R., Houttekier, D., Van Audenhove, C., … Stichele, R. V. (2014). Barriers to advanced care planning in cancer, heart failure and dementia patients: A focus group study on General Practitioners' views and experiences. *PLOS ONE, 9*(1): e84905. doi:10.1371/journal.pone.0084905.

Dempster, M., & Donnelly, M. (2000). How well do elderly people complete individualized quality of life measures: An exploratory study. *Quality of Life Research, 9*, 369-375.

Dewaters, T., Faut-Callahan, M., McCann, J. J., Paice, J. A., Fogg, L., Hollinger-Smith, L., … Stanaitis, H. (2008). Comparison of self-reported pain and the PAINAD scale in hospitalized cognitively impaired and intact older adults after hip-fracture surgery. *Orthopedic Nursing, 27*(1), 21-28. doi:10.1097/01.NOR.0000310607.62624.74.

Dickinson, D., Bamford, C., Exley, C., Emmett, C., Hughes, J., & Robinson, L. (2013). Planning for tomorrow whilst living for today: The views of people with dementia and their families on advance care planning. *Int Psychogeriatr, 25*(12), 2011-2021. doi:10.1017/S1041610213001531.

Feinberg, L., & Whitlatch, C. (2001). Are persons with cognitive impairment able to state consistent choices? *The Gerontologist, 41*(3), 374-382.

Feldt, K. S. (2000). The checklist of nonverbal pain indicators (CNPI). *Pain Manag Nurs, 1*, 13-21.

Feldt, K., & Finch, M. (2002). Older adults with hip fractures: Treatment of pain following hospitalization. *Journal of Gerontological Nursing, 28*(8), 27-35.

Feldt, K. S., Ryden, M. B., & Miles, S. (1998). Treatment of pain in cognitively impaired compared with cognitively intact older patients with hip fractures. *Journal of the American Geriatrics Society, 46*, 1079-1085.

Ferrans, C. E., Zerwic, J. J., Wilbur, J. E., & Larson, J. L. (2005). Conceptual model of health-related quality of life. *J Nurs Scholarsh, 37*(4), 336-342.

Ferrell, B. A., Stein, W. M., & Beck, J. C. (2000). The Geriatric Pain Measure: Validity, reliability and factor analysis. *J Am Geriatr Soc, 48*(12), 1669-1673.

Fisher, S. E., Burgio, L. D., Thorn, B. E., & Allen-Burge, R., Gerstle, J., Roth, D. L., & Allen, S. J. (2002). Pain assessment and management in cognitively impaired LTC residents: Association of certified nursing assistant pain report, Minimum Data Set pain report, and analgesic medication use. *JAGS, 50*(1), 152-156.

Folstein, M. F., Folstein, S. E., & McHugh, P. R. (1975). "Mini-mental state": A practical method for grading the cognitive state of patients for the clinician. *Journal of Psychiatric Research, 12*(3), 189-198.

Frampton, M. (2003). Experience assessment and management of pain in people with dementia. *Age Ageing, 32*(3), 248-251.

Fuchs-Lacelle, S., Hadjistravropoulos, T., & Lix, L. (2008). Pain assessment as intervention: A study of older adults with severe dementia. *Clinical Journal of Pain, 24*(8), 697-707. doi:10.1097/AJP.0b013e318172625a.

Garand, L., Dew, M. A., Lingler, J. H., & DeKosky, S. T. (2011). Incidence and predictors of advance care planning among persons with cognitive impairment. *The American Journal of Geriatric Psychiatry, 19*(8), 712-720. doi:10.1097/JGP.0b013e3181faebef.

Garre-Olmo, J., Planas-Pujol, X., Lopez-Pousa, S., Weiner, M. F., Turon-Estrada, A., Juvinyà, D., … Vilalta-Franch, J. (2010). Cross-cultural adaptation and psychometric validation of a Spanish version of the Quality of Life in Late-Stage Dementia Scale. *Qual Life Res, 19*(3), 445-453.

George, L. K., & Bearon, L. B. (1980). *Quality of life in older persons: Meaning and measurement*. New York: Human Sciences.

Gershon, R. C., Lai, J. S., Bode, R., Choi, S., Moy, C., Bleck, T., Miller, D., Peterman, A., & Cella, D. (2012). Neuro-QOL: Quality of life item banks for adults with neurological disorders: Item development and calibrations based upon clinical and general population testing. *Qual Life Res, 21*(3), 475-486.

Giebel, C. M., Sutcliffe, C., & Challis, D. (2015). Activities of daily living and quality of life across different stages of dementia: A UK study. *Aging & Mental Health, 19*(1), 63-71. doi:10.1080/13607863.2014.915920.

Godin, J., Keefe, J., Kelloway, E. K., & Hirdes, J. P. (2015). LTC resident quality of life: testing for measurement equivalence across resident, family, and staff perspectives. *Qual Life Res, 24*, 2365-2374. doi:10.1007/s11136-015-0989-4.

Gozalo, P., Teno, J. M., Mitchell, S. L., Skinner, J., Bynum, J., Tyler, D., & Mor, V. (2011). End-of-life transitions among LTC residents with cognitive issues. *New England Journal of Medicine, 365*(13), 1212-1221. doi:10.1056/NEJMsa1100347.

Gräske, J., Fischer, T., Kuhlmey, A., & Wolf-Ostermann, K. (2012). Quality of life in dementia care: Differences in quality of life measurements performed by residents with dementia and by nursing staff. *Aging & Mental Health, 16*(7), 819-827. http://dx.doi.org/10.1080/13607863.2012.667782.

Hadjistavropoulos, T., Herr, K., Prkachin, K. M., Craig, K. D., Gibson, S. J. … Smith, J. H. (2014). Pain assessment in elderly adults with dementia. *The Lancet Neurology, 13*(12), 1216-1227.

Haller, B. (2015). *Examples of visual supports to aid conversation about end of life issues.* Unpublished project. Tampa, FL: University of South Florida.

Hellberg, I., Augustsson, V., & Hellstrom Muhli, U. (2011). Seniors' experiences of living in special housing accommodation. *International Journal of Qualitative Studies on Health and Wellbeing, 6*(1), 5894.

Hendriks, S. A., Smalbrugge, M., Hertogh, C. M., & van der Steen, J. T. (2014). Dying with dementia: Symptoms, treatment, and quality of life in the last week of life. *J Pain Symptom Manage, 47*(4), 710-720. doi:10.1016/j.jpainsymman.2013.05.015.

Herr, K. A., & Mobily, P. R. (1993). Comparison of selected pain assessment tools for use with the elderly. *Appl Nurs Res, 6*(1), 39-46.

Hickey, E., & Bourgeois, M. (2000). Health-related quality of life (HR-QOL) in LTC residents with dementia: Stability and relationships among measures. *Aphasiology, 14*, 669-679.

Hoffman, F., van den Bussche, H., Wiese, B., Glaeske, G., & Kaduszkiewicz, H. (2014). Diagnoses indicating pain and analgesic drug prescription in patients with dementia: A comparison to age- and sex-matched controls. *BMC Geriatr, 14*(20).

Holland, A. L., & Nelson, R. L. (2013). *Counseling in communication disorders: A wellness perspective* (2nd ed.). San Diego, CA: Plural Press.

Howard, K., & Rockwood, K. (1995). Quality of life in Alzheimer's disease. *Dementia, 6*, 113-116.

Hurt, C. S., Banerjee, S., Tunnard, C., Whitehead, D. L., Tsolaki, M., Mecocci, P., … Lovestone, S. (2010). Insight, cognition and quality of life in Alzheimer's disease. *J Neurol Neurosurg Psychiatry, 81*(3), 331-336. doi:10.1136/jnnp. 2009.184598.

Hurt, C., Bhattacharyya, S., Burns, A., Camus, V., Liperoti, R., Marriott, A., … Byrne, E. J. (2008). Patient and caregiver perspectives of quality of life in dementia. An investigation of the relationship to behavioural and psychological symptoms in dementia. *Dement Geriatr Cogn, 26*(2), 138-146. doi:10.1159/000149584.

Husebo, B. S., Achterberg, W., & Flo, E. (2016). Identifying and managing pain in people with Alzheimer's disease and other types of dementia: A systematic review. *CNS Drugs, 30*, 481-497.

Husebo, B. S., Ostelo, R., & Strand, L. I. (2014). The MOBID-2 pain scale: Reliability and responsiveness to pain in patients with dementia. *Eur J Pain, 18*(10), 1419-1430.

Husebo, B., Strand, L., Moe-Nilssen, R., Husebo, S., & Ljunggren, A (2009). Pain behaviour and pain intensity in older persons with severe dementia: Reliability of the MOBID Pain Scale by video uptake. *Scand J Caring Sci, 23*(1), 180-189.

Isella, V., Villa, M., & Appollonio, I. (2005). Screening and quantification of depression in mild-to-moderate dementia through the GDS short forms. *Clinical Gerontologist, 24*(3/4), 115-125.

Kane, R. (2003). Definition, measurement, and correlates of quality of life in LTCs: Toward a reasonable practice, research, and policy agenda. *The Gerontologist, 43*, 28-36.

Kane, R., Kane, R., Bershadsky, B., Degenholtz, H., Kling, K., Totten, A., et al. (2005). Proxy sources for information on LTC residents' quality of life. *Journal of Gerontology, 60B*(6), S318-S325.

Kaufer, D. I., Cummings, J. L., Ketchel, P., Smith, V., MacMillan, A., Shelley, T., … DeKosky, S. (2000). Validation of the NPI-Q, a brief clinical form of the neuropsychiatric inventory. *The Journal of Neuropsychiatry and Clinical Neurosciences, 12*(2), 233-239.

Kim, H., Ersek, M., Bradway, C., & Hickman, S. E. (2015). Physician orders for life-sustaining treatment for LTC residents with dementia. *Journal of the American Association of Nurse Practitioners, 27*, 606-614. doi:10.1002/2327-6924.12258.

Knapskog, A. B., Barca, M. L., Engedal, K., & The Cornell Study Group. (2011). A comparison of the validity of the Cornell scale and the MADRS in detecting depression among memory clinic patients. *Dementia and Geriatric Cognitive Disorders, 32*(4), 287-294.

Lacey, L., Bobula, J., Rudell, K., Alvir, J., & Leibman, C. (2015). Quality of life and utility measurement in a large clinical trial sample of patients with mild to moderate Alzheimer's disease: Determinants and level of changes observed. *Value Health, 18*, 638-645.

Lasker, J. (2006). *Pain scale*. Unpublished document. Tallahassee, FL: Florida State University.

Lawton, M. P. (1991). A multidimensional view of quality of life in frail elders. In J. E. Birren, J. E. Lubben, J. C. Rowe, & D. E. Deutchman (Eds.), *The concept and measurement of quality of life in the frail elderly* (pp. 3-27). San Diego, CA: Academic Press.

Lawton, M. P. (1994). Quality of life in Alzheimer disease. *Alzheimer Disease and Associated Disorders, 8*(Suppl. 3), 138-150.

Lawton, M. P., Van Haitsma, K., & Klapper, J. (1996a). Observed affect in LTC residents with Alzheimer's disease. *Journal of Gerontology, 51B*(6), 309-316.

Lawton, M. P., Van Haitsma, K., & Klapper, J. (1996b). *Observed Emotion Rating Scale*. Retrieved January 30, 2017, from www.abramsoncenter.org/PRI.

Lawton, M. P., Van Haitsma, K., Perkinson, M., & Ruckdeschel, K. (1999). Observed affect and quality of life in dementia: Further affirmations and problems. *J Ment Health Aging, 5*(1), 69-81.

Logsdon, R. G., Gibbons, L. E., McCurry, S. M., & Teri, L. (1999). Quality of life in Alzheimer's disease: Patient and caregiver reports. *Journal of Mental Health and Aging, 5*, 21-32.

Logsdon, R. G., Gibbons, L. E., McCurry, S. M., & Teri, L. (2002). Assessing quality of life in older adults with cognitive impairment. *Psychosom Med., 64*, 510-519.

Lundin, A., Berg, L.-E., & Muhli, U. H. (2013). Feeling existentially touched: A phenomenological notion of the wellbeing of elderly living in special housing accommodation from the perspective of care professionals. *International Journal of Qualitative Studies on Health and Wellbeing, 8*, 20587.

McGrath, P. A., Seifert, C. E., Speechley, K. N., Booth, J. C., Stitt, L., & Gibson, M. C. (1996). A new analogue scale for assessing children's pain: An initial validation study. *Pain, 64*, 435-443.

Menzel, P. T., & Steinbock, B. (2013). Advance directives, dementia, and physician-assisted death. *The Journal of Law, Medicine, & Ethics, 41*(2), 484-500. doi:10.1111/jlme.12057.

Mitchell, S. L., Teno, J. M., Kiely, D. K., Shaffer, M. L., Jones, R. N., Prigerson, H. G., … Hamel, M. B. (2009). The clinical course of advanced dementia. *New England Journal of Medicine, 361*(16), 1529-1538. doi:10.1056/NEJMoa0902234.

Mjørud, M., Engedal, K., Røsvik, J., & Kirkevold, M. (2017). Living with dementia in a LTC, as described by persons with dementia: A phenomenological hermeneutic study. *BMC Health Services Research, 17*, 93. doi:10.1186/s12913-017-2053-2.

Monroe, T. B., Misra, S. K., Habermann, R. C., Dietrich, M. S., Cowan, R. L., & Simmons, S.

F. (2014). Pain reports and pain medication treatment in LTC residents with and without dementia. *Geriatr Gerontol Int., 14*, 541-548. doi:10.1111/ggi.12130.

Monroe, T. B., Parish, A., & Mion, L. C. (2015). Decision factors nurses use to assess pain in LTC residents with dementia. *Archives of Psychiatric Nursing, 29*, 316-320.

Morello, R., Jean, A., Alix, M., Sellin-Peres, D., & Fermanian, J. A. (2007). A scale to measure pain in non-verbally communicating older patients: The EPCA-2 Study of its psychometric properties. *Pain, 133*, 87-98.

Morrison, R., & Siu, A. (2000). A comparison of pain and its treatment in advanced dementia and cognitively intact patients with hip fracture. *J Pain Symptom Manage, 19*(4), 240-248.

Motteran, A., Trifiletti, E., & Pedrazza, M. (2016). Wellbeing and lack of wellbeing among LTC residents. *Ageing Int, 41*, 150-166. doi:10.1007/s12126-016-9240-z.

Moye, J., Karel, M., Azar, A. R., & Gurrera, R. J., (2004). Capacity to consent to treatment: Empirical comparison of three instruments in older adults with and without dementia. *The Gerontologist, 44*, 166-175.

Moyle, W., Fetherstonhaugh, D., Greben, M., Beattie, E., & AusQoL Group. (2015). Influencers on quality of life as reported by people living with dementia in long-term care: A descriptive exploratory approach. *BMC Geriatr, 15*(1), 50. doi:10.1186/s12877-015-0050-z.

Mulhern, B., Rowen, D., Brazier, J., et al. (2013). Development of DEMQOL-U and DEMQOL-PROXY-U: Generation of preference-based indices from DEMQOL and DEMQOL-PROXY for use in economic evaluation. *Health Technology Assessment, 17*(5). Southampton, UK: NIHR Journals Library. Retrieved January 17, 2017, from www.ncbi.nlm.nih.gov/books/NBK260320/.

Murphy, J., Gray, C., van Achterberg, T., Wyke, S., & Cox, S. (2010). The effectiveness of the Talking Mats framework in helping people with dementia to express their views on wellbeing. *Dementia, 9*(4), 454-472. doi:10.1177/1471301210381776.

Naglie, G., Hogan, D. B., Krahn, M., Black, S. E., Beattie, B. L., Patterson, C., … Tomlinson, G. (2011). Predictors of family caregiver ratings of patient quality of life in Alzheimer disease: Cross-sectional results from the Canadian Alzheimer's disease quality of life study. *Am J Geriatr Psychiatry, 19*(10), 891-901.

Novella, J. L., Ankri, J., Morrone, I., Guillemin, F., Jolly, D., Jochum, C., … Blanchard, F. (2001). Evaluation of the quality of life in dementia with a generic quality of life questionnaire: The Duke health profile. *Dementia and Geriatric Cognitive Disorders, 12*(2), 158-166.

Park, H. (2010). Effect of music on pain for home-dwelling persons with dementia. *Pain Management Nursing, 11*(3), 141-147.

Paul-Brown, D., Frattali, C., Holland, A., Thompson, C., & Caperton, C. (2004). *Quality of communication life scale*. Rockville, MD: ASHA.

Pautex, S., Michon, A., Guedira, M., Emond, H., Le Lous, P. … Gold, G. (2006). Pain in severe dementia: Self-assessment or observational scales? *J Am Geriatr Soc, 54*(7), 1040-1045.

Perales, J., Cosco, T. D., Stephan, B. C. M., Haro, J. M., & Brayne, C. (2013). Health-related quality-of-life instruments for Alzheimer's disease and mixed dementia. *International Psychogeriatrics, 25*(5), 691-706. doi:10.1017/S1041610212002293.

Plooij, B., van der Spek, K., & Scherder, E. J. (2012). Pain medication and global cognitive functioning in dementia patients with painful conditions. *Drugs Aging, 29*(5), 377-384.

Port, C., Gruber-Baldini, A., Burton, L., Baumgarten, M., Hebel, J. R. … Magaziner, J. (2001). Resident contact with family and friends following nursing home admission. *Gerontologist, 41*(5), 589-596.

PROMIS Network (2011). Retrieved January 7, 2017, from www.nihpromis.com/science/Presentations2011.aspx?AspxAutoDetectCookieSupport=1.

Rabins, P. V., Kasper, J. D., Kleinman, L., Black, B. S., & Patrick, D. L. (1999). Concepts and methods in the development of the ADRQL: An instrument for assessing health-related quality of life in persons with Alzheimer's disease. *Journal of Mental Health and Aging, 5*, 33-48.

Rand, S., & Caeils, J. (2015). *Using proxies to assess quality of life: A review of the issues and challenges*. Discussion paper 2899. Canterbury, UK: Quality & Outcomes of Person-Centered Care Policy Research Unit. Retrieved January 7, 2017, from www.pssru.ac.uk/archive/pdf/4980.pdf.

Rao, J., Anderson, L., Lin, F., & Laux, J. (2014). Completion of advance directives among U.S. consumers. *Am. J. Pre. Medicine, 46*(1), 65-70.

Regan, A., Tapley, M., & Jolley, D. (2014). Improving end of life care for people with dementia. *Nursing Standard, 28*(48), 37-43. doi:10.7748/ns.28.48.37.e8760.

Reid, M., O'Neil, K., Dancy, J., Berry, C., & Stowell, S. (2015). Pain management in long-term care communities: A quality improvement initiative. *AM Longterm Care, 23*(2), 29-35.

Robertson, S., Cooper, C., Hoe, J., Hamilton, O., Stringer, A., & Livingston, G. (2017). Proxy rated quality of life of care home residents with dementia: A systematic review. *International Psychogeriatrics*, 1-13. doi:https://doi.org/10.1017/S1041610216002167.

Robinson, L., Dickinson, C., Bamford, C., Clark, A., Hughes, J., & Exley, C. (2013). A qualitative study: Professionals' experiences of advance care planning in dementia and palliative care, "a good idea in theory but …" *Palliat Med, 27*(5), 401-408. doi:10.1177/0269216312465651.

Ryan, E. B., Byrne, K., Spykerman, H., & Orange, J. B. (2005). Evidencing Kitwood's personhood strategies: Conversation as care in dementia. In Davis, B. H. (Ed.), *Alzheimer talk, text and context: Enhancing communication*. New York: Palgrave Macmillan.

Saxena, S., O'Connell, K., & Underwood, L. (2002). A commentary: Cross-cultural quality-of-life assessment at the end of life. *The Gerontologist, 42*(Special Issue III), 81-85.

Schenk, L., Meyer, R., Behr, A., Kuhlmey, A., & Hozhausen, M. (2013). Quality of life in LTCs: Results of a qualitative resident survey. *Qual Life Res, 22*, 2929-2938. doi:10.1007/s11136-013-0400-2.

Scherder, E., & Bouma, A. (2000). Visual analogue scales for pain assessment in Alzheimer's disease. *Gerontology, 46*(1), 47-53.

Schuler, M., Becker, S., Kaspar, R., Nikolaus, T., Kruse, A., & Basler, H. D. (2007). Psychometric properties of the German "Pain Assessment in Advanced Dementia Scalae" (PAINAD-G) in LTC residents. *Journal of the American Medical Director Association, 8*(6), 388-395.

Selai, C., Vaughan, A., Harvey, R. J., & Logsdon, R. (2001). Using the QoL-AD in the UK. *International Journal of Geriatric Psychiatry, 16*, 537-538.

Selwood, A., Thorgrimsen, L., & Orrell, M. (2005). Quality of life in dementia: A one-year follow-up study. *International Journal of Geriatric Psychiatry, 20*, 232-237.

Silberfeld, M., Rueda, S., Krahn, M., & Naglie, G. (2002). Content validity for dementia of three generic preference based health related quality of life instruments. *Quality of Life Research, 11*, 71-79.

Simmons, S. F., Ferrell, B. A., & Schnelle, J. F. (2002). Effects of a controlled exercise trial on pain in LTC residents. *Clin J Pain, 18*(6), 380-385.

Smith, J. P., & Kington, R. S. (1997). Race, socioeconomic status, and health in late life. In L. G. Martin & B. J. Soldo (Eds.), *Racial and ethnic differences in the health of older Americans*. Washington, DC: National Academy Press.

Smith, S. C., Lamping, D. L., Banerjee, S., Harwood, R., Foley, B., Smith, P., … Knapp, M. (2005). Measurement of health-related quality of life for people with dementia: Development of a new instrument (DEMQOL) and an evaluation of current methodology. *Health Technol Assess, 9*(10), 1-93, iii-iv.

Smith, S. C., Lamping, D. L., Banerjee, S., Harwood, R. H., Foley, B., Smith, P., … Knapp, M. (2007). Development of a new measure of health-related quality of life for people with dementia: DEMQOL. *Psychol Med, 37*(5), 737-746.

Sousa, M. F. B., Santos, R. L., Arcoverde, C., & Simões, P. (2013). Quality of life in dementia: The role of non-cognitive factors in the ratings of people with dementia and family caregivers. *International Psychogeriatrics, 25*, 1097-1105. doi:https://doi.org/10.1017/S1041610213000410.

Speech-Language and Audiology Canada (March, 2016). Position statement on end-of-life care. Retrieved January 5, 2017, from www.sac-oac.ca/.

Teske, K., Daut, R. L., & Cleeland, C. S. (1983). Relationships between nurses' observations and patients' self-reports of pain. *Pain, 16*, 289-297.

Thorgrimsen, L., Selwood, A., Spector, A., Royan, L., de Madariaga Lopez, M., Woods, R., & Orrell, M. (2003). Whose quality of life is it anyway? The validity and reliability of the Quality of Life-Alzheimer's Disease (QoL-AD) scale. *Alzheimer Disease and Associated Disorders, 17*, 201-208.

Torisson, G., Stavenow, L., Minthon, L., & Londos, E. (2016). Reliability, validity and clinical correlates of the Quality of Life in Alzheimer's disease (QoL-AD) scale in medical inpatients. *Health and Quality of Life Outcomes, 14*(90). doi:10.1186/s12955-016-0493-8.

Traschel, M., Hermann, H., & Biller-Andorno, N. (2015). Cognitive fluctuations as a challenge for the assessment of decision-making capacity in patients with dementia. *American Journal of Alzheimer's Disease & Other Dementias, 30*(4), 360-363. doi:10.1177/1533317514539377.

van der Ploeg, E. S., Eppingstall, B., Camp, C. J., & Runci, S. (2013). A randomized crossover trial to study the effect of personalized, one-to-one interaction using Montessori-based activities on agitation, affect, and engagement in LTC residents with dementia. *International Psychogeriatrics, 25*(4), 565-575.

van der Steen, J. T., van Soest-Poortvliet, M. C., Hallie-Heierman, M., Onwuteaka-Philipsen, B. D., Deliens, L., de Boer, M. E., … de Vet, H. C. (2014). Factors associated with initiation of advance care planning in dementia: A systematic review. *J Alzheimer's Dis, 40*(3), 743-757. doi:10.3233/JAD-131967.

van Hoof, J., Verbeek, H., Janssen, B. M., Eijkelenboom, A., Molony, S. L., Felix, E., … Wouters, E. J. M. (2016). A three perspective study of the sense of home of LTC residents: The views of residents, care professionals, and relatives. *BMC Geriatrics, 16*, 169. doi:10.1186/s12877-016-0344-9.

Villanueva, M. R., Smith, T. L., Erickson, J. S., Lee, A. C., & Singer, C. M. (2003). Pain assessment for the dementing elderly (PADE): Reliability and validity of a new measure. *J Am Med Dir Assoc, 4*, 1-8.

Volicer, L., & Bloom-Charette, L. (Eds.). (1999). *Enhancing the quality of life in advanced dementia*. Philadelphia: Brunner/Mazel.

Volicer, L., & Hurley, A. (2015). *Assessment scales for advanced dementia*. Baltimore: Health

Professions Press.

von Kutzleben, M., Schmid, W., Halek, M., Holle, B., & Bartholomeyczik, S. (2012). Community-dwelling persons with dementia: What do they need? What do they demand? What do they do? A systematic review on the subjective experiences of persons with dementia. *Aging & Mental Health, 16*(3), 378-390. http://dx.doi.org/10/1080/13607863.2011.614594.

Warden, V., Hurley, A. C., & Volicer, L. (2003). Development and psychometric evaluation of the Pain Assessment in Advanced Dementia (PAINAD) scale. *J Am Med Dir Assoc, 4*, 9-15.

Weiner, M., & Hynan, L. (2015). Quality of life in late-stage dementia. In L. Volicer and A. Hurley (Eds.), *Assessment scales for advanced dementia* (pp. 53-64). Baltimore: Health Professions Press.

Weiner, M. F., Martin-Cook, K., Svetlik, D. A., Saine, K., Foster B., & Fontaine, C. S. (2000). The quality of life in late-stage dementia (QUALID) scale. *J Am Med Dir Assoc, 1*, 114-116.

Westerhof, G. J., van Vuuren, M., Brummans, B. H. J., & Custers, A. F. J. (2016). A Buberian approach to the co-construction of relationships between professional caregivers and residents in LTCs. *The Gerontologist, 54*(3), 354-362. doi:10.1093/geront/gnt064.

Whitehouse, P. J., Patterson, M. B., & Sami, S. A. (2003). Quality of life in dementia: Ten years later. *Alzheimer Disease and Associated Disorders, 17*, 199-200.

Wolak-Thierry, A., Novella, J.-L., Barbe, C., Morrone, I., Mahmoudi, R., & Jolly, D. (2015). Comparison of QoL-AD and DQoL in elderly with Alzheimer's disease. *Aging & Mental Health, 19*(3), 274-278.

Wood, S., Cummings, J. L., Hsu, M. A., et al. (2000). The use of the neuropsychiatric inventory in LTC residents. Characterization and measurement. *Am J Geriatr Psychiatry, 8*(1), 75-83.

Woods, R. T., Nelis, S. M., Martyr, A., Roberts, J., Whitaker, C. J., Markova, I., … Clare, L. (2014). What contributes to a good quality of life in early dementia? Awareness and the QoL-AD: A cross-sectional study. *Health Qual Life Outcomes, 12*, 94.

World Health Organization. (2001). *International classification of functioning, disability, and health*. Retrieved February 21, 2006, from www3.who.int/icf/icftemplate.cfm.

World Health Organization Quality of Life Group (WHOQOL Group). (1993). Study protocol for the World Health Organization project to develop a Quality of Life assessment instrument (the WHOQOL). *Quality of Life Research, 2*, 153-159.

World Health Organization Quality of Life Group (WHOQOL Group). (1995). The World Health Organization Quality of Life assessment (WHOQOL): Position paper from the World Health Organization. *Social Science and Medicine, 41*, 1403-1409.

World Health Organization Quality of Life Group (WHOQOL Group). (1998). The World Health

Organization Quality of Life assessment (WHOQOL): Development and general psychometric properties. *Social Science and Medicine, 46*, 1569-1585.

Yesavage, J. A., Brink, T. L., Rose, T. L., Lum, O., Huang, V., Adey, M., et al. (1983). Development and validation of a geriatric depression screening scale: A preliminary report. *Journal of Psychiatric Research, 17*, 37-49.

찾아보기

인명

내용

편저자 소개

Ellen M. Hickey 박사는 CCC-SLP이자 Dalhousie 대학교 언어병리학과 조교수로, 강의 및 임상, 연구 영역에서 치매 증후군으로 인한 인지-의사소통장애 등 신경의사소통장애 환자의 삶의 질과 치료를 주로 다룬다.

Michelle S. Bourgeois 박사는 CCC-SLP, ASHA 회원, South Florida 대학교 언어병리학과 교수로 재직 중이며, 주요 전공은 치매 환자 및 보호자 관련 중재이다. 치매 중재에 관한 다수의 연구 논문, 훈련 지침서 및 CD, 저서를 출간했다.

저자 소개

Jennifer Brush, Brush Development Company, Chardon, OH, USA.

Stuart Cleary, University of Alberta, Canada.

Pamela Coulter, Dalhousie University, Canada.

Natalie F. Douglas, Central Michigan University, USA.

Tammy Hopper, University of Alberta, Canada.

Becky Khayum, MemoryCare Corporation, Aurora, IL, USA.

Renee Kinder, Encore Rehabilitation Services, Louisville, KY, USA.

Nidhi Mahendra, San Jose State University, USA.

역자 소개

이미숙(Lee Mi Sook)

고려대학교 불어불문학 학사

연세대학교 언어병리학 석사

연세대학교 언어병리학 박사

전 우송대학교 언어치료 · 청각재활학부 초빙교수

공주대학교 특수교육대학원 언어재활전공 객원교수

현 한림국제대학원대학교 청각언어치료학과 교수

〈저서 및 역서〉

BCCD 인지-의사소통장애 간편검사: 전문가 지침서(공저, 인싸이트, 2021)

노화와 인지-의사소통(군자출판사, 2021)

신경언어장애 용어집(공저, 학지사, 2020)

인지-의사소통장애: 정보 처리 접근(공역, 학지사, 2020)

김수진(Kim Su Jin)

고려대학교 영어영문학 학사

연세대학교 언어병리학 석사

전 연세언어청각연구원 언어재활사

한림국제대학원대학교 청각언어치료학과 초빙교수

한림국제대학원대학교 한림언어재활연구실 언어재활사

〈논문〉

정상 노년층의 연령 및 인지기능과 청각적 반응이름대기 수행력 간의 관계(연세대학교 석사학위 논문, 2016)

치매와 인지-의사소통: 인간 중심 재활

Dementia: Person-Centered Assessment and Intervention (2nd ed.)

2022년 10월 5일 1판 1쇄 인쇄
2022년 10월 10일 1판 1쇄 발행

엮은이 • Ellen M. Hickey · Michelle S. Bourgeois
옮긴이 • 이미숙 · 김수진
펴낸이 • 김진환
펴낸곳 • ㈜ 학지사
04031 서울특별시 마포구 양화로 15길 20 마인드월드빌딩
대표전화 • 02-330-5114 팩스 • 02-324-2345
등록번호 • 제313-2006-000265호

홈페이지 • http://www.hakjisa.co.kr
페이스북 • https://www.facebook.com/hakjisabook

ISBN 978-89-997-2771-9 93180

정가 24,000원

역자와의 협약으로 인지는 생략합니다.
파본은 구입처에서 교환해 드립니다.